Deutsches Institut
für Menschenrechte

Valentin Aichele (Hrsg.)

Das Menschenrecht auf gleiche Anerkennung vor dem Recht

Artikel 12 der UN-Behindertenrechtskonvention

Nomos

Die Deutsche Nationalbibliothek verzeichnet diese Publikation in der Deutschen Nationalbibliografie; detaillierte bibliografische Daten sind im Internet über http://dnb.d-nb.de abrufbar.

ISBN 978-3-8329-7153-3

1. Auflage 2013

Vorwort

Seit dem Jahr 2009 gilt die UN-Behindertenrechtskonvention (UN-BRK) für Deutschland, und in demselben Jahr wurde das Deutsche Institut für Menschenrechte damit betraut, die Funktionen des unabhängigen Mechanismus (Monitoring-Stelle) gemäß Artikel 33 Absatz 2 UN-BRK für Deutschland wahrzunehmen. Als Nationale Menschenrechtsinstitution gemäß den Pariser Prinzipien der Vereinten Nationen erfüllt das Institut seine Aufgaben insbesondere auch durch anwendungsorientierte Forschung. Diese umfasst eine an internationalen Normen ausgerichteten Analyse des deutschen Rechts und eine Auseinandersetzung mit ihm, um eine gute Umsetzung der menschenrechtlichen Verpflichtungen Deutschlands zu befördern. Mit dem vorliegenden Band versammelt die Monitoring-Stelle zur UN-BRK die Beiträge von Autorinnen und Autoren aus Deutschland, die sich dementsprechend auf den Ansatz eingelassen haben, sich aus der Perspektive der UN-BRK kritisch mit dem geltenden Recht und seiner Anwendung auseinanderzusetzen.

Die Beiträge beziehen sich in unterschiedlicher Hinsicht auf eine zentrale und fundamentale Norm der UN-Behindertenrechtskonvention: die Garantie der gleichen rechtlichen Handlungsfähigkeit von Menschen mit Behinderungen. Sie basiert auf der Anerkennung jedes Menschen als Rechtsperson, die selbst ein Menschenrecht ist und ohne die die Menschenrechte eine leere Hülle blieben. Menschenrechte entfalten ihren Rechtscharakter nämlich nur dann, wenn sie als subjektive Rechte, also Ansprüche jedes einzelnen Menschen, verstanden und von diesen auch ausgeübt werden können. Zudem weist die gleiche rechtliche Handlungsfähigkeit darauf zurück, dass für eine auf Menschenrechten basierende Rechtsordnung die Gleichheit aller vor dem Recht grundlegend ist.

Im Lichte der Erfahrungen von Menschen mit Behinderungen überall in der Welt betont die UN-BRK die rechtliche Handlungsfähigkeit als notwendige Konsequenz der Rechtssubjektivität jedes Menschen. Ihre besondere Bedeutung liegt darin, dass sie bei der persönlichen Wahrnehmung der rechtlichen Handlungsfähigkeit die gegebenenfalls notwendige Unterstützung zur Entscheidungsfindung in den Vordergrund stellt. Daneben bleibt die Verpflichtung der Staaten bestehen, den Schutz der rechtlichen Handlungsfähigkeit von Menschen mit Behinderungen wirksam zu gewährleisten. Auch dieser Schutz ist im Hinblick auf den Paradigmenwechsel von der ersetzenden Entscheidung, das heißt der Entscheidung durch andere, hin zu einer unterstützten Entscheidung auszugestalten. Der Grundsatz der unterstützten Entscheidung ist Ausdruck der Selbstbestimmung jedes Menschen, die der Menschenwürde als dem unhintergehbaren Grund der Menschenrechte innewohnt. Damit ist jeder Staat aufgerufen, seine Rechtsordnung daraufhin zu durchforsten, ob und inwieweit sie diesem Paradigmenwechsel gerecht wird, und seine Praxis ihm anzupassen.

Die UN-Behindertenrechtskonvention spiegelt außerdem die Erkenntnis wider, dass weltweit behinderten Menschen, insbesondere Menschen mit geistiger Behinderung und Menschen mit psycho-sozialer Behinderung, stärkere Einschränkungen ihrer Rechte zugemutet werden als anderen Menschen. Dies stellt eine Ungleichbehandlung dar und wirft die Frage nach deren menschenrechtlicher Zulässigkeit auf. Sie kann nicht einfach mit dem Verweis auf das Vorliegen einer Behinderung bejaht werden. Vielmehr ist in jeder einzelnen Konstellation der Rechtfertigungsgrund für eine Ungleichbehandlung zu benennen und kritisch zu hinterfragen. Dabei kann sich erweisen, dass ein bislang anerkannter Rechtfertigungsgrund auf Vorurteilen und Stereotypen beruht oder unverhältnismäßig ist.

Die Beiträge in diesem Band stellen sich der Herausforderung, das deutsche Recht, seine Begründungen und seine Praxis im Lichte der UN-BRK zu überprüfen. Sie blicken dabei auf die menschenrechtlich sensiblen Bereiche, in denen die deutsche Rechtsordnung Menschen mit Behinderungen anders behandelt als nichtbehinderte. Diese Aufgabe ist herausfordernd, weil sie verlangt, gesellschaftlich weitgehend akzeptierte und bisweilen auch rechtlich gefestigte Vorstellungen vom Umgang mit Menschen mit Behinderungen und von angemessenen Regelungsinhalten und Verfahren zu hinterfragen. Auch aus diesem Grund gingen der abschließenden Abfassung der Beiträge zwei Veranstaltungen voraus, eine davon unter Beteiligung von zivilgesellschaftlichen Verbänden. Sie dienten der Reflexion und gemeinsamen Verständigung der Autorinnen und Autoren. Dennoch verbleiben natürlich Divergenzen zwischen den Beiträgen, für die jeder Verfasser und jede Verfasserin die inhaltliche Verantwortung trägt.

Wir danken den Autorinnen und Autoren, dass sie die Herausforderung angenommen haben, ihre Rechtsgebiete auf den Prüfstand der UN-Behindertenrechtskonvention zu stellen. Besonderen Dank sagen wir Dr. Valentin Aichele, LL.M., dem Leiter der Monitoring-Stelle zur UN-Behindertenrechtskonvention, dafür, dass er das Projekt initiiert und als Herausgeber betreut hat. Damit treibt er, entsprechend dem Auftrag der Monitoring-Stelle, die inhaltliche Diskussion über die UN-Behindertenrechtskonvention in Deutschland in wichtigen Bereichen voran. Dr. Björn Elberling danken wir für die hervorragende Lektorierung und inhaltliche Unterstützung sowie Cathrin Kameni für die letzte Durchsicht der Manuskripte. Dem Nomos Verlag sind wir für die gute Zusammenarbeit und die Aufnahme des Bandes in sein Verlagsprogramm dankbar.

Wir hoffen, dass der vorliegende Sammelband die Klärung des Verständnisses der UN-Behindertenrechtskonvention befördert und er einen Impuls für die Umsetzung der Konvention in Deutschland setzt.

Berlin, im März 2013
Beate Rudolf und Michael Windfuhr
Vorstand des Deutschen Instituts für Menschenrechte

Inhalt

Abkürzungsverzeichnis

Abs.	Absatz
AG	Amtsgericht
Alt.	Alternative
ArbGG	Arbeitsgerichtsgesetz
arg.	Argument aus
Art.	Artikel
BAG	Bundesarbeitsgericht
BAGE	Entscheidungen des Bundesarbeitsgerichts
Begr.	Begründer
BGB	Bürgerliches Gesetzbuch
BGH	Bundesgerichtshof
BGHZ	Entscheidungen des Bundesgerichtshofs in Zivilsachen
BSG	Bundessozialgericht
BSGE	Entscheidungen des Bundessozialgerichts
BtPrax	Betreuungsrechtliche Praxis
BVerfG	Bundesverfassungsgericht
BVerwG	Bundesverwaltungsgericht
BWG	Bundeswahlgesetz
BWO	Bundeswahlordnung
bzw.	beziehungsweise
DIMR	Deutsches Institut für Menschenrechte
Dr.	Doktorin bzw. Doktor
e.V.	eingetragener Verein
EGMR	Europäischer Gerichtshof für Menschenrechte
EHG	Erwachsenenhilfegesetz
EKT	Elektrokrampftherapie
EuWG	Gesetz über die Wahl der Abgeordneten des Europäischen Parlaments aus der Bundesrepublik Deutschland
FamFG	Gesetz über das Verfahren in Familiensachen und in den Angelegenheiten der freiwilligen Gerichtsbarkeit
FamRZ	Zeitschrift für das gesamte Familienrecht
ff.	folgende
GG	Grundgesetz
GVG	Gerichtsverfassungsgesetz
Hg.	Herausgeberin bzw. Herausgeber
ICF	International Classification of Functioning, Disability and Health
LAG	Landesarbeitsgericht
LG	Landgericht
lit.	litera (Buchstabe)
LSG	Landessozialgericht

MDR	Monatsschrift Deutsches Recht
NJW	Neue Juristische Wochenschrift
NJW-RR	Neue Juristische Wochenschrift Rechtsprechungsreport
Nr.	Nummer bzw. Nummern
NZA	Neue Zeitschrift für Arbeitsrecht
NZA-RR	Neue Zeitschrift für Arbeitsrecht Rechtsprechungsreport
NZS	Neue Zeitschrift für Sozialrecht
o.J.	ohne Jahresangabe
öABGB	österreichisches Allgemeines Bürgerliches Gesetzbuch
OLG	Oberlandesgericht
Prof.	Professorin bzw. Professor
Rdnr.	Randnummer bzw. Randnummern
S.	Seite
SGB	Sozialgesetzbuch
SGG	Sozialgerichtsgesetz
Sozialpakt	Internationaler Pakt über wirtschaftliche, soziale und kulturelle Rechte
StGB	Strafgesetzbuch
ThuG	Therapieunterbringungsgesetz
Uabs.	Unterabsatz
UN	Vereinte Nationen
UN-BRK	UN-Behindertenrechtskonvention
UN-KRK	UN-Kinderrechtskonvention
usw.	und so weiter
VersR	Versicherungsrecht
vgl.	vergleiche
VwGO	Verwaltungsgerichtsordnung
VwVfG	Verwaltungsverfahrensgesetz
WBVG	Wohn- und Betreuungsvertragsgesetz
WM	Wertpapiermitteilungen
WVK	Wiener Übereinkommens über das Recht der Verträge
Ziff.	Ziffer
Zivilpakt	Internationaler Pakt über bürgerliche und politische Rechte
ZMV	Verordnung zur barrierefreien Zugänglichmachung von Dokumenten für blinde und sehbehinderte Personen im gerichtlichen Verfahren
ZPO	Zivilprozessordnung

Einleitung

Valentin Aichele

I. Zum Hintergrund

Das Übereinkommen über die Rechte von Menschen mit Behinderungen (UN-Behindertenrechtskonvention, UN-BRK) ist in der Bundesrepublik Deutschland seit dem Jahr 2009 in Kraft. Die Konvention treibt als »Motor« eine weitreichende Entwicklung in Form eines Paradigmenwechsels an. Das Ziel lautet »weg von einer Politik der Fürsorge hin zu einer Politik der Rechte für Menschen mit Behinderungen«.

Seit ihrem Inkrafttreten 2009 entfaltet die UN-BRK in Deutschland eine starke Dynamik. Zu beobachten ist, dass staatliche Akteure wie Bund, Länder, Gemeinden und auch Organisationen im nichtstaatlichen Bereich einer nach dem anderen Aktionspläne und Maßnahmenpakete in Kraft gesetzt haben. Diese politischen Vorhaben hat in Abschnitten und auf unterschiedliche Weise eine hoch engagierte Zivilgesellschaft begleitet und fachlich befördert. Seit 2008 bereits beziehen sich außerdem zahlreiche parlamentarische Initiativen auf die UN-BRK, so führten Ausschüsse in den Parlamenten öffentliche Sachverständigen-Anhörungen zu unterschiedlichen Themen wie Bildung, Arbeit, Sport etc. durch.

Die Zivilgesellschaft, insbesondere in Gestalt von Selbsthilfeorganisationen, erfährt durch die bloße Existenz der UN-BRK Rückenwind. Von Anbeginn nährt diese Zuversicht, sie treibt zu Stellungnahmen zu allgemeinen wie spezifischen Fragen der Umsetzung an. Mehr als früher sucht die Zivilgesellschaft auch die Zusammenarbeit, mit der sie auch Partikularinteressen zugunsten einer gemeinsamen Stimme zu überwinden sucht. Hervorzuheben ist hierbei der Zusammenschluss von über 70 Organisationen aus dem Spektrum der Behindertenpolitik in Gestalt einer »BRK-Allianz«. Diese erstellt Berichte, die in die menschenrechtlichen Prüfungsverfahren der Vereinten Nationen (UN) parallel zu den Berichten der Bundesregierung eingeführt und berücksichtigt werden.

Erwähnt seien ebenfalls die unzähligen Veranstaltungen bundesweit, Medienberichte, Kampagnen zu Inklusion und (fachwissenschaftlichen) Publikationen, die für sich genommen wiederum wichtige Beiträge leisten, den Blick für die Probleme und deren Lösung wie auch das Verständnis für die Rechte der Konvention zu schärfen. Nicht zuletzt sei aufgeführt, dass die betroffenen Menschen neuen Mut gefasst haben. Die UN-BRK hat sie ihrer Menschenrechte neu gewahr werden lassen und ihren Forderungen ein bis dahin unbekanntes, unumstößliches rechtliches Fundament geliefert. Und so müssen sich in Folge Verwaltungen und Gerichte mit der Bedeutung und Tragweite der Rechte von Menschen mit Behinderungen im Sinne der UN-BRK in Einzelfallentscheidungen befassen, weil sich betroffene Menschen in diesen Verfahren auf die Konvention berufen – mehr als im Vergleich auf alle anderen menschenrechtlichen Übereinkommen.

Es ist vor diesem Hintergrund wahrlich keine Übertreibung zu behaupten: die UN-BRK hat es geschafft, in relativ kurzer Zeit das zu werden, was im Jargon im weiteren Sinne ein »living instrument« genannt wird. Gemeint ist damit ein völkerrechtlicher Vertrag, der das gesellschaftliche Bewusstsein verändert, politisches Handeln bewegt und gesellschaftliche Veränderungen bewirkt.

Eine offene Frage jedoch besteht, ob diese skizzenhaft beschriebene Dynamik und die auf der politischen Ebene erzeugte Wärme beim betroffenen Menschen in seiner konkreten Lebenssituation ankommt. Welche konkreten Verbesserungen sind erreicht worden? Selbst wenn (noch) bessere Rechtseinhaltung und Rechtsgewährleistung geschafft wäre, stellte sich die Frage, ob das Bündel an Aktivitäten eine spürbare Verbesserung noch erwarten lässt oder ob die Bemühungen an den erkennbaren Widerständen stehen bleiben.

Gewiss scheint, dass der viel beschworene Paradigmenwechsel hin zu einer Politik der Rechte – der mehr ist als die Forderung nach Inklusion und die Verwirklichung einer inklusiven Gesellschaft – noch lang nicht geschafft ist, schon allein deshalb nicht, weil eine Politik der Rechte neben der allgemeinen Orientierung an den Menschenrechten immer auch auf der Ebene des gesetzten Rechts ihren Niederschlag finden muss.

Besonders bedeutsam für den Rechteansatz ist der Umsetzungsbereich des Artikels 12 UN-BRK, dem sich dieser Sammelband zuwendet.

II. Zu Artikel 12 der UN-BRK

Ohne den einführenden Beitrag[1] vorwegnehmen zu wollen, sei an dieser Stelle für das Verständnis der im Folgenden kurz dargestellten Beiträge und ihrer Würdigung auf das Wichtigste hingewiesen:

Artikel 12 der UN-BRK verbrieft das Recht auf gleiche Anerkennung vor dem Recht.[2] Dieses Recht schützt zunächst, dass Menschen überhaupt Rechte haben, geht aber darüber hinaus und betrifft auch die Ausübung ihrer rechtlichen Handlungsfähigkeit. Gemeint ist das eigene Handeln in rechtlichen Angelegenheiten und die Gelegenheit, für sein Handeln und die daraus resultierenden rechtlichen Folgen

1 Siehe den Beitrag von Aichele und Degener in diesem Band.
2 Aichele / von Bernstorff (2010).

Verantwortung zu übernehmen. Die UN-BRK anerkennt, dass Menschen mit Behinderungen – völlig unabhängig von Art und Grad der Beeinträchtigung – die Fähigkeit zum rechtlichen Handeln haben. Sie verurteilt jede Regelung, die Menschen diese Fähigkeit »auf Grund einer Behinderung« abspricht, als Diskriminierung.

Rechtlich zu handeln heißt, Freiheit auszuüben. Gleichzeitig betont die UN-BRK, dass der Genuss der rechtlichen Freiheit Menschen mit Behinderungen »gleichberechtigt mit anderen« zustehen soll. Mit anderen Worten: Menschen mit Behinderungen sollen »frei und gleich sein im rechtlichen Handeln« im Vergleich mit Menschen ohne Beeinträchtigung. Das ist die erste zentrale Botschaft von Artikel 12 UN-BRK.

Die zweite Botschaft rückt die für menschliches selbstbestimmtes Handeln erforderliche Unterstützung in den Mittelpunkt. Menschen brauchen Hilfe und nehmen Hilfestellung in den verschiedentlichsten Formen in Anspruch, um ihr Leben zu führen, gerade auch in Bereichen mit rechtlichen Konsequenzen. Für Menschen mit Behinderungen ist nicht im Allgemeinen, aber von Fall zu Fall die Unterstützung von zentraler Bedeutung für das rechtliche Handeln. Die UN-BRK verankert nunmehr in Abkehr von der Fremdbestimmung das menschenrechtliche Paradigma der Assistenz zum persönlichen Handeln, was auch die eigene Entscheidungsfindung mit umfasst.[3] Die Konvention etabliert im Regelungszusammenhang von Artikel 12 der UN-BRK ein »Modell der assistierten Handlungsfähigkeit in rechtlichen Angelegenheiten«.

Soll eine Entwicklung hin zur menschenrechtsbasierten Politik gelingen, kommt der Umsetzung von Artikel 12 der UN-BRK eine Schlüsselfunktion zu. Denn der Rechteansatz umfasst praktisch nicht nur die Anerkennung, Achtung und den Schutz von subjektiven Rechten, sondern eben darüber hinaus auch die Gewährleistung von Bedingungen, wie Unterstützung, um diese Rechte in Anspruch nehmen zu können. Ohne den Genuss der rechtlichen Handlungsfähigkeit bleibt Menschen mit Behinderungen allerdings der Zugang zu anderen Menschenrechten verwehrt, mindestens aber wird er besonders erschwert.

III. Zum Stand der nationalen und internationalen Diskussion

Aus genau diesem Grund steht Artikel 12 UN-BRK schon seit der Erarbeitung der UN-BRK im besonderen Blickpunkt der internationalen Fachöffentlichkeit. Zahlreiche Veröffentlichungen, nicht zuletzt auch von Betroffenenverbänden in

3 Aichele / von Bernstorff (2010), 199.

Deutschland und ihren Mitgliedern, befassen sich im Detail mit Artikel 12 UN-BRK und fordern umfassende Reformen der nationalen Rechtsordnungen.

Auch internationale Institutionen auf dem Gebiet des Menschenrechtsschutzes haben sich der Forderung, den in Artikel 12 UN-BRK angestrebten Paradigmenwechsel zu vollziehen, angeschlossen.[4] In den unterschiedlichsten Zusammenhängen ist die Wichtigkeit dieser Vorschrift für die Auslegung fundamentaler Rechte anerkannt. Besonders deutlich wird dies in einer Stellungnahme des Ausschusses unter der Interamerikanischen Konvention zur Beseitigung jeglicher Form von Diskriminierung von Menschen mit Behinderungen, der nunmehr vertritt, dass diese Konvention nach Inkrafttreten der UN-BRK überholt sei und im Licht des Artikels 12 UN-BRK ausgelegt werden müsse.[5] Auch der Europäische Gerichtshof für Menschenrechte hat Artikel 12 bereits rezipiert und seine Auslegung der Europäischen Menschenrechtskonvention angepasst.[6]

Der UN-Fachausschuss für die Rechte von Menschen mit Behinderungen hat sich ebenfalls mehrfach mit Artikel 12 UN-BRK befasst. Unter anderem hat er seinen ersten »General Day of Discussion« am 21. Oktober 2009 diesem Artikel gewidmet, auch eine der beiden ersten Allgemeinen Bemerkungen wird sich damit befassen.[7] Darunter versteht man die Erläuterungen, wie einzelne Teile des Vertrags zu verstehen sind. Auch in seiner Erklärung zum Tag der Menschen mit Behinderungen am 3. Dezember 2009 hat der Ausschuss einen Schwerpunkt auf Artikel 12 gelegt.[8] Schließlich hat sich der Ausschuss in den bis 2012 abgeschlossenen Staatenberichtsverfahren[9] recht intensiv mit Artikel 12 auseinandergesetzt und hierbei zum einen einzelne klar diskriminierende Regelungen kritisiert, zum anderen immer wieder einen Übergang von ersetzender zu unterstützender Entscheidungsfindung und insoweit ebenfalls Reformen im nationalen Recht gefordert.[10]

Auch in Deutschland gibt es Stimmen aus Verbänden, Wissenschaft und Politik, die die Aufgabe sehen, das deutsche Recht zu reformieren, um den Anforderungen der UN-BRK zu genügen.[11] Demgegenüber stand die Bundesregierung lange auf dem Standpunkt, das deutsche Recht sei bereits UN-BRK-konform, gesetzgeberi-

4 Vgl. etwa UN-Hochkommissariat für Menschenrechte (2009), Ziff. 45; Menschenrechtskommissar des Europarates (2012).

5 Ausschuss für die Beseitigung jeglicher Form von Diskriminierung von Menschen mit Behinderungen (2011).

6 Urteil der Großen Kammer vom 17.01.2012, Antragsnummer Nr. 36760/06, Ziff. 244-245.

7 UN-Fachausschuss (2011a).

8 UN-Fachausschuss (2009a), Ziff. 6.

9 Im Individualbeschwerdeverfahren gibt es noch keine Entscheidungen zu Art. 12.

10 Vgl. die Richtlinien des Ausschusses zum Inhalt von Staatenberichten (UN-Fachausschuss (2009), S. 9) sowie die bisherige Ausschusspraxis im Staatenberichtsverfahren – UN-Fachausschuss (2011), Ziff. 22-23; UN-Fachausschuss (2011b), Ziff. 33-34; UN-Fachausschuss (2012), Ziff. 22-27; UN-Fachausschuss (2012a), Ziff. 19-22; UN-Fachausschuss (2012b), Ziff. 21-22; UN-Fachausschuss (2012c), Ziff. 25-26.

11 Deutscher Behindertenrat (2010); Fachverbände für Menschen mit Behinderungen (2009).

scher Handlungsbedarf bestehe grundsätzlich nicht.[12] Diese Auffassung, bestand für die UN-BRK im Allgemeinen, aber insbesondere in Bezug auf den Bereich der Ausübung der rechtlichen Handlungsfähigkeit von Menschen mit Behinderungen in Deutschland.

Im Zuge des politischen Prozesses von der Erklärung im Jahr 2007, die Ratifikation anzustreben, bis hin zum Ratifikationsgesetz im Jahr 2008 gingen Bund und Länder davon aus, dass allenfalls kleinere Probleme in Gesetzesvollzug oder in der Praxis zu Tage gebracht werden könnten, nicht aber, dass auch nur ein Gesetz geändert werden müsste. In der Denkschrift, der erläuternden Begleitschrift zum Ratifikationsgesetz, ist das so noch zu lesen.[13]

Diese Auffassung hat die Bundesregierung für den Bereich der rechtlichen Handlungsfähigkeit im Ersten Staatenbericht gegenüber dem UN-Fachausschuss für die Rechte von Menschen mit Behinderungen und zu späteren Anlässen wie bei Antworten auf parlamentarische Anfragen und im Nationalen Aktionsplan in Teilen mehrfach wiederholt.[14]

Die Entwicklungen in Bund und Ländern seit dem Inkrafttreten der UN-BRK zeigen deutlich, dass dieser Standpunkt heute nicht mehr richtig ist und als überholt gelten muss.

Erinnert sei zunächst an durchgeführte und geplante Schulrechts-Novellierungen, soweit sie als Reaktion auf die Verpflichtung der Konvention zu sehen sind, dem Recht auf inklusive Bildung von Menschen mit Behinderungen besser Rechnung zu tragen als vor Inkrafttreten. Gleichwohl ist viel von der bestehenden Umsetzungsverpflichtung, ein »inklusives Bildungssystem« aufzubauen und zu unterhalten, nach wie vor offen. Darüber hinaus haben zwei Bundesländer das jeweilige »Landesgleichstellungsrecht« für Menschen mit Behinderungen vor dem Hintergrund der UN-BRK fortentwickelt (Sachsen-Anhalt, Brandenburg[15]). Auch die Bundesregierung hat in den Nationalen Aktionsplan einen Prüfauftrag hinsichtlich des Behindertengleichstellungsgesetzes des Bundes aufgenommen.[16] Die Novellierung dieser zentralen Gesetze, deren Grundbegriffe von der UN-BRK in Teilen abweichen oder zu kurz greifen, scheint unumgänglich.[17]

Dass mittlerweile staatlicherseits die Überzeugung gewachsen ist, dass die UN-BRK noch weitergehenden gesetzlichen Handlungsbedarf nach sich zieht, dokumentieren außerdem die Aktions- und Maßnahmenpläne der Länder. So haben in

12 Vgl. Deutscher Bundestag (2008), 2 und passim; Bundesregierung (2011), 3-6; spezifisch mit Blick auf das Betreuungsrecht Deutscher Bundestag (2011), 3.
13 Deutscher Bundestag (2008).
14 Vgl. etwa Bundesministerium für Arbeit und Soziales (2011).
15 Siehe etwa das Gesetz des Landes Brandenburg zur Gleichstellung von Menschen mit Behinderungen vom 11. Februar 2013.
16 Bundesministerium für Arbeit und Soziales (2011), S. 162.
17 Siehe dazu Monitoring-Stelle (2012a).

einzelnen Ländern insbesondere nach dem Inkrafttreten oder als Vorbereitung eines Aktions- oder Maßnahmenplans (so etwa Nordrhein-Westfalen[18]) vereinzelt ressortübergreifende Arbeitsprozesse in Form einer **Normprüfung** stattgefunden, teilweise formulieren die Aktions- und Maßnahmenpläne das anspruchsvolle Arbeitsvorhaben, eine umfassende Normprüfung durchzuführen (so etwa für Berlin, Hessen, Sachsen-Anhalt, Thüringen[19]), teilweise bekunden Länder, dass die Normprüfung eine Aufgabe ist, die zu verstetigen sei (so Berlin, Nordrhein-Westfalen, Sachsen-Anhalt und Thüringen[20]). Normprüfung heißt dabei die Prüfung, ob und inwieweit das jeweilige geltende Landesrecht (Gesetze, Verordnungen, Verwaltungsvorschriften) abstrakt wie im Vollzug mit der UN-BRK vereinbar ist und auch, wie über eine bessere Gestaltung des rechtlichen Rahmens eine bessere Umsetzung erreicht werden kann.

IV. Das Programm einer Normprüfung

Der Auffassung, die Prüfung der Gesetzeslage im Lichte der UN-BRK könne, erst einmal durchgeführt, getrost ein für alle Mal als abgeschlossen betrachtet werden, steht der rechtstheoretische Rahmen der UN-BRK entgegen. Die völkerrechtliche Verpflichtung zur Durchführung einer Normprüfung sowie deren vier Dimensionen (Prüfprogramm) sollen an dieser Stelle noch kurz dargestellt werden.

Die UN-BRK formuliert im Allgemeinen die Verpflichtung, die Vereinbarkeit allen staatlichen Handelns mit der UN-BRK stetig zu prüfen und sich staatlicherseits mit wirksamen Ansätzen zu vergewissern, dass die Rechte von Menschen mit Behinderungen voll eingehalten und – in Bezug auf die wirtschaftlichen, sozialen und kulturellen Rechte – nach Kräften schrittweise immer besser gewährleistet werden; spezifisch ist damit die Verpflichtung zu einer laufenden und verstetigten Normprüfung verbunden. Gemäß **Artikel 4** der UN-BRK liest sich das wie folgt:

> (1) Die Vertragsstaaten verpflichten sich, die volle Verwirklichung aller Menschenrechte und Grundfreiheiten für alle Menschen mit Behinderungen ohne jede Diskriminierung aufgrund von Behinderung zu gewährleisten und zu fördern. Zu diesem Zweck verpflichten sich die Vertragsstaaten,
>
> a) alle geeigneten Gesetzgebungs-, Verwaltungs- und sonstigen Maßnahmen zur Umsetzung der in diesem Übereinkommen anerkannten Rechte zu treffen;
> b) alle geeigneten Maßnahmen einschließlich gesetzgeberischer Maßnahmen zur Änderung oder Aufhebung bestehender Gesetze, Verordnungen, Gepflogenheiten und Praktiken zu treffen, die eine Diskriminierung von Menschen mit Behinderungen darstellen; ...

18 Siehe NRW (2012), S. 49-56.
19 Siehe dazu http://www.institut-fuer-menschenrechte.de/de/monitoring-stelle/monitoring.html.
20 Ibid.

(2) Hinsichtlich der wirtschaftlichen, sozialen und kulturellen Rechte verpflichtet sich jeder Vertragsstaat, unter Ausschöpfung seiner verfügbaren Mittel und erforderlichenfalls im Rahmen der internationalen Zusammenarbeit Maßnahmen zu treffen, um nach und nach die volle Verwirklichung dieser Rechte zu erreichen, unbeschadet derjenigen Verpflichtungen aus diesem Übereinkommen, die nach dem Völkerrecht sofort anwendbar sind.

Daraus leitet sich der Auftrag der Normprüfung ab. Diese umfasst in Bezug auf das geltende wie auf das zukünftige Recht ein menschenrechtliches Prüfprogramm mit Ansatzpunkten auf den folgenden vier Ebenen:

Die Ebene der Gesetzesnorm: die Prüfung auf dieser Ebene hat die Gestalt einer so genannten abstrakten Normenkontrolle. Diese stellt die Frage, ob die Gesetzesnorm und anderes gesetztes Recht im engeren Sinne mit den Rechten und staatlichen Verpflichtungen aus der UN-BRK im Einklang steht; ein wichtiger Maßstab ist das Verbot der Diskriminierung auf Grund von Behinderung, gegen das kein Gesetz verstoßen darf. Es ist daher ein materiell-rechtlicher Abgleich der in Frage stehenden Vorschriften mit den Vorgaben der UN-BRK vorzunehmen.

Die Ebene des Gesetzesvollzuges: der mangelhafte Gesetzesvollzug an sich muss menschenrechtlich nicht problematisch sein, er ist aber relevant, wenn der Vollzug die konventionskonformen Ergebnisse (»outcomes«) nicht erbringt – also die Rechte im Wege eines defizitären Vollzugs faktisch nicht hinreichend gewährleistet werden. Daher muss ein Abgleich der Rechtsanwendung am Maßstab der UN-BRK erfolgen, das heißt es ist zu prüfen, ob unzureichende Vollzugsergebnisse strukturell normativ bedingt sind. Denn es stellt sich die Frage, ob ein verändertes Gesetz oder andere Verwaltungsvorschriften bzw. Ausführungsbestimmungen den Vollzug besser anleiten und damit konventionskonforme Ergebnisse eher gewährleisten können.

Die Ebene der Gesetzesgestaltung: Die einzelnen Rechte verlangen gemäß der staatlichen Gewährleistungsverpflichtung die Verbesserung der Infrastruktur im Rahmen der verfügbaren Ressourcen, damit Rechte besser wahrgenommen werden können, denn die UN-BRK verpflichtet zur progressiven Verbesserung der rechtlichen Rahmenbedingungen und staatlichen Praxis, um den Rechten und Prinzipien der UN-BRK immer besser Rechnung zu tragen. Diese bestehende Infrastruktur muss also stetig geprüft und vor dem Hintergrund der Verpflichtung in Bezug auf die allgemeinen Gewährleistungsverpflichtungen, insbesondere in Bezug auf die wirtschaftlichen, sozialen und kulturellen Rechte, schrittweise fortentwickelt werden. Überdies enthält die Konvention auch positive Maßstäbe der Orientierung in Gestalt der menschenrechtlichen Prinzipien (Inklusion, Gleichbehandlung von Frauen und Männern, Partizipation etc.); auf dieser Ebene geht es also mithin um die kreative und innovative Überlegung, wie durch Recht ein Rahmen gestaltet werden kann, etwa um der Inklusion besser Rechnung zu tragen oder mehr oder andere Formen der Partizipation zu ermöglichen.

Die Ebene der Gesetzesbegründung: Die Prüfung, ob Gesetze mit der UN-BRK konform gehen, sollte vor der Ebene der Gesetzesbegründung nicht halt machen. Rechtstheoretisch stellt die Hinfälligkeit der Begründung zwar nicht die Geltung einer Regelung in Frage. Wenn jedoch eine gesetzliche Begründung nach den Wertmaßstäben der UN-BRK nicht mehr überzeugt, etwa weil sie auf negative Stereotype von Menschen mit Behinderungen zurückgreift und damit in den Bereich der Diskriminierung rückt, scheint dies ein legitimer Anlass, auch die Regelung selbst zu prüfen, insbesondere vor dem Hintergrund, dass die Gesetzesbegründung im Einzelfall zur historischen sowie zur teleologischen Auslegung der fraglichen Vorschrift herangezogen werden kann und daher der Einfluss auf das Verständnis der Norm und ihrer Anwendung vorgegeben wird.

Die Aufgabe, ein entsprechendes Prüfprogramm heute wie in der Zukunft durchzuführen, leitet sich zwingend aus der UN-BRK ab. Denn was in diesem komplexen Vertragswerk inhaltlich steckt, wird seit dem internationalen Inkrafttreten im Jahr 2008 erst schrittweise erkennbar. Der Prozess über das richtige Verständnis der Konvention und die internationale Verständigung findet weltweit statt, legt nach und nach anfänglich noch versteckte wie unbekannte Inhalte der Rechte von Menschen mit Behinderungen offen. Mit anderen Worten kann man sagen, die normative Reichweite, den Umfang staatlicher Verpflichtungen und in Folge das gesetzgeberische Veränderungspotential im jeweiligen nationalen Zusammenhang zu entdecken, stellt sich als Teil eines komplexen Lern- und Arbeitsprozesses auf allen staatlichen Ebenen dar, ganz im Sinne einer nicht abgeschlossenen Lerngeschichte.[21]

Europa, insbesondere Deutschland, kennt vergleichbare Vorgänge in Bezug auf andere rechtliche Grundlagentexte. Welcher Staat wusste beim Inkrafttreten der Europäischen Menschenrechtskonvention 1953, welche konkreten Sachverhalte heute an ihrem Maßstab entschieden werden, die im Ergebnis zu einer Gesetzesänderung führen müssen? Oder wem stand beim Inkrafttreten des Grundgesetzes 1949 vor Augen, welche Gesetze über die Jahrzehnte beurteilt sich als am Maßstab der Grundrechte null und nichtig herausstellen oder einer Verbesserung zuzuführen sein würden?

Vor dem Hintergrund der lebhaften internationalen Diskussion über die Bedeutung der rechtlichen Handlungsfähigkeit von Menschen mit Behinderungen einerseits und andererseits des in Deutschland grundsätzlich geänderten Bewusstseins ist es allerdings bedauerlich, dass gerade in Bezug auf die hier im Zentrum stehende Rechtsbestimmung des Artikels 12 UN-BRK bis heute staatlicherseits viel weniger Bereitschaft zu erkennen ist, in eine vertiefte Prüfung und Auseinandersetzung einzutreten, als dies in Bezug auf andere Felder der Fall ist. Die Bedeutung und

21 Vgl. bereits Aichele (2008).

Tragweite des Rechts auf gleiche Anerkennung vor dem Recht wird von staatlichen Stellen und Parlamenten in aktuellen Gesetzesvorhaben nicht erkannt.

Ein hervorstechendes Beispiel ist die Verabschiedung des Gesetzes zur Novellierung des Bundeswahlgesetzes, mit dem der zu Recht kritisierte Gesetzesausschluss von Menschen mit Behinderungen vom aktiven und passiven Wahlrecht nicht überwunden wird.[22] Bände spricht auch das Gesetzgebungsverfahren über die Wiedereinführung der ärztlichen Zwangsbehandlung im Zusammenhang mit psychiatrischer Versorgung: Während der Rest der Welt darüber diskutiert, ob die Anforderungen zu Achtung und Schutz des rechtlichen Willens, die sich insbesondere aus Artikel 12 UN-BRK ergeben, staatlicherseits durch die Legalisierung von Zwang überhaupt noch eingelöst werden können, hat sich die Bundesregierung bemüht, das Gesetzgebungsvorhaben, das die ärztliche Zwangsbehandlung wiedereinführt, im Schnellverfahren unter Missachtung der Partizipationsverpflichtung durchzuführen.[23]

V. Zu den Artikeln in diesem Band

Die wissenschaftliche Auseinandersetzung kann wichtige Impulse setzen. Deshalb versammelt der vorliegende Band Beiträge von Autorinnen und Autoren aus Wissenschaft und Praxis. Hinter diesem Publikationsprojekt steht die Frage, ob und inwieweit die deutsche Rechtslage und Rechtspraxis mit den Anforderungen aus der UN-BRK übereinstimmen. Es geht von der **Arbeitshypothese** aus, dass eine Prüfung im Bereich der rechtlichen Handlungsfähigkeit von Menschen mit Behinderungen in Deutschland, insbesondere eine Normprüfung im oben vorgestellten Sinne, noch nicht annähernd abgeschlossen ist.

Die ersten drei Beiträge in **Kapitel 1 (»Grundlegende Perspektiven«)** widmen sich grundlegenden Fragen:

Valentin Aichele, Leiter der deutschen Monitoring-Stelle zur UN-BRK, und **Theresia Degener**, deutsches Mitglied des UN-Fachausschusses für die Rechte von Menschen mit Behinderungen, befassen sich in »Frei und gleich im rechtlichen Handeln – eine völkerrechtliche Einführung zu Artikel 12 UN-BRK« grundlegend mit der Auslegung des Artikels 12 aus völkerrechtlicher Sicht. Artikel 12 ist demnach Ausdruck einer allgemeinen menschenrechtlichen Entwicklung und damit der Kodifizierung staatlicher Verpflichtungen hinsichtlich der rechtlichen Handlungsfähigkeit, die für alle Menschen, egal ob mit oder ohne Behinderungen, ob Kinder oder Erwachsene, bedeutsam ist.

22 Siehe Deutscher Bundestag (2012).
23 Siehe Monitoring-Stelle (2012b).

Eine grundlegende Frage bearbeitet der Beitrag »Funktion und Anwendungsbereich der ›Unterstützung‹ (›support‹) bei der Ausübung der Rechts- und Handlungsfähigkeit gemäß Artikel 12 UN-BRK – Anforderungen aus der Perspektive von Menschen mit geistiger Behinderung« von **Klaus Lachwitz**. Damit stellt der Autor, heute Präsident von Inclusion International, der als Präsident der Bundesvereinigung Lebenshilfe für Menschen mit geistiger Behinderung an der Erarbeitung der UN-BRK beteiligt war, auf den zentralen Begriff der Unterstützung ab, von dessen Umsetzung in manchem Fall entscheidend abhängt, ob Menschen mit Behinderungen praktisch rechtlich handlungsfähig sind. Er legt besonderen Wert auf eine Betrachtung aus Sicht von Menschen mit (insbesondere geistigen) Behinderungen.

Insbesondere geht Lachwitz der Frage sehr differenziert nach, wie die nach Artikel 12 Absatz 3 UN-BRK geforderte Unterstützung, die Menschen mit Behinderungen in die Lage versetzen soll, ihre rechtliche Handlungsfähigkeit wahrzunehmen, im Einzelnen auszugestalten ist. Für die Staaten erkennt er etwa in dieser Bestimmung eine Unterstützungsverschaffungspflicht. Der Autor geht in seinem Beitrag auf einige positive Beispiele aus dem Ausland ein, die international und hierzulande in der Diskussion sind, und prüft, wo solche Unterstützungsangebote bereits nach geltendem deutschen Sozialrecht gewährt werden können und wo insoweit neue Modelle geschaffen werden müssen.

Auf der These vom Einfluss des Artikels 12 UN-BRK auf die allgemeine menschenrechtliche Entwicklung baut **Lothar Krappmann**, langjähriges deutsches Mitglied im UN-Fachausschuss für die Rechte des Kindes, auf. In seinem Beitrag »Die rechtliche Handlungsfähigkeit des Kindes – Die UN-Kinderrechtskonvention aus der Sicht des Artikels 12 UN-BRK« untersucht er die Wechselbezüglichkeit der beiden internationalen Instrumente. Krappmann unterstreicht die Ausstrahlungswirkung, die die UN-BRK auf die Sichtweise der Rechte des Kindes und damit auf die Kinderrechtskonvention hat. Damit werden die Erfahrungen, die Vertreterinnen und Vertreter von Kinderrechten in der Auseinandersetzung um die rechtliche Handlungsfähigkeit von Kindern gemacht haben, auch für die parallele Auseinandersetzung um die Handlungsfähigkeit von Menschen mit Behinderungen fruchtbar gemacht.

Besondere Aufmerksamkeit schenkt der Autor dem Aspekt der »sich ständig entwickelnden Fähigkeiten« (»evolving capacities«). Er stellt zum einen die Frage, wie anzusetzen ist, um Kinder in ihrer Entwicklung zu einer rechtlichen Handlungsfähigkeit zu unterstützen. Gleichzeitig spricht er sich dafür aus, die individuell entwickelte rechtliche Handlungsfähigkeit auch bereits vor dem Erwachsensein nach Grad und Reife anzuerkennen, immer voll zu achten und zu schützen.

Das **Kapitel 2 (»Rechtliche Handlungsfähigkeit in Verfahren«)** umfasst drei Beiträge mit dem Schwerpunkt Handeln in gesetzlich geregelten Verfahren, also so genannten förmlichen Verfahren. Sie zeigen eine wichtige Dimension des rechtlichen Handelns auf, weil gerade in förmlichen Verfahren die eigenen Rechte eingefordert und durchgesetzt werden – oder eben auch nicht. Alle Beiträge haben als Grundlage den Artikel 13 der UN-BRK (Zugang zum Recht).

So befassen sich **Helge Loytved** und **Konrad Frerichs**, Vorsitzender Richter und wissenschaftlicher Mitarbeiter am Bundessozialgericht, in ihrem Beitrag »Zur rechtlichen Handlungsfähigkeit von Menschen mit Behinderung im Verwaltungs- und Gerichtsverfahren« grundlegend mit der Frage, inwieweit die rechtliche Handlungsfähigkeit behinderter Menschen in diesen Verfahren geregelt ist und ob sie hinreichend gewährt ist.

Da die Verfahrensordnungen an die Geschäftsfähigkeit anknüpfen, setzen sich Loytved und Frerichs zunächst kritisch mit der zivilrechtlichen konzeptionellen Basis der Handlungsfähigkeit im Verfahren auseinander, bevor sie sich den weiteren Einzelheiten in spezifischen Regelungszusammenhängen widmen. In der Gesamtbetrachtung macht nach der Auffassung der Autoren Artikel 12 UN-BRK »hier und da klarstellende, ergänzende und teilweise auch ändernde Regelungen« erforderlich. Gerade bei der richterlichen Entscheidung seien die individuellen Gegebenheiten besonders beachtlich; entsprechend werben sie in der rechtlichen Befassung für eine Einzelfallorientierung.

Darüber hinaus listen sie gerade im Bereich gesetzlicher Regelungen eine Reihe an Bestimmungen auf, die einer vertieften Prüfung unterzogen werden sollten; insbesondere in Bezug auf das Nichtigkeitsdogma des § 105 des Bürgerlichen Gesetzbuches (BGB) sehen sie die Gefahr einer mittelbaren Diskriminierung von Menschen mit Behinderung und regen eine Reform in Richtung einer »relativen Geschäftsfähigkeit« an.

Einen spezifischen Fokus auf das arbeitsrechtliche Verfahren wirft der Beitrag »Die Rechts- und Handlungsfähigkeit im Arbeitsgerichtsverfahren und im verfahrensrechtlichen Bestandsschutz des Arbeitsverhältnisses« von Zivilrechtslehrer **Wolfhard Kohte** und wissenschaftliche Mitarbeiterin **Claudia Beetz**, beide an der Martin-Luther-Universität Halle-Wittenberg. Ihr Beitrag zeigt an einzelnen gerichtlichen Entscheidungen Probleme mit der gerichtlichen Praxis auf, die bei der Ausfüllung der Kategorie Prozessunfähigkeit noch sehr von einem alten »Defizitmodell« beherrscht ist und bei der Verfahrensgestaltung nicht willens oder in der Lage ist, auch Menschen mit Behinderungen ausreichendes rechtliches Gehör zu gewähren. Dies steht dem Anspruch eines »inklusiven Verfahrens« entgegen.

Kothe und Beetz stellen zwar die normativen Konzepte der »Geschäfts- und Prozessunfähigkeit« menschenrechtlich nicht grundsätzlich in Frage, sie verweisen jedoch auf die verfassungsgerichtlich gebotene Nutzung der UN-BRK als Auslegungshilfe, um überkommene Interpretationen und damit eine Ausgrenzung von

Menschen mit Behinderungen aus dem Verfahren als selbstverantwortliche Akteure zu überwinden.

Überdies betont der Beitrag Möglichkeiten, wie die Forderung des Artikels 12 Absatz 3 UN-BRK nach präventiven unterstützenden Maßnahmen im Verfahrens- und Prozessalltag umgesetzt werden kann, insbesondere auch mit Blick auf das Innenverhältnis bei bestehender Betreuung. Wie andere Autoren des Sammelbandes raten auch Kothe und Beetz zur Aufhebung des § 53 der Zivilprozessordnung, der Menschen mit Behinderungen aus dem Verfahren verdränge und sie damit in ihrer rechtlichen Handlungsfähigkeit diskriminierend einschränke.

Der dritte Beitrag aus der Reihe der Untersuchungen zur rechtlichen Handlungsfähigkeit in Verfahren stammt von Strafverteidiger **Helmut Pollähne** und befasst sich mit dem Strafprozess, der weniger der Durchsetzung der materiellen Rechte von Menschen mit Behinderungen dient, aber dafür umso mehr geeignet ist, deren rechtliche Handlungsfähigkeit einzuschränken. In »Behindertenrechte im Strafprozess – Faire Verfahren für Menschen mit Behinderungen?« konzentriert er sich mit dem Einfluss der UN-BRK auf den Strafprozess und die Gerichtsverfassung.

Im Anschluss an die ausführliche Darstellung grundlegender Aspekte der Strafverfahrensrechte zeigt der Autor im Rahmen des Abschnitts »Behindertenrechte im Strafprozess« auf, dass gemäß der UN-BRK eine ganze Reihe von Einzelvorschriften reformbedürftig bzw. ihre Auslegung durch die Gerichte änderungsbedürftig ist, weil sie zu Diskriminierung von Menschen mit Behinderungen gegenüber Nichtbehinderten, teilweise auch zu Diskriminierungen zwischen verschiedenen Formen von Beeinträchtigungen, führen. Daneben dürfte die UN-BRK nach der Auffassung des Autors sogar verlangen, dass ganze Verfahrensarten, etwa das sogenannte Sicherungsverfahren, ganz abgeschafft werden.

Die unter **Kapitel 3 (»Rechtliche Handlungsfähigkeit in einzelnen Lebensbereichen«)** gruppierten Beiträge arbeiten die rechtliche Handlungsfähigkeit im Sinne von Artikel 12 UN-BRK in Bezug zu anderen Rechten der Konvention heraus. Dass die rechtliche Handlungsfähigkeit im Sinne von Artikel 12 UN-BRK auch deswegen besondere Bedeutung hat, weil sie andere Rechte aus der Konvention ergänzt und ihnen zur vollen Geltung verhilft, lässt sich anhand verschiedener Rechte der UN-BRK zeigen. Die Reihung der Beiträge folgt der Reihenfolge der einzelnen Bestimmungen in der UN-BRK selbst (Artikel 14, 15, 17, 19, 23, 25 und 29).

Im ersten Beitrag befasst sich **Rolf Marschner**, Rechtsanwalt und Herausgeber eines einschlägigen Kommentars, mit »Menschen in Krisen: Unterbringung und Zwangsbehandlung in der Psychiatrie.« Er stellt insbesondere anhand von Artikel 14 und 17 UN-BRK und unter Einbeziehung der ersten verfassungsgerichtlichen Entscheidung zur ärztlichen Zwangsbehandlung nach Inkrafttreten der UN-

BRK[24] dar, dass die große Mehrzahl der Befugnisse zur zwangsweisen Unterbringung und zur Zwangsbehandlung von Menschen mit – meist psychosozialen – Behinderungen, die sich aus dem BGB[25] und den Psychisch-Kranken-Gesetzen der Länder ergeben, den gesteigerten Anforderungen aus der UN-BRK nicht genügen. Auf die seit Abschluss seines Beitrags eingetretene veränderte Gesetzeslage[26] und auf die Stellungnahme Marschners im Rahmen der Anhörung im Gesetzgebungsverfahren sei an dieser Stelle ausdrücklich hingewiesen.[27]

Die von Marschner anhand der UN-BRK entwickelten normativen Anforderungen setzen jedoch auch für die neuen Regelungen im Bund wie für die aktuell reformbestrebten Länder bislang noch unerreichte Maßstäbe. Der Autor tritt im Zuge seiner Untersuchung im Sinne einer menschenrechtsorientierten Gestaltung der psychiatrischen Versorgung nicht nur für eine Änderung der Gesetzgebung, sondern auch für eine Fortentwicklung von Rechtsprechung und Praxis ein. Er unterstreicht, dass die menschenrechtsorientierte Psychiatrie ein »passgenaues, an den Wünschen der betroffenen Person ausgerichtetes Hilfeangebot« und damit die »Vorhaltung von Assistenz, angemessenen Vorkehrungen und Barrierefreiheit« voraussetze.

Gerade in der Zusammenschau der unterschiedlichen Verpflichtungsdimensionen aus der UN-BRK und im Vergleich zu bestehenden Strukturen ist dieser Beitrag nach wie vor hoch aktuell.

Sigrid Graumann, Professorin für Ethik an der Evangelischen Fachhochschule Rheinland-Westfalen-Lippe, befasst sich schließlich mit der Frage nach der Bedeutung des Artikels 12 UN-BRK in Verbindung mit Artikel 15 UN-BRK (Verbot von Folter; Freiheit vor erniedrigender oder unmenschlicher Behandlung) im Bereich der medizinischen Forschung mit beziehungsweise an Menschen mit Behinderungen. In ihrem Beitrag »Fremdnützige Forschung nur mit eigener, gegebenenfalls assistierter Einwilligung?« greift sie die aktuelle Debatte auf, ob die Figur der »Einwilligungsunfähigkeit« im Lichte der UN-BRK noch eine Berechtigung haben kann, da Artikel 12 der UN-BRK von der vollen »Rechts- und Handlungsfähigkeit« von Menschen mit Behinderungen ausgeht und eine einschränkende Differenzierung dem Wortlaut nach nicht stützt.

Die Autorin geht zunächst auf das Dilemma hinsichtlich der auch gesetzlich etablierten Figur der »Einwilligungsunfähigkeit« ein, die einerseits angesichts historischer Erfahrungen Menschen mit Behinderungen besonderen Schutz vor Verletzungen ihrer Rechte geboten hat. Graumann stellt in Folge dar, dass das Konzept

24 Bundesverfassungsgericht, Beschluss vom 23.03.2011, Aktenzeichen 2 BvR 882/09.
25 § 1906 BGB alte Fassung.
26 Zur neuen Fassung des § 1906 BGB siehe das Gesetz zur Regelung der betreuungsrechtlichen Einwilligung in die ärztliche Zwangsmaßnahme vom 18. Februar 2013, abgedruckt in Bundesgesetzblatt 2013 Teil I, S. 266-267.
27 Siehe Marschner (2012).

der Einwilligungsunfähigkeit über die Jahre eine Aufweichung erfahren und damit teilweise an Schutzwirkung eingebüßt hat. Kritikwürdig sei außerdem seine stigmatisierende Wirkung, weil die Annahme von „Einwilligungsunfähigkeit" letztlich die Negation der rechtlichen Handlungsfähigkeit darstellt.

Für Graumann bietet der menschenrechtliche Ausgangspunkt, dass Forschung nur dann zulässig ist, wenn die betreffenden Menschen ihre »freie und informierte Zustimmung« dazu erteilt haben, für alle Menschen den erforderlichen Schutz, gleich ob mit oder ohne Behinderung. Dies wirft aber die Frage auf, wie gewährleistet werden kann, dass alle Menschen eine entsprechende Entscheidung treffen können. Zur Lösung dieses Problems schlägt sie das Modell eines »co-consent« vor, wonach in solchen Fällen die persönliche Einwilligung des Menschen mit einer Behinderung zu fordern ist, die durch eine assistierende Vertrauensperson bestätigt wird. Liege keine entsprechende Einwilligung beziehungsweise keine Bestätigung der Vertrauensperson dazu vor, dürfe in keinem Fall das Forschungsvorhaben durchgeführt werden.

Minou Banafsche, wissenschaftliche Mitarbeiterin am Max-Planck-Institut für Sozialrecht und Sozialpolitik in München, befasst sich mit dem Recht auf unabhängige Lebensführung und Einbeziehung in die Gemeinschaft. In ihrem Beitrag »Unabhängige Lebensführung und Einbeziehung in die Gemeinschaft nach Artikel 19 UN-BRK als Ausdruck rechtlicher Handlungsfähigkeit« stellt sie die Bedeutung der freien Wahl des Aufenthaltsortes und der Wohnform dar.

Um den Ausgangspunkt wie die Ergebnisse ihrer Untersuchung richtig einzuordnen, ist es wichtig darauf hinzuweisen, dass die Autorin die Entscheidung über den Aufenthaltsort nach lit. a des Artikels 19 UN-BRK überzeugenderweise als bürgerliches bzw. politisches Recht qualifiziert, für dessen Verwirklichung die Verfügbarkeit von Ressourcen gemäß menschenrechtlicher Dogmatik keine Rolle spielen darf. So arbeitet die Autorin zunächst die Schutzrichtung des lit. a heraus und überprüft anschließend eine Reihe an einschlägigen, die freie Ortswahl einschränkenden Normen des deutschen Sozialrechts[28] darauf, ob diese mit der UN-BRK in Einklang gebracht werden können. Der Beitrag stellt heraus, dass zahlreiche Normen, die die Umsetzung der Wünsche behinderter Menschen im Hinblick auf die Ausgestaltung ihrer Pflege, insbesondere auf deren ambulanten oder stationären Charakter, unter Finanzierungsvorbehalt stellen, als nicht konventionskonform und damit reformbedürftig bewertet werden müssen.

Mit einer sehr sensiblen Regelung, nämlich der Sterilisation von Menschen mit Behinderungen, befasst sich Rechtsanwalt **Oliver Tolmein** im Beitrag »Die Regelung zur Einwilligung der Betreuerin beziehungsweise des Betreuers in die Sterilisation als Verstoß gegen die UN-BRK«. Der Eingriff in die Fruchtbarkeit eines

28 Etwa § 13 Abs. 1 Satz 3 in Verbindung mit §§ 53 ff. des Zwölften Buches des Sozialgesetzbuchs (SGB XII); § 43 Abs. 4 SGB XI; § 44 Abs. 1 und 5 SGB VII.

erwachsenen Menschen, der in Deutschland faktisch fast ausschließlich Frauen mit geistiger Behinderung trifft, ist gemäß dem deutschen Recht unter bestimmten Umständen – zwar nicht gegen den natürlichen Willen der betroffenen Person, jedoch ohne deren Einwilligung – zulässig.[29] Da bei allen anderen erwachsenen Menschen für eine Sterilisation eine Einwilligung vorausgesetzt wird, stellt sich hier die Frage, ob diese Ungleichbehandlung eine Benachteiligung und damit mit Artikel 23 in Verbindung mit Artikel 12 UN-BRK unvereinbar ist. Diese Frage bejaht Tolmein klar.

Der Beitrag verweist auf das Recht aller Menschen, sich für eine Sterilisation zu entscheiden, und erinnert an die gestiegenen Anforderungen, damit etwa Menschen mit geistiger Behinderung dieses Recht in Anspruch nehmen können, genauso wie er für eine gesellschaftliche Diskussion über das Recht von Menschen mit Behinderungen wirbt, Kinder zu haben.

Leander Palleit, wissenschaftlicher Mitarbeiter der Monitoring-Stelle zur UN-Behindertenrechtskonvention, befasst sich in seinem Beitrag »Zur Handlungsfähigkeit behinderter Menschen im Bereich politischer Grundrechte – Gleiches Recht auf Mitwirkung an Wahlen« mit dem Wahlrecht nach Artikel 29 UN-BRK. Die verbriefte Möglichkeit, gewählt zu werden und seine Stimme abzugeben, ist im Rahmen einer demokratischen Wahl als spezifischer Ausdruck des Rechts auf rechtliche Handlungsfähigkeit im Sinne von Artikel 12 UN-BRK zu werten.

Der Autor setzt für seine Untersuchung, ob die UN-BRK im Feld der politischen Partizipation hinreichend gewährleistet ist, auf der gesetzlichen und auf der praktischen Ebene an; dafür bezieht er die in den letzten Jahren auf der internationalen Ebene gewachsene Rechtsüberzeugung ein.

Dass das deutsche Recht »vollbetreute« und in der forensischen Psychiatrie untergebrachte Menschen von dem wesentlichen politischen Vorgang einer Wahl ausschließt,[30] sei demzufolge als Diskriminierung zu werten und nicht mit der UN-BRK in Einklang zu bringen. Die gesetzlichen Ausschlüsse verstießen nicht nur gegen das Grundgesetz, sondern auch gegen die UN-BRK; sie seien abzuschaffen.

Auf der praktischen Ebene verlange die UN-BRK von Gesetzgebung und Verwaltung weitere Anstrengungen, um sicherzustellen, dass Menschen mit Behinderungen die ihrer jeweiligen Behinderung angepasste notwendige Unterstützung erhalten, damit sie ihr Wahlrecht auch tatsächlich wahrnehmen können.

In **Kapitel 4 (»Rechtliche Handlungsfähigkeit erwachsener Menschen; Schwerpunkt: Betreuung«)** werden Artikel mit dem Schwerpunkt »Betreuung« zusammengefasst.

29 § 1905 BGB.
30 Siehe § 13 Nr. 2 und 3 des Bundeswahlgesetzes und parallele Regelungen in den Europa- und Landeswahlgesetzen

Volker Lipp, Zivilrechtslehrer an der Georg-August-Universität Göttingen, befasst sich in seinem Beitrag »Erwachsenenschutz, gesetzliche Vertretung und Artikel 12 UN-BRK« mit der Frage, inwieweit das deutsche Betreuungsrecht als solches konventionskonform ist. Seine Untersuchung konzentriert sich auf gesetzliche Vertretung sowie den Einwilligungsvorbehalt im deutschen Zivilrecht[31], bezieht sich aber auch auf das österreichische Sachwalterrecht.[32]

Nach Auffassung des Autors ist für eine Prüfung, ob diese gesetzlichen Regelungen mit der UN-BRK konform sind, darauf abzustellen, welches Ziel und welche Aufgabe der Erwachsenenschutz hat. Er unterscheidet in Folge drei Zwecke: Selbstbestimmung des betroffenen Menschen, dessen eigenem Schutz andererseits und den Schutz Dritter.

Als Ergebnis der Untersuchung hält Lipp fest, dass die Konformität der österreichischen Regelung bezweifelt werden müsse, weil sie auf einer gesetzlich angeordneten automatischen Beschränkung der rechtlichen Handlungsfähigkeit beruhe. Dahingegen sieht er für die deutsche Gesetzeslage an sich kein Problem, denn das Betreuungsrecht in Deutschland beinhalte den Vorrang der Unterstützung vor der Stellvertretung und zeige gerade auch in der gesetzlichen Vertretung eine hinreichende Differenzierung nach dem Schutzzweck. Probleme in Deutschland lägen eher im Bereich der Praxis des Betreuungswesens wie in der gerichtlichen Praxis, die den Erforderlichkeitsgrundsatz und die Wunschbefolgungspflicht bisweilen nicht hinreichend beherzigten.

Mit einer ganz zentralen Frage befasst sich der Beitrag von **Dagmar Brosey**, Zivilrechtslehrerin an der Fachhochschule Köln. Sie untersucht in dem mit »Wunsch und Wohl betreuter Menschen im Lichte der UN-BRK« überschriebenen Beitrag das Innenverhältnis zwischen betreuter und betreuender Person im Falle der Betreuung wie auch der Verfahrenspflegschaft.[33] Besonders interessant ist insoweit, dass zwischen der betreuungsrechtlichen Formulierung »Wunsch und Wohl« und dem Wortlaut der UN-BRK »Wille und Präferenzen« (»will and preferences«) offenbar eine Wortlautabweichung festzustellen ist. Die Autorin arbeitet heraus, dass der nach deutschem Recht anerkannten »Wunschbindungsverpflichtung« sowohl für die »Unterstützung« im Sinne von Absatz 3 als auch für den Sicherungsaspekt im Sinne von Absatz 4 des Artikels 12 UN-BRK eine Schlüsselstellung zukommt.

Im Ergebnis zeigt Brosey mit ihrer Untersuchung auf, dass das herkömmliche beziehungsweise überkommene Verständnis der betreuungsrechtlichen Regelung, wonach die betreuende Person grundsätzlich zwischen den Wünschen einerseits und dem Wohl der betreuten Person andererseits abwägen musste, weder mit einem

31 § 1902 bzw. § 1903 des BGB
32 § 280 des österreichischen Allgemeinen Gesetzbuches.
33 Siehe § 1901 Abs. 3 Satz 1 BGB.

modernen Verständnis des Betreuungsrechts noch mit den Anforderungen der UN-BRK vereinbar ist. Für eine Gesetzesänderung, etwa die Übernahme des Wortlauts der UN-BRK und damit die Überwindung des objektiv anmutenden »Wohlbegriffs« zugunsten der begrifflichen Subjektivität, plädiert die Autorin trotzdem nicht, sie unterstreicht jedoch die Auswirkung der UN-BRK auf den Auslegungs- und Abgrenzungsvorgang.

Handlungsbedarf sieht die Autorin allerdings darin, dass nach wie vor amtliche Informationen für Betreuerinnen und Betreuer die Wunschbindungspflicht in der Darstellung vernachlässigten und damit einer vormundschaftlichen Praxis Vorschub leisteten.

Robert Northoff, Zivilrechtslehrer an der Hochschule Neubrandenburg, berichtet in »Die Konkretisierung des Hilfeanspruchs durch ein Erwachsenenhilfegesetz« von einem Modellprojekt »Betreuungsoptimierung durch Sozialleistungen« (BEOPS).

Ziel des dargestellten Forschungsprojektes war es zu untersuchen, welche Rolle die Soziale Arbeit und die Aktivierung existierender gesetzlicher sozialer Hilfen hat, um Betreuungen im zivilrechtlichen Sinne[34] zu vermeiden. Im Zusammenhang von Artikel 12 UN-BRK ist diese Frage von besonderem Interesse, wenn man die Auffassung teilt, dass die Bestellung einer Betreuung immer noch einer größeren Beschränkung der rechtlichen Handlungsfähigkeit gleichkommt als deren völlige Vermeidung. BEOPS hat in diesem Sinne die Vermutung erhärtet, dass der Einsatz Sozialer Arbeit in diesem Feld – neben anderen, etwa fiskalischen Effekten – eine betreuungsvermeidende Wirkung haben kann.

Abschließend skizziert Northoff die Idee eines Erwachsenenhilfegesetzes – eine Idee, die seit mehr als einem Jahrzehnt immer wieder auch durch Fachbeiträge befördert und bereits politisch diskutiert worden ist. Dem liegt zu Grunde, dass Erwachsene in unterschiedlichen Lebenslagen, gleich ob mit oder ohne Behinderung, immer auch auf individuelle Formen der Unterstützung angewiesen sein können. Es gehört zum typischen Verlauf des Lebens mit steigender Lebenserwartung, dass altersbedingte Einschränkungen und damit Hilfebedarf immer wahrscheinlicher werden. Der Beitrag schließt damit den Bogen über die in diesem Sammelband zusammengestellten Untersuchungen, die alle mit unterschiedlicher Gewichtung das Modell der »assistierten Handlungsfähigkeit in rechtlichen Angelegenheiten« zum Gegenstand hatten.

34 §§ 1896 ff. BGB.

VI. Fazit

Die Expertinnen und Experten in diesem Buch unterziehen einzelne Regelungsbereiche und die damit verbundene Praxis des deutschen Rechts einer intensiven Prüfung. In der Gesamtschau zeigen die Untersuchungen auf, dass erheblicher Prüfungs- und Handlungsbedarf sowohl auf der gesetzlichen Ebene als auch auf der Ebene der Praxis besteht, um den von der UN-BRK geforderten Paradigmenwechsel hin zu einem »Modell der assistierten rechtlichen Handlungsfähigkeit« zu vollziehen. Damit bestätigen die Untersuchungen zunächst die Ausgangshypothese.[35]

Die einzelnen Ergebnisse und die daraus gezogenen Schlussfolgerungen beziehen sich auf unterschiedliche Handlungsebenen. In einigen Fällen raten die Autorinnen und Autoren zu einer strengen einzelfallorientierten Beurteilung und damit zu einer entsprechenden Besserung in der Praxis. Die Kritik richtet sich an unterschiedliche Berufsgruppen, nicht nur an die Zunft der Juristinnen und Juristen und die Institutionen der Rechtsprechung. Der angemessene fachliche Umgang setzt ein anderes Bewusstsein voraus, das sowohl eine vormundschaftliche Praxis und eine Reihe von negativen Stereotypen in Bezug auf Menschen mit Behinderungen überwindet als auch dem Verständnis für die personenbezogene Unterstützung im Sinne von Assistenz im jeweiligen Lebenszusammenhang Rechnung trägt. Davon ist Deutschland immer noch wieder weit entfernt.

Die Wissenschaftlerinnen und Wissenschaftler arbeiten heraus, dass nur durch strenge Beachtung der UN-BRK die an sich vom Gesetz geleitete Praxis zu einer konventionskonformen Lebenswirklichkeit führen kann. Die bestehenden Auslegungsspielräume des Gesetzes sind also im Sinne der UN-BRK auszunutzen. Die menschenrechtskonforme Auslegung ist rechtsstaatlich geboten. Sie kann einzelne Regelungen vor der Notwendigkeit der Novellierung retten.

Sehr vereinzelt wenden sich mehrere Beiträge ein- und derselben Frage zu; in diesen Fällen sind eine breite Übereinstimmung und nur wenige Unterschiede erkennbar; auf die Einzelheiten einzugehen, ist im Detail hier nicht möglich. Dieser »Dialog« der Beiträge im Sammelband untereinander ist über entsprechende Hinweise in den Fußnoten befördert und damit für die aufmerksame wie interessierte Leserschaft nachvollziehbar gemacht worden.

Besonders hervorzuheben ist der folgende Befund der Untersuchungen: Die Autorinnen und Autoren stellen nicht nur vereinzelt fest, dass Regelungen des deutschen Rechts einer abstrakten Normprüfung gemäß der UN-BRK nicht Stand halten. Die große Anzahl der von ihnen identifizierten novellierungsbedürftigen Normen überrascht. Dabei sind mit diesem Band nicht einmal annähernd alle Re-

35 Siehe eingangs unter V.

gelungs- und Lebensbereiche abgedeckt, die für die rechtliche Handlungsfähigkeit relevant sind. Die Untersuchungen zeigen damit, wie virulent die allgemeine Verpflichtung aus der UN-BRK im hiesigen Zusammenhang und wie notwendig der Abgleich zwischen dem bestehenden Gesetz und dem Artikel 12 der UN-BRK ist.

Hervorgehoben werden muss der Tenor aller Beiträge, dass das Paradigma der Unterstützung im Sinne von Assistenz auch Deutschland praktisch vor ganz große Herausforderungen stellt.

So ermutigen die erkenntnisreichen wie engagierten Fachbeiträge nicht nur dazu, die wissenschaftliche Befassung mit dem Umsetzungsbedarf der UN-BRK fortzusetzen und insbesondere auf weitere Rechts- und Lebensbereiche auszuweiten, sondern sie rufen mit dem in diesem Sammelband bereits zusammengeführten Wissensstand fundiert dazu auf, dem Recht auf gleiche Anerkennung der rechtlichen Handlungsfähigkeit im Sinne von Artikel 12 der UN-BRK insbesondere hinsichtlich der Unterstützung von Menschen mit Behinderungen in der hiesigen Diskussion weitaus mehr Beachtung zu schenken.

Literaturverzeichnis

Aichele, Valentin (2008): Das Innovationspotential der UN-Behindertenrechtskonvention. Fachvortrag im Rahmen der Tagung »UN-Behindertenrechtskonvention über die Rechte von Menschen mit Behinderungen zwischen Alltag und Vision«. 16.04.2008.

Aichele, Valentin / Jochen von Bernstorff (2010): Das Menschenrecht auf gleiche Anerkennung vor dem Recht: Zur Auslegung von Art. 12 der UN-Behindertenrechtskonvention, in: Betreuungsrechtliche Praxis 2010 (5), S. 199-203.

Marschner, Rolf (2012): Stellungnahme anlässlich der Öffentlichen Anhörung des Rechtsausschusses zum Entwurf eines Gesetzes zur Regelung der betreuungsrechtlichen Einwilligung in eine ärztliche Zwangsmaßnahme am 10.12.2012 (BT-Drucksache 17/11513). 05.12.2012. http://www.bundestag.de/bundestag/ausschuesse17/a06/anhoerungen/archiv/33_Zwangsma__nahme/04_Stellungnahmen/Stellungnahme_Marschner.pdf.

Materialverzeichnis

Ausschuss für die Beseitigung jeglicher Form von Diskriminierung von Menschen mit Behinderungen (2011): General Observation of the Committee for the Elimination of All Forms of Discrimination against Persons with Disabilities on the need to interpret Article I.2(b) in fine of the Inter-American Convention on the Elimination of All Forms of Discrimination against Persons with Disabilities in the context of Article 12 of the United Nations Convention on the Rights of Persons with Disabilities. Dok. CEDDIS/doc.12(I-E/11) rev. 1 vom 28.04.2011.

Bundesregierung (2011): Erster Staatenbericht der Bundesrepublik Deutschland zur BRK. 03.08.2011.

Bundesministerium für Arbeit und Soziales (2011): Unser Weg in eine inklusive Gesellschaft. Der Nationale Aktionsplan zur Umsetzung der UN-Behindertenrechtskonvention. http://www.bmas.de/SharedDocs/Downloads/DE/PDF-Publikationen/a740-nationaler-aktionsplan-barrierefrei.pdf?__blob=publicationFile.

Deutscher Behindertenrat (2010): Forderungen des Deutschen Behindertenrates für einen Nationalen Aktionsplan zur Umsetzung der UN-Behindertenrechtskonvention. 10.05.2010. http://www.deutscher-behindertenrat.de/mime/00060491D1274941874.pdf.

Deutscher Bundestag (2008): Gesetzesentwurf der Bundesregierung: Entwurf eines Gesetzes zu dem Übereinkommen der Vereinten Nationen vom 13. Dezember 2006 über die Rechte von Menschen mit Behinderungen sowie zu dem Fakultativprotokoll vom 13. Dezember 2006 zum Übereinkommen der Vereinten Nationen über die Rechte von Menschen mit Behinderungen. Bundestags-Drucksache 16/10808 vom 08.11.2008.

Deutscher Bundestag (2011): Antwort der Bundesregierung auf die Große Anfrage der Abgeordneten Ingrid Hönlinger, Markus Kurth, Volker Beck (Köln), weiterer Abgeordneter und der Fraktion BÜNDNIS 90/DIE GRÜNEN. Bundestags-Drucksache 17/5323 vom 01.04.2011.

Deutscher Bundestag (2012): Gesetzentwurf der Fraktionen CDU/CSU, SPD, FDP und BÜNDNIS 90/DIE GRÜNEN: Entwurf eines Zweiundzwanzigsten Gesetzes zur Änderung des Bundeswahlgesetzes. Bundestags-Drucksache 17/11819 vom 11.12.2012.

Fachverbände für Menschen mit Behinderungen (2009): Erklärung der fünf Fachverbände für Menschen mit Behinderungen zu der im Koalitionsvertrag zwischen CDU, CSU und FDP (»Wachstum, Bildung, Zusammenhalt«) enthaltenen Ankündigung, »einen Aktionsplan zur Umsetzung der UN-Konvention über die Rechte von Menschen mit Behinderungen zu entwickeln« (Kapitel III.7.4 »Menschen mit Behinderungen«). 14.11.2009. http://www.beb-ev.de/files/pdf/2009/2009-11-14ErklaerungderfuenfKontaktgespraechsverbaendeEndf.pdf.

Menschenrechtskommissar des Europarates (2012): Who Gets To Decide? Right to legal capacity for persons with intellectual and psychosocial disabilities. Dok. CommDH/ IssuePaper(2012)2 vom 20.02.2012.

Monitoring-Stelle (zur UN-Behindertenrechtskonvention) (2012a): Vorschläge zur Reform des Behindertengleichstellungsrechts in Bund und Ländern. Berlin: Deutsches Institut für Menschenrechte. http://www.institut-fuer-menschenrechte.de/uploads/tx_commerce / Vorschlaege_zur_Reform_des_Behindertengleichstellungsrechts_in_Bund_und_Laendern_im_Lichte_der_UN-BRK.pdf.

Monitoring-Stelle (zur UN-Behindertenrechtskonvention) (2012b): Stellungnahme anlässlich der Öffentlichen Anhörung am 10. Dezember 2012. http://www.institut-fuer-menschenrechte.de/fileadmin/user_upload/Publikationen/Stellungnahmen/MSt_2012_Stellungnahme_Psychiatrie_und_Menschenrechte.pdf.

Nordrhein-Westfalen (2012): Aktionsplan der Landesregierung. Umsetzung der UN-Behindertenrechtskonvention (http://www.mais.nrw.de/08_PDF/003/121115_endfassung_nrw-inklusiv.pdf).

UN-Fachausschuss (für die Rechte von Menschen mit Behinderungen) (2009): Guidelines on treaty-specific document to be submitted by states parties under article 35, paragraph 1, of the Convention on the Rights of Persons with Disabilities. UN Dok. CRPD/C/2/3 vom 18.11.2009.

UN-Fachausschuss (für die Rechte von Menschen mit Behinderung) (2009a): Statement by the Committee on the Rights of Persons with Disabilities on the occasion of the 2009 International Day of Persons with Disabilities, 3 December 2009. Abgedruckt in: Report of the Committee on the Rights of Persons with Disabilities – First session (23–27 February 2009); Second session (19–23 October 2009); Third session (22–26 February 2010); Fourth session (4–8 October 2010). UN Dok. A/66/55 vom 28.10.2011, Annex X.

UN-Fachausschuss (für die Rechte von Menschen mit Behinderungen) (2011): Concluding observations of the Committee on the Rights of Persons with Disabilities [zum Staatenbericht Tunesiens]. UN Dok. CRPD/C/TUN/CO/1 vom 13.05.2011.

UN-Fachausschuss (für die Rechte von Menschen mit Behinderungen) (2011a): Fifth Session, Summary record of the second part (public) of the 10th meeting. UN Dok. CRPD/C/5/SR.10 vom 30.09.2011.

UN-Fachausschuss (für die Rechte von Menschen mit Behinderungen) (2011b): Concluding observations of the Committee on the Rights of Persons with Disabilities [zum Staatenbericht Spaniens]. UN Dok. CRPD/C/ESP/CO/1 vom 19.10.2011.

UN-Fachausschuss (für die Rechte von Menschen mit Behinderungen) (2012): Concluding observations of the Committee on the Rights of Persons with Disabilities – Peru. UN Dok. CRPD/C/PER/CO/1 vom 09.05.2012.

UN-Fachausschuss (für die Rechte von Menschen mit Behinderungen) (2012a): Concluding observations on the initial report of Argentina as approved by the Committee at its eighth session (17–28 September 2012). UN Dok. CRPD/C/ARG/CO/1 vom 8.10.2012.

UN-Fachausschuss (für die Rechte von Menschen mit Behinderungen) (2012b): Concluding observations on the initial report of China, adopted by the Committee at its eighth session (17–28 September 2012). UN Dok. CRPD/C/CHN/CO/1 vom 15.10.2012.

UN-Fachausschuss (für die Rechte von Menschen mit Behinderungen) (2012c): Concluding observations on the initial periodic report of Hungary, adopted by the Committee at its eighth session (17 28 September 2012). UN Dok. CRPD/C/HUN/CO/1 vom 22.10.2012.

UN-Hochkommissariat für Menschenrechte (2009): Thematic Study by the Office of the United Nations High Commissioner for Human Rights on enhancing awareness and understanding of the Convention on the Rights of Persons with Disabilities. UN Dok. A/HRC/10/48 vom 26.01.2009.

Kapitel 1:
Grundlegende Perspektiven

Frei und gleich im rechtlichen Handeln – Eine völkerrechtliche Einführung zu Artikel 12 UN-BRK*

Valentin Aichele und Theresia Degener

Seit dem internationalen Inkrafttreten der UN-Konvention über die Rechte von Menschen mit Behinderungen (UN-Behindertenrechtskonvention; UN-BRK) im Jahr 2008 hat die völkerrechtliche Diskussion der »rechtlichen Handlungsfähigkeit« große Aufmerksamkeit geschenkt. Die damit verbundene zentrale Frage ist, ob Menschen mit Behinderungen im rechtlichen Handeln frei sind und ob sie ihre rechtliche Handlungsfähigkeit gleichberechtigt mit anderen (»on an equal basis with others«) genießen (»enjoy«) können. Denn dieser Anspruch auf die gleichberechtigte Ausübung der Handlungsfähigkeit in rechtlichen Angelegenheiten hat als integraler Bestandteil des Menschenrechts auf gleiche Anerkennung vor dem Recht (»equal recognition before the law«) nunmehr in Gestalt von Artikel 12 UN-BRK erneute und weiterführende menschenrechtliche Anerkennung erfahren.[1] Im Anschluss an die anderen UN-Menschenrechtsübereinkommen, insbesondere den Internationalen Pakt über bürgerliche und politische Rechte (Zivilpakt), ist der Staatengemeinschaft mit Artikel 12 UN-BRK nicht nur eine weitere Verbriefung

* Der Beitrag stützt sich in Teilen auf den von Dr. Valentin Aichele und Prof. Dr. Jochen von Bernstorff im Jahr 2010 in der Betreuungsrechtlichen Praxis 2010 (5), S. 199-203 veröffentlichten Artikel «Das Menschenrecht auf gleiche Anerkennung vor dem Recht: Zur Auslegung von Art. 12 der UN-Behindertenrechtskonvention«.

1 Article 12: Equal recognition before the law
1. States Parties reaffirm that persons with disabilities have the right to recognition everywhere as persons before the law.
2. States Parties shall recognize that persons with disabilities enjoy legal capacity on an equal basis with others in all aspects of life.
3. States Parties shall take appropriate measures to provide access by persons with disabilities to the support they may require in exercising their legal capacity.
4. States Parties shall ensure that all measures that relate to the exercise of legal capacity provide for appropriate and effective safeguards to prevent abuse in accordance with international human rights law. Such safeguards shall ensure that measures relating to the exercise of legal capacity respect the rights, will and preferences of the person, are free of conflict of interest and undue influence, are proportional and tailored to the person's circumstances, apply for the shortest time possible and are subject to regular review by a competent, independent and impartial authority or judicial body. The safeguards shall be proportional to the degree to which such measures affect the person's rights and interests.
5. Subject to the provisions of this article, States Parties shall take all appropriate and effective measures to ensure the equal right of persons with disabilities to own or inherit property, to control their own financial affairs and to have equal access to bank loans, mortgages and other forms of financial credit, and shall ensure that persons with disabilities are not arbitrarily deprived of their property.

dieses Menschenrechtes gelungen, sondern darüber hinaus auch eine innovative Fortentwicklung.[2]

Die Diskussion über die Tragweite und Bedeutung der rechtlichen Handlungsfähigkeit von Menschen mit Behinderungen findet nun unter neuen Prämissen statt:[3] Die UN-BRK drängt zunächst auf einen Wechsel der Perspektive vom so genannten medizinischen hin zum menschenrechtlichen Modell im Umgang mit Behinderung. Behinderung bestimmt sich demnach über die Wechselwirkung einer längerfristigen Beeinträchtigung mit Umweltbedingungen. Die UN-BRK wendet sich ab von Behinderung als Eigenschaft einer Person. Der bisherige Behinderungsbegriff mit seiner Krankheits- und Defizitorientierung wird jetzt abgelöst durch den Begriff der längerfristigen Beeinträchtigung (»long-term impairment«). Gleichzeitig befördert die UN-BRK die Abkehr von Fremdbestimmung und Fürsorge und untermauert Selbstbestimmung und eigenes Handeln. Besonders betont sie die Unterstützung (»support«) zur gleichberechtigten Freiheitsausübung. Selbstbestimmung in Anbetracht menschlicher Unterstützungsbedarfe entwickelt die UN-BRK hin zur assistierten Selbstbestimmung und die individuelle Handlungsfähigkeit hin zur assistierten Handlungsfähigkeit.[4]

In Abkehr von Entmündigungspraktiken, Fremdbestimmung, insbesondere vom Institut der ersetzenden Entscheidungsfindung (»substituted decision-making«) wurde als **menschenrechtliches Paradigma die Assistenz zum persönlichen Handeln einschließlich der eigenen Entscheidungsfindung** in Artikel 12 UN-BRK explizit verankert.[5] Die UN-BRK etabliert damit ein »Modell der assistierten Handlungsfähigkeit in rechtlichen Angelegenheiten«, dem für das Verständnis aller anderen Rechte sowie für die praktische Umsetzung der Konvention eine prinzipielle Leitfunktion zukommt. Damit verändert sich das Verständnis von Behinderung: Eine Behinderung entsteht dort, wo für eine Person mit einer Beeinträchtigung die erforderliche Unterstützung zum persönlichen Handeln nicht angeboten wird oder wo ihr der Zugang zu vorhandener und gewünschter Unterstützung verwehrt oder nicht hergestellt wird. Wenn der Staat den Zugang zu notwendiger Unterstützung nicht ermöglicht, ist dies menschenrechtlich als genauso relevant zu bewerten, wie wenn der Staat den Zugang aktiv verstellt.

2 Siehe dazu Art. 6 Allgemeine Erklärung der Menschenrechte vom 10.12.1948; Art. 16 Internationaler Pakt über bürgerliche und politische Rechte vom 16.12.1996; Art. 15 Abs. 2 Konvention zur Beseitigung jeder Form von Diskriminierung der Frau vom 18.12.1979 (UN-Frauenrechtskonvention).

3 Vgl. Welke (2012); Graumann (2011); Trömel (2010); Degener (2010); Rothfritz (2010); Bielefeldt (2009); Aichele (2008); MacKay (2007); Minkowitz (2007); Palacios / Walls (2006); Degener (2006).

4 Vgl. Harpur (2012); Quinn (2012); Devi / Bickenbach / Stucki (2011); Salzman (2011); Bach / Kerzner (2010); Minkowitz (2010); UN-Hochkommissariat für Menschenrechte (2009), Ziff. 43-47; Keys (2009), S. 63-70; European Disability Forum (2009); Lachwitz (2008), S. 145-146; Dhanda (2007).

5 Aichele / von Bernstorff (2010), S. 199.

Die neue völkerrechtliche Bestimmung zur rechtlichen Handlungsfähigkeit – der Artikel 12 UN-BRK – wirft darüber hinaus eine Reihe an Fragen auf:

In welchem Umfang besteht staatlicherseits die Verpflichtung, Unterstützung und den Zugang dazu zu organisieren, um das Recht der und des Einzelnen auf rechtliche Handlungsfähigkeit zu gewährleisten? Sind alle erwachsenen Menschen mit Behinderungen ausnahmslos als voll geschäftsfähig anerkannt oder darf »Behinderung« oder ein »behinderungsbezogenes« Merkmal immer noch ein Grund sein, Menschen stärker in ihrer rechtlichen Handlungsfähigkeit (etwa der Geschäftsfähigkeit) einzuschränken als nichtbehinderte Menschen? Was bedeutet das Recht auf Anerkennung der rechtlichen Handlungsfähigkeit aus der Perspektive von Kindern und Heranwachsenden? Welches Gewicht kommt dem Gedanken zu, dass die betroffene Person vor Nachteilen bewahrt werden muss? Darf es (noch) Dritte wie Familienangehörige oder gerichtlich bestellte Betreuerinnen und Betreuer (gar Vormünder) geben, die kraft Gesetz Entscheidungen für behinderte Menschen treffen, die im Moment nicht handeln können, oder ist das mit Artikel 12 UN-BRK nunmehr in allen Fällen ausgeschlossen? Dürfen Menschen mit Behinderungen immer über alle Fragen ihrer Gesundheit entscheiden, gerade auch dann, wenn ihre Entscheidung scheinbar von allgemein akzeptierbaren Vorstellungen abweicht und sie vermeintlich die Tragweite ihrer Entscheidung übersehen (Stichwort »Freiheit zur Krankheit«)?

Das zur Auslegung der UN-BRK originär autorisierte internationale Gremium der Vereinten Nationen, der UN-Fachausschuss für die Rechte von Menschen mit Behinderungen, hat mit der Absicht, eine Allgemeine Bemerkung (»General Comment«)[6] zu Artikel 12 UN-BRK zu erarbeiten, eine interne Arbeitsgruppe gegründet. Deren Ergebnisse sind zwar noch nicht veröffentlicht. Jedoch lassen die so genannten Schlussbemerkungen (»Concluding Observations«)[7] des Fachausschusses, die er im Anschluss an die Prüfung verschiedener Staatenberichte veröffentlicht hat, schon heute klare Tendenzen erkennen.[8] Danach sind nach der Auffassung des Fachausschusses die Staaten aus der UN-BRK verpflichtet, das individuelle persönliche Handeln von Menschen mit Behinderungen unter allen Umständen zu ermöglichen, die gegebenenfalls erforderliche Unterstützung systematisch zu organisieren und dafür auch die rechtlichen Rahmenbedingungen eines Assistenzsystems zum Handeln in rechtlichen Angelegenheiten, einschließlich rechtlich relevanter Entscheidungen, zu schaffen. Eine zentrale Rolle spielt dabei die Figur der

6 Grundsätzlich dazu Riedel (2005); Klein (2005); Alston (2001); Opsahl (1989).

7 Dazu O'Flaherty (2006).

8 Vgl. die Schlussbemerkungen des Fachausschusses zu den Ländern, deren Berichtsprüfungsverfahren über den ersten Staatenbericht seit Aufnahme der Ausschusstätigkeiten zum Abschluss gekommen sind: UN-Fachausschuss (2011), Ziff. 23; UN-Fachausschuss (2011a), Ziff. 34; UN-Fachausschuss (2012), Ziff. 23; UN-Fachausschuss (2012a), Ziff. 20; UN-Fachausschuss (2012b), Ziff. 22; UN-Fachausschuss (2012c), Ziff. 26.

»Freiwilligkeit« im Sinne der freien und informierten Entscheidung (»free and informed consent«), die gegen jede Form der Fremdbestimmung oder ersetzende Entscheidungsfindung in Stellung gebracht wird.[9]

Parallel zu diesen auf der internationalen Ebene fortschreitenden normativen Klärungen wird deutlich, dass die Umsetzung von Artikel 12 UN-BRK im Vergleich zu anderen Umsetzungsfeldern eine der größten Herausforderungen für die Staaten weltweit darstellt.[10] Denn in vielen – wenn nicht den meisten – Ländern dieser Welt sind die Rechtsordnungen insbesondere für erwachsene Menschen mit kognitiver oder psychosozialer Behinderung nach wie vor als Entmündigungssystem angelegt. Weit verbreitet ist immer noch, dass Menschen allein auf Grund des Behindertenstatus als völlig handlungsunfähig erklärt werden. Oft stehen ihnen keine rechtlichen Mittel zur Verfügung, sich dagegen zu wehren.[11] Zumindest schränken diese Staaten die rechtliche Handlungsfähigkeit von Menschen mit Behinderungen immer noch weitaus stärker ein als die rechtliche Handlungsfähigkeit nichtbehinderter Menschen. Doch selbst wenn in einem Land – wie in Deutschland – Menschen mit Behinderungen vom Bereich des rechtlichen Handelns nicht völlig ausgeschlossen sind und das jeweilige nationale Recht differenzierter ausgestaltet ist, stellt sich auch hier die Frage, ob Menschen mit Behinderungen tatsächlich in allen Teilen gleichberechtigt mit anderen (»on an equal basis with others«) auch als Rechtssubjekte, die selbst handeln, anerkannt sind und ob ihr Handeln auch rechtlich anerkannt wird.[12] In eine solche Prüfung muss immer die Wirkweise von Gesetzen und die Praxis mit einbezogen werden, weil der Anspruch der UN-BRK sich nicht erschöpft im Blick auf die normative Ebene und in einer rein rechtlichen Übereinstimmung von Normen; vielmehr zielt die »Implementierung« menschenrechtlicher Ansprüche gerade darauf, dass sich auch die Praxis an der UN-BRK messen lassen muss.[13]

I. Das Recht auf gleiche Anerkennung vor dem Recht

Das Recht auf gleiche Anerkennung vor dem Recht ist ein individuelles Menschenrecht.[14] Es wird in verschiedenen menschenrechtlichen Übereinkommen verbrieft. Die UN-BRK formuliert es (in der deutschen Übersetzung) folgendermaßen:

9 Ebenda.
10 Siehe etwa die Untersuchung der Agentur der Europäischen Union für Grundrechte (2012).
11 Vgl. etwa die einschlägigen Entscheidungen des Europäischen Gerichtshofs für Menschenrechte: Urteil vom 16.07.2009, Antragsnummer 20082/02; Urteil vom 27.03.2008, Antragsnummer 44009/05.
12 Vgl. etwa Degener (2009).
13 Siehe Aichele (2003), S. 41-68.
14 Siehe Nowak (2005), Art. 16, Rdnr. 1-13.

> (1) Die Vertragsstaaten bekräftigen, dass Menschen mit Behinderungen das Recht haben, überall als Rechtssubjekt anerkannt zu werden.
> (2) Die Vertragsstaaten anerkennen, dass Menschen mit Behinderungen in allen Lebensbereichen gleichberechtigt mit anderen Rechts- und Handlungsfähigkeit genießen.

Mit der wiederholenden Bekräftigung werden mit dem Absatz 1 des Artikels 12 UN-BRK erneut alle Menschen als Rechtssubjekte anerkannt. Mit Rechtssubjekt ist gemeint, dass jeder Mensch Rechte und Pflichten hat und davor geschützt wird, von Staaten zum bloßen rechtlichen Objekt degradiert zu werden.[15] Die bekannte Formulierung von Hannah Arendt vom »Recht, Rechte zu haben« steht im engsten Zusammenhang mit diesem Menschenrecht.[16] Die Anerkennung, dass Einzelpersonen grundsätzlich Rechte haben dürfen, ist für die Verfassung einer Rechtsgemeinschaft von Individuen von grundlegender Bedeutung und eine Voraussetzung für eine den Menschenrechten verpflichtete Rechtsstaatlichkeit. Artikel 12 UN-BRK entwickelt dieses Recht weiter.[17] Neu ist nunmehr, dass neben die formale Rechtsfähigkeit (»statische Komponente«) die rechtliche Handlungsfähigkeit als Ausfluss der Rechtsfähigkeit (»dynamische Komponente«) im Sinne ihres praktischen Genusses tritt. In der UN-BRK kommt zum Ausdruck: Das individuelle Menschenrecht »gleiche Anerkennung vor dem Recht« ist um den Anspruch erweitert, dass auch die Ausübung der rechtlichen Handlungsfähigkeit (»legal capacity to act«) gleichberechtigt mit anderen, unabhängig vom Vorliegen einer Behinderung, dazu gehört.[18]

Artikel 12 UN-BRK beinhaltet ein Recht, das sowohl das Recht auf Rechtsfähigkeit als auch das Recht auf Ausübung dieser Rechtsfähigkeit integriert.[19] Denn beide Komponenten – die statische und die dynamische – gehören zusammen. Bereits in der Entstehungsgeschichte des Zivilpakts kam dieser Zusammenhang von Rechteinhaberschaft und Ausübung des Rechts auf besondere Weise zum Ausdruck.[20] Eine Interpretation dagegen, die die Rechtsfähigkeit und die rechtliche Handlungsfähigkeit isoliert voneinander betrachten würde, würde zu absurden Ergebnissen führen. Ein solcher Ansatz wäre vergleichbar mit der Situation, den Pkw-Führerschein machen zu dürfen, aber gleichzeitig immer daran gehindert zu werden, ein Auto zu besteigen. Wer ein Recht formal hat, dem wird – nunmehr auf dieser menschenrechtlichen Ebene – zugestanden, dieses Recht gleichberechtigt

15 Nowak (2005), Art. 16, Ziff. 1 und 2.
16 Hannah Arendts Aussage bezog sich eher spezifisch auf das Recht, eine Staatsangehörigkeit zu haben, weniger auf den Aspekt, in einer staatlichen Ordnung als Rechtssubjekt Anerkennung zu finden. Beides hängt allerdings aufs Engste zusammen, weil in vielen Staaten die Staatenlosigkeit mit starken Einschränkungen auf der Ebene von Rechten einhergeht. Siehe dazu Arendt (2006), S. 559-625, 617.
17 Siehe Aichele / von Bernstorff (2010), S. 200.
18 Siehe UN-Hochkommissariat für Menschenrechte (2009).
19 Siehe Aichele / von Bernstorff (2010), S. 200; UN-Hochkommissariat für Menschenrechte (2005), Ziff. 24.
20 Siehe Aichele / von Bernstorff (2010), S. 200; vgl. auch Nowak (2005), Art. 16, Rdnr. 3.

mit anderen de facto auch ausüben zu dürfen. Recht und dessen Genuss, auch im Sinne von Ausübung, sind nach Artikel 12 UN-BRK zwei Seiten ein- und derselben Medaille.

II. Inhaltliche Reichweite

1. Persönlicher Anwendungsbereich

Das Recht auf Anerkennung der rechtlichen Handlungsfähigkeit kommt allen Menschen zu, egal ob sie behindert sind oder nicht. Die Konvention geht dabei von der Prämisse aus, dass alle Menschen in der Ausübung von freiheitlicher Selbstbestimmung mit der Fähigkeit ausgestattet sind, rechtlich relevante Handlungen vorzunehmen, so auch Menschen mit Behinderungen, und zwar völlig unabhängig von der Form und dem Grad der Beeinträchtigung.[21] Dass der Wortlaut an dieser Stelle keine Differenzierung zulässt, wonach eine Einschränkung der rechtlichen Handlungsfähigkeit etwa im Falle einer geistigen Behinderung, Schwermehrfachbehinderung oder einer krankheitsbedingten Nichteinsichtsfähigkeit zulässig wäre, ist besonders bemerkenswert. Denn die UN-BRK will keineswegs eine Sondersituation für Menschen mit Behinderungen schaffen.[22]

So unterscheidet Artikel 12 UN-BRK etwa auch nicht zwischen Erwachsenen und Kindern.[23] Artikel 12 UN-BRK geht so davon aus, dass auch Kinder rechtliche Handlungsfähigkeit haben. Wie sollte man sich menschenrechtlich erklären, dass nach der UN-BRK Kindern mit Behinderungen das Recht auf rechtliche Handlungsfähigkeit zuerkannt würde, nicht aber nichtbehinderten Kindern und nichtbehinderten Erwachsenen? An diesem Beispiel wiederum wird deutlich, dass Artikel 12 UN-BRK nicht nur Kinder mit und ohne Behinderung erfasst, sondern in seiner Aussage alle Menschen mit einbezieht.[24] Zwar ist die UN-BRK unbestritten ein behinderungsspezifischer Text. Mit der UN-BRK ist es der internationalen Staatengemeinschaft jedoch unter dem Dach des Artikels 12 gelungen, anzuzeigen, dass die Ausübung der rechtlichen Handlungsfähigkeit für **alle** Menschen gilt und in diesem Zuge allgemeine staatliche Verpflichtungen zu entwickeln sind. Die UN-BRK enthält damit in Bezug auf Artikel 12 ein innovatives Moment, das eine all-

21 Siehe Aichele / von Bernstorff (2010), S. 201.

22 Siehe Aichele / von Bernstorff (2010), S. 201.

23 Der Begriff Kinder in diesem Zusammenhang wird verwendet im Sinne von Art. 1 des Übereinkommens über die Rechte des Kindes vom 20.11.1989. Danach ist ein Kind jeder Mensch, der das achtzehnte Lebensjahr noch nicht vollendet hat, soweit die Volljährigkeit nach dem auf das Kind anzuwendenden Recht nicht früher eintritt. Damit umfasst sind folglich auch Jugendliche.

24 Diese allgemein menschenrechtliche Dimension der UN-BRK ist erst noch zu identifizieren und im Laufe der Zeit durch Auslegung sichtbar zu machen.

gemeine menschenrechtliche Entwicklung widerspiegelt[25] und darüber hinaus eine Ausstrahlungswirkung auf andere menschenrechtliche Übereinkommen hat.

2. Sachlicher Anwendungsbereich

Ausgangspunkt für die Bestimmung des sachlichen Anwendungsbereichs ist der englische Begriff der »legal capacity«, der hier mit »rechtlicher Handlungsfähigkeit« übersetzt wird. Mit rechtlicher Handlungsfähigkeit gemeint ist die Fähigkeit, in rechtlichen Angelegenheiten innerhalb einer Rechtsordnung als selbständig handelnde Person anerkannt zu werden. Historisch entstammt das Konzept eher dem angloamerikanischen Rechtsraum.[26] Bereits mit der UN-Frauenrechtskonvention ist es allerdings Bestandteil eines völkerrechtlichen Vertrags geworden.[27] In diesem Punkt stand die Frauenrechtskonvention Vorbild für die Ausgestaltung von Artikel 12 UN-BRK.

Völkervertragsrechtlich ist der Begriff autonom zu verstehen.[28] Autonom heißt in diesem Zusammenhang, dass der Sinn aus völkerrechtlicher Sicht bestimmt wird; die konzeptionellen Ursprünge oder die Verwendung in nationalen Kontexten sind nicht entscheidend. Ihre Bedeutung für den praktischen Genuss aller Menschenrechte ist offenkundig. In allen Lebensbereichen werden rechtlich relevante Handlungen vollzogen: das Anmieten einer Wohnung, die Anmeldung an einer Schule, die Heirat und die Übernahme des Sorgerechts für Kinder, der Erwerb eines Führerscheins, das Eröffnen eines Bankkontos, der Antrag auf soziale Leistungen, der Kauf einer Kinokarte, der Eintritt in den Sportverein, der Austritt aus der Kirche – alle diese Handlungen sind rechtliches Handeln.[29] Das rechtliche Handeln, wie

25 Die damit angesprochenen allgemeinen menschenrechtlichen Dimensionen der UN-BRK, zu denen das Recht auf gleiche Anerkennung vor dem Recht demnach gehört, sind bislang zwar grundsätzlich erkannt, aber erst punktuell überzeugend herausgearbeitet worden. Siehe etwa in Bezug auf den allgemeinen Grundsatz der Inklusion Bielefeldt (2011); für die Ausstrahlungswirkung auf das Verständnis anderer menschenrechtlicher Übereinkommen siehe den Beitrag von Krappmann in diesem Band.

26 Vgl. dazu UN-Hochkommissariat für Menschenrechte (2005), Ziff. 26-36.

27 Vgl. Art. 15 Abs. 2 UN-Frauenrechtskonvention. Dieser lautet: »Die Vertragsstaaten gewähren der Frau in zivilrechtlichen Fragen dieselbe Rechtsfähigkeit wie dem Mann und dieselben Möglichkeiten zur Ausübung dieser Rechtsfähigkeit. Insbesondere räumen sie der Frau gleiche Rechte in Bezug auf den Abschluss von Verträgen und die Verwaltung von Vermögen ein und gewähren ihre Gleichbehandlung in allen Stadien gerichtlicher Verfahren«. Zur Auslegung im Einzelnen siehe Freeman / Chinkin / Rudolf (2012), S. 390-391, 395-398.

28 Zur Auslegung menschenrechtlicher Verträge siehe Heintschel von Heinegg (1999), S. 114-123.

29 Vgl. den Beitrag von Banafsche in diesem Band.

es in der UN-BRK verstanden wird, erstreckt sich auf jedes menschliche Handeln oder Unterlassen, das rechtliche Relevanz entfalten kann.[30]

Wir gehen damit insgesamt von einem weiten Schutzbereich des Rechts auf gleiche Anerkennung vor dem Recht aus. Nur dieser weite Ansatz wird dem breiten Spektrum der durch die einzelnen Rechte geschützten Bereiche gerecht und spiegelt die Verschränkung von Artikel 12 UN-BRK mit den anderen Menschenrechten ohne eine künstliche Abgrenzung angemessen wider. In Konsequenz stellt sich allerdings die Frage, ob und wenn ja, inwieweit und insbesondere aus welchen Gründen dieses Recht beschränkt werden darf.[31] Dagegen kreist die weltweite Diskussion derzeit noch um die »Geschäftsfähigkeit« und »Einwilligungsfähigkeit« erwachsener Behinderter, insbesondere um die Frage des Schutzes der persönlich zu treffenden Entscheidung.[32] Richtig an diesem Fokus ist, dass die persönlich getroffene Entscheidung zwar als Kristallisationspunkt der rechtlichen Handlungsfähigkeit gelten muss. Rechtlich zu handeln ist aber mehr, als selbst zu entscheiden.

Überzeugender ist es deshalb, alle anderen menschlichen Handlungen und Fähigkeiten, die rechtliche Relevanz entfalten können, mit einzubeziehen. Dazu gehören insbesondere alle rechtlich konstitutiven Fähigkeiten, wie sie im deutschen Recht mit den Konzepten der Deliktsfähigkeit und Strafmündigkeit, aber auch der Fähigkeit, in förmlichen Verfahren zu handeln (etwa im Verwaltungsverfahren Anträge zu stellen, die Mittel des effektiven Rechtsschutzes zu gebrauchen, in gerichtlichen Verfahren, im Strafprozess in verschiedenen Rollen zu agieren, etc.), gefasst worden sind.[33] Die gleiche Anerkennung vor dem Recht umfasst auch, für das eigene Handeln negative Konsequenzen zu tragen, weil konkrete Risiken eintreten, und dies selbst dann, wenn dieser Handlung keine Absicht zu Grunde liegt, also etwa bei fahrlässigem Handeln.[34] So diskutieren die internationalen Behindertenverbände zum Beispiel darüber, ob die behinderungsbedingte Schuldunfähigkeit (so genannte »insanity defence«) im Strafrecht angesichts der UN-BRK noch zulässig sein kann.[35]

Praktisch hängt die Ausübung der rechtlichen Handlungsfähigkeit von vielen Faktoren ab. Die UN-BRK geht zunächst davon aus, dass Menschen mit Behinderungen diese praktischen Fähigkeiten haben.[36] Absatz 2 des Artikels 12 UN-BRK

30 So auch Aichele / von Bernstorff (2010), S. 201.
31 Siehe zu den Grenzen der Einschränkbarkeit unten VIII.
32 So Menschenrechtskommissar des Europarates (2012); auch Unabhängiger Monitoringausschuss (2012).
33 Vergleiche etwa die Beiträge zur rechtlichen Handlungsfähigkeit im Verfahren von Loytved und Frerichs, Kothe und Beetz sowie Pollähne in diesem Band.
34 Siehe Tolmein (2012), Rdnr. 4; ebenso Lachwitz (2012), S. 390.
35 International Disability Alliance (2008); vgl. auch UN-Hochkommissariat für Menschenrechte (2009), Ziff. 47.
36 Vgl. Art. 12 Abs. 2 UN-BRK.

enthält auch eine Fiktion, mit der die Annahme bestimmt wird, dass alle Menschen mit Behinderungen die rechtliche Handlungsfähigkeit besitzen. Die Folge dieser Lesart besteht darin, die Beweislast umzukehren. Menschen mit Behinderungen mussten in der Vergangenheit oft selbst nachweisen, dass sie rechtlich handlungsfähig sind. Oft sind sie daran gescheitert und scheitern daran immer noch. Diesen Nachweis müssen sie jetzt nicht mehr führen. Dass ihre Handlungsfähigkeit im Sinne einer Tatsache von Artikel 12 UN-BRK schlicht vorausgesetzt wird, macht ihnen das Leben insoweit leichter, als ihnen der Status als handelndes Rechtssubjekt nicht mehr streitig gemacht werden kann. Spricht das Gesetz etwa Menschen auf Grund einer Behinderung die Fähigkeit zu handeln in einem bestimmten Punkt ab, erfahren sie damit einen Ausschluss.

Für das Verständnis des Konzepts der rechtlichen Handlungsfähigkeit ist ebenfalls wichtig, dass die Ausübung der rechtlichen Handlungsfähigkeit nicht nur Fragen der individuellen Konstitution und Situation betrifft, sondern gerade auch rechtliche Voraussetzungen hat, die dem vorgeschaltet sind. Für die rechtliche Handlungsfähigkeit wirkt eine Rechtsordnung regelrecht konstitutiv. Beispielsweise verschafft erst das nationale Wahlrecht die rechtliche Handlungsmöglichkeit, an einer demokratischen Wahl teilzunehmen.[37] Ohne diese gesetzliche Verankerung gäbe es die rechtliche Handlungsfähigkeit für die Mitwirkung an einer Wahl nicht bzw. sie würde – weil sie ja als Fähigkeit vorausgesetzt wird – leer laufen. Gleichzeitig erfährt die Handlungsfähigkeit eine Einhegung und Begrenzung. Um beim Beispiel Wahlrecht zu bleiben, begrenzt der Gesetzgeber in Deutschland das Wahlrecht auf Deutsche, die das achtzehnte Lebensjahr vollendet haben.

III. Allgemeine staatliche Pflichten

Die Besonderheit des Rechts auf gleiche Anerkennung vor dem Recht liegt darin, dass es gleichzeitig ein Freiheits- und ein Gleichheitsrecht ist. Rechtlich zu handeln, ist Ausübung von Freiheit. Diese Freiheit steht Menschen mit Behinderungen gleichberechtigt mit anderen zu. Damit wird im selben Atemzug der Gleichheitsgrundsatz, der vom menschenrechtlichen Diskriminierungsverbot gestützt wird, angesprochen.[38] Insoweit ist es richtig, Artikel 12 UN-BRK immer in Verbindung mit dem menschenrechtlichen Diskriminierungsverbot zu lesen.[39]

Für die Bestimmung des Umfangs der damit verbundenen staatlichen Verpflichtungen, die sich aus Artikel 12 UN-BRK ableiten, hat sich in den letzten 15 Jahren

37 Siehe § 12 Bundeswahlgesetz.
38 Vgl. Art. 5 UN-BRK.
39 Siehe Art. 5 Abs. 2 UN-BRK.

eine menschenrechtliche Typologie staatlicher Verpflichtungen entwickelt.[40] Danach entfalten alle Menschenrechte als individuelle Rechtspositionen staatliche Verpflichtungen auf drei Ebenen in Form von Achtungs-, Schutz- und Gewährleistungspflichten (so genannte Pflichtentrias). Diese Systematik von drei Verpflichtungsebenen hat zunächst nur im Zusammenhang der wirtschaftlichen, sozialen und kulturellen Rechte Beachtung gefunden, findet aber zunehmend Anerkennung auch für die bürgerlichen und politischen Rechte.[41] Artikel 12 UN-BRK hat hinsichtlich der Anerkennung als Rechtssubjekt seine feste Stütze in der Gruppe der bürgerlichen und politischen Menschenrechte, jedoch sollten seine Bezüge zur Gruppe der wirtschaftlichen, sozialen und kulturellen Rechte nicht verkannt werden. Die assistierte Handlungsfähigkeit ist jedenfalls relevant für alle anderen Menschenrechte.[42]

Die staatlichen Achtungs-, Schutz- und Gewährleistungsverpflichtungen sind somit die einschlägigen Kategorien, um auch die normative Struktur von Artikel 12 UN-BRK herauszuarbeiten.[43] Gemäß der Achtungspflicht darf der Staat diese Rechte weder durch Tun noch durch Unterlassen verletzen. Die Achtungspflicht entspricht damit der von den Grundrechten her bekannten Abwehrfunktion. Die Schutzpflicht besagt, dass der Staat den einzelnen Menschen vor Rechtsverletzungen zu schützen hat, die von nichtstaatlichen Dritten verursacht werden können. Die Gewährleistungsverpflichtung, die ebenfalls mit dem subjektiven Recht korrespondiert, bezieht sich auf den Aufbau der Rahmenbedingungen für die volle und gleichberechtigte Rechtsausübung. Insbesondere auf der Gewährleistungsebene bestehen für den Staat anerkanntermaßen große politische Gestaltungsspielräume.

Beispielsweise würde ein Staat seine Achtungspflicht verletzen, wenn er Kindern die Anerkennung als Rechtssubjekte im Zeitpunkt der Geburt verweigern würde.[44] Nicht pflichtgemäß wäre es außerdem, wenn eine Rechtsordnung einer erwachsenen Person die rechtliche Handlungsfähigkeit allein deshalb verweigert, weil sie eine Beeinträchtigung hat, etwa weil sie blind ist oder eine geistige Behinderung hat.[45] Die Schutzpflicht ist angesprochen, wenn der Staat nicht aktiv verhindert, dass andere die bestehenden Zugänge zu Unterstützung versperren, etwa Familienmitglieder den Wunsch einer Person mit Behinderungen nach Rechtsberatung oder die Initiative um volle Selbständigkeit in rechtlichen Angelegenheiten unterdrücken. Andererseits sind Menschen mit Behinderungen auch davor zu schützen, dass ihnen eine nicht gewünschte Hilfe aufgedrängt wird. Ein Beispiel für die Gewährleistungsverpflichtung, die sich wie gesagt auf die Ausgestaltung

40 Siehe Schneider (2004), S. 33; Eide (2001), S. 23; Craven (1995), S. 110-114.
41 Nowak (2005), Introduction, Rdnr. 4.
42 Vgl. Bariffi (2011), S. 6.
43 UN-Hochkommissariat für Menschenrechte (2009), Ziff. 45
44 Vgl. Nowak (2005), Art. 16, Rdnr. 9.
45 Siehe Monitoring-Stelle (2012).

von gesellschaftlichen und rechtlichen Strukturen und damit im Wesentlichen auf die Rahmenbedingungen für die Wahrnehmung von Rechten bezieht, bietet der Fachausschuss in seinen Schlussbemerkungen vom September 2012 gegenüber Ungarn:

> Der Ausschuss empfiehlt, dass die Vertragspartei ... sofort Maßnahmen einleitet, Vormundschaft abzuschaffen, um sich von der ersetzenden Entscheidungsfindung hin zur unterstützenden Entscheidungsfindung zu entwickeln, mit der die Autonomie der Person sowie deren Wünsche und Präferenzen respektiert werden....[46]

In diesem Passus der Schlussbemerkungen wird die angesprochene dritte Ebene, die Gewährleistungsdimension des Artikels 12 UN-BRK, beleuchtet. Zwar genießt der Staat Gestaltungsmacht, jedoch ist er nach der Auffassung des Fachausschusses verpflichtet, das System der ersetzenden Entscheidungsfindung für erwachsene Behinderte abzuschaffen und zu ersetzen durch ein System der Unterstützung. Verpflichtend im Sinne von Gewährleistung ist damit, den Ansatz des assistierten Handelns mit Strukturen zu unterlegen, so dass Menschen mit Behinderung in ihrem Handeln Unterstützung in Anspruch nehmen können.[47]

Das gilt nach der Auffassung des Fachausschusses in der Tendenz auch für Menschen mit psychosozialer Behinderung, die herkömmlicher und fachärztlicher Auffassung nach zum Teil in ihrer Entscheidungsfähigkeit (Einwilligungsfähigkeit) eingeschränkt sein können. Der Fachausschuss setzt auch in diesen Fallgruppen offenbar voll auf das Kriterium der Freiwilligkeit. Damit ist eine fundamentale Kritik an der verbreiteten Praxis und den Konzepten der psychiatrischen Behandlung zu sehen, die den Einsatz von Zwang vorsehen. Rechtlich etablierte Figuren etwa der deutschen Verfassungsrechtsprechung wie die »krankheitsbedingte Nichteinsichtsfähigkeit« finden jedenfalls im Wortlaut des Artikels 12 UN-BRK – der Ansatzpunkte für eine Differenzierung auf der Ebene der Einwilligungsfähigkeit nicht erkennen lässt – keine Stütze. Sowohl die Unterbringung gegen den Willen als auch eine ärztliche Zwangsbehandlung sind menschenrechtlich auch durch Artikel 12 UN-BRK in Frage gestellt, weil der Wille der betreffenden Person, egal in welcher Form zum Ausdruck gebracht, rechtlich nicht das entscheidende Gewicht bekommt und damit nicht rechtlich anerkannt wird. Mit der Ausrichtung auf Freiwilligkeit in allen Fällen stehen die Systeme der psychiatrischen Versorgung in der Welt vor besonders großen Herausforderungen.[48]

46 UN-Fachausschuss (2012c), Ziff. 26 (eigene Übersetzung).
47 So auch Devi / Bickenbach / Stucki (2011).
48 Mit eigenen Überlegungen zur psychiatrischen Versorgung siehe den Beitrag von Marschner in diesem Band.

IV. Die spezifische Verpflichtung zur Unterstützung von Menschen mit Behinderungen (Absatz 3)

In Absatz 3 wurde die Assistenz zum persönlichen Handeln in rechtlichen Angelegenheiten, insbesondere zur eigenen Entscheidungsfindung, explizit verankert. Artikel 12 Absatz 3 UN-BRK lautet:

> Die Vertragsstaaten treffen geeignete Maßnahmen, um Menschen mit Behinderungen Zugang zu der Unterstützung zu verschaffen, die sie bei der Ausübung ihrer Rechts- und Handlungsfähigkeit gegebenenfalls benötigen.

Dass dieser Ansatz entscheidend für das Verständnis dieser Bestimmung wie für die Konvention insgesamt ist, spiegelt bereits die Praxis des Fachausschusses wider. Kein anderer Absatz bringt das Paradigma der Assistenz so klar zum Ausdruck wie dieser. Trotz seiner Kürze stellt sich eine Reihe an Auslegungsfragen, auf die im vorgegebenen begrenzten Rahmen nur teilweise vertieft eingegangen werden kann.

Von zentraler Bedeutung ist etwa die Frage, was Unterstützung (»support«) im Sinne dieser Bestimmung ist. Welche Anforderungen stellen sich an den »Zugang« (»access«) zur Unterstützung, den Staaten verschaffen (»provide«)? Welches sind die geeigneten Maßnahmen (»appropriate measures«), die Staaten ergreifen müssen, um diesen Anforderungen zu genügen? Besteht eine »Zugangsverschaffungspflicht«[49], und wenn ja, in welchem Umfang? Verbrieft Artikel 12 UN-BRK in Absatz 3 gar ein subjektives Recht auf Unterstützung? Wenn ja, in welchen Fällen? Inwieweit könnten gesetzlich geschaffene Rechtsansprüche im nationalen Recht die notwendige Unterstützung sichern und gewährleisten? Welchen rechtlichen Rahmen braucht ein solches System der Unterstützung?[50] Wann »benötigen« (»require«) Menschen mit Behinderungen »gegebenenfalls« (»may«) Unterstützung? Hat die Formulierung »bei der Ausübung ihrer Rechts- und Handlungsfähigkeit« (»in exercising their legal capacity«) eine begrenzende Funktion oder bereits eine sichernde im Sinne eines »safeguards« nach Absatz 4? Richtet sich jedes praktische Hilfeangebot, zu dem keine Aufforderung der betroffenen Person erfolgte, bereits gegen die rechtliche Handlungsfähigkeit einer Person mit Behinderung, oder wird das Recht erst dann berührt, wenn die Ablehnung von Hilfe durch die betroffene Person missachtet wird? Sind von der staatlichen Verpflichtung auch spezifische Maßnahmen umfasst, die rechtliche Handlungsfähigkeit von Menschen mit Behinderungen erst herzustellen bzw. zu fördern, etwa im Falle von Kindern und Jugendlichen? Geht man von der umstrittenen Prämisse aus, die UN-BRK akzeptiere, dass Menschen in den Zustand der faktisch eingeschränkten Einwilligungs-

49 Siehe den Beitrag von Lachwitz in diesem Band.
50 Vgl. zum weiteren Zusammenhang dieser Frage den Beitrag von Northoff in diesem Band.

fähigkeit oder Einwilligungsunfähigkeit geraten, etwa im Falle einer individuellen psychischen Krise – ist der Staat verpflichtet zu Maßnahmen, um etwa die rechtliche Handlungsfähigkeit wiederherzustellen? Wenn ja, mit welchen Mitteln darf er das?

Im Folgenden werden zwei Aspekte aus diesem weiten Spektrum an Fragen vertieft:

1. Begriff der Unterstützung

International wie hierzulande wird die Frage intensiv diskutiert, was mit Unterstützung (»support«) gemeint ist. Zunächst geht es in der Diskussion im Wesentlichen zu Recht darum, welche Art der Unterstützung mit welcher Ausrichtung zu gewährleisten ist. Mit Unterstützung ist nach unserer Auffassung die konkrete, personenzentrierte Assistenzleistung gemeint, auf die eine Person mit einer Beeinträchtigung im konkreten Fall auch unabhängig von einer konkreten Entscheidungssituation zurückgreifen kann. Ziel der Unterstützung ist das persönliche rechtliche Handeln, einschließlich der persönlichen Entscheidung, also eine Entscheidung der betroffenen Person, die gegebenenfalls erst durch Unterstützung möglich wird. In welchem Umfang ein Staat verpflichtet ist, die Unterstützung zu organisieren, und auf welche Weise im konkreten Fall Unterstützung geleistet werden soll, stellt rechtliche wie auch viele praktische Fragen.[51]

2. Gesetzliche Vertretung ist nicht »Unterstützung«

Mit dem Begriffsverständnis von Unterstützung hängt die Frage zusammen, ob darunter auch die »gesetzliche Vertretung« verstanden werden kann. Mit »gesetzlicher Vertretung« gemeint ist die von Gesetzes wegen angeordnete bzw. auf Grund einer gerichtlichen Entscheidung bestehende Rechtsmacht Dritter, an Stelle der Person entscheiden zu dürfen; die Entscheidung wird rechtlich der Person zugerechnet, die vertreten wurde.[52] Die betroffene Person entscheidet nicht selbst, sondern eine gesetzlich bzw. gerichtlich bestimmte Dritte beziehungsweise ein Dritter. Wir möchten jedenfalls diese Frage, ob darin eine »Unterstützung« im Sinne von Absatz 3 erkannt werden kann – unabhängig von der Frage der menschenrechtlichen Zulässigkeit der gesetzlichen Vertretung[53] – klar verneinen. Für diese Auf-

51 Zu dieser Dimension von Unterstützung siehe den Beitrag von Lachwitz in diesem Band.

52 Vgl. etwa für das deutsche Recht die grundsätzlichen Ausführungen von Ellenberger (2010), Rdnr. 5.

53 Siehe dazu unten VII.

fassung sprechen Sinn und Zweck dieses Absatzes, die Entstehungsgeschichte, aber auch Wortlaut und Systematik.

Aus dem Sinn und Zweck der Bestimmung ergibt sich, dass es um Unterstützung zur Ausübung der persönlichen Handlungsfähigkeit geht. Dieser Ansatz ist getragen von den Grundsätzen wie Selbstbestimmung und Autonomie, einschließlich der Autonomie, eine eigene Entscheidung zu treffen, den die UN-BRK ausdrücklich aufgreift.[54] Ziel von Artikel 12 Absatz 3 UN-BRK ist es gerade nicht, Staaten zu verpflichten, ersetzende Entscheidungsmodelle einzuführen, sondern im Gegenteil, sie abzubauen und sie durch ein System der Unterstützung zu ersetzen.

Dass die gesetzliche Vertretung etwas anderes als Unterstützung ist, erschließt sich auch aus der Entstehungsgeschichte der Norm. Aus der Dokumentation der Arbeitsgruppe, die im Rahmen der internationalen Verhandlungen einen Formulierungsvorschlag für das Recht auf gleiche Anerkennung vor dem Recht vorbereiten sollte, wird dies gut erkennbar. Bereits in der ersten Verhandlungsphase nahm diese eine klare Trennung zwischen unterstützter Entscheidungsfindung und ersetzender Entscheidungsfindung vor. Es wurde zwar bereits dort lebhaft darüber diskutiert, ob die gesetzliche Vertretung gerade für Menschen, die faktisch überhaupt nicht in der Lage sind, rechtlich zu handeln, als »ultima ratio« aufgenommen werden sollte.[55] Besonders die Organisationen der Zivilgesellschaft, aber auch einige Staaten, waren dagegen. Andere hielten es aus Gründen des Rechtsschutzes vor Ausbeutung geradezu für zwingend erforderlich, die gesetzliche Stellvertretung in den Text aufzunehmen. Der Streit konnte in der Arbeitsgruppe jedoch nicht gelöst werden. Man einigte sich auf einen Text zu Unterstützung und unterstützter Entscheidungsfindung, nahm aber in einer Fußnote zu der Problematik der Menschen, die auch mit Unterstützung ihre rechtliche Handlungsfähigkeit nicht ausüben können, Stellung.[56]

Diese klare konzeptionelle Trennung zwischen persönlichem Handeln und gesetzlicher Vertretung manifestierte sich im gesamten weiteren Verlauf der internationalen Verhandlungen zur UN-Behindertenrechtskonvention. So legte etwa Kanada in der wichtigen fünften Sitzung des Ad-Hoc Ausschusses einen Text vor, der ebenfalls klar zwischen Unterstützung (»support«) und Stellvertretung (»personal representation«) differenzierte.[57] Der vom Ausschussvorsitzenden Don MacKay nach der sechsten Ausschusssitzung vorgelegte Kompromissvorschlag unterschied immer noch zwischen Unterstützung (»support«) einerseits und einer Vertretung als letztem Mittel (»personal representation as a matter of last resort«) andererseits.[58]

54 Siehe Art. 3 UN-BRK.
55 In diesem Stadium der Verhandlungen noch Art. 9.
56 Siehe UN-Ad hoc-Ausschuss (2004), Annex I, Fußnote 7.
57 Siehe UN-Ad hoc-Ausschuss (2005), Annex II, Ziff. 22, 23.
58 UN-Ad hoc-Ausschuss (2005a), Annex I, Art. 12.

Auch die wichtige Frage, wie mit schwerstbehinderten Menschen umzugehen sei, mit denen auch bei maximaler Unterstützung und Ausschöpfung aller uns zur Verfügung stehenden Technik und Möglichkeiten nicht kommuniziert werden kann, wurde immer wieder diskutiert. In Kenntnis der praktischen Probleme, etwa bei so genannten Wachkomapatientinnen und -patienten, konnte sich dennoch die Position nicht durchsetzen, wonach stellvertretendes Handeln und die ersetzende Entscheidung ausnahmsweise als Unterstützung gelten solle. Der sich im Wortlaut widerspiegelnde Konsens erstreckte sich lediglich auf die zentrale Figur der unterstützten Entscheidungsfindung. Dies zeigt auch die Debatte in der Sitzung der UN-Generalversammlung, in der der Entwurf dann als verbindlicher Vertragstext angenommen wurde.[59] So lässt sich aus der Entstehungsgeschichte erkennen, dass in jeder Phase klar zwischen Unterstützung und Stellvertretung unterschieden wurde.

Damit wurde auch der Meinung der Zivilgesellschaft, insbesondere der internationalen Dachverbände der Menschen mit Behinderungen, Rechnung getragen. Diese wandte sich immer gegen eine solche »Ausnahme« mit dem Argument, sie legitimiere über die Hintertür die Vormundschaft für behinderte Menschen; jede noch so enge Ausnahmeregelung werde als Legitimation für die Beibehaltung entrechtender Entmündigungs- und Betreuungssysteme benutzt werden. Der gerade im Bereich der rechtlichen Handlungsfähigkeit erforderliche Paradigmenwechsel könne nur erreicht werden, wenn die Maximalposition in der Norm ihren Niederschlag fände.[60] Die endgültige Entscheidung über den Wortlaut der Bestimmung jedoch haben die Staatendelegationen mehrheitlich getroffen, weil bekanntlich nur die Staaten die Federführung in internationalen Verhandlungen haben.

Nicht zuletzt spricht auch die systematische Stellung des Artikels 12 UN-BRK dafür, zwischen unterstützter und ersetzender Entscheidungsfindung zu unterscheiden. Weder in Artikel 12 UN-BRK noch an anderer Stelle der Konvention wird die ersetzende Entscheidungsfindung für zulässig erklärt. Zum anderen unterscheidet sich der Wortlaut des Artikels 12 Absatz 3 UN-BRK, der das Recht auf Zugang zu Unterstützung beinhaltet, deutlich vom Absatz 4, der die Pflicht zu Schutzvorkehrungen bei Entscheidungsfindungen regelt. Während Absatz 3 auf Unterstützung Bezug nimmt, die es den Betroffenen selbst ermöglicht, ihre rechtliche Handlungsfähigkeit auszuüben (»the support they may require in excercising their legal capacity«), spricht Absatz 4 allgemein von Maßnahmen, die sich auf die Ausübung rechtlicher Handlungsfähigkeit beziehen (»all measures that relate to the excercise of legal capacity«.) Daraus lässt sich ableiten, dass das Paradigma der unterstützten Entscheidungsfindung immer noch von einer Entscheidung durch

59 Siehe UN-Generalversammlung (2006).
60 Vgl. Trömel (2009).

die betroffene Person selbst ausgeht, die mit ersetzender Entscheidungsfindung nicht gleichgesetzt werden kann.

Der Absatz 3 ergänzt demnach die Anerkennung der Rechtsfähigkeit um den Aspekt der Assistenz für rechtlich relevantes Handeln und artikuliert so klar wie keine andere Norm die paradigmatische Neuausrichtung der Verantwortlichkeit, der die Staaten in Bezug auf das rechtliche Handeln von Menschen mit Behinderungen gerecht werden müssen.

V. Die spezifischen Verpflichtungen zum Schutz der rechtlichen Handlungsfähigkeit (Absatz 4)

Dass die rechtliche Handlungsfähigkeit von Menschen mit Behinderungen durch spezifische Maßnahmen zu schützen ist, greift die Konvention konkret in Absatz 4 von Artikel 12 UN-BRK auf. Dieser lautet:

> Die Vertragsstaaten stellen sicher, dass zu allen die Ausübung der Rechts- und Handlungsfähigkeit betreffenden Maßnahmen im Einklang mit den internationalen Menschenrechtsnormen geeignete und wirksame Sicherungen vorgesehen werden, um Missbräuche zu verhindern. Diese Sicherungen müssen gewährleisten, dass bei den Maßnahmen betreffend die Ausübung der Rechts- und Handlungsfähigkeit die Rechte, der Wille und die Präferenzen der betreffenden Person geachtet werden, es nicht zu Interessenkonflikten und missbräuchlicher Einflussnahme kommt, dass die Maßnahmen verhältnismäßig und auf die Umstände der Person zugeschnitten sind, dass sie von möglichst kurzer Dauer sind und dass sie einer regelmäßigen Überprüfung durch eine zuständige, unabhängige und unparteiische Behörde oder gerichtliche Stelle unterliegen. Die Sicherungen müssen im Hinblick auf das Ausmaß, in dem diese Maßnahmen die Rechte und Interessen der Person berühren, verhältnismäßig sein.

Im Wesentlichen verpflichtet Artikel 12 Absatz 4 UN-BRK die Vertragsstaaten dazu, Maßnahmen in Form von »Sicherungen« (»safeguards«) zu ergreifen. Diese Maßnahmen dürfen die rechtliche Handlungsfähigkeit – soweit es auf die Verhältnismäßigkeit ankommt – nicht übermäßig beschränken. Damit setzt die UN-BRK die bekannte Grenze gegenüber staatlichen Maßnahmen. Die geforderten Sicherungen sind unterschiedlicher Natur. Sie beziehen sich nicht nur auf materiellrechtliche Regelungen, sondern auch auf Verfahren und unabhängige Kontrollinstanzen.

Was im Einzelnen damit alles gemeint ist, kann im Rahmen der einführenden Ausführungen nicht vertieft werden. Es stellen sich aber Auslegungsfragen in Hülle und Fülle. Diese sind von der internationalen Diskussion erst ansatzweise in Augenschein genommen worden.

Beispielsweise stellt sich die Frage, unter welchen Voraussetzungen diese Sicherungen als geeignet und wirksam (»appropriate and effective«) gelten können; oder wie im Falle einer Unterstützungsmaßnahme »Rechte, Wille und Präferenzen« (»rights, will and preference of the person«) sichergestellt werden können (»ensure«)[61]; oder welche Rolle eine unabhängige gerichtliche Stelle (»independent and impartial judicial body«) im Zusammenhang mit der regelmäßigen Überprüfung spielt.

Die Frage, ob sich diese Sicherungen lediglich auf Unterstützungsmaßnahmen im Sinne von Absatz 3 beziehen oder auch auf andere Maßnahmen, die nicht dem Begriff der Unterstützung unterliegen, ist eindeutig zugunsten der letzteren Variante zu beantworten.[62] Andere Maßnahmen sind solche, die nicht dem Unterstützungsbegriff unterfallen – etwa die frei von Menschen mit Behinderungen selbstbestimmte Vertretung oder die gesetzliche Vertretung behinderter Kinder durch ihre Eltern; diese sind aufgrund von Absatz 4 der staatlichen Überwachung und Kontrolle zu unterwerfen. Denn wenn bereits dort, wo Unterstützung geleistet wird, flankierende Maßnahmen zur Sicherung der rechtlichen Handlungsfähigkeit nach Absatz 4 verpflichtend sind, muss dies erst recht bei anderen Maßnahmen gelten. Die Notwendigkeit, Betroffene in ihrer Autonomie und Selbstbestimmung zu schützen, ist in allen anderen Fällen nämlich umso größer.[63]

VI. Handlungsfähigkeit in wirtschaftlichen und finanziellen Angelegenheiten (Absatz 5).

Absatz 5 unterstreicht, dass sich die Anerkennung der rechtlichen Handlungsfähigkeit von Menschen mit Behinderungen auch auf wirtschaftliche und finanzielle Angelegenheiten erstreckt. Der Wortlaut liest sich in der deutschen Übersetzung wie folgt:

> Vorbehaltlich dieses Artikels treffen die Vertragsstaaten alle geeigneten Maßnahmen, um zu gewährleisten, dass Menschen mit Behinderungen das gleiche Recht wie andere haben, Eigentum zu besitzen oder zu erben, ihre finanziellen Angelegenheiten selbst zu regeln und gleichen Zugang zu Bankdarlehen, Hypotheken und anderen Finanzkrediten zu haben, und gewährleisten, dass Menschen mit Behinderungen nicht willkürlich ihr Eigentum entzogen wird.

Mit Bezug auf das Recht auf Eigentum und der Bestimmung, dass dieses von Menschen mit Behinderungen gehalten und ihnen nicht willkürlich entzogen werden darf, ist diese Bestimmung deshalb bemerkenswert, weil sich der individualrechtliche Schutz des Eigentums im Zusammenhang mit den menschenrechtlichen Übereinkommen bislang nicht etablieren konnte, sondern lediglich im regionalen Zusammenhang des 1. Zusatzprotokolls zur Europäischen Menschenrechtskon-

61 Vgl. den Beitrag von Brosey in diesem Band.
62 Anderer Ansicht Tolmein (2012), Rdnr. 10, der annimmt, die Sicherung beziehe sich nur auf Maßnahmen der Unterstützung.
63 Diese Auslegung wird von denjenigen nicht geteilt, die sich für ein absolutes Verbot der Stellvertretung aussprechen.

vention.[64] Absatz 5 geht über die eigene Verwaltung von Eigentum hinaus und schließt die eigene selbständig ausgeübte Kontrolle über die wirtschaftlichen Grundlagen ein.[65]

VII. Sonderproblem: Stellvertretung

In den verschiedenen Rechtsordnungen gibt es unterschiedliche Ansätze von Stellvertretung. Von Stellvertretung spricht man dann, wenn eine Person im Namen und mit Rechtswirkung für eine andere Person handelt.[66] Zu unterscheiden ist zwischen der freiwillig beauftragten Vertretung im Sinne einer Vollmacht, die Menschen mit Behinderungen genauso erteilen können wie andere und die nicht weiter zu problematisieren ist, und der gesetzlich angeordneten Vertretung, die teilweise gegen oder ohne den Willen der betroffenen Person erfolgt.

Vor dem Hintergrund der UN-BRK wird diskutiert, ob und inwieweit eine entsprechend gesetzlich begründete und gegebenenfalls gerichtlich angeordnete Vertretung gegen den (freien) Willen oder ohne Zustimmung der betroffenen Person mit dem Recht auf gleiche Anerkennung vor dem Recht in Einklang steht. In der Diskussion sind zwei extreme Positionen erkennbar:

Die erste besagt, dass Artikel 12 UN-BRK jede Form der gesetzlichen Vertretung und ersetzenden Entscheidungsfindung verbiete. Der anderen Ansicht zufolge ist die ersetzende Entscheidungsfindung nicht nur als Ausnahme gefasst, vielmehr erlaube Artikel 12 UN-BRK Staaten nach wie vor, die Praxis der gesetzlichen Vertretung und damit eine ersetzende Entscheidungsfindung uneingeschränkt bzw. ohne Änderung der bisherigen Praxis fortzusetzen.[67] Wir vertreten eine vermittelnde Auffassung, wonach die Stellvertretung in engen Ausnahmen gerechtfertigt werden kann.[68]

Zwar erschließt sich aus der Entstehungsgeschichte, dass mit Artikel 12 UN-BRK das Unterstützungsparadigma zu Gunsten von Menschen mit Behinderungen verpflichtend eingeführt worden ist, jedoch sind nach unserer Wahrnehmung die internationalen Verhandlungen im Ergebnis nicht so zu verstehen, dass jegliche Stellvertretung gänzlich ausgeschlossen wurde. Die Frage, ob die gesetzliche Vertretung einem prinzipiellen Verbot unterliege, ist im Rahmen der internationalen

64 Zusatzprotokoll zur Konvention zum Schutz der Menschenrechte und Grundfreiheiten vom 20.03.1952, Art. 1.
65 Vgl. Tolmein (2012), Rdnr. 13.
66 Vgl. Ellenberger (2010), Rdnr. 6.
67 Vgl. etwa die Vorbehalte Australiens und Kanadas zur UN-BRK, http:// treaties.un.org/doc /Publication/MTDSG/Volume%20I/Chapter%20IV/IV-15.en.pdf.
68 Siehe Aichele / von Bernstorff (2010), S. 202. Zu den Anforderungen, die sich dabei an die Rechtfertigung ergeben, siehe unten VIII.

Verhandlungen nicht abschließend beantwortet worden. Die gesetzliche Vertretung fällt damit zwar nicht unter den Begriff der Unterstützung, jedoch ist sie in sehr engen Ausnahmefällen als zulässig anzusehen. Allerdings sind die Anforderungen an eine Einführung der gesetzlichen Vertretung im Allgemeinen wie an die Anwendung im Einzelfall sehr hoch.

Eine vermittelnde Auffassung kann sich unter anderem auf die Zielsetzung des Rechts auf gleiche Anerkennung vor dem Recht stützen, das wie ausgeführt auch Kinder in den Kreis der Träger dieses Rechts einbezieht und ihnen grundsätzlich wie potentiell rechtliche Handlungsfähigkeit zuspricht. Aus den Dokumenten ist nicht zu ersehen, ob über die Fragen in Bezug auf Kinder diskutiert worden ist. Es ist schwer vorstellbar, dass es die Absicht der Staaten gewesen ist, die elterliche Sorge oder die Vormundschaft gegenüber Kindern – gleich ob mit oder ohne Behinderungen – völlig auszuschließen. Da allen Kindern praktisch eine wachsende Kompetenz hinsichtlich der rechtlichen Handlungsfähigkeit («evolving capacity") zugesprochen werden muss, geht es vielmehr um eine differenzierte rechtliche Bewertung ihres Handelns, die graduelle Anerkennung ihrer rechtlichen Handlungsfähigkeit und die daraus folgende Frage nach dem Umgang des Staates mit ihrer rechtlichen Handlungsfähigkeit, nicht aber um ein absolutes Verbot.[69]

VIII. Schranken der Einschränkbarkeit

In Anbetracht des weiten Schutzbereichs des Rechts aus Artikel 12 UN-BRK stellt sich die Frage nach den Schranken der Einschränkbarkeit dieses Rechts (so genannte Schranken-Schranken). Die Schranken staatlicher Eingriffe ergeben sich aus dem unverfügbaren Kern des Rechts und dem Verbot unverhältnismäßiger Eingriffe.[70] Eine Rechtfertigung ist generell ausgeschlossen, wenn die staatliche Maßnahme in den Kernbereich des Rechts eingreift. Ein Eingriff in andere Bereiche des Rechts ist nur zulässig, wenn der Eingriff verhältnismäßig ist. Maßstab für die Rechtfertigung des Eingriffs in das Recht auf rechtliche Handlungsfähigkeit ist hier eine qualifizierte Verhältnismäßigkeitsprüfung.

1. Einschränkungsfester Kernbereich

In den einschränkungsfesten Kernbereich gehören etwa höchstpersönliche Rechtsgeschäfte.[71] Beispiele für solche kerngehaltsrelevanten Erklärungen sind die Ein-

69 Siehe den Beitrag von Krappmann in diesem Band.
70 So bereits Aichele / von Bernstorff (2010), S. 202.
71 Siehe Aichele / von Bernstorff (2010), S. 202.

willigung in nicht-eigennützige Forschung an behinderten Menschen[72], die Entscheidung über eine Sterilisation wegen einer Behinderung[73], die Einwilligung in eine Ehe[74] sowie die Entscheidung über lebensbeendende Maßnahmen.[75] Unvereinbar mit dem Kerngehalt von Artikel 12 UN-BRK wäre weiterhin, wenn die Einrichtung einer gesetzlichen Betreuung für eine Erwachsene bzw. einen Erwachsenen, auch nur für einzelne Lebensbereiche, den vollständigen Verlust der rechtlichen Handlungsfähigkeit nach sich zöge. Nach internationaler Auffassung, etwa von verschiedenen UN-Sonderberichterstattern vorgetragen, ist es überdies nicht zulässig, einen Menschen gegen seinen Willen einem erheblichen medizinischen Eingriff zu unterwerfen[76] oder ihm auf Grund der Behinderung seine Freiheit zu entziehen.[77]

Als allgemeine Überlegung kann gelten: Überall dort, wo die Behinderung zu einer Instrumentalisierung des betroffenen Menschen für außerhalb seiner selbst liegende Zwecke oder zu einem irreversiblen und besonders intensiven Eingriff in die persönliche Autonomie des behinderten Menschen führt, wird der unverfügbare Kernbereich des Menschenrechts auf gleiche Anerkennung vor dem Recht verletzt.[78]

2. *Die qualifizierte Verhältnismäßigkeitsprüfung*

Die Verhältnismäßigkeitsprüfung umfasst drei Schritte: die Prüfung von Geeignetheit, Erforderlichkeit und Angemessenheit einer Maßnahme. Im Zuge der Prüfung der Rechtmäßigkeit des Eingriffs kann die Erforderlichkeit einer staatlichen Maßnahme nur angenommen werden, wenn staatlicherseits nachweislich alles

72 Vgl. etwa den Beitrag von Graumann in diesem Band. Siehe auch die Ausführungen von Aichele / von Bernstorff (2010), S. 203, Fußnote 28.

73 Siehe Art. 23 lit. c UN-BRK in Verbindung mit Art. 7 Zivilpakt, dazu UN-Sonderberichterstatter über Folter und andere grausame, unmenschliche oder erniedrigende Behandlung (2008), Ziff. 60 mit weiteren Nachweisen. Vgl. auch den Beitrag von Tolmein in diesem Band.

74 Siehe Art. 23 UN-BRK in Verbindung mit Art. 23 Abs. 3 Zivilpakt und Art. 16 Abs. 1 lit. b Frauenrechtskonvention; insbesondere UN-Fachausschuss für die Beseitigung der Diskriminierung der Frau (1994), Ziff. 15.

75 Siehe Art. 10 in Verbindung mit Art. 25 lit. f UN-BRK.

76 Vgl. Art. 25 UN-BRK in Verbindung mit Art. 14 Internationaler Pakt über wirtschaftliche, soziale und kulturelle Rechte vom 16.12.1966. Vgl. hierzu UN-Hochkommissariat für Menschenrechte / Weltgesundheitsorganisation (2008), S. 3 und 16; UN-Sonderberichterstatter für das Recht auf Gesundheit (2005), Ziff. 87-90; ihm folgend Nowak, siehe UN-Sonderberichterstatter über Folter und andere grausame, unmenschliche oder erniedrigende Behandlung (2008), Ziff. 59-65 mit Bezugnahme auf verschiedene Fallgruppen.

77 Siehe Art. 14 UN-BRK; dezidiert UN-Hochkommissariat für Menschenrechte (2009), Ziff. 48; vgl. auch UN-Sonderberichterstatter über Folter und andere grausame, unmenschliche oder erniedrigende Behandlung (2008), Ziff. 64.

78 So die Formulierung von Aichele / von Bernstorff (2010), S. 203.

Mögliche getan wurde, um die Betroffene bzw. den Betroffenen in die Lage zu versetzen, persönlich zu handeln und zu entscheiden; diese Besonderheit qualifiziert die Prüfung. Dazu gehören die individuelle Befähigung und die Unterstützung in Form von individueller Assistenz und lebenspraktischer Hilfestellung; auf der strukturellen Ebene zählen dazu der Aufbau eines Systems der Unterstützung sowie die Gewährleistung eines gleichberechtigten Zugangs. Sowohl in Bezug auf die Struktur als auch auf den Einzelfall soll der Staat nach Artikel 12 UN-BRK alles versucht haben, die erforderliche Unterstützung zu organisieren und den Zugang dazu sicherzustellen.

3. Rechtfertigung der gesetzlichen Vertretung und ihre Grenzen

Diese Fragen stellen sich auch für die gesetzliche Vertretung. Die stellvertretende Entscheidung greift in das Recht auf gleiche Anerkennung vor dem Recht deshalb ein, weil damit die Entscheidung nicht autonom erfolgt. Der Staat kann sich auch nicht damit erklären, dass eine Pflicht bestünde, eine gesetzliche Vertretung vorzunehmen; vielmehr besteht nach der UN-BRK nur die Pflicht, Zugang zu Unterstützung zu gewähren. Der Staat unterliegt also der Last zu erklären, warum er keine Unterstützung leisten konnte. Gut nachzuvollziehen ist dem Grundsatz nach, dass eine Rechtsordnung die gesetzliche Vertretung für Kinder regelt; aus der Sicht von Artikel 12 UN-BRK ist zwar auch in Bezug auf Kinder die gesetzliche Vertretung als Eingriff zu sehen, dieser ist aber gut zu rechtfertigen. Schwierig dagegen scheint eine Vertretung für erwachsene Menschen, insbesondere wenn eine Rechtsordnung Menschen auf Grund von einer Behinderung anders behandelt als Menschen ohne Behinderung.[79]

Die formale Gleichbehandlung wie die Ungleichbehandlung mit Blick auf Behinderung sind über das menschenrechtliche Diskriminierungsverbot zwar nicht ausgeschlossen, beides jedoch führt zu der Anforderung, dass eine Erklärung im Sinne einer rechtlichen Rechtfertigung geliefert wird, ohne die eine entsprechende Maßnahme als nicht zulässig erachtet werden kann.[80] Ausgeschlossen ist die Benachteiligung von Menschen auf Grund von Behinderung.[81] Entsprechend anspruchsvoll ist die Rechtfertigung einer gesetzlich vorgesehenen und gerichtlich angeordneten Vertretung für erwachsene Menschen. Sie ist von der UN-BRK nicht gewollt und wird nicht befördert, auch wenn sie nicht in allen Fällen ausgeschlossen wird.

79 Vgl. den Beitrag von Lipp in diesem Band; siehe auch Lipp (2012).
80 Dazu Vandenhole (2005).
81 Siehe die Definition von Diskriminierung in Art. 2 Unterabsatz 3 UN-BRK.

Auch wenn sich die internationale Diskussion auf die pauschale Unzulässigkeit der Stellvertretung konzentriert, handelt es sich bei der gesetzlichen Vertretung nach unserer Auffassung immer um einen Eingriff in das Recht auf gleiche Anerkennung vor dem Recht, bei dem sich die Frage stellt, ob dieser Eingriff gerechtfertigt werden kann. Es macht praktisch einen nicht unbeachtlichen Unterschied, ob man gegen oder ohne den eigenen Willen eine Person an seiner Seite hat, der man etwa seinen »Willen« und seine »Präferenzen« vermitteln muss, oder ob man frei von einer verordneten Begleitung ist; das gilt auch in Fällen, in denen das Handeln der Vertreterin bzw. des Vertreters dem Schutz der vertretenen Person dient.[82]

Die Besonderheit für die Bewertung des durch die Stellvertretung begründeten Eingriffs ergibt sich daraus, dass eine Rechtsordnung damit unter Umständen eine Lösung für Fälle sucht, in denen eine Person aus tatsächlichen Gründen nicht selbst handeln kann und für diesen Fall keine Vorkehrungen getroffen hat. In vielen Rechtsordnungen allerdings ist die gesetzliche Vertretung nach wie vor eine verbreitete Regelung, die eine systematische Entrechtung von erwachsenen behinderten Menschen bedeutet. Diese systematische Benachteiligung von Menschen auf Grund ihrer Behinderung ist mit der UN-BRK nicht in Einklang zu bringen.

IX. Erklärungs- und Rechtfertigungslast

Mit der UN-BRK haben sich die Lasten zur Erklärung und Rechtfertigung für Staaten deutlich verschärft.[83] Staatliche Maßnahmen, die vor der UN-BRK nicht hinterfragt wurden, müssen heute nicht nur überprüft werden, sondern sich auch im Lichte der UN-BRK rechtfertigen. War es etwa vor Inkrafttreten der UN-BRK noch selbstverständlich, wie in vielen Rechtsordnungen heute noch gegeben, erwachsenen Menschen mit geistiger Behinderung eine größere Einschränkung ihrer rechtlichen Handlungsfähigkeit zuzumuten als nichtbehinderten Menschen, stehen nun die Regelungen hinsichtlich der Gleichstellung beziehungsweise der Frage der Ungleichbehandlung in allen Regelungsdetails auf dem Prüfstand. Entscheidend ist dabei nicht die abstrakte Prüfung, vielmehr ist die praktische Gleichstellung entscheidend. Wirkt eine scheinbar neutrale Regelung zu Lasten von Menschen mit Behinderungen, ist diese nicht zulässig.

So blieb bis vor kurzem etwa relativ unhinterfragt, dass bestimmte Menschen mit einer Behinderung vom Wahlrecht ausgeschlossen werden. Heute ist es im Anschluss an eine gewachsene internationale Überzeugung mit dem menschen-

82 Anderer Ansicht Lipp, vgl. seinen Beitrag in diesem Band.
83 Siehe zur Verpflichtung zur Berichterstattung UN-Fachausschuss (2009).

rechtlichen Diskriminierungsverbot nicht in Einklang zu bringen, behinderte Menschen bei diesem wesentlichen politischen Vorgang anders zu behandeln.[84]

Die UN-BRK erhöht für die Staaten die Erklärungs- und Rechtfertigungslast. Begründet liegt dies in den konkreten Verpflichtungen gemäß der UN-BRK, die im Blick auf die Rechte von Menschen mit Behinderungen konkreter sind als alle bis dahin etablierten menschenrechtlichen Standards. Dass sich Staaten entlang dieser Verpflichtungen erklären müssen, kommt deutlich im internationalen Berichtsprüfungsverfahren, das der Fachausschuss gemäß der Konvention zur Umsetzungskontrolle durchführt, zum Ausdruck.[85] Danach müssen Staaten, die der UN-BRK beigetreten sind, in regelmäßigen Abständen durch offizielle Berichte den Umsetzungsstand der Rechte von Menschen mit Behinderungen darlegen. Zwar geht der Fachausschuss seine Aufgabe konstruktiv an. So führt das Verfahren auch nicht zu einer Verurteilung eines Staates. Die Berichtsprüfung ist mit einem gerichtlichen Verfahren nicht vergleichbar. Jedoch liegt dem Verfahren der Ansatz zu Grunde, dass jeder Staat seine Maßnahmen zur Umsetzung der UN-BRK bzw. sein Unterlassen von Maßnahmen erklären und damit gegenüber dem Fachausschuss am Maßstab der UN-BRK rechtfertigen muss.

Im Hinblick auf die grundlegende Verschiebung der Erklärungs- und Rechtfertigungsverpflichtung zu Lasten der Staaten gemäß Artikel 12 UN-BRK indiziert die Stellvertretung eine Vertragsverletzung, die der Staat durch entsprechende Ausführungen entkräften oder widerlegen kann. Darüber hinaus bestehen in Deutschland verfassungsrechtliche Gründe, warum staatliche Maßnahmen eine Begründung brauchen[86] und sich diese Begründung inhaltlich auch dem Maßstab der Menschenrechte stellen muss.

X. Fazit

Die gleiche Anerkennung vor dem Recht ist ein individuelles Recht mit zwei Dimensionen, zunächst der Anerkennung als Rechtssubjekt (statische Komponente) und darauf aufbauend dem Recht darauf, rechtlich zu handeln (dynamische Komponente). Beide gehören zusammen.

Es ist überdies wichtig, die Doppelnatur dieses Rechts sowohl als Freiheits- als auch als Gleichheitsrecht zu erkennen. Rechtlich zu handeln ist die Wahrnehmung von Freiheit. Gleichzeitig betont die Konvention, dass der Genuss der rechtlichen Freiheit Menschen mit Behinderungen »gleichberechtigt mit anderen« zustehen soll; der Gleichbehandlungsaspekt ist über das differenzierte Diskriminierungs-

84 Vgl. den Beitrag von Palleit in diesem Band.
85 Siehe Art. 35-36 UN-BRK.
86 Vgl. Kischel (2003).

verbot zusätzlich flankiert. Mit anderen Worten: Menschen mit Behinderungen sollen »frei und gleich sein im rechtlichen Handeln« im Vergleich zu Menschen ohne Beeinträchtigung.

Die Anerkennung der rechtlichen Handlungsfähigkeit von Menschen mit Behinderungen wird von der UN-Behindertenrechtskonvention vorausgesetzt und steht Menschen mit Behinderungen unabhängig von Art und Grad einer Beeinträchtigung zu. Staaten unterliegen der Pflicht, die rechtliche Handlungsfähigkeit von Menschen mit Behinderungen zu achten, zu schützen und zu gewährleisten.

In eigenen rechtlichen Angelegenheiten tätig zu werden, erfordert Unterstützung. Unterstützung ist zu verstehen als Assistenz im Sinne einer personenzentrierten Hilfeleistung, die »Unterstützung« umfasst aber auch Maßnahmen zur Befähigung (»Empowerment«), Beratung, Information. Die gesetzliche Vertretung fällt nicht unter den Begriff der Unterstützung. Das hat zur Folge, dass die Rechtfertigung für die gesetzliche Vertretung weitaus höheren Anforderungen unterliegt. Aus Artikel 12 Absatz 3 ergibt sich insbesondere keine Verpflichtung zur ersetzenden Entscheidungsfindung, sondern im Gegenteil eine staatliche Verpflichtung zur Unterstützung des eigenen rechtlichen Handelns. Unterstützungsansätze sind auf der strukturellen Ebene mit dem Ziel zu entwickeln, die bestehenden Systeme der ersetzenden Entscheidungsfindung durch das System der unterstützenden Entscheidungsfindung zu ersetzen.

Um persönliches rechtliches Handeln zu ermöglichen, ist es von zentraler Bedeutung, dass der Staat Unterstützung im Sinne der UN-BRK gewährleistet. In diese Richtung deuten auch alle bisherigen Ausführungen des Fachausschusses, der eine konsequente Loslösung von allen Formen der Fremdbestimmung und den Wechsel zu einem Ansatz des assistierten Handelns mit Nachdruck einfordert.

Da die gesetzliche Vertretung vom Wortlaut her und nach dem Verhandlungsverlauf nicht eindeutig ausgeschlossen ist, ist es denkbar – wie hier vertreten –, dass die ersetzende Entscheidung in engsten Ausnahmen zulässig sein kann. Sie ist immer nur erforderlich, wenn der Staat vorher alles in seiner Macht Stehende unternommen hat, um Unterstützung zu gewährleisten. Dass alles Mögliche versucht worden ist, muss der Staat darlegen.

Damit ist in Artikel 12 UN-BRK ein großes Veränderungspotential angelegt. Rechtsordnungen, die bislang in Bezug auf erwachsene behinderte Menschen mit Vormundschaft und Entmündigung reagieren, sind zu großen legislativen wie systemischen Umwälzungen gezwungen. Aber selbst in Ländern wie Deutschland, wo die Vormundschaft hinsichtlich erwachsener Personen abgeschafft ist und Abstufungen für Menschen mit Behinderungen in Bezug auf die Anerkennung ihrer rechtlichen Handlungsfähigkeit existieren, formuliert die UN-BRK ein anspruchsvolles Prüfungs- und Arbeitsprogramm, das eine Weiterentwicklung des Rechts und der von ihm angeleiteten Praxis erforderlich macht. Alle differenzierenden

Regelungen sind genau daraufhin zu untersuchen, ob die Gleichbehandlung oder Ungleichbehandlung mit der Konvention rechtlich wie praktisch in Einklang zu bringen ist. Ist keine menschenrechtlich überzeugende Erklärung vorhanden oder steht die Regelung mit dem menschenrechtlichen Diskriminierungsverbot im Konflikt, liegt ein übermäßiger Eingriff in das Recht im Sinne einer Freiheitsbeschränkung vor.

In Folge des Artikels 12 UN-BRK sind Recht und Rechtspraxis in Deutschland kritisch zu durchleuchten. Tradierte Denk- und Begründungsmuster und auf den ersten Blick »normal« anmutende Regelungen sind in Frage zu stellen und gegebenenfalls zu verändern, wenn sie zum Ausschluss oder zur Einschränkung der rechtlichen Handlungsfähigkeit von Menschen mit Behinderungen führen bzw. dem Gebot zur Unterstützung nicht gerecht werden.

Es ist an der Zeit, für die über Artikel 12 UN-BRK abgesicherte Selbstbestimmung von Menschen mit Behinderungen in rechtlichen Angelegenheiten zu handeln, den passgenauen Rechtsrahmen zu entwickeln und Menschen mit Behinderungen zu ermutigen und zu befähigen, ihr Leben in allen rechtlichen Angelegenheiten in die Hände zu nehmen. Nur so nähern sich die Lebensverhältnisse dem menschenrechtlichen, in der Würde des Menschen begründeten Anspruch, dass Menschen mit Behinderungen frei und gleich sind – auch im rechtlichen Handeln.

Literaturverzeichnis

Aichele, Valentin (2003): Nationale Menschenrechtsinstitutionen. Ein Beitrag zur nationalen Implementierung von Menschenrechten. Frankfurt am Main: Lang.

Aichele, Valentin (2008): Die UN-Behindertenrechtskonvention und ihr Fakultativprotokoll – Ein Beitrag zur Ratifikationsdebatte. Policy Paper Nr. 9. Berlin: Deutsches Institut für Menschenrechte.

Aichele, Valentin / Jochen von Bernstorff (2010): Das Menschenrecht auf gleiche Anerkennung vor dem Recht: Zur Auslegung von Art. 12 der UN-Behindertenrechtskonvention. In: Betreuungsrechtliche Praxis 2010 (5), S. 199-203.

Alston, Phillip (2001): The historical origins of the concept of »general comments« in human rights law. In: Laurence Boisson de Chazournes / Vera Gowlland-Debbas (Hg.): The International Legal System in Quest of Equity and Universality: Liber Amicorum Georges Abi-Saab. Den Haag: Brill, S. 763-776.

Arendt, Hannah (2006): Elemente und Ursprünge totaler Herrschaft. Antisemitismus, Imperialismus, Totalitarismus. 11. Auflage. München: Piper.

Bach, Michael / Lana Kerzner (2010): A New Paradigm for Protecting Autonomy and the Right to Legal Capacity. Prepared for the Law Commission of Ontario. http://www.lco-cdo.org/disabilities/bach-kerzner.pdf.

Bariffi, Francisco J. (2011): Implementing the UN convention on disability in the European Union and member states: a review of substantive obligations and examples of good practice. ERA Training Session: EU Disability Law and the UNCRPD, 23-24 May 2011. http://www.era-comm.eu/dalaw/kiosk/documentation/UNCRPD/2011_05%20Bariffi %20presentation%20paper.pdf.

Bielefeldt, Heiner (2009): Zum Innovationspotenzial der UN-Behindertenrechtskonvention. Essay Nr. 5. 3. Auflage. Berlin: Deutsches Institut für Menschenrechte.

Bielefeldt, Heiner (2011): Inklusion als Menschenrechtsprinzip: Perspektiven der UN-Behindertenrechtskonvention. In: Joachim König / Christian Oerthel / Hans-Joachim Puch (Hg.): Sozial wirtschaften – nachhaltig handeln. München: Buch&Media, S. 68-88

Craven, Matthew C.R. (1995): The International Covenant on Economic, Social and Cultural Rights: a perspective on its development. Oxford: Oxford University Press.

Degener, Theresia (2006): Menschenrechtsschutz für behinderte Menschen – Vom Entstehen einer neuen Menschenrechtskonvention der Vereinten Nationen. In: Vereinte Nationen 54 (3), S. 104-110.

Degener, Theresia (2009): Welche legislativen Herausforderungen bestehen in Bezug auf die nationale Implementierung der UN-Behindertenrechtskonvention in Bund und Ländern? In: Behindertenrecht 2009 (2), S. 34-52.

Degener, Theresia (2010): Die UN-Behindertenrechtskonvention. Grundlage für eine neue inklusive Menschenrechtstheorie. In: Vereinte Nationen 2010 (2), S. 57-63.

Devi, Nandini / Jerome Bickenbach / Gerold Stucki (2011): Moving towards substituted or supported decision-making? Artikle 12 of the Convention on the Rights of Persons with Disabilities. In: ALTER, European Journal of Disability Research 5 (4), S. 249-264.

Dhanda, Amita (2007): Legal Capacity in the Disability Rights Convention: Stranglehold of the Past or Lodestar for the Future? In: Syracuse Journal of International Law and Commerce 34 (2), S. 429-462.

Eide, Asbjorn (2001): Economic, social and cultural rights as human rights. In: Asbjorn Eide / Catarina Krause / Allen Rosas (Hg.): Economic, social and cultural rights: a textbook. 2. Auflage. Dordrecht: Martinus Nijhoff, S. 9-28.

Ellenberger, Jürgen (2010): Einführung vor § 164 BGB. In: Otto Palandt (Begr.): Bürgerliches Gesetzbuch, Kommentar. 69. Auflage. München: C.H. Beck.

European Disability Forum (2009): Equal recognition before the law and equal capacity to act: Understand and Implementing Article 12 of the UN-Convention on the Rights of Persons with Disabilities. Oktober 2009. http://cms.horus.be/files/99909/MediaArchive/library/EDF_positon_on_equal_recognition_before_the_law_under_Article12_UNCRPD.doc.

Freeman, Marsha A. / Christine M. Chinkin / Beate Rudolf (Hg.) (2012): The UN Convention on the Elimination of all Forms of Discrimination against Women: a commentary. Oxford: Oxford University Press.

Graumann, Sigrid (2011): Assistierte Freiheit. Von einer Behindertenpolitik der Wohltätigkeit zu einer Politik der Menschenrechte. Frankfurt am Main: Campus.

Harpur, Paul (2012): Embracing the new disability rights paradigma: the importance of the Convention on the Rights of Persons with Disabilities. In: Disability & Society 27 (1), S. 1-14.

Heintschel von Heinegg, Wolff (1999): Auslegung völkerrechtlicher Verträge. In: Knut Ipsen (Hg.): Völkerrecht. 4. Auflage. München: C.H. Beck, S. 114-123.

International Disability Alliance (2008): Position paper on the Convention on the Rights of Persons with Disabilities (CRPD) and other instruments. 25.04.2008. http://www.un.org/disabilities/documents/COP/IDA%20CRPD%20paper.doc.

Keys, Mary (2009): Legal Capacity Law Reform in Europe: An Urgent Challenge. In: European Yearbook of Disability Law 1, S. 59-88.

Kischel, Uwe (2003): Die Begründung. Zur Erläuterung staatlicher Entscheidungen gegenüber dem Bürger. Tübingen: Mohr Siebeck.

Klein, Eckart (2005): Die Allgemeinen Bemerkungen und Empfehlungen der VN-Vertragsorgane. In: Deutsches Institut für Menschenrechte (Hg.): Die »General Comments« zu den VN-Menschenrechtsverträgen – Deutsche Übersetzung und Kurzeinführungen. Baden-Baden: Nomos, S. 19-31.

Lachwitz, Klaus (2008): Übereinkommen der Vereinten Nationen über die Rechte von Menschen mit Behinderungen. Auswirkungen auf die Rechte von Menschen mit geistiger Behinderung und/oder psychosozialen Problemen. In: Betreuungsrechtliche Praxis 2008 (4), S. 143-148.

Lachwitz, Klaus (2012): Auswirkungen der UN-Behindertenrechtskonvention auf das deutsche Geschäftsfähigkeits- und Betreuungsrecht. Überlegungen aus der Perspektive von Menschen mit geistiger Behinderung. In: Kritische Justiz 2012 (4), S. 385-404.

Lipp, Volker (2012): Betreuungsrecht und UN-Behindertenrechtskonvention. In: Zeitschrift für das gesamte Familienrecht, S. 669-679.

MacKay, Don (2007): The United Nations Convention on the Rights of Persons with Disabilities. In: Syracuse Journal of International Law and Commerce 34 (2), S. 323-331.

Minkowitz, Tina (2007): The United Nations Convention on the Rights of Persons with Disabilities and the Right to Be Free from Nonconsensual Psychiatric Interventions. In: Syracuse Journal of International Law 34 (2), S. 405-428.

Minkowitz, Tina (2010): Abolishing mental health laws to comply with the Convention on the Rights of Persons with Disabilities. In: Bernadette McSherry / Penelope Weller (Hg.): Re-thinking rights-based mental health laws. Oxford: Hart, S. 151-177.

Nowak, Manfred (2005): U.N. Covenant on Civil and Political Rights – CCPR Commentary. 2. Auflage. Kehl am Rhein: Engel.

O'Flaherty, Michael (2006): The Concluding Observations of United Nations Human Rights Treaty Bodies. In: Human Rights Law Review 6 (1), S. 27-52.

Opsahl, Torkel (1989): The general comments of the Human Rights Committee. In: Jürgen Jekewitz / Karl Heinz Klein / Jörg Detlef Kühne / Hans Petersmann / Rüdiger Wolfrum (Hg.): Des Menschen Recht zwischen Freiheit und Verantwortung. Festschrift für Karl Joseph Partsch zum 75. Geburtstag. Berlin: Duncker & Humblot, S. 273-286.

Palacios, Agustina / Maria Walls (2006): Changing the paradigm – the potential impact of the United Nations Convention on the Rights of Persons with Disabilities. In: Irish Yearbook of International Law 1, S. 121-165.

Quinn, Gerard (2012): Statement to the Oireachtas Joint Committee on Justice, Defence and Equality. Re: Hearing on the Mental Capacity Bill, February 29, 2012. http://www.nuigalway.ie/cdlp/documents/cdlp_statement_to_oireachtas_justice_committee_on_mental_capacity_bill_final.pdf.

Riedel, Eibe (2005): Allgemeine Bemerkungen zu den Bestimmungen des Internationalen Paktes über Wirtschaftliche, Soziale und Kulturelle Rechte der Vereinten Nationen. In: Deutsches Institut für Menschenrechte (Hg.): Die »General Comments« zu den VN-Menschenrechtsverträgen: Deutsche Übersetzung und Kurzeinführung. Baden-Baden: Nomos, S. 160-171.

Rothfritz, Lauri Philipp (2010): Die Konvention der Vereinten Nationen zum Schutz der Rechte von Menschen mit Behinderungen – Eine Analyse unter Bezugnahme auf die deutsche und europäische Rechtsebene. Frankfurt am Main: Lang.

Salzman, Leslie (2011): Guardianship for Persons with Mental Illness – A legal and appropriate alternative? In: Saint Louis University Journal of Health Law and Policy 4, S. 279-329.

Schneider, Jakob (2004): Die Justiziabilität wirtschaftlicher, sozialer und kultureller Rechte. Berlin: Deutsches Institut für Menschenrechte.

Tolmein, Oliver (2012): Artikel 12 – Gleiche Anerkennung vor dem Recht. In: Antje Welke (Hg.): UN-Behindertenrechtskonvention mit rechtlichen Erläuterungen. Berlin: Deutscher Verein für öffentliche und private Fürsorge, S. 136-149.

Trömel, Stefan (2009): A Personal Perspective on the Drafting History of the United Nations Convention on the Rights of Persons with Disabilities. In: European Yearbook of Disability Law 1, S. 115-138.

Trömel, Stefan (2010): Implementation of the Convention on the Rights of Persons with Disabilities: A Huge Challenge, A Huge Opportunity. In: Human Rights Monitor Quarterly 1 (3), S. 35-37.

Vandenhole, Wouter (2005): Non-discrimination and equality in the view of the UN-Human Rights Treaty Bodies. Antwerpen: Intersentia.

Welke, Antje (Hg.) (2012): UN-Behindertenrechtskonvention mit rechtlichen Erläuterungen, Berlin: Deutscher Verein für öffentliche und private Fürsorge.

Materialverzeichnis

Agentur der Europäischen Union für Grundrechte (2012): Choice and control: the right to independent living. Experiences of persons with intellectual disabilities and persons with mental health problems in nine EU Member States. Luxemburg: Amt für Veröffentlichungen der Europäischen Union.

Menschenrechtskommissar des Europarates (2012): Who Gets To Decide? Right to legal capacity for persons with intellectual and psychosocial disabilities. Dok. CommDH/IssuePaper(2012)2 vom 20.02.2012.

Monitoring-Stelle (zur UN-Behindertenrechtskonvention) (2012): Stellungnahme anlässlich der Öffentlichen Anhörung am 10. Dezember 2012. http://www.institut-fuer-menschenrechte.de/fileadmin/user_upload/Publikationen/Stellungnahmen/MSt_2012_Stellungnahme_Psychiatrie_und_Menschenrechte.pdf.

Unabhängiger Monitoringausschuss (zur Umsetzung der UN-Konvention über die Recht von Menschen mit Behinderungen) (2012): Jetzt entscheide ich! – Selbstbestimmte Entscheidungsfindung. Stellungnahme. 21.05.2012. http://www.monitoringausschuss.at/cms/monitoringausschuss/attachments/4/9/7/CH2484/CMS1341914364567/ma_sn_entscheidungsfindung_final1.docx.

UN-Ad hoc-Ausschuss (Ad Hoc Committee on a Comprehensive and Integral International Convention on the Protection and Promotion of the Rights and Dignity of Persons with Disabilities) (2004): Report of the Working Group to the Ad Hoc Committee. UN Dok. A/AC.265/2004/WG/1 vom 27.01.2004.

UN-Ad hoc-Ausschuss (Ad Hoc Committee on a Comprehensive and Integral International Convention on the Protection and Promotion of the Rights and Dignity of Persons with Disabilities) (2005): Report of the Ad Hoc Committee on a Comprehensive and Integral International Convention on the Protection and Promotion of the Rights and Dignity of Persons with Disabilities on its fifth session. UN Dok. A/AC.265/2005/2 vom 23.02.2005.

UN-Ad hoc-Ausschuss (Ad Hoc Committee on a Comprehensive and Integral International Convention on the Protection and Promotion of the Rights and Dignity of Persons with Disabilities) (2005a): Letter dated 7 October 2005 from the Chairman to all members of the Committee. UN Dok. A/AC.265/2006/1 vom 14.10.2005.

UN-Fachausschuss (für die Rechte von Menschen mit Behinderungen) (2009): Guidelines on treaty-specific document to be submitted by states parties under article 35, paragraph 1, of the Convention on the Rights of Persons with Disabilities. UN Dok. CRPD/C/2/3 vom 18.11.2009.

UN-Fachausschuss (für die Rechte von Menschen mit Behinderungen) (2011): Concluding observations of the Committee on the Rights of Persons with Disabilities [zum Staatenbericht Tunesiens]. UN Dok. CRPD/C/TUN/CO/1 vom 13.05.2011.

UN-Fachausschuss (für die Rechte von Menschen mit Behinderungen) (2011a): Concluding observations of the Committee on the Rights of Persons with Disabilities [zum Staatenbericht Spaniens]. UN Dok. CRPD/C/ESP/CO/1 vom 19.10.2011.

UN-Fachausschuss (für die Rechte von Menschen mit Behinderungen) (2012): Concluding observations of the Committee on the Rights of Persons with Disabilities – Peru. UN Dok. CRPD/C/PER/CO/1 vom 09.05.2012.

UN-Fachausschuss (für die Rechte von Menschen mit Behinderungen) (2012a): Concluding observations on the initial report of Argentina as approved by the Committee at its eighth session (17-28 September 2012). UN Dok. CRPD/C/ARG/CO/1 vom 8.10.2012.

UN-Fachausschuss (für die Rechte von Menschen mit Behinderungen) (2012b): Concluding observations on the initial report of China, adopted by the Committee at its eighth session (17-28 September 2012). UN Dok. CRPD/C/CHN/CO/1 vom 15.10.2012.

UN-Fachausschuss (für die Rechte von Menschen mit Behinderungen) (2012c): Concluding observations on the initial periodic report of Hungary, adopted by the Committee at its eighth session (17-28 September 2012). UN Dok. CRPD/C/HUN/CO/1 vom 22.10.2012.

UN-Fachausschuss für die Beseitigung der Diskriminierung der Frau (1994): General Recommendation No. 21: Equality in marriage and family relations. UN Dok. A/49/38 vom 04.02.1994.

UN-Generalversammlung (2006): Sixty First Session, 76th plenary meeting. Wednesday, 13 December 2006, 10 a.m., New York. UN Dok. A/61/PV.76 vom 13.12.2006.

UN-Hochkommissariat für Menschenrechte (2005) Legal capacity. Background conference document prepared by the Office of the United Nations High Commissioner for Human Rights. UN Dok. A/AC.265/2005/CRP.5.

UN-Hochkommissariat für Menschenrechte (2009): Thematic Study by the Office of the United Nations High Commissioner for Human Rights on enhancing awareness and understanding of the Convention on the Rights of Persons with Disabilities. UN Dok. A/HRC/10/48 vom 26.01.2009.

UN-Hochkommissariat für Menschenrechte / Weltgesundheitsorganisation (2008): The Right to Health. Fact Sheet No. 31.

UN-Sonderberichterstatter für das Recht auf Gesundheit (2005): Report of the Special Rapporteur on the right of everyone to the enjoyment of the highest attainable standard of physical and mental health, Paul Hunt. UN Dok. E/CN.4/2005/51 vom 11.02.2005.

UN-Sonderberichterstatter über Folter und andere grausame, unmenschliche oder erniedrigende Behandlung (2008): Interim report of the Special Rapporteur on torture and other cruel, inhuman or degrading treatment or punishment. UN Dok. A/63/175 vom 28.07.2008.

Funktion und Anwendungsbereich der »Unterstützung« (»support«) bei der Ausübung der Rechts- und Handlungsfähigkeit gemäß Artikel 12 UN-BRK – Anforderungen aus der Perspektive von Menschen mit geistiger Behinderung

Klaus Lachwitz

I. Einführung

Das Übereinkommen der Vereinten Nationen über die Rechte von Menschen mit Behinderungen (UN-BRK) will dazu verhelfen, Menschen mit Behinderungen zu gleichberechtigten Bürgerinnen und Bürgern zu machen. Wesentliche Voraussetzungen für die Anerkennung eines Menschen als Bürgerin oder Bürger seines jeweiligen Landes sind aus menschenrechtlicher Sicht die in den allgemeinen Grundsätzen der UN-BRK genannte »Achtung der dem Menschen innewohnenden Würde, seiner individuellen Autonomie einschließlich der Freiheit, eigene Entscheidungen zu treffen, sowie seiner Unabhängigkeit«.[1]

Gleichberechtigtes Dasein als Bürgerin bzw. Bürger lässt sich nur erreichen, wenn die Vertragsstaaten der Vereinten Nationen ihre Rechtsordnungen so organisieren, dass behinderte und nicht behinderte Menschen vor dem Recht gleich sind. Schon die Überschrift des Artikels 12 UN-BRK (»Gleiche Anerkennung vor dem Recht«) macht deutlich, dass dieser Artikel die Grundlagen dafür schaffen soll, Menschen mit Behinderungen bei der Zuordnung und Ausübung der in der UN-BRK geregelten Menschenrechte mit nicht behinderten Menschen auf die gleiche Stufe zu stellen.

II. Analyse des Artikels 12 UN-BRK aus völkerrechtlicher Perspektive

1. Gesellschaftspolitischer Ausgangspunkt für die Verankerung des Artikels 12 in der UN-BRK

Viele Menschen mit Behinderungen leben im weltweiten Vergleich unter erschwerten Bedingungen. Sie werden durch »einstellungs- und umweltbedingte

1 Art. 3 lit. a UN–BRK.

Barrieren«[2] behindert. Insbesondere in Entwicklungsländern können gehörlose und blinde Menschen nur eingeschränkt am gesellschaftlichen Leben teilnehmen, weil nur wenige Gebärdensprachdolmetscherinnen und -dolmetscher zur Verfügung stehen und schriftliche Informationen nicht oder nur in Ausnahmefällen in Brailleschrift erhältlich sind. In vielen Staaten werden Menschen mit geistigen Beeinträchtigungen (Beispiele: Down Syndrom, Altersdemenz) oder psychosozialen Problemen (Beispiele: Psychose, manische Depression) noch immer entmündigt und aus dem Rechtsverkehr ausgegrenzt. Ein **unabhängiges** Leben, das auf **frei getroffenen** Entscheidungen im Bereich der Bildung, des Wohnens, der Arbeit, der Freizeitgestaltung usw. gründet, ist unter diesen Voraussetzungen kaum oder nur sehr eingeschränkt möglich.

2. Zur Bedeutung der Rechts- und Handlungsfähigkeit für die »gleiche Anerkennung vor dem Recht«

Artikel 12 UN-BRK will dazu beitragen, diese Behinderungen zu beseitigen. Um dies zu erreichen, statuiert Artikel 12 Absatz 2 UN-BRK, dass »Menschen mit Behinderungen in allen Lebensbereichen gleichberechtigt mit anderen Rechts- und Handlungsfähigkeit genießen« sollen. Maßgeblich für die Auslegung und Anwendung der UN-BRK sind die bei den Vereinten Nationen hinterlegten Wortlaute des UN-Übereinkommens, zu denen unter anderem die englische, nicht aber die deutsche Fassung der UN-Behindertenrechtskonvention zählt.[3] Der englische Text der UN-Behindertenrechtskonvention führt aus: »[P]ersons with disabilities enjoy legal capacity on an equal basis with others in all aspects of life." Welche Personen als «persons with disabilities" gelten, ist in Artikel 1 Absatz 2 UN-BRK geregelt. Danach zählen Menschen dazu, die »langfristige körperliche, seelische, geistige oder Sinnesbeeinträchtigungen haben«. Der Begriff «legal capacity" wiederum bezieht alle rechtlich relevanten Handlungsfelder ein. Übertragen auf das deutsche Recht bedeutet dies, dass nicht nur die Geschäftsfähigkeit, sondern zum Beispiel auch die Einwilligungsfähigkeit und die Deliktsfähigkeit eines Menschen Bestandteile der »legal capacity« sind. Diese »Fähigkeiten« sind aus rechtlicher Sicht besonders wichtig, weil sie in unserer deutschen Rechtsordnung konstitutive Wirkungen entfalten.

2 Präambel lit. e UN-BRK.
3 Vgl. Art. 50 UN-BRK.

3. Reichweite der Rechts- und Handlungsfähigkeit gemäß Artikel 12 UN-BRK

Daraus folgt, dass auch Menschen, die als geistig schwerstbehindert, schwerstmehrfachbehindert und anderes bezeichnet werden, gemäß Artikel 12 Absatz 2 UN-BRK als rechts- und handlungsfähig gelten, und zwar in allen Lebensbereichen, also zum Beispiel beim Abschluss von Verträgen oder bei der Ausübung höchstpersönlicher Rechte wie des Rechts auf Eheschließung.[4] Eine Einschränkung ergibt sich nur durch den Terminus »gleichberechtigt mit anderen«. Lässt sich aus der Rechtsordnung des UN-Vertragsstaates, der die UN-BRK ratifiziert hat, ableiten, dass die Rechts- und Handlungsfähigkeit nicht behinderter Menschen unter bestimmten Voraussetzungen begrenzt oder aufgehoben ist, so gilt dies auch für die in Artikel 1 Absatz 2 UN-BRK genannten Menschen mit Behinderungen.

4. Die von Artikel 12 UN-BRK erfassten Personenkreise

Die UN-Behindertenrechtskonvention beschreibt die Menschenrechte aus der Perspektive von Menschen mit Behinderungen. Dazu zählen viele Personen, die aufgrund ihrer Beeinträchtigung(en) in Wechselwirkung mit verschiedenen Barrieren in ihrer Handlungsfähigkeit eingeschränkt sind; zum Beispiel Menschen, die wegen einer Querschnittslähmung völlig bewegungslos sind, Ohnhänderinnen und Ohnhänder, Menschen, die geistig nicht in der Lage sind, das Sprechen zu erlernen, nicht lesen, schreiben und/oder rechnen können usw.

Die einzelnen Rechtsordnungen haben bisher sehr unterschiedlich auf diese Lebenssituationen reagiert. In den Industrienationen ist einerseits zu beobachten, dass bei öffentlichen Veranstaltungen zunehmend Gebärdensprachdolmetscherinnen und -dolmetscher eingesetzt werden, um gehörlosen Menschen die Teilhabe zumindest an Teilbereichen des gesellschaftlichen Lebens zu erleichtern. Die Entwicklung von Hilfsmitteln für Menschen mit Körperbehinderungen schreitet voran, und auch blinde Menschen profitieren zunehmend von einer immer einfacher zu handhabenden Computertechnik, die auf ihre besonderen Belange Rücksicht nimmt. Andererseits haben die Beratungen der UN-BRK in New York mit Vertreterinnen und Vertretern der Weltverbände von Menschen mit Behinderungen[5] gezeigt, dass weltweit noch immer viele Menschen mit geistiger Behinderung oder psychosozialen Problemen entmündigt, in großen Einrichtungen untergebracht und vom allgemeinen gesellschaftlichen Leben weitgehend ausgeschlossen werden.[6]

4 Vgl. dazu von der Recke / von der Recke (2012).
5 World Blind Union (WBU), World Deaf Federation (WDF), Inclusion International (II), Disabled People International (DPI) und andere.
6 Beispiele: Rosenthal / Jehn / Galván (2010); Human Rights Watch (2011).

Um der Gefahr zu begegnen, dass die UN-BRK dieser Ungleichbehandlung nicht nur von nicht behinderten und behinderten Menschen, sondern auch von Menschen mit unterschiedlichen Behinderungen im Verhältnis zueinander Vorschub leistet, ist im Zuge der Beratungen der UN-BRK gefordert worden, diese so zu gestalten, dass **alle** behinderten Menschen in die Lage versetzt werden, die in der UN-BRK geregelten Menschenrechte uneingeschränkt innezuhaben und auszuüben; also ihre Meinung frei zu äußern[7] und ihren Aufenthaltsort festzulegen,[8] Zugang zu Bildung zu haben[9] und auf der Grundlage angemessener Vorkehrungen der Vertragsstaaten über ihren Bildungsweg nach Maßgabe ihrer persönlichen Bedürfnisse frei zu bestimmen[10], gesundheitsrelevante Entscheidungen zu treffen,[11] usw. Die rechtliche Handlungsfähigkeit ist in fast allen Fällen wesentliche Voraussetzung dafür, dass diese Menschenrechte tatsächlich individuell ausgeübt werden können, denn nur der Mensch, der – wie in Artikel 3 lit. a UN-BRK statuiert – frei entscheiden, das heißt zwischen Alternativen auswählen, zu Angeboten »ja«, »nein« oder »ja, aber…« sagen kann, ist eine unabhängige Bürgerin oder ein unabhängiger Bürger ihres bzw. seines Landes.

Diese Hinweise zeigen, dass die Herstellung bzw. Bewahrung der rechtlichen Handlungsfähigkeit eines Menschen häufig entscheidend dafür ist, die in der UN-Behindertenrechtskonvention genannten Menschenrechte persönlich wahrnehmen zu können: Nur wer als rechtlich handlungsfähig im Sinne des Artikels 12 Absatz 2 UN-BRK anerkannt wird, kann selbst darüber befinden, wie sie oder er das eigene Privatleben gestalten will[12], welche medizinische Behandlung sie oder er in Anspruch nehmen möchte,[13] wen oder welche politische Partei sie oder er wählen will[14] usw.[15]

5. *Kerngehalt der »Unterstützung« bei der Ausübung der rechtlichen Handlungsfähigkeit gemäß Artikel 12 Absatz 3 UN-BRK*

In der Arbeitsgruppe der Vereinten Nationen, die im Januar 2004 den ersten Entwurf der UN-BRK erarbeitet hat, bestand Einigkeit darüber, dass viele Menschen mit Beeinträchtigungen Hilfe benötigen, um im Sinne von Artikel 12 Absatz 2 UN-BRK rechtlich handeln zu können. Es wurde jedoch lange darüber gestritten, ob

7 Art. 21 UN-BRK.
8 Art. 18 und 19 UN-BRK.
9 Art. 24 UN-BRK.
10 Vgl. Art. 24 Abs. 2 lit. c in Verbindung mit Art. 2 Abs. 4 UN-BRK.
11 Art. 25 lit. d UN-BRK.
12 Art. 22 UN-BRK.
13 Art. 25 UN-BRK.
14 Art. 29 UN-BRK.
15 Siehe dazu im Einzelnen unten II.11.

diese Unterstützung im Einzelfall auch in der Form einer stellvertretenden Entscheidung durch Dritte geleistet werden kann, wie dies in vielen Ländern im Wege der Anordnung der Vormundschaft über einen für geschäftsunfähig erklärten Menschen praktiziert wird. In den Beratungen standen sich zunächst die Begriffe »support« (»Unterstützung«) und »substituted decision-making« (»ersetzende Entscheidungsfindung«) gegenüber. Unklar blieb auch lange, ob der in Artikel 12 Absatz 2 UN-BRK verankerte Begriff »legal capacity« nur die Rechtsfähigkeit – also die Anerkennung, Trägerin bzw. Träger von Rechten und Pflichten zu sein[16] – oder auch die rechtliche Handlungsfähigkeit eines Menschen erfassen sollte; ob sich das Gebot der Gleichstellung vor dem Recht also auch darauf beziehen sollte, die rechtliche Handlungsfähigkeit **auszuüben** (»legal capacity to act«).

Durchgesetzt haben sich letztlich die im deutschen Wortlaut mit »Rechts- **und** Handlungsfähigkeit« zutreffend übersetzte weite Fassung des Begriffs »legal capacity« in Artikel 12 Absatz 2 UN-BRK[17] und die Formulierung in Artikel 12 Absatz 3 UN-BRK: »States Parties shall take appropriate measures to provide access by persons with disabilities to the support they may require in exercising their legal capacity.« (»Die Vertragsstaaten treffen geeignete Maßnahmen, um Menschen mit Behinderungen Zugang zu der Unterstützung zu verschaffen, die sie bei der Ausübung ihrer Rechts- und Handlungsfähigkeit gegebenenfalls benötigen.«)

6. Zugangsverschaffungspflicht der Vertragsstaaten hinsichtlich der Unterstützung gemäß Artikel 12 Absatz 3 UN-BRK

Dem Wortlaut des Artikels 12 Absatz 3 UN-BRK ist eine vertragsstaatliche Gewährleistungsverpflichtung in der Form einer **Zugangsverschaffungspflicht** zu entnehmen, die auf die Unterstützung bei der Ausübung der Rechts- und Handlungsfähigkeit behinderter Menschen ausgerichtet ist. Wie der Vertragsstaat diesen Zugang herstellt, welche konkreten Maßnahmen er ergreift, um sicherzustellen, dass die erforderliche Unterstützung im Sinne des Artikels 12 Absatz 3 UN-BRK tatsächlich zur Verfügung steht, ist in Artikel 12 UN-BRK nicht geregelt. Der Vertragsstaat kann die Unterstützung selbst organisieren, zum Beispiel eine Behörde verpflichten, entsprechend ausgebildetes Personal abrufbar zur Verfügung zu stel-

16 Vgl. Art. 12 Abs. 1 UN-BRK.

17 Noch bis kurz vor Beginn der abschließenden Beratungen der UN-BRK in der Generalversammlung der Vereinten Nationen im Dezember 2006 bestanden China, Russland und einige arabische Staaten darauf, Art. 12 UN-BRK mit einer Fußnote zu versehen, in der statuiert werden sollte, dass der Begriff »legal capacity« in russischer, chinesischer und arabischer Sprache nur die Rechtsfähigkeit, nicht die Handlungsfähigkeit eines Menschen umfasst. Diese Fußnote zu Art. 12 UN-BRK wurde von der UN-Generalversammlung nicht übernommen und aus der Endfassung der UN-BRK gestrichen. Vgl. dazu Dhanda (2007), S. 442-456.

len. Er kann die Aufgabe, Unterstützung zu leisten, auch privaten bzw. gemeinnützigen Trägerorganisationen/Leistungsanbietern oder anderen behinderten Menschen mit entsprechender Erfahrung[18] übertragen, eine Vielfalt unterstützender Angebote anstreben, Qualitätskriterien festlegen usw.

Er darf allerdings nichts dem Zufall überlassen. Er ist verpflichtet, alle »geeigneten Maßnahmen« zu ergreifen, um die Zielsetzung des Artikels 12 Absatz 3 UN-BRK zu verwirklichen, den Menschen, die bei der Ausübung ihrer Rechts- und Handlungsfähigkeit auf Unterstützung angewiesen sind, entsprechende Hilfen zukommen zu lassen.

Wie ausgeführt, dient Artikel 12 UN-BRK dem Ziel, behinderten Menschen die **gleiche Anerkennung** vor dem Recht in der Form der Ausübung der rechtlichen Handlungsfähigkeit zu sichern, die ein Vertragsstaat seinen nicht behinderten Bürgerinnen und Bürgern zuerkennt. Insoweit weist Artikel 12 Absatz 3 UN-BRK Parallelen zu Artikel 5 Absatz 3 UN-BRK auf, wonach »die Vertragsstaaten zur Förderung der **Gleichberechtigung** und zur Beseitigung von Diskriminierung alle geeigneten Schritte unternehmen, um die Bereitstellung **angemessener Vorkehrungen** zu gewährleisten.« Das heißt, die Staaten müssen »notwendige und geeignete Änderungen und Anpassungen« vornehmen, um sicherzustellen, dass »Menschen mit Behinderungen gleichberechtigt mit anderen alle Menschenrechte und Grundfreiheiten genießen oder ausüben können,«[19] also zum Beispiel das Recht haben, »eigene Entscheidungen zu treffen.«[20] Dies steht allerdings unter dem Vorbehalt, dass die von einem Vertragsstaat im Rahmen angemessener Vorkehrungen vorzunehmenden notwendigen und geeigneten Änderungen und Anpassungen keine »unverhältnismäßige oder unbillige Belastung darstellen.«[21] Dritte, die vom Vertragsstaat eingeschaltet werden, um Gleichberechtigung im Sinne des Artikels 5 Absatz 3 UN-BRK zu fördern, dürfen also im Rahmen der ihnen von einem Vertragsstaat auferlegten Verpflichtung, Menschen mit Behinderungen gleichberechtigt zu behandeln, nicht überfordert werden.

Artikel 12 Absatz 3 UN-BRK enthält diese Einschränkung nicht, sondern verpflichtet die Vertragsstaaten ohne jeden Vorbehalt dazu, **geeignete Maßnahmen** zu treffen, um Menschen mit Behinderungen Zugang zur Unterstützung im Sinne des Artikels12 Absatz 3 UN-BRK zu verschaffen. Im Zweifel muss der Vertragsstaat also selbst die erforderliche Unterstützung leisten bzw. Kosten, die Dritten durch die Vornahme der Unterstützung entstehen, übernehmen, wenn sich die Leistungserbringenden, die seitens des Vertragsstaates herangezogen werden sollen, um der in Artikel 12 Absatz 3 UN-BRK formulierten Verpflichtung nachzu-

18 Beispiel: Peer Support, vgl. Art. 26 Abs. 1 UN-BRK.
19 Vgl. Art. 2 UN-BRK.
20 Art. 3 lit. a UN-BRK.
21 Art. 2 UN-BRK.

kommen, darauf berufen können, unverhältnismäßig oder unbillig belastet zu werden.

7. Zeitpunkt des Eintritts der Zugangsverschaffungspflicht der Vertragsstaaten hinsichtlich der Unterstützung gemäß Artikel 12 Absatz 3 UN-BRK

Dies wirft die Frage auf, zu welchem Zeitpunkt den Vertragsstaat die Verpflichtung trifft, Menschen mit Behinderungen Zugang zur Unterstützung gemäß Artikel 12 Absatz 3 UN-BRK zu verschaffen. Muss er sofort handeln oder kann er sich mit der Umsetzung und Verwirklichung der Verpflichtung aus Artikel 12 Absatz 3 UN-BRK Zeit lassen?

Diese Fragestellung gerät deshalb in den Blick, weil ein Vertragsstaat gemäß Artikel 4 Absatz 2 UN-BRK »hinsichtlich der wirtschaftlichen, sozialen und kulturellen Rechte« lediglich »unter Ausschöpfung seiner verfügbaren Mittel« verpflichtet ist, »Maßnahmen zu treffen, um **nach und nach** die volle Verwirklichung dieser Rechte zu erreichen.«

Lässt sich Artikel 12 Absatz 3 UN-BRK den in Artikel 4 Absatz 2 UN-BRK beschriebenen Menschenrechten ganz oder teilweise zuordnen?

Diese Frage kann erst beantwortet werden, wenn geklärt ist, worauf sich die Ausübung der rechtlichen Handlungsfähigkeit und die dazu gegebenenfalls benötigte Unterstützung konkret beziehen. Dient die Unterstützung beispielsweise der Ausübung des Wahlrechts,[22] so ist Artikel 4 Absatz 2 UN-BRK gar nicht berührt, weil das Recht der »Teilhabe am politischen und öffentlichen Leben« kein soziales, sondern ein bürgerliches Menschenrecht ist, das aufgrund seiner klaren Bestimmung als sog. **self-executing right**[23] vom Vertragsstaat Deutschland sofort umgesetzt werden muss. Das Gleiche gilt für das Recht der freien Meinungsäußerung.[24] Auch dieses Recht gilt sofort, das heißt ab dem Zeitpunkt des Inkrafttretens der UN-Behindertenrechtskonvention aufgrund der Ratifikation durch Deutschland.[25] Handelt es sich dagegen um ein soziales Recht im Sinne des Artikels 4 Absatz 2 UN-BRK, etwa um das Recht auf Gesundheit,[26] so stellt sich die Frage, welcher Bereich dieses Rechtes betroffen ist und welche vertragsstaatlichen Pflichten daraus folgen.

Grundsätzlich entfalten sich die vertragsstaatlichen Verpflichtungen auf drei Ebenen, nämlich in der Form von Achtungs-, Schutz- und Gewährleistungspflich-

22 Art. 29 lit. a UN-BRK.
23 Vgl. dazu im Einzelnen Schneider (2004).
24 Art. 21 UN-BRK.
25 Das heißt ab dem 26.03.2009.
26 Art. 25 UN-BRK.

ten (sogenannte Pflichtentrias[27]). Dies gilt auch für die sozialen Rechte im Sinne des Artikels 4 Absatz 2 UN-BRK.[28] Die Verpflichtung, Zugang zur Unterstützung im Sinne des Artikels 12 Absatz 3 UN-BRK zu verschaffen, ist Teil der staatlichen Gewährleistungspflicht. Diese Pflicht setzt ein, wenn die Unterstützung zur Ausübung der rechtlichen Handlungsfähigkeit benötigt wird,[29] und sie ist sofort, das heißt ohne zeitlichen Aufschub einzulösen, wenn sie den einschränkungsfesten Kernbereich[30] eines sozialen Menschenrechts betrifft. Dazu zählt zum Beispiel die in Artikel 25 lit. d UN-BRK enthaltene Regelung, wonach die Angehörigen der Gesundheitsberufe durch die Vertragsstaaten zu verpflichten sind, Menschen mit Beeinträchtigungen »auf der Grundlage der freiwilligen Einwilligung nach vorheriger Aufklärung« zu behandeln. Es ist danach unzulässig, einen Menschen gegen seinen Willen einem erheblichen medizinischen Eingriff zu unterwerfen.[31] Die freie Einwilligung in eine Maßnahme der medizinischen Versorgung fällt in den Kernbereich des Artikels 25 UN-BRK. Benötigt ein Mensch mit Beeinträchtigungen Unterstützung bei der Ausübung seiner Einwilligungsfähigkeit im Bereich medizinischer Behandlungsmaßnahmen, so duldet die benötigte Hilfe keinen zeitlichen Aufschub, weil sonst der einschränkungsfeste Kernbereich des Artikels 25 UN-BRK verletzt wäre.

8. *Notwendigkeit der Unterstützung bei der Ausübung der Rechts- und Handlungsfähigkeit gemäß Artikel 12 Absatz 3 UN-BRK*

Ziel aller Maßnahmen, die von einem Vertragsstaat gemäß Artikel 12 Absatz 3 UN-BRK zu treffen sind, ist die Sicherstellung des Zugangs zu der Unterstützung, die ein behinderter Mensch bei der Ausübung seiner Rechts- und Handlungsfähigkeit gegebenenfalls benötigt. Es handelt sich dabei um die Rechts- und Handlungsfähigkeit, die bereits in Artikel 12 Absatz 2 UN-BRK begrifflich verankert und dadurch gekennzeichnet ist, dass es ein Menschenrecht jedes behinderten Men-

27 Für den Internationalen Pakt über bürgerliche und politische Rechte vom 16.12.1996 (Zivilpakt) anerkannt; vgl. UN-Menschenrechtsausschuss (2004).

28 Für den Internationalen Pakt über wirtschaftliche, soziale und kulturelle Rechte vom 16.12.1966 (Sozialpakt) anerkannt; vgl. UN-Ausschuss über wirtschaftliche, soziale und kulturelle Rechte (1999), Ziff. 15.

29 Dass die Unterstützung zum Beispiel bei einer geistigen Behinderung nicht automatisch, sondern erst einsetzt, wenn sie benötigt wird, folgt aus dem Wortlaut des Art. 12 Abs. 3 UN-BRK, insbesondere aus der Formulierung »die sie bei der Ausübung ihrer Rechts- und Handlungsfähigkeit gegebenenfalls benötigen.« Noch deutlicher der englische Text: »they may require in exercising their legal capacity«.

30 Für den Sozialpakt UN-Ausschuss über Wirtschaftliche, Soziale und Kulturelle Rechte (1990), Ziff. 10.

31 UN-Hochkommissariat für Menschenrechte / Weltgesundheitsorganisation (2008), S. 3 und S. 16.

schen ist, seine Rechts- und Handlungsfähigkeit gleichberechtigt mit anderen auszuüben. Schließt ein Vertragsstaat also alle Kinder, die das siebente Lebensjahr noch nicht vollendet haben, von der Teilnahme am Rechtsverkehr aus, wie dies im deutschen Recht der Fall ist,[32] so ist auch für behinderte Kinder bis zur Vollendung des siebenten Lebensjahres die Teilnahme am Rechtsverkehr ausgeschlossen. Gesteht das Recht des Vertragsstaates hingegen einem volljährigen Menschen die volle rechtliche Handlungsfähigkeit zu, so gilt dies für einen volljährigen behinderten Menschen gleichermaßen, denn die Rechts- und Handlungsfähigkeit eines behinderten Menschen im Sinne des Artikels 12 UN-BRK orientiert sich nicht an bestimmten individuellen Fähigkeiten des behinderten Menschen, sondern an der Gleichberechtigung mit nicht behinderten Menschen bei der Zuerkennung der Rechts- und Handlungsfähigkeit, die letztere innehaben.[33]

In vielen Fällen stellt sich deshalb gar nicht die Frage, ob ein behinderter Mensch bei der Ausübung seiner Rechts- und Handlungsfähigkeit Unterstützung benötigt. Ist sie volljährig, so kann sich zum Beispiel eine querschnittsgelähmte oder blinde Akademikerin wie jeder andere Bürger auch selbstverständlich darauf berufen, Verträge abschließen zu dürfen. Die Frage nach der in Artikel 12 Absatz 3 UN-BRK genannten Unterstützung kristallisiert sich häufig erst dann heraus, wenn der körperbehinderte oder blinde Mensch um Hilfe nachsucht, weil er die Seiten eines Vertrages nicht selbst umblättern kann, oder wenn eine Vorleserin oder ein Vorleser benötigt wird, weil der Vertrag nicht in Blindenschrift vorliegt.

Der deutsche Wortlaut des Artikels 12 Absatz 3 UN-BRK bringt dies zum Ausdruck, indem von einer Unterstützung gesprochen wird, die »gegebenenfalls« zur Ausübung der Rechts- und Handlungsfähigkeit benötigt wird. Im Regelfall entscheidet der behinderte Mensch selbst, ob er auf eine Unterstützung zurückgreifen will, die ihn in die Lage versetzt, seine rechtliche Handlungsfähigkeit auszuüben. Artikel 12 Absatz 3 UN-BRK enthält keine Anhaltspunkte dafür, dass einem behinderten Menschen die Unterstützung aufgedrängt werden darf, sondern verweist lediglich auf die vertragsstaatliche Verpflichtung, Zugang zu der Unterstützung zu verschaffen, die wirklich benötigt wird. Das Aufdrängen einer Unterstützung ohne zureichende Begründung wäre eine Verletzung des Artikels 12 UN-BRK, weil Absatz 2 dieses Artikels das Recht auf **gleichberechtigte** rechtliche Handlungsfähigkeit beinhaltet.

Auch ein erwachsener Mensch mit einer geistigen Behinderung kann sich darauf berufen, bei der Ausübung der Rechts- und Handlungsfähigkeit genauso behandelt zu werden wie ein nicht behinderter Mensch oder ein Mensch, der blind ist oder eine Körperbehinderung aufweist, denn Artikel 12 Absatz 3 UN-BRK unterschei-

32 Vgl. § 104 Nr. 1, § 105 Satz 1 des Bürgerlichen Gesetzbuches (BGB).
33 Die deutsche Übersetzung der UN-BRK spricht von »Rechts- und Handlungsfähigkeit genießen«, der englische Text von »enjoy legal capacity«.

det nicht nach Arten oder Schweregraden von Behinderung. So gibt es Menschen mit Down Syndrom, die lesen und schreiben und einfache Verträge abschließen können oder wissen, welche Medikamente sie vertragen und welche für sie unverträglich sind. In einer ganzen Reihe von Interessenverbänden für behinderte Menschen und Selbsthilfegruppen, die in der Form von eingetragenen Vereinen organisiert sind, wirken geistig behinderte Menschen als Vorstandsmitglieder mit und treffen gemeinsam mit anderen Entscheidungen von rechtlicher Relevanz, ohne dass ihre Rechts- und Handlungsfähigkeit angezweifelt wird.

9. Maßnahmen der Unterstützung gemäß Artikel 12 UN-BRK für Menschen mit schwerer geistiger Behinderung

Die Frage nach Unterstützung im Sinne des Artikels 12 Absatz 3 UN-BRK stellt sich eigentlich erst dann, wenn der geistig behinderte Mensch selbst um entsprechende Hilfe nachsucht oder wenn die Fähigkeit, rechtlich wirksame Handlungen vorzunehmen, von Dritten (zum Beispiel von Verwandten, einer möglichen Vertragspartei oder einer Ärztin oder einem Arzt, die bzw. der eine Behandlungsmaßnahme durchführen soll) in Zweifel gezogen wird.

Artikel 12 Absatz 3 UN-BRK enthält keinen individuellen Rechtsanspruch auf Unterstützung,[34] sondern – wie ausgeführt – eine Zugangsverschaffungspflicht der Vertragsstaaten, die darauf gerichtet ist, dem behinderten Menschen durch die Vornahme entsprechend geeigneter Maßnahmen den Zugang zu und den Abruf von Unterstützungsleistungen diskriminierungsfrei (Artikel 5 Absatz 2 UN-BRK) zu ermöglichen. In der Praxis wird es sich dabei um Unterstützungsleistungen handeln, die verfügbar sind. Allerdings enthält der Wortlaut des Artikels 12 Absatz 3 UN-BRK diese Einschränkung nicht, denn es heißt nicht: »to provide access to the **available** support required", sondern in offener Formulierung: »to provide access to the support they may require… .« Dies kann bedeuten, dass für bestimmte Personengruppen von Menschen mit Behinderungen eventuell neue Angebote der Unterstützung geschaffen werden müssen mit der Folge, dass die Zugangsverschaffungspflicht der Vertragsstaaten eine Erweiterung der sozialen Infrastruktur notwendig macht. Unzulässig wäre es jedenfalls, die Ausübung der rechtlichen Handlungsfähigkeit einer dritten Person als gesetzliche Vertreterin bzw. gesetzlichem Vertreter des behinderten Menschen mit der Begründung zu übertragen, eine Unterstützung zur persönlichen Ausübung der rechtlichen Handlungsfähigkeit durch den behinderten Menschen selbst sei nicht verfügbar. Wie noch aufzuzeigen sein wird, heißt »support« im Sinne von Artikel 12 Absatz 3 UN-BRK nicht »ge-

34 Quinn (2012), S. 5-6.

setzliche Vertretung«, sondern Hilfe in Form von **Empowerment**, das heißt Hilfe zur Herstellung oder Sicherstellung der Fähigkeit des behinderten Menschen, selbst rechtlich handeln zu können. Dies ergibt sich auch daraus, dass Artikel 12 Absatz 3 UN-BRK nach seinem eindeutigen Wortlaut ausschließlich auf Hilfen zielt, die behinderte Menschen bei der Ausübung **ihrer** Rechts- und Handlungsfähigkeit benötigen (»... exercising **their** legal capacity«). Es kann und muss sich dabei im Einzelfall um eine Unterstützung handeln, die dazu verhilft, einen vorhandenen Willen gewissermaßen für Dritte sichtbar, hörbar, vernehmbar, verständlich und – je nach Anforderung – nachweisbar zu machen. Es muss sich darüber hinaus um Hilfen handeln, die auch den Personenkreis von Menschen mit Behinderungen erreichen, die »langfristige körperliche, seelische, geistige oder Sinnesbeeinträchtigungen haben«,[35] denn Artikel 12 UN-BRK will keinen Menschen mit Behinderungen von der »gleichen Anerkennung vor dem Recht« ausschließen. Die Formulierung des Artikels 12 Absatz 3 UN-BRK umfasst deshalb auch Hilfen bei der Ausübung der Handlungsfähigkeit durch Menschen mit schwersten geistigen Behinderungen, das heißt Personen, die sich sprachlich gar nicht oder nur mit einfachen Lauten, durch unterschiedliche Töne, Schreien, Weinen, Lachen, Zeichen von Freude oder Verärgerung, emotionale Stimmungsäußerungen, körperliche Reaktionen und Verhaltensweisen usw. artikulieren können. Hier kann die versierte, auf den konkreten Menschen bezogene Unterstützung Willensbekundungen offenbaren, die der Laiin und dem Laien bzw. auch einer Fachperson, die erstmals auf diesen Menschen trifft, zunächst verschlossen sind. Der Umgang mit diesem Personenkreis zeigt auf, dass die Unterstützung in einem ersten Schritt auch darauf gerichtet sein kann, zu erkunden, warum der behinderte Mensch nicht handelt bzw. keine Anzeichen für einen Handlungswillen entwickelt oder seinen möglicherweise vorhandenen Handlungswillen nicht zeigt. Dies setzt die Bereitschaft auf Seiten der Personen, die Unterstützung gemäß Artikel 12 Absatz 3 UN-BRK leisten sollen, voraus, sich auf behinderte Menschen einzulassen, die sich nicht auf herkömmliche Weise verständlich machen können, und ihnen gegenüber Geduld aufzubringen. Dies bedingt außerdem die Fähigkeit, ungewöhnliche Zeichen von Willensbekundungen wahrzunehmen und aus der Sicht der behinderten Menschen zu deuten (Stichwort: Aufbau eines Vertrauensverhältnisses zwischen der Unterstützerin bzw. dem Unterstützer und dem behinderten Menschen).

35 Art. 1 Satz 2 UN-BRK.

10. Zusammenhang von Handlungsfähigkeit und Kenntnis von Handlungsoptionen

Handlungsfähigkeit kann sich nur dokumentieren, wenn dem behinderten Menschen mögliche Handlungsoptionen zur Kenntnis gebracht werden, das heißt wenn ihm die Unterstützung die Möglichkeit verschafft zu erkennen, dass er handeln, zum Beispiel unterschiedliche Entscheidungen treffen und zwischen verschiedenen Optionen auswählen kann. Das Herbeiführen einer Situation, die dem behinderten Menschen Entscheidungsmöglichkeiten verdeutlicht und ihn zugleich befähigt, auf die Situation mit einer wie auch immer gearteten Willensbekundung zu reagieren, ist oft untrennbarer Bestandteil einer Unterstützung im Sinne des Artikels 12 Absatz 3 UN-BRK von Menschen mit schwersten geistigen Behinderungen!

Beispiel: Ein schwerstmehrfachbehinderter Mensch mit körperlichen, geistigen Behinderungen und psychosozialen Problemen, der jahrzehntelang in einer vollstationären Einrichtung gelebt hat und dort ausschließlich gemeinsam mit anderen geistig behinderten Menschen in einem Mehrbettzimmer untergebracht war, wird auf die Frage, ob er sein Recht auf unabhängige Lebensführung und Einbeziehung in die Gemeinschaft gemäß Artikel 19 UN-BRK ausüben, insbesondere seine in diesem Artikel anerkannten Wahlmöglichkeiten wahrnehmen und entscheiden möchte, »wo und mit wem er leben will«, nur reagieren, wenn ihm zuvor aufgezeigt wird, dass es neben dem Leben in der »besonderen Wohnform« einer vollstationären Einrichtung[36] noch andere individuelle und gemeindenahe Wohnmöglichkeiten gibt. Unterbleibt diese Form der Unterstützung durch entsprechende Aufklärung, so kann eine eventuelle rudimentär vorhandene Handlungsfähigkeit nicht zu Tage treten. Sie wird nicht aktiviert mit der Folge, dass aus dem Verhalten des geistig behinderten Menschen eine nicht vorhandene Handlungsfähigkeit abgeleitet wird.

Diese Überlegungen zeigen, wie groß das Potential ist, mit Hilfe von Unterstützungsleistungen im Sinne des Artikels 12 Absatz 3 UN-BRK Handlungsfähigkeit bei Menschen mit schwersten geistigen Behinderungen nicht nur aufzuspüren, sondern zugleich durch das behutsame, auf den geistigen Zustand des behinderten Menschen zugeschnittene und Rücksicht nehmende Aufzeigen unterschiedlicher Alternativen und Entscheidungsmöglichkeiten zu entwickeln und zur Entfaltung – das heißt zur Ausübung durch den behinderten Menschen selbst – zu bringen.

36 Vgl. Art. 19 lit. a UN-BRK.

11. Rechtliche Handlungsfähigkeit als Schlüssel zur Ausübung anderer Menschenrechte

Die Überlegungen zeigen weiter, dass der Zugang zu der für die Ausübung der rechtlichen Handlungsfähigkeit im Sinne des Artikels 12 Absatz 3 UN-BRK benötigten Unterstützung zugleich Voraussetzung für die Ausübung anderer wichtiger – in der UN-Behindertenrechtskonvention geregelter – Menschenrechte ist. Dies gilt insbesondere für Artikel 19 UN-BRK (Unabhängige Lebensführung und Einbeziehung in die Gemeinschaft), der gerade für den Personenkreis behinderter Menschen, deren rechtliche Handlungsfähigkeit in der Praxis teilweise oder vollumfänglich eingeschränkt ist, besondere Bedeutung hat, weil eine ganze Reihe von Menschen mit geistiger Behinderung und/oder psychosozialen Problemen in besonderen Wohnformen – zum Beispiel in vollstationären Einrichtungen der Behindertenhilfe (unter anderem in großen, früher als Anstalten bezeichneten Behindertenzentren oder in Wohnheimen für behinderte Menschen) – lebt.[37]

Artikel 19 lit. a UN-BRK verpflichtet die Vertragsstaaten zu gewährleisten, dass »Menschen mit geistiger Behinderung gleichberechtigt die Möglichkeit haben, ihren Aufenthaltsort **zu wählen und zu entscheiden,** wo und mit wem sie leben, und nicht verpflichtet sind, in besonderen Wohnformen zu leben.« Das oben dargestellte Beispiel eines geistig behinderten Mannes, der viele Jahre seines Lebens ausschließlich mit anderen geistig behinderten Menschen zusammen in einem Mehrbettzimmer untergebracht war, verdeutlicht, dass die Ausübung des **Wahl- und Entscheidungsrechts** über Ort, Wohnform und Mitbewohnende ganz entscheidend davon abhängt, dass der behinderte Mensch nicht nur Zugang zu einer Maßnahme der Unterstützung zur Ausübung seiner Handlungsfähigkeit erhält, sondern zugleich in einer seinen Bedürfnissen und Fähigkeiten angepassten Art und Weise über alternative Wohn- und Lebensmöglichkeiten aufgeklärt und auf sein Wahlrecht aufmerksam gemacht wird. Beide Vorgänge lassen sich oft nicht voneinander trennen, sondern sind gerade bei Menschen mit schweren geistigen Behinderungen in der Lebenspraxis häufig ein einheitlicher Vorgang: Anzeichen von Handlungsfähigkeit werden erst erkennbar, wenn der Mensch mit geistiger Behinderung auf seine Weise alternative Wohnmöglichkeiten wahrnimmt, die Unterstützung also darauf zielt, ihn über unterschiedliche Wohnformen durch lebenspraktisches Heranführen an die jeweilige Wohnsituation aufzuklären und zugleich zu erforschen, ob der geistig behinderte Mensch nach Kenntnisnahme der alternativen Wohnform willens und in der Lage ist, seine Wünsche zum Ausdruck zu bringen.

37 Zu Art. 19 im Einzelnen Banafsche in diesem Band.

Interessant ist in diesem Zusammenhang, dass auch in Artikel 19 UN-BRK eine **Zugangsverschaffungspflicht** der Vertragsstaaten geregelt ist, nämlich die Verpflichtung, zu gewährleisten, »dass Menschen mit Behinderungen **Zugang** zu einer Reihe von gemeindenahen **Unterstützungsdiensten** zu Hause und in Einrichtungen sowie zu sonstigen gemeindenahen Unterstützungsdiensten haben, einschließlich der **persönlichen Assistenz**, die zur Unterstützung des Lebens in der Gemeinschaft … notwendig ist.« Die Unterstützerin oder der Unterstützer im Sinne des Artikels 12 Absatz 3 UN-BRK und die Assistentin oder der Assistent im Sinne des Artikels 19 lit. b UN-BRK müssen nicht identisch sein. Es kann jedoch in der Praxis der Fall eintreten, dass die Person, die Hilfe bei der Ausübung der rechtlichen Handlungsfähigkeit leisten soll, eng mit der persönlichen Assistentin oder dem persönlichen Assistenten zusammenwirken muss, um herauszufinden, ob der behinderte Mensch bezüglich seiner wohnlichen Lebensgestaltung in der Gemeinschaft besondere Wünsche hat und diese Wünsche nur sehr eingeschränkt oder nur auf besondere Weise zum Ausdruck bringen kann.

Flexibilität und besondere Kommunikationsfähigkeiten sind gefragt, und es kann nicht vorausgesetzt werden, dass die Unterstützung, die sowohl gemäß Artikel 12 Absatz 3 UN-BRK als auch nach Maßgabe des Artikels 19 lit. b UN-BRK erforderlich ist, schon überall zur Verfügung steht. Wie schon ausgeführt, muss der Vertragsstaat notfalls neue Maßnahmen ergreifen, das heißt die soziale Infrastruktur weiterentwickeln, um sicherzustellen, dass die im Einzelfall erforderliche Unterstützung abrufbar vorhanden ist.[38]

12. Zugang zu Informationen als Voraussetzung für die Ausbildung rechtlicher Handlungsfähigkeit

Rechtliches Handeln, rechtliches Entscheiden setzt Zugang zu Informationen voraus, auf deren Grundlage sich eine Willensbildung etablieren kann. Auch dazu enthält die UN-Behindertenrechtskonvention wichtige Hinweise. Sie regelt in Artikel 21 nicht nur das Recht auf freie Meinungsäußerung, sondern auch das Recht auf »Zugang zu Informationen«. Danach treffen die Vertragsstaaten alle geeigneten Maßnahmen, dass Menschen mit Behinderungen das Recht der freien Meinungsäußerung »**einschließlich** der Freiheit, … **Informationen** und Gedankengut … **zu empfangen**«, haben und dieses Recht in unterschiedlichen Kommunikationsformen im Sinne des Artikels 2 UN-BRK ausüben können, also nicht nur durch Sprache und Textdarstellung, sondern auch durch »taktile Kommunikation, Großdruck, leicht zugängliche Multimedia sowie schriftliche, auditive, in einfache Sprache

38 Siehe dazu oben II.9.

übersetzte ... sowie ergänzende und alternative Formen, Mittel und Formate der Kommunikation, einschließlich leicht zugänglicher Informations- und Kommunikationstechnologie.«[39]

Daraus folgt, dass ein Vertragsstaat seine Verpflichtung gemäß Artikel 12 Absatz 3 UN-BRK nur erfüllt, wenn er Zugang zu Unterstützungsleistungen verschafft, die sich an einem Kommunikationspotential orientieren, das der Breite des Artikels 2 UN-BRK (»Kommunikation«) entspricht und auch Menschen mit schwersten geistigen Behinderungen erreicht. Zugleich müssen die staatlichen Maßnahmen im Sinne des Artikels 12 Absatz 3 UN-BRK Zugang zu einer Unterstützung ermöglichen, die auch die in Artikel 12 Absatz 5 UN-BRK genannten rechtlichen Handlungsfelder einbezieht, also gewährleistet, dass »Menschen mit Behinderungen das gleiche Recht wie andere haben, Eigentum zu besitzen oder zu erben, ihre finanziellen Angelegenheiten selbst zu regeln und gleichen Zugang zu Bankdarlehen, Hypotheken und anderen Finanzkrediten zu haben... .«

13. Rechtlicher Inhalt des Begriffs »Unterstützung« gemäß Artikel 12 Absatz 3 UN-BRK

Nicht unerwähnt bleiben soll, dass es Stimmen im deutschen Recht gibt, die nicht ausschließen wollen, dass die Unterstützung im Sinne des Artikels 12 Absatz 3 UN-BRK auch in einer stellvertretenden Entscheidung durch Dritte bestehen kann. So vertritt beispielsweise Diekmann die Auffassung, gleiche Anerkennung vor dem Recht lasse sich nur erreichen, wenn die Rechtsordnung »zwischen einem Mündigen und einem in seiner **Eigenverantwortlichkeit** eingeschränkten Menschen die rechtliche Gleichheit« herstelle. Notwendig seien »also rechtliche Maßnahmen, die es ermöglichen, dass **für** einen Betroffenen gehandelt werden kann und diese Handlungen die gleiche rechtliche Anerkennung erfahren«.[40] Es ist nicht Aufgabe dieses Beitrags, der Frage nachzugehen, inwieweit rechtliches Vertretungshandeln mit Artikel 12 UN-BRK vereinbar ist[41] oder das deutsche Betreuungsrecht[42] mit Artikel 12 UN-BRK übereinstimmt. Es sei allerdings der Hinweis erlaubt, dass die von Diekmann vertretene Auffassung schon deshalb Bedenken auslöst, weil der **Wortlaut** des Artikels 12 Absatz 3 UN-BRK nur von »access to support« und nicht, wie ursprünglich von einigen Vertragsstaaten gefordert, von »access to substituted

39 Art. 2 UN-BRK.
40 Diekmann (2012) (Hervorhebungen hinzugefügt).
41 Siehe dazu Aichele / Degener sowie Lipp in diesem Band.
42 §§ 1896 ff. BGB.

decision-making« (ersetzender Entscheidungsfindung) spricht.[43] Im Übrigen wirft das Kriterium der Eigenverantwortlichkeit bzw. des »eigenverantwortlichen tatsächlichen Handelns« die Frage auf, wann bei einem Menschen mit geistiger Behinderung eigenverantwortliche Handlungsfähigkeit vorliegt und wann nicht. Die UN-Behindertenrechtskonvention spricht in Artikel 12 UN-BRK nur von »Rechts- und Handlungsfähigkeit«. Der Wortlaut enthält keinen Hinweis darauf, dass mit der in Artikel 12 Absatz 2 UN-BRK verankerten Rechts- und Handlungsfähigkeit nur die Fähigkeit zu eigenverantwortlichem Handeln gemeint ist. Auch die deutsche Rechtsordnung geht nicht so weit, dass die Wirksamkeit einer Willenserklärung davon abhängig gemacht wird, ob derjenige, der die Erklärung abgibt, eigenverantwortlich gehandelt hat oder zu eigenverantwortlichem Handeln fähig ist. Nichtig sind nach dem Bürgerlichen Gesetzbuch nur die Willenserklärung eines Geschäftsunfähigen und die Willenserklärung, die »im Zustand der Bewusstlosigkeit oder vorübergehender Störung der Geistestätigkeit abgegeben« wird.[44] Von Eigenverantwortlichkeit ist dort nicht die Rede. Im Übrigen fehlt es in Artikel 12 Absatz 3 UN-BRK auch an Kriterien dafür, welche Voraussetzungen erfüllt sein müssten, um die Fähigkeit zu eigenverantwortlichem Handeln nachzuweisen und ab wann es zulässig wäre, eine ersetzende Entscheidung durch einen Dritten einzuholen. Damit besteht die Gefahr, dass nach willkürlich festgelegten Maßstäben darüber entschieden wird, ob die Unterstützung als Hilfe zur Ausübung der eigenen Handlungsfähigkeit oder im Wege der stellvertretenden Entscheidung eines Dritten geleistet wird.

Aichele und von Bernstorff wollen die Tür zu einer »ersetzenden Entscheidungsfindung« ebenfalls nicht ganz verschließen. Sie sprechen allerdings von einem »einschränkungsfesten unverfügbaren Kernbereich« des Artikels 12 Absatz 3 UN-BRK, in dem stellvertretende Entscheidungen menschenrechtlich ausgeschlossen sind.[45] Dazu zählten höchstpersönliche Rechte wie die Einwilligung in eine Ehe oder die Entscheidung über eine Sterilisation. Außerhalb dieses Kernbereichs seien ersetzende Entscheidungen unter Beachtung des Grundsatzes der Verhältnismäßigkeit denkbar, wenn auch mit »besonderen Anforderungen« verknüpft. Die Vertragsstaaten müssten darlegen, dass neben der ersetzenden Entscheidungsfindung »kein weniger intensiv eingreifendes Mittel zur Verfügung stand,«[46] das heißt eine Unterstützung »zur autonomen Entscheidung nicht möglich war, um das

43 Dementsprechend hat der Ausschuss der Vereinten Nationen für die Rechte von Menschen mit Behinderungen (Art. 34 UN-BRK) in seiner abschließenden Stellungnahme zum Staatenbericht Tunesiens in Bezug auf Art. 12 UN-BRK im April 2011 empfohlen, dass rechtliche Regelungen zur Vormundschaft und Pflegschaft, die stellvertretendes Handeln durch Dritte vorsehen, durch Regelungen ersetzt werden, die unterstützte Entscheidungsfindung ermöglichen: UN-Fachausschuss für die Rechte von Menschen mit Behinderungen (2011).

44 §§ 104, 105 BGB.

45 Aichele / von Bernstorff (2010), S. 202-203.

46 Ebenda, S. 203.

legitime Einschränkungsziel zu erreichen.« Diese Darlegungspflicht der Vertragsstaaten sei mit einer qualifizierten Beweislast dergestalt verknüpft, dass sowohl bezüglich der Beurteilung und Handhabung des jeweiligen Einzelfalles als auch hinsichtlich der konkreten Ausgestaltung der den Vertragsstaaten obliegenden Zugangsverschaffungspflicht für die von behinderten Menschen benötigte Unterstützung gemäß Artikel 12 UN-BRK der Nachweis erbracht werden müsse, alles unternommen zu haben, um behinderte Menschen durch Unterstützung in die Lage zu versetzen, sich selbst zu bestimmen und eigene Entscheidungen zu treffen. Aichele will die »hohe Rechtfertigungslast des Vertragsstaates« im Bereich der ersetzenden Entscheidungsfindung auch gegenüber Wachkoma-Patientinnen und -Patienten zur Anwendung bringen: »Dem Menschen im Wachkoma die rechtliche Handlungsunfähigkeit zu unterstellen oder die Handlungsfähigkeit abzusprechen«, scheine problematisch zu sein. Aus der Sicht von Artikel 12 UN-BRK gehe »es perspektivisch vielmehr um die Frage, welche Maßnahmen der Unterstützung entwickelt werden müssen«, damit eine Wachkoma-Patientin oder ein Wachkoma-Patient »etwaige kommunikative Barrieren überwinden kann.«[47] Dies mag nach dem gegenwärtigen Stand der wissenschaftlichen Erfahrungen im Umgang mit Wachkoma-Patientinnen und -Patienten utopisch erscheinen, enthält aber den zutreffenden rechtlichen Ansatz zur Umsetzung des Sinngehalts des Artikels 12 Absatz 3 UN-BRK: Je mehr es gelingt, die Vielfalt aller Kommunikationsmöglichkeiten gegenüber schwerstgeistigbehinderten Menschen zu nutzen und weiterzuentwickeln, desto kleiner wird der Kreis der Personen werden, für die sich überhaupt noch die Frage stellt, ob die Unterstützung im Sinne des Artikels 12 Absatz 3 UN-BRK in streng begrenzten Ausnahmefällen auch die rechtliche Vertretung durch Dritte einschließt. Denkbar erscheint dieser Ansatz eigentlich nur in Notfällen, zum Beispiel wenn nicht klar ist, ob ein Mensch mit sehr schwerer geistiger Behinderung bei einem Blinddarmdurchbruch in die aus medizinischer Sicht notwendige Operation einwilligt bzw. einzuwilligen bereit ist. In einer solchen Situation kollidiert das Recht, bei der Ausübung der rechtlichen Handlungsfähigkeit wie ein nicht behinderter Patient behandelt, also vor dem Eingriff zur Einwilligung befragt zu werden, mit einem anderen Menschenrecht, nämlich dem Recht auf Achtung der körperlichen Unversehrtheit,[48] möglicherweise sogar mit dem Recht auf Leben.[49]

Diese Ausnahmesituationen, die auf der Grundlage des Artikels 12 UN-BRK und anderer in der UN-Behindertenrechtskonvention verankerter Menschenrechte noch der vertieften rechtswissenschaftlichen Untersuchung und Diskussion bedürfen, stehen jedoch nicht der Erkenntnis entgegen, dass die vorbehaltlose Anerken-

47 Aichele (2012), S. 53 These 2.
48 Art. 17 UN-BRK.
49 Art. 10 UN-BRK.

nung des Artikels 12 UN-BRK durch einen Vertragsstaat diesen dazu verpflichtet, alle geeigneten Schritte zu unternehmen, um einem Menschen mit schwerster geistiger Behinderung die Ausübung **seiner** Rechts- und Handlungsfähigkeit zu gewährleisten.

14. Der Einfluss des Artikels 12 Absatz 4 UN-BRK auf die Auslegung des Begriffs »Unterstützung« gemäß Artikel 12 Absatz 3 UN-BRK

Gelegentlich wird aus der Existenz und dem Wortlaut des Artikels 12 Absatz 4 UN-BRK abgeleitet, dass die Unterstützung im Sinne des Artikels 12 Absatz 3 UN-BRK im Einzelfall auch in der Form einer stellvertretenden rechtlichen Handlung für den behinderten Menschen erbracht werden kann.[50] Nach der hier vertretenen Auffassung lässt sich dies aus dem Begriff der Unterstützung (»support«) nicht ableiten. Der Begriff »support« ist in den vorbereitenden Verhandlungen der UN-Behindertenrechtskonvention immer als Alternative zur stellvertretenden Entscheidungsfindung (»substituted decision-making«) durch Dritte verwendet worden. Die Entscheidung der Generalversammlung der Vereinten Nationen für den Begriff »support« und die damit verbundene Nichtberücksichtigung der noch in den Vorentwürfen des Artikels 12 UN-BRK enthaltenen Begriffe »substituted decision-making« und »appointment of personal representation« in der Endfassung des Artikels 12 UN-BRK sind ein Indiz dafür, dass die Unterstützung (»support«) ausschließlich darauf zielt, behinderten Menschen dazu zu verhelfen, **ihre** rechtliche Handlungsfähigkeit selbst auszuüben. Zu Recht hat deshalb der Ausschuss der Vereinten Nationen für die Rechte von Menschen mit Behinderungen (Artikel 34 UN-BRK) in der Beurteilung des Staatenberichts Tunesiens zur Umsetzung der UN-BRK die Regierungsvertreter Tunesiens aufgefordert, »to replace the regimes of substituted decision-making [nämlich »gurd-ianship« und »trusteeship«] by supported decision-making in the exercise of legal capacity.«[51] Zwar ist nicht zu bestreiten, dass die Entstehungsgeschichte einer UN-Konventionsnorm im Verhältnis zu den anderen Auslegungsstandards eine nachrangige Rolle spielt.[52] Aber der Begriff »support« muss im Gesamtkontext des Artikels 12 Absatz 3 UN-BRK gelesen und ausgelegt werden, und der »support« bezieht sich ausschließlich darauf, behinderten Menschen zur Ausübung **ihrer** rechtlichen Handlungsfähigkeit (»exercising **their** legal capacity«) zu verhelfen.

Auch die Existenz und Gestaltung des Artikels 12 Absatz 4 UN-BRK spricht nicht dafür, die rechtliche Vertretung durch Dritte zur Ausübung der Handlungs-

50 Kämpf (2008), S. 31; Salzman (2011), S. 279.
51 UN-Fachausschuss für die Rechte von Menschen mit Behinderungen (2011), Ziff. 22.
52 Art. 32 des Wiener Übereinkommens über das Recht der Verträge vom 23.05.1969.

fähigkeit in den Begriff »support« einzubeziehen. Artikel 12 Absatz 4 UN-BRK regelt Maßnahmen, mit denen die »Ausübung der Rechts- und Handlungsfähigkeit« im Sinne der vorhergehenden Absätze 2 und 3 des Artikels 12 UN-BRK vor Missbrauch geschützt werden soll. Sinnvoll ist dies auch dann, wenn die Unterstützung im Sinne des Artikels 12 Absatz 3 UN-BRK nur der Ausübung der rechtlichen Handlungsfähigkeit durch den behinderten Menschen selbst dient. Dies macht das Beispiel der Einwilligung in eine Maßnahme deutlich, die das Recht auf Erhalt der körperlichen und seelischen Unversehrtheit[53] tangiert. So ist die Sterilisation eines volljährigen Menschen in Deutschland zulässig, wenn kein Zweifel daran besteht, dass die betroffene Person die Sterilisation will, die Folgen des Eingriffs klar überblickt und der Gesundheitszustand aus ärztlicher Sicht den Eingriff erlaubt. Lässt sich diese Einwilligung nur mit Hilfe einer Unterstützung (»support«) im Sinne des Artikels 12 Absatz 3 UN-BRK erreichen, so besteht bei einem Menschen mit geistiger Behinderung die Gefahr der Einflussnahme, möglicherweise sogar der Manipulation durch die Person, welche die Unterstützung im Sinne des Artikels 12 Absatz 3 UN-BRK bei der Ausübung der Rechts- und Handlungsfähigkeit leistet. Deshalb war es notwendig, für die Unterstützung Kriterien der Kontrolle bis hin zu »einer regelmäßigen Überprüfung durch eine zuständige, unabhängige und unparteiische Behörde oder gerichtliche Stelle« zu entwickeln und in Artikel 12 Absatz 4 UN-BRK zu verankern.

III. Internationale Beispiele zu Struktur und Inhalt der Unterstützung im Sinne des Artikels 12 Absatz 3 UN-BRK – Beispiele aus Kanada, Schweden und Neuseeland

In diesem Abschnitt soll der Frage nachgegangen werden, welche unterstützenden Hilfen im Sinne des Artikels 12 Absatz 3 UN-BRK auf internationaler Ebene bereits anzutreffen sind.

1. Kanada

Kanada verfügt über kein einheitliches Vormundschaftsrecht (Guardianship Law). Jede Provinz regelt eigenständig, unter welchen Voraussetzungen Maßnahmen der rechtlichen Stellvertretung anzuordnen sind, wenn Zweifel daran bestehen, dass eine Person selbständig handeln kann. Sehr früh haben einige Provinzen Kanadas damit begonnen, der Frage nachzugehen, wie es gelingen kann, die rechtliche Handlungsfähigkeit von Menschen mit geistiger Behinderung, Demenzkranken

53 Art. 17 UN-BRK.

und Menschen mit psychosozialen Problemen zu bewahren, zu entwickeln und zu schützen. Maßgeblich dafür war die 1982 in Kraft getretene **Canadian Charter of Rights and Freedoms**, die in Artikel 15 statuiert, dass jeder Mensch vor dem Gesetz gleich ist und sich darauf berufen kann, nicht aufgrund von Kriterien wie »Rasse«, Religion oder eben seiner geistigen, seelischen oder körperlichen Behinderung diskriminiert zu werden. Einen sehr guten Überblick zu derartigen Aktivitäten in Kanada liefert ein Beitrag von Michael Bach und Lana Kerzner aus dem Jahr 2010.[54] Danach gibt es inzwischen unterschiedliche Hilfeformen, die darauf zielen, einem geistig behinderten Menschen die Ausübung der Handlungsfähigkeit zu ermöglichen. Ausgangspunkt dafür war insbesondere der Representation Agreement Act 1996 der Provinz British Columbia.[55] Danach können Menschen mit geistiger Behinderung und Demenzerkrankte eine Vertrauensperson (»trusted person«) oder ein Netzwerk von Vertrauenspersonen (»support network«) nach Maßgabe eines »representation agreement« beauftragen, sie bei der Ausübung ihrer rechtlichen Handlungsfähigkeit zu unterstützen. Auf den ersten Blick gleicht dieses »representation agreement« der Vorsorgevollmacht nach deutschem Recht.[56] Der entscheidende Unterschied zu dieser besteht jedoch darin, dass im Representation Agreement Act ausdrücklich festgehalten ist, das »representation agreement« könne auch von **geschäftsunfähigen** Menschen abgeschlossen werden.

Auf der Grundlage der mit dem Representation Agreement Act gesammelten Erfahrungen haben sich unterschiedliche Formen der Unterstützung entwickelt: Dazu zählt die Zukunftsplanung (Life-Planning), mit der festgestellt werden soll, welche Vorlieben und Wünsche der Mensch bezüglich seiner Lebensgestaltung hat,[57] die unabhängige Fürsprache (Independent Advocacy) durch Personen, die ausschließlich die Interessen des behinderten Menschen vertreten,[58] die spezielle Beratung durch Fachkräfte, die darin geschult sind, Sprachbarrieren zu überwinden (Communicational and Interpretative Support),[59] die Begleitung des Menschen durch Vertrauenspersonen, die aufgrund enger persönlicher Bindungen oder Erfahrungen in der Lage sind, bestimmte Verhaltensweisen des behinderten Menschen zu deuten (Representational Support),[60] der Aufbau vertrauensbildender Beziehungen zu behinderten Menschen, die alleinstehend oder isoliert sind (Relationship-Building Support)[61] und die Anbindung an Dienstleisterinnen und Dienstleister, die bereit und in der Lage sind, für den behinderten Menschen Behörden-

54 Bach / Kerzner (2010).
55 Dazu auch Salzman (2010), S. 237-239 mit weiteren Nachweisen.
56 Vgl. §§ 1896 Abs. 1, 1901c BGB.
57 Bach / Kerzner (2010), S. 75.
58 Ebenda, S. 76.
59 Ebenda, S. 77.
60 Ebenda, S. 78-79.
61 Ebenda, S. 80.

gänge zu erledigen, Termine zu vereinbaren, Vertragsverhandlungen einzuleiten, Streitfragen zu klären usw. (Administrative Support).[62] Der geistig behinderte Mensch ist auf diese Weise in ein persönliches (individuelles) Netzwerk oder zusätzlich in mehrere, mit Fachwissen ausgestattete Netzwerke eingebunden, deren Zusammenwirken darauf gerichtet ist, den Menschen trotz seiner Beeinträchtigung, trotz aller Beschwernisse und Behinderungen, als handlungsfähiges Individuum anzuerkennen und zu eigenem Handeln zu befähigen.

2. Schweden

Schweden hat sein Vormundschaftsrecht für Erwachsene bereits im Jahr 1989 abgeschafft und den Vormund durch zwei neue rechtliche Mentorinnen und Mentoren ersetzt: Den **God-Man** (auf Deutsch etwa »guter Mensch«) und den **Administrator**. Während der **God-Man** vom Amtsgericht auf Wunsch des behinderten Menschen bestellt wird, um diesem bei der Erledigung seiner persönlichen Angelegenheiten beizustehen, hat der **Administrator** die Aufgaben einer gesetzlichen Vertreterin bzw. eines gesetzlichen Vertreters inne.[63]

Erwähnenswert ist außerdem das Modell der Persönlichen Ombudsperson (**Personligt Ombud**, PO), das 1995 in der schwedischen Provinz Schonen als Projekt für Menschen mit psychischen Problemen gestartet und im Jahr 2000 als reguläres Angebot anerkannt wurde.[64] Etwa 300 hochqualifizierte Fachkräfte stehen als Ansprechpartnerinnen und -partner für etwa 6000 bis 7000 Menschen mit psychosozialen Problemen zur Verfügung und werden ausschließlich zur Begleitung dieses Personenkreises eingesetzt. Ihr Aufgabenbereich ist auf die jeweilige Person bezogen und deshalb nicht an Dienstzeiten oder an einen festen Dienstsitz gebunden.[65] Die Ombudsperson arbeitet nicht von einem Büro aus, sondern sucht den Menschen, der sie zu einer Person seines Vertrauens berufen hat, in dessen persönlichem Umfeld auf. Sie berät ihn, unterstützt ihn, staatliche Leistungen geltend zu machen und wird häufig auch dafür eingesetzt, bei der Lösung langfristiger Probleme mitzuhelfen, zum Beispiel beim Aufbau von (besseren) Beziehungen zur Familie, zur Nachbarschaft usw.[66] Geduld ist gefragt und die Bereitschaft, Rückschläge in Kauf zu nehmen, widersprüchliches oder unerklärliches Verhalten zu akzeptieren usw. Im Behindertenbericht 2011 der Weltgesundheitsorganisation ist nachzulesen, dass das PO-Programm vielen Menschen mit psychosozialen Problemen geholfen hat, ihr Leben möglichst selbständig zu regeln. Die Kosten sind

62 Ebenda, S. 81
63 Salzman (2010), S. 235-237 mit weiteren Nachweisen.
64 Laviziano (2011), S. 15.
65 Jespersson (2007), S. 300.
66 Jesperson (2011).

anfangs hoch, weil die Ombudsperson sehr häufig eingeschaltet wird und die von ihr unterstützten Menschen mit ihrer Hilfe staatliche Leistungen unterschiedlicher Art ausschöpfen. »Doch die Kosten sinken, wenn die Situationen gelöst werden und der Bedarf an Unterstützung abnimmt.«[67]

3. Neuseeland

Interessant ist schließlich auch der Ansatz, der dem in Neuseeland seit 1989 in Kraft befindlichen Children, Young Persons and Their Families Act zu Grunde liegt. Danach werden im Bereich der Jugendhilfe Familienräte als Betroffenennetzwerke eingerichtet, die unter der Begleitung geschulter Sozialarbeiterinnen und Sozialarbeiter vor dem Hintergrund von Nähe, Betroffenheit und traditionellen Hilfeformen einen Hilfeplan nicht **für** das Kind/den Jugendlichen, sondern **mit** dem Kind und/oder der »Problemfamilie« entwickeln. In diesem »radikalen Empowermentansatz« wird der Sozialarbeiterin bzw. dem Sozialarbeiter des Jugendamtes die Rolle der Problemlösungs**begleitung** an Stelle der Problemlösungs**verantwortung** zugewiesen.[68] Übertragen auf den mit Artikel 12 UN-BRK eingeleiteten Prozess der Entwicklung von unterstützenden Hilfen zur Ausübung der Rechts- und Handlungsfähigkeit würde dies bedeuten, dass Personen, die bisher **für** einen Menschen mit geistiger Behinderung gehandelt haben, künftig assistierend bzw. begleitend tätig werden, ohne die Rechts- und Handlungsfähigkeit des geistig behinderten Menschen anzutasten oder in Frage zu stellen.

IV. Ansätze zur Unterstützung bei der Ausübung der Rechts- und Handlungsfähigkeit gemäß Artikel 12 Absatz 3 UN-BRK im deutschen Recht

Die Frage, welche Maßnahmen geeignet sind, einem Menschen mit geistiger Behinderung Zugang zu der Unterstützung zu eröffnen, die er zur Ausübung seiner Rechts- und Handlungsfähigkeit benötigt, wird in Deutschland meistens in engem Zusammenhang mit der Frage diskutiert, ob das deutsche Betreuungsrecht den Anforderungen des Artikels 12 UN-BRK Rechnung trägt bzw. ob die auf der Grundlage der §§ 1896 ff. BGB eingesetzten rechtlichen Betreuerinnen und Betreuer Unterstützung bei der Ausübung der Rechts- und Handlungsfähigkeit im Sinne des Artikels 12 Absatz 3 UN-BRK leisten. Maßgeblich dafür ist insbesondere die Antwort der Bundesregierung auf die Große Anfrage der Fraktion Bündnis 90/ Die Grünen »Personenzentrierte und ganzheitliche Reform des Betreuungsrechts«,

67 Weltgesundheitsorganisation (2011), S. 138.
68 Früchtel / Budde (2003) (Hervorhebungen hinzugefügt).

in der mehrfach erklärt wird, das geltende Betreuungsrecht stehe »im Einklang mit der UN-Behindertenrechtskonvention, insbesondere mit deren Artikel 12 Abs. 2.«[69]

Die Frage der Vereinbarkeit des deutschen Betreuungsrechts mit Artikel 12 UN-BRK wird häufig zu früh gestellt. Ausgehend von den Beispielen aus den Ländern Kanada, Schweden und Neuseeland muss zunächst geprüft werden, ob es in Deutschland bereits konkrete Hilfen bzw. Ansätze zur Entwicklung entsprechender Hilfen gibt, die einem als geistig behindert eingestuften Menschen die Möglichkeit verschaffen, seine Rechts- und Handlungsfähigkeit auszuüben, ohne dass ihm eine Person zur Seite gestellt werden muss, die unter bestimmten Voraussetzungen an seiner Stelle handelt bzw. ersetzende Entscheidungen trifft. Diese Fragestellung ist an sich nicht neu, denn in § 1896 Absatz 2 BGB ist festgeschrieben, dass eine »Betreuung nicht erforderlich ist, soweit die Angelegenheiten« der betroffenen Person »durch … **andere Hilfen**, bei denen **kein gesetzlicher Vertreter** bestellt wird, ebenso gut wie durch einen Betreuer besorgt werden können.« Die Vorschrift definiert allerdings nicht, welche Hilfen dies sind bzw. sein könnten und berechtigt das Betreuungsgericht auch nicht dazu, diese Hilfen anzuordnen oder auf die Qualität dieser Hilfen Einfluss zu nehmen.[70] Das Betreuungsgericht muss vielmehr prüfen, ob die Person, für die möglicherweise die Bestellung einer Betreuerin oder eines Betreuers zur Besorgung einzelner oder aller Angelegenheiten in Betracht kommen könnte, auf derartige andere Hilfen zurückgreifen kann. Es muss außerdem prüfen, ob die Anordnung der rechtlichen Betreuung unterbleiben muss, weil sich auf der Grundlage dieser anderen Hilfen die Angelegenheiten der Person ebenso gut besorgen lassen wie durch eine Betreuerin oder einen Betreuer. Daraus ergibt sich, dass es sich bei den anderen Hilfen gerade nicht um Hilfen handelt, die von einer rechtlichen Betreuerin oder einem rechtlichen Betreuer nach formeller Bestellung durch das Betreuungsgericht für bestimmte Aufgabenkreise erbracht werden. Die Schwelle zur rechtlichen Betreuung soll bei den »anderen Hilfen« noch nicht überschritten sein. Diese Hilfen sind also dem System der Betreuung vorgelagert;[71] es sind gewissermaßen **vorschwellige Hilfen**, das heißt unterstützende Maßnahmen, die geeignet sind, die Angelegenheiten der betroffenen Person zu besorgen, ohne dass die Schwelle zur Anordnung einer rechtlichen Betreuung überschritten werden muss. Diese Zuordnung hat aus menschenrechtlicher Sicht, insbesondere aus der Perspektive der UN-BRK, vor allem deshalb Bedeutung, weil der Bundesgerichtshof trotz aller positiven Errungenschaften, die das deutsche Betreuungsrecht gerade im Vergleich mit der in vielen Staaten noch anzutreffenden – mit dem Verlust der Geschäftsfähigkeit verknüpften – Anordnung einer Vor-

69 Deutscher Bundestag (2011).
70 Ausführlich zu solchen anderen Hilfen vgl. Northoff in diesem Band.
71 Krause-Trapp (2012), S. 41.

mundschaft für Volljährige auszeichnen, in einem Beschluss vom 9. Februar 2011 festgestellt hat, dass »die Einrichtung einer Betreuung für den Betroffenen stigmatisierende Wirkung hat.« Dies deshalb, weil sie mit der »Einschätzung verbunden« sei, »der Betreute könne einen freien Willen nicht bilden,« und »hierdurch das Persönlichkeitsbild des Betroffenen negativ geprägt und beeinträchtigt« werde.[72]

Die Fragestellung lautet also, ob es in Deutschland bereits Hilfen gibt, die einem behinderten Menschen die Ausübung der Rechts- und Handlungsfähigkeit **unterhalb der Schwelle der rechtlichen Betreuung** ermöglichen[73] bzw. ob derartige vorschwellige Hilfen auf der Grundlage der vertragsstaatlichen Gewährleistungspflicht gemäß Artikel 12 Absatz 3 UN-BRK in Deutschland noch entwickelt und zur Verfügung gestellt werden müssen.[74]

1. Leistungen zur Teilhabe in der Form Persönlicher Budgets als Unterstützung bei der Ausübung der Rechts- und Handlungsfähigkeit gemäß Artikel 12 Absatz 3 UN-BRK

Ein Modell, das möglicherweise in der Praxis bereits in Richtung einer Assistenz (auch) bei der Ausübung der Rechts- und Handlungsfähigkeit im Sinne des Artikels 12 Absatz 3 UN-BRK zielt, ist das Persönliche Budget.[75] Dabei handelt es sich nicht um eine eigenständige (neue) Leistung zur Teilhabe, sondern um die **Ausführung** der an anderer Stelle des SGB IX und in den jeweiligen Leistungsgesetzen der Rehabilitationsträger[76] geregelten Leistungen zur Teilhabe.[77] So kann zum Beispiel ein geistig behinderter Mensch beantragen, dass ihm die bei Erfüllung der tatbestandlichen Voraussetzungen zustehende Hilfe »zu selbstbestimmtem Leben in betreuten Wohnmöglichkeiten«[78] in der Form eines Persönlichen Budgets gewährt wird. Liegt ein derartiger Antrag vor, so ist das Persönliche Budget, das an die Stelle der Sachleistung tritt, so zu bemessen, »dass der individuell festgestellte Bedarf gedeckt wird **und** die erforderliche Beratung und **Unterstützung** erfolgen kann«.[79] In der Praxis sind deshalb sog. **Budgetassistentinnen und -assistenten** anzutreffen, die ein Vertrauensverhältnis zu einem geistig behinderten Menschen

72 Bundesgerichtshof, Beschluss vom 09.02.2011, Aktenzeichen XII ZB 526/10.
73 Siehe dazu nachfolgend IV.1 und IV.2.
74 Siehe dazu nachfolgend IV.3.
75 Diese ist geregelt in § 17 Sozialgesetzbuch (SGB) IX und der Budgetverordnung zur Durchführung des § 17 Abs. 2 bis 4 SGB IX.
76 So im SGB V, VI und XII und anderen.
77 Welti (2010), § 17, Rdnr. 1-6.
78 § 54 Abs. 1 SGB XII in Verbindung mit § 55 Abs. 2 Nr. 6 SGB IX, dazu Lachwitz (2010), § 55, Rdnr. 1-6.
79 § 17 Abs. 3 Satz 3 SGB IX.

aufgebaut haben und mit ihm gemeinsam beraten, für welche Leistungen das gewöhnlich als Geldbetrag gewährte[80] Persönliche Budget verwendet und wann und unter welchen Voraussetzungen die Zielvereinbarung zwischen dem zuständigen Rehabilitationsträger und dem Menschen mit Behinderung[81] abgeschlossen werden soll.

Kernziel des Anspruchs auf Teilhabe gemäß § 54 Absatz 1 SGB XII in Verbindung mit § 55 Absatz 2 Nr. 6 SGB IX ist die Hilfe zu **selbstbestimmtem** Leben im Rahmen betreuter Wohnmöglichkeiten. Die leistungsberechtigte Person soll auf Hilfen zurückgreifen können, die es ihr ermöglichen, **selbst zu entscheiden**, wie ihr Lebensalltag in einer betreuten Wohnform ablaufen soll. Im Unterschied zu einem Anspruch auf Pflegesachleistung[82] steht nicht die in einer Einzelwohnung oder einer Wohngemeinschaft durch Betreuungspersonal erbrachte Grundpflege und hauswirtschaftliche Versorgung im Zentrum der Leistung, sondern die spezifische Hilfe, die ein behinderter Mensch benötigt, um sein Leben möglichst wie nicht behinderte Menschen auch in und außerhalb der Wohnung auf der Grundlage eigener Wünsche und selbst getroffener Entscheidungen zu gestalten. Will beispielsweise ein durch Unfall querschnittsgelähmter Mann aus einem Pflegeheim in eine eigene private Wohnung umziehen und ist »der alleinige Grund für den Umzug der Wunsch, am Leben der Gesellschaft teilzuhaben« sowie ein möglichst selbständiges und selbstbestimmtes Leben führen und zum Beispiel Mutter und Großmutter besuchen sowie 14-tägig an einem Telekollegkurs teilnehmen zu können, so sind die Anspruchsvoraussetzungen auch dann erfüllt, wenn der Antragsteller auch nach dem Auszug aus dem Heim der pflegerischen Betreuung bedarf.[83] Dieses Beispiel aus der Rechtsprechung macht deutlich, dass die Hilfen gemäß § 55 Absatz 2 Nr. 6 SGB IX insbesondere auch die Außenkontakte im Blick haben, die ein nicht behinderter Bürger zur Teilhabe am Leben in der Gesellschaft benötigt – also den Kontakt zu Nachbarinnen und Nachbarn, zu Verwandten und Freundinnen und Freunden; den Kontakt zu Behörden, zu Treffpunkten und Einkaufsmöglichkeiten in der Umgebung der »betreuten Wohnmöglichkeit«. Handelt es sich um einen Menschen mit einer geistigen Behinderung, so setzt seine **Selbstbestimmung** im Sinne des § 55 Absatz 2 Nr. 6 SGB IX vor allem voraus, dass er lernt, sich zu orientieren; dass er in die Lage versetzt wird, Nachbarinnen und Nachbarn kennenzulernen, eigenständig einzukaufen und selbst zu entscheiden, welches Geschäft, welchen Markt er aufsuchen möchte. Die dafür notwendigen Hilfen können nur greifen, wenn der geistig behinderte Mensch Handlungsmöglichkeiten für ein selbstbestimmtes Leben aufgezeigt bekommt, wenn ihm Hand-

80 Vgl. § 17 Abs. 2 Satz 4 und Abs. 3 Satz 1 SGB IX.
81 § 4 der Budgetverordnung.
82 Gemäß § 36 SGB XI.
83 Bayerischer Verwaltungsgerichtshof, Urteil vom 13.02.2003, Aktenzeichen 12 C 02.2956.

lungsoptionen in und außerhalb seiner Wohnung eröffnet werden, wenn er nach »Verinnerlichung« dieser Handlungsoptionen eigenständig entscheiden kann, wann und wo er seine Einkäufe erledigen will usw. Die zu seiner Orientierung und Verselbständigung benötigten Hilfen können auf ganz unterschiedliche Weise und von unterschiedlichen Leistungsanbietern erbracht werden. Hat sich der behinderte Mensch dafür entschieden, die Leistung in der Form eines Persönlichen Budgets geltend zu machen, so wird er sich in der Regel mit der Person, die ihm bei der Verwendung des Persönlichen Budgets assistiert (Budgetassistentin bzw. Budgetassistent), darüber beraten, ob er zum Beispiel ein Orientierungstraining absolvieren will und dazu einen bestimmten Dienst oder eine bestimmte Fachkraft in Anspruch nehmen sollte und ob er das Orientierungstraining mit seinem Persönlichen Budget finanzieren möchte. Die Erfahrung zeigt, dass einige Menschen mit einer geistigen Behinderung schon im Umgang mit den Personen, die sie bei der Verwendung des Persönlichen Budgets unterstützen, lernen, die Bedeutung von Geld als Zahlungsmittel einzuschätzen, Auswahlmöglichkeiten beim Einkauf von Waren zu erkennen, Wünsche zu äußern und zu **handeln**. Sie verselbständigen sich und vergrößern – natürlich jeweils im Rahmen ihrer Möglichkeiten – schrittweise ihre Handlungsfelder. In Einzelfällen kann es dazu kommen, dass ein Mensch mit geistiger Behinderung, der zunächst außerstande war, ein Verständnis dafür zu entwickeln, dass die Erbringung einer Leistung, die er zum Beispiel zu seiner Orientierung in seinem Wohnumfeld in Anspruch nehmen will, eine vertragliche Vereinbarung mit dem betreffenden Leistungsanbieter (Leistung gegen ein aus dem Persönlichen Budget finanzierten Entgelt) voraussetzt, aufgrund der von ihm gesammelten Erfahrungen – zum Beispiel nach einem Wechsel des Leistungsanbieters – in der Lage ist, einen Vertrag mit einem sozialen Dienstleister abzuschließen, ohne dass die Einrichtung einer Betreuung für erforderlich gehalten wird. Diese Hinweise zeigen erneut,[84] wie eng die Ausübung der rechtlichen Handlungsfähigkeit mit der konkret angestrebten Hilfe zu **selbstbestimmtem** Leben in betreuten Wohnmöglichkeiten verknüpft sein kann und wie im Rahmen der Realisierung des Leistungsanspruchs bereits Hilfen bei der Ausübung der Rechts- und Handlungsfähigkeit gemäß Artikel 12 Absatz 3 UN-BRK geleistet werden, ohne die Schwelle zur rechtlichen Betreuung überschreiten zu müssen.

Es soll allerdings nicht verschwiegen werden, dass der geschilderte Ablauf vor allem dann auf Hindernisse stößt, wenn die Geschäftsfähigkeit des Menschen mit geistiger Behinderung angezweifelt wird. Schon bei der Beantragung eines Persönlichen Budgets wird gelegentlich die Einrichtung einer Betreuung für erforderlich gehalten, weil die Fähigkeit, im Verwaltungs- und Sozialrecht Verfahrenshandlungen vornehmen zu können, Geschäftsfähigkeit im Sinne des bürgerlichen

84 Vgl. schon oben II.11.

Rechts[85] voraussetzt.[86] Danach kann eine nach bürgerlichem Recht geschäftsunfähige Person zwar Sozialleistungen entgegennehmen, nicht aber entsprechende Anträge stellen.[87] Auch der Abschluss einer Zielvereinbarung für das Persönliche Budget[88] wird in Einzelfällen von der Bestellung einer Betreuerin oder eines Betreuers abhängig gemacht. Die Hilfe zu **selbstbestimmtem** Leben im Sinne des § 55 Absatz 2 Nr. 6 SGB IX kann auf diese Weise konterkariert werden. Auch das Instrument des Persönlichen Budgets selbst kann in Mitleidenschaft gezogen werden, indem seine Zielsetzung, »den Leistungsberechtigten **in eigener Verantwortung** ein möglichst **selbstbestimmtes Leben** zu ermöglichen«,[89] unterlaufen wird. Eine der Selbstbestimmung entgegenstehende Entwicklung kann sich vor allem dann ergeben, wenn die Bestellung einer Betreuerin oder eines Betreuers dazu führt, dass kein Persönliches Budget beantragt oder keine Zielvereinbarung abgeschlossen wird. Diese Situationen können eintreten, weil die genannten Bestimmungen zur Geschäftsfähigkeit nicht nur dem Schutz des nach bürgerlichem Recht geschäftsunfähigen Menschen dienen. Mit all diesen Bestimmungen soll auch die Rechtsordnung geschützt werden.

Die Regelungen zur Geschäftsfähigkeit im BGB und in verwaltungsrechtlichen bzw. sozialrechtlichen Verfahren gehören deshalb auf den Prüfstand und sind möglicherweise mit Artikel 12 UN-BRK unvereinbar.[90]

2. Weitere Leistungen zur Teilhabe als Unterstützung bei der Ausübung der rechtlichen Handlungsfähigkeit gemäß Artikel 12 Absatz 3 UN-BRK

Eine enge Verknüpfung von Leistungen zur Teilhabe gemäß § 55 Absatz 2 SGB IX mit Hilfen bei der Ausübung der rechtlichen Handlungsfähigkeit zeigt sich auch, wenn ein schwerstmehrfachbehinderter Mensch Leistungen nach § 54 Absatz 1 SGB XII in Verbindung mit den Normen über Hilfen zum Erwerb praktischer Kenntnisse und Fähigkeiten[91] oder Hilfen zur Förderung der Verständigung mit der Umwelt[92] geltend macht. Die letztgenannte Hilfe zielt zum Beispiel darauf, dass ein geistig behinderter Mensch, der sich aufgrund einer angeborenen Spastik nur lallend artikulieren kann, Hilfen erhält, die es ihm trotz der Beeinträchtigung

85 §§ 104-105 BGB.
86 Vgl. § 12 Abs. 1 Nr. 1, Abs. 2 Verwaltungsverfahrensgesetz; § 11 Abs. 1 Nr. 1, Abs. 2 SGB X.
87 Probst / Knittel (2001), S. 56. Zur rechtlichen Handlungsfähigkeit in Verwaltungs- und Gerichtsverfahren vgl. die Beiträge Loytved / Frerichs und Kothe / Beetz in diesem Band.
88 Gemäß § 4 der Budgetverordnung.
89 § 17 Abs. 2 Satz 1 SGB IX.
90 Vgl. dazu Lachwitz (2012), S. 396 ff.
91 § 55 Abs. 2 Nr. 3 SGB IX.
92 § 55 Abs. 2 Nr. 4 SGB IX, näher spezifiziert in § 57 SGB IX.

der Sprachfähigkeit ermöglichen, sich »mit der Umwelt« zu verständigen. Auch in diesem Fall ist der erfolgreiche Versuch, das Sprechhindernis zu überwinden, in einigen Fällen zugleich mit der Befähigung des Menschen verknüpft, seine Rechts- und Handlungsfähigkeit im Sinne des Artikels 12 Absatz 3 UN-BRK selbst auszuüben.

3. *Allgemeiner Rechtsanspruch auf Unterstützung gemäß Artikel 12 Absatz 3 UN-BRK nach Maßgabe des § 54 Absatz 1 SGB XII in Verbindung mit § 55 Absatz 2 SGB IX*

Artikel 12 Absatz 3 UN-BRK enthält eine allgemeine vertragsstaatliche Gewährleistungspflicht, behinderten Menschen die zur Ausübung ihrer rechtlichen Handlungsfähigkeit erforderlichen Hilfen zu verschaffen. Die vorgenannten Beispiele[93] verdeutlichen, dass einige der im SGB XII und im SGB IX geregelten Leistungen zur Teilhabe dieser Gewährleistungspflicht entsprechen. Diese Hilfen sind jedoch noch lückenhaft und erfassen nicht alle Lebensbereiche eines behinderten Menschen. So stellt sich zum Beispiel die Frage, warum Hilfen zu selbstbestimmtem Leben bisher auf betreute Wohnmöglichkeiten beschränkt sind[94] und nicht auch den Bereich der Arbeit und Beschäftigung, zum Beispiel innerhalb, außerhalb und unter dem verlängerten Dach einer Werkstatt für Menschen mit Behinderungen, erfassen. Hier könnte helfen, dass sowohl der Katalog der Leistungen nach § 54 SGB XII als auch der Leistungskatalog des § 55 Absatz 2 SGB IX durch die Formulierung: »Leistungen … sind **insbesondere**…«offen gestaltet ist. Dies entspricht der Auffangfunktion der Sozialhilfe (SGB XII), der die Eingliederungshilfe für behinderte Menschen[95] bzw. der Rechtsanspruch auf Leistungen der Teilhabe am Leben der Gemeinschaft[96] zugeordnet ist. Den genannten Leistungskatalogen könnte deshalb auch ein **allgemeiner Rechtsanspruch** behinderter Menschen auf Hilfe zur Ausübung der Rechts- und Handlungsfähigkeit im Sinne des Artikels 12 Absatz 3 UN-BRK hinzugefügt werden. Aus dem Nachranggrundsatz der Sozialhilfe[97] ergibt sich allerdings andererseits, dass immer geprüft werden muss, ob eine der rechtlichen Betreuung vorgeschaltete (vorschwellige) Hilfe zur Ausübung der rechtlichen Handlungsfähigkeit nicht auch auf andere – zum Beispiel kostengünstigere – Weise angeboten werden kann und/oder bereits angeboten wird, zum Beispiel als familiäre oder ehrenamtlich geleistete Unterstützung oder im Rahmen sozialer oder behindertenpädagogischer Arbeit, die auf ein **Empowerment** von Men-

93 Siehe oben IV.1. und IV.2.
94 § 55 Abs. 2 Nr. 6 SGB IX.
95 §§ 53-60 SGB XII.
96 § 54 Abs. 1 SGB XII in Verbindung mit § 55 Abs. 2 SGB IX.
97 § 2 SGB XII.

schen mit Behinderungen ausgerichtet ist. Mit Hilfe derartiger fachlicher Initiativen und Praktiken wird versucht, gemeinsam mit einem geistig behinderten Menschen im Wege eines »assistierten Empowerments Selbstbestimmungsräume« zu entwickeln und ihm eine möglichst selbständige Entscheidungsfindung zu ermöglichen, zum Beispiel durch eine Vorauswahl, »die vielleicht zunächst nur aus zwei Alternativen besteht.«[98]

4. Folgerungen

Es gibt Hilfen im deutschen Sozialrecht, die sich als andere Hilfen im Sinne des § 1896 Absatz 2 BGB beschreiben lassen und bewirken können, dass ein geistig behinderter Mensch seine Rechts- und Handlungsfähigkeit im Sinne des Artikels 12 Absatz 3 UN-BRK ausübt, ohne dass nach ersetzenden Entscheidungen gefragt wird. Es handelt sich dabei allerdings eher um Nebeneffekte der Leistungen zur Teilhabe am gesellschaftlichen Leben. Überdies sind nicht alle Lebensbereiche abgedeckt, in denen die Rechts- und Handlungsfähigkeit eines Menschen Bedeutung erlangt. Vor allem ist nicht sichergestellt, dass die anderen Hilfen, bei denen keine gesetzliche Vertreterin bzw. kein gesetzlicher Vertreter bestellt wird, aus der Sicht des Betreuungsgerichts ebenso gut geeignet sind, die Angelegenheiten eines behinderten Menschen zu besorgen, wie sie durch eine Betreuerin oder einen Betreuer besorgt werden können. Es bleibt offen, nach welchen Maßstäben das Betreuungsgericht das Merkmal »ebenso gut« beurteilt. Letztlich besteht deshalb die Gefahr, dass die Zahl der rechtlichen Betreuungen **zu Lasten** anderer Hilfen im Sinne des § 1896 Absatz 2 BGB ansteigt, wenn Deutschland seiner Zugangsverschaffungspflicht gemäß Artikel 12 Absatz 3 UN-BRK nicht umfassend nachkommt.

Die vorbehaltlose Ratifikation des Artikels 12 UN-BRK durch Deutschland ruft dazu auf, neue Modelle zu erproben, die darauf zielen, geistig behinderte Menschen bei der Ausübung ihrer Rechts- und Handlungsfähigkeit im Sinne des Artikels 12 Absatz 3 UN-BRK zu unterstützen. Dazu können die Erfahrungen, die bislang mit Persönlichen Budgets gewonnen werden konnten, als Vorlage dienen, denn Persönliche Budgets sind in einigen Modellregionen Deutschlands in der Zeit vom 1. Juli 2004 bis zum 31. Dezember 2007 gerade mit geistig behinderten Menschen erfolgreich erprobt worden.[99] Dabei hat sich gezeigt, dass viele Heilerziehungspflegerinnen und Heilerziehungspfleger, Heilpädagoginnen und Heilpädagogen, Sozialarbeiterinnen und Sozialarbeiter aus unterschiedlichen Diensten und Einrichtungen schon heute aufgrund ihrer fachlichen Ausbildung und lebensprakti-

98 Steinel (2012), S. 9 mit weiteren Nachweisen.
99 Gemäß § 17 Abs. 6 SGB IX. Dazu Metzler (2009).

schen Erfahrung im Umgang mit geistig behinderten Menschen genau die Unterstützung zu leisten vermögen, die Menschen mit geistiger Behinderung zur Ausübung **ihrer** Rechts- und Handlungsfähigkeit benötigen.

Es bietet sich an, auch rechtliche Betreuerinnen und Betreuer in Modelle zur Erprobung unterstützender Hilfen im Sinne des Artikels 12 Absatz 3 UN-BRK einzubeziehen, denn viele von ihnen nehmen bereits jetzt ihre Verpflichtung[100] ernst, Wünschen und Vorstellungen des oder der Betreuten zu entsprechen. Allerdings sollten die Funktionen der rechtlichen Betreuung und der Unterstützung gemäß Artikel 12 UN-BRK nicht miteinander vermischt werden. Die betreuende Person kann Wünsche des betreuten Menschen zurückweisen, wenn sie der Auffassung ist, dass sie seinem Wohl zuwiderlaufen oder ihr – der betreuenden Person – nicht zuzumuten sind.[101] Die betreute Person kann zwar weiterhin selbständig handeln, soweit ihre Erklärungen nicht der Einwilligung der rechtlichen Betreuerin bzw. des Betreuers bedürfen.[102] Handelt die betreuende Person jedoch im Rahmen des ihr übertragenen Aufgabenkreises unter Zurückstellung oder Zurückweisung eines vom betreuten Menschen geäußerten Wunsches, weil dessen Verwirklichung aus ihrer Sicht nicht mit dem Wohl des betreuten Menschen in Übereinstimmung zu bringen ist, so wird sie **an Stelle** des betreuten Menschen tätig und kann nicht für sich in Anspruch nehmen, diesen bei der Ausübung **seiner** Handlungsfähigkeit unterstützt zu haben.

V. Schlussbemerkung

Die der rechtlichen Betreuung vorgeschalteten »anderen Hilfen« dürften – jedenfalls soweit sie sich als Leistungen zur Teilhabe im Sinne der §§ 55 SGB IX und 54 SGB XII qualifizieren lassen – dem Bereich der sozialen Menschenrechte zuzuordnen sein.[103] Sie unterliegen damit dem Progressionsvorbehalt des Artikels 4 Absatz 2 UN-BRK, müssen also nur »nach und nach« verwirklicht werden. Auch dies spricht dafür, weitere neue Formen der Unterstützung im Sinne des Artikels 12 Absatz 3 UN-BRK systematisch zu entwickeln und zunächst zu erproben. Dies gilt allerdings gemäß Artikel 4 Absatz 2, letzter Halbsatz UN-BRK nicht, wenn sich aus der UN-Behindertenrechtskonvention Verpflichtungen ergeben, »die nach dem Völkerrecht sofort anwendbar sind.« Dazu zählt die Beachtung des Verbots

100 § 1901 BGB.
101 § 1901 Abs. 3 Satz 1 BGB. Zum Verhältnis von Wünschen und Wohl der betreuten Person, gerade auch vor dem Hintergrund des Art. 12 Abs. 4 UN-BRK, vgl. Brosey in diesem Band.
102 Einwilligungsvorbehalt, § 1903 BGB.
103 Quinn (2010), S. 18.

der Diskriminierung aufgrund von Behinderung gemäß Artikel 5 Absatz 2 UN-BRK. Dieses Verbot muss sofort umgesetzt werden.[104]

Wird einem behinderten Menschen eine stellvertretende Entscheidung mit der Begründung aufgedrängt, er sei geistig behindert, und wird nicht oder nur unzureichend geprüft, ob der behinderte Mensch selbst handeln will und seinen Willen entsprechend bekundet hat oder bekunden kann, so liegt nach der sehr weiten Fassung des Begriffs »Diskriminierung aufgrund von Behinderung« im Sinne des Artikels 2 UN-BRK eine Diskriminierung vor, die sofort zu beseitigen ist.

Literaturverzeichnis

Aichele, Valentin (2012): Thesen im Anschluss an den Beitrag: Das Menschenrecht auf gleiche Anerkennung vor dem Recht: Zur Auslegung von Art. 12 der UN- Behindertenrechtskonvention. In: Andrea Diekmann / Gerold Oeschger (Hg.): Betrifft Betreuung 11. Menschen und Rechte – Behindertenrechtskonvention und Betreuung. Berichte vom 12. Vormundschaftsgerichtstag vom 4. bis 6. November 2010 in Brühl. Bochum: Betreuungsgerichtstag e.V., S. 40-57.

Aichele, Valentin / Jochen von Bernstorff (2010): Das Menschenrecht auf gleiche Anerkennung vor dem Recht: Zur Auslegung von Art. 12 der UN-Behindertenrechtskonvention. In: Betreuungsrechtliche Praxis 2010 (5), S. 199-203.

Bach, Michael / Lana Kerzner (2010): A New Paradigm for Protecting Autonomy and the Right to Legal Capacity. Prepared for the Law Commission of Ontario. http://www.lco-cdo.org/disabilities/bach-kerzner.pdf.

Dhanda, Amita (2007): Legal Capacity in the Disability Rights Convention: Stranglehold of the Past or Lodestar for the Future. In: Syracuse Journal of International Law and Commerce 34 (2), S. 429-462.

Diekmann, Andrea (2012): Der Betreuer als gesetzlicher Vertreter und die Behindertenrechtskonvention. In: Andrea Diekmann / Gerold Oeschger (Hg.): Betrifft Betreuung 11. Menschen und Rechte – Behindertenrechtskonvention und Betreuung. Berichte vom 12. Vormundschaftsgerichtstag vom 4. bis 6. November 2010 in Brühl. Bochum: Betreuungsgerichtstag e.V., S. 61-68.

Früchtel, Frank / Wolfgang Budde (2003): Familienkonferenzen oder: Ein radikales Verständnis von Betroffenenbeteiligung. In: Sozialmagazin 2003 (2), S. 12-21.

Human Rights Watch (2011): Futures Stolen – Barriers to Education for Children with Disabilities in Nepal. http://www.hrw.org/reports/2011/08/24/futures-stolen.

Jesperson, Maths (2007): Personal Ombudsman in Skåne: A User-controlled Service with Personal Agents. In: Peter Stastny / Peter Lehmann (Hg.): Alternatives Beyond Psychiatry. Berlin: Peter Lehmann Publishing, S. 299-303.

104 Quinn (2012), S. 7.

Jesperson, Maths (2011): Personal Ombudsman in Skåne – a survivor-controlled service with personal agents. Presentation at the Conference 'Searching for a Rose Garden'. Tagungshaus Alte Feuerwache, Berlin 2 September 2011. http://www.po-skane.org/Jesper son_Berlin_2011-09-02.php.

Kämpf, Annegret (2008): The Disabilities Convention and its Consequences for Mental Health Laws in Australia. In: Law in Context 26 (2), S. 10-36.

Krause-Trapp, Ina (2012): Selbstbestimmungsrecht und rechtliche Betreuung – ein Widerspruch? In: Punkt und Kreis, Zeitschrift für anthroposophische Heilpädagogik, individuelle Entwicklung und Sozialkunst 27, S. 39-42.

Lachwitz, Klaus (2010): Kommentierung zu § 55. In: Klaus Lachwitz / Walter Schellhorn / Felix Welti (Hg.): Handkommentar zum Sozialgesetzbuch IX – Rehabilitation und Teilhabe behinderter Menschen. 3. Auflage, Köln: Luchterhand.

Lachwitz, Klaus (2012): Auswirkungen des Art. 12 UN-Behindertenrechtskonvention (»Gleiche Anerkennung vor dem Recht«) auf das deutsche Geschäftsfähigkeits- und Betreuungsrecht. In: Kritische Justiz 2012 (4), S. 384-403.

Laviziano, Alexander (2011): Nationale und internationale Reformdebatten im Einfluss der Behindertenrechtskonvention. Von der gesetzlichen Vertretung zur unterstützten Selbstbestimmung. In: bdb Aspekte 91, S. 12-17.

Metzler, Heidrun (2009): Ein langer Weg zum Erfolgsmodell? Das Persönliche Budget in den Modellregionen 2004 – 2007 und der bundesweite Trend seit 2008. In: Archiv für Wissenschaft und Praxis der Sozialen Arbeit 40 (1), S. 18-31.

Probst, Martin / Bernhard Knittel (2001): Gesetzliche Vertretung durch Angehörige – Alternative zur Betreuung? In: Zeitschrift für Rechtspolitik 34 (2), S. 55-60.

Quinn, Gerard (2010): Personhood and Legal Capacity. Perspectives on the Paradigm Shift of Art. 12 CRPD. Concept Paper, HPOD Conference, Harvard School of Law, February 20, 2010. http://www.nuigalway.ie/cdlp/documents/publications/Harvard Legal Capacit y gq draft 2.doc.

Quinn, Gerard (2012): Statement to the Oireachtas Joint Committee on Justice, Defence and Equality. Re: Hearing on the Mental Capacity Bill, February 29, 2012. http://www.nuig alway.ie/cdlp/documents/cdlp_statement_to_oireachtas_justice_committee_on_mental _capacity_bill_final.pdf.

Rosenthal, Eric / Erin Jehn / Sofía Galván (2010): Abandoned and Disappeared: Mexico's Segregation and Abuse of Children and Adults with Disabilities. http://www.disabilityr ightsintl.org/wordpress/wp-content/uploads/Mex_Report_English_June2_final.doc.

Salzman, Leslie (2010): Rethinking Guardianship (again): Substituted Decision Making as a Violation of the Integration Mandate of Title II of the Americans with Disabilities Act. In: University of Colorado Law Review 81, S. 157-245.

Salzman, Leslie (2011): Guardianship for Persons with Mental Illness – A legal and appropriate alternative? In: Saint Louis University Journal of Health Law and Policy 4, S. 279-329.

Schneider, Jakob (2004): Die Justiziabilität wirtschaftlicher, sozialer und kultureller Rechte. Berlin: Deutsches Institut für Menschenrechte.

Steinel, Daniela (2012): Empowerment. Eine Begriffsannäherung. In: Punkt und Kreis, Zeitschrift für anthroposophische Heilpädagogik, individuelle Entwicklung und Sozialkunst 27, S. 8-9.

von der Recke, Sabine / Hilmar von der Recke (2012): Sibylla und Ansgar – ein besonderes Hochzeitsfest. In: Punkt und Kreis, Zeitschrift für anthroposophische Heilpädagogik, individuelle Entwicklung und Sozialkunst 27, S. 31-34.

Welti, Felix (2010): Kommentierung zu § 17. In: Klaus Lachwitz / Walter Schellhorn / Felix Welti (Hg.): Handkommentar zum Sozialgesetzbuch IX – Rehabilitation und Teilhabe behinderter Menschen. 3. Auflage, Köln: Luchterhand.

Materialverzeichnis

Deutscher Bundestag (2011): Antwort der Bundesregierung auf die Große Anfrage der Abgeordneten Ingrid Hönlinger, Markus Kurth, Volker Beck (Köln), weiterer Abgeordneter und der Fraktion BÜNDNIS 90/DIE GRÜNEN. Bundestags-Drucksache 17/5323 vom 01.04.2011.

UN-Ausschuss über wirtschaftliche, soziale und kulturelle Rechte (1990): General Comment No. 3. The nature of States parties' obligations. UN Dok. E/1991/23 vom 14.12.1990.

UN-Ausschuss über wirtschaftliche, soziale und kulturelle Rechte (1999): General Comment No.12. The right to adequate food. UN Dok. E/C.12/1999/5 vom 12.5.1999.

UN-Fachausschuss für die Rechte von Menschen mit Behinderungen (2011): Concluding observations of the Committee on the Rights of Persons with Disabilities [zum Staatenbericht Tunesiens]. UN Dok. CRPD/C/TUN/CO/1 vom 13.05.2011.

UN-Hochkommissariat für Menschenrechte / Weltgesundheitsorganisation (2008): The Right to Health. Fact Sheet No. 31.

UN-Menschenrechtsausschuss (2004): General Comment No. 31. The Nature of the General Legal Obligation Imposed on States Parties to the Covenant. UN Dok. CCPR/C/74/CRP. 4/Rev. 6 vom 21.4.2004.

Weltgesundheitsorganisation (2011): World Report on Disability.

Die rechtliche Handlungsfähigkeit des Kindes – Die UN-Kinderrechtskonvention aus der Sicht des Artikels 12 UN-BRK

Lothar Krappmann

Einen Artikel, vergleichbar mit dem Artikel 12 der Konvention über die Rechte der Menschen mit Behinderungen (UN-BRK) in Verbindung mit den einschlägigen Bestimmungen des UN-Zivilpaktes, durch den auch Kindern die volle Rechtsfähigkeit einschließlich der gleichberechtigten rechtlichen Handlungsfähigkeit zuerkannt wird, gibt es in der Kinderrechtskonvention (UN-KRK)[1] nicht. Die UN-KRK spricht Kindern die Rechtsfähigkeit jedoch keineswegs ab. Ihre Bestimmungen gründen voll und ganz in der Auffassung, dass Kinder Rechtsträger sind. Die volle rechtliche Handlungsfähigkeit wird den Kindern jedoch durch die UN-KRK nicht zuerkannt, wie dies der Artikel 12 der UN-BRK für Menschen mit Behinderungen gleich welchen Alters erklärt.[2]

Entsprechend verhalten sich die Rechtsordnungen der Vertragsstaaten der UN-KRK, die Kindern rechtliche Handlungsfähigkeit nur in sehr eingeschränktem Maße zuerkennen. So können Kinder sich etwa von ihrem Taschengeld Gegenstände kaufen; abhängig von Alter und Preis können die Eltern den Kaufvertrag wieder rückgängig machen. Oder Eltern mögen dem Vorschlag ihres Kindes über die zu besuchende Schule folgen; den rechtlich relevanten Schritt können aber nur sie oder gegebenenfalls eine andere für das Kind gesetzlich verantwortliche Person vollziehen.

Da Kinder ein Teil der menschlichen Gemeinschaft sind, deren »angeborene Würde und gleiche und unveräußerliche Rechte« in der Allgemeinen Erklärung der Menschenrechte[3] ohne Einschränkung anerkannt werden, kann eine generelle Aus-

1 Übereinkommen der Vereinten Nationen über die Rechte des Kindes vom 20.11.1989 (Kinderrechtskonvention, UN-KRK), deutsche Übersetzung etwa erhältlich unter www.national-coalition.de/pdf/UN-Kinderrechtskonvention.pdf.

2 Dieser Artikel basiert auf einem Verständnis des Art. 12 UN-BRK, nach dem dieser nicht alleine ein spezifisches Recht für Menschen mit Behinderungen kodifiziert, sondern Ausdruck einer allgemeinen menschenrechtlichen Entwicklung ist und folglich in Bezug auf die Rechts- und Handlungsfähigkeit staatliche Verpflichtungen zum Ausdruck bringt, die für alle Menschen, egal, ob mit oder ohne Behinderungen, ob Kinder oder Erwachsene, bedeutsam sind (vgl. dazu Aichele / Degener in diesem Band). Daraus folgt auch, dass das Recht auf Rechts- und Handlungsfähigkeit nicht nur Kindern und Jugendlichen mit Behinderungen, sondern allen Kindern und Jugendlichen zusteht. Davon unabhängig ist die Frage nach der Einschränkbarkeit dieses Rechts (allgemein zu den Grenzen der Einschränkbarkeit des Art. 12 UN-BRK Aichele / von Bernstorff (2010), S. 202-203).

3 Allgemeine Erklärung der Menschenrechte vom 10.12.1948, Präambel.

übung der Kindermenschenrechte durch ihre Eltern oder andere Sorgeberechtigte nicht zufriedenstellen. Nicht nur Anhängerinnen und Anhänger des Children's Liberation Movement fordern Selbstbestimmung für Kinder (also junge Menschen bis zum Alter von 18 Jahren[4]), sondern viele Pädagoginnen und Pädagogen, Sozialarbeiterinnen und -arbeiter sowie Juristinnen und Juristen sprechen sich für einen schrittweisen Übergang in den vollen Rechtsstatus der bzw. des volljährigen Erwachsenen aus.[5] Die UN-KRK selber verlangt in Artikel 29 die Vorbereitung des Kindes »auf ein verantwortungsbewusstes Leben in einer freien Gesellschaft«.

Folglich gibt es über die Ausübung ihrer Rechte durch Kinder selber eine ganze Reihe von Auseinandersetzungen und juristisch ausgetragenen Konflikten. Sie gehen vor allem aus Erfahrungen hervor, dass eine strikt vorenthaltene rechtliche Handlungsfähigkeit immer wieder mit sich entwickelnden Fähigkeiten der Kinder in Widerspruch gerät. Kinder verfügen nicht ab einem bestimmten Datum über Fähigkeiten neuer Qualität, sondern diese Fähigkeiten formen sich auf Grund innerer Reifungsprozesse und äußerer Herausforderungen kontinuierlich aus.

Es gehört zur Aufgabe aller Personen, die mit Kindern leben und arbeiten, richtig einzuschätzen, was Kinder können und verstehen, weil Über- und Unterforderungen der Fähigkeiten von Kindern Frustration, Entfremdung und Spannungen hervorbringen können. Viele Lebenssituationen von Kindern sind nur zu bewältigen, wenn ihre sich entwickelnden Fähigkeiten anerkannt werden und von ihnen eingesetzt werden können. Diese lern- und entwicklungspsychologische Sicht auf die zunehmende Handlungsfähigkeit der Kinder ist nicht immer leicht mit dem gleichfalls berechtigten Willen des Gesetzgebers zu vereinbaren, Kinder vor rechtlich von ihnen nicht überschaubaren Folgen ihres Handelns zu schützen.

Bei der Entwicklung des Verständnisses, wie die Rechts- und Handlungsfähigkeit der Kinder in der Lebenspraxis umgesetzt werden kann, kommt nun die UN-BRK allen zur Hilfe, die sich für die volle Verwirklichung der Kinderrechte einsetzen. Artikel 12 der UN-BRK eröffnet nämlich eine in ihrer Tragweite noch nicht vermessene Perspektive, denn diese Bestimmung erweitert die Anerkennung des Rechts auf »gleiche Anerkennung vor dem Recht« auf die allgemeine gleichberechtigte Rechts- und Handlungsfähigkeit und gilt damit auch für alle Kinder, und zwar mit und ohne Behinderungen.[6]

Welche Folgerungen sind aus Artikel 12 der UN-BRK zu ziehen, der eine allgemein menschenrechtliche Aussage trifft, die in ihrer Bedeutung weit über die Rechtssituation der Menschen mit Behinderungen hinausreicht?

Zum einen verlangt dieser Artikel von den Vertragsstaaten, Maßnahmen zu ergreifen, mit denen die rechtliche Handlungsfähigkeit aller Menschen, auch der

4 Art. 1 UN-KRK.
5 Zur Kinderbefreiungsbewegung Veerman (1992).
6 Vgl. Aichele / Degener in diesem Band.

Kinder, gestärkt wird. Zugleich ist sicherzustellen, dass rechtliche Handlungsfähigkeit, soweit sie bereits einsetzbar ausgebildet ist, staatlicherseits hinreichend geachtet und geschützt wird. Dabei sind die Besonderheiten von Kindern mit Behinderungen zu berücksichtigen.

Zum anderen rückt das »Recht auf gleiche Anerkennung vor dem Recht«, das kein schrankenloses Recht ist, Probleme der formalen Begrenzung rechtlicher Handlungsfähigkeit in den Blick, etwa durch gesetzlich festgelegte Altersgrenzen. Es ist zu untersuchen, ob die Verweigerung oder Einschränkung der rechtlichen Handlungsfähigkeit der Kinder generell, für einzelne Gruppen oder in bestimmten Lebenssituationen weiterhin gerechtfertigt werden kann. Fälle von allgemeiner Bedeutung, bei denen Einschränkungen bereits aufgegeben wurden oder intensiv diskutiert werden, werden in diesem Aufsatz dargestellt. Die erweiterte »gleiche Anerkennung vor dem Recht« muss auf das Ziel ausgerichtet sein, dass alle Menschen, mit und ohne Behinderungen, im Zuge fortschreitenden Alters und sich entwickelnder Fähigkeiten spätestens mit Eintritt der Volljährigkeit die volle rechtliche Handlungsfähigkeit als individuelle Fähigkeit ausgebildet haben und einsetzen können. Bei diesen Überlegungen und Maßnahmen verdienen Kinder mit Behinderungen besondere Aufmerksamkeit.

So erkennt Artikel 12 der UN-BRK Menschen mit Behinderungen, die ihre Rechte nicht in jeder Hinsicht aus eigenen Kräften einfordern, verteidigen oder umsetzen können, ein Recht auf Unterstützung zu.[7] Diese Unterstützung schränkt jedoch die gleichberechtigte Rechts- und Handlungsfähigkeit nicht ein, sondern erleichtert und fördert die volle Ausübung dieser Rechts- und Handlungsfähigkeit durch Erwachsene und Kinder mit Behinderungen.

Auch die UN-KRK erkennt den Kindern Hilfe zu, damit sie zu ihren Rechten gelangen. In mehreren Artikeln verpflichten sich die Vertragsstaaten, zur Umsetzung der Rechte »assistance« anzubieten.[8] Diese »assistance« bezieht sich jedoch auf Mittel und Wege, die Kindern und ihren Eltern die Umsetzung der Rechte des Kindes erleichtern. Die Art der Verwendung des Begriffs bringt nicht zum Ausdruck, dass die rechtliche Handlungsfähigkeit des Kindes selber gestärkt werden soll.

Enger auf die rechtliche Handlungsfähigkeit des Kindes ist Artikel 5 der UN-KRK ausgerichtet. Dieser spricht vom Recht der Eltern, »das Kind bei der Ausübung der in diesem Übereinkommen anerkannten Rechte in einer seiner Entwicklung entsprechenden Weise angemessen zu leiten und zu führen«. Während die »assistance«, die in der UN-BRK zugesichert wird, bereits der Wurzel des Wortes

7 »access to the support they may require in exercising their legal capacity«, Art. 12 Abs. 3 der UN-BRK.

8 Die Vertragsstaaten verpflichten sich in den Art. 8, 20, 22, 23, 24, 27, 37 und 40 der UN-KRK, »assistance«, übersetzt mit Beistand, Unterstützung oder Hilfen, bereitzustellen.

nach eine dem Handelnden beistehende Hilfe zum Ausdruck bringt, lassen Leiten und Führen (»direction and guidance« im verbindlichen englischen Vertragstext) dem aktiven Beitrag des Kindes im üblichen Sprachverständnis keinen Raum.

Es ist allerdings schwer vorstellbar, dass die UN-KRK die eigene rechtliche Handlungsfähigkeit der Kinder durch Dritte, und seien sie dem Kind noch so nah wie die Eltern, aufhebt, während Kindern mit Behinderungen nach der UN-BRK zusteht, die rechtliche Handlungsfähigkeit mit Unterstützung zu entfalten. Es liegt folglich nahe, die UN-BRK als eine Interpretationshilfe für den Artikel 5 der UN-KRK zu verstehen: Sie gibt klaren Hinweis auf den Charakter von Leiten und Führen. Diese müssen das Kind befähigen.

So wurde dieser Aufsatz mit der Absicht verfasst, die Ergebnisse der Konflikte um rechtliche Handlungsfähigkeit von Kindern auch für Auseinandersetzungen fruchtbar zu machen, die Menschen mit Behinderungen um die faktische Durchsetzung ihrer Handlungsfähigkeit führen müssen. Sie werden in diesem Aufsatz Argumentationshilfen finden. Zugleich aber soll die Rechtsposition der Kinder mit Blick auf den Artikel 12 der UN-BRK gestärkt werden, denn dieser Artikel stellt erneut die Rechts- und Handlungsfähigkeit aller Menschen heraus und macht entsprechende Klärungen erforderlich.[9]

I. Die Rechts- und Handlungsfähigkeit der Kinder nach der UN-KRK

Die Übertragung der Handlungsfähigkeit, und insbesondere der rechtlichen Handlungsfähigkeit, von Kindern an ihre Eltern scheint weithin selbstverständlich, denn wir sind an eine Rechtsordnung gewöhnt, in der das Recht der Eltern betont wird.

Die Eltern treffen alle wichtigen Entscheidungen über das Leben ihrer Kinder: Nach dem Bürgerlichen Gesetzbuch (BGB) haben die Eltern (oder wer an ihrer Stelle das Recht der Sorge für das Kind ausübt) das Recht und die Pflicht zu bestimmen, wie ihr Kind aufwächst und erzogen wird, wie mit einem etwaigen Vermögen des Kindes umgegangen und wie das Kind gegebenenfalls rechtlich vertreten wird. Dennoch erkennt auch das Bürgerliche Gesetzbuch an, dass Kinder zunehmend eigene Vorstellungen entwickeln, und erlegt den Eltern auf, »die wach-

9 Ich erinnere daran, dass die beiden Konventionen in ausdrücklichem Bezug zueinander stehen. Die UN-KRK gilt ohne Einschränkung auch für Kinder mit Behinderungen und enthält darüber hinaus einen Art. 23, der sich spezifisch den Rechten dieser Kinder widmet. Die UN-BRK übernimmt in ihrem Art. 7 grundlegende Rechtsprinzipien der UN-KRK, die in allen Maßnahmen und Entscheidungen, die Kinder betreffen, beachtet werden müssen. Diese Verschränkungen unterstreichen, dass die Artikel sich wechselseitige Verständnishilfen geben. Zu den Rechten der Kinder mit Behinderungen siehe auch UN-Kinderrechtsausschuss (2007).

sende Fähigkeit und das wachsende Bedürfnis des Kindes zu selbständigem und verantwortungsbewusstem Handeln« zu berücksichtigen.[10]

Das Recht geht auf dieses Problem mit der Unterscheidung zwischen einer allgemeinen und einer rechtlichen Handlungsfähigkeit ein.

1. Die allgemeine Handlungsfähigkeit

Kinder nehmen von früh auf aktiv am sozialen Leben ihres Umfelds teil. Ohne irgendwelche rechtlichen Aspekte im Sinn zu haben, genießen sie ihre Rechte. Sie fordern jedoch auch schon bald für sich Güter ein, die ihnen von Menschenrechts wegen zustehen, etwa, wenn sie in der Art, wie sie es zu kommunizieren vermögen, verlangen, ernährt zu werden,[11] einen Namen zu haben,[12] nicht vernachlässigt zu werden,[13] Informationen zu erhalten,[14] Vorgänge in ihrer Umwelt zu verstehen,[15] spielen zu können[16] und manches mehr.[17]

Zunehmend sind Kinder auch überzeugt, dass sie Ansprüche haben, die ihnen zustehen, und reiben sich an Einschränkungen, die ihnen auferlegt werden. Beobachtungen zeigen, dass Kinder, wenn sie älter werden, in vielen Handlungsbereichen nur dann aktiv mitwirken, wenn sie an der Bestimmung dessen, was man von ihnen erwartet, beteiligt waren: beim Lernen in ausgewählten Schulfächern, bei Freizeitbeschäftigungen oder im religiösen Brauchtum. Sie verlangen Einfluss auf Entscheidungen und wollen ihnen Wichtiges selber betreiben.

2. Die rechtliche Handlungsfähigkeit von Kindern

Tatsächlich stattet die Konvention Kinder umfassend und ins Einzelne gehend mit Rechten aus, ohne Altersgrenzen zu ziehen.[18] Die zentrale Botschaft der UN-KRK ist, dass Kinder vom ersten Augenblick ihres Lebens an Rechtsträger, also Träger

10 Vgl. § 1626 Abs. 2 Satz 1 des BGB. Vgl. auch die §§ 1773 ff. über die Vormundschaft. Eine teilweise rechtliche Handlungsfähigkeit setzt ein ab Vollendung des siebten Lebensjahres (§ 106 ff. BGB).

11 Art. 27 UN-KRK.

12 Art. 7 UN-KRK.

13 Art. 18 UN-KRK.

14 Art. 13 UN-KRK.

15 Art. 29 UN-KRK.

16 Art. 31 UN-KRK.

17 Siehe UN-Kinderrechtsausschuss (2006).

18 Dazu unten, III.2.

von Menschenrechten, sind, die aus ihrer menschlichen Würde hervorgehen.[19] Die Präambel der UN-KRK verweist auf die Allgemeine Erklärung der Menschenrechte und die beiden Menschenrechtspakte, in denen festgestellt wird, »dass jeder Mensch Anspruch hat auf alle darin verkündeten Rechte und Freiheiten ohne Unterscheidung«.[20]

Die genauere Betrachtung einiger Sätze in Artikeln der UN-KRK offenbart, dass die Konvention die beschriebene Spannung zwischen Rechtsträgerschaft und nicht zugestandener eigenständiger Ausübung von Rechten sieht. An mehreren Stellen wurden Formulierungen gewählt, die diese Spannung verständlich machen oder abmildern. Stellt man diese Aussagen zusammen, erscheint die rechtliche Handlungsfähigkeit bzw. Nicht-Handlungsfähigkeit der Kinder weniger festgelegt, als die erste Interpretation suggeriert.

Um Verständnis für die vorenthaltene Handlungsfähigkeit wird in der Präambel der UN-KRK geworben. Sie weist auf frühere Menschenrechtsdokumente hin, die sämtlich die Notwendigkeit, Kinder zu schützen, anerkannt hätten. So wird etwa die UN-Erklärung der Rechte des Kindes von 1959 zitiert, in der es heißt, dass »das Kind wegen seiner mangelnden körperlichen und geistigen Reife besonderen Schutzes und besonderer Fürsorge … bedarf.«[21]

Dieser Satz spiegelt die verbreitete Überzeugung wider, dass Kinder in große Probleme gerieten, wenn ihr Handeln dieselben Rechtsfolgen nach sich ziehen und nach denselben Rechtskriterien beurteilt würde wie das Handeln der Erwachsenen. In zahlreichen Artikeln der UN-KRK wird Kindern daher besonderer Schutz, Fürsorge und Beistand zugesagt. Die Hinweise der Präambel auf Schutzbedürftigkeit implizieren also nicht, den Kindern die Handlungsfähigkeit abzuerkennen. Aus ihnen ist lediglich abzuleiten, dass Kinder bei ihrem Handeln begleitet, beraten und unterstützt werden müssen.

Auch andere Artikel der Konvention gründen in der Vorstellung, dass Erwachsene darauf zu achten haben, dass Rechte, die einem Kind zustehen, tatsächlich erfüllt werden. So verlangt der erste Absatz des Artikels 3, bei allen Maßnahmen, die Kinder betreffen, das Wohl des Kindes »vorrangig zu berücksichtigen«. Diese Formulierung spricht Kindern nicht das Recht ab, selber für ihr Wohl einzutreten. Im Gegenteil: Dieser Artikel ist eng mit Artikel 12 UN-KRK verbunden, der den Kindern Gehör in allen sie berührenden Angelegenheiten zusichert und den Ver-

19 Würde und Rechte nennt die Allgemeine Erklärung der Menschenrechte gemeinsam im ersten Satz der Präambel und gibt weder hier noch an anderer Stelle zu erkennen, dass es Rechte sind, die ein Teil der menschlichen Gemeinschaft nicht selber aktiv in Anspruch nehmen kann: »Da die Anerkennung der angeborenen Würde und der gleichen und unveräußerlichen Rechte aller Mitglieder der Gemeinschaft….«

20 4. Absatz der Präambel der UN-KRK.

21 8. Absatz der Präambel der UN-KRK.

antwortlichen auferlegt, diesen Äußerungen Gewicht zu geben.[22] Der rechtlich relevante Schritt ist offensichtlich den Erwachsenen vorbehalten; sie können ihn jedoch nicht tun, ohne dem Recht des Kindes Genüge zu tun, es zu hören und im Sinne seines Wohls zu handeln.[23]

Interessant ist insbesondere der in der Einleitung bereits erwähnte Artikel 5, der in der deutschen Übersetzung mit »Respektierung des Elternrechts« überschrieben ist, obwohl dieser Artikel die Eltern dazu verpflichtet, ihre Kinder bei der Umsetzung ihrer Rechte anzuleiten.[24] Dieser Artikel gibt dem Kind das Recht, von seinen Eltern Anleitung und Führung zu verlangen, die dem Kind die Erfüllung seiner Rechte sichern. Obwohl die Begriffe Anleitung und Führung die Rolle der Eltern sehr betonen, klingt diese Bestimmung sehr danach, dass das Kind grundsätzlich selber handelt, aber die Situation nicht voll beherrscht. Es benötigt daher Unterstützung.

In keiner Weise wird in diesem Artikel angedeutet, dass das Kind seine Handlungsfähigkeit an die Eltern abtritt. Die Interpretation, dass das Kind der eigentliche Akteur ist, dem die Eltern helfen, wird noch dadurch verstärkt, dass den Eltern auferlegt wird, die sich entwickelnden Fähigkeiten des Kindes angemessen zu berücksichtigen (»in a manner consistent with the evolving capacities of the child«). Dem Kind werden Fähigkeiten nicht abgesprochen, sondern die Eltern stärken die eigene Verantwortung des Kindes, sobald die Fähigkeiten des Kindes entsprechend entwickelt sind.

Gerade durch den Hinweis auf die sich entwickelnden Fähigkeiten wird besonders klar, dass die Eltern in vielen Rechtssystemen ihre Kinder gesetzlich vertreten, aber ihre Stellvertretung sich inhaltlich daran zu orientieren hat, was aus der Perspektive des Kindes und mit Gewicht für seine zunehmend kompetentere Meinung zu geschehen hat. Dies ist als zunehmend selbständige Ausübung eigener Rechte durch das Kind zu verstehen. Sie tritt bereits ein und schreitet voran, bevor ein Kind die Volljährigkeit erreicht hat. Diese Vorstellung trägt auch Artikel 14 der UN-KRK (Gedanken-, Gewissens- und Religionsfreiheit).

22 OHCHR (2007), S. 335-348 und 437-444.

23 Der englische Vertragstext spricht von »best interests« des Kindes, für die als deutsche Übersetzung das Wort Kindeswohl verwandt wird. Das ist die korrekte, juristisch gebräuchliche Übersetzung. In ihr verschwindet jedoch, was im englischen Wort interests deutlich ist: Interessen hat ein Subjekt, das Ziele hat und Handlungsabsichten verfolgt. Im Wort Kindeswohl wird die Perspektive des Kindes auf das, was als sein Wohl bestimmt werden soll, nicht kenntlich. Im deutschen Sozialrecht diente der Begriff dereinst vor allem als Rechtsmittel gegen Eltern, die ihr Kind vernachlässigen und misshandeln (»Verletzung des Kindeswohls«), und nicht zur Definition dessen, worauf ein Kind einen unbedingten Anspruch hat.

24 Maßgeblich für die Interpretation der Konvention sind die Texte in den sechs Amtssprachen der Vereinten Nationen, zu denen das Deutsche nicht gehört. Im offiziellen Vertragstext gibt es keine Überschriften für die Artikel. In die deutsche Übersetzung wurden die Überschriften in der Absicht hinzugefügt, eine leichtere Orientierung zu ermöglichen. Die Überschrift zu Art. 5 ist jedoch irreführend.

Viele Eltern werden dies, wie man nur hoffen kann, mit ihren heranwachsenden Kindern im Alltag von Haushalt und Familie so praktizieren. Kinder fühlen sich nach ihren Aussagen in Befragungen jedenfalls zu Hause mehr respektiert als in der Schule.[25] Schwieriger wird es, wenn es um das Handeln von Kindern im rechtsnormierten Raum geht. Im folgenden Teil des Aufsatzes werden einige Bereiche dargestellt, in denen es um Auseinandersetzungen über und mit Kindern um ihre selbständige, rechtlich relevante Handlungsfähigkeit geht.

II. Formale Festlegung von Altersgrenzen rechtlicher Handlungsfähigkeit und spezifische Problemlagen

1. Gesetzliche Bestimmung der Volljährigkeit

Die Schwelle zur Volljährigkeit nach Vollendung des 18. Lebensjahres ist keineswegs unumstritten. Es handelt sich um einen Kompromiss, dem sich die meisten Staaten in den letzten Jahrzehnten angeschlossen haben, meist durch Vorverlegung der Volljährigkeit. Einige Staaten weichen nach wie vor vom Alter 18 ab, weil in ihnen junge Menschen schon früher oder erst später für fähig gehalten werden, Verantwortung für rechtsrelevantes Handeln zu übernehmen. Die Spanne der Volljährigkeit reicht von 14 Jahren in Albanien bis zum Alter von 21 Jahren, so zum Beispiel in Ägypten oder im US-Staat Mississippi.[26]

In diesen Altersschwellen drücken sich unterschiedliche Annahmen über Schutzbedürfnis und Fähigkeit junger Menschen zur eigenen Verantwortung aus. Die Entwicklungspsychologie gibt keine klare Antwort auf diese Frage. Bei der Entscheidung für ein Volljährigkeitsalter reagiert die Öffentlichkeit auf wahrgenommene gesellschaftliche Veränderungen. Entwicklungsfremde Motive spielen ebenfalls mit: So vermutete man beim Beschluss des Bundestags von 1974, die Volljährigkeit von 21 auf 18 Jahre zu senken, auch manche opportunistische Überlegung, junge Wählerinnen und Wähler für die eigene Partei zu gewinnen.

In einigen Bundesstaten der USA wird ein junger Mensch entweder mit 18 Jahren oder mit dem Abschluss der High School volljährig, und zwar in einigen Bundesstaten schon mit dem High School-Abschluss, wenn er früher als der 18. Geburtstag liegt, in anderen jedoch erst mit diesem Abschluss, wenn die Schule mit 18 noch nicht beendet wurde.[27] Diese Regelungen deuten an, dass die volle Rechts-

25 Arbeitsgemeinschaft für Kinder- und Jugendhilfe (2010), S. 18; Medienpädagogischer Forschungsverbund Südwest (2012), S. 21-55.

26 Eine Zusammenstellung der Altersgrenzen für Volljährigkeit von fast 150 Staaten ist auf der Internetseite http://en.wikipedia.org/wiki/Age_of_majority zu finden.

27 Vgl. die Liste unter http://contests.about.com/od/sweepstakes101/a/agemajoristate.htm.

fähigkeit auf Einsicht und Verantwortungsbereitschaft beruhen sollte, die mit dem High-School-Abschluss als nachgewiesen gilt.

2. Weitere Altersgrenzen für selbständige Rechtsausübung

Es gibt zahlreiche weitere Schwellen, die von Gesetzes wegen Kindern auch schon vor der Volljährigkeit die Ausübung von Rechten einräumen und eigene Verantwortlichkeit zugestehen. Von besonderer Bedeutung ist das kommunale Wahlrecht für Jugendliche ab 16 Jahren, das in mehreren Bundesländern eingeführt wurde. Man traut also Kindern bereits zwei Jahre vor ihrer Volljährigkeit zu, mit ihrer Stimme als mündige Bürgerinnen und Bürger eine am Gemeinwohl orientierte Politik zu beurteilen und zu unterstützen.

Weitere Altersschwellen beziehen sich in Deutschland unter anderem auf die eingeschränkte Deliktsfähigkeit[28] ab sieben bzw. zehn Jahren, auf die strafrechtliche Verantwortlichkeit ab 14 Jahren,[29] auf das Recht auf Entscheidung über die Religion[30] ab 14 Jahren (eingeschränkt ab zwölf Jahren), das Recht zur Beschäftigung in geringem Umfange[31] ab 13 Jahren, das Recht auf selbstbestimmte Ausübung von Sexualität[32] ab 14 Jahren.[33]

Jede dieser Altersgrenzen wird in ihrer Weise begründet. Notwendigerweise beziehen die Argumente mit ein, dass Kinder schon vor ihrer Volljährigkeit ihr Handeln an Normen ausrichten und sich überwiegend verantwortlich verhalten. Immer handelt es sich um eine generalisierende Festlegung, denn oft zeigen Kinder diese Verantwortlichkeit auch bereits vor Erreichen der gesetzlichen Grenze. Die Vielfalt der Altersgrenzen und ihrer Begründungen deuten an, dass die Festlegungen einen Kompromiss darstellen, spiegelt aber auch die Einsicht wider, dass die rechtliche Handlungsfähigkeit der Kinder und Jugendlichen wächst und Berücksichtigung verlangt.

3. Altersgrenzen in der Kinderrechtskonvention

Die Kinderrechtskonvention legt, von einer inzwischen revidierten Ausnahme abgesehen, keine Altersgrenze fest, die die Ausübung eines Menschenrechts durch

28 § 828 BGB.
29 § 19 Strafgesetzbuch (StGB) und § 3 Jugendgerichtsgesetz.
30 § 5 des Gesetzes über die religiöse Kindererziehung.
31 § 1 der Verordnung über den Kinderarbeitsschutz.
32 Vgl. § 176 StGB.
33 Eine Zusammenstellung der Altersgrenzen im deutschen Recht: http://www.horstdeinert.de/stufen.html.

Kinder einschränkt.[34] In Artikel 32 der Konvention werden die Staaten aufgefordert, ein Mindestalter für die Beschäftigung von Kindern festzulegen, und in Artikel 40, ein Mindestalter für die Strafmündigkeit zu bestimmen.

Ansonsten verlangt die Konvention in einigen Artikeln, auf das Alter, in einem Artikel auch auf Alter und Reife, von Kindern bei der Ausübung des jeweiligen Rechts Rücksicht zu nehmen.[35] Diese Klausel dient nicht dem Ausschluss von Kindern, sondern verlangt, bei der Umsetzung des Rechts Alter und Reife, also das Handlungsvermögen des Kindes, zu beachten und entsprechende Unterstützung anzubieten. Die Pflicht, Rücksicht auf Alter und Reife der Kinder zu nehmen, dient folglich der Erweiterung, nicht der Einschränkung der Rechtsausübung durch das Kind selber.

Der Ausschuss für die Rechte des Kindes rät in seiner Allgemeinen Bemerkung zu Artikel 12 der UN-KRK (Recht auf Gehör) den Vertragsstaaten von Altersgrenzen ab. Die grundlegende Annahme müsse sein, dass alle Kinder zur Meinungsbildung fähig sind, auch Kinder, die sich noch nicht verbal ausdrücken können oder Schwierigkeiten haben, ihre Meinung vorzubringen.[36] Erfahrung mit Kindern in Prozessen der Entscheidungsfindung bestätigt, dass Kinder (wie Erwachsene) mehr oder weniger hilfreich beitragen können und dass ihr Alter dabei nicht ausschlaggebend ist.

Im Folgenden werden einige Konflikte aufgegriffen, die demonstrieren, dass strikte Altersgrenzen für die Ausübung von Rechten durch Kinder selber das Kindeswohl massiv beeinträchtigen können.

4. Medizinische Beratung und Behandlung

Die Problematik rigider Altersgrenzen wurde in einem Gerichtsverfahren deutlich, in dem zu entscheiden war, ob ein Arzt ein Mädchen in einem Alter, in dem ihr sexuelle Aktivität gesetzlich noch untersagt ist, über Geburtenverhütung auch ohne Einwilligung der Eltern beraten darf. Im Fall Gillick entschied das britische House of Lords 1985, dass der behandelnde Arzt das unter-16-jährige Mädchen sexualmedizinisch beraten und behandeln dürfe, obwohl das Gesetz ihr sexuelle Aktivität verbot und die Zustimmung der Eltern fehlte. Ein Kind könne diese Fragen selber

34 In Art. 38 der Konvention wird die Rekrutierung von Kindern unter 15 Jahren in die Streitkräfte verboten. Diese Altersgrenze ist inzwischen durch ein Fakultativprotokoll der Vereinten Nationen auf 18 Jahre erhöht worden; für 16- und 17-Jährige ist nur ein freiwilliger Beitritt zum Militär zulässig. Fakultativprotokoll zum Übereinkommen über die Rechte des Kindes betreffend die Beteiligung von Kindern an bewaffneten Konflikten vom 25. Mai 2000, Art. 2.

35 So in Art. 12 (Recht auf Gehör), Art. 31 (altersangemessene Spiel- und Freizeitbeschäftigungen) sowie Art. 37 und 40 (Jugendgerichtsbarkeit).

36 UN-Kinderrechtsausschuss (2009), Ziff. 21-22.

entscheiden, wenn es von der Ärztin oder dem Arzt als reif und einsichtsfähig beurteilt worden sei.[37]

In die weitere Diskussion in angelsächsischen Rechtssystemen ist diese Entscheidung unter dem Begriff der »Gillick-Kompetenz« eingegangen. Ein »gillick-kompetentes« Kind ist ein Kind, das Rechte ohne elterliche Einwilligung auszuüben vermag, weil es ausreichendes Verständnis für sein Handeln und dessen Konsequenzen hat.

Im Hinblick auf den Gillick-Fall wurden Guidelines zusammengestellt, die eine systematische Beurteilung der Kompetenz eines Kindes/Jugendlichen erleichtern sollen. Derartige Richtlinien sollen ein fundiertes Urteil darüber sicherstellen, ob Kinder, denen eine eigene Entscheidung in Abweichung von gesetzlichen Vorschriften zugestanden wird, Sachlage und Verantwortlichkeiten verstehen. Wenn Kinder diese Einsicht entwickelt haben, treten die Elternrechte hinter das Recht des Kindes, seine eigene Entscheidung zu treffen, zurück.[38]

5. Von Kindern geleitete Familienhaushalte (»child-headed households«)

In vielen Weltregionen gibt es zahlreiche Haushalte, in denen eines der Geschwister, zumeist die älteste, aber oft noch minderjährige Schwester, die Verantwortung für Haushalt und Geschwister übernimmt, weil die Eltern nicht mehr leben (im südlichen Afrika wegen der HIV/AIDS-Todesfälle) oder dauerhaft abwesend sind (wegen Arbeitsmigration). Das Kind als Haushaltsvorstand gerät in Rechtsprobleme, wenn es für den Lebensunterhalt sorgt, die Schulbildung für sich selbst und seine Geschwister organisiert und andere Alltagsfragen regelt.[39]

Typische Schwierigkeiten treten auf, wenn Waisenkinder das bisherige Land der Familie für ihr Überleben benötigen, aber nicht erben können, weil es beim Tod der Eltern an den Familienclan zurückfällt. Oft kann dem Kind-Haushaltsvorstand

37 Vereinigtes Königreich, House of Lords, Gillick v. West Norfolk and Wisbech Area Health Authority and another, Urteil vom 17.10.1985, http://www.hrcr.org/safrica/ childrens_rights/Gillick_WestNorfolk.htm. Ein entsprechender Fall wurde vom Supreme Court des US-Bundesstaats Washington im Jahre 1967 gleichfalls zugunsten der rechtlichen Handlungsfähigkeit eines Noch-nicht-Volljährigen entschieden, der wegen seiner Reife, Intelligenz, Ausbildung, Erfahrung und anderer Umstände selbst die Zustimmung zu einem chirurgischen Eingriff erteilen bzw. verweigern konnte – Smith v. Seibly, Urteil vom 31.08.1967. Auf diesen Fall stützt sich die Mature Minor Doctine, die bis heute weitere Gerichtsentscheidungen beeinflusst.

38 Siehe NSPCC (2009).

39 Auch in Berlin gab es 2009 den Fall eines zwölfjährigen Jungen, der monatelang mit Geld, das die zu einem Freund gezogene Mutter ab und an vorbeibrachte, für drei jüngere Geschwister so zuverlässig sorgte, dass weder Lehrerinnen und Lehrern noch Nachbarinnen und Nachbarn etwas auffiel. Erst als er »nicht mehr konnte«, ging er zum Jugendamt.

in Waisenkinderfamilien kein Kindergeld (Child Support Grant) ausgezahlt werden.[40]

Mangels Alternativen müssen diese Kinderhaushalte gestützt werden. In Analogie zum Gillick-Fall wird verlangt, einem Kind gleich welchen Alters, das durch sein Alltagshandeln die Kompetenz beweist, für Geschwister und sich selbst sorgen zu können (Fähigkeit zu »care« und »parenting«), eine möglicherweise eingegrenzte rechtliche Handlungsfähigkeit zu erteilen.[41]

Nach Meinung von Bonthuys und Ritchie helfen hier unflexibel herabgesetzte Altersgrenzen nicht.[42] Der einzelne Fall müsse betrachtet werden. Es sei zudem dafür zu sorgen, dass den verantwortlichen Kindern die Ausübung ihrer rechtlichen Handlungsfähigkeit gezielt erleichtert wird. Das kann durch einen erwachsenen Beistand geschehen, der erfahrungsgemäß die Abfolge nötiger Entscheidungen nicht im Einzelnen verfolgen kann, aber doch zur Verfügung steht, wenn es Probleme gibt. Er soll nicht die rechtliche Handlungsfähigkeit an sich ziehen, sondern beraten und anleiten. Dieser Beistand kann aus der weiteren Familie oder der Kommune kommen.

6. Kinder »vorzeitig« in Erwachsenenrollen

Kindern werden in vielen Staaten Rollen und Tätigkeiten übertragen, die ihnen abverlangen, rechtsrelevant zu handeln: zum Beispiel Kinder, die arbeiten, verheiratete Kinder, Kinder im Militärdienst (etwa 17-jährige Freiwillige). Diese Handlungsfähigkeit wird entweder durch Gesetz hergestellt oder stillschweigend zugestanden.

Kinderrechtlerinnen und Kinderrechtler drängen zwar darauf, die Arbeitsaufnahme von Kindern zugunsten verlängerter Schulpflicht einzuschränken, die Heirat Minderjähriger zur kontrollierten Ausnahme zu machen und auch Freiwillige erst mit 18 ins Militär aufzunehmen. Dennoch bleibt die Frage, warum zum Beispiel Kinder, die nicht verheiratet sind, unfähig sein sollen, die Rechte auszuüben, die verheiratete Kinder desselben Alters eigenverantwortlich ausüben dürfen.[43] Somit wirft diese Rechtspraxis erneut Zweifel auf die pauschale Altersgrenze von 18 Jahren.

40 Bonthuys (2010).
41 Ritchie (2003).
42 Bonthuys (2010); Ritchie (2003).
43 Siehe etwa den Kommentar zu § 1633 BGB in Rauscher (2007), Rdnr. 966 und 1015.

III. Zur Diskussion

Die geschilderten Problemfelder zeigen, dass starre Altersgrenzen den sich entwickelnden Fähigkeiten der Kinder und ihrem zunehmenden Drängen auf Teilhabe und Verantwortungsübernahme nicht gerecht werden und die schrittweise Übernahme der Kinder von Verantwortung für sich und andere belasten.

Was Kinder im Allgemeinen erleben, gehört schon immer und in drastischer Weise zur verbreiteten Erfahrung von Kindern (und Erwachsenen) mit Behinderungen. Paternalistisches und fürsorgliches Verhalten nimmt ihnen ihre Mündigkeit, Abschieben und Ausschluss verweigert ihnen die Teilhabe an gemeinsamem Leben und Aufwachsen der Kinder.

Somit ist zu fragen, wie Kindern mit oder ohne Behinderungen die eigene Ausübung ihrer Rechte erschlossen werden kann. Die Antwort liegt in der begleitenden Unterstützung und der Beteiligung der Kinder bei allen Angelegenheiten, die sie berühren, wie es sowohl die UN-KRK in Artikel 3 und 12 als auch die UN-BRK in Artikel 7 den Kindern zusichern.

1. Begleitende Unterstützung und Teilhabe statt vorenthaltenden Schutzes

Die berichteten Probleme und Konflikte sowie die Maßnahmen und Lösungen, die praktiziert werden, wecken erhebliche Zweifel an den Bemühungen, die rechtliche Handlungsfähigkeit von Kindern durch Altersgrenzen zu regeln. Sie übergehen die »evolving capacities« der Kinder, obwohl die Konvention auf diese mehrfach hinweist. Der Grundsatz, dass Kinder immer im eigenen Besitz ihrer Rechte sein müssen und, wo immer dies möglich ist, diese Rechte selber verwirklichen, geht dabei verloren. Nur im Rahmen der elterlichen Sorge können Eltern auch rechtlich relevante Entscheidungen ihren Kindern überlassen, wenngleich sie gegenüber der Außenwelt verantwortlich bleiben.

Damit soll nicht abgestritten werden, dass Kinder vor Überforderung und Übervorteilung zu schützen sind und, je nach Alter und Reife, Unterstützung brauchen. Generell festgelegte Altersgrenzen schließen jedoch jüngere, aber fähige Kinder aus und verleiten dazu, für Hilfen nicht aufmerksam zu sein, die ältere, jedoch noch nicht »reife« Kinder benötigen.

In diese Festsetzung der Altersgrenzen fließen Annahmen über Verhaltenspotentiale von Kindern ein, die Kindbildern aus früheren gesellschaftlichen Verhältnissen entstammen und wenig widerspiegeln, was Kindern heute zugemutet wird, was sie leisten und mit welchen Wert- und Normvorstellungen sie sich längst auseinandersetzen.[44] Dass kein Anlass besteht, Kinder und ihr Verhalten zu idealisieren, sei hinzugefügt. Über Erwachsene muss man dies allerdings gleichfalls sagen.

Über manche dieser Altersgrenzen lohnt es kaum, lange zu streiten. Andere können das Kindeswohl massiv schädigen, etwa wenn sie das Kind daran hindern oder es ihm erschweren, rechtzeitig Hilfe in gefährdenden Lebenslagen zu mobilisieren. In der Sozialarbeit gibt es immer wieder Beispiele, die unterstreichen, dass schädliche Entwicklungen durch eine Stärkung der rechtlichen Handlungsfähigkeit von Kindern und Jugendlichen hätten abgewendet werden können. So steht zum Beispiel Kindern und Jugendlichen das Recht zu, sich in allen Angelegenheiten der Erziehung und Entwicklung an das Jugendamt zu wenden.[45] Dieses Recht wird aber nicht in Anspruch genommen, wenn Kinder oder Jugendliche nicht darauf vertrauen können, dass die Beratung mit dem Jugendamt den Eltern nicht gemeldet wird. Auf diese Information haben die Sorgeberechtigten grundsätzlich Anspruch, außer das Jugendamt erkennt an, dass die Kinder sich in einer Not- und Konfliktlage an es wenden.

Die UN-KRK nimmt den Schutzgedanken sehr ernst. Aber dieser Gedanke allein darf nicht die Auslegung der Konvention bestimmen, die insgesamt von der Vorstellung getragen ist, dass Kindern ihre Menschenrechte von Beginn ihres Lebens an zustehen. Insbesondere Artikel 12 der UN-BRK gibt Grund, die Rechte, die dem Kind nach der UN-KRK zustehen, nicht aus der Sicht zu betrachten, was man Kindern nicht zumuten sollte, sondern aus der Sicht, wie ihnen der Zugang zu ihren Rechten erleichtert werden kann. Schutz kann im Sinne beider Konventionen nicht darin bestehen, Kindern (und Erwachsenen) Rechte vorzuenthalten, sondern nur darin, ihnen zur Seite zu stehen und sie wohlabgestimmt zu unterstützen, wenn sie ein Recht noch nicht allein ausüben können. Diese Unterstützung ist zurückzunehmen, sobald ein Kind zu erkennen gibt, dass es über Fähigkeit und Urteilsvermögen verfügt, sein Recht selber umzusetzen.

Ständige Hinführung zur eigenen Rechtsausübung ist die Aufgabe und nicht, Kindern ihre Rechte erst zu »überlassen«, wenn eine festgelegte Altersgrenze überschritten wird. Diese Aufgabe obliegt zuerst den Eltern, die, wie oben dargelegt, unterstützend hinführen und anleiten sollen. Es ist dann aber auch Aufgabe aller Einrichtungen, die Kinder von frühen Lebensjahren an besuchen, mit den Kindern gemeinsam Zusammenleben, soziale Beziehungen und Bildungsprozesse auf der Basis ihrer Rechte zu gestalten. Für Kenntnis der Rechte zu sorgen, den Sichtweisen der Kinder Gewicht zu geben und mit ihnen zu prüfen, was zu ihrem

44 Philipp Aries hat die Sozialwissenschaft auf sich wandelnde Kinderbilder aufmerksam gemacht und eine Fülle von Auseinandersetzungen ausgelöst (Aries (1960)). Zu Kindern und Jugendlichen heute schaue man in die Fülle der Untersuchungen über Kinder und Jugendliche. Einführend: Wittmann / Rauschenbach / Leu (2010).

45 § 8 Abs. 2 Sozialgesetzbuch VIII.

Wohl ist, sind wichtige Elemente einer positiven Agenda für die Verwirklichung der Kinderrechte, die ein bloßes Schützen und Bewahren überwindet.

2. Sich ständig entwickelnde Fähigkeiten (»evolving capacities«)

Altersgrenzen verkennen den Kern der UN-KRK, die kein »erst ab« vorsieht. Stattdessen fordert die UN-KRK Rücksichtnahme auf »Alter und Reife« (»age and maturity«) und die sich entwickelnden Fähigkeiten (»evolving capacities«). Die Berücksichtigung von Alter und Reife gebietet Unterstützung des Kindes, die je nach Thema und Umständen verschiedenartig und auf die Alters- und Entwicklungsstufen abgestimmt sein muss.

Was mit dem Hinweis auf Alter und Reife gemeint ist, erschließt die Klausel von den sich entwickelnden Fähigkeiten. In den beiden Artikeln, in denen die Unterstützung des Kindes durch die Eltern eingefordert wird, verweist der Vertrag nicht auf eine Altersgrenze, sondern auf die Notwendigkeit, das elterliche Handeln auf die sich entwickelnden Fähigkeiten des Kindes abzustimmen.[46]

Der Ruf nach Altersgrenzen kommt von Juristinnen und Juristen sowie anderen, die rechtlich auf der sicheren Seite sein wollen, wenn sie Kinder zu etwas auffordern oder es ihnen versagen, etwa hinsichtlich einer Anhörung in familiengerichtlichen Auseinandersetzungen. Auch die Gleichbehandlung der jungen Menschen wird als gewichtiges Argument vorgebracht. Auseinandersetzungen vor Gericht betreffen jedoch nur einen Teil der Kinder, während viele Kinderrechte das Leben der Kinder ständig bestimmen und ihrem Handeln »in einer ihrer Entwicklung entsprechenden Weise«[47] Raum eröffnen sollen.

Aus der Sicht der Lern- und Entwicklungspsychologie ist der Schutz der Kinder vor Überforderung durch starre Altersgrenzen sehr fragwürdig, denn »wohldosierte Überforderung« (Peter Walschburger) und »mittlere Diskrepanz« (Heinz Heckhausen) fördern Fähigkeiten und die Motivation, sie einzusetzen, während Behütung die Erfahrung eigener Fähigkeiten und das Selbstvertrauen schwächt.[48] Es gibt selbstverständlich belastende Überforderung. Jedoch geben Kinder im Allgemeinen klar zu erkennen, wenn Anforderungen ihre Fähigkeiten überschreiten.

In dieser Hinsicht sind Erfahrungen mit der selbständigen Ausübung von Rechten durch Kinder hilfreich, weil sie nachweisen, dass Kinder, wenn entsprechend herausgefordert und vom Umfeld unterstützt, Fähigkeiten zu mobilisieren vermö-

46 Art. 5 über die Bindung der Eltern an die Konvention (»in einer seiner Entwicklung entsprechenden Weise angemessen zu leiten und zu fördern«) und Art. 14 über Gedanken-, Gewissens- und Religionsfreiheit (»in einer seiner Entwicklung entsprechenden Weise zu leiten«).

47 Art. 5 UN-KRK.

48 Heckhausen / Heckhausen (2010), insbesondere Kapitel 4.6.2, S. 92-94; Walschburger / Lachnit / Meinardus (1980).

gen, die ihnen nicht zugetraut, manches Mal sogar in Berufung auf eine stufenorientierte Entwicklungspsychologie abgesprochen werden.[49]

Mit den »sich entwickelnden Fähigkeiten« und »Alter und Reife« verweist die UN-KRK auf eine Dynamik, die dazu auffordert, immer wieder neu auszuloten, inwieweit ein Kind nach neuem Fähigkeitszuwachs fähig ist, sein Recht selber zu verfolgen und zu praktizieren. Bis zu einem gewissen Entwicklungsstand angemessene Hilfe muss dem neu erreichten Stand angepasst werden.

Schon der eben geborene Säugling ist ein unverwechselbares Individuum, dessen Wohl nicht allein aus der Sicht eines noch so wohlmeinenden erwachsenen Menschen bestimmt werden kann, sondern im Perspektivenwechsel mit diesem Kind entwickelt werden muss. Die dialogische Beteiligung des Kindes an allen Überlegungen und Entscheidungen gibt der Rechtsausübung im Interesse des Kindes eine immer festere Basis.

Folglich können Eltern und andere Erwachsene das Kind nicht eigenmächtig vertreten, sondern müssen im Namen und Sinne des Kindes handeln. Dafür müssen sie aufmerksame Begleiterinnen bzw. Begleiter sein, die aushelfen und ergänzen, wenn das Kind etwas noch nicht weiß, nicht einschätzen kann oder nicht fähig ist zu tun. Nichtwissen und Nichtkönnen gibt es immer nur graduell und variabel über Handlungsbereiche und Zeit hinweg. Die Unterstützungspersonen des Kindes müssen sich daher immer wieder und immer weiter zurücknehmen können, um dem Kind selber Raum zu Entwicklung und selbstverantwortetem Leben zu überlassen.

IV. Abschließende Bemerkungen: Alle Kindermenschenrechte für alle Kinder

Zum Schluss sei noch einmal betont, dass die Rechte der Kinder, die die Staaten mit der UN-KRK den Kindern zugesichert haben, ausdrücklich auch für Kinder mit Behinderungen gelten, und zwar in dem durch Artikel 12 der UN-BRK angeregten und neu reflektierten Verständnis aktiver Rechtsträgerschaft aller Kinder. Handlungsfähigkeit steht allen Kindern nicht nur in Handlungsbereichen zu, die rechtlich ohne Folgen bleiben. Vielmehr haben sie samt und sonders Anspruch darauf, auch dort, wo eine Maßnahme oder Entscheidung, die sie betrifft, von

49 Entwicklungspsychologische Modelle, die Phasen oder Stufen der soziokognitiven Entwicklung der Kinder ausgearbeitet haben, haben die Bemühungen um aktive Einbeziehung von Kindern in die Prozesse ihres Aufwachsens belastet, weil aus vagen Altersangaben für Entwicklungsphasen Normen gemacht wurden. Piaget, Kohlberg und anderen ging es jedoch nicht um die Festschreibung von Altersnormen, sondern um die innere Logik kindlicher Entwicklung und um die Erfahrungen, die sie voranbringen. Ihre Forschungen unterstrichen den unverzichtbaren eigenen Beitrag, den Kinder zu ihrer Entwicklung leisten, wenn sie auf »wohldosierte Herausforderungen« treffen.

rechtlicher Relevanz ist, mit Blick auf ihre sich ständig entwickelnden Fähigkeiten so unterstützt zu werden, dass sie ihre Interessen wirksam einbringen können.

Es war die UN-KRK, die als erste Konvention die Behinderung in die Liste der verbotenen Diskriminierungskriterien aufgenommen hat. Kinderrechtlerinnen und Kinderrechtler in aller Welt haben diese Erweiterung des Katalogs nicht übersehen, sondern in ihrer Auseinandersetzung mit den Pflichtberichten der Vertragsstaaten immer auf die ungenügende Umsetzung der Konvention für Kinder mit Behinderungen aufmerksam gemacht. Artikel 23 der Konvention, der ausdrücklich die Rechte der Kinder mit Behinderungen hervorhebt, zeichnet aus, dass er verlangt, die Würde dieser Kinder zu sichern.

An keiner anderen Stelle der Konvention außer in eben diesem Artikel 23 wird Kindern zugesichert, dass die Vertragsstaaten ihre »aktive Teilnahme am Leben der Gemeinschaft« zu erleichtern haben – auch dies eine Formulierung, die ein fundamentales Recht der Kinder mit Behinderungen bestätigt, aber darüber hinaus ausstrahlt auf alle Kinder, für die die Konvention keine vergleichbar klare Aussage bietet (in Artikel 12 UN-KRK wird ihnen »nur« Gehör und angemessenes Gewicht für ihre Meinung in allen sie betreffenden Angelegenheiten zugesagt).

Der Ausschuss hat in seiner Allgemeinen Bemerkung zu Artikel 23 dargestellt, welche Verletzungen von Rechten der Kinder mit Behinderungen nach seinen Erfahrungen bei der Umsetzung der Artikel der Konvention drohen.[50] Er mahnt die Regierungen, diesen Gefährdungen und Maßnahmen zur vollen Umsetzung der Rechte besondere Aufmerksamkeit zu schenken. Es geht um das intensive Monitoring der Umsetzung der Rechte der Kinder mit Behinderungen, um ihre bürgerlichen Rechte und Freiheiten, um die Unterstützung der Familien und gegebenenfalls um alternative Betreuungsformen, um die Förderung der Gesundheit, der Bildung und der Freizeit sowie um Schutzmaßnahmen gegen Ausbeutung und Misshandlung. Viele dieser Problemfelder werden in der UN-BRK nicht in gleicher Weise für Kinder konkret ausbuchstabiert. Die Ausführungen in der Allgemeinen Bemerkung Nr. 9 des UN-Kinderrechtsausschusses haben Berichterstattung und Ausschussempfehlungen zu den Rechten der Kinder mit Behinderungen substantiell gestärkt.

Die Allgemeine Bemerkung entstand in der Zeit, in der auch abschließend über die Ende 2006 von der UN-Vollversammlung angenommene UN-BRK verhandelt wurde. Textversionen waren dem Kinderrechtsausschuss bekannt, auch weil Ausschussmitglieder an den Beratungen zeitweilig teilgenommen haben.

Heute mag man sich fragen, warum der UN-Kinderrechtsausschuss bei seiner Arbeit an der Allgemeinen Bemerkung nicht wahrgenommen hat, dass die neue UN-BRK mit ihrem Artikel 12 für Kinder generell eine hilfreiche Perspektive auf

50 UN-Kinderrechtsausschuss (2007).

ein Problem eröffnet, das zutiefst an die Umsetzung der Kinderrechtskonvention rührt: Wie kann es gelingen, den Stand der sich entwickelnden Fähigkeiten nicht als Argument gegen die Kinder zu wenden, sondern ihnen Unterstützung in einer Art und Weise zu geben, die ihnen die aktive Ausübung ihrer Rechte zunehmend selbst ermöglicht? Angeregt durch den Artikel 12 der UN-BRK fordert dieser Aufsatz dazu auf, diese Diskussion zu führen und voranzubringen.

Literaturverzeichnis

Aichele, Valentin / Jochen von Bernstorff (2010): Das Menschenrecht auf gleiche Anerkennung vor dem Recht: Zur Auslegung von Art. 12 der UN-Behindertenrechtskonvention. In: Betreuungsrechtliche Praxis 2010 (5), S. 199-203.

Arbeitsgemeinschaft für Kinder- und Jugendhilfe (2010): Erster Kinder- und Jugendreport zur UN-Berichterstattung über die Umsetzung der UN-Kinderrechtskonvention in Deutschland. http://kinder-jugendreport.de/documents/UN-KinderJugendreport_2010.pdf.

Aries, Philipp (1960): L'enfant et la vie familiale sous l'ancien régime. Paris: Plon.

Bonthuys, Elsje (2010): Legal capacity and family status in child-headed households: Challenges to legal paradigms and concepts. In: International Journal of Law in Context 6 (1), S. 45-62.

Heckhausen, Jutta / Heinz Heckhausen (2010): Motivation und Handeln. 4. Auflage. Berlin: Springer.

Medienpädagogischer Forschungsverbund Südwest (2012): FIM-Studie 2011. Familie, Interaktion, Medien. http://www.mpfs.de/fileadmin/FIM/FIM2011.pdf.

NSPCC (National Society for the Prevention of Cruelty to Children) (2009): Gillick competency and Fraser guidelines. NSPCC Factsheet. December 2009. www.nspcc.org.uk/-inform/research/Questions/Gillick_wda61289.html.

OHCHR (Office of the High Commissioner of Human Rights) (Hg.) (2007): The legislative history of the Convention on the Rights of the Child. Band I. New York: United Nations.

Rauscher, Thomas (2007): Familienrecht. 2. Auflage. Heidelberg: C.F. Müller.

Ritchie, Graham (2003): The legal capacity of child-headed households. In: Amicus Curiae – Journal of the Society of Advanced Legal Studies 47, S. 7-12.

Veerman, Philip (1992): The rights of the child and the changing image of childhood. Den Haag: Martinus Nijhoff.

Walschburger, Peter / Harald Lachnit / Bernd Meinardus (1980): Anforderung und Überforderung – Ein Ansatz zur Diagnostik von Belastungs-Beanspruchungsprozessen. In: Archiv für Psychologie 133, S. 293-321.

Wittmann, Svendy / Thomas Rauschenbach / Hans Rudolf Leu (Hg.) (2010): Kinder in Deutschland: Eine Bilanz empirischer Studien. Weinheim: Juventa.

Materialverzeichnis

UN-Kinderrechtsausschuss (2006): General Comment No. 7. Implementing child rights in early childhood. UN Dok. CRC/C/GC/7/Rev. 1 vom 20.09.2006.

UN-Kinderrechtsausschuss (2007): General Comment No. 9. The rights of children with disabilities. UN Dok. CRC/C/GC/9 vom 27.02.2007.

UN-Kinderrechtsausschuss (2009): General Comment No. 12. The right of the child to be heard. UN Dok. CRC/C/GC/12 vom 20.07.2009. In deutscher Übersetzung erhältlich unter www.national-coalition.de/pdf/PDFs_23_11_10/GC12_DEU.pdf.

Kapitel 2:
Rechtliche Handlungsfähigkeit in Verfahren

Zur rechtlichen Handlungsfähigkeit von Menschen mit Behinderung im Verwaltungs- und Gerichtsverfahren

Helge Loytved und Konrad Frerichs

I. Vorbemerkungen

1. Begriff der Behinderung

Das Übereinkommen über die Rechte von Menschen mit Behinderungen – die sogenannte UN-Behindertenrechtskonvention (UN-BRK) – ist ein wichtiger Markstein für den Paradigmenwechsel in der nationalen und internationalen Behindertenpolitik.[1] Der Übergang vom medizinisch-pathologischen Denkmodell zum sogenannten »Partizipationsmodell« zeichnete sich spätestens mit der im Mai 2001 von der Vollversammlung der Weltgesundheitsorganisation verabschiedeten Internationalen Klassifikation der Funktionsfähigkeit, Behinderung und Gesundheit ab.[2] Danach – und hieran knüpft die UN-BRK an[3] – resultiert Behinderung aus der Wechselwirkung zwischen Menschen mit Beeinträchtigungen auf der einen Seite und einstellungs- bzw. umweltbedingten Barrieren (sogenannte Kontextfaktoren) auf der anderen Seite, wodurch die Betroffenen an der vollen, wirksamen und gleichberechtigten Teilhabe an der Gesellschaft gehindert werden.[4] Die UN-BRK bekräftigt zentrale Elemente des Partizipationsmodells auf menschenrechtlicher Ebene, insbesondere das Selbstbestimmungsrecht des Menschen mit Behinderungen und ein umfassendes Diskriminierungsverbot, um dessen Teilhabe an der Gesellschaft und seine Einbeziehung in die Gesellschaft zu fördern.

Ein soziales Verständnis von Behinderung liegt auch dem am 1. Juli 2001 in Kraft getretenen Sozialgesetzbuch – Neuntes Buch (SGB IX) – Rehabilitation und Teilhabe behinderter Menschen zugrunde, mit dem der sogenannte »neue« bzw. »moderne« Behinderungsbegriff Einzug in das nationale Recht gefunden hat.[5] Allerdings wurde eine Behinderung im Sozialrecht bereits seit langem nicht mehr als »ausschließlich biologisch determinierter Status« verstanden[6] und ihr Vorliegen

1 Vgl. hierzu auch Degener (2009b), S. 200.
2 Weltgesundheitsorganisation (2001). Zur Entwicklung vgl. Götze (2011), § 2, Rdnr. 10-16; Knittel (2010), § 2, Rdnr. 16-17.
3 Vgl. Präambel lit. e und Art. 1 Uabs. 2 UN-BRK.
4 Vgl. hierzu auch Schulte (2010), S. 662.
5 § 2 Abs. 1 Satz 1 SGB IX; vgl. hierzu Masuch (2004), S. 199-203; Knickrehm (2008), S. 221.
6 Vgl. etwa Degener (2000), S. 426-429.

nicht als eine »rein medizinische Frage« angesehen.[7] Auch höchstrichterlich war die soziale Dimension schon früh Teil des Behindertenbegriffs.[8] Nach dem SGB IX steht ausdrücklich nicht mehr die Orientierung an wirklichen oder vermeintlichen Defiziten, sondern das Ziel der Teilhabe an den verschiedenen Lebensbereichen (Partizipation) im Vordergrund.[9] Dies korrespondiert mit dem grundlegenden Gesetzesziel, die Selbstbestimmung und gleichberechtigte Teilhabe des Menschen mit Behinderung zu fördern.[10] Allerdings kommt im SGB IX wohl noch nicht hinreichend zum Ausdruck, dass nach der UN-BRK bei der Beurteilung der Teilhabebeeinträchtigung auf die Wechselbeziehung zwischen dem betroffenen Menschen und seiner Umwelt abzustellen ist.

2. Menschen mit Behinderung im Verwaltungs- und Gerichtsverfahren

Artikel 12 UN-BRK hebt hervor, dass das Menschenrecht auf gleiche Anerkennung vor dem Recht[11] auch für Menschen mit Behinderung gilt. Diese sind insbesondere in ihrer rechtlichen Handlungsfähigkeit gleichzustellen. Einbezogen sind dabei auch Handlungen in förmlichen Verfahren. Daher ist es angebracht, die Stellung von Menschen mit Behinderung im Verwaltungs- und Gerichtsverfahren genauer zu betrachten. Die vorliegende Arbeit konzentriert sich dabei vor allem auf den sozialrechtlichen Bereich, der für Menschen mit Behinderung von besonderer Bedeutung ist. Denn in den betreffenden Verfahren geht es zum Beispiel um die Feststellung der Behinderung nach § 69 SGB IX oder um die Erbringung von Leistungen zur Rehabilitation und Teilhabe[12] durch unterschiedliche Rehabilitationsträger.[13]

Ähnlich wie in sonstigen Lebensbereichen hängt die Situation von Menschen mit Behinderung auch im (sozialrechtlichen) Verwaltungs- und Gerichtsverfahren sehr von der Art der jeweiligen Beeinträchtigung ab.[14] Es zeigen sich unterschied-

7 Neumann (2009), § 5, Rdnr. 3.
8 Vgl. zu § 3 Schwerbehindertengesetz in der bis zum 30.06.2001 geltenden Fassung Bundessozialgericht (BSG), Urteil vom 09.10.1987, Aktenzeichen 9a RVs 5/86; Urteil vom 23.06.1993, Aktenzeichen 9/9a RVs 1/91; Beschluss vom 26.01.1994, Aktenzeichen 9 BVs 44/9, Rdnr. 5; siehe auch Knickrehm (2008), S. 223-224; zur Teilhabebeeinträchtigung durch Therapieaufwand vgl. jüngst BSG, Urteil vom 02.12.2010, Aktenzeichen B 9 SB 3/09 R, Rdnr. 34-45; Urteil vom 11.12.2008, Aktenzeichen B 9/9a SB 4/07 R, Rdnr. 19; Urteil vom 24.4.2008, Aktenzeichen B 9/9a SB 10/06 R.
9 Vgl. Deutscher Bundestag (2001), S. 94, 98; BSG, Urteil vom 07.11.2001, Aktenzeichen B 9 SB 1/01 R, Rdnr. 34.
10 § 1 SGB IX; vgl. auch Luthe (2009), S. 572; Luthe (2010), § 1, Rdnr. 47-50.
11 Vgl. hierzu Aichele / von Bernstorff (2010), S. 200.
12 Vgl. § 10 SGB I in Verbindung mit § 29 SGB I.
13 § 6 SGB IX.
14 Vgl. hierzu Welti (2005), S 101-102, S. 535-540.

liche Hindernisse, die jeweils gezielt anzugehen sind, um den Betroffenen eine Teilhabe zu erleichtern.[15] Dem trägt die UN-BRK in gewisser Weise Rechnung, indem sie zwischen der »gleichen Anerkennung vor dem Recht« und dem »Zugang zur Justiz« unterscheidet.[16] Dabei wirkt das Recht auf gleiche Anerkennung vor dem Recht allerdings stark in den vom Recht auf Zugang zur Justiz erfassten Bereich hinein. Auch wenn sich beide Bereiche damit teilweise überschneiden, beschränkt sich die vorliegende Arbeit auf die Regelungen zur Rechts- und Handlungsfähigkeit.

3. *Bedeutung des Artikels 12 UN-BRK für das innerstaatliche Recht*

Artikel 12 UN-BRK ist in Deutschland geltendes Recht. Damit ist zwar noch nicht die Frage beantwortet, inwieweit diese Norm im Einzelfall unmittelbar angewendet werden kann oder ob sie nur zur Auslegung von anderen innerstaatlichen Vorschriften heranzuziehen ist.[17] Darauf kommt es hier jedoch nicht an. Denn Ziel dieser Untersuchung ist es, Probleme aufzuzeigen, die sich aus der Geltung des Artikels 12 UN-BRK für das innerstaatliche Verfahrensrecht ergeben können. Dabei geht es auch um das Auffinden möglicher Regelungsdefizite.

Für die Wahrnehmung und Ausübung eigener Rechte müssen Menschen mit Behinderung von der Rechtsordnung als rechts- und handlungsfähig anerkannt sein. Insofern kommt Artikel 12 UN-BRK, der diese Punkte betrifft, ersichtlich – nicht nur verfahrensrechtlich – eine Schlüsselfunktion zu.[18] Der in Artikel 12 Absatz 1 UN-BRK bekräftigten Anerkennung der Rechtsfähigkeit von Menschen mit Behinderung wird die deutsche Rechtsordnung zweifelsohne gerecht: Jeder Mensch ist mit Vollendung der Geburt rechtsfähig[19] und damit als Rechtssubjekt bzw. als mögliche Inhaberin oder möglicher Inhaber von Rechten und Pflichten anerkannt. Dementsprechend gilt das besondere Augenmerk dieser Arbeit den Regelungen in Artikel 12 Absatz 2 bis 5 UN-BRK zur Handlungsfähigkeit.

Den Diskussionen, die bei der Vorbereitung des Übereinkommens über den Begriff »legal capacity« im Sinne der englischen Fassung des Artikels 12 Absatz 2 UN-BRK geführt worden sind, soll an dieser Stelle nicht nachgegangen wer-

15 So sehen im deutschen Recht bereits die §§ 186, 191a Gerichtsverfassungsgesetz (GVG) Vorkehrungen für Personen mit Hör- und Sprachbehinderung bzw. Sehbehinderung vor, um eine Verständigung in der Verhandlung zu ermöglichen bzw. Gerichtsdokumente zugänglich zu machen; vgl. auch Deutscher Bundestag (2008), S. 52 (zu Art. 13).

16 Art. 12 UN-BRK einerseits, Art. 13 UN-BRK andererseits; vgl. dazu Rothfritz (2009), S. 364-365.

17 Vgl. dazu Masuch (2011), S. 254-255, 260-262 sowie Lachwitz in diesem Band.

18 Vgl. auch Schulte (2010), S. 675; Rothfritz (2009), S. 374.

19 § 1 Bürgerliches Gesetzbuch (BGB).

den.[20] Schutzgegenstand dieser Norm ist die rechtliche Handlungsfähigkeit im weitesten Sinne.[21] In der deutschen Rechtsordnung umfasst sie unter anderem die Geschäftsfähigkeit, die Deliktsfähigkeit und auch die Einwilligungsfähigkeit, wobei hier nur die Handlungsfähigkeit in Verwaltungs- und Gerichtsverfahren (Verfahrens- bzw. Prozessfähigkeit) interessiert.

Artikel 12 Absatz 3 UN-BRK statuiert in diesem Zusammenhang in eindrucksvoller Weise die Abkehr vom Stellvertretungsmodell (»substituted decision-making«) hin zum Konzept der unterstützenden Betreuung von Menschen mit Behinderung bei der Ausübung ihrer Rechts-, Geschäfts- und Handlungsfähigkeit (»supported decision-making«). Ob damit die generelle Unzulässigkeit einer ersetzenden Betreuung von Menschen mit Behinderung einhergeht,[22] darf allerdings bezweifelt werden. Denn Artikel 12 UN-BRK verbietet nicht alle Maßnahmen, die im Einzelfall gegen den natürlichen Willen eines Menschen mit Behinderung gerichtet sind. Derartige Eingriffe sind allerdings rechtfertigungsbedürftig. Entscheidend ist, dass diese an eine behinderungsbedingte Einschränkung der Fähigkeit zur Selbstbestimmung anknüpfen.[23] Dass eine willensersetzende Vertretung sogar unverzichtbar sein kann, ergibt sich schon aus der Grundvoraussetzung einer rechtlichen Handlungsfähigkeit: nämlich dem Vorhandensein der Fähigkeit, überhaupt wissentlich und willentlich handeln zu können (tatsächliche Handlungsfähigkeit).[24] Die bloße Unterstützung von Menschen mit Behinderung findet dort ihre Grenzen, wo den Betroffenen (zum Beispiel Wachkomapatientinnen und -patienten) eine Willensäußerung nicht möglich ist.[25] Im Übrigen sollte bei der Auslegung und Anwendung des Artikels 12 UN-BRK nicht aus dem Blick geraten, dass Beschränkungen der rechtlichen Handlungsfähigkeit in erster Linie dem Schutz des Menschen mit Behinderung dienen sollen.

20 Vgl. hierzu Rothfritz (2009), S. 365; Lachwitz in diesem Band.

21 Vgl. zur Reichweite des Begriffs »legal capacity« im Sinne des Art. 12 UN-BRK Aichele / von Bernstorff (2010), S. 201.

22 So Lachwitz (2008), S. 147; Lachwitz (2007); Marschner (2009), S. 136; vgl. dazu auch Lachwitz und Lipp in diesem Band.

23 Bundesverfassungsgericht (BVerfG), Beschluss vom 23.03.2011, Aktenzeichen 2 BvR 882/09, Rdnr. 53.

24 Kritisch gegenüber einer Einengung des Begriffs »legal capacity« Aichele / von Bernstorff (2010), S. 201.

25 Vgl. auch Lipp (2010), S. 266.

II. Verfahrensrechtliche Handlungsfähigkeit (Prozessfähigkeit)

1. Anknüpfung an das bürgerliche Recht (Geschäftsfähigkeit)

Im Grundsatz knüpfen alle Verfahrensordnungen zur Bestimmung der rechtlichen Handlungsfähigkeit im Verfahren (Verfahrens- bzw. Prozessfähigkeit) an die Geschäftsfähigkeit des Beteiligten nach den Vorschriften des bürgerlichen Rechts[26] an.[27] Die Verfahrensfähigkeit setzt die allgemeine Fähigkeit, sich durch Verträge verpflichten zu können, und damit grundsätzlich die volle Geschäftsfähigkeit voraus. In einzelnen Rechtsgebieten gibt es hiervon Ausnahmen. So genießen im Sozialrecht auch Minderjährige mit Vollendung des fünfzehnten Lebensjahres eine »partielle Handlungsfähigkeit«[28] zur Antragstellung und Verfolgung von Anträgen.[29] Auch im Verwaltungsverfahrensrecht wird in Einzelfällen eine besondere rechtliche Handlungsfähigkeit eingeräumt, zum Beispiel Minderjährigen über 14 Jahren in Verfahren betreffend die Teilnahme am Religionsunterricht.[30]

Verfahrensrechtlich handlungsfähig sind damit grundsätzlich alle Personen, die voll geschäftsfähig, also volljährig sind.[31] Prozesshandlungen einer geschäftsunfähigen Person[32] sind dagegen rechtlich unerheblich; insoweit gilt im Verfahrensrecht eine ähnliche Rechtsfolge wie bei § 105 Absatz 1 BGB, nach dem Willenserklärungen einer geschäftsunfähigen Person nichtig sind. Geschäftsunfähigen fehlt insoweit die erforderliche Einsichtsfähigkeit, Vertragserklärungen oder ähnliche Willenserklärungen wirksam abgeben zu können. Nach bürgerlichem Recht gilt dies nicht nur für ein Kind unter sieben Jahren,[33] sondern auch für eine Person, die »sich in einem die freie Willensbestimmung ausschließenden Zustand krankhafter Störung der Geistestätigkeit befindet, sofern nicht der Zustand seiner Natur nach ein vorübergehender ist.«[34]

Da nach Artikel 12 Absatz 2 UN-BRK Menschen mit Behinderung gleichberechtigt mit anderen in allen Lebensbereichen Rechts- und Geschäftsfähigkeit ge-

26 §§ 104 ff. BGB.
27 Vgl. etwa §§ 51 Abs. 1, 52 Zivilprozessordnung (ZPO); § 71 Abs. 1 Sozialgerichtsgesetz (SGG); § 62 Abs. 1 Nr. 1 Verwaltungsgerichtsordnung (VwGO); § 11 Abs. 1 Nr. 1 SGB X; § 12 Abs. 1 Nr. 1 Verwaltungsverfahrensgesetz (VwVfG).
28 Vgl. hierzu BSG, Urteil vom 11.12.2008, Aktenzeichen B 9/9a VG 1/07 R, Rdnr. 15; zur partiellen Handlungs- und Prozessfähigkeit Minderjähriger im Sozialrecht siehe insbesondere Behn (1985), S. 316-317.
29 Vgl. § 11 Abs. 1 Nr. 2 SGB X in Verbindung mit § 36 Abs. 1 Satz 1 SGB I bzw. § 72 Abs. 2 SGG in Verbindung mit § 36 Abs. 1 Satz 1 SGB I.
30 § 12 Abs. 1 Nr. 2 VwVfG; vgl. Kopp / Ramsauer (2011), § 12, Rdnr. 8, 8a mit weiteren Einzelfällen.
31 § 2 BGB.
32 § 104 BGB.
33 § 104 Nr. 1 BGB.
34 § 104 Nr. 2 BGB.

nießen, stellt sich auch im Verfahrensrecht die grundlegende und umstrittene Frage, ob das Recht der Geschäftsfähigkeit nach dem bürgerlichen Recht mit Artikel 12 Absatz 2 und 5 UN-BRK in Verbindung mit dem Diskriminierungsverbot aus Artikel 5 UN-BRK zu vereinbaren ist.[35] Die hierzu vertretenen Meinungen stehen sich konträr gegenüber: Für eine Vereinbarkeit[36] spreche insbesondere die »behinderungsneutrale« Formulierung des § 104 Nr. 2 BGB, dessen Voraussetzungen nicht nur gegeben seien, wenn eine Behinderung vorliege. Es reiche aus, dass die krankhafte Störung der Geistestätigkeit eine gewisse Zeit anhält, ohne schon den Charakter einer (dauerhaften) Behinderung anzunehmen,[37] so zum Beispiel bei einer längeren Bewusstlosigkeit oder bei einer Krankheit, deren Heilung einige Zeit in Anspruch nimmt.[38] Das Recht der Geschäftsfähigkeit gelte insoweit für Menschen mit Behinderung ebenso wie für Menschen ohne Behinderung, so dass alle Menschen unter den gleichen Voraussetzungen und damit gleichberechtigt im Sinne des Artikels 12 Absatz 2 UN-BRK Rechts- und Handlungsfähigkeit beanspruchen könnten. Dem wird entgegen gehalten, dass die »Totalität« der Geschäftsunfähigkeit im Sinne des § 104 Nr. 2 BGB mit dem Postulat aus Artikel 12 Absatz 2 UN-BRK nicht zu vereinbaren sei; denn danach seien Menschen mit Behinderung grundsätzlich – unabhängig von der Art und Ausprägung der Beeinträchtigung – als voll rechts- und handlungsfähig anzuerkennen.[39]

Der Streit betrifft im Kern die Frage, ob Menschen mit Behinderung durch die Anwendung des § 105 Absatz 1 BGB in Verbindung mit § 104 Nr. 2 BGB diskriminiert werden. Eine unmittelbare Diskriminierung liegt insoweit nicht vor, da die Beschränkung der Geschäftsfähigkeit nach § 104 Nr. 2 BGB (und damit der rechtlichen Handlungsfähigkeit im Sinne des Artikels 12 Absatz 2 UN-BRK) nicht an eine medizinische Diagnose oder Behinderung als solche, sondern an die fehlende Einsichtsfähigkeit der betroffenen Person anknüpft. Die Feststellung der Geschäftsunfähigkeit ist außerdem stets eine Frage des Einzelfalls, da sich die mangelnde Einsichtsfähigkeit nur auf bestimmte Lebensbereiche beziehen kann (sogenannte partielle Geschäftsfähigkeit)[40] und auch dauerhaft psychisch Erkrankte einen »lichten Augenblick« (lucidum intervallum) haben können, in dem eine freie Bestimmung des Willens und damit eine wirksame Bindung im Rechtsverkehr

35 Vgl. hierzu Deutscher Bundestag (2011), S. 9-10; Degener (2009a), S. 45; Lachwitz (2008), S. 147; Lachwitz (2007); Schulte (2010), S. 676; Marschner (2009), S. 136; Evers-Meyer (2009), S. 98-99; Lipp (2010), S. 266.

36 So Deutscher Bundestag (2011), S. 9-10; Lipp (2010), S. 266; kritisch, aber offen lassend Degener (2009a), S. 35.

37 Vgl. dazu § 2 Abs. 1 SGB IX, der einen Zustand voraussetzt, der mit hoher Wahrscheinlichkeit länger als sechs Monate anhält.

38 Ellenberger (2012), § 104, Rdnr. 4.

39 Marschner (2009), S. 136; Lachwitz (2008), S. 147; Lachwitz (2007).

40 Vgl. BVerfG, Beschluss vom 18.12.2002, Aktenzeichen 1 BvL 147/02, Rdnr. 13 mit weiteren Nachweisen.

möglich ist.[41] Der genaue Grund, weshalb die Einsichtsfähigkeit im Einzelfall fehlt (gegebenenfalls eine Behinderung), ist unerheblich.[42]

Allerdings kommt eine mittelbare Diskriminierung in Betracht, soweit die Regelung eine nicht nur vorübergehende krankhafte Störung der Geistestätigkeit voraussetzt. Auch wenn es sicher zutrifft, dass § 105 Absatz 1 BGB in Verbindung mit § 104 Nr. 2 BGB nicht nur auf Menschen mit Behinderung anzuwenden ist, dürften diese Personen praktisch die größte Gruppe der Betroffenen ausmachen. Verlässliche Daten hierzu fehlen und können nach Auskunft der Bundesregierung (bislang) von keiner Stelle erhoben werden.[43] Immerhin zeigen die in der jüngeren Zeit erfolgten Modifikationen des Rechts der Geschäftsfähigkeit, dass nach der Vorstellung des Gesetzgebers zum Großteil Menschen mit Behinderung davon betroffen sind. Denn es sind zu Gunsten von Menschen mit mentaler Behinderung mehr und mehr Ausnahmen von der Nichtigkeitsanordnung des § 105 Absatz 1 BGB vorgesehen worden.[44]

So ist im Jahre 2002 der § 105a BGB eingefügt worden. Diese – dogmatisch und systematisch umstrittene[45] – Regelung ermöglicht volljährigen Geschäftsunfähigen die Vornahme von Alltagsgeschäften, die mit geringwertigen Mitteln bewirkt werden können. Des Weiteren ist das am 1. Oktober 2009 in Kraft getretene Wohn- und Betreuungsvertragsgesetz (WBVG) zu nennen, das bei Wohn- und Betreuungsverträgen die für Geschäftsunfähige geltenden Vorschriften den Regelungen für beschränkt Geschäftsfähige angenähert hat; die Geschäftsunfähigkeit führt dort nicht zur Nichtigkeit,[46] sondern – abhängig von der Genehmigung einer bevollmächtigten oder betreuenden Person – zur schwebenden Unwirksamkeit des Vertrages.[47] Für Behindertenwerkstattverträge gelten seit 2002 ebenfalls besondere Regelungen, die von Geschäftsunfähigen geschlossene Verträge als wirksam fingieren.[48] Diese Änderungen weisen »in Richtung einer differenzierteren Behandlung geistig behinderter Menschen«, um die rechtliche Stellung von Geschäftsunfähigen im Privatrechtsverkehr zu verbessern.[49]

Eine mittelbare Diskriminierung von Menschen mit Behinderung durch die Anwendung des § 105 Absatz 1 BGB in Verbindung mit § 104 Nr. 2 BGB ist insoweit nicht auszuschließen. Demnach kommt es letztlich auf die sachliche Rechtfertigung der gesetzlichen Regelungen unter Berücksichtigung des Verhältnismäßigkeits-

41 Ellenberger (2012), § 104, Rdnr. 4.
42 Vgl. auch Lipp (2010), S. 266.
43 Deutscher Bundestag (2011), S. 9.
44 Vgl. Wedemann (2010), S. 591.
45 Vgl. Casper (2002), S. 3428-3430; Wedemann (2009), S. 675-678 mit weiteren Nachweisen.
46 Wie in § 105 Abs. 1 BGB.
47 § 4 Abs. 2 Satz 1 WBVG; vgl. Wedemann (2010), S. 591 mit weiteren Nachweisen.
48 Vgl. § 138 Abs. 5 und 6 SGB IX.
49 Vgl. Deutscher Bundestag (2002), S. 43 (zu § 105a BGB).

grundsatzes[50] an.[51] Zum Schutz von Geschäftsunfähigen hat der Gesetzgeber bisher – zu Gunsten einer dogmatischen Stringenz – im Grundsatz an der Nichtigkeit des Vertrags festgehalten. Zudem ist bei Einführung des § 105a BGB hervorgehoben worden, dass das Recht der Geschäftsfähigkeit von einem bestimmten Grad geistiger Behinderung ausgehe, den die Rechtsordnung in der Wirklichkeit vorfinde und der nicht durch Normen aus der Welt geschafft werden könne.[52] Dahinter steht das seit Einführung des BGB vielfach kritisierte »Nichtigkeitsdogma«, nach dem im Falle der Geschäftsunfähigkeit der tatsächliche Wille keine rechtliche Berücksichtigung verdient, selbst wenn die Genehmigung seitens der gesetzlichen Vertretung hinzukommt.[53]

Dieses Verständnis ist mit Artikel 12 UN-BRK wohl kaum zu vereinbaren. Allenfalls eine sehr restriktive Anwendung des § 104 Nr. 2 BGB als »letztes Mittel« (ultima ratio) zum Schutz des Menschen mit Behinderung ließe sich rechtfertigen. Nach den ersten gesetzgeberischen Maßnahmen zur Verbesserung der Rechtsstellung von Menschen mit Behinderung[54] sollte daher im Rahmen der Umsetzung des Artikels 12 UN-BRK eine umfassende Reform des Rechts der Geschäftsfähigkeit ernsthaft in Erwägung gezogen werden, und zwar mit dem Ziel, die Willensäußerungen von Geschäftsunfähigen im Rechtsverkehr nicht mehr zu ignorieren, sondern die Existenz von – rechtlich relevanten – Willenserklärungen solcher Personen zu bejahen (Abkehr vom Nichtigkeitsdogma).[55] Angesichts der demografischen Entwicklungen scheint dies auch zur Sicherung der rechtlichen Selbstbestimmung im Alter geboten.[56]

Den Schutz geschäftsunfähiger Personen, der grundsätzlich Vorrang vor dem Schutz des Rechtsverkehrs genießt,[57] können auch weniger einschneidende Regelungen gewährleisten, die sich an den Vorschriften über die beschränkte Geschäftsfähigkeit von Jugendlichen[58] orientieren (schwebende Unwirksamkeit)[59] oder – wie in den Rechtsordnungen zahlreicher Länder[60] – die Anfechtbarkeit des Rechtsgeschäfts durch die gesetzliche Vertreterin oder den gesetzlichen Vertreter eröff-

50 Art. 12 Abs. 4 Satz 2 UN-BRK.
51 Vgl. zur Verletzung des menschenrechtlichen Diskriminierungsverbots Aichele / von Bernstorff (2010), S. 202.
52 Vgl. Deutscher Bundestag (2002), S. 43.
53 Vgl. zur Gesetzeshistorie Wedemann (2009), S. 670-678 mit weiteren Nachweisen.
54 § 105a BGB, § 4 Abs. 2 WBVG, § 138 Abs. 5 und 6 SGB IX.
55 Vgl. hierzu insbesondere Wedemann (2009), S. 689 mit weiteren Nachweisen.
56 Vgl. hierzu Spickhoff (2008), S. 346-350.
57 Vgl. Spickhoff (2008), S. 355-356; Knothe (2004), Vorbemerkung zu §§ 104-115, Rdnr. 29; Wedemann (2009), S. 691.
58 §§ 107 ff. BGB.
59 So bereits Canaris (1987), S. 996-998; jüngst Wedemann (2009), S. 682-683; Spickhoff (2008), S. 373; ablehnend Casper (2002), S. 3429 mit weiteren Nachweisen.
60 Vgl. hierzu Wedemann (2009), S. 684-687 mit weiteren Nachweisen.

nen.[61] Schließlich könnte die grundsätzliche Ablehnung der »relativen Geschäftsfähigkeit« – also der je nach Einzelfall zu beurteilenden Geschäftsfähigkeit differenziert nach dem Schwierigkeitsgrad des betreffenden Geschäfts (zum Beispiel Kauf einer Zeitung oder einer Immobilie) – überdacht und gegebenenfalls dieses Rechtsinstitut als zentrales Element einer Neuregelung eingeführt werden.[62] Eine ersetzende Vertretung dürfte jedenfalls nur als ultima ratio mit Artikel 12 Absatz 2 und 5 UN-BRK zu vereinbaren sein.[63] Vorgeschaltet müssen nach Artikel 12 Absatz 3 UN-BRK Maßnahmen zur Unterstützung des Menschen mit Behinderung bei der Ausübung der rechtlichen Handlungsfähigkeit sein. Damit ist insbesondere das Betreuungsrecht angesprochen, das nicht Gegenstand dieser Arbeit ist.[64]

2. *Besonderheiten der verfahrensrechtlichen Handlungsfähigkeit*

Lösungsansätze zur Harmonisierung des Rechts der Geschäftsfähigkeit mit Artikel 12 UN-BRK lassen sich auf das Verwaltungs- und Gerichtsverfahren nicht ohne Weiteres übertragen. Dies gilt namentlich für kontradiktorische Verfahren. Bei der Ausgestaltung und Anwendung von Verfahrensordnungen sind insbesondere die grundgesetzliche Rechtsschutzgarantie,[65] die Interessen anderer Verfahrensbeteiligter, die Belange der Rechtssicherheit, die Funktionsfähigkeit der Gerichte[66] und das Beschleunigungsgebot zu beachten.[67] Dementsprechend kann nach der Rechtsprechung – aus Gründen der Rechtssicherheit – die vorangegangene Prozessführung einer geschäftsunfähigen Partei von der gesetzlichen Vertreterin bzw. dem gesetzlichen Vertreter im Nachhinein nur »als einheitliches Ganzes« genehmigt werden.[68] Einzelne schwebend unwirksame oder anfechtbare Verfahrens- oder Prozesshandlungen sind im Allgemeinen mit den Grundsätzen eines förmlichen Verfahrens nicht zu vereinbaren. So sind gestaltende Prozesshandlungen bedingungsfeindlich und können nur in Ausnahmefällen von einer innerprozessualen Bedingung abhängig gemacht werden, weil sie aus Gründen der Rechtssicherheit

61 Müller (1998), S. 29.
62 Hierfür mit gewichtigen Argumenten jüngst Spickhoff (2008), S. 379-384 mit weiteren Nachweisen; so bereits auch Müller (1998), S. 19, 22.
63 So auch Lipp (2010), S. 266; Rothfritz (2009), S. 375; anderer Ansicht Lachwitz (2008), S. 147.
64 Dazu Lipp, Brosey und Northoff in diesem Band.
65 Zur verfassungsrechtlichen Rechtsschutzgarantie einschließlich der Justizgewährungsansprüche vgl. etwa Vollkommer (2012), Einleitung, Rdnr. 48-51 mit weiteren Nachweisen.
66 Vgl. BVerfG, Beschluss vom 30.04.2003, Aktenzeichen 1 PBvU 1/02.
67 BVerfG, Beschluss vom 18.07.1973, Aktenzeichen 1 BvR 23, 155/73; Beschluss vom 12.01.1983, Aktenzeichen 2 BvR 864/81.
68 BSG, Urteil vom 29.06.1995, Aktenzeichen 11 RAr 57/94 mit Hinweis auf Bundesgerichtshof (BGH), Urteil vom 19.07.1984, Aktenzeichen X ZB 20/83.

keinen Schwebezustand vertragen.[69] Ebenso ist dem deutschen Prozessrecht eine »beschränkte Prozessfähigkeit« in dem Sinne fremd, dass Prozesshandlungen – ähnlich wie Willenserklärungen beschränkt geschäftsfähiger Minderjähriger nach §§ 108 und 109 BGB – schwebend unwirksam sein könnten.[70] Allerdings wird vereinzelt in Anlehnung an § 107 BGB eine Prozessfähigkeit Minderjähriger bei einer lediglich rechtlich vorteilhaften Prozessführung angenommen.[71]

Bemerkenswert ist in diesem Zusammenhang, dass in Beschwerdeverfahren vor dem Europäischen Gerichtshof für Menschenrechte (EGMR) die nach nationalem Recht fehlende Geschäftsfähigkeit eine Person nicht hindert, das Recht der Individualbeschwerde auszuüben.[72] Die beteiligte Person bedarf im Verfahren vor dem EGMR nicht in gleicher Weise des Schutzes, den ihr die nationale Rechtsordnung bei einer Beeinträchtigung der Geschäftsfähigkeit (»lacking legal capacity«) bietet.[73]

Dementsprechend ist es für innerstaatliche Verfahren nach geltendem Recht jedenfalls geboten, den § 104 Nr. 2 BGB (in Verbindungen mit den jeweiligen Verfahrensordnungen) bei der Prüfung der »prozessualen Geschäftsfähigkeit« (Prozessfähigkeit) restriktiv anzuwenden. Ohnehin gelten für die Annahme von Geschäfts- und damit Prozessunfähigkeit sehr strenge Voraussetzungen.[74] Im Übrigen ist es anerkannt, dass sich die Prüfung der Verfahrens- bzw. Prozessfähigkeit nicht allein auf die »generelle« Fähigkeit erstreckt, eine behördliche oder gerichtliche Auseinandersetzung zu führen. Ebenso wie die Geschäftsunfähigkeit im Sinne des § 104 Nr. 2 BGB kann auch die Verfahrens- bzw. Prozessunfähigkeit nur einen bestimmten Kreis von Angelegenheiten betreffen bzw. von dem konkreten Verfahrensgegenstand abhängen (partielle Verfahrens- bzw. Prozessunfähigkeit).[75]

69 BVerfG, Beschluss vom 13.12.2007, Aktenzeichen 1 BvR 2532/07, Rdnr. 10 mit weiteren Nachweisen.

70 Der ab und an verwendete Begriff der »beschränkten Prozessfähigkeit« ist missverständlich, da in diesen Fällen nur für bestimmte Streitigkeiten (sachbezogen) unbeschränkte Prozessfähigkeit eingeräumt wird (partielle Prozessfähigkeit); vgl. Behn (1985), S. 102; Leitherer (2008), § 71, Rdnr. 5.

71 BSG, Urteil vom 02.07.2009, Aktenzeichen B 14 AS 54/08 R, Rdnr. 19-20; Urteil vom 09.12.1981, Aktenzeichen 1 RJ 104/80; zur Subsidiarität der Betreuung ähnlich auch Landgericht Duisburg, Beschluss vom 24.11.2003, Aktenzeichen 12 T 280/03; siehe hierzu auch Diederichsen (2012), § 1896, Rdnr. 12.

72 EGMR (2010), Ziff. 9.

73 Vgl. EGMR, Urteil vom 16.07.2009, Antragsnummer 20082/02, Ziff. 39.

74 BSG, Urteil vom 05.05.2010, Aktenzeichen B 6 KA 49/09 B, Rdnr. 7.

75 So bereits BGH, Urteil vom 24.09.1955, Aktenzeichen IV ZR 162/54; Urteil vom 04.11.1999, Aktenzeichen III ZR 306/98; Urteil vom 07.03.2002, Aktenzeichen IX ZR 235/01; BSG, Beschluss vom 03.07.2003, Aktenzeichen B 7 AL 216/02 B, Rdnr. 4; Bundesarbeitsgericht (BAG), Urteil vom 25.01.1980, Aktenzeichen 7 AZR 77/78, Rdnr. 46; Bundesverwaltungsgericht (BVerwG), Urteil vom 25.01.1973, Aktenzeichen V CB 119.69, Rdnr. 7 mit weiteren Nachweisen.

Überdies bezieht sich die Prüfung der Prozessfähigkeit stets auf den konkreten Rechtsstreit.[76]

Zur Gewährleistung einer möglichst weitreichenden Selbstbestimmung von intellektuell oder voluntativ stark eingeschränkten Menschen sollte jede Prüfung – ähnlich wie bei der Frage nach der Geschäftsunfähigkeit im Sinne des § 104 Nr. 2 BGB[77] – vorrangig die partielle Prozessunfähigkeit für einen – möglichst begrenzten – Kreis von Angelegenheiten in den Blick nehmen und nicht die totale. Dass damit die Abgrenzung zu einer auf den Schwierigkeitsgrad des Verfahrens bezogenen, »relativen Prozessfähigkeit«, die mit der bisherigen Rechtslage wohl nicht zu vereinbaren ist,[78] erschwert werden könnte, mag dogmatische Bedenken hervorrufen. Unabhängig davon entspricht eine möglichst einzelfallorientierte Bewertung der Prozessunfähigkeit jedenfalls den Vorgaben aus Artikel 12 Absatz 4 Satz 2 UN-BRK, dass beschränkende Maßnahmen verhältnismäßig und auf die Umstände der Person zugeschnitten sein müssen.[79]

Sofern das Recht der Geschäftsfähigkeit unter »Abkehr vom Nichtigkeitsdogma« sowie unter Aufhebung des § 104 Nr. 2 BGB neu geregelt werden sollte, könnte es sich anbieten, die Voraussetzungen der Verfahrens- bzw. Prozessfähigkeit vom bürgerlichen Recht zu entkoppeln und – gegebenenfalls je nach Verfahrensart unterschiedliche – eigenständige Regelungen zu schaffen. Denkbar wäre es, sich an den Voraussetzungen der Betreuung[80] zu orientieren, wie es bereits heute für die Bestellung einer besonderen Vertreterin bzw. eines besonderen Vertreters im Verwaltungsverfahren[81] vorgesehen ist. Eine Prozessunfähigkeit würde dann für eine Partei in Betracht kommen, die infolge einer psychischen Krankheit oder körperlichen, geistigen oder seelischen Behinderung nicht in der Lage ist, in dem betreffenden Gerichtsverfahren selbst tätig zu werden. Maßgeblich wäre das jeweilige Verfahren, was in gewisser Weise der Prüfung einer »relativen Prozessfähigkeit« nahe käme.

3. *Feststellung der Verfahrens- und Prozessfähigkeit*

Die Prozessfähigkeit ist im gerichtlichen Verfahren von Amts wegen zu prüfen.[82] Allerdings ist es dabei nicht erforderlich, nach Tatsachen zu forschen, für

76 Vgl. BVerfG, Beschluss vom 02.04.1974, Aktenzeichen 1 BvR 92/70 und 97/70.
77 Vgl. Spickhoff (2008), S. 383 mit weiteren Nachweisen; Lipp (2000), S. 44-48, 237.
78 Vollkommer (2012), § 52, Rdnr. 10.
79 Zur einzelfallorientierten Verhältnismäßigkeitsprüfung im Sinne des Art. 12 Abs. 3 UN-BRK vgl. auch Aichele / von Bernstorff (2010), S. 203.
80 § 1896 Abs. 1 Satz 1 BGB.
81 § 16 Abs. 1 Nr. 4 VwVfG und § 15 Abs. 1 Nr. 4 SGB X.
82 Vgl. etwa § 56 Abs. 1 ZPO.

deren Bestehen die Umstände des Einzelfalls keine konkreten Anhaltspunkte bieten.[83] Vor der Feststellung der Prozessunfähigkeit ist die betroffene Person zur Wahrung rechtlichen Gehörs[84] persönlich anzuhören.[85] Dies gebietet nun wohl auch Artikel 12 Absatz 4 Satz 2 UN-BRK. Ist die Prozessfähigkeit einer Person im Streit, gilt sie bis zur rechtskräftigen Feststellung des Mangels als prozessfähig.[86] Nach ganz herrschender Meinung gehen allerdings noch vorhandene Zweifel zu Lasten der betroffenen Partei (non liquet), soweit nach Erschöpfung aller erschließbaren Erkenntnisquellen hinreichende Anhaltspunkte für eine Prozessunfähigkeit verbleiben.[87] Entsprechendes gilt auch für das Sozialverwaltungsverfahren,[88] das ebenfalls von dem Amtsermittlungsprinzip geprägt ist.

Ist diese richterrechtliche Beweislastregelung, nach der nicht klärbare Zweifel an der mentalen Gesundheit einer Person zur Annahme der Prozessunfähigkeit führen, mit Artikel 12 Absatz 2 UN-BRK zu vereinbaren? Zunächst fällt auf, dass diese Beweislastregel von derjenigen im Recht der Geschäftsfähigkeit[89] abweicht. Bei nicht klärbaren Zweifeln an der mentalen Gesundheit einer Person wird dort von der Geschäftsfähigkeit und damit von der Wirksamkeit der rechtsgeschäftlichen Handlung ausgegangen.[90] Diese unterschiedliche Handhabung ist umso bemerkenswerter, als das Gesetz weitestgehend eine Gleichstellung der Prozessfähigkeit mit der Geschäftsfähigkeit vorsieht.[91]

Für eine andere Wertung in förmlichen Verfahren sprechen zwar beachtliche Gründe, insbesondere der vorrangige Schutz Geschäftsunfähiger; es fehlen jedoch bereits hinreichende Anhaltspunkte dafür, dass diese Verteilung der objektiven Beweislast dem Willen des historischen Gesetzgebers entspricht.[92] Sehr problematisch ist jedenfalls die Konsequenz, dass allein Zweifel an der Geschäftsfähigkeit zu einer Prozessunfähigkeit und damit quasi zu einer verfahrensrechtlichen »Entmündigung« der Person führen können. Interessant ist in diesem Zusammen-

83 Vgl. BSG, Urteil vom 05.04.2000, Aktenzeichen B 5 RJ 38/99, Rdnr. 13 mit weiteren Nachweisen.

84 Art. 103 Abs. 1 Grundgesetz (GG).

85 BVerfG, Beschluss vom 29.11.2005, Aktenzeichen 1 BvR 1542/05, Rdnr. 11 ff. mit weiteren Nachweisen; vgl. auch BSG, Urteil vom 05.05.1993, Aktenzeichen 9/9a RVg 5/92; Keller (1994), S. 561-562; vgl. auch § 278 Gesetz über das Verfahren in Familiensachen und in Angelegenheiten der freiwilligen Gerichtsbarkeit.

86 BGH, Urteil vom 23.02.1990, Aktenzeichen V ZR 188/88; BAG, Urteil vom 20.01.2000, Aktenzeichen 2 AZR 733/98; BSG, Urteil vom 28.05.1957, Aktenzeichen 3 RJ 98/54.

87 Vgl. BAG, Beschluss vom 28.05.2009, Aktenzeichen 6 AZN 17/09, Rdnr. 4 mit weiteren Nachweisen (zu § 57 ZPO); BGH, Beschluss vom 19.01.2011, Aktenzeichen XII ZB 326/10, Rdnr. 23; Leitherer (2012), § 72, Rdnr. 2 mit weiteren Nachweisen.

88 BSG, Urteil vom 05.04.2000, Aktenzeichen B 5 RJ 38/99, Rdnr. 14; Vogelgesang (2011), § 15, Rdnr. 17.

89 §§ 104 ff. BGB.

90 Ellenberger (2012), § 104, Rdnr. 8 mit weiteren Nachweisen.

91 Vgl. hierzu insbesondere Musielak (1997), S. 1739.

92 So mit gewichtigen Argumenten Musielak (1997), S. 1739.

hang eine Entscheidung des Landessozialgerichts Nordrhein-Westfalen[93] aus dem Jahr 1978, nach der die Bestellung eines besonderen Vertreters gemäß § 72 SGG unzulässig sei, soweit sich die Prozessunfähigkeit des Beteiligten nicht feststellen lasse. Die Bestellung sei ein »Eingriff in die prozessuale Handlungsfähigkeit und Rechtsstellung des Betroffenen«, den dieser nicht ohne oder gegen seinen erklärten Willen hinzunehmen brauche. Soweit sich die herrschende Meinung in Rechtsprechung und Literatur auch unter Geltung der UN-BRK nicht ändert, könnte es angezeigt sein, dass der Gesetzgeber eine konventionskonforme Beweislastregel vorgibt.

4. Betreuung und Vertretung

a) Betreuung

Die verfahrensrechtliche Handlungsfähigkeit eines Menschen mit Behinderung wird auch durch das Betreuungsrecht[94] beeinflusst. Durch die Anordnung einer Betreuung allein verliert die betreute Person allerdings nicht ihre Geschäftsfähigkeit und damit auch nicht ihre verfahrensrechtliche Handlungsfähigkeit.[95] Ist jedoch ein Einwilligungsvorbehalt verfügt worden, so wird die betreute Person insoweit praktisch einer beschränkt geschäftsfähigen Person gleichgestellt.[96] Erstreckt sich der Einwilligungsvorbehalt auf die Prozessführung, kann der betreute Mensch keine wirksamen Prozesshandlungen vornehmen - er gilt als prozessunfähig.[97]

Ob diese Regelung (»substituted decision-making«) mit Artikel 12 Absatz 2 und 3 UN-BRK vereinbar ist,[98] hängt vornehmlich davon ab, ob das deutsche Betreuungsrecht in hinreichendem Maße die Unterstützung von Menschen mit Behinderung bei der Ausübung ihrer Rechts- und Handlungsfähigkeit im Sinne des Artikels 12 Absatz 3 UN-BRK gewährleistet (»supported decision-making«) und die Grenzen der zulässigen Beschränkung der rechtlichen Handlungsfähigkeit ein-

93 Landessozialgericht Nordrhein-Westfalen, Beschluss vom 19.12.1978, Aktenzeichen L 15 S 2/78; zustimmend Peters / Sautter / Wolff (2007), § 72, Anmerkung 2.

94 §§ 1896 ff. BGB.

95 Vgl. Laubinger / Repkewitz (1994), S. 95-98.

96 Vgl. § 1903 in Verbindung mit §§ 108 bis 113, 131 Abs. 2, § 210 BGB; vgl. auch Behn (1992), S. 310-311.

97 Vgl. Behn (1992), S. 314.

98 Lachwitz (2008), S. 147, schließt eine Vereinbarkeit des Einwilligungsvorbehalts nach § 1903 BGB mit Art. 12 Abs. 2 UN-BRK kategorisch aus.

hält (vgl. insbesondere den Grundsatz der Erforderlichkeit im Sinne des § 1896 Absatz 2 BGB).[99]

b) Gesetzliche Vertretung

Gemäß § 1902 BGB vertritt die betreuende Person den betreuten Menschen (auch wenn dieser geschäftsfähig ist) in seinem Aufgabenkreis gerichtlich und außergerichtlich. Die Wirkung dieser Regelung wird noch dadurch verstärkt, dass verschiedene Normen für das Verwaltungs- und sozialgerichtliche Verfahren[100] die entsprechende Anwendung des § 53 ZPO anordnen,[101] nach dem bei der Vertretung einer prozessfähigen Person durch eine Betreuerin oder einen Betreuer (im Rahmen des Aufgabenkreises) oder durch eine Pflegerin oder einen Pfleger (gesetzlich) diese Person für den Rechtsstreit einer nicht prozessfähigen Person gleichsteht. Die Bestimmung räumt (bei einander widersprechenden Erklärungen der betreuten und der betreuenden Person) der Erklärung der betreuenden Person den Vorrang ein.[102] Diese kann – im Rahmen ihres Aufgabenkreises – ein Verfahren an sich ziehen; die Verfahrensführung liegt dann allein in ihren Händen,[103] selbst wenn die betreute Person geschäftsfähig ist. Das Verfahrensrecht schränkt insoweit die prozessuale Handlungsfähigkeit der betreuten Person im Interesse des Gerichts und der gegnerischen Partei ein, um einander widersprechende Prozesshandlungen von vorneherein zu verhindern.[104]

Ob diese Regelungen der Konzeption des Artikels 12 UN-BRK entsprechen, erscheint fraglich, auch wenn die betreuende Person im Innenverhältnis das Wohl und die Wünsche des betreuten Menschen zu berücksichtigen[105] und sich die Betreuerbestellung stets am Grundsatz der Erforderlichkeit[106] zu orientieren hat. Allgemein ist umstritten, inwiefern das Betreuungsrecht hinsichtlich der Voraussetzungen einer gesetzlichen Stellvertretung sowie einzelner Bestimmungen (zum

99 Vgl. hierzu Diederichsen (2012), § 1896, Rdnr. 8-12; Lipp (2008), S. 53; zur Beachtlichkeit der Wünsche des Betreuten BGH, Beschluss vom 22.07.2009, Aktenzeichen XII ZR 77/06, Rdnr. 15-24 und Anmerkung zu dieser Entscheidung von Hellmann (2010), S. 77-78; vgl. zum Thema auch Lipp und Brosey in diesem Band.

100 § 12 Abs. 3 VwVfG, § 11 Abs. 3 SGB X und § 71 Abs. 6 SGG.

101 Vgl. auch BGH, Beschluss vom 11.04.2002, Aktenzeichen BLw 33/01, Rdnr. 4.

102 Hierzu ausführlich Laubinger / Repkewitz (1994), S. 95-96; siehe auch Kothe / Beetz in diesem Band.

103 Hüßtege (2012), § 53, Rdnr. 3 mit weiteren Nachweisen.

104 Vgl. Laubinger / Repkewitz (1994), S. 96; Behn (1992), S. 313.

105 Vgl. § 1901 Abs. 2 und 3 BGB.

106 Vgl. § 1896 Abs. 2 BGB.

Beispiel betreffend Überprüfungsfristen) mit Artikel 12 UN-BRK vereinbar ist.[107] Allein mit Blick auf den Verhältnismäßigkeitsgrundsatz[108] sind weniger einschneidende Maßnahmen denkbar, etwa eine Regelung, die eine gleichberechtigte Prozessführung von betreuender und (geschäftsfähiger) betreuter Person ermöglicht. Die Vertretung im Verfahren muss nicht »automatisch« kraft Gesetzes angeordnet sein, sondern könnte – im Einzelfall als letztes Mittel – etwa von der Erklärung der betreuenden Person abhängen (Disponibilität der Stellvertretung).

c) Besondere Verfahrensvertretung

Sowohl in Verwaltungs- als auch in Gerichtsverfahren können für Handlungs- bzw. Prozessunfähige besondere Vertreterinnen oder Vertreter bestellt werden, soweit eine gesetzliche Vertretung nicht vorhanden ist.[109]

aa) Im Verwaltungsverfahren sieht das Gesetz die Bestellung einer »geeigneten« Vertreterin bzw. eines »geeigneten« Vertreters von Amts wegen vor »für einen Beteiligten, der infolge einer psychischen Krankheit oder körperlichen, geistigen oder seelischen Behinderung nicht in der Lage ist, in dem Verwaltungsverfahren selbst tätig zu werden.«[110] Die Regelungen sind den Voraussetzungen für die Betreuung in § 1896 Absatz 1 Satz 1 BGB nachgebildet. Ob eine Vertreterin oder ein Vertreter zu bestellen ist, entscheidet die Behörde nach pflichtgemäßem Ermessen. Die Entscheidung über die Bestellung trifft das Betreuungsgericht.[111] Die betroffene Person muss in die Vertreterbestellung nicht einwilligen; ihr steht gegen die Bestellung jedoch nach betreuungsrechtlichen Vorschriften ein Beschwerderecht zu.[112]

Es fragt sich, ob diese Normen den Anforderungen des Artikels 12 UN-BRK genügen, wenn sie in der Rechtsfolge generell eine »Zwangsvertretung« vorsehen, obgleich unterstützende Maßnahmen möglicherweise ausreichen könnten. Dazu ist Folgendes zu bedenken: Zunächst ist der Anwendungsbereich der Vorschriften auf diejenigen Fälle begrenzt, in denen keine gewillkürte oder gesetzliche Vertretung vorhanden ist; die Bestellung einer besonderen Vertreterin oder eines besonderen

107 Vgl. hierzu Deutscher Bundestag (2011), S. 8-11; Lachwitz (2008), S. 147; Lachwitz (2007); Lachwitz (2011), S. 53-54; Schulte (2010), S. 675-676; Marschner (2009), S. 136; Evers-Meyer (2009), S. 97-99; Lipp (2010), S. 265-266; Burkert (2009), S. 103-104; Wunder (2011), S. 5-6 sowie die Beiträge von Lachwitz, Lipp und Brosey in diesem Band; zum österreichischen Sachwalterrecht vgl. Ganner / Barth (2010), S. 205-208.

108 Art. 12 Abs. 4 Satz 2 UN-BRK.

109 Vgl. § 15 SGB X, § 16 VwVfG, § 57 ZPO, § 72 SGG, § 62 Abs. 4 VwGO, § 81 Abgabenordnung.

110 § 16 Abs. 1 Nr. 4 VwVfG und § 15 Abs. 1 Nr. 4 SGB X.

111 Vgl. auch § 16 Abs. 2 VwVfG und § 15 Abs. 2 SGB X.

112 Vgl. von Wulffen (2010), § 15, Rdnr. 3.

Vertreters nach diesen Vorschriften kommt bei einer bestehenden Betreuung oder Pflegschaft[113] von vorneherein nicht in Betracht.[114] Überdies müssen die Beeinträchtigungen infolge einer psychischen Krankheit oder Behinderung im Einzelfall besonders schwerwiegend sein, um die Fähigkeit der betreffenden Person verneinen zu können, im konkreten Verfahren selbst tätig zu werden.[115] Lassen sich die verfahrensrechtlichen Probleme bereits durch behördliche Beratung und Auskunft[116] beheben, scheidet eine Bestellung aus.[117] Außerdem gelten jeweils die betreuungsrechtlichen Vorschriften entsprechend;[118] im Rahmen der Vertretung sind das Wohl und die Wünsche der vertretenen Person zu berücksichtigen[119] und Unterstützung bei der Ausübung der Rechts- und Handlungsfähigkeit[120] zu gewährleisten. Schließlich steht das Vorgehen nach diesen Bestimmungen im Ermessen der Behörde.

Damit dürfte es weitgehend möglich sein, bei der Anwendung der einschlägigen Vorschriften den Anforderungen des Artikels 12 UN-BRK zu genügen. Denkbar sind allerdings auch Fälle, in denen zwar eine Unterstützung im Verfahren erforderlich, jedoch eine hinreichende eigene Willensbetätigung des Menschen mit Behinderung noch möglich ist. Dann würde die Bestellung einer Vertreterin oder eines Vertreters, die den Menschen mit Behinderung zu einer prozessunfähigen Person macht,[121] zu weit führen. Insoweit könnte eine differenziertere Regelung erforderlich sein, die unter bestimmten Voraussetzungen auch Verfahrenshandlungen der betroffenen Person gegen den Willen ihrer besonderen Vertreterin bzw. ihres besonderen Vertreters zulässt.

bb) Die Bestellung einer besonderen Vertreterin oder eines besonderen Vertreters im Gerichtsverfahren richtet sich grundsätzlich nach § 57 ZPO, auf den andere Verfahrensordnungen verweisen.[122] Im sozialgerichtlichen Verfahren enthält § 72 SGG abweichende Regelungen.

(1) § 57 Absatz 1 ZPO sieht nach seinem Wortlaut die Bestellung einer besonderen Vertreterin oder eines besonderen Vertreters (sogenannte Prozesspflegschaft) an sich nur vor, wenn »eine nicht prozessfähige Partei verklagt werden« soll. Die Vorschrift dient der Effektivität des Rechtsschutzes; zum einen soll der klagenden Partei eine Rechtsdurchsetzung gegen eine prozessunfähige Person er-

113 § 1911 BGB.
114 Vgl. von Wulffen (2010), § 15, Rdnr. 3; Kopp/Ramsauer (2011), § 16, Rdnr. 6.
115 Vgl. von Wulffen (2010), § 15, Rdnr. 9.
116 § 25 VwVfG, §§ 14-15 SGB I.
117 Vgl. Kopp/Ramsauer (2011), § 16, Rdnr. 20.
118 § 16 Abs. 4 VwVfG und § 15 Abs. 4 SGB X.
119 § 1901 BGB.
120 Art. 12 Abs. 3 UN-BRK.
121 § 11 Abs. 3 SGB X in Verbindung mit § 53 ZPO.
122 Vgl. etwa § 62 Abs. 4 VwGO.

möglicht werden,[123] zum anderen soll die Einrichtung einer Prozesspflegschaft für die prozessunfähige Partei die Gewährung rechtlichen Gehörs[124] sicherstellen.[125]

Die Bestellung ist nur zulässig, »falls mit dem Verzug Gefahr verbunden ist«;[126] bei der Prozesspflegschaft im Sinne des § 57 ZPO handelt sich es insoweit um eine Notvertretung durch eine Person, die bis zur Bestellung der ordentlichen gesetzlichen Vertretungsperson (zum Beispiel der Betreuerin oder des Betreuers) einstweilen die Vertretung zu übernehmen hat.[127] Zur Behebung des Mangels der Prozessfähigkeit ist den Parteien grundsätzlich die nötige Zeit einzuräumen, so dass das Klageverfahren – zum Beispiel bei bevorstehender Bestellung einer Betreuerin oder eines Betreuers – entweder vertagt oder ausgesetzt werden kann.[128]

Nach jüngster Rechtsprechung des Bundesarbeitsgerichts[129] ist § 57 ZPO – über seinen Wortlaut hinaus – analog im Falle der Prozessunfähigkeit der klagenden Partei anzuwenden.[130] Die bloße Beteiligung einer prozessunfähigen Person reiche für die Gewährung rechtlichen Gehörs nicht aus.[131] Das Gericht darf daher die Klage einer prozessunfähigen Partei nicht ohne Weiteres durch Prozessurteil als unzulässig abweisen.

(2) Im Sozialgerichtsverfahren sieht § 72 SGG die Bestellung einer besonderen Vertreterin oder eines besonderen Vertreters – abweichend von § 57 ZPO – sowohl auf der klagenden als auch auf der beklagten Seite vor, soweit die nicht prozessfähige Partei keine gesetzliche Vertretung hat. In der Sozialgerichtsbarkeit darf ein Rechtsmittel grundsätzlich nicht mangels Prozessfähigkeit der klagenden Person abgewiesen werden.[132] Die Vertretung kann – anders als nach § 57 ZPO auch ohne Gefahr im Verzug – bis zum Eintritt eines Vormundes, einer Betreuerin oder eines Betreuers, einer Pflegerin oder eines Pflegers bestellt werden. Eine Aussetzung des Verfahrens bis zur Einrichtung einer gesetzlichen Vertretung durch das Betreu-

123 Vgl. BGH, Beschluss vom 19.01.2011, Aktenzeichen XII ZB 326/10, Rdnr. 11.
124 Art 103 Abs. 1 GG.
125 BAG, Beschluss vom 28.05.2009, Aktenzeichen 6 AZN 17/09, Rdnr. 5.
126 § 57 Abs. 1 ZPO.
127 BGH, Beschluss vom 19.01.2011, Aktenzeichen XII ZB 326/10, Rdnr. 11.
128 Vgl. BGH, Urteil vom 08.12.2009, Aktenzeichen VI ZR 284/08, Rdnr. 21.
129 BAG, Beschluss vom 28.05.2009, Aktenzeichen 6 AZN 17/09, Rdnr. 5.
130 Eine entsprechende Anwendung des § 57 ZPO hat bereits das BVerwG bejaht, allerdings nur in Sonderfällen, etwa wenn im Rahmen der Sozialhilfe die Hilfsbedürftigkeit durch eine mentale Beeinträchtigung hervorgerufen ist, die auch die Prozessunfähigkeit bedingt, Urteil vom 31.08.1966, Aktenzeichen V C 223.65; Urteil vom 05.06.1968, Aktenzeichen V C 147.67.
131 Ebenso BGH, Beschluss vom 09.11.2010, Aktenzeichen VI ZR 249/09, Rdnr. 7 (Anwendung des § 57 ZPO analog offen lassend).
132 BSG, Beschluss vom 03.07.2003, Aktenzeichen B 7 AL 216/02 B, Rdnr. 10.

ungsgericht soll nicht zulässig sein, da diese Verzögerung des Rechtsstreits der verfassungsrechtlichen Rechtsschutzgarantie[133] nicht gerecht würde.[134]

Bei der Anwendung des § 72 Absatz 1 SGG auf die klagende Person hat sich in der sozialgerichtlichen Rechtsprechung und der Literatur eine einschränkende Auffassung zur Notwendigkeit der Bestellung einer Vertreterin oder eines Vertreters herausgebildet. Eine Bestellung sei ausnahmsweise nicht notwendig bei Querulantinnen und Querulanten, wenn kein konkreter Streitgegenstand erkennbar sei, gegebenenfalls auch bei zweifellos aussichtsloser und abwegiger Rechtsverfolgung.[135]

(3) Für die Frage einer Vereinbarkeit der Vertreterbestellung nach diesen Vorschriften mit Artikel 12 Absatz 2 und 5 UN-BRK gelten im Wesentlichen dieselben Erwägungen wie für die Vorschriften zum Verwaltungsverfahren.[136] Wichtig ist es auch hier, die Erforderlichkeit der Bestellung von der Ausgestaltung der Vertretung zu unterscheiden. Dem Grundsatz der Verhältnismäßigkeit[137] dürfte nur eine differenzierte Lösung entsprechen.

Insbesondere ist es geboten, die Pflicht der besonderen Vertreterin bzw. des besonderen Vertreters im Gerichtsverfahren zu einer unterstützenden Betreuung im Sinne des Artikels 12 Absatz 3 UN-BRK (»supported decision-making«) zu konkretisieren, zum Beispiel durch Anordnung einer entsprechenden Anwendung betreuungsrechtlicher Vorgaben.[138]

5. Unterstützung bei der Ausübung der verfahrensrechtlichen Handlungsfähigkeit

Nach geltendem Recht sieht in erster Linie das Betreuungsrecht Hilfestellung bei der Ausübung der verfahrensrechtlichen Handlungsfähigkeit vor.[139] Wo eine Betreuung nicht angeordnet ist, aber dennoch Unterstützungsbedarf besteht, fehlen möglicherweise hinreichende spezialgesetzliche Bestimmungen, die geeignete Maßnahmen seitens der verfahrensführenden Behörden und Gerichte zugunsten der betroffenen Menschen mit Behinderung vorsehen.[140] Derartige Hilfen sind umso dringender erforderlich, je enger man die Regelungen zur rechtlichen Hand-

133 Art. 19 Abs. 4 GG.
134 Bayerisches Landessozialgericht, Beschluss vom 07.04.1999, Aktenzeichen L 13 B 56/99; Leitherer (2012), § 72, Rdnr. 2b am Ende mit weiteren Nachweisen; § 71, Rdnr. 8c.
135 Vgl. BSG, Beschluss vom 03.07.2003, Aktenzeichen B 7 AL 216/02 B, Rdnr. 10; vgl. auch Leitherer (2012), § 72, Rdnr. 2c mit weiteren Nachweisen.
136 Dazu oben 2.
137 Art. 12 Abs. 4 Satz 2 UN-BRK.
138 § 1901 BGB.
139 Vgl. § 1896 Abs. 2, § 1901 BGB.
140 Vgl. allerdings das Behindertengleichstellungsgesetz und die darauf aufbauende Verordnung zur Schaffung barrierefreier Informationstechnik nach dem Behindertengleichstellungsgesetz; zur parallelen Problematik im Betreuungsrecht Northoff in diesem Band.

lungsunfähigkeit bzw. Prozessunfähigkeit im Hinblick auf Artikel 12 Absatz 2 UN BRK auslegt und anwendet.

Eine besondere Rolle kann in diesem Zusammenhang das Recht auf ein faires Verfahren spielen. Aus diesem allgemeinen verfassungsrechtlichen Prozessgrundrecht[141] ergeben sich Pflichten des Gerichts zur Rücksichtnahme auf die Verfahrensbeteiligten und zu einer gewissen Fürsorge.[142] Das Recht verlangt insbesondere, dass der Partei die Möglichkeit gegeben wird, vor einer Entscheidung, die ihre Rechte betrifft, zu Wort zu kommen, um Einfluss auf das Verfahren und dessen Ergebnis nehmen zu können.[143] Zudem gilt allgemein der Grundsatz der Verhältnismäßigkeit dahingehend, dass formale Strenge im Prozess nicht ohne erkennbaren schutzwürdigen Zweck praktiziert werden darf.[144] Als sozialrechtliche Besonderheit kommt das Meistbegünstigungsprinzip hinzu, nach dem etwa Anträge dahingehend auszulegen sind, dass alles begehrt wird, was der Person auf Grund des von ihr geschilderten Sachverhalts rechtlich zusteht.[145] Das Grundrecht auf ein faires Verfahren gilt auch – außerhalb des Anwendungsbereiches von Artikel 103 Absatz 1 GG – im Verwaltungsverfahren.[146]

Es liegt nahe, davon auszugehen, dass das Grundrecht auf ein faires Verfahren durch Artikel 12 Absatz 3 UN-BRK konkretisiert wird und auch diejenige »Unterstützung« von Menschen mit Behinderung umfasst, die diese bei der Ausübung ihrer rechtlichen Handlungsfähigkeit gegebenenfalls benötigen. Das Gericht (bzw. die Verwaltungsbehörde) dürfte – unter Berücksichtigung der Besonderheiten der jeweiligen Verfahrensart – über das allgemeine Maß hinaus verpflichtet sein, der betroffenen Person durch Hinweise, Belehrungen, Informationen et cetera bei ihrer autonomen Entscheidungsfindung zu helfen (insbesondere in öffentlich-rechtlichen Streitigkeiten bzw. Verfahren mit Amtsermittlungsgrundsatz).

141 Art. 2 Abs. 1 GG in Verbindung mit dem Rechtsstaatsprinzip; Art. 6 Abs. 1 EMRK; vgl. allgemein Keller (2012), vor § 60, Rdnr. 1b-1k; Haase (2006); Jarass (2011), Art. 20, Rdnr. 31a und 31b; Geppert (1992), S. 599-604.

142 BVerfG, Beschluss vom 22.10.2004, Aktenzeichen 1 BvR 894/04, Rdnr. 11-12; Beschluss vom 02.03.1993, Aktenzeichen 1 BvR 249/92; Urteil vom 26.04.1988, Aktenzeichen 1 BvR 669/87; BSG, Urteil vom 10.08.1995, Aktenzeichen 11 RAr 51/95, Rdnr. 21.

143 BVerfG, Beschluss vom 18.01.2000, Aktenzeichen 1 BvR 321/96; vgl. auch Jarass (2011), Art. 20, Rdnr. 31b.

144 BSG, Urteil vom 28.11.1996, Aktenzeichen 7 RAr 118/95, Rdnr. 14.

145 Vgl. Leitherer (2012), § 92, Rdnr. 12 mit weiteren Nachweisen; BSG, Urteil vom 24.04.2008, Aktenzeichen B 9/9a SB 10/06 R.

146 BVerwG, Beschluss vom 31.08.2000, Aktenzeichen 11 B 30/00, Rdnr. 9; Jarass (2011), Art. 20, Rdnr. 31a; Keller (2012), vor § 60, Rdnr. 1b mit weiteren Nachweisen; vgl. auch Deutscher Bundestag (2009), S. 51-52 (Begleitperson bei ärztlichen Untersuchungen im Rahmen des Sozialverwaltungsverfahren).

III. Schlussbemerkung

Eine erste Sichtung der nationalen Bestimmungen betreffend die verfahrensrechtliche Handlungsfähigkeit zeigt, dass zur Umsetzung des Artikels 12 UN-BRK hier und da klarstellende, ergänzende und teilweise auch ändernde Regelungen erforderlich erscheinen. Allgemein lässt sich wohl festhalten, dass in persönlichkeitsrelevanten Lebensbereichen den individuellen Gegebenheiten eine besondere Bedeutung bei der juristischen Entscheidungsfindung zukommt.[147] Dementsprechend haben sich Beschränkungen der Rechts- und Handlungsfähigkeit stets am Einzelfall zu orientieren.[148]

Kurz zusammengefasst sollten insbesondere folgende gesetzgeberischen Maßnahmen näher geprüft werden:

- Abkehr vom Nichtigkeitsdogma im Sinne des § 105 BGB; Neuregelung in Richtung auf eine »relative Geschäftsfähigkeit«
- Stärkere gesetzliche Betonung einer Unterstützung von Menschen mit Behinderung bei der Ausübung ihrer rechtlichen Handlungsfähigkeit (zum Beispiel im Betreuungsrecht)
- Klarstellung, dass verbleibende Zweifel an der Prozessfähigkeit nicht zur Annahme von Prozessunfähigkeit berechtigen, sondern dass in diesem Fall von einer Prozessfähigkeit der betreffenden beteiligten Person auszugehen ist
- Ersetzung des § 53 ZPO durch eine differenzierte Regelung, die dem Menschen mit Behinderung soweit wie möglich eine verfahrensrechtliche Handlungsfähigkeit belässt
- Erstreckung des § 57 Absatz 1 ZPO auf prozessunfähige klagende Personen
- Ergänzung der § 57 ZPO, § 72 SGG um Regelungen, welche die Selbstbestimmung von Menschen mit Behinderung stärker betonen

Literaturverzeichnis

Aichele, Valentin / Jochen von Bernstorff (2010): Das Menschenrecht auf gleiche Anerkennung vor dem Recht: Zur Auslegung von Art. 12 der UN-Behindertenrechtskonvention. In: Betreuungsrechtliche Praxis 2010 (5), S. 199-203.

Behn, Michael (1985): »Partielle Verfahrenshandlungsfähigkeit« und »partielle Prozessfähigkeit« (»Handlungsfähigkeit«) des Minderjährigen im Sozialrecht, im Sozialverwaltungsverfahrensrecht und in der Sozialgerichtsbarkeit. In: Die Rentenversicherung 1985, S. 101-113.

147 Spickhoff (2008), S. 413.
148 Vgl. auch Art. 12 Abs. 4 Satz 2 UN-BRK.

Behn, Michael (1992): Prozessfähigkeit und Verfahrenshandlungsfähigkeit des Betreuten. Sozialgerichtsgesetz, Sozialgesetzbuch und Betreuungsgesetz. In: Die Sozialversicherung 1992, S. 309-319.

Burkert, Andreas (2009): Ratifiziert – und nun? In: Betreuungsrechtliche Praxis 2009 (3), S. 101-105.

Canaris, Claus-Wilhelm (1987): Verstöße gegen das verfassungsrechtliche Übermaßverbot im Recht der Geschäftsfähigkeit und im Schadensersatzrecht. In: Juristenzeitung 42, S. 993-1004.

Casper, Matthias (2002): Geschäfte des täglichen Lebens – kritische Anmerkungen zum neuen § 105a BGB. In: Neue Juristische Wochenschrift 55, S. 3425-3420.

Degener, Theresia (2000): Verfassungsrechtliche Probleme mit der Behindertendiskriminierung in Deutschland. In: Kritische Justiz 33 (3), S. 425-433.

Degener, Theresia (2009a): Welche legislativen Herausforderungen bestehen in Bezug auf die nationale Implementierung der UN-Behindertenrechtskonvention in Bund und Ländern? In: Behindertenrecht 2009 (2), S. 34-52.

Degener, Theresia (2009b): Die UN-Behindertenrechtskonvention als Inklusionsmotor. In: Recht der Jugend und des Bildungswesens 2009 (2), S. 200-219.

Diederichsen, Uwe (2012): Kommentierung zu § 1896. In: Otto Palandt (Begr.): Bürgerliches Gesetzbuch. 71. Auflage. München: C.H. Beck.

Ellenberger, Jürgen (2012): Kommentierung zu § 104. In: Otto Palandt (Begr.): Bürgerliches Gesetzbuch. 71. Auflage. München: C.H. Beck.

Evers-Meyer, Karin (2009): Das Übereinkommen der Vereinten Nationen über die Rechte von Menschen mit Behinderungen – Aufbruch in einen neuen Betreuungsbegriff? In: Betreuungsrechtliche Praxis 2009 (3), S. 97-100.

Ganner, Michael / Peter Barth (2010): Die Auswirkungen der UN-Behindertenrechtskonvention auf das österreichische Sachwalterrecht. In: Betreuungsrechtliche Praxis 2010 (5), S. 204-208.

Geppert, Klaus (1992): Zum »fair-trial-Prinzip« nach Art. 6 Abs. 1 Satz 1 der Europäischen Menschenrechtskonvention. In: JURA 1992, S. 597-604.

Götze, Bernd (2011): Kommentierung zu § 2. In: Karl Hauck / Wolfgang Noftz (Hg.): SGB IX. Rehabilitation und Teilhabe behinderter Menschen. Kommentar. Stand April 2011. Berlin: Erich Schmidt.

Haase, Katrin (2006): Die Anforderungen an ein faires Gerichtsverfahren auf europäischer Ebene. Taunusstein: Driesen.

Hellmann, Ulrich (2010): Zur Beachtlichkeit der Wünsche des Betreuten. In: Rechtsdienst der Lebenshilfe 2010 (2), S. 77-78.

Hüßtege, Rainer (2012): Kommentierung zu § 53. In: Heinz Thomas / Hans Putzo (Begr.): Zivilprozessordnung mit Gerichtsverfassungsgesetz, den Einführungsgesetzen und europarechtlichen Vorschriften. 33. Auflage. München: C.H. Beck.

Jarass, Hans (2011): Kommentierung zu Art. 20. In: Hans Jarass / Bodo Pieroth (Hg.): Grundgesetz für die Bundesrepublik Deutschland. 11. Auflage. München: C.H. Beck.

Keller, Wolfgang (1994): Rechtsprobleme bei der Feststellung der Prozeßfähigkeit von Beteiligten im Sozialgerichtsverfahren. In: Die Sozialgerichtsbarkeit 1994, S. 559-562.

Keller, Wolfgang (2012): Einleitung vor § 60. In Jens Meyer-Ladewig / Wolfgang Keller / Stephan Leitherer, Sozialgerichtsgesetz: SGG. 10. Auflage. München: C.H. Beck.

Knickrehm, Sabine (2008): Die Feststellung nach § 69 SGB IX im Lichte des »modernen« Behinderungsbegriffs. In: Die Sozialgerichtsbarkeit 2008, S. 220-227.

Knittel, Bernhard (2010): Kommentierung zu § 2. In: Bernhard Knittel (Hg.): SGB IX Kommentar – Jahrbuch 2010. Rehabilitation und Teilhabe behinderter Menschen. 4. Auflage. Köln: Luchterhand.

Knothe, Hans-Georg (2004): Vorbemerkungen zu §§ 104-115. In: Julius von Staudinger (Begr.): J. von Staudingers Kommentar zum Bürgerlichen Gesetzbuch: Buch 1: Allgemeiner Teil. §§ 90-133; §§ 1-54, 63 Beurkundungsgesetz. Neubearbeitung 2004. Berlin: Sellier-de Gruyter.

Kopp, Ferdinand O. / Ulrich Ramsauer (2011): Verwaltungsverfahrensgesetz. 12. Auflage. München: C.H. Beck

Lachwitz, Klaus (2007): UNO-Generalversammlung verabschiedet Konvention zum Schutz der Rechte behinderter Menschen. Teil 1 und Teil 2. In: Rechtsdienst der Lebenshilfe 2007 (1), S. 37-42 und 2007 (2), S. 37-40.

Lachwitz, Klaus (2008): Übereinkommen der Vereinten Nationen über die Rechte von Menschen mit Behinderung. In: Betreuungsrechtliche Praxis 2008 (4), S. 143-148.

Lachwitz, Klaus (2011): Das Betreuungsrecht und das Recht der Geschäftsfähigkeit gehören auf den Prüfstand! Die Antwort der Bundesregierung zur Reform des Betreuungsrechts (BT-Drs. 17/5323) überzeugt nicht! In: Rechtsdienst der Lebenshilfe 2011, S. 53-55.

Laubinger, Hans Werner / Ulrich Repkewitz (1994): Der Betreute im Verwaltungsverfahren und Verwaltungsprozeß. In: Verwaltungsarchiv 85, S. 86-121.

Leitherer, Stephan (2012): Kommentierungen zu § 71, § 72 und § 92. In: Jens Meyer-Ladewig / Wolfgang Keller / Stephan Leitherer, Sozialgerichtsgesetz. 10. Auflage. München: C.H. Beck.

Lipp, Volker (2000): Freiheit und Fürsorge: Der Mensch als Rechtsperson. Zu Funktion und Stellung der Rechtlichen Betreuung im Privatrecht. Tübingen: Mohr Siebeck.

Lipp, Volker (2008): Rechtliche Betreuung und das Recht auf Freiheit. In: Betreuungsrechtliche Praxis 2008 (2), S. 51-56.

Lipp, Volker (2010): UN-Behindertenrechtskonvention und Betreuungsrecht. In: Betreuungsrechtliche Praxis 2010 (6), S. 263-267.

Luthe, Ernst-Wilhelm (2009): Die Behinderung nach § 2 Abs. 1 SGB IX, ihr Gesellschaftsbegriff und die ICF. In: Die Sozialgerichtsbarkeit 2009, S. 569-575.

Luthe, Ernst-Wilhelm (2010): Kommentierung zu § 1. In: Rainer Schlegel / Thomas Voelzke (Hg.): juris PraxisKommentar SGB IX. Rehabilitation und Teilhabe behinderter Menschen. Saarbrücken: juris.

Marschner, Rolf (2009): UN-Konvention über die Rechte von Menschen mit Behinderungen – Auswirkungen auf das Betreuungs- und Unterbringungsrecht. In: Recht und Psychiatrie 27, S. 135-137.

Masuch, Peter (2004): Die Beeinträchtigung der Teilhabe in der Gesellschaft – Die Rechtsprechung des Bundessozialgerichts auf dem Weg zum neuen Behinderungsbegriff. In: Matthias von Wulffen (Hg.): Festschrift 50 Jahre Bundessozialgericht. Köln: Heymann, S. 199-219.

Masuch, Peter (2011): Die UN-Behindertenrechtskonvention anwenden! In: Christine Hohmann-Dennhardt / Peter Masuch / Mark Villiger (Hg.): Festschrift für Renate Jaeger. Grundrechte und Solidarität – Durchsetzung und Verfahren. Kehl am Rhein: Engel, S. 245-263.

Müller, Gabriele (1998): Betreuung und Geschäftsfähigkeit. Bielefeld: Gieseking.

Musielak, Hans-Joachim (1997): Die Beweislastregelung bei Zweifeln an der Prozeßfähigkeit. In: Neue Juristische Wochenschrift 50, S. 1736-1741.

Neumann, Volker (2009): § 5 – Begriff der Behinderung. In: Olaf Deinert / Volker Neumann (Hg.): Rehabilitation und Teilhabe behinderter Menschen: Handbuch SGB IX. 2. Auflage. Baden-Baden: Nomos.

Peters, Horst / Theodor Sautter / Richard Wolff (2007): Kommentar zur Sozialgerichtsbarkeit: ausführliche Erläuterungen zum Sozialgerichtsgesetz. 4. Auflage, 84. Lieferung. Stuttgart: Kohlhammer.

Rothfritz, Lauri Philip (2010): Die Konvention der Vereinten Nationen zum Schutz der Rechte von Menschen mit Behinderungen. Eine Analyse unter Bezugnahme auf die deutsche und europäische Rechtsebene. Frankfurt am Main: Peter Lang.

Schulte (2010): Das Übereinkommen der Vereinten Nationen über die Rechte von Menschen mit Behinderungen. In: Zeitschrift für Sozialhilfe und Sozialgerichtsbarkeit 2010, S. 657-677.

Spickhoff, Andreas (2008): Autonomie und Heteronomie im Alter. In: Archiv für die civilistische Praxis 208, S. 345-415.

Vogelgesang, Klaus (2012): Kommentierung zu § 15. In: Karl Hauck / Wolfgang Noftz (Hg.): Sozialgesetzbuch (SGB) X: Verwaltungsverfahren, Schutz der Sozialdaten, Zusammenarbeit der Leistungsträger und ihre Beziehungen zu Dritten. Kommentar. Berlin: Erich Schmidt.

Vollkommer, Max (2012): Einleitung und Kommentierung zu § 52. In: Richard Zöller (Hg.): Zivilprozessordnung: ZPO. Mit Gerichtsverfassungsgesetz und den Einführungsgesetzen, mit Internationalem Zivilprozessrecht, EG-Verordnungen, Kostenanmerkungen. 29. Auflage. München: C.H. Beck

von Wulffen, Matthias (2010): SGB X. Sozialverwaltungsverfahren und Sozialdatenschutz. Kommentar. 7. Auflage. München: C.H. Beck

Wedemann, Frauke (2009): Die Rechtsfolgen der Geschäftsunfähigkeit. In: Archiv für civilistische Praxis 209, S. 668-705.

Wedemann, Frauke (2010): Die Geschäftsunfähigkeit. In: JURA 2010, S. 587-594.

Welti, Felix (2005): Behinderung und Rehabilitation im sozialen Rechtsstaat – Freiheit, Gleichheit und Teilhabe behinderter Menschen. Tübingen: Mohr Siebeck.

Wunder, Michael (2011): Die UN-Konvention zu den Rechten behinderter Menschen – Ein Prüfstein für Fragen der gesetzlichen Betreuung und der Zwangsmaßnahmen. In: Betrifft JUSTIZ 105, S. 5-7.

Materialverzeichnis

Deutscher Bundestag (2001): Fraktionen der SPD und Bündnis 90 / Die Grünen, Entwurf eines Sozialgesetzbuchs – Neuntes Buch – (SGB IX) – Rehabilitation und Teilhabe behinderter Menschen. Bundestags-Drucksache 14/5074 vom 16.01.2001.

Deutscher Bundestag (2002): Beschlussempfehlung und Bericht des Rechtsausschusses (6. Ausschuss) zu dem Gesetzentwurf der Bundesregierung – Drucksache 14/8763. Bundestags-Drucksache 14/9266 vom 05.06.2002.

Deutscher Bundestag (2008): Entwurf der Bundesregierung: Entwurf eines Gesetzes zu dem Übereinkommen der Vereinten Nationen vom 13. Dezember 2006 über die Rechte von Menschen mit Behinderungen sowie zu dem Fakultativprotokoll vom 13. Dezember 2006 zum Übereinkommen der Vereinten Nationen über die Rechte von Menschen mit Behinderungen. Bundestags-Drucksache 16/10808 vom 08.11.2008.

Deutscher Bundestag (2009): Bericht des Petitionsausschusses (2. Ausschuss). Bitten und Beschwerden an den Deutschen Bundestag. Die Tätigkeit des Petitionsausschusses des Deutschen Bundestages im Jahr 2008. Bundestags-Drucksache 16/13200 vom 17.06.2009.

Deutscher Bundestag (2011): Antwort der Bundesregierung auf die Große Anfrage der Abgeordneten Ingrid Hönlinger, Markus Kurth, Volker Beck (Köln), weiterer Abgeordneter und der Fraktion BÜNDNIS 90/DIE GRÜNEN. Bundestags-Drucksache 17/5323 vom 01.04.2011.

EGMR (Europäischer Gerichtshof für Menschenrechte) (2010): Leitfaden zu den Zulässigkeitsvoraussetzungen. http://www.echr.coe.int/NR/rdonlyres/DF41252D-3ED8-4E0F-B4EA-E7BBE70428A7/0/DEU_Guide_pratique.pdf?

Weltgesundheitsorganisation (2001): International Classification of Functioning, Disability and Health. 22.05.2001.

Die Rechts- und Handlungsfähigkeit im Arbeitsgerichtsverfahren und im verfahrensrechtlichen Bestandsschutz des Arbeitsverhältnisses

Wolfhard Kohte und Claudia Beetz

I. Einleitung

Artikel 12 der UN-Behindertenrechtskonvention (UN-BRK) verlangt im Interesse der Inklusion behinderter Menschen eine Überprüfung der bisherigen Sichtweise und Praxis der Kategorien der Geschäfts- und Prozessunfähigkeit.[1] Artikel 12 Absatz 2 UN-BRK sieht vor, dass Menschen mit Behinderungen gleichberechtigt Rechts- und Handlungsfähigkeit zusteht, eine Behinderung allein darf nicht zu einem Ausschluss der rechtlichen Handlungsfähigkeit führen.[2] Dieser Grundsatz wird durch Artikel 12 Absatz 3 UN-BRK ergänzt, wonach Menschen mit Behinderungen bei der Ausübung ihrer Rechts- und Handlungsfähigkeit Unterstützung zu gewähren ist; an die Stelle des Leitbilds der »ersetzenden Entscheidungsfindung« (substituted decision) tritt das Leitbild der »unterstützten Entscheidungsfindung« (supported decision).[3] Nach Artikel 13 UN-BRK haben die Vertragsstaaten darüber hinaus für Menschen mit Behinderungen gleichberechtigt mit anderen Personen wirksamen Zugang zur Justiz unter anderem durch verfahrensbezogene und altersgemäße Vorkehrungen zu gewährleisten.

Die bisherigen Regelungen im deutschen Recht und ihre praktische Auslegung können behinderte Menschen benachteiligen, so dass diese in ihren Teilhaberechten im Verwaltungs- und Gerichtsverfahren unzulässig beschränkt werden. Die geltenden Vorschriften bewegen sich dabei im Spannungsfeld zwischen Selbst- und Fremdbestimmung, die Anforderungen der UN-BRK können hier wichtige Impulse setzen. Dies soll an Hand eines ersten praktischen Beispiels aus der Arbeitsgerichtsbarkeit verdeutlicht werden.

Das Bundesarbeitsgericht hatte am 28. Mai 2009[4] im Rahmen einer Nichtzulassungsbeschwerde über die Beendigung eines Arbeitsverhältnisses durch einen

1 Schulte (2012), S. 37-38.
2 Aichele / von Bernstorff (2010), S. 201.
3 Aichele / von Bernstorff (2010), S. 203; Schulte (2011), S. 47.
4 Bundesarbeitsgericht (BAG), Beschluss vom 28.05.2009, Aktenzeichen 6 AZN 17/09, abgedruckt in NJW 2009, S. 3051; dazu Anmerkung Kohte / Weber (2009).

Aufhebungsvertrag zu entscheiden. Anknüpfungspunkt für die Nichtzulassungsbeschwerde[5] war die Verletzung des rechtlichen Gehörs des Klägers.

Der Kläger war bei der Beklagten – einem städtischen Eigenbetrieb für Abfallwirtschaft – zunächst bei der Müllabfuhr und zuletzt bei der Straßenreinigung beschäftigt. Bei ihm war auf Grund einer Behinderung, die auf einer frühkindlichen hirnorganischen Störung beruhte und sich im Bereich zwischen Lern- und geistiger Behinderung bewegte, ein Grad der Behinderung von 80 festgestellt worden.

Aufgrund eines verbalen Konflikts zwischen dem Kläger und dessen Vorarbeiter fand ein Personalgespräch statt, an dem auch der Sozialbetreuer des Klägers teilnahm. Nach der Entschuldigung des Klägers gegenüber dem Vorarbeiter wurde der Kläger darauf hingewiesen, dass es trotzdem zu einer Abmahnung komme. Daraufhin sprang er auf und rief laut: »Ich kündige.« Er verließ anschließend den Raum – auch dem Sozialbetreuer gelang es nicht, ihn zu beruhigen. Der weitere Verlauf ist zwischen den Parteien streitig. Unstreitig kam es zum Abschluss eines Aufhebungsvertrages.

Die erste Instanz hatte zunächst festgestellt, dass der Kläger zum Zeitpunkt der Unterzeichnung des Aufhebungsvertrages zeitweilig geschäftsunfähig im Sinne von § 105 Absatz 2 des Bürgerlichen Gesetzbuches (BGB) gewesen sei. Dies griff die Beklagte mit ihrer Berufung an. Argumentativ berief sie sich zunächst darauf, dass die Geschäftsunfähigkeit zum Zeitpunkt der Unterzeichnung des Aufhebungsvertrages nicht hinreichend nachgewiesen worden sei. Hilfsweise trug sie vor, dass der Kläger nicht nur zeitweise geschäftsunfähig gewesen sei, sondern dass sich dieser Zustand auch auf den Zeitpunkt der Klageerhebung sowie der Erteilung der Prozessvollmacht an seinen Rechtsanwalt erstreckt habe.

Das Landesarbeitsgericht (LAG) holte daraufhin ein amtsärztliches Gutachten zur Prozess- und Geschäftsunfähigkeit des Klägers ein. Im Ergebnis wies es die Klage unter Abänderung des erstinstanzlichen Urteils ab. Dies begründete das Gericht mit erheblichen Zweifeln am Bestehen der Prozessfähigkeit des Klägers. Dieser sei »ohne weiteres« als prozessunfähig zu qualifizieren.

Der 6. Senat des BAG hob das Urteil auf die Nichtzulassungsbeschwerde des Klägers auf und verwies den Rechtsstreit zur erneuten Verhandlung und Entscheidung zurück. Im Wesentlichen begründete der Senat seine Entscheidung mit einer Verletzung des Grundrechts aus Artikel 103 Absatz 1 Grundgesetz (GG) auf rechtliches Gehör durch die Verfahrensgestaltung des Landesarbeitsgerichts. Die Kritik an der Entscheidung des Landesarbeitsgerichts bezog sich dabei auf zwei unterschiedliche Punkte. Zum einen setze die Feststellung der Prozessunfähigkeit voraus, dass die sachverständigen Feststellungen sich an der ständigen Rechtspre-

5 Die fehlende Zulassung der Revision durch das Berufungsgericht dokumentiert, dass dieses Gericht nicht von einer grundsätzlichen Entscheidung, sondern von einem »Durchschnittsfall« ausgegangen war.

chung zur Kategorie der Geschäftsunfähigkeit zu orientieren hätten, was hier nicht geschehen sei. Zum anderen müsse, wenn Prozessunfähigkeit vorliege, der prozessunfähigen Person rechtliches Gehör verschafft werden; dies müsse direkt erfolgen, weil sie im Streit um ihre Prozessunfähigkeit als prozessfähig gelte. Außerdem sei die Anhörung einer gesetzlichen Vertreterin bzw. eines gesetzlichen Vertreters erforderlich. Das Gericht hätte daher darauf hinweisen müssen, dass eine Vertreterin bzw. ein Vertreter durch das Betreuungsgericht zu bestellen ist, denn der Prozessvertreter des Klägers hatte diese Möglichkeit nicht erkannt. Wenn die Bestellung einer Betreuerin oder eines Betreuers – auch im einstweiligen Rechtsschutz – nicht möglich sei, so dürfe eine prozessuale Geltendmachung der möglichen Unwirksamkeit des Aufhebungsvertrages daran nicht scheitern. Das BAG ging für diese Konstellation von der analogen Anwendung von § 57 der Zivilprozessordnung (ZPO) aus.

In diesem Beschluss wird die Problematik der Rechts- und Handlungsfähigkeit im gerichtlichen Verfahren besonders deutlich. Die direkt auf eine geistige Behinderung gestützte Prozessunfähigkeit einer klagenden Partei kann sich nach den Kategorien der UN-BRK als unzulässige Diskriminierung darstellen, die zugleich die Handlungsfähigkeit des behinderten Menschen unzulässig verkürzt. In einem ersten Schritt ist daher zu untersuchen, wie die Kategorie der Prozessunfähigkeit zu verstehen ist, welchen Einfluss die vom Bundesverfassungsgericht zutreffend verlangte[6] Nutzung der UN-BRK als Auslegungshilfe[7] für das Verfahrensrecht haben kann und ob eine generelle Korrektur des geltenden deutschen Rechts der Prozessunfähigkeit erforderlich ist.[8]

II. Prozessfähigkeit/Geschäftsfähigkeit[9]

Die für das Arbeitsgerichtsverfahren nach § 46 des Arbeitsgerichtsgesetzes (ArbGG) weitgehend maßgebliche Zivilprozessordnung knüpft in § 51 ZPO für die Feststellung der Prozessfähigkeit an die Kategorien des bürgerlichen Rechts an. Nach § 52 ZPO ist Voraussetzung für die Prozessfähigkeit die Fähigkeit, sich vertraglich binden zu können. Damit bestimmt sich die Prozessfähigkeit nach der in § 104 BGB normierten Geschäftsfähigkeit. Ob Prozessunfähigkeit in einem Ver-

6 Bundesverfassungsgericht (BVerfG), Beschluss vom 23.03.2011, Aktenzeichen 2 BvR 882/09, Rdnr. 52, abgedruckt in NJW 2011, S. 2113, 2115.

7 Dem BVerfG folgt jetzt offenkundig der Bundesgerichtshof (BGH): Beschluss vom 20.06.2012, Aktenzeichen XII ZB 99/12, im Anschluss an Landgericht Stuttgart, Beschluss vom 16.02.2012, Aktenzeichen 2 T 35/12, abgedruckt in BtPrax 2012, S. 125.

8 So Lachwitz (2008), S. 147.

9 Dazu auch Loytved / Frerichs in diesem Band.

fahren vorliegt, hat das Gericht von Amts wegen gemäß § 56 ZPO zu prüfen.[10] Dies kann das Gericht regelmäßig nur mit Hilfe von Sachverständigen feststellen.[11] Für das bei der Kündigung schwerbehinderter Menschen zusätzlich zu beachtende Verwaltungsverfahrensrecht sind diese Kategorien in § 12 Verwaltungsverfahrensgesetz und § 11 Sozialgesetzbuch (SGB) X übernommen worden, so dass sie in verwaltungs- und sozialrechtlichen Streitigkeiten auch im vorgerichtlichen Verfahren zu beachten sind.

In dem hier geschilderten Beispielsfall hatte das LAG Stuttgart die Kategorien des amtsärztlichen Gutachtens unmittelbar und kritiklos übernommen. Dieses Gutachten hatte als Folge des frühkindlichen Hirnschadens diagnostiziert, dass der Kläger nicht in der Lage sei, selbstständig notwendigen Schriftverkehr und Behördenangelegenheiten zu bewältigen. Zudem sei er nicht in der Lage, mit Sachverhalten, die alltagsbezogene Zusammenhänge überstiegen, umzugehen. Diese Ausführungen sind ein Schulbeispiel für Exklusion wegen geistiger Behinderung. Mit deutlichen Worten kritisierte der 6. Senat des BAG dieses Vorgehen:[12]

> Allein aus fehlenden oder eingeschränkten Fähigkeiten zum Lesen, Schreiben oder Rechnen sowie Schwierigkeiten, schriftliche Unterlagen zu verstehen, ergibt sich deshalb noch keine Geschäftsunfähigkeit, weil daraus nicht folgt, dass der Betroffene keine eigene Willensentscheidung treffen kann.

Damit dokumentiert dieses Verfahren grundlegende Probleme in der Bestimmung von Geschäftsunfähigkeit und damit auch Prozessunfähigkeit. Das Verständnis einer »medizinisch definierten Behinderung« geht von einem »Defizitmodell« aus und sieht Personen, die sich zum Beispiel auf Grund einer hirnorganischen Störung abweichend verhalten, allein aus diesem Grund als geschäfts- und prozessunfähig an. Dies ist bereits mit der persönlichkeitsrechtlich orientierten ständigen Praxis des Bundesverfassungsgerichts nicht vereinbar, das zutreffend eine »Vernunfthoheit« staatlicher Organe über den Grundrechtsträger ablehnt, mit der dessen Wille allein deshalb beiseite geschoben werden dürfe, weil er von durchschnittlichen Präferenzen abweicht oder aus der Außensicht unvernünftig erscheint.[13]

Geschäftsunfähigkeit kann somit nicht aus einer medizinischen Behinderung abgeleitet werden, sondern ausschließlich aus der Unfähigkeit, autonom nach dem

10 BGH, Urteil vom 09.01.1996, Aktenzeichen VI ZR 94/95, abgedruckt in NJW 1996, 1059, mit Anmerkung Oda (1997b), S. 111.

11 Lindacher (2008), § 52, Rdnr. 12; ausführlich zu den Anforderungen an ein solches Gutachten: Weber (2011).

12 BAG, Beschluss vom 28.05.2009, Aktenzeichen 6 AZN 17/09, Rdnr. 9, abgedruckt in NJW 2009, S. 3051, 3052.

13 BVerfG, Beschluss vom 23.03.2011, Aktenzeichen 2 BvR 882/09, Rdnr. 55, abgedruckt in NJW 2011, S. 2113, 2116 unter Bezugnahme auf zwei frühere Entscheidungen (Beschluss vom 07.10.1981, Aktenzeichen 2 BvR 1194/80, abgedruckt in NJW 1982, S. 691, 693 und Beschluss vom 23.03.1998, Aktenzeichen 2 BvR 2270/96, abgedruckt in NJW 1998, S. 1774, 1775).

eigenen Willen zu handeln.[14] Es geht also nicht um Krankheit und Behinderung, sondern um tiefgreifende Störungen der Willensautonomie. Da die Geschäftsfähigkeit der Regelfall ist, kann die Geschäftsunfähigkeit nur für den Ausnahmefall bejaht werden.[15] Daher reichen allein abweichende Verhaltensweisen und geringe Intelligenzquotienten nicht aus. Dies ist in Rechtsprechung und Literatur seit vielen Jahren zwar grundsätzlich anerkannt,[16] wird jedoch in der praktischen Umsetzung so nicht immer durchgehalten. Diese ist nicht selten auf der Suche nach bestimmten Intelligenzquotienten, von denen ab generell Prozess- und Geschäftsunfähigkeit anzunehmen sei.[17]

Diese Praxis zeigt die großen Widerstände, die sich im Alltag jeder Inklusionspolitik entgegenstellen. Obgleich sich in der Rechtsprechung des Bundesverfassungsgerichts und der obersten Bundesgerichte die erforderlichen Kriterien für einen restriktiven Umgang mit Geschäfts- und Prozessunfähigkeit durchgesetzt haben,[18] greifen Teile der Praxis nicht selten auf ein in medizinischen Kategorien festgelegtes Defizitmodell zurück. Eine retardierende Rolle spielt dabei das medizinische Begutachtungssystem,[19] das im vorliegenden Fall vom BAG deutlich und zutreffend kritisiert worden ist. Verfahrensrechtlich ist die Rollenverteilung eindeutig: Die Sachverständigen sind nicht befugt, andere Kategorien zur Definition der Geschäftsunfähigkeit ihren Gutachten zu Grunde zu legen; vielmehr ist das Gericht gehalten, ihnen bei streitigen Sachverhalten den gerichtlich festgestellten Sachverhalt und bei offenen Kategorien das grundlegende Verständnis dieser Kategorien nach § 404a ZPO rechtzeitig mitzuteilen und in komplexeren Fällen in der mündlichen Verhandlung auch mit den Sachverständigen in einen rechtlich geleiteten Diskurs einzutreten.[20]

Nach unserer Ansicht sollte aus diesen Problemen jedoch nicht der Schluss gezogen werden, dass die Kategorien der Geschäfts- und Prozessunfähigkeit generell als menschenrechtswidrig zu verabschieden sind. Der Schutz der freien Selbstbestimmung kann im Einzelfall Eingriffe legitimieren, wenn der Eingriff als ultima

14 So auch: Degener (2009), S. 45.

15 BGH, Urteil vom 19.06.1970, Aktenzeichen IV ZR 83/69, abgedruckt in NJW 1970, S. 1680, 1681; Oberlandesgericht (OLG) München, Beschluss vom 04.11.2009, Aktenzeichen 33 Wx 285/09, abgedruckt in FamRZ 2010, S. 756, 757; Landessozialgericht (LSG) Sachsen-Anhalt, Beschluss vom 03.02.2012, Aktenzeichen L 5 AS 276/10 B ER, Rdnr. 32; Schmitt (2012), § 104, Rdnr. 21.

16 BGH, Urteil vom 05.12.1995, Aktenzeichen XI ZR 70/95, abgedruckt in NJW 1996, 918; Ellenberger (2012), § 104, Rdnr. 4.

17 Dazu zum Beispiel OLG Düsseldorf, Urteil vom 11.07.1995, Aktenzeichen 4 U 169/94, abgedruckt in VersR 1996, S. 1493; OLG Köln, Beschluss vom 24.01.2011, Aktenzeichen 11 U 199/10, abgedruckt in MDR 2011, S. 649.

18 Vgl. dazu bereits BGH, Urteil vom 06.05.1965, Aktenzeichen III ZR 229/64, abgedruckt in WM 1965, S. 895; Bayerisches Oberstes Landesgericht, Beschluss vom 14.09.2001, Aktenzeichen 1 Z BR 124/00, abgedruckt in FamRZ 2002, S. 1066.

19 Dazu auch Knittel (2012), S. 150.

20 Dazu ausführlich Weber (2011).

ratio und auf verfahrensrechtlich einwandfreier Grundlage erfolgt.[21] Die vom Bundesverfassungsgericht praktizierte Nutzung der UN-BRK als Auslegungshilfe für das deutsche Recht[22] ist daher ein wichtiges Instrument, um eine diskriminierende »medizinische« Auslegung der Geschäfts- und Prozessunfähigkeit zu korrigieren.[23]

III. Die Schlüsselrolle des rechtlichen Gehörs

Die Exklusion der behinderten Menschen ist im beschriebenen Fall, wie auch in einigen anderen Beispielsfällen, vor allem durch die fehlerhafte Gestaltung des Verfahrensrechts bewirkt worden. Als entscheidenden Rechtsfehler hat das BAG zutreffend diagnostiziert, dass das Grundrecht des Betroffenen auf rechtliches Gehör nicht hinreichend beachtet worden ist. Nachdem Prozessunfähigkeit – hier zudem mit falscher Kategorie – bejaht worden war, wurde automatisch die Klage als unzulässig eingestuft und ohne weiteres Federlesen abgewiesen. Dies ist mit den verfassungsrechtlichen Vorgaben nicht vereinbar. Solange um Prozessfähigkeit oder -unfähigkeit gestritten wird, gilt die beteiligte Person als prozessfähig, unabhängig davon, ob sich im Nachhinein ihre Prozessunfähigkeit herausstellt.[24] Ihren Einwänden ist daher nachzugehen und ihr persönlich ist rechtliches Gehör zu gewähren. Dieser auch in der prozessrechtlichen Literatur[25] und Judikatur[26] anerkannte Grundsatz basiert auf einer vor über 50 Jahren ergangenen Entscheidung des Bundesverfassungsgerichts, die bis heute als grundlegend bewertet wird.[27] Sie geht – gestützt auch auf Artikel 1 GG[28] – davon aus, dass das Grundrecht auf rechtliches Gehör verhindern soll, dass Menschen zum Objekt auch »gut« und für-

21 Dazu am Beispiel der vergleichbaren Kategorie der Einsichtsunfähigkeit BVerfG, Beschluss vom 23.03.2011, Aktenzeichen 2 BvR 882/09, Rdnr. 47-53, abgedruckt in NJW 2011, S. 2113, 2115 unter Nutzung der UN-BRK als Auslegungshilfe.

22 Dazu Aichele (2011), S. 728.

23 So auch Degener (2009), S. 45.

24 Bundessozialgericht (BSG), Urteil vom 28.05.1957, Aktenzeichen 3 RJ 98/54, abgedruckt in BSGE 5, S. 176; Beschluss vom 03.07.2003, Aktenzeichen B 7 AL 216/02 B, abgedruckt in BSGE 91, S. 148.

25 Vollkommer (2012), § 52, Rdnr. 6, § 56, Rdnr. 13; ausführlich Kahlke (1987), S. 17-19; Oda (1997a), S. 37-38.

26 BGH, Urteil vom 23.02.1990, Aktenzeichen V ZR 188/88, abgedruckt in NJW 1990, S. 1734; Urteil vom 09.01.1996, Aktenzeichen VI ZR 94/95, abgedruckt in NJW 1996, S. 1059.

27 BVerfG, Beschluss vom 10.02.1960, Aktenzeichen 526/53 und 29/58, abgedruckt in NJW 1960, S. 811; zu ihrer aktuellen Bewertung Beschluss vom 23.03.2011, 2 BvR 882/09, Rdnr. 42, abgedruckt in NJW 2011, S. 2113, 2114; vgl. Kohte (1985), S. 151.

28 Dazu BGH, Beschluss vom 24.04.1967, Aktenzeichen AnwZ (B) 11/66, abgedruckt in BGHZ 52, S. 1, 2; vgl. Beschluss vom 22.03.1961, Aktenzeichen IV ZB 308/60, abgedruckt in BGHZ 35, S. 1, 8.

sorglich gemeinter gerichtlicher Entscheidungen gemacht werden,[29] so dass allen an einem Verfahren beteiligten Personen dieser Grundrechtsschutz unabhängig von der Kategorie der Prozessfähigkeit zustehen muss.[30]

Das Vorgehen des LAG Stuttgart im oben beschriebenen Beispielsfall war offensichtlich kein Einzelfall. Allein in den beiden letzten Jahren haben sowohl Bundesgerichtshof als auch Bundessozialgericht vergleichbares Verhalten verschiedener Berufungsgerichte diagnostiziert und gerügt. So hatte in einem zivilrechtlichen Verfahren um ärztliche Behandlungsfehler das Vorbringen des Klägers zu Zweifeln an dessen Prozessfähigkeit geführt. Da der Kläger mit einer Begutachtung nicht einverstanden war, nahm das Berufungsgericht durchgreifende Zweifel an seiner Prozessfähigkeit an und wies die Klage wegen fehlender Prozessfähigkeit ab. Auch dieses Verhalten war mit dem Grundrecht des Betroffenen auf rechtliches Gehör nicht vereinbar. Wenn man hier Prozessunfähigkeit unterstellte, so war zunächst rechtliches Gehör zu gewähren, um möglicherweise eine Betreuerin oder einen Betreuer durch das Betreuungsgericht bestellen zu lassen; so könnte selbst bei Prozessunfähigkeit die bisherige Prozessführung genehmigt werden.[31]

In einem vergleichbaren Fall hatte ebenfalls 2010 der 14. Senat des Bundessozialgerichts auf die Nichtzulassungsbeschwerde des Klägers die Verwerfung einer Berufung als unzulässig wegen mangelnder Prozessfähigkeit korrigiert. In diesem Fall hatte das Betreuungsgericht während des Berufungsverfahrens die Betreuung aufgehoben. Zwar hatte vorher der Betreuer eine Genehmigung der Prozessführung abgelehnt, doch hatte zum entscheidenden Zeitpunkt der letzten mündlichen Tatsachenverhandlung die Betreuung nicht mehr bestanden. Dies hinderte zwar nicht schlechthin die Annahme einer Prozessunfähigkeit, diese bedurfte jedoch nicht nur näherer Feststellungen, sondern wiederum auch der Gewährung rechtlichen Gehörs.[32]

Die bemerkenswerte Parallelität dieser Verfahren, in denen jeweils eindeutige verfassungsrechtliche Defizite in der Verfahrensgestaltung der Berufungsgerichte diagnostiziert wurden, bedarf einer weitergehenden Diskussion. Zunächst ist festzuhalten, dass die Verfahrensrechte geistig behinderter bzw. psychisch kranker Menschen in diesen Prozessen als zu vernachlässigende Größe behandelt wurden. Anstatt des »kurzen Prozesses«, der zu einer vermeintlich »einfachen« Erledigung durch Verneinung der Zulässigkeit der Klage führte, wäre hier der unmittelbare Dialog mit den aus der Sicht des Gerichts schwierigen Klägern erforderlich gewe-

29 Dazu bereits BVerfG, Beschluss vom 18.06.1957, Aktenzeichen 1 BvR 41/57, abgedruckt in NJW 1957, S. 1228 und Zweigert (1952), S. 325 sowie Röhl (1956), S. 309.

30 Jarass / Pieroth (2011), Art. 103, Rdnr. 6; Kunig (2012), Art. 103, Rdnr. 7 mit weiteren Nachweisen.

31 BGH, Beschluss vom 09.10.2010, Aktenzeichen VI ZR 249/09, abgedruckt in NJW-RR 2011, S. 284.

32 BSG, Beschluss vom 18.02.2010, Aktenzeichen B 14 AS 141/09 B.

sen, da diese insoweit als prozessfähig zu gelten hatten. Insoweit blieben diese Gerichte hinter dem Stand der verfassungsgerichtlichen Judikatur zurück; auch das SGB IX und sein sozialer Behinderungsbegriff sind dort offensichtlich noch nicht angekommen.

Bis zur Entscheidung über die Prozessfähigkeit ist die betroffene Person als prozessfähig anzusehen.[33] Eine Feststellung über die Prozessfähigkeit kann erst dann getroffen werden, wenn die Person dazu angehört worden ist, ihr ist das von Artikel 103 Absatz 1 GG geforderte rechtliche Gehör zu gewähren.[34] Dabei ist die persönliche Anhörung der vom Gericht als prozessunfähig qualifizierten Partei zur Wahrung des rechtlichen Gehörs nicht ausreichend,[35] das Gericht darf die Klage auch nach einer solchen Anhörung nicht ohne weiteres als unzulässig abweisen.[36] Das Gericht, das von Prozessunfähigkeit ausgeht, muss vielmehr auch eine Vertreterin oder einen Vertreter der als prozessunfähig eingestuften Partei anhören. Um das rechtliche Gehör zu wahren, aber auch, um den Prozess fortsetzen zu können, hat das Prozessgericht daher nach § 56 Absatz 2 ZPO eine Frist zur Behebung des Mangels der Prozessfähigkeit zu setzen. Dies ist prozessrechtlich möglich, da es sich bei der fehlenden Prozessfähigkeit um einen zum Beispiel durch die Einrichtung einer Betreuung behebbaren Mangel handelt.[37] Hierauf hat das Gericht insbesondere dann hinzuweisen (§ 139 ZPO), wenn die Prozessvertreterin bzw. der Prozessvertreter der Partei einem Irrtum darüber unterlag, wie eine solche Vertretung bestellt werden kann.[38]

Das rechtliche Gehör ist jedoch nicht eine Kompensation für fehlende Prozessfähigkeit, denn ein mögliches Ergebnis der Anhörung kann auch eine Verfahrensgestaltung sein, in der die betroffene Person Unterstützung bei der Wahrnehmung von Teilhaberechten erhält. Wichtige Instrumente enthält das Betreuungsrecht, das in dem Verfahren am LAG Stuttgart allen Beteiligten unbekannt geblieben war. Zutreffend hat der 6. Senat des BAG darauf verwiesen, dass im Rahmen des rechtlichen Gehörs zunächst das Betreuungsgericht einzuschalten ist, denn das Betreu-

33 BGH, Beschluss vom 09.10.2010, Aktenzeichen VI ZR 249/09, abgedruckt in NJW-RR 2011, S. 284; Urteil vom 23.02.1990, Az. V ZR 188/88, abgedruckt in BGHZ 110, S. 294; BAG, Urteil vom 20.01.2000, Aktenzeichen 2 AZR 733/98, abgedruckt in BAGE 93, S. 248.

34 BGH, Beschluss vom 09.10.2010, Aktenzeichen VI ZR 249/09, abgedruckt in NJW-RR 2011, S. 284; BAG, Beschluss vom 28.05.2009, Aktenzeichen 6 AZN 17/09, abgedruckt in NJW 2009, S. 3051; BGH, Urteil vom 04.11.1999, Aktenzeichen III ZR 306/98, abgedruckt in NJW 2000, S. 289, 290; OLG München, Beschluss vom 07.11.2006, Aktenzeichen 34 Wx 79/06, abgedruckt in NJW-RR 2007, S. 735, 736.

35 BGH, Beschluss vom 09.10.2010, Aktenzeichen VI ZR 249/09, abgedruckt in NJW-RR 2011, S. 284.

36 BAG, Beschluss vom 28.05.2009, Aktenzeichen 6 AZN 17/09, abgedruckt in NJW 2009, S. 3051.

37 Weber (2011) mit weiteren Nachweisen.

38 BGH, Beschluss vom 09.10.2010, Aktenzeichen VI ZR 249/09, abgedruckt in NJW-RR 2011, S. 284; BAG, Beschluss vom 28.05.2009, Aktenzeichen 6 AZN 17/09, abgedruckt in NJW 2009, S. 3051.

ungsrecht kennt auch verschiedene Unterstützungsformen, deren Nutzung gegenüber der Feststellung von Prozessunfähigkeit vorrangig ist.

Das Betreuungsgericht muss in jedem Einzelfall prüfen, ob die Betreuung erforderlich ist oder ob die betroffene Person in der Lage ist, eine eigene Vollmacht zu erteilen und sich auf diese Weise eine Unterstützung ihres Vertrauens zu sichern. Auch wenn eine solche Vollmacht nicht erteilt wird bzw. werden kann, bedeutet die Bestellung einer Betreuerin oder eines Betreuers nicht automatisch das Fehlen der Geschäfts- oder Prozessfähigkeit. Das Betreuungsgericht kann zügigen Rechtsschutz vermitteln und eine vorläufige Betreuerin oder einen vorläufigen Betreuer gemäß §§ 300 ff. FamFG[39] bestellen bzw. die Bestellung der Betreuerin oder des Betreuers auf den konkreten Prozess beschränken, wenn eine Betreuung darüber hinaus nicht gemäß § 1896 Absatz 2 BGB erforderlich ist.[40]

Bemerkenswert war in den hier erläuterten Beispielsfällen, dass auch die Prozessvertreter der behinderten Menschen in der Berufungsinstanz keine sachgerechten Anträge stellten. Sie meinten, dass das Prozessgericht eine Pflegerin bzw. einen Pfleger bestellen müsse. Dies entspricht – mit Ausnahme der Bestimmung des § 72 SGG[41] – nicht der bisherigen prozessrechtlichen Systematik, in der die Lösung vorrangig am Betreuungsgericht gesucht werden soll. Weiterführend muss es jedoch nachdenklich stimmen, dass auch nach 20 Jahren die Instrumente des Betreuungsrechts für eine passende Problemlösung nicht gefunden werden.

IV. Auf der Suche nach präventiven Assistenzlösungen

In den hier dokumentierten Verfahren hatten die betroffenen Personen versucht, den Prozess und ihre eigene Sache durchaus aktiv zu führen, bedurften jedoch einer auf die Besonderheiten ihrer Behinderung bezogenen Unterstützung, die in diesen Fällen durch die jeweiligen, von den behinderten Menschen bestellten Rechtsanwälte nicht geleistet wurden. Zu diskutieren ist, ob mit dem Leitbild der »unterstützten Entscheidungsfindung« (supported decision) die Betroffenen mit ihren Energien ernst genommen werden und die Unterstützung erhalten können, die sie für die jeweiligen, nicht einfach zu bewältigenden Verfahrensaufgaben benötigen. Damit stellt sich die Frage, ob diese Unterstützung zeitlich weiter nach vorn verlegt wird und bereits eingreifen kann, bevor eine Kündigung ausgesprochen bzw. ein

39 Gesetz über das Verfahren in Familiensachen und in den Angelegenheiten der freiwilligen Gerichtsbarkeit.

40 Vollkommer (2012), § 56 Rdnr. 11; Bork (2004), §§ 51, 52, Rdnr. 38.

41 Dazu Bayerisches LSG, Beschluss vom 07.04.1999, Aktenzeichen L 13 B 56/99, abgedruckt in NZS 1999, S. 416.

Aufhebungsvertrag vereinbart ist. Dies zeigt anschaulich eine weitere aktuelle arbeitsgerichtliche Entscheidung.[42]

In diesem Verfahren stritten die Parteien ebenfalls um die Wirksamkeit eines Aufhebungsvertrages. Ein knapp 50 Jahre alter, seit zwölf Jahren in einer Schule angestellter Lehrer hatte wegen Alkoholabhängigkeit fachliche und disziplinarische Probleme. Im Frühjahr 2009 fand eine sechswöchige stationäre Entgiftung und Rehabilitation statt. Der Lehrer war noch mehrere Wochen nach der Entlassung aus der Rehabilitation arbeitsunfähig und sollte Anfang Juli 2009 wieder seine Arbeit aufnehmen. Am ersten vorgesehenen Arbeitstag erschien er nicht zur Arbeit und täuschte dem Arbeitgeber gegenüber einen nicht existenten Verhinderungsgrund vor. Am nächsten Tag fand ein Gespräch in der Schule mit drei Vertretern des Arbeitgebers statt; nach einer Bedenkzeit von 15 Minuten unterschrieb er einen Aufhebungsvertrag, um die ihn belastende Gesprächssituation zu beenden. Im Oktober 2009 wurde eine Betreuung angeordnet; im weiteren Verlauf des Prozesses wurde unstreitig, dass der sozialmedizinische Befund, der im Betreuungsverfahren zu Grunde gelegt worden war, bereits im Sommer 2009 während des entscheidenden Konflikts, der zur Beendung des Arbeitsverhältnisses geführt hatte, bestanden hatte. Der Lehrer erklärte im September 2009 die Anfechtung seiner Willenserklärung und berief sich vor allem auf eine situative Geschäftsunfähigkeit nach § 105 Absatz 2 BGB. Nach ausführlicher Beweisaufnahme scheiterte die Klage am Berufungsgericht, das zwar eine relative, jedoch keine partielle Geschäftsunfähigkeit bejaht hatte. Sachverständig war eine Drucksituation und eine Überforderung festgestellt worden, die im Zusammenhang mit der Alkoholabhängigkeit stand; diese hätte jedoch nicht das für § 105 BGB erforderliche Stadium des Ausschlusses freier Willensbildung erreicht. Das Verhalten des Arbeitgebers könne auch nicht als rechtswidrige Drohung im Sinne des § 123 BGB qualifiziert werden. Weitere Unwirksamkeitsgründe für den Aufhebungsvertrag wurden nicht thematisiert.

Der Sachverhalt zeigt anschaulich, dass die Dichotomie von Geschäftsfähigkeit und Geschäftsunfähigkeit sowie Prozessfähigkeit und Prozessunfähigkeit nicht immer die notwendige Differenzierung ermöglicht. Aus unserer Sicht ist es eindeutig, dass der Lehrer in der Verhandlung mit drei Vertretern der Schulleitung am ersten Tag nach seiner Therapie allein auf sich gestellt mit einer Bedenkzeit von nur 15 Minuten in einer strukturellen Unterlegenheit war, die kein faires Verhandeln ermöglichte, so dass eine Unwirksamkeit des Aufhebungsvertrags begründbar war.[43] Es gab jedoch auch Wege zu einer geeigneten Unterstützung: Nach den im Sommer 2009 erstellten ersten ärztlichen Bescheinigungen war hier eine Betreuung

42 Landesarbeitsgericht Kiel, Urteil vom 03.04.2012, Aktenzeichen 1 Sa 577 a/10.

43 Vgl. Lorenz (1997), S. 282; Däubler (2011), Anhang zu § 623 BGB, Rdnr. 105 ff.; zur Notwendigkeit, sachkundigen Rat in Drucksituationen in Anspruch nehmen zu können: Landesarbeitsgericht Thüringen, Urteil vom 10.09.1998, Aktenzeichen 5 Sa 104/97, abgedruckt in NZA-RR 1999, S. 399.

einzurichten, die nach § 300 FamFG kurzfristig hätte angeordnet werden können, so dass das Gespräch nicht ohne Beteiligung einer Betreuerin oder eines Betreuers hätte geführt werden können. Vor allem aber war es hier geboten, vor der Arbeitsaufnahme zunächst ein betriebliches Eingliederungsmanagement (BEM) nach § 84 Absatz 2 SGB IX anzubieten, das mit einer stufenweisen Wiedereingliederung nach § 28 SGB IX zu verbinden war. Auf diese Weise hätte die Drucksituation vermieden werden können. In einem solchen Verfahren wäre auch eine Assistenz- bzw. Beistandsregelung möglich gewesen. Das pflichtwidrige Unterlassen des betrieblichen Eingliederungsmanagements kann auch einen Schadensersatzanspruch nach § 280 BGB[44] begründen, der hier zur Freistellung von dem Aufhebungsvertrag geführt hätte.

Damit zeigt dieses Beispiel, dass präventive verfahrensrechtliche Instrumente sowie die Möglichkeiten des Betreuungsrechts geeignet sind, solche Überforderungssituationen zu verhindern, indem sie eine unterstützte Entscheidungsfindung ermöglichen, so dass auf diese Weise differenziertere Ergebnisse als mit der vorrangigen Anwendung der §§ 104, 105 BGB möglich sind.

V. Unterstützte Entscheidung im verfahrensrechtlichen Kündigungsschutz

Eine bedeutende Rolle nehmen für schwerbehinderte Arbeitnehmerinnen und Arbeitnehmer die Vorschriften über den verfahrensrechtlichen Kündigungsschutz nach den §§ 85 ff. SGB IX ein.[45] Danach bedarf eine Kündigung einer schwerbehinderten Arbeitnehmerin bzw. eines schwerbehinderten Arbeitnehmers der vorherigen Zustimmung des Integrationsamtes. In diesem Verfahren sind die betroffenen schwerbehinderten Arbeitnehmerinnen und Arbeitnehmer gemäß § 87 Absatz 2 SGB IX anzuhören. Dies gilt gemäß § 121 Absatz 2 SGB IX auch im Widerspruchsverfahren. Dieser Anhörung kommt eine verfahrensrechtlich wichtige Stellung zu. Wird sie unterlassen und dieses Versäumnis nicht rechtzeitig geheilt, dann ist die Zustimmung des Integrationsamtes zur Kündigung fehlerhaft.[46] Im Hinblick auf die wichtige verfahrensrechtliche Stellung einer solchen Anhörung, die aus dem verfassungsrechtlichen Grundsatz der Gewährung des rechtlichen Gehörs abzuleiten ist,[47] und auf die besondere Stellung des schwerbehinderten Menschen ist nach überwiegender Ansicht die Gelegenheit zu einer mündlichen An-

44 Dazu nur Deinert (2011), § 84, Rdnr. 28; Schils (2009), S. 259; Düwell (2011), § 84, Rdnr. 89.
45 So auch Neumann (2010), § 85, Rdnr. 1.
46 Lampe (2008), § 87, Rdnr. 84; Düwell (2011), § 87, Rdnr. 29; Müller-Wenner / Winkler (2011), § 87, Rdnr. 29; Trenk-Hinterberger (2010), § 87, Rdnr. 31.
47 Vgl. dazu Faber (2011), § 121, Rdnr. 9.

hörung zu geben.[48] Dabei kann sich der schwerbehinderte Mensch durch einen Beistand unterstützen lassen.[49]

Diese Regelungen, die eine zwingende Anhörung des schwerbehinderten Menschen im Verwaltungsverfahren vorsehen, gehen weiter als das allgemein in § 24 SGB X normierte Anhörungserfordernis für das hier anwendbare Sozialverwaltungsverfahren.[50] Ebenso ist die Anhörung im Widerspruchsverfahren nach § 121 Absatz 2 SGB IX stärker ausgestaltet. Darin dokumentiert sich die besondere Stellung der Zustimmung des Integrationsamtes, die Arbeitnehmerinnen bzw. Arbeitnehmer und Arbeitgeberinnen bzw. Arbeitgeber betrifft,[51] indem den betroffenen Personen Gelegenheit zu geben ist, zur Sachverhaltsaufklärung beizutragen, so dass damit dem Grundsatz des rechtlichen Gehörs eine besondere Rolle zukommt. Eine Unterscheidung nach der Verfahrensfähigkeit der betroffenen Arbeitnehmerin bzw. des betroffenen Arbeitnehmers wird nicht getroffen. Mit dieser weitreichenden Regelung des Anhörungsrechts des schwerbehinderten Menschen wird die Bedeutung der rechtzeitigen Beteiligung behinderter Menschen auch im verfahrenrechtlichen Kündigungsschutz deutlich.

Den Anforderungen des Artikels 12 Absatz 2 UN-BRK, wonach für Menschen mit Behinderungen gleichberechtigte Rechts- und Handlungsfähigkeit anzuerkennen ist und diese bei deren Ausübung unterstützt werden sollen, hat auch dieses Verfahren gerecht zu werden. Körperschaften des öffentlichen Rechts sind gehalten, im Rahmen des geltenden Rechts die UN-BRK zur Anwendung zu bringen. Durch die Einrichtung einer Betreuung wird den betroffenen Menschen eine gesetzliche Stellvertreterin bzw. ein gesetzlicher Stellvertreter gemäß § 1902 BGB zur Seite gestellt. Ist die betreute Person selbst geschäfts- oder prozessfähig, führt dies zu einer Doppelzuständigkeit von betreuender und betreuter Person. Widersprechende Erklärungen werden im materiellen Recht hingenommen und über das Prioritätsprinzip typischerweise zu Gunsten der oder des Betreuten gelöst.[52] Mit den Kategorien des Betreuungsrechts ist dies konsequent, da die betreuende Person bei der Amtsführung gemäß § 1901 BGB im Innenverhältnis an die Wünsche der Betreuten bzw. des Betreuten gebunden ist, so dass eine betreuende Person nicht ohne weiteres gegen den Willen der betreuten Person handeln kann. Ein Eintritt der Betreuerin oder des Betreuers gegen den Willen der betreuten Person ist bereits nach dem bisher geltenden Recht nur möglich, wenn die bzw. der Betreute entweder nicht mehr in der Lage ist, eine eigene Entscheidung zu treffen, oder aber wenn die

48 So auch Düwell (2011), § 87, Rdnr. 29; Neumann (2010), § 87, Rdnr. 21; Vossen (2012), § 87, Rdnr. 14; Etzel (2009), §§ 85-90 SGB IX, Rdnr. 74.

49 Vgl. Rehwald (2009), § 87, Rdnr. 4.

50 Lampe (2008), § 87, Rdnr. 76.

51 So Faber (2011), § 121, Rdnr. 9.

52 Ausführlich: Müller (2011), § 1902, Rdnr. 15; vgl. BGH, Urteil vom 28.01.1974, Aktenzeichen III ZR 185/71, abgedruckt in WM 1974, S. 272, 274.

oder der Betreute die Entscheidung getroffen hat, sich durch die Betreuerin oder den Betreuer im Verfahren vertreten zu lassen.

Dies ist im Lichte der UN-BRK weiter zu präzisieren. Die Bindung an die Wünsche der betreuten Person nach § 1901 BGB hat im Grundsatz ebenso wenig wie im allgemeinen Stellvertretungsrecht Außenwirkung, so dass die Vertretungsmacht nicht eingeschränkt wird.[53] Die Betreuerin bzw. der Betreuer ist damit nur im Innenverhältnis an die Wünsche gebunden, bei Verstößen kann das Betreuungsgericht sie oder ihn nach § 1908 i in Verbindung mit § 1837 Absatz 2 BGB allerdings zur Befolgung seiner Pflichten durch geeignete Gebote und Verbote anhalten und bei Zuwiderhandlungen gemäß § 1837 Absatz 3 BGB ein Zwangsgeld festsetzen. Im materiellen Recht gilt allerdings der Grundsatz, dass ein Rechtsgeschäft dann nicht für die Betreute oder den Betreuten wirkt, wenn die Betreuerin oder der Betreuer die Wünsche der betreuten Person pflichtwidrig übergeht und dies der Geschäftspartnerin oder dem Geschäftspartner bekannt oder für sie oder ihn evident ist.[54] Wird im Zustimmungsverfahren dem Integrationsamt diese Situation bekannt, kann eine verdrängende Vertretung, wie sie nach §§ 11 SGB X, 53 ZPO denkbar ist, auch verfahrensrechtlich nicht anerkannt werden.

Ist dem Integrationsamt diese Kollision nicht bekannt, dann kann es sich nicht darauf zurückziehen, dass die Bindung der Betreuerin bzw. des Betreuers nur im Innenverhältnis gilt. Nach der UN-BRK sollen die Wünsche der betreuten Person effektiv zur Geltung kommen. Dies kann in solchen Fällen durch den Grundsatz der Amtsermittlung nach § 20 SGB X und die persönliche Anhörung nach § 87 Absatz 2 SGB IX gefördert werden, denn damit ist im Regelfall die betroffene Person selbst zu hören, deren Äußerung ihrer Wünsche unabhängig von der jeweiligen Geschäftsfähigkeit ist.[55] Werden auf diese Weise Divergenzen zwischen betreuender und betreuter Person bekannt, ist dem von Amts wegen nachzugehen.[56] Die Betreuerin oder der Betreuer als gesetzliche Vertretung darf erst dann für die betreute Person tätig werden, wenn es dieser nicht möglich ist, eine eigene Entscheidung zu treffen. Bis zu diesem Zeitpunkt gilt der Vorrang der assistierenden Unterstützung bei der Entscheidungsfindung der betreuten Person.[57]

Im Zustimmungsverfahren hat in einer solchen Situation das Integrationsamt den behinderten Menschen und die Betreuerin oder den Betreuer nach § 14 SGB I zu beraten und auf das vorrangige Modell der assistierten Handlungsfähigkeit hin-

53 Jürgens (2010), § 1901, Rdnr. 14, § 1902, Rdnr. 5; Müller (2011), § 1902, Rdnr. 17; Schwab (2012), § 1901, Rdnr. 20 mit weiteren Nachweisen; Schwab (1992), S. 493, 503.
54 Vgl. dazu mit weiteren Nachweisen: Schwab (2012), § 1902, Rdnr. 16.
55 Vgl. die Parallelwertung zu § 1897 Abs. 4 BGB – BGH, Beschluss vom 13.04.2011, Aktenzeichen XII ZB 584/10, abgedruckt in NJW 2011, S. 2135, 2137.
56 Krasney (2012), § 13, Rdnr. 9; Rixen (2010), § 13, Rdnr. 10; Fichte (2011), § 15 SGB X, Rdnr. 14.
57 Lipp (2010), S. 263, 266.

zuweisen.[58] Verfahrensrechtlich ist dies nach § 13 IV SGB X unproblematisch möglich, wonach die betroffenen Personen einen Beistand zur Unterstützung bei Verhandlungen und Besprechungen heranziehen können. Ist daher dem Integrationsamt bekannt, dass die Arbeitnehmerin oder der Arbeitnehmer unter Betreuung steht, ist eine menschenrechtskonforme Verfahrensgestaltung unschwer möglich. Daneben ist die Behörde natürlich gehalten, eine Überprüfung beim Betreuungsgericht anzuregen,[59] die zum Beispiel zur Einschränkung des Aufgabenkreises oder der Betreuung führen kann, so dass die Kollision, die nach §§ 11 SGB X, 53 ZPO zur verdrängenden Vertretung legitimieren soll, anders aufgelöst werden kann.

Die Betreuerin oder der Betreuer kann bei einem entsprechenden Verlangen der betreuten Person zur Vermeidung einer verdrängenden Vertretung als Bevollmächtigte bzw. Bevollmächtigter tätig werden, so dass die betreute Person durch die Möglichkeit des Widerrufs bzw. der Einschränkung der Vollmacht den weiteren Gang des Verfahrens gestalten kann. Zutreffend hat Bienwald gezeigt, dass das Betreuungsrecht hinreichend offen ist und dass die realen Hindernisse im Kostenrecht liegen, weil die Betreuerin bzw. der Betreuer nach der bisherigen Konstruktion Vergütung/Aufwendungsersatz nur in der Rolle der Betreuerin bzw. des Betreuers, nicht jedoch in der Rolle der bzw. des Bevollmächtigten erhält.[60] Wenn das Modell der unterstützten Entscheidungsfindung effektiv realisiert werden soll, dann ist die Finanzierung jeglicher Form von Assistenz ein zentrales Regelungsproblem.

VI. Faire Verfahrensgestaltung im Gerichtsverfahren

Im arbeitsgerichtlichen Verfahren bestimmen §§ 46 ArbGG, 53 ZPO, dass bei Eintritt der Betreuerin oder des Betreuers in das Verfahren die oder der geschäftsfähige Verfahrensbeteiligte einer prozessunfähigen Person gleichsteht. Dahinter steht die Bewertung, dass im Verfahrensrecht unterschiedliche Erklärungen oder gar unterschiedliche Anträge zu deutlichen Problemen führen können. Nach § 53 ZPO wird in diesen Problemen eine Störung der Rechtspflege gesehen, so dass diese Norm den Grundsatz der verdrängenden Vertretung der Betreuerin oder des Betreuers oder der Monopolisierung der Verfahrens- und Prozessführung einführt.[61] Damit kann die betreute Person im Aufgabenkreis der Betreuerin oder des Betreuers keine

58 Dazu Vogelsang (2012), § 13, Rdnr. 30 ff.; vgl. § 15, Rdnr. 17 sowie Rixen (2010), § 15, Rdnr. 15 zur Bestellung einer Vertreterin oder eines Vertreters nach § 15 Abs. 1 Nr. 4 SGB X.
59 BGH, Urteil vom 30.4.2008, Aktenzeichen XII ZR 110/06, abgedruckt in NJW 2008, S. 2333.
60 Bienwald (2003), S. 71, 72.
61 Vollkommer (2012), § 53, Rdnr. 5; Gehrlein (2011), § 53, Rdnr. 1; vgl. bereits BGH, Urteil vom 24.06.1987, Aktenzeichen IVb ZR 5/86, abgedruckt in NJW 1988, S. 49, 51 zum früheren Pflegschaftsrecht.

rechtlich relevanten Erklärungen in dem anhängigen Rechtsstreit abgeben. Nach der bisher herrschenden Meinung ist ein solcher Eintritt der Betreuerin bzw. des Betreuers auch gegen den Willen der betreuten Person möglich.[62] Diese Verfahrensvorschrift war bereits bisher wegen der massiven Eingriffe in die Rechte der Betroffenen nicht unumstritten und wird in der Literatur als mit den Verfahrensgrundrechten betreuter Menschen nicht vereinbar bewertet.[63]

Im Gerichtsverfahren ist die für das Zustimmungsverfahren angeregte Verfahrensgestaltung mit Hilfe eines Beistands schwierig, weil die prozessrechtlichen Möglichkeiten eines Beistands nach § 90 ZPO eng begrenzt sind. Das Gericht wird in der Mehrzahl der Fälle mit der Situation konfrontiert, dass die Betreuerin oder der Betreuer die Klage eingereicht bzw. eine eigene Rechtsanwältin oder einen eigenen Rechtsanwalt mit der Prozessvertretung beauftragt hat. Hier wirkt § 53 ZPO eher als eine Sperre gegen mögliche Aktivitäten der oder des Betreuten bzw. – da in der Mehrzahl der Gerichtsverfahren eine »unterstützte Entscheidungsfindung« nicht die alleinige Prozessführung durch die betreute Person, sondern die Bestimmung und Kontrolle der Prozessvertreterin bzw. des Prozessvertreters bedeutet – gegen eine kollidierende Bestellung einer anderen Rechtsanwältin oder eines anderen Rechtsanwalts durch die betreute Person. Werden solche Probleme erkennbar, dann kommt es wiederum auf eine grundrechtssensible Gestaltung des Verfahrensrechts an. In den Fällen der Zwangsbehandlung hat das Bundesverfassungsgericht dem Gebot der Verhältnismäßigkeit entnommen, dass rechtzeitig eine Information der betroffenen Person zu erfolgen hat.[64] Bei einer solchen Aufklärung des Sachverhalts unter Beteiligung der betroffenen Person sind verschiedene Lösungen denkbar. Hat diese rechtzeitig eine Prozessvollmacht erteilt und war sie bei Erteilung der Prozessvollmacht prozessfähig, dann hat § 86 ZPO die Folge, dass der Rechtsstreit ohne Unterbrechung fortgeführt werden kann.[65] In diesem Fall würde als menschenrechtskonforme Auslegung die Norm des § 86 ZPO der verdrängenden Norm des § 53 ZPO vorgehen, denn es gäbe keine verfahrensrechtliche Notwendigkeit, die von der betreuten Person wirksam gewählte Prozessvertreterin bzw. den gewählten Prozessvertreter zu verdrängen. Die Prozessvollmacht gilt auch bei Eintritt der Prozessunfähigkeit weiter, wie sich aus § 246 ZPO ergibt. Es ist auch möglich und zu ermitteln, ob in einer Zeit vor Eintritt der Geschäftsunfä-

62 Weth (2011), § 53, Rdnr. 3 mit weiteren Nachweisen.
63 Lindacher (2008), § 53, Rdnr. 3; vgl. Bienwald (2001), S. 150, 151.
64 BVerfG, Beschluss vom 23.03.2011, Aktenzeichen 2 BvR 882/09, abgedruckt in NJW 2011, S. 2113, 2116; Beschluss vom 12.10.2011, Aktenzeichen 2 BvR 633/11, abgedruckt in NJW 2011, S. 3571, 3572.
65 BAG, Urteil vom 20.01.2000, Aktenzeichen 2 AZR 733/98, abgedruckt in NZA 2000, S. 613; vgl. OLG München, Beschluss vom 05.06.2009, Aktenzeichen 33 Wx 278/08, 33 Wx 279/08, abgedruckt in BtPrax 2009, S. 240; Bayerisches LSG, Urteil vom 03.02.2011, Aktenzeichen L 19 R 75/07.

higkeit bzw. in einem »lichten Moment« nach § 105 BGB prozessrechtlich relevante Erklärungen abgegeben worden sind.[66]

Weitere Konsequenzen sind im Betreuungsrecht zu ziehen. Obgleich dort mit § 1896 Absatz 2 BGB der Vorrang der Vorsorgevollmacht deutlich markiert ist, wird er im Betreuungsverfahren nicht immer mit der gebotenen Intensität beachtet. Hier ist regelmäßig darauf hinzuwirken, dass sich die Betroffenen zu den Möglichkeiten einer solchen Vollmacht erklären. Diese ist aus unserer Sicht keine ersetzende Entscheidungsfindung (»substituted decision«), denn die privatrechtliche Vollmacht kann jederzeit widerrufen werden. In der aktuellen Rechtsprechung des Bundesgerichtshofs ist die Institution der Vorsorgevollmacht deutlich gestärkt worden, denn bisherige »fürsorgliche« Praktiken, eine Vollmacht nicht anzuerkennen, sind deutlich zurückgedrängt worden. Im Rahmen der generell intensivierten Kontrolle der Erforderlichkeit einer Betreuungseinrichtung[67] wird auch die Möglichkeit der Vorsorgevollmacht regelmäßig herangezogen, deren Unwirksamkeit wegen Geschäftsunfähigkeit nach § 105 Absatz 1 BGB nur sehr vorsichtig bejaht[68] und die Qualifikation einer bevollmächtigten Person als »ungeeignet« zumindest vom BGH zutreffend restriktiv eingesetzt.[69] Schließlich wird auch anerkannt, dass die betroffene Person nach § 1897 Absatz 4 BGB in jedem Fall Einfluss auf die Bestellung einer Betreuerin oder eines Betreuers nehmen kann, weil ihre Vorschläge auch dann zu berücksichtigen sind, wenn sie nicht geschäftsfähig ist.[70]

VII. Inklusives Verfahren

Unser Überblick zeigt ein zwiespältiges Bild. Sowohl die grundlegenden Entscheidungen des Bundesverfassungsgerichts und der obersten Bundesgerichte als auch die grundsätzliche Struktur des Betreuungsrechts geben im Grundsatz die Möglichkeit, die Anforderungen des Artikels 12 der UN-BRK in Deutschland zu realisieren. Hindernisse in der Praxis beruhen zunächst auf einem »medizinischen« Verständnis der Behinderung, das Ausgrenzungen legitimiert, so dass auch in den

66 OLG Naumburg, Urteil vom 13.11.2011, Aktenzeichen 3 UF 157/08.

67 Zuletzt BGH, Beschluss vom 07.03.2012, Aktenzeichen XII ZB 583/11; Beschluss vom 06.07.2011, Aktenzeichen XII ZB 80/11, abgedruckt in FamRZ 2011, S. 1391.

68 Dazu OLG München, Beschluss vom 05.06.2009, Aktenzeichen 33 Wx 278/08, 33 Wx 279/08, abgedruckt in FamRZ 2009, S. 2033, 2034; Schwab (2012), § 1896, Rdnr. 50.

69 BGH, Beschluss vom 13.04.2011, Aktenzeichen XII ZB 584/10, abgedruckt in NJW 2011, S. 2135; vgl. zum »Kontrollbetreuer« bei Vollmacht BGH, Beschluss vom 30.03.2011, Aktenzeichen XII ZB 537/10, abgedruckt in NJW 2011, S. 2137.

70 BGH, Beschluss vom 15.12.2010, Aktenzeichen XII ZB 165/10, abgedruckt in NJW 2011, S. 925; Beschluss vom 13.04.2011, Aktenzeichen XII ZB 584/10, abgedruckt in NJW 2011, S. 2135, 2137; Schwab (2012), § 1897, Rdnr. 21.

letzten Jahren noch eine grundlegend fehlerhafte Handhabung des Verfahrensrechts auf der instanzgerichtlichen Ebene festzustellen war. Das Bundesverfassungsgericht hat bereits anerkannt, dass die UN-BRK als Auslegungshilfe für das geltende deutsche Recht heranzuziehen ist.[71] Damit kann einer diskriminierenden Ausgrenzung im Verfahrensrecht entgegengewirkt werden. Zugleich können die Anforderungen, die an diskriminierungsfreie medizinische Gutachten zu stellen sind, diskutiert und präzisiert werden.

Zu den Risiken für den Bestandsschutz chronisch kranker und behinderter Arbeitnehmerinnen und Arbeitnehmer gehört der Aufhebungsvertrag, wenn er in Ungleichgewichtssituationen und ohne verfahrensrechtliche Sicherung abgeschlossen worden ist. Hier zeigt das Beispiel des Verfahrens am LAG Kiel, dass die Kategorie der Geschäftsunfähigkeit für diese Probleme nicht hinreichend differenziert ist und dass ein verfahrensorientierter Schutz erforderlich ist, der den Betroffenen rechtzeitig Beistand bzw. Assistenz vermitteln kann. Die neuen inklusiven Verfahren, wie zum Beispiel das Präventionsverfahren nach § 84 SGB IX, bieten einen geeigneten Anknüpfungspunkt für ein solches Vorgehen.

Das Leitbild der unterstützten Entscheidungsfindung ist für den verfahrensrechtlichen Bestandsschutz von großer Bedeutung und gibt die Möglichkeit, die Verweisung auf § 53 ZPO in § 11 SGB X restriktiv zu handhaben, solange diese ausgrenzende Norm noch nicht aufgehoben ist. Der Grundsatz der Amtsermittlung und die Beratungspflichten nach § 14 SGB I geben den Integrationsämtern, für die die Grundsätze der UN-BRK ebenfalls maßgeblich sind, die notwendigen Instrumente zu einer entsprechenden Verfahrensgestaltung, bei der die Betroffenen sich auch auf Beistände nach § 13 SGB X stützen können. Zu den Aufgaben der Gesetzgebung gehört die in diesem verfahrensrechtlichen Beitrag nicht näher thematisierte, aber für die Praxis unverzichtbare Sicherstellung der materiellen Ressourcen für eine Verfahrensassistenz.

Die Norm des § 53 ZPO, die im Gerichtsverfahren eine »verdrängende Vertretung« auch prozessfähiger behinderter Menschen ermöglicht, ist aufzuheben. Für den gebotenen restriktiven Umgang mit der Kategorie der Prozessunfähigkeit gibt die bisherige Praxis des Bundesverfassungsgerichts und der obersten Bundesgerichte hinreichende Hilfen und Instrumente. Unterstützte Entscheidungsfindung (»supported decision«) kann sich nicht nur in engen Grenzen an der Unterstützung von Beiständen nach § 90 ZPO orientieren, sondern muss vor allem die Erteilung der Prozessvollmacht und deren Widerruflichkeit durch die betroffenen Personen sicherstellen.

Eine solche Vollmacht geht auch der Betreuung nach §§ 1896 ff BGB vor; durch eine geeignete Gestaltung des Betreuungsverfahrens ist sicherzustellen, dass dieser

71 Dazu aus methodischer Sicht jetzt auch BSG, Urteil vom 6.3.2012, Aktenzeichen B 1 KR 10/11 R.

Vorrang effektiv zur Geltung kommt. Wenn eine Betreuung erforderlich ist, sind die jeweiligen Aufgabenkreise möglichst genau zu bestimmen, eine umfassende Betreuung kann dann nicht angeordnet werden;[72] für die Person der Betreuerin oder des Betreuers sind die Wünsche auch von geschäfts- und prozessunfähigen Betreuten nach § 1897 Absatz 4 BGB zu berücksichtigen. Auf diese Weise kann in abgestuftem Vorgehen das Leitbild des Artikels 12 UN-BRK realisiert werden.

Literaturverzeichnis

Aichele, Valentin (2011): Die UN-Behindertenrechtskonvention in der gerichtlichen Praxis. Eine Aufgabe für die Anwaltschaft: Die Rezeption menschenrechtlicher Normen durchsetzen. In: Anwaltsblatt 2011 (10), S. 727-730.

Aichele, Valentin / Jochen von Bernstorff (2010): Das Menschenrecht auf gleiche Anerkennung vor dem Recht: Zur Auslegung von Art. 12 der UN-Behindertenrechtskonvention. In: Betreuungsrechtliche Praxis 2010 (5), S. 199-203.

Bienwald, Werner (2001): Zur Vertretung des Betreuten vor Gericht. In: Betreuungsrechtliche Praxis 2001 (4), S. 150-151.

Bienwald, Werner (2003): Zur Vertretung des Betreuten gegenüber Behörden. In: Betreuungsrechtliche Praxis 2003 (2), S. 71-72.

Bork, Reinhard (2004): Kommentierungen zu §§ 51 und 52. In: Friedrich Stein / Martin Jonas (Begr.): Kommentar zur Zivilprozessordnung. Band 2, 22. Auflage. Tübingen: Mohr Siebeck.

Däubler, Wolfgang (2011): Kommentierung zu 623 BGB. In: Michael Kittner / Wolfgang Däubler / Bertram Zwanziger (Hg.): Kündigungsschutzrecht. 8. Auflage. Frankfurt am Main: Bund-Verlag.

Degener, Theresia (2009): Welche legislativen Herausforderungen bestehen in Bezug auf die nationale Implementierung der UN-Behindertenrechtskonvention in Bund und Ländern? In: Behindertenrecht 2009 (2), S. 34-52.

Deinert, Olaf (2011): Kommentierung zu § 84 SGB IX. In: Michael Kittner / Wolfgang Däubler / Bertram Zwanziger (Hg.): Kündigungsschutzrecht. 8. Auflage. Frankfurt am Main: Bund-Verlag.

Düwell, Franz Josef (2011): Kommentierung zu § 84 und § 87 SGB IX. In: Dirk H. Dau / Franz Josef Düwell / Jacob Joussen (Hg.): Sozialgesetzbuch IX. Rehabilitation und Teilhabe behinderter Menschen. Lehr- und Praxiskommentar. 3. Auflage. Baden-Baden: Nomos.

Ellenberger, Jürgen (2012): Kommentierung zu § 104 BGB. In: Otto Palandt (Begr.): Bürgerliches Gesetzbuch: BGB. 71. Auflage. München: C.H. Beck.

72 Damit kann die diskriminierende Norm des § 13 Nr. 2 Bundeswahlgesetz, dazu Schulte (2012), S. 16 sowie Palleit in diesem Band, nicht angewandt werden, deren Geltung im Betriebsverfassungsgesetz nicht in Betracht kommt, so zutreffend Thüsing (2012), § 7, Rdnr. 19 und Kreutz / Raab (2010), § 7, Rdnr. 62 gegen Fitting (2012), § 7 BetrVG, Rdnr. 89.

Etzel, Gerhard (2009): Kommentierung zu §§ 85-90 SGB IX. In: Gerhard Etzel / Peter Bader / Ernst Fischermeier / Hans-Wolf Friedrich / Jürgen Griebeling / Gert-Albert Lipke / Thomas Pfeiffer / Friedhelm Rost / Andreas Michael Spilger / Jürgen Treber / Norbert Vogt / Horst Weigand / Ingeborg Wolff (Hg.): Gemeinschaftskommentar zum Kündigungsschutzgesetz (KR) und zu sonstigen kündigungsschutzrechtlichen Vorschriften. 9. Auflage. Köln: Luchterhand.

Faber, Ulrich (2012): Kommentierung zu § 87 und § 121 SGB IX. In: Werner Feldes / Wolfhard Kohte / Eckart Stevens-Bartol (Hg.): Sozialgesetzbuch IX – Rehabilitation und Teilhabe behinderter Menschen. 2. Auflage. Frankfurt am Main: Bund-Verlag.

Fichte, Wolfgang (2011): Kommentierung zu § 15 SGB X. In: Ralf Kreikebohm / Wolfgang Spellbrink / Raimund Waltermann (Hg.): Kommentar zum Sozialrecht. 2. Auflage. München: C.H. Beck.

Fitting, Karl (2012): Betriebsverfassungsgesetz: BetrVG mit Wahlordnung. 26. Auflage. München: Vahlen.

Gehrlein, Markus (2011): Kommentierung zu § 53. In: Hanns Prütting (Hg.): ZPO. Kommentar. 3. Auflage. Köln: Luchterhand.

Jarass, Hans / Bodo Pieroth (2011): Grundgesetz für die Bundesrepublik Deutschland. 11. Auflage. München: C.H. Beck.

Jürgens, Andreas (Hg.) (2010): Betreuungsrecht. Kommentar zum materiellen Betreuungsrecht, zum Verfahrensrecht und zum Vormünder- und Betreuervergütungsrecht. 4. Auflage. München: C.H. Beck.

Kahlke, Gerhard (1987): Zur Beschaffenheit der Prozeßfähigkeit. In: Zeitschrift für Zivilprozess 100, S. 10-32.

Knittel, Bernhard (2011): Was erwartet die Justiz von Betreuungsgutachten? In: Andrea Diekmann / Gerold Oeschger (Hg.): Betrifft Betreuung 11. Menschen und Rechte – Behindertenrechtskonvention und Betreuung. Berichte vom 12. Vormundschaftsgerichtstag vom 4. bis 6. November 2010 in Brühl. Bochum: Betreuungsgerichtstag e.V., S. 142-157.

Kohte, Wolfhard (1985): Die rechtfertigende Einwilligung. In: Archiv für die civilistische Praxis 185, 105-161.

Kohte, Wolfhard / Christian Weber (2009): Zweifel an der Prozessfähigkeit des Klägers. In: juris PraxisReport Arbeitsrecht 2009 (52), Anmerkung 1.

Krasney, Otto Ernst (2012): Kommentierung zu § 13 SGB X. In: Stephan Leiterer (Hg.): Kasseler Kommentar Sozialversicherungsrecht. Stand 73. Ergänzungslieferung. München: C.H. Beck.

Kreutz, Peter / Thomas Raab (2010): Kommentierung zu § 7 BetrVG. In: Günther Wiese / Peter Kreutz / Hartmut Oetker / Thomas Raab / Christoph Weber / Martin Franzen (Hg.): Gemeinschaftskommentar zum Betriebsverfassungsgesetz (GK-BetrVG). 9. Auflage. Neuwied: Luchterhand.

Kunig, Philip (2012): Kommentierung zu Art. 103. In: Ingo von Münch / Philip Kunig (Hg.): Grundgesetz-Kommentar: GG. Band 2, 6. Auflage. München: C.H. Beck.

Lachwitz, Klaus (2008): Übereinkommen der Vereinten Nationen über die Rechte von Menschen mit Behinderung. In: BtPrax 2008 (4), S. 143-148.

Lampe, Christian (2008): Kommentierung zu § 87 SGB IX. In: Ruprecht Großmann / Werner Schimanski (Hg.): Gemeinschaftskommentar zum Sozialgesetzbuch IX. Loseblatt. Köln: Luchterhand.

Lindacher, Walter (2008): Kommentierung zu §§ 52 und 52. In: Thomas Rauscher / Peter Wax / Joachim Wenzel (Hg.): Münchener Kommentar zur Zivilprozessordnung mit Gerichtsverfassungsgesetz und Nebengesetzen. 1. Band, 3. Auflage. München: C.H. Beck.

Lipp, Volker (2010): UN-Behindertenrechtskonvention und Betreuungsrecht. In: Betreuungsrechtliche Praxis 2010 (6), S. 263-267.

Lorenz, Stephan (1997): Arbeitsrechtlicher Aufhebungsvertrag, Haustürwiderrufsgesetz und »undue influence«. In: Juristenzeitung 52, S. 277-282.

Müller, Gabriele (2012): Kommentierung zu § 1902. In: Heinz Georg Bamberger / Herbert Roth (Hg.): Beck'scher Online-Kommentar BGB. Edition 23. München: C.H. Beck.

Müller-Wenner, Dorothee / Jürgen Winkler (2011): Besondere Regelungen zur Teilhabe schwerbehinderter Menschen (Schwerbehindertenrecht). SGB IX. 2. Auflage. München: C.H. Beck.

Neuman, Dirk (2010): Kommentierungen zu § 85, § 87 SGB IX. In: Dirk Neumann / Ronald Pahlen / Monika Majerski-Pahlen (Hg.): Sozialgesetzbuch IX – Rehabilitation und Teilhabe behinderter Menschen. 12. Auflage. München: C.H. Beck.

Oda, Tsukasa (1997a): Die Prozeßfähigkeit als Voraussetzung und Gegenstand des Verfahrens. Köln: Heymanns.

Oda, Tsukasa (1997b): Anmerkung zu BGH, Urt. vom 9.1.1996 – VI ZR 94/95. In: Zeitschrift für Zivilprozess 110, S. 111-117.

Rehwald, Rainer (2009): Kommentierung zu § 87 SGB IX. In: Werner Feldes / Bettina Fraunhoffer / Rainer Rehwald / Burkhard von Seggern / Bernd Westermann / Harald Witt (Hg.): Schwerbehindertenrecht – Basiskommentar zum SGB IX mit Wahlordnung. 10. Auflage. Frankfurt am Main: Bund-Verlag.

Rixen, Stephan (2011): Kommentierung zu § 13 SGB X. In: Björn Diering / Hinnerk Timme / Dirk Waschull (Hg.): Sozialgesetzbuch X. Sozialverwaltungsverfahren und Sozialdatenschutz. Lehr- und Praxiskommentar. 3. Auflage. Baden-Baden: Nomos.

Röhl, Hellmut (1956): Prozeßfähigkeit Geisteskranker. In: Juristenzeitung 11, S. 309-313.

Schils, Meike (2009): Das betriebliche Eingliederungsmanagement. Frankfurt am Main: Lang.

Schmitt, Jochem (2012): Kommentierung zu § 104. In: Franz Jürgen Säcker / Roland Rixecker (Hg.): Münchener Kommentar zum Bürgerlichen Gesetzbuch. Band 1, 6. Auflage. München: C.H. Beck.

Schulte, Bernd (2011): Die Behindertenrechtskonvention der Vereinten Nationen. Von der »Integration« zur »Inklusion«: Änderungsbedarf im Deutschen Behindertenrecht. In: Behindertenrecht 2011 (2), 41-49.

Schulte, Bernd (2012): Die Umsetzung der UN-Behindertenrechtskonvention in Deutschland – aktuelle Bestandsaufnahme und weiterer Handlungsbedarf. In: Behindertenrecht 2012 (2), 34-46.

Schwab, Dieter (2012): Kommentierungen zu §§ 1896, 1897, 1901, 1902. In: Franz Jürgen Säcker / Roland Rixecker (Hg.): Münchener Kommentar zum Bürgerlichen Gesetzbuch. Band 8, 6. Auflage. München: C.H. Beck.

Schwab, Dieter (1992): Probleme des materiellen Betreuungsrechts. In: Zeitschrift für das gesamte Familienrecht 1992, 493-507.

Thüsing, Gregor (2010): Kommentierung zu § 7 BetrVG. In: Reinhard Richardi (Hg.): Betriebsverfassungsgesetz: BetrVG mit Wahlordnung. 12. Auflage. München: C.H. Beck.

Trenk-Hinterberger, Peter (2010): Kommentierung zu § 87 SGB IX. In: Klaus Lachwitz / Renate Bieritz-Harder (Hg.): Handkommentar zum Sozialgesetzbuch IX. Rehabilitation und Teilhabe behinderter Menschen. 3. Auflage. Köln: Luchterhand.

Vogelsang, Klaus (2012): Kommentierungen zu § 13, § 15. In: Karl Hauck / Wolfgang Noftz (Hg.): Sozialgesetzbuch (SGB) X: Verwaltungsverfahren, Schutz der Sozialdaten, Zusammenarbeit der Leistungsträger und ihre Beziehungen zu Dritten. Kommentar. Berlin: Erich Schmidt.

Vollkommer, Max (2012): Kommentierungen zu § 52, § 53, § 56. In: Richard Zöller (Hg.): Zivilprozessordnung: ZPO. Mit Gerichtsverfassungsgesetz und den Einführungsgesetzen, mit Internationalem Zivilprozessrecht, EG-Verordnungen, Kostenanmerkungen. 29. Auflage. München: C.H. Beck.

Vossen, Reinhard (2012): Kommentierung zu § 87 SGB IX. In: Reiner Ascheid / Ulrich Preis / Ingrid Schmidt (Hg.): Kündigungsrecht: Großkommentar zum gesamten Recht der Beendigung von Arbeitsverhältnissen. 4. Auflage. München: C.H. Beck.

Weber, Christian (2011): Anforderungen an die Begutachtung zur Feststellung einer Geschäftsunfähigkeit – Anmerkung zu Bundesarbeitsgericht, Urt. v. 28.05.2009 – 6 AZN 17-09 – AP Nr. 1 und § 57 ZPO. Diskussionsbeitrag C1-2011. http://www.reha-recht.de /forum-c/beitrag/artikel/diskussionsbeitrag-c1-2011/.

Weth, Stephan (2011): Kommentierung zu § 53. In: Hans-Joachim Musielak (Hg.): Kommentar zur Zivilprozessordnung mit Gerichtsverfassungsgesetz. 8. Auflage. München: Vahlen.

Zweigert, Konrad (1952): Die Verfassungsbeschwerde. In: Juristenzeitung 7, S. 321-328.

Behindertenrechte im Strafprozess – Faire Verfahren für Menschen mit Behinderungen?

Helmut Pollähne

Menschen mit Behinderungen[1] können in verschiedenen Rollen mit Strafverfahren bzw. -prozessen konfrontiert werden: in der Rolle der »Täterin« oder des »Täters«, also als Verdächtigte, Beschuldigte, Angeklagte et cetera, oder als »Opfer« in der Rolle von Zeuginnen und Zeugen, Verletzten, Nebenklägerinnen und Nebenklägern et cetera. Diese Perspektiven sollen hier im Vordergrund stehen; dass auch andere Prozessbeteiligte (insbesondere aus Justiz und Anwaltschaft) solche mit Behinderungen sein können, mag zunächst einmal außer Betracht bleiben (siehe unten III.1.). Jene Rollen sind zunächst im Rahmen des grund- und menschenrechtlichen »fair trial«-Prinzips zu konkretisieren, wobei die Kategorien »Autonomie« und »Fürsorgepflicht« eine zentrale Bedeutung erlangen (II.). Im Anschluss daran sind das Strafverfahrensrecht im Lichte der UN-Behindertenrechtskonvention (UN-BRK) allgemein und die Behindertenrechte in Strafprozessen im Besonderen zu untersuchen (III.), bevor abschließend und zusammenfassend Grundzüge eines fairen Strafverfahrens für Menschen mit Behinderungen skizziert werden (IV.). Vorab jedoch ein Einstieg in die strafverfahrensrechtliche Relevanz der UN-BRK:

I. Strafverfahrensrecht im Lichte der UN-BRK und umgekehrt

Ausgangs- sowie Dreh- und Angelpunkt der folgenden Überlegungen ist Artikel 12 UN-BRK, auch wenn dieser die »gleiche Anerkennung vor dem Recht« im Allgemeinen und nicht vor dem Strafrecht im Besonderen thematisiert – es gilt daher zunächst, diese Vorschrift quasi in die Sprache des Strafverfahrensrechts zu »übersetzen« (2.), eingebettet in die allgemeinen Grundsätze und Verpflichtungen aus der UN-BRK (1.) und weitere einschlägige Regelungen (3.). Dabei ist zu berücksichtigen, dass die Konvention keine Sonder(menschen)rechte für Behinderte begründen will[2], sondern darauf abzielt, den »vollen und gleichberechtigten Genuss aller **Menschenrechte und Grundfreiheiten** durch alle Menschen mit Be-

1 Im Sinne des Art. 1 Uabs. 2 der UN-Behindertenrechtskonvention (UN-BRK).

2 Vgl. Lipp (2012), S. 670, Bielefeldt (2009), S. 13-14 und von Bernstorff (2011), S. 214 ff. sowie Masuch (2011), S. 262.

hinderungen zu fördern, zu schützen und zu gewährleisten«.[3] Es liegt daher nahe, den Zusammenhang mit einschlägigen Regeln des Zivilpaktes[4] und der EMRK[5] herzustellen.[6]

In Anbetracht der Tatsache, dass sich deutsche Strafgerichte bis hinauf zum Bundesgerichtshof (BGH) bisher – soweit ersichtlich – nicht mit der UN-BRK befasst haben, mag es ein rechtshistorischer Zufall sein, dass sich das Bundesverfassungsgericht (BVerfG) ausgerechnet im Kontext des Maßregelvollzuges[7] in einer Grundsatzentscheidung zur psychiatrischen Zwangsbehandlung erstmalig mit der **Verbindlichkeit** der Konvention[8] befasst hat: »Die UN-BRK, die in Deutschland Gesetzeskraft hat, ... [kann] als Auslegungshilfe für die Bestimmung von Inhalt und Reichweite der Grundrechte herangezogen werden.«[9] Inwieweit einzelne Normen der Konvention gemäß Artikel 25 des Grundgesetzes (GG) als allgemeine Menschenrechte Vorrang vor den allgemeinen Gesetzen verdienen[10], ist umstritten; für die Artikel 14-18 UN-BRK wird das zum Teil angenommen[11], für

3 Art. 1 Satz 1 UN-BRK, vgl. auch Art 4 Abs. 1. Dazu Köpcke-Duttler (2009), Degener (2009b) und Schmahl (2007); vgl. auch König (2009), S. 105.

4 Internationaler Pakt über bürgerliche und politische Rechte vom 16.12.1976; vgl. dazu auch lit. b und d der Präambel der UN-BRK.

5 Konvention zum Schutze der Menschenrechte und Grundfreiheiten vom 04.11.1950. Zu erinnern ist in diesem Kontext auch an die Empfehlung des Ministerkomitees des Europarates »zum Schutz der Menschenrechte und der Würde von Personen mit psychischer Störung« (Europarat (2004)), vgl. auch Masuch (2011), S. 256; auf die Charta der Grundrechte der Europäischen Union vom 07.12.2000 wird hier nicht näher eingegangen, zumal sie bis auf Weiteres nur im Gemeinschaftsrecht (bzw. bei dessen Anwendung) gilt, auch wenn als Besonderheit zu vermerken ist, dass die Europäische Union selbst inzwischen die UN-BRK (im Januar 2011) ratifiziert hat (Rudolf (2011), S. 156; Aichele (2011), S. 727, vgl. auch Deutscher Bundestag (2008), S. 46 und Degener (2009), S. 200), was sich im vorliegenden strafverfahrensrechtlichen Kontext aber zunächst einmal nicht unmittelbar auswirken wird.

6 Ebenso von Bernstorff (2011), S. 216-217, vgl. auch Bielefeldt (2009), S. 13; kritisch zur Parallelität und Mehrdimensionalität des internationalen Menschenrechtsschutzes, etwa in puncto Rechtsklarheit, Schmahl (2007), S. 537.

7 § 63 Strafgesetzbuch (StGB) in Verbindung mit § 136 Strafvollzugsgesetz.

8 Ausführlich Masuch (2011) und von Bernstorff (2011), S. 205 ff.; zum (der UN-BRK strukturell vergleichbaren) Übereinkommen über die Rechte des Kindes als Quelle von individuellen, im Rahmen der deutschen Rechtsordnung (vgl. Art. 20 Abs. 3 GG) geltend zu machenden (Menschen-)Rechten: Cremer (2011) mit weiteren Nachweisen; allgemein zum menschenrechtlichen Diskriminierungsschutz Althoff (2011) sowie Rothfritz (2010), S. 229 ff. und Schmahl (2007).

9 BVerfG, Beschluss vom 23.03.2011, Aktenzeichen 2 BvR 882/09, Rdnr. 52 unter Verweis auf die Görgülü-Grundsatzentscheidung vom 14.10.2004, Aktenzeichen 2 BvR 1481/04. Vgl. dazu Althoff (2011), S. 482, von Bernstorff (2011), S. 208-209 und Rudolf (2011), S. 155; zum Gebot der völkerrechtsfreundlichen Auslegung des Grundgesetzes: Aichele (2011), S. 727 sowie ausführlich zur justiziellen (wenn auch bisher nicht strafjustiziellen) Implementation der UN-BRK von Bernstorff (2011), S. 203 ff.

10 Vgl. auch Art. 4 Abs. 2 UN-BRK am Ende.

11 Masuch (2011), S. 260 ff. mit weiteren Nachweisen, vgl. auch Olzen (2009), S. 4 ff., weitergehend (insbesondere im Antidiskriminierungsbereich) von Bernstorff (2011), S. 209 ff., 213 ff.

Artikel 12 Absatz 1 und 2 UN-BRK liegt das ebenfalls nahe.[12] Im Übrigen ergibt sich der Zwang zur Gesetzeskonformität in Verwaltung und Justiz aus Artikel 20 Absatz 3 GG.[13]

1. Strafverfahrensrecht im Lichte allgemeiner Grundsätze und Verpflichtungen aus der UN-BRK

Die »individuelle **Autonomie**«, einschließlich der »Freiheit, eigene Entscheidungen zu treffen«,[14] ist – selbstverständlich – auch im Strafverfahren und vor dem Strafgericht zu achten, unabhängig von dem Vorliegen einer Behinderung, so wie umgekehrt strafprozessuale Eingriffe in diese Autonomie und Entscheidungsfreiheit nicht lediglich unter Verweis auf eine Behinderung zu legitimieren sind.[15] In Anbetracht des behindertenrechtlichen Perspektiven- und Paradigmenwechsels[16], der mit dem »disability mainstreaming«-Ansatz der UN-BRK verknüpft ist, muss auch die Strafjustiz umdenken.[17] Menschen mit Behinderungen sind »in allen Lebenslagen als Rechtssubjekte zu begreifen«.[18]

Gleichberechtigung und **Nichtdiskriminierung** sind als zwei Seiten der Medaille »Menschenrechtsschutz« zentrale Grundsätze der Konvention[19], die – unabhängig von der jeweiligen Verfahrensrolle[20] – auch im Strafverfahrensrecht zu verwirklichen sind. Menschen mit Behinderungen sind vor dem Strafgesetz gleich und vor ihm gleich zu behandeln; sie haben »ohne Diskriminierung« Anspruch auf gleichen Schutz und gleiche Vorteile durch die Strafgesetze.[21] Auch im Strafprozess ist jede Diskriminierung »aufgrund von Behinderung« verboten, so wie Menschen mit Behinderungen »gleicher und wirksamer rechtlicher Schutz« vor Dis-

12 Ebenso offenbar Olzen (2009), S. 6 unter Verweis auf deren »self-executing«-Charakter, vgl. auch Lipp (2012), S. 673, der insoweit zu Recht eine Unterscheidung zwischen der Rechts- und der Handlungsfähigkeit verneint, vgl. dazu auch Aichele / von Bernstorff (2010), S. 200 ff.

13 Baufeld (2009), S. 169; zu weiteren Konsequenzen aus den Art. 25, 59 GG von Bernstorff (2011).

14 Art. 3 lit. a UN-BRK.

15 Zu einigen Ausnahmen siehe unten II.3. und III.

16 Vgl. nur Schulte (2011), S. 43, Schröder / Schütz (2011), S. 53, Lipp (2012), S. 670, Degener (2009b), S. 200-201 und Baufeld (2009), S. 170 sowie Mathe (2011).

17 Ausführlich zu den Begriffen »Behinderung«, »Beeinträchtigung« und »Barrieren« Hirschberg (2011); vgl. auch Petri / Stähler (2008), Schmahl (2007), S. 524-525, 534-535 und Rothfritz (2010), S. 154 ff.

18 Lipp (2012), S. 670.

19 Art. 1 Satz 1, Art. 3 lit. b und Art. 5 UN-BRK. Siehe Degener (2009b), S. 204 ff., Rothfritz (2010), S. 195 ff., vgl. auch Althoff (2011), S. 482-483 und Lipp (2012), S. 670-671 sowie Rudolf (2007), Rdnr. 64-65.

20 Siehe unten II.1.

21 Art. 5 Abs. 1 UN-BRK.

kriminierung, gleich aus welchen Gründen, zu garantieren ist.[22] Dabei ist zu beachten, dass gegebenenfalls auch die »Versagung angemessener Vorkehrungen«[23] als Diskriminierung gilt.[24] Flankiert wird dies durch die Staatenverpflichtung, zur »Förderung der Gleichberechtigung und zur Beseitigung von Diskriminierung« – gegebenenfalls auch im Strafverfahrensrecht – die geeigneten Schritte zu unternehmen, um die Bereitstellung »angemessener Vorkehrungen«[25] zu gewährleisten,[26] wobei die Klarstellung hervorzuheben ist, dass besondere Maßnahmen, die zur »Beschleunigung oder Herbeiführung der tatsächlichen Gleichberechtigung ... erforderlich« sind, nicht als Diskriminierung gelten.[27]

Schließlich sind auch das Strafverfahrensrecht und der Strafprozess an dem Grundsatz zu messen, Menschen mit Behinderungen die »volle und wirksame **Teilhabe**« an der Gesellschaft und ihre Einbeziehung in die Gesellschaft zu ermöglichen.[28] Das Berliner Verwaltungsgericht hat dies wie folgt auf den Punkt gebracht:

> »Nach Art. 1 UN-BRK ist der Zweck dieses völkerrechtlichen Vertrages, den vollen und gleichberechtigten Genuss aller Menschenrechte und Grundfreiheiten durch alle Menschen mit Behinderungen zu fördern, zu schützen und zu gewährleisten und die Achtung der ihnen innewohnenden Würde zu fördern. Nach Art. 3 lit. c geht es dabei konkret um die volle und wirksame Teilhabe der Menschen mit Behinderungen an der Gesellschaft und ihre Einbeziehung in die Gesellschaft. Nach Art. 4 Abs. 1 lit. a haben sich die Vertragsstaaten, zu denen auch die Bundesrepublik Deutschland gehört, verpflichtet, neben der Gesetzgebung auch alle geeigneten Verwaltungs- und sonstigen Maßnahmen zur Umsetzung der in diesem Übereinkommen anerkannten Rechte zu treffen.«[29]

Im Rahmen der **allgemeinen Verpflichtungen** aus der UN-BRK[30] und zur Erfüllung ihres allgemeinen Zwecks[31] sind die Vertragsstaaten gehalten, alle geeigneten Gesetzgebungs-, Verwaltungs- und sonstigen Maßnahmen zur Umsetzung der in der Konvention anerkannten Rechte zu treffen[32], wozu – je nach Eignung – auch Maßnahmen der Strafgesetzgebung und der Strafjustiz gehören können.[33] Soweit bestehende Strafgesetze und Verordnungen ebenso wie strafjustizielle und krimi-

22 Art. 5 Abs. 2 UN-BRK.
23 Wie etwa in Art. 13 UN-BRK, siehe unten II.3.
24 Art. 2 Uabs. 3 UN-BRK. Siehe Althoff (2011), S. 484, vgl. auch Rudolf (2011), S. 155 Fußnote 12 und Marschner (2009), S. 135.
25 Zur Definition Art. 2 UN-BRK.
26 Art. 5 Abs. 3 UN-BRK.
27 Art. 5 Abs. 4 UN-BRK. Ausführlich zur »positiven Diskriminierung« Schmahl (2007), S. 520 und Rothfritz (2010), S. 218-219; vgl. Althoff (2011), S. 484.
28 Art. 3 lit. c UN-BRK; siehe unten I.3. zu Art. 13 UN-BRK. Ausführlich Degener (2009b), S. 205 ff.; vgl. auch König (2009), S. 105.
29 Verwaltungsgericht Berlin, Urteil vom 15.12.2011, Aktenzeichen 35 A 313.08, Rdnr. 53.
30 Art. 4 UN-BRK.
31 Art. 1 Satz 1 UN-BRK.
32 Art. 4 Abs. 1 Satz 2 lit. a UN-BRK; Lipp (2012), S. 669, 671; vgl. auch Degener (2009b), S. 203 ff. und ausführlich Degener (2007), S. 8 ff. zum Handlungsbedarf.
33 Schmahl (2007), S. 527 ff.: »duty to respect, protect and fulfil«.

nalpolizeiliche »Gepflogenheiten und Praktiken« eine Diskriminierung von Menschen mit Behinderungen darstellen, sind alle geeigneten »einschließlich gesetzgeberischer Maßnahmen« zur Änderung oder Aufhebung zu treffen.[34]

2. Gleiche Anerkennung vor dem Strafverfahrens-Recht (im Sinne des Artikels 12 UN-BRK)

Menschen mit Behinderungen haben das Recht, »überall« – also selbstverständlich auch im Strafverfahrensrecht und vor dem Strafgericht – als »**Rechtssubjekt**« anerkannt zu werden.[35] Das verbietet ebenso selbstverständlich, sie (in welcher Verfahrensrolle auch immer, siehe unten II.1.) zu »Objekten« der Strafjustiz zu machen, greift aber deutlich darüber hinaus: Sie genießen »gleichberechtigt mit anderen … in allen Lebensbereichen« – also auch im Kriminaljustizsystem – »**Rechts- und Handlungsfähigkeit**«[36], wobei geeignete Maßnahmen zu treffen sind, um ihnen gerade auch in diesem Lebensbereich Zugang zu der **Unterstützung** zu verschaffen, die sie bei der **Ausübung** ihrer Rechts- und Handlungsfähigkeit im Strafverfahren und vor dem Strafgericht gegebenenfalls benötigen.[37] Es ist also gerade nicht damit getan, dass andere Verfahrensbeteiligte etwaige »Defizite« in der Rechts- und/oder Handlungsfähigkeit von Menschen mit Behinderungen[38] ausgleichen, sie sollen vielmehr unterstützend dazu beitragen, dass diese Menschen selbst ihre Rechts- und Handlungsfähigkeit ausüben können (Hilfe zur Selbstbestimmung).[39] Sie haben einen Rechtsanspruch auf Unterstützung[40], ob sie ihn geltend machen, obliegt wiederum ihrer autonomen Entscheidung. Artikel 12

34 Art. 4 Abs. 1 Satz 2 lit. b UN-BRK. Hierzu Lipp (2012), S. 679; vgl. auch Spörke (2011), S. 6: »vollständige Überprüfung und gegebenenfalls Veränderung aller in der Konvention benannten Regelungsbereiche«; die Auffassung der Bundesregierung, es gebe im Bundesrecht keinen Änderungsbedarf aus Anlass der UN-BRK-Ratifikation (Deutscher Bundestag (2008), S. 48 ff., 51 ff.), hat sich als voreilig erwiesen (vgl. auch Lipp (2012), S. 669-670 mit weiteren Nachweisen sowie Marschner (2009), S. 137), wurde aber unbeeindruckt von zahlreichen anderweitigen Einschätzungen im ersten Staatenbericht gemäß Art. 35 UN-BRK im August 2011 wiederholt (vgl. auch Deutscher Bundestag (2011), S. 7).

35 Art. 12 Abs. 1 UN-BRK.

36 Art. 12 Abs. 2 UN-BRK zur »legal capacity«. Ausführlich Lipp (2012), S. 672; vgl. auch Wunder (2011), S. 5 und Rothfritz (2010), S. 370 zum Aspekt der Gleichberechtigung; umfassend zur Auslegung des Art. 12 als »einheitliches Menschenrecht« (gerade auch in puncto »Ausübung«) Aichele / von Bernstorff (2010), S. 200 ff.

37 Art. 12 Abs. 3 UN-BRK. Dazu Aichele / von Bernstorff (2010), S. 199 ff., Rothfritz (2010), S. 364 ff., 369 ff.

38 Die UN-BRK hat den Defizit-Ansatz mittels eines Diversity-Ansatzes überwunden: Baufeld (2009), S. 170, Bielefeldt (2009), S. 6 ff., Aichele (2008), S. 4, Schmahl (2007), S. 526; zur problematischen Kategorie der »Prozessunfähigkeit« vgl. auch Bundesarbeitsgericht, Urteil vom 28.05.2009, Aktenzeichen 6 AZN 17/09, dazu Kohte / Weber (2009); siehe unten III.4.

39 Ausführlich Lipp (2012), S. 673 mit weiteren Nachweisen, Rothfritz (2010), S. 371 ff.

40 Marschner (2009), S. 136, Aichele / von Bernstorff (2010), S. 202.

UN-BRK gewährleistet ein Freiheits- als auch ein Gleichheitsrecht (bzw. Diskriminierungsverbot).[41]

In der bereits erwähnten **Grundsatzentscheidung des BVerfG** zur Zwangsbehandlung im Maßregelvollzug hat es Artikel 12 UN-BRK in jenem Kontext wie folgt erfasst:

> »Zu den Menschen mit Behinderungen, für die die Gewährleistungen der Konvention gelten, gehören auch psychisch Kranke, wenn die Beeinträchtigung langfristig und von solcher Art ist, dass sie den Betroffenen an der vollen, wirksamen und gleichberechtigten Teilhabe an der Gesellschaft hindern kann (Art. 1 Abs. 2 BRK…). Die Regelungen der Konvention, die auf Sicherung und Stärkung der Autonomie behinderter Menschen gerichtet sind – insbesondere Art. 12 Abs. 2 BRK, mit dem die Vertragsstaaten anerkennen, dass Menschen mit Behinderungen in allen Lebensbereichen gleichberechtigt mit anderen Rechts- und Handlungsfähigkeit genießen, und Art. 12 Abs. 4 Satz 2 BRK, der die Vertragsstaaten verpflichtet, bei Maßnahmen betreffend die Ausübung der Rechts- und Handlungsfähigkeit die Rechte, den Willen und die Präferenzen der betreffenden Person zu achten – verbieten jedoch nicht grundsätzlich gegen den natürlichen Willen gerichtete Maßnahmen, die an eine krankheitsbedingt eingeschränkte Selbstbestimmungsfähigkeit anknüpfen. Dies ergibt sich deutlich unter anderem aus dem Regelungszusammenhang des Art. 12 Abs. 4 BRK, der sich gerade auf Maßnahmen bezieht, die den Betroffenen in der Ausübung seiner Rechts- und Handlungsfähigkeit beschränken. Solche Maßnahmen untersagt die Konvention nicht allgemein; vielmehr beschränkt sie ihre Zulässigkeit, unter anderem indem Art. 12 Abs. 4 BRK die Vertragsstaaten zu geeigneten Sicherungen gegen Interessenkonflikte, Missbrauch und Missachtung sowie zur Gewährleistung der Verhältnismäßigkeit verpflichtet.«[42]

In diesem Spannungsfeld (vgl. auch unten II.3.) sind Interessenkonflikte und missbräuchliche Einflussnahmen vorprogrammiert: Deshalb sind geeignete und wirksame **Sicherungen** vorzusehen, um Missbräuche zu verhindern und zu gewährleisten, dass bei den Maßnahmen betreffend die Ausübung der Rechts- und Handlungsfähigkeit gerade auch im Strafverfahren »die Rechte, der Wille und die Präferenzen der betreffenden Person geachtet werden«,[43] sonst schlägt Hilfe zur Selbstbestimmung in Fremdbestimmung um und konterkariert – zumal in einem Bereich wie dem Kriminaljustizsystem, das mit gravierenden Grundrechtseingriffen aufwartet – den »Paradigmenwechsel vom paternalistischen ›substituted decision-making‹ zum selbstbestimmungsorientierten ›supported decision-making‹«.[44] Artikel 12 Absatz 4 UN-BRK konkretisiert und relativiert diese Gewährleistung dahingehend, dass es »nicht zu Interessenkonflikten und missbräuchlicher Einflussnahme kommt, dass die Maßnahmen verhältnismäßig sind, dass sie von möglichst kurzer Dauer sind und dass sie einer regelmäßigen Überprüfung durch eine zuständige, unabhängige und unparteiische Behörde oder gerichtlichen Stelle

41 Lipp (2012), S. 672, 674; vgl. auch Aichele / von Bernstorff (2010), S. 202 zum unantastbaren Kernbereich der Vorschrift.

42 BVerfG, Beschluss vom 23.03.2011, Aktenzeichen 2 BvR 882/09, Rdnr. 53, vgl. auch Pollähne (2011a), S. 122 sowie Marschner (2009) und Marschner (2011).

43 Art. 12 Abs. 4 Satz 1 UN-BRK.

44 Lipp (2012), S. 673; vgl. auch UN-Hochkommissariat für Menschenrechte (2009), Ziff. 43.

unterliegen«; die erforderlichen Sicherungen müssen zudem »im Hinblick auf das Ausmaß, in dem diese Maßnahmen die Rechte und Interessen der Person berühren, verhältnismäßig sein«.[45]

3. *Weitere einschlägige UN-BRK-Regelungen*

In Anknüpfung an die gleiche Anerkennung vor dem Strafverfahrensrecht (siehe oben I.1.) garantieren die Vertragsstaaten den Menschen mit Behinderungen »gleichberechtigt mit anderen wirksamen« **Zugang zur Strafjustiz**, unter anderem durch strafverfahrensbezogene und altersgemäße Vorkehrungen, um ihre wirksame unmittelbare und mittelbare Teilnahme, einschließlich »als Zeugen und Zeuginnen, an allen Gerichtsverfahren, auch in der Ermittlungsphase und in anderen Vorverfahrensphasen« zu erleichtern[46] – eine der ganz wenigen Stellen, die innerhalb der UN-BRK unmittelbar auf das Strafverfahren Bezug nehmen[47]; wie zur Bekräftigung wird gefordert, geeignete Schulungen für die im Justizwesen tätigen Personen, einschließlich des Personals »von Polizei und Strafvollzug« zu fördern.[48]

In Anlehnung an Artikel 9 Absatz 1 des Zivilpaktes sowie Artikel 5 EMRK ist auch Menschen mit Behinderungen »das Recht auf persönliche **Freiheit und Sicherheit**« zu garantieren,[49] was gerade in Anbetracht zahlreicher kriminalrechtlich legitimierter Freiheitsentziehungen von besonderer Bedeutung ist.[50] Selbstverständlich darf auch ihnen die Freiheit nicht »rechtswidrig oder willkürlich«, son-

45 Letzteres klingt nach Redaktionsversehen, ist aber wohl keines – vielmehr geht es um Wechselwirkungen zwischen der Eingriffstiefe der Maßnahmen einerseits und um die darauf abzustimmende Angemessenheit der Sicherungen andererseits; vgl. auch Lipp (2012), S. 673-674 mit weiteren Nachweisen zu weiteren Unklarheiten im Anwendungsbereich des Art. 12 Abs. 4 UN-BRK.

46 Art. 13 Abs. 1 UN-BRK. Vgl. Deutscher Bundestag (2008), S. 52, Rothfritz (2010), S. 376; die sogenannte »Schattenübersetzung« des »Netzwerks Artikel 3 e.V.« hat »facilitate« mit »ermöglichen« (anstelle der amtlichen Übersetzung »erleichtern«) übersetzt, beides wird von einschlägigen Standardwörterbüchern gestützt – Vorkehrungen, die eine Teilnahme nur »erleichtern«, nicht aber »ermöglichen«, reichen aber zweifellos nicht aus; vgl. zum Übersetzungsproblem auch Aichele (2008), S. 11 ff. und Degener (2009a), S. 35.

47 Nach der Studie des UN-Hochkommissariats für Menschenrechte (2009) können sowohl in der Vorverfahrensphase als auch in der Hauptverhandlung entsprechende Vorkehrungen (gegebenenfalls gesetzlich zu verankern) erforderlich sein (Ziff. 47).

48 Art. 13 Abs. 2 UN-BRK. Das Bundesministerium der Justiz bietet zusammen mit der Deutschen Richterakademie einschlägige Fortbildungen an (vgl. Deutsche Bundesregierung (2011), S. 171), zumeist allerdings mit anderen Schwerpunkten.

49 Art. 14 Abs. 1 lit. a UN-BRK.

50 Zu den verfahrensrechtlichen Garantien und der gegebenenfalls erforderlichen Bereitstellung »besonderer Vorkehrungen« vgl. Art. 14 Abs. 2 UN-BRK, dazu Rothfritz (2010), S. 351-352.

dern nur »im Einklang mit dem Gesetz« entzogen werden.[51] Von besonderer Brisanz jenseits solch selbstverständlicher Bekräftigungen ist freilich der Zusatz, dass »das Vorliegen einer **Behinderung in keinem Fall eine Freiheitsentziehung rechtfertigt**«.[52] Auch wenn sich diese Brisanz eher im materiellen Sanktionsrecht des StGB bemerkbar macht (siehe auch unten III.4.), so sehen sich auch strafverfahrensrechtliche Freiheitsentziehungen dem Anfangsverdacht der Konventionswidrigkeit ausgesetzt, wenn ihre Anordnung im Einzelfall durch das Vorliegen einer Behinderung gerechtfertigt werden soll.[53] Der Streit darüber, ob jegliche Anknüpfung an eine Behinderung als Unterbringungsgrund bereits zum Verdikt der Konventionswidrigkeit führt[54] oder nur, wenn das Vorliegen einer Behinderung allein die Freiheitsentziehung rechtfertigen soll[55], muss an dieser Stelle nicht ausgetragen werden – es spricht Einiges dafür, dass die Lösung (einzelfallbezogen) dazwischen liegt.[56] Jenseits der – nicht zuletzt behinderten- und psychiatriepolitisch motivierten – Differenzen in der Auslegung des Artikels 14 Absatz 1 lit. b UN-BRK bleibt freilich das Verdikt der Diskriminierung, wenn Freiheitsentziehungen (etwa wegen sogenannter Fremdgefährdung) gegen Menschen mit Behinderungen angeordnet werden dürfen, nicht hingegen gegen gegebenenfalls ebenso »gefährliche« Menschen ohne Behinderungen.[57] Die Behinderung insoweit als »einschränkendes Erfordernis« und deshalb als »zusätzliche Sicherung« zu werten[58], befremdet: Im Vergleich »rechtfertigt« die Behinderung dann letztlich doch die Freiheitsentziehung, was Artikel 14 Absatz 1 lit. b UN-BRK gerade »in keinem Fall« legitimieren wollte. Dass diese Probleme bereits dadurch aus der Welt ge-

51 Art. 14 Abs. 1 lit. b UN-BRK. Ausführlich Rothfritz (2010), S. 338 ff. mit dem berechtigten Hinweis, dass Art. 14 UN-BRK selbstverständlich nicht auf Haftstrafen beschränkt ist (S. 342, 350); zu besonderen Schutzpflichten, etwa im Hinblick auf rechtswidrige Freiheitsentziehungen durch Dritte, exemplarisch der Fall Vera Stein gegen Deutschland (Europäischer Gerichtshof für Menschenrechte, Urteil vom 16.06.2005, Antragsnummer 61603/00), vgl. Pollähne (2007a), S. 151 ff. mit weiteren Nachweisen.

52 Art. 14 Abs. 1 lit. b UN-BRK.

53 Zu §§ 81, 126a und 463 in Verbindung mit 453c Strafprozessordnung (StPO) siehe unten III. 4.

54 Kaleck / Hilbrans / Scharmer (2008), S. 21 ff., differenzierend Wunder (2011), S. 6, eher unklar Rothfritz (2010), S. 348.

55 Deutscher Bundestag (2008), S. 52, vgl. Olzen (2009), S. 4, Marschner (2009), S. 136, ähnlich Baufeld (2009), S. 171.

56 Das UN-Hochkommissariat für Menschenrechte (2009) hat klargestellt, dass der Vorstoß, den Begriff »ausschließlich« in die Regelung aufzunehmen, in den Beratungen explizit abgelehnt wurde (Ziff. 48); darauf weist auch der UN-Sonderberichterstatter über Folter und andere grausame, unmenschliche oder erniedrigende Behandlung oder Strafe (2008) explizit hin (Ziff. 64 und Fußnote 38).

57 Dazu auch Rothfritz (2010), S. 348-349; exemplarisch zum Streit über das Therapieunterbringungsgesetz (ThUG) Morgenstern (2011) und Höffler / Stadtland (2012), vgl. auch Pollähne (2012c), S. 197-198 – im Rahmen einer Verfassungsbeschwerde gegen eine ThUG-Unterbringung (Aktenzeichen 2 BvR 953/12) hat der Verfasser auch einen Verstoß gegen die UN-BRK gerügt.

58 So aber Lipp (2012), S. 678-679.

schafft würden, einschlägige Gesetzesnormen neutraler zu formulieren[59], erscheint allerdings auch fraglich.[60]

Das allgemeine **Folterverbot**[61] wird bekräftigt[62], ergänzt um den – zumal im historischen Kontext – für Menschen mit Behinderungen wichtigen Zusatz, dass niemand »ohne seine freiwillige Zustimmung medizinischen oder wissenschaftlichen Versuchen unterworfen« werden darf.[63] Dabei ist gerade im Rahmen kriminalrechtlicher Maßnahmen an die Freiwilligkeit etwaiger Zustimmungen ein besonders strenger Maßstab anzulegen, wobei das Vorliegen einer (etwa seelischen oder geistigen) Beeinträchtigung die Freiwilligkeit einer solchen Zustimmung zwar nicht per se ausschließen mag, aber doch zusätzliche Sicherungen erfordert.[64] Im Rahmen (insbesondere kriminalrechtlicher) Freiheitsentziehungen sind solche Versuche ohnehin ausgeschlossen.[65]

Zum **Schutz** insbesondere auch von Menschen mit Behinderungen **vor Ausbeutung, Gewalt und Missbrauch** haben die Vertragsstaaten alle geeigneten (gegebenenfalls strafgesetzgeberischen) Maßnahmen zu treffen[66], wobei insbesondere auch die »Bereitstellung von Informationen und Aufklärung« darüber Erwähnung findet, »wie Fälle von Ausbeutung, Gewalt und Missbrauch verhindert, erkannt und angezeigt werden können«.[67] Zusätzlich werden explizit »wirksame Rechtsvorschriften und politische Konzepte« gefordert um »sicherzustellen, dass Fälle von Ausbeutung, Gewalt und Missbrauch gegenüber Menschen mit Behinderungen

59 So die Forderung des UN-Hochkommissariats für Menschenrechte (2009): »von der Behinderung abgekoppelt und neutral definiert« (Ziff. 49).

60 Womit freilich der Anwendungsbereich des Art. 4 Abs. 1 lit. b UN-BRK tangiert wäre, siehe oben I.1.

61 Vgl. Art. 7 Satz 1 Zivilpakt und Art. 3 EMRK.

62 Art. 15 Abs. 1 Satz 1 UN-BRK. Dazu Björgvinsson (2009), S. 145 ff. und Rothfritz (2010), S. 290 ff.; der UN-Sonderberichterstatter über Folter und andere grausame, unmenschliche oder erniedrigende Behandlung oder Strafe (2008) hielt es für erforderlich, ein Kapitel über den »Schutz vor Menschen mit Behinderungen vor Folter« aufzunehmen (Ziff. 37 ff.), dabei wird unmittelbar auf die UN-BRK Bezug genommen (Ziff. 42 ff.); ausführlich zum Schutz untergebrachter psychisch Kranker Pollähne (2007a).

63 Art. 15 Abs. 1 Satz 2 UN-BRK, ebenso Art. 7 Satz 2 Zivilpakt. Dazu Rothfritz (2010), S. 299 ff., Aichele / von Bernstorff (2010), S. 202-203 und Fußnote 28, vgl. Bielefeldt (2009), S. 14 und UN-Sonderberichterstatter über Folter und andere grausame, unmenschliche oder erniedrigende Behandlung oder Strafe (2008), Ziff. 40 und 57 ff. Zur Einwilligung von Menschen mit Behinderungen in medizinische Forschung Graumann in diesem Band.

64 Zur Einwilligungsfähigkeit Marschner (2009), S. 136 und Lipp (2012), S. 672; vgl. auch Schulte (2011), S. 47 und Olzen (2009), S. 7.

65 Exemplarisch § 40 Abs. 1 Arzneimittelgesetz; vgl. auch Pollähne (2012b) mit weiteren Nachweisen zur internationalen Rechtslage und Deutscher Bundestag (2008), S. 53.

66 Art. 16 Abs. 1 UN-BRK.

67 Art. 16 Abs. 2 Satz 1 UN-BRK. Deutscher Bundestag (2008), S. 53; zur unmittelbaren Anwendbarkeit der Norm (in Fällen der Ermessensreduzierung auf null) von Bernstorff (2011), S. 216.

erkannt, untersucht und gegebenenfalls strafrechtlich verfolgt werden«.[68] Straf- oder anderweitig rechtlich bewehrte Anzeigepflichten können zwar ein »wirksames« Mittel sein, werden durch die UN-BRK aber keineswegs erzwungen.

Die Achtung der körperlichen und seelischen **Unversehrtheit der Person**[69] steht Menschen mit Behinderungen selbstverständlich gleichberechtigt mit anderen zu.[70] In Anbetracht strafverfahrensrechtlicher Zwangsbefugnisse[71] verdient die Achtung gerade ihrer Unversehrtheit besondere Aufmerksamkeit – gerade in Anbetracht ihrer gegebenenfalls bereits bestehenden physischen oder psychischen »Versehrtheit«.[72]

Im Rahmen des Rechts auf Achtung der Privatsphäre[73] dürfen auch Menschen mit Behinderungen keinen »willkürlichen oder rechtswidrigen Eingriffen« in ihr Privatleben, ihre Familie, ihre Wohnung oder ihren Schriftverkehr oder andere Arten der Kommunikation oder »rechtswidrigen Beeinträchtigungen ihrer Ehre oder ihres Rufes« ausgesetzt werden[74], vielmehr haben sie Anspruch auf rechtlichen – gegebenenfalls auch strafrechtlichen – Schutz gegen solche Eingriffe oder Beeinträchtigungen[75], ebenso selbstverständlich aber auch Schutz gegen vergleichbare strafjustizielle Eingriffe.[76] Besondere Beachtung verdient in diesem Kontext der Datenschutz: Die Vertragsstaaten schützen »die Vertraulichkeit von Informationen über die Person, die Gesundheit und die Rehabilitation von Menschen mit Behinderungen«,[77] was gerade innerhalb des Kriminaljustizsystems, das insoweit mit besonders sensiblen Daten umgeht, verstärkt zu berücksichtigen ist.[78] Datenschutzrechtliche Diskriminierungen, also insbesondere informationelle Datenverarbeitungseingriffe, die gegebenenfalls mit der Behinderung eines Betroffenen gerechtfertigt werden, sind unzulässig. Von daher erscheint zum Beispiel § 11 des Bun-

68 Art. 16 Abs. 6 UN-BRK. Schmahl (2007), S. 528: »duty to protect«; ausführlich dazu Zinsmeister (2009) mit dem Fokus auf die Schutzrechte von Frauen mit Behinderungen und den Schutz vor sexualisierter Gewalt; vgl. auch die Antwort des Bremer Senats auf eine große Anfrage der CDU-Fraktion der Bremischen Bürgerschaft (Bremische Bürgerschaft (2012)) und UN-Sonderberichterstatter über Folter und andere grausame, unmenschliche oder erniedrigende Behandlung oder Strafe (2008), Ziff. 66 ff.

69 Bemerkenswerter Weise weder im Zivilpakt noch in der EMRK verankert, insbesondere auch nicht aus Art. 5 EMRK folgend, vgl. Esser (2012), Art. 5 EMRK, Rdnr. 5 mit weiteren Nachweisen und Rothfritz (2010), S. 280.

70 Art. 17 UN-BRK.

71 Vgl. insbesondere §§ 81a-81h StPO, dazu auch unten III.4.

72 Dazu auch Rothfritz (2010), S. 263 ff. und Pollähne (2007b), S. 402 und 406.

73 Vgl. Art. 17 Zivilpakt und Art. 8 EMRK.

74 Art. 22 Abs. 1 Satz 1 UN-BRK.

75 Art. 22 Abs. 2 Satz 2 UN-BRK.

76 Allgemein zu Art. 22 UN-BRK Rothfritz (2010), S. 435 ff. und insbesondere S. 438 zum Datenschutz.

77 Art. 22 Abs. 2 UN-BRK.

78 Ausführlich Pollähne (2011b) mit weiteren Nachweisen.

deszentralregistergesetzes (BZRG) im Lichte der UN-BRK bedenklich[79], demzufolge ein **Freispruch gemäß § 20 StGB**, eine dementsprechende Verfahrenseinstellung oder die Ablehnung eines Antrages auf Einleitung des sogenannten Sicherungsverfahrens gemäß § 413 StPO (siehe unten III.4.) auch dann in das Zentralregister eingetragen werden, wenn es nicht zur Anordnung freiheitsentziehender oder -beschränkender Maßregeln kommt; die Diskriminierung liegt darin, dass Freisprüche aus anderen Gründen (zum Beispiel gemäß § 17 StGB) nicht eingetragen werden. In diesem Zusammenhang sei ein anderes Problem nur angedeutet: Wird der Angeklagte vor Gericht gemäß § 20 StGB freigesprochen wegen eines schuldausschließenden Zustands, bei dem es sich oft um eine Beeinträchtigung im Sinne des Artikels 1 Satz 2 UN-BRK handeln wird[80], so kann er diese Aburteilung mangels sogenannter **»Beschwer«** nicht anfechten, das heißt weder wegen der damit verknüpften Feststellung, er habe in einem solchen Zustand eine bestimmte rechtswidrige Tat begangen, noch wegen der Schuldunfähigkeits-Zuschreibung an sich[81]: Die diskriminierenden Folgen eines solcherart zwiespältigen »Freispruchs« zum Beispiel im BZRG anzufechten bzw. beseitigen zu lassen, erweist sich als nahezu aussichtslos.[82]

Gewissermaßen die Kehrseite der Datenschutz-Medaille ist der Anspruch auf **Einsicht in Akten**, die gegebenenfalls über einen Menschen mit Behinderung geführt werden. Das kann und muss hier nicht vertieft werden, verdient aber deshalb Erwähnung, weil das BVerfG vor nicht allzu langer Zeit in einer Grundsatzentscheidung zur Akteneinsicht im Maßregelvollzug deutliche Worte fand im Hinblick auf das Machtgefälle zwischen den dort in der Regel als Menschen mit psychischer Behinderung (im Sinne des Artikels 1 Satz 2 UN-BRK) zu wertenden Patientinnen und Patienten und der Klinik als Behörde:

> »Die grundrechtliche Gefährdungslage im Maßregelvollzug ist von derjenigen in privatrechtlichen Behandlungsverhältnissen fundamental verschieden. In einem Bereich, der wie der Maßregelvollzug – in einem gewissen Maße zwangsläufig – durch ein besonders hohes Machtgefälle zwischen den Beteiligten geprägt ist, sind die Grundrechte der Betroffenen naturgemäß besonderer Gefährdung ausgesetzt .... Dies gilt auch in Bezug auf die Führung der Akten und den Zugang zu ihnen.«[83]

79 Eine vergleichbare Prüfung der §§ 483-495 StPO, der §§ 12-22 des Einführungsgesetzes zum Gerichtsverfassungsgesetz und der »Anordnung über Mitteilungen in Strafsachen« bzw. der in ihr versammelten Regelungen zur Datenweitergabe kann hier nicht geleistet werden; überhaupt fällt auf, dass das Recht der Datenverarbeitung – soweit ersichtlich – noch nicht auf seine Vereinbarkeit mit der UN-BRK geprüft worden ist.

80 Dazu Pollähne (2010a), Rdnr. B 142.

81 Vgl. nur Meyer-Goßner (2012), vor § 296, Rdnr. 13 mit weiteren Nachweisen (teilweise strittig).

82 Dazu auch Cording (1995).

83 BVerfG, Beschluss vom 09.01.2006, Aktenzeichen 2 BvR 443/02 mit weiteren Nachweisen sowie dazu die Anmerkung Pollähne (2006).

II. Verfahrensrollen, »fair trial«-Prinzipien, Autonomie und Fürsorge

1. Verfahrensrollen: »Opfer« gegen »Täterinnen« und »Täter«?

Im Hinblick auf die jeweiligen Verfahrensrollen wird im Strafrecht gerne von »Täterinnen« bzw. »Tätern« und »Opfern« gesprochen. Beide Kategorien sind nicht nur unscharf, sondern – zumindest terminologisch – auch rechtsstaatlich problematisch[84]: So wie der Strafprozess primär dem Ziel dient aufzuklären, ob die oder der Angeklagte die ihr oder ihm zur Last gelegten Taten begangen hat, ja: ob es überhaupt Straf-Taten gab und gegebenenfalls welche (und es immer erst im Anschluss daran um die Frage gehen kann, ob sie bzw. er deshalb auch zu bestrafen ist und gegebenenfalls wie), genauso dient der Strafprozess zugleich dem Ziel aufzuklären, ob es – von den sogenannten opferlosen Delikten einmal abgesehen – überhaupt ein »Opfer« gab, jedenfalls im strafrechtlichen Sinne, und ob dieses Opfer gegebenenfalls der oder dem Angeklagten und ihrer bzw. seiner »Tat« zuzuschreiben ist. Vor diesem Hintergrund ist von Menschen mit Behinderungen als »Täterinnen« bzw. »Täter« im Strafverfahren mit äußerster Zurückhaltung zu reden: Es handelt sich um Verdächtigte, Beschuldigte, Angeklagte und gegebenenfalls Verurteilte – nicht mehr und nicht weniger. Für Menschen mit Behinderungen als »Opfer« gilt Entsprechendes: Sie sind Zeuginnen und Zeugen, Privat- oder Nebenklägerinnen und -kläger bzw. Nebenklagebefugte, gegebenenfalls Verletzte[85] – nicht weniger, aber eben auch nicht mehr.

2. »Fair trial«-Prinzipien

Das Strafverfahren und insbesondere der Strafprozess werden beherrscht vom sogenannten »fair trial«-Prinzip, dem Gebot der prozeduralen Fairness, so wie es in Artikel 6 der EMRK und Artikel 14 des Zivilpaktes verankert wurde und in der deutschen Rechtsprechung aus dem Grundgesetz und dessen Rechtsstaatsprinzip abgeleitet worden ist.[86] Inwieweit der Grundsatz des fairen Verfahrens für »Täterinnen« bzw. »Täter« und »Opfer« (in ihren jeweiligen Rollen, siehe oben) gleichermaßen gilt und woraus Letztere einen »fair trial«-Anspruch gegebenenfalls

84 Ausführlich hierzu Pollähne (2012a), S. 7 mit weiteren Nachweisen.

85 Zum »Verletzten«-Begriff der StPO vgl. Pollähne (2012d), § 406d, Rdnr. 2 mit weiteren Nachweisen.

86 Exemplarisch BVerfG, Beschluss vom 03.06.1969, Aktenzeichen 1 BvL 7/68; Urteil vom 28.03.1984, Aktenzeichen 2 BvR 275/83 sowie BGH, Urteil vom 04.03.2004, Aktenzeichen 3 StR 218/03 mit weiteren Nachweisen; vgl. Meyer-Goßner (2012) Einleitung, Rdnr. 19 mit weiteren Nachweisen.

überhaupt ableiten können, muss hier nicht vertieft werden.[87] Dass sich Menschen mit Behinderungen – in welcher Rolle auch immer – ebenso auf diese Prinzipien berufen können wie Menschen ohne Behinderungen, steht jedenfalls außer Frage; und dennoch bedarf es einer Analyse, inwieweit das geltende Strafprozessrecht diesem Anspruch gerecht wird. Noch spannender dürfte sein zu untersuchen, inwieweit Menschen mit Behinderungen aus den genannten Prinzipien besondere Rechte ableiten können, und seien es **besondere Schutzrechte**, womit die Kategorien der Autonomie einerseits und der gegebenenfalls erforderlichen Fürsorge andererseits aufgerufen sind (siehe unten 3.).

Das »fair trial«-Prinzip ist geläufig als allgemeine Richtlinie justizieller Verfahren, die von den Gerichten auszugestalten ist und insbesondere in der Rechtsprechung des Europäischen Gerichtshofs für Menschenrechte (EGMR) zu Artikel 6 Absatz 1 Satz 1 EMRK konkretisiert wurde[88]: Dazu gehören insbesondere die Prinzipien der **Waffengleichheit**, des Rechts auf ein sogenanntes »kontradiktorisches« Verfahren und die Pflicht zur Begründung von Entscheidungen.[89]

Daneben wurde eine Reihe zentraler **»fair trial«-Prinzipien** exemplarisch ausformuliert, so wie sie in Artikel 6 Absatz 3 EMRK und Artikel 14 Absatz 3 Zivilpakt zu finden sind: Dazu gehören insbesondere das Recht, in einer »verständlichen Sprache« über die Anklage informiert zu werden (siehe unten III.1.), das Recht zur eigenen Verteidigung sowie zur (gegebenenfalls unentgeltlichen) Hinzuziehung einer Verteidigerin bzw. eines Verteidigers, das Anwesenheitsrecht[90], das Zeugenbeweis- und -befragungsrecht, gegebenenfalls das Recht auf (unentgeltliches) Dolmetschen, wenn die angeklagte Person »die Verhandlungssprache des Gerichts nicht versteht oder spricht«[91], was sich nicht nur auf Fremdsprachige beschränkt[92], sowie das sogenannte »nemo tenetur«-Prinzip:[93] Gerade auch in ihrer Autonomie potenziell Eingeschränkte müssen davor geschützt werden, sich selbst zu belasten – das Kriminaljustizsystem darf sich nicht dem Verdacht aussetzen, insbesondere sensorische oder intellektuelle Beeinträchtigungen zur Selbstüberführung der Betroffenen auszunutzen.

Flankiert werden die genannten Prinzipien durch weitere essentielle Verfahrensgrundsätze wie das **Öffentlichkeitsprinzip**[94], den **Beschleunigungsgrund-**

87 Ausführlich Bock (2012).
88 Ausführlich Rzepka (2000) sowie Esser (2012), Art. 6 EMRK, Rdnr. 167 ff.
89 Ausführlich Esser (2012), Art. 6 EMRK, Rdnr. 202 ff. (mit einem gesonderten Abschnitt (Rdnr. 249 ff.) zur Tatprovokation als Grenze der Verfahrensfairness).
90 Explizit nur in Art. 14 Abs. 3 lit. d Zivilpakt, vgl. aber auch Esser (2012), Art. 6 EMRK, Rdnr. 657 ff. zur einschlägigen EGMR-Rechtsprechung.
91 Art. 14 Abs. 3 lit. f Zivilpakt.
92 Dazu Kühne (2009), Art. 6, Rdnr. 611, zum Teil strittig: vgl. Esser (2012), Art. 6 EMRK, Rdnr. 831; siehe unten III.1. zu §§ 186, 187 Gerichtsverfassungsgesetz (GVG).
93 Art. 14 Abs. 3 lit. g Zivilpakt. Vgl. Esser (2012), Art. 6 EMRK, Rdnr. 879 ff. mit weiteren Nachweisen.
94 Art. 14 Abs. 1 Zivilpakt und Art. 6 Abs. 1 EMRK, siehe unten.

satz[95], das Recht auf ein **unabhängiges** und unparteiisches **Gericht**[96] und speziell auf das Strafverfahren bezogen die **Unschuldsvermutung**: Dass auch Menschen mit Behinderungen »bis zum gesetzlichen Beweis ihrer Schuld« bzw. bis zu dem »im gesetzlichen Verfahren erbrachten Nachweis« ihrer Schuld als unschuldig zu gelten haben[97], erscheint nur auf den ersten Blick als überflüssige, weil eigentlich selbstverständliche Klarstellung: Gerade im Zusammenhang mit kriminalrechtlichen Maßnahmen der Gefahrenabwehr ist allemal der Hinweis angebracht, dass auch Menschen etwa mit psychischen Beeinträchtigungen – ungeachtet der Frage einer darauf gegebenenfalls beruhenden sogenannten Schuldunfähigkeit (siehe oben) – einen gleichwertigen »gesetzlichen Beweis ihrer Schuld« (im Sinne eines Tatnachweises nach den Regeln der strafrechtlichen Kunst) erwarten dürfen; insbesondere im sogenannten Sicherungsverfahren (siehe unten II.4.) droht dies tendenziell aus dem Blick zu geraten.

Dass der historisch begründete und der Aufklärung geschuldete Grundsatz der **Öffentlichkeit** Ausnahmen verlangt, weil er mit anderen Prinzipien (insbesondere dem Persönlichkeitsschutz) in Widerstreit geraten kann, ist unbestritten[98] und bereits in Artikel 6 Absatz 1 EMRK und Artikel 14 Absatz 1 Zivilpakt normiert: Abgesehen davon, dass das Urteil in jedem Fall[99] öffentlich verkündet werden muss, können Medien und Öffentlichkeit unter anderem ausgeschlossen werden, wenn der »Schutz des Privatlebens der Prozessparteien« es verlangt bzw. es »im Interesse [ihres] Privatlebens« liegt.[100] Von Fällen abgesehen, in denen Verfahrensbeteiligte unter bestimmten Voraussetzungen einerseits den **Ausschluss der Öffentlichkeit**[101] einfordern,[102] andererseits einem solchen Ausschluss widersprechen können,[103] womit die Autonomie der Beteiligten hinreichend gewahrt ist, fällt im Kontext der UN-BRK insbesondere die Regelung des § 171a GVG ins Auge: Das Gericht kann die Öffentlichkeit (nach pflichtgemäßem Ermessen) für die Hauptverhandlung oder einen Teil davon ausschließen, wenn das Verfahren »die Unterbringung des Beschuldigten in einem psychiatrischen Krankenhaus oder in

95 Vgl. auch Art. 14 Abs. 3 lit. c Zivilpakt und Art. 6 Abs. 1 Satz 1 EMRK. Ausführlich Esser (2012), Art. 6 EMRK, Rdnr. 307 ff. zur »Angemessenheit der Verfahrensdauer« und zur einschlägigen EGMR-Rechtsprechung.

96 Dazu Esser (2012), Art. 6 EMRK, Rdnr. 140 ff.

97 Art. 6 Abs. 2 EMRK bzw. Art. 14 Abs. 2 Zivilpakt.

98 Ausführlich Wickern (2010), vor § 169, Rdnr. 12-13, vgl. Esser (20102), Art. 6 EMRK, Rdnr. 427 ff.

99 Anders Art. 14 Abs. 1 Satz 3 Halbsatz 2 Zivilpakt für Kinder und Jugendliche. Zu § 48 Abs. 1 Jugendgerichtsgesetz und § 173 Abs. 2 GVG vgl. Wickern (2010), § 173, Rdnr. 2, 5 sowie Esser (2012), Art. 6 EMRK, Rdnr. 418 ff.

100 Art. 6 Abs. 1 Satz 1 EMRK bzw. Art. 14 Abs. 1 Satz 3 Zivilpakt.

101 Zum Ausschluss Einzelner aus einer im Übrigen öffentlichen Hauptverhandlung gemäß §§ 175 und 177GVG siehe unten III.3.

102 § 171b Abs. 2 GVG zum Schutz der Privatsphäre.

103 § 171b Abs. 1 Satz 2 GVG.

einer Entziehungsanstalt« zum Gegenstand hat; zumeist wird es sich dabei um Beschuldigte mit Behinderungen handeln. Hierbei kommt es – wenn nicht zugleich ein Fall des § 171b GVG vorliegt – weder auf einen Antrag der oder des Betroffenen an, noch kann sie oder er dem Ausschluss widersprechen.[104] Dies kann insbesondere in letzterer Hinsicht mit der Konvention nicht in Einklang gebracht werden, denn der menschenrechtlich begründete Anspruch auf eine öffentliche Verhandlung wird ohne Rücksicht auf den Willen des Behinderten in einer Weise verletzt, die auch von den Ausschlusstatbeständen der Artikel 14 Absatz 1 Satz 3 Zivilpakt bzw. 6 Absatz 1 Satz 2 EMRK nicht gedeckt ist. Anzunehmen, die genannten Regelungen ließen einen Ausschluss der Öffentlichkeit zum Schutz des Privatlebens von Prozessparteien mit Behinderungen auch dann zu, wenn diese dem widersprechen, ist mit dem Diskriminierungsverbot der UN-BRK jedenfalls nicht in Einklang zu bringen.

3. Autonomie versus Fürsorgepflichten im Strafverfahren

In einem Rechtsgebiet, das den betroffenen Menschen – im Falle eines Straftatnachweises – gegebenenfalls mit gravierenden (nicht zuletzt freiheitsentziehenden) Rechtsfolgen bedroht, kann die Betonung des Autonomieprinzips in Zynismus abgleiten; ihn der Fürsorge eben jenes Gerichts anheimzustellen, dass am Ende gegebenenfalls gerade solche Rechtsfolgen gegen ihn verhängt, ist mindestens so zynisch. Inwieweit langfristige körperliche, seelische, geistige oder Sinnesbeeinträchtigungen[105] Veranlassung geben dürfen, gerade im Strafverfahren dem Fürsorgeprinzip Vorrang vor dem Autonomieprinzip einzuräumen, steht im Mittelpunkt der folgenden Überlegungen:

Im **Autonomieprinzip**[106] kommt zum Ausdruck, dass justiziell Betroffene – hier: in einem Strafprozess – nicht zum Objekt des Verfahrens werden dürfen, sondern von Rechts wegen in die Lage zu versetzen sind, ihre Verfahrensrechte als »Subjekt« und Interessen als Partei eigenverantwortlich und selbstbestimmt wahrnehmen bzw. vertreten zu können.[107] Sie sollen nicht der Fürsorge und/oder dem Wohlwollen anderer Verfahrensbeteiligter oder des Gerichts »ausgeliefert« sein, sondern im Rahmen der sogenannten »Waffengleichheit« (siehe oben II.2.) sich quasi »auf Augenhöhe« aktiv am Strafverfahren und -prozess beteiligen können. Besonders deutlich kommt dies in Artikel 14 Absatz 3 lit. d Zivilpakt zum Aus-

104 Zur eingeschränkten revisionsgerichtlichen Kontrolle gemäß § 338 Nr. 6 StPO vgl. Schlothauer / Weider (2008), Rdnr. 563 ff., 570 ff.
105 Vgl. Art. 1 Satz 2 UN-BRK.
106 Vgl. auch Art. 3 lit. a UN-BRK.
107 Vgl. Art. 12 UN-BRK: Ausübung der Rechts- und Handlungsfähigkeit als Rechtssubjekt.

druck[108], demzufolge Angeklagte das Recht haben, bei der Verhandlung anwesend zu sein »und **sich selbst zu verteidigen**« (oder[109] durch eine Verteidigerin oder einen Verteidiger ihrer Wahl verteidigen zu lassen); sie können Anträge und Fragen stellen, und sie können sich entscheiden, dies nicht zu tun bzw. Anträge zurückzunehmen.

Das Autonomieprinzip stößt zwangsläufig dort an Grenzen, wo Zweifel daran bestehen, ob die betroffene Person tatsächlich die kognitiven und intellektuellen Voraussetzungen mitbringt, um im vorgenannten Sinne autonom (eigenverantwortlich und selbstbestimmt) handeln zu können.[110] Hier schwankt der Rechtsstaat – gerade im kriminalrechtlichen Kontext – zwischen einerseits der Rücksichtslosigkeit eines absolut gesetzten Autonomieprinzips und andererseits dem Paternalismus einer Justiz, die selbst am besten wissen will, was für Betroffene gut ist.

Die im Einzelfall gegebenenfalls erforderliche strafjustizielle **Fürsorge** kann aber immer nur darauf gerichtet sein, die Autonomie des betroffenen Menschen zu gewährleisten und zu schützen und etwaige Defizite so auszugleichen, dass er seine Autonomie so weit wie möglich selbstbestimmt zur Geltung bringen kann. Es geht auch hier um diejenige **Unterstützung**, die Menschen mit Behinderungen im vorgenannten Sinne »bei der Ausübung ihrer Rechts- und Handlungsfähigkeit gegebenenfalls benötigen«.[111] Nicht zuletzt im Strafprozess ist anerkannt, dass solche Unterstützung am besten im Wege des anwaltlichen Beistands durch die **Strafverteidigung** zu gewährleisten ist. In diesem Zusammenhang ist an die jugendstrafrechtlichen Diskussionen zu erinnern, ob die Betroffenen in Anbetracht ihrer altersbedingten Autonomie- und Verteidigungsdefizite der jugendrichterlichen Fürsorge anheimzugeben sind: Auch hier hat sich die Einsicht weitgehend durchgesetzt, den betroffenen Jugendlichen und Heranwachsenden, statt sie der richterlichen Fürsorge anheimzugeben, gegebenenfalls eine Verteidigung an die Seite zu stellen.[112] Auf das Problem aufgedrängter Fürsorge im Rahmen der sogenannten »Zwangsverteidigung« (im Licht des Artikels 12 Absatz 4 UN-BRK) wird an anderer Stelle zurückzukommen sein (siehe unten III.2.).

Im Spannungsfeld von Autonomie und Fürsorge ist im Hinblick auf gegebenenfalls erforderlich werdende **»angemessene Vorkehrungen«**, um »zu gewährleisten, dass Menschen mit Behinderungen gleichberechtigt mit anderen alle Menschenrechte und Grundfreiheiten genießen oder ausüben können«, daran zu erinnern, dass die Versagung solcher Vorkehrungen gegebenenfalls auch als **Diskri-**

108 Vgl. auch Art. 6 Abs. 3 lit. c EMRK.
109 Eigentlich müsste es »und/oder« heißen, denn eine Wahlpflicht zwischen dem Recht auf Eigenverteidigung und Wahl einer Verteidigerin oder eines Verteidigers besteht nicht.
110 Rothfritz (2010), S. 370 ff., vgl. auch König (2009), S., 105; zur Frage der Wirksamkeit prozessualer Erklärungen Meyer-Goßner (2012), Einleitung, Rdnr. 95-96, 104 ff., 110.
111 Art. 12 Abs. 3 UN-BRK.
112 Albrecht (2000), S. 341 ff.

minierung im Sinne der Konvention zu werten ist.[113] Es fällt auf, dass in Artikel 12 UN-BRK nicht von »angemessenen Vorkehrungen« die Rede ist[114], sondern von »geeigneten Maßnahmen, um Menschen mit Behinderungen Zugang zu der **Unterstützung** zur verschaffen, die sie bei der Ausübung ihrer Rechts- und Handlungsfähigkeit gegebenenfalls benötigen«.[115] In Anbetracht der zentralen Bedeutung des Assistenz-Ansatzes[116] im Rahmen des durch die Konvention beförderten Paradigmenwechsels (siehe oben I.1.) kann kaum von einem redaktionellen Versehen ausgegangen werden, vielmehr wird explizit die Brisanz jener »Maßnahmen« problematisiert, weshalb »wirksame Sicherungen« gegen Missbräuche gefordert werden und das Verhältnismäßigkeitsprinzip bemüht wird. Zugleich geht Artikel 12 Absatz 4 UN-BRK in eine ähnliche Richtung wie Artikel 2 Unterabsatz 4 UN-BRK, der im Einzelfall auf das Prinzip der Erforderlichkeit abstellt und allgemein auf die Grenze unverhältnismäßiger oder unbilliger Belastungen verweist. So richtig es ist, im Zusammenhang mit den Unterstützungs-Maßnahmen gemäß Artikel 12 Absatz 3 UN-BRK auf die Missbrauchsgefahr und deshalb auf die Notwendigkeit wirksamer Sicherungen zu verweisen, so richtig muss es aber auch sein, dass die Versagung solcher Maßnahmen (zum Beispiel: Nichtbeiordnung einer Verteidigerin bzw. eines Verteidigers) und damit die Vereitelung gegebenenfalls benötigter Unterstützung ebenfalls gemäß Artikel 2 Unterabsatz 3 UN-BRK als Diskriminierung im Sinne der Artikel 3 lit. b und Artikel 5 UN-BRK zu werten sein kann.

III. Behindertenrechte im Strafprozess: Strafprozessrecht im Lichte der UN-BRK

Soweit Probleme von Menschen mit Behinderungen in der Strafjustiz thematisiert werden, wird – wenn überhaupt – am ehesten an Rollstuhlfahrende sowie an Seh-, Hör- oder Sprachbehinderte gedacht.[117] Die Bedeutung ihrer Rechte aus Artikel 3 Absatz 3 Satz 2 GG oder aus dem Sozialgesetzbuch (SGB) IX wird dabei nur selten erörtert[118]; welchen Einfluss die UN-BRK auf die Strafprozess-Gesetzgebung oder

113 Art. 2 Uabs. 3 und 4 UN-BRK.

114 Lediglich in Art. 13 Abs. 1 UN-BRK finden im Hinblick auf den »Zugang zur Justiz … verfahrensbezogene und altersgemäße Vorkehrungen« Erwähnung. Auch Art. 5 Abs. 3 und 14 Abs. 2 UN-BRK können insoweit einschlägig sein.

115 Art. 12 Abs. 3 UN-BRK.

116 Vgl. nur Marschner (2009), S. 136, Aichele / von Bernstorff (2010), S. 199 und Schulte (2011), S. 47.

117 Exemplarisch Deutscher Bundestag (2008), S. 52; das auch der UN-BRK zugrundeliegenden Konzept der »Barrierefreiheit« greift aber deutlich weiter, vgl. Hirschberg (2011), womit nicht gesagt sein soll, die deutsche (Straf-)Justiz habe in puncto Barrierefreiheit insbesondere für körperlich und sensorisch Behinderte keinerlei Nachholbedarf.

118 Vgl. etwa Buch (2001), S. 258 ff. (allerdings mit Schwerpunkt § 218a StGB).

die Auslegung und Anwendung des Strafverfahrensrechts haben könnte, ist bisher – soweit ersichtlich – überhaupt nicht problematisiert worden.[119]

Im formellen Strafrecht begegnen uns Beeinträchtigungen, die eine selbstbestimmte Teilhabe und -nahme am Verfahren behindern können, an zahlreichen Stellen, auch wenn sie nicht immer explizit als solche Erwähnung finden. Dabei stehen in puncto Unterstützung und Kompensation zunächst Hör- und Sprachbeeinträchtigungen im Vordergrund[120], was in Anbetracht der strafprozessualen Mündlichkeits- und Anwesenheitsprinzipien kaum verwundern kann[121], gefolgt von intellektuellen und gegebenenfalls mentalen Beeinträchtigungen, von besonderer Bedeutung in Anbetracht des strafprozessualen Leitbildes autonomer Rechtssubjekte mit aktiver Verfahrensbeteiligung (siehe oben II.2.). Wegen der herausgehobenen Kompensationsbedeutung ist die sogenannte Pflichtverteidigung gesondert zu behandeln (III.2.). Das Strafverfahrensrecht ist allerdings auch auf mögliche Diskriminierungen von Menschen mit Behinderungen hin zu analysieren (III. 3.), bevor abschließend verfahrensrechtliche und strafprozessuale Zwangsmaßnahmen zu thematisieren sind, die Artikel 12 UN-BRK tangieren könnten (III.4.).

1. Kompensation strafverfahrensrechtlich relevanter Beeinträchtigungen

Für sensorisch Beeinträchtigte existieren zahlreiche Sonderregelungen, etwa was die Hinzuziehung von Dolmetscherinnen und Dolmetschern und anderen Hilfspersonen oder die Übertragung von Dokumenten betrifft[122]:

Die **Verständigung mit einer hör- und/oder sprachbehinderten Person** in der Strafgerichtsverhandlung erfolgt gemäß § 186 Absatz 1 GVG »nach ihrer Wahl mündlich, schriftlich oder mit Hilfe einer die Verständigung ermöglichenden Person«; die geeigneten und gegebenenfalls erforderlichen technischen Hilfsmittel sind vom Gericht bereitzustellen.[123] Macht die hör- oder sprachbehinderte Person

119 Überhaupt ist das Thema Behinderung und Strafrecht erstaunlich unterbelichtet, vgl. nur Castendiek / Hoffmann (2005), S. 133-134 (zu Haftungsfragen) und S. 168 (zur Strafbarkeit behinderter Menschen); Schaumann (2001) mit Schwerpunkt Strafzumessungsrecht (auch dort aber eher am Rande). Zu UN-BRK-relevanten Einzelaspekten im Sanktions- und Vollstreckungsrecht Pollähne (2011c), S. 194-195, Pollähne (2010b), S. 103, Volckart / Pollähne / Woynar (2008), Rdnr. 491; vgl. auch Pollähne / Rzepka (2010), Rdnr. J 54-55 zu behinderten Maßregelvollzugspatientinnen und -patienten und Andreßen-Klose (2005) zur Stellung behinderter Strafgefangener.

120 Exemplarisch §§ 186, 187 GVG oder §§ 66, 140 Abs. 2 Satz 2 StPO, siehe unten III.1.

121 Zu Sehbeeinträchtigungen vgl. § 191a GVG, siehe unten.

122 Vgl. auch Deutscher Bundestag (2008), S. 52.

123 Zu etwaigen Kostenfolgen gemäß § 464c StPO: BVerfG, Beschluss vom 07.10.2003, Aktenzeichen 2 BvR 2118/01 (betreffend Übersetzungskosten bei Telefonüberwachung und Briefkontrolle): »Die Sprache darf grundsätzlich nicht als Anknüpfungspunkt für eine rechtliche Ungleichbehandlung herangezogen werden.« Dies muss gemäß Art. 3 Abs. 3 Satz 2 GG für Menschen mit vergleichbaren Beeinträchtigungen entsprechend gelten.

von ihrem »Wahlrecht«[124] keinen Gebrauch, kann das Gericht eine schriftliche Verständigung verlangen oder die Hinzuziehung einer Person als Dolmetscherin bzw. Dolmetscher anordnen; dasselbe gilt, wenn eine ausreichende Verständigung in der gewählten Form »nicht oder nur mit unverhältnismäßigem Aufwand möglich« ist.[125] Den betroffenen Menschen mit entsprechenden Behinderungen vorher (gegebenenfalls schriftlich) anzuhören, sollte sich von selbst verstehen; die Anordnung der oben genannten Maßnahmen gegen dessen Willen muss die Ausnahme bleiben, den nötigen Aufwand als »unverhältnismäßig« abzutun, wird sich im Lichte der UN-BRK kaum mehr vertreten lassen. Auch bei Anwesenheit einer Dolmetscherin bzw. eines Dolmetschers muss insbesondere Sprachbehinderten soweit wie möglich das Recht erhalten bleiben, sich selbst zu artikulieren. Entsprechendes gilt, wenn Beschuldigte (bzw. Angeschuldigte oder Angeklagte) oder Verurteilte hör- oder sprachbehindert sind: Ihnen ist vom Gericht (unentgeltlich) eine Dolmetscherin oder ein **Dolmetscher** beizuordnen, soweit dies »zur Ausübung [ihrer] strafprozessualen Rechte erforderlich ist«.[126]

Die sogenannten »Schlussvorträge« (**Plädoyers**) sind gemäß § 259 Absatz 2 StPO nicht nur »der Gerichtssprache nicht mächtigen Angeklagten« sondern – nach Maßgabe des § 186 GVG (siehe oben) – auch »sprach- oder hörbehinderten Angeklagten« in geeigneter Weise »bekannt« zu machen. Die im Gesetz vorgesehene Einschränkung, dies müsse sich »mindestens [auf] die Anträge« von Staatsanwaltschaft und Verteidigung erstrecken, nicht hingegen zwingend auch auf deren »Ausführungen«[127], kann im Lichte der UN-BRK keinen Bestand haben: In Anbetracht des Rechts der Angeklagten auf einen eigenen Schlussvortrag und darauf, »selbst noch etwas zu[r] Verteidigung anzuführen«[128], sowie schließlich des Rechts auf das »letzte Wort«,[129] müssen die Schlussvorträge – unabhängig davon, ob die betroffene Person verteidigt wird – vollständig übertragen werden.[130]

Belehrungen sind immer in einer für Verfahrensbeteiligte »verständlichen Sprache" vorzunehmen und nicht nur, wenn dies gesetzlich explizit[131] vorgesehen

124 Vgl. § 186 Abs. 1 Satz 3 GVG.

125 § 186 Abs. 2 GVG. BGH, Urteil vom 24.04.1997, Aktenzeichen 4 StR 23/97 zur Hinzuziehung einer Vertrauensperson (anstelle eines Dolmetschers) für eine sogenannte »Opferzeugin«.

126 § 187 Abs. 1 GVG; gemäß Abs. 2 gilt dies auch für Nebenklägerinnen und Nebenkläger bzw. Nebenklageberechtigte. Nach Oberlandesgericht (OLG) Hamburg, Beschluss vom 27.10.2004, Aktenzeichen IV-1/04 (zu einem fremdsprachigen Nebenkläger) gilt dieser Grundsatz auch außerhalb der Hauptverhandlung.

127 Vgl. § 258 Abs. 1 StPO.

128 § 258 Abs. 3 StPO.

129 § 258 Abs. 2 Halbsatz 2 StPO.

130 Anders die herrschende Meinung, wonach eine vollständige Übertragung im Ermessen des Gerichts liegt, vgl. nur Meyer-Goßner (2012), § 259, Rdnr. 1.

131 Wie etwa in §§ 114a Satz 2, 114b Abs. 1 Satz 1, 406h Satz 1 StPO.

wurde.[132] Dabei geht es selbstverständlich nicht »nur« um Defizite beim Verständnis der »deutschen« Gerichtssprache[133], sondern überhaupt um die Gerichts-Sprache.[134] Ungeachtet der Sonderrechte Hörbehinderter (siehe oben) wird empfohlen, Belehrungen immer mündlich und schriftlich zu erteilen. In Anbetracht der möglichen Folgen unterbliebener Belehrungen müssen sich die zur Belehrung Verpflichteten ohnehin Gewissheit darüber verschaffen, dass die belehrte Person sie nicht »nur« gehört und/oder gelesen, sondern auch verstanden hat.[135] Erforderlich ist also eine »leichte Sprache«: Hier hat die Strafjustiz sicherlich Nachholbedarf und müsste darüber aufgeklärt werden, dass es jene »Leichte Sprache« nicht nur gibt, sondern dass dafür inzwischen auch erste Dolmetscherinnen und Dolmetscher zur Verfügung stehen.[136] Es wird jedoch eine nicht nur, aber gerade auch im Strafprozessrecht (wo für die Betroffenen so viel auf dem »Spiel« steht) besondere Herausforderung darstellen, insbesondere Belehrungen hinreichend präzise in »Leichte Sprache« zu übertragen; Konfliktfälle wären allerdings über ein extendiertes Wiedereinsetzungsrecht (soweit es um Fristen ging) oder erweiterte Verwertungsverbote (wenn es etwa um Schweigerechte ging) zu lösen.

Neben den zahlreichen Spezialvorschriften für hör- und/oder sprachbehinderte Menschen im Strafverfahren (siehe oben) sieht § 191a GVG – in Anbetracht der Schriftlichkeit des Ermittlungs- und Zwischenverfahrens und der Bedeutung von Dokumenten[137] nachvollziehbar – für **sehbehinderte** Personen vor, dass ihnen »die für sie bestimmten gerichtlichen Dokumente« auch in einer »für sie wahrnehmbaren Form« kostenlos zugänglich zu machen sind[138], allerdings nur »nach Maßgabe einer Rechtsverordnung«: Die Zugänglichmachungsverordnung trat erst am 1. Juni 2007 in Kraft.[139] Die Klausel »für sie bestimmte gerichtliche Dokumente« ist weit auszulegen: Einerseits geht es um alle Dokumente, die dem Gericht vorliegen bzw. vorzulegen wären, andererseits sind all diese Dokumente grundsätzlich auch für Angeklagte »bestimmt«, denn ihr Akteneinsichtsrecht[140] erstreckt sich auf die ge-

132 Vgl. insoweit insbesondere §§ 35a, 52 Abs. 3, 55 Abs. 2, 57, 98 Abs. 2 Satz 5, 115 Abs. 3, 136, 163a, 243 Abs. 5, 257c Abs. 5, 268a Abs. 3 StPO.

133 Vgl. § 184 Satz 1 GVG.

134 Rothfritz (2010), S. 376.

135 Vgl. Pollähne (2007b), S. 408 ff.

136 Dazu Aichele (2012), S. 2; ausführlich dazu Informationen unter http://www. leichtesprache.org und http://www.people1.de.

137 Vgl. nur §§ 249-256 StPO.

138 Vgl. Bundessozialgericht, Beschluss vom 03.03.2009, Aktenzeichen B 1 KR 69/08 B zu den Folgen eines fehlenden Hinweises; dass selbstverständlich auch das sogenannte Selbstleseverfahren (§ 249 Abs. 2 StPO) diesen Personen allenfalls in einer solchen »für sie wahrnehmbaren Form« zuzumuten ist, versteht sich von selbst.

139 Verordnung zur barrierefreien Zugänglichmachung von Dokumenten für blinde und sehbehinderte Personen im gerichtlichen Verfahren (ZMV). Ausführlich dazu Wickern (2010) zu § 191a GVG (Abdruck der ZMV im Anhang).

140 Wenngleich gemäß § 147 StPO weitgehend durch die Verteidigerin oder den Verteidiger ausgeübt, vgl. aber auch § 147 Abs. 7 StPO.

samte Gerichtsakte. Auch bei der Prüfung, ob die Zugänglichmachung »zur Wahrnehmung ihrer Rechte im Verfahren erforderlich« ist[141], ist Zurückhaltung geboten: Letztlich darf dies nicht vom Gericht, sondern muss von der Verteidigung beurteilt werden – ein weiterer Hinweis darauf, dass auch in diesen Fällen die Notwendigkeit der Verteidigung im Sinne des § 140 Absatz 2 StPO anzunehmen ist (siehe unten III.2.).

Ihre Legitimation gewinnen die genannten Vorschriften aus der Notwendigkeit einer **Kompensation** verfahrensrechtlich relevanter Beeinträchtigungen, insbesondere in puncto Wahrnehmung des Anspruchs auf rechtliches Gehör bzw. – in der Diktion des Artikels 12 UN-BRK – Ausübung der Rechts- und Handlungsfähigkeit als autonomes Rechtssubjekt (siehe oben I.2.). Sie sind zudem – wie dargelegt – Ausdruck der strafprozessualen Prinzipien der Mündlichkeit und Unmittelbarkeit. So selbstverständlich sensorisch Beeinträchtigten zugemutet wird, im Rahmen dieser Sonderregelungen ein Strafverfahren und gegebenenfalls eine Hauptverhandlung über sich ergehen zu lassen (zur Frage der Verhandlungsunfähigkeit siehe unten III.4.), so selbstverständlich sollen sie übrigens – jedenfalls in der Strafjustiz – vom Amt der Richterin bzw. des Richters ausgeschlossen sein, wie unlängst vom BVerfG noch einmal bestätigt[142]; das versteht sich nicht von selbst, kann hier aber nicht ausgeführt werden.[143]

2. *Pflichtverteidigung*

Für viele Menschen mit Behinderungen – in der Rolle der Beschuldigten respektive Angeschuldigten oder Angeklagten und in der Vollstreckung als Verurteilte – wird eine sogenannte **Pflichtverteidigung** in Betracht kommen.[144] In der Diktion des Gesetzes[145] gilt in diesen Fällen die Mitwirkung einer Verteidigerin oder eines Verteidigers als »notwendig«, um die Rechtsstaatlichkeit und Fairness des Strafverfahrens zu wahren. Gemäß § 140 Absatz 2 Satz 1 Alternative 2 StPO ist »auf Antrag oder von Amts wegen« eine Verteidigerin oder ein Verteidiger zu bestellen[146], wenn »ersichtlich ist, dass sich der Beschuldigte nicht selbst verteidigen

141 § 191a Abs. 1 Satz 1 GVG; vgl. § 4 Abs. 1 ZMV.

142 BVerfG, Beschluss vom 10.03.2004, Aktenzeichen 2 BvR 577/01; gem. § 33 Nr. 4 GVG sollen »Personen, die aus gesundheitlichen Gründen für das Amt nicht geeignet sind«, zum Amt einer Schöffin bzw. eines Schöffen nicht berufen werden, vgl. auch BGH, Urteil vom 17.12.1987, Aktenzeichen 4 StR 440/87 und Landgericht Bochum, Beschluss vom 12.08.2005, Aktenzeichen 3221 Haupt-172.

143 Ausführlich (und kritisch zur genannten BVerfG-Entscheidung) Reichenbach (2004).

144 Ähnliches gilt gemäß § 68b Abs. 2 StPO für den Zeugenbeistand und gemäß § 397a Abs. 2 StPO für die Nebenklagevertretung, dazu Zinsmeister (2009), S. 159.

145 § 140 Abs. 1 StPO.

146 Zum Verfahren und zur Auswahl §§ 141, 142 StPO.

kann«. Dabei fällt zunächst die Regelung des § 140 Absatz 2 Satz 2 StPO ins Auge, derzufolge dem »Antrag eines hör- oder sprachbehinderten Beschuldigten« auf Verteidigungs-Beiordnung »zu entsprechen« ist, wobei irritiert, dass zum Beispiel Sehbehinderte ausgenommen sind, für die nur die Regelung des ersten Satzes (mit entsprechendem richterlichen Beurteilungsspielraum) gilt. In diesem Kontext geraten aber auch Menschen mit Lernschwierigkeiten oder geistiger Behinderung in den Blick, denn auch bei ihnen dürften häufig Zweifel an der adäquaten Verteidigungsfähigkeit angebracht sein; hierzu gibt es eine reichhaltige Rechtsprechung.[147] Die in diesem Zusammenhang gängige Kategorie der Verteidigungsunfähigkeit ist im Übrigen nicht nur rechtlich ungenau, sondern darüber hinaus auch diskriminierend – es geht vielmehr um die (wahrlich nicht nur auf Menschen mit Behinderungen beschränkte) Frage, ob die beschuldigte Person hinreichend zur Selbstverteidigung und insbesondere dazu in der Lage ist, ihre Interessen sachgerecht wahrzunehmen[148] und den Sachverhalt sowohl in tatsächlicher als auch in rechtlicher Hinsicht vollständig zu erfassen.[149]

Zwei Punkte fallen in § 140 Absatz 2 Satz 1 StPO auf: Einerseits gibt es keine Antragsregelung wie in Satz 2, was insoweit ohne Belang ist, als bei erheblichen Zweifeln an der Selbstverteidigungsfähigkeit auch ohne Antrag eine Verteidigerin oder ein Verteidiger beigeordnet werden muss; das Gesetz geht aber offenbar davon aus, dass dem Antrag Hör- und Sprachbehinderter auch dann zu entsprechen ist, wenn keine Verteidigungsunfähigkeit im Sinne des ersten Satzes anzunehmen wäre (siehe oben) – dass diese Ungleichbehandlung innerhalb der Gruppe der Behinderten legitim ist, erscheint fraglich. Andererseits, und das gilt wiederum für alle Betroffenen, wird ihnen eine Pflichtverteidigung auch dann beigeordnet, wenn sie keinen Antrag stellen, etwa weil sie sich selbst verteidigen wollen bzw. meinen sich selbst verteidigen zu können. Damit sind sie jedoch in keiner anderen Situation als andere Angeklagte, denen gemäß § 140 StPO – aus welchem der genannten (über Artikel 1 Satz 2 UN-BRK deutlich hinausgehenden) Gründe auch immer – eine Pflichtverteidigerin oder ein Pflichtverteidiger beigeordnet wird, auch wenn dies manchmal, aber eher selten, als **Zwangsverteidigung** empfunden werden mag.[150] Das Gesetz geht durchweg von der Fiktion aus, dass ein Strafverfahren bei

147 Aus der aktuellen Rechtsprechung: OLG Hamm, Beschluss vom 14.09.2009, Aktenzeichen 2 Ws 239/09; Thüringer OLG, Beschluss vom 01.10.2008, Aktenzeichen 1 Ws 431/08; OLG Frankfurt, Beschluss vom 14.01.2008, Aktenzeichen 3 Ws 26/08; Amtsgericht Aachen, Beschluss vom 25.02.2004, Aktenzeichen 37 Gs 3/04.

148 OLG Frankfurt, Beschluss vom 14.01.2008, Aktenzeichen 3 Ws 26/08.

149 OLG Hamm, Beschluss vom 14.09.2009, Aktenzeichen 2 Ws 239/09.

150 Zur (hier nicht einschlägigen) Diskussion um sogenannte »Zwangsverteidigung« in anderen Strafverfahren vgl. nur Haffke (1981), vgl. auch Wohlers (2007); das Bundesministerium der Justiz begründete die Neufassung des § 140 Abs. 2 Satz 2 StPO (Antragserfordernis bei hör- und sprachbehinderten Beschuldigten) 1988 explizit damit, es dürfe keine »Zwangsverteidigung« mehr geben (recht 3/1988).

Vorliegen einer der genannten Gründe der »Notwendigkeit« ohne eine Verteidigung rechtsstaatlich nicht zu vertreten ist – ungeachtet gegebenenfalls abweichender Vorstellungen der oder des Beschuldigten (ob mit oder ohne Behinderung im Sinne der UN-BRK); alles Weitere ist dann eine Frage des Verhältnisses zwischen der Pflichtverteidigung und der oder dem Pflichtverteidigten.[151]

Ebenso wie die Wahlverteidigung hat selbstverständlich auch die Pflichtverteidigung nicht das »Recht«, die eigenen Vorstellungen von der Verteidigung ungeachtet der oder sogar gegen die Interessen der Verteidigten durchzusetzen; dies gilt es bei Menschen mit Behinderungen um so mehr zu beachten. Gerade auch bei ihnen muss die Verteidigung in Erfahrung bringen, wie sie selbst ihre Interessen im Strafverfahren definieren und wahrnehmen wollen – diesbezügliche Unklarheiten kann die Verteidigung nicht nach eigenem Gutdünken auflösen, sondern muss sich stattdessen gegebenenfalls auch einer Assistenz (etwa für Leichte Sprache) bedienen; hier muss ein Umdenken wohl erst noch einsetzen.

3. Diskriminierendes Strafverfahrensrecht?

In § 66 StPO sind Sonderregelungen zur **Eidesleistung** einer »hör- und sprachbehinderten Person« vorgesehen[152], was nurmehr von untergeordneter Bedeutung ist, da es nach der Neufassung des § 59 Absatz 1 StPO (und der dazu ergangenen Rechtsprechung) nur noch sehr selten zur Vereidigung von Zeuginnen und Zeugen kommt. Soweit darauf abgestellt wird, ob sie eine »genügende Vorstellung« von der Bedeutung verfahrensrechtlich relevanter Vorgänge (hier: der Eidesleistung) haben, sind ebenfalls intellektuelle und häufig auch mentale Beeinträchtigungen von Belang, so beim **Vereidigungsverbot.**[153] Hier ist zu differenzieren: Soweit an der Vereidigung überhaupt festgehalten wird, ist nicht zu begründen, dass Menschen mit entsprechenden Beeinträchtigungen ihre Aussage nicht beschwören können sollen – die insoweit zu erhebende Forderung nach Gleichberechtigung respektive Nichtdiskriminierung hätte als Kehrseite freilich die Verschärfung der Kriminalisierung im Falle einer Falschaussage.[154]

Die Ausführungen zu § 60 Nr. 1 StPO gelten entsprechend bei der Ausübung des **Zeugnisverweigerungsrechts**[155]: Haben »Betreute wegen einer psychischen

151 Gegebenenfalls auch eine Frage des Verhältnisses zwischen Verteidigung und Betreuung, ein bisher überraschend wenig beleuchtetes Thema, vgl. etwa Elzer (2000), Deinert / Lütgens / Meier (2007) S. 142 ff. und Pollähne (2007c), S. 407.

152 In Anlehnung an § 186 GVG, siehe oben 1.

153 § 60 Nr. 1 StPO.

154 Meineid als Verbrechenstatbestand gemäß § 154 StGB. Es erschiene auch wenig sinnvoll, die Frage nach den »genügenden Vorstellungen« von der Bedeutung des Eides auf das gegebenenfalls nachfolgende Strafverfahren zu verschieben.

155 § 52 Abs. 2 Satz 1 Alt. 2 StPO.

Krankheit oder einer geistigen oder seelischen Behinderung von der Bedeutung des Zeugnisverweigerungsrechts keine genügende Vorstellung, so dürfen sie nur vernommen werden, wenn sie zur Aussage bereit sind und auch ihr gesetzlicher Vertreter der Vernehmung zustimmt«. Zeugnisverweigerungsberechtigte haben gemäß § 81c Absatz 3 Satz 2 StPO auch das Recht, körperliche Untersuchungen und Blutprobenentnahmen zu verweigern; insoweit gilt dasselbe wie beim Zeugnisverweigerungsrecht. Es irritiert, dass der Gesetzgeber in diesem Zusammenhang darauf abstellt, ob die Zeugin bzw. der Zeuge mit einer entsprechenden Behinderung unter Betreuung steht: Auch wer – ohne unter Betreuung zu stehen (aus welchen Gründen auch immer[156]) – wegen einer der genannten Beeinträchtigungen »keine genügende Vorstellung« von der Bedeutung des Zeugnisverweigerungsrechts hat, sollte davor bewahrt werden, gegebenenfalls unbedacht gegen nahestehende Personen auszusagen. Naheliegend stellt sich in den genannten Fällen auch die Frage, ob die Person eine entsprechende Belehrung verstanden hat (siehe oben 1.). Auch insoweit sollte sich die Strafjustiz nicht dem Verdacht aussetzen, behinderungsbedingte Vorstellungsmängel dafür auszunutzen, Angehörige von Zeuginnen und Zeugen zu überführen: Hier greift einerseits – unabhängig vom Bestehen einer Betreuung – Artikel 12 Abs. 3 UN-BRK mit der Verpflichtung zur Unterstützung bei der Ausübung der Rechts- und Handlungsfähigkeit (freilich unter Beachtung der in Artikel 12 Abs. 4 UN-BRK normierten Grenzen); andererseits sind auch Menschen mit Behinderungen in der Entscheidung frei, auszusagen oder nicht auszusagen, diese Entscheidung kann weder von einem Zeugenbeistand noch von einer gegebenenfalls bestellten Betreuerin bzw. einem Betreuer ersetzt oder verhindert werden.

Bei der **Vernehmung** intellektuell und mental beeinträchtigter Beschuldigter ist besondere Vorsicht geboten (nicht zuletzt in puncto Verwertbarkeit der gegebenenfalls erlangten Informationen, siehe unten); dies wurde bereits an anderer Stelle – wenn auch seinerzeit noch nicht im Lichte der UN-BRK – ausführlich erörtert.[157] Im Kontext der sogenannten **»verbotenen Vernehmungsmethoden«**[158] könnte aus dem Postulat »Schutz der Willensfreiheit« allzu leicht eine Ausnutzung der Willens-Freiheit (im Sinne sogenannter »Willensmängel«) werden: Misshandlungen, Ermüdung, körperliche Eingriffe, Verabreichung von Mitteln, Quälerei, Täuschung oder Hypnose sind im Rahmen von Vernehmungen selbstverständlich auch gegenüber Beschuldigten mit Behinderungen verboten. Durch das Merkmal der verbotenen »Täuschung« ist die Fallgruppe »Ausnutzen von Willensmängeln« jedoch nicht hinreichend erfasst[159]; vor Eintritt von Vernehmungsunfähigkeit[160]

156 Exemplarisch zur Vereinbarkeit der Betreuung mit Art. 12 UN-BRK: Lipp (2012), S. 675 ff. mit weiteren Nachweisen, vgl. auch Schulte (2011), S. 47-48 und Wunder (2011).
157 Pollähne (2007b), S. 406 ff., 419 ff.
158 § 136a StPO.
159 Dazu Meyer-Goßner (2012) § 136a, Rdnr. 5, 17 mit weiteren Nachweisen.
160 Dazu Pollähne (2007b), S. 420.

dürfte eine normative Schutzlücke bestehen. Ähnliches gilt für **Pflichtbelehrungen**[161], bei denen sichergestellt sein muss, dass die Belehrten »genügende Vorstellung« von der Bedeutung des Belehrungsgegenstandes, der Erklärung und des Aussageverweigerungsrechts haben. Auch hier drängt sich eine gesetzliche Klarstellung auf. Bei Zweifeln an der Willensentschließungsfreiheit hinsichtlich der Aussagefreiheit ist diese nicht nur amtsärztlich aufzuklären, sondern in jedem Fall auch eine Verteidigerin oder ein Verteidiger hinzuzuziehen – andernfalls nimmt man die Unverwertbarkeit der Aussage in Kauf.[162]

Teil der Rechts- und Handlungsfreiheit im Rahmen der Autonomie als Rechtssubjekt ist auch die Freiheit, selbst darüber zu entscheiden, ob ein gegebenenfalls erforderlicher **Strafantrag** gestellt wird oder nicht.[163] Dieses Strafantragsrecht gemäß § 77 Abs. 3 StGB unter Anknüpfung an die Kategorien der Geschäftsfähigkeit auf die gesetzliche Vertreterin oder den gesetzlichen Vertreter zu übertragen, ist kaum mit Artikel 12 UN-BRK in Einklang zu bringen[164]; die Auffassung, sogenannte »Geschäftsunfähige« dürften gar keinen Strafantrag stellen bzw. dieser sei gegebenenfalls unwirksam[165], ist nicht länger haltbar. Auch die Entscheidung eines Menschen mit Behinderung, keinen Strafantrag zu stellen (oder ihn gemäß § 77d StGB zurückzunehmen), steht unter dem Schutz der Konvention.

Auch Menschen mit Behinderungen sind selbstverständlich **Teil der Öffentlichkeit**, ihnen ist gleichberechtigt mit anderen[166] Zutritt zu öffentlichen Gerichtsverhandlungen zu gewähren[167]; es geht um gesellschaftliche Teilhabe[168] und um den gleichberechtigten Zugang zur Justiz.[169] Jenseits allgemeingültiger Ausschlussgründe[170] könnten Gerichte jedoch auf die Idee kommen, ihnen den »Zutritt zu öffentlichen [Strafgerichts]-Verhandlungen« zu versagen, weil sie im Sinne des § 175 Abs. 1 Alternative 2 GVG zwar nicht als »unerwachsene«[171], so aber doch

161 Insbesondere §§ 136, 161a, 163a StPO, siehe oben 1.

162 Wenn nicht unmittelbar gemäß § 136a Abs. 3 Satz 2 StPO, dann mittelbar gemäß § 136 Abs. 1 Satz 2 StPO, vgl. nur Meyer-Goßner (2012), § 136, Rdnr. 7 ff., 24 ff. mit weiteren Nachweisen.

163 Wurde von einem Antragsberechtigten mit Behinderungen kein Antrag gestellt, so mag dies im Falle relativer Antragsdelikte bei der Prüfung des »besonderen öffentlichen Interesses an der Strafverfolgung« (vgl. nur § 230 Abs. 1 Satz 1 StGB) Berücksichtigung finden.

164 Zu §§ 104, 105 des Bürgerlichen Gesetzbuches vgl. auch Marschner (2009), S. 136 sowie Degener (2009a), S. 47 und Rothfritz (2010), S. 368 ff.

165 Fischer (2012), § 77, Rdnr. 10 und Lemke / Kargl (2010), § 77, Rdnr. 39 ff. mit weiteren Nachweisen.

166 Vgl. auch Art. 13 Abs. 1 UN-BRK.

167 §§ 169-183 GVG.

168 Art. 3 lit. c UN-BRK.

169 Zur Auslegung des Art. 13 Abs. 1 UN-BRK im Zusammenhang mit anderen Konventionsnormen Rothfritz (2010), S. 376.

170 §§ 170-172 GVG, siehe oben II.2.

171 Vgl. aber Wickern (2010), § 175 GVG, Rdnr. 2, der auf den »Grad der körperlichen und geistigen Entwicklung« und darauf abstellt, ob »Bedeutung und Ernst einer Hauptverhandlung« erfasst werden, sodann aber klarstellt: »Volljährige sind immer erwachsen.«

gegebenenfalls als Personen erachtet werden, die »in einer der Würde des Gerichts nicht entsprechenden Weise« erscheinen.[172] Im Rahmen der sogenannten »Sitzungspolizei«[173] wäre zudem nicht ausgeschlossen, zur »Aufrechterhaltung der Ordnung in der Sitzung« gegenüber Menschen mit Behinderungen aufgrund geistiger Beeinträchtigungen Anordnungen zu treffen, deren Nichtbefolgung die Entfernung aus dem Dienstzimmer zur Folge hätte[174]; außerdem könnten wegen »Ungebühr« in der Sitzung Ordnungsmittel (Ordnungsgeld oder -haft) festgesetzt werden.[175] All das hat grundsätzlich auszuscheiden, soweit der Anlass solcher und ähnlicher Maßnahmen primär an der Behinderung anknüpft; in keinem Fall dürfte der Ausschluss damit legitimiert werden, der Betreffende könne der Verhandlung infolge seiner Beeinträchtigungen ohnehin nicht folgen. Die Anwesenheit von Menschen mit Behinderungen kann im Lichte der UN-BRK die »Ordnung in der Sitzung« grundsätzlich nicht beeinträchtigen. Die Grenze wird erst dort erreicht sein, wo die vorrangigen Interessen der Verfahrensbeteiligten und/oder die Funktionsfähigkeit der Strafrechtspflege tangiert wären.[176]

4. Strafprozessuale Zwangsmaßnahmen gegen Behinderte?

Wie kein anderes Rechtsgebiet legitimiert das Strafverfahrensrecht zum Teil gravierende Grundrechtseingriffe (in die Freiheit, die körperliche Unversehrtheit, Eigentum und Vermögen, in Persönlichkeitsrechte ...): Dass davon auch Menschen mit Behinderungen betroffen sein können, versteht sich von selbst. Ein Problemfeld eröffnet sich erst dort, wo sie von bestimmten Maßnahmen besonders betroffen sind oder wo sich bestimmte Eingriffe gegebenenfalls sogar gezielt gegen sie richten:

Eine Problematik kann hier nur angerissen werden, weil sie in Anbetracht der Komplexität den Rahmen sprengen würde (und im Übrigen nicht auf das Strafprozessrecht beschränkt ist, auch wenn sie hier gegebenenfalls besondere Brisanz entfaltet): Die **Begutachtung**[177] – gegebenenfalls auch Zwangsbegutachtung[178] – in puncto Verhandlungsfähigkeit, Glaub»würdigkeit«, Schuldfähigkeit und/oder Gefährlichkeit trifft nicht selten Menschen mit Behinderungen. Sie kann nur im Einzelfall legitimiert werden, aber keineswegs unter pauschaler Bezugnahme auf

172 Exemplarisch Wickern (2010), § 175, Rdnr. 3: »ferner gehören dazu erkennbar geisteskranke oder geistesschwache Personen, bei denen konkret eine Störung zu besorgen ist«.
173 Vgl. § 176 GVG.
174 §§ 176, 177 GVG.
175 § 178 Abs. 1 Satz 1 GVG.
176 Dazu Wickern (2010), vor § 169, Rdnr. 11 und § 176, Rdnr. 1 mit weiteren Nachweisen.
177 Gemäß §§ 244 Abs. 2 und 4 sowie 246a in Verbindung mit §§ 72-80a StPO.
178 Zu § 81 StPO siehe unten.

eine Behinderung. Auch Menschen mit geistigen und/oder seelischen Beeinträchtigungen können nicht per se, quasi a priori, zugleich als beeinträchtigt gelten hinsichtlich ihrer Verhandlungs-[179] bzw. Schuldfähigkeit[180], gar als weniger »glaubwürdig«[181] oder vermehrt gefährlich[182]. Hierfür bedarf es jeweils konkreter Anhaltspunkte im Einzelfall. Es ist daran zu erinnern, dass die genannten Zweifel an verfahrensrechtlich relevanten »Fähigkeiten« für den Betroffenen nicht nur ehrenrührig (im vorliegenden Kontext: diskriminierend) sein können, sondern dass die Begutachtung auch selbst als Eingriff in Persönlichkeitsrechte zu werten ist.[183] Zudem ist die Verneinung von Verhandlungs- oder Schuldfähigkeit (zum Sicherungsverfahren siehe unten) keineswegs nur mit Vorteilen verbunden; auch deshalb ist es der Strafverteidigung (übrigens nicht nur bei Menschen mit Behinderungen) verwehrt, ohne oder sogar gegen den Willen der Mandantinnen und Mandanten eine solche Begutachtung zu beantragen.

Besonders brisant wird es im Fall der **Unterbringung zur Beobachtung** gemäß § 81 StPO, die allerdings durch das BVerfG ohnehin bereits auf einen praktisch nur noch wenig relevanten Anwendungsbereich zurechtgestutzt wurde[184] (dass sie mit Artikel 5 Abs. 1 EMRK zu vereinbaren ist, erscheint ohnehin fraglich[185]): Sind zu Begutachtende dazu nicht bereit, dürfen sie nicht durch Einsperren zum Objekt der »Beobachtung« gemacht werden – insoweit darf für Menschen mit Behinderungen (die noch am ehesten in den Anwendungsbereich der Vorschrift geraten dürften) freilich nichts Anderes gelten.

179 Art. 12 UN-BRK gewährleistet auch umfassende Verfahrens- und Prozessfähigkeit, vgl. Lipp (2012), S. 672 und Aichele / von Bernstorff (2010), S. 203; ausführlich Schaumann (2001), S. 59 ff.

180 Zur problematischen, auch weil diskriminierenden, Kategorie der sogenannten »Schuldunfähigkeit« gemäß § 20 StGB, deren Zuschreibung zumeist Menschen mit Behinderungen treffen wird, vgl. auch Pollähne (2010), Rdnr. B 142, UN-Hochkommissariat für Menschenrechte (2009), Ziff. 47; dass Unterbringungen gemäß § 63 StGB gegebenenfalls auch ohne Rücksicht auf etwaige Behandlungsaussichten zulässig sein sollen (dazu Pollähne (2005) mit weiteren Nachweisen), erscheint ebenfalls bedenklich.

181 Vgl. Jansen (2012), S. 25 ff. zur (sehr weit gehenden) einschlägigen BGH-Rechtsprechung.

182 Exemplarisch zur streitigen Frage einer vermeintlich generell erhöhten Gefährlichkeit psychisch Kranker Nedopil (2004), vgl. auch Pollähne (2011c), S. 184-185 mit weiteren Nachweisen; allgemein zum öffentlichen Gefahrenabwehrrecht Klose (2007), Rdnr. 175 ff., vgl. auch Stockter (2008), S. 433-434; grundlegend zur Kriminalprognostik Pollähne (2011c).

183 Vgl. auch Kothe / Weber (2009), S. 1: »Verfahren, in denen die Prozessfähigkeit einer Partei zur Debatte steht, sind grundrechtssensible Verfahren, denn die Ablehnung der Prozessfähigkeit einer Partei bedeutet einen erheblichen Eingriff in deren Persönlichkeitsrecht«, unter Verweis auf Bundessozialgericht, Urteil vom 05.05.1993, Aktenzeichen 9/9a RVg 5/92, dazu auch Bundesarbeitsgericht, Beschluss vom 28.05.2009, Aktenzeichen 6 AZN 17/09.

184 BVerfG, Beschluss vom 09.10.2001, Aktenzeichen 2 BvR 1523/01, dazu Rzepka (2002), vgl. auch Schumacher / Arndt (2003).

185 Nachweise dazu, dass die Konventionsorgane solches in Einzelfällen gleichwohl legitimiert haben, bei Renzikowski (2004), Art. 5, Rdnr. 145, Fußnote 324.

Das **Sicherungsverfahren** gemäß §§ 413-416 StPO zur isolierten Maßregelanordnung[186] wäre eigentlich im Kontext der §§ 63, 71 StGB zu erörtern.[187] Aber diesseits der Frage, ob eine strafgerichtliche psychiatrische Zwangsunterbringung – noch dazu ohne Schuldspruch – überhaupt mit Artikel 14 UN-BRK in Einklang zu bringen ist (siehe oben I.3.)[188], ergeben sich zwei andere verfahrensrechtlich relevante Problemkonstellationen: Mit der Konvention kaum zu vereinbaren ist, das Verfahren gegen Menschen mit Behinderungen (wie häufig bei Vorliegen der §§ 63, 20 StGB) auch im Falle der Verhandlungsunfähigkeit zu betreiben, während es in einem solche Falle gegen andere Beschuldigte eingestellt würde.[189] Entsprechendes gilt für die (gegenüber dem regulären Strafverfahren) erweiterte Option, gemäß § 415 StPO die Hauptverhandlung ohne die Beschuldigten durchzuführen. Das Sicherungsverfahren sah sich auch ohne das behindertenrechtliche Diskriminierungsverbot schon erheblicher Kritik ausgesetzt, nicht zuletzt weil es ein strafprozessualer Fremdkörper geblieben ist[190] – mit Inkrafttreten der Konvention (nicht zuletzt deren Artikel 12 Abs. 1 und 2) dürfte es nicht länger hinzunehmen sein, Beschuldigte zum bloßen »Objekt« eines (bisweilen auch »objektiv« genannten) Pseudo-Strafverfahrens zu machen.[191]

Die **einstweilige Unterbringung** gemäß § 126a StPO wäre im Hinblick auf ihre Brisanz in puncto Artikel 14 UN-BRK angemessen nur im Kontext der §§ 63, 64 StGB zu behandeln (siehe oben I.3.). In Anbetracht der tatbestandlichen Voraussetzungen der Freiheitsentziehung[192] werden in aller Regel Beschuldigte mit (psychischen) Behinderungen betroffen sein; alles Weitere ist vorrangig eine Frage der Begutachtung und der Gefahrenabwehr (siehe oben). Im Lichte der Artikel 5, 12 UN-BRK bedenklich erscheint, dass die Dauer der einstweiligen Unterbringung (im Gegensatz zur Dauer der Untersuchungshaft gemäß §§ 121, 122 StPO) nur unzureichend begrenzt wurde[193] und in der Praxis auch deutlich länger ist[194]; dass die Unterbringung – anders als die Untersuchungshaft wegen Wiederholungsgefahr

186 Infolge § 20 StGB ohne Schuldspruch.

187 Ebenso die einstweilige Unterbringung gemäß § 126a StPO, siehe unten.

188 Von König (2009), S. 106 und Degener (2009a), S. 45 immerhin als Problem benannt: Ob das (letztendlich entscheidende) Abstellen auf Fremdgefährdung in § 63 StGB das durch Art. 14 UN-BRK aufgeworfene Problem (siehe oben I.3.) schon löst (so offenbar Wunder (2011), S. 6), erscheint allerdings fraglich, jedenfalls verbleibt die Diskriminierungsproblematik, wenn eine vergleichbare Fremdgefährdung ohne Vorliegen einer Behinderung nicht zu einer vergleichbaren Freiheitsentziehung führt (zum Streit um das ThUG siehe oben Fußnote 57).

189 Dazu auch Pollähne (2012d), vor § 413, Rdnr. 3.

190 Ausführlich Seyfi (2002); die Probleme aus Sicht der UN-BRK wären freilich noch nicht dadurch gelöst, dass das Verfahren in das allgemeine Unterbringungsrecht verlagert würde.

191 Vgl. Pollähne (2012d), vor § 413, Rdnr. 2 ff. und § 415, Rdnr. 1.

192 § 126a Abs. 1 StPO. Ausführlich dazu Pollähne (2002) S. 236 ff.

193 § 126a Abs. 2 Satz 2 StPO.

194 Vgl. auch Ernst (2011), S. 140 ff. und Laugwitz (2005) sowie Pollähne (2003), S. 61 und Pollähne (2010c), S. 538.

gemäß §§ 112a, 122a StPO – auch länger als ein Jahr andauern kann, ist mit der Konvention nicht zu vereinbaren.[195]

IV. Faire Strafverfahren für Menschen mit Behinderungen (Zusammenfassung)

Die Regeln eines fairen, rechtsstaatlichen Strafverfahrens müssen auch – wenn nicht: erst recht – für Menschen mit Behinderungen uneingeschränkt gelten bzw. zur Geltung gebracht werden. Diese genießen im Strafprozess grundsätzlich »gleichberechtigt mit anderen« die volle Rechts- und Handlungsfähigkeit gemäß Artikel 12 UN-BRK.

In Anbetracht dessen, was für Menschen mit Behinderungen insbesondere in der Rolle der Beschuldigten/Angeschuldigten/Angeklagten (oder später gegebenenfalls Verurteilen) auf dem Spiel steht, erlangt die Kompensation verfahrensrelevanter Beeinträchtigungen besondere Bedeutung: Der Unterstützungsauftrag aus Artikel 12 Abs. 3 UN-BRK wurde in zahlreichen einschlägigen Regelungen – von Details abgesehen – hinreichend verankert, es scheitert allerdings bisweilen an der Umsetzung und daran, dass bestimmte Behinderungen tendenziell ausgeblendet werden. Die Pflichtverteidigung als zentrales Kompensationsinstrument ist ausbaufähig, löst aber nicht alle Probleme; die Strafverteidigung muss sich ihrerseits den Grenzen der »Vertretungsmacht« stellen.

Eine Analyse des strafprozessrechtlichen Normenbestandes erbringt eine Reihe diskriminierender Detailregelungen, zum Teil bereits von Gesetzes wegen, zum Teil im Rahmen der bisher gängigen Auslegung und Anwendung. Hier besteht in Gesetzgebung und Justiz Handlungs- und Fortbildungsbedarf.

Strafverfahrensrechtlich zulässige Zwangsmaßnahmen gegen Menschen mit Behinderungen begegnen zum Teil konventionsrechtlichen Bedenken. Hier sind Strafverfolgungsbehörden und Gerichte zur Kontrolle unter Beachtung der UN-BRK aufgerufen; einzelne Normen bedürfen legislativer Überprüfung.

Insgesamt bedarf die Analyse des Strafverfahrensrechts im Lichte der UN-BRK, die hier nur ansatzweise (und selbstverständlich ohne Anspruch auf Vollständigkeit) erfolgen konnte, im Übrigen aber in Rechtsprechung und -wissenschaft noch ganz am Anfang steht, dringend der Vertiefung.

Literaturverzeichnis

Aichele, Valentin (2008): Die UN-Behindertenrechtskonvention und ihr Fakultativprotokoll. Policy Paper Nr. 9. Berlin: Deutsches Institut für Menschenrechte.

195 Pollähne (2010c), S. 538 Fußnote 57 und Pollähne (2007d), S. 401.

Aichele, Valentin (2011): Die UN-Behindertenrechtskonvention in der gerichtlichen Praxis. In: Anwaltsblatt 61, S. 727-730.

Aichele, Valentin (2012): Barrieren im Einzelfall überwinden: Angemessene Vorkehrungen gesetzlich verankern. Positionen Nr. 5. Berlin: Deutsches Institut für Menschenrechte.

Aichele, Valentin / Jochen von Bernstorff (2010): Das Menschenrecht auf gleiche Anerkennung vor dem Recht: Zur Auslegung von Art. 12 der UN-Behindertenrechtskonvention. In: Betreuungsrechtliche Praxis 19, S. 199-203.

Albrecht, Peter-Alexis (2000): Jugendstrafrecht. 3. Auflage. München: C.H. Beck.

Althoff, Nina (2011): Diskriminierungsschutz aus den Menschenrechten. In: Anwaltsblatt 61, S. 482-484.

Andreßen-Klose, Anna (2005): Behinderte im Strafvollzug. Handlungs- und Kommunikationsdefizite. In: Sven-U. Burkhardt / Christine Graebsch / Helmut Pollähne (Hg.): Korrespondenzen. Münster: LitVerlag, S. 110-116.

Baufeld, Stefan (2009): Zur Vereinbarkeit von Zwangseinweisung und -behandlung psychisch Kranker mit der UN-Behindertenrechtskonvention. In: Recht & Psychiatrie 27, S. 167-173.

Bielefeldt, Heiner (2009): Zum Innovationspotenzial der UN-Behindertenrechtskonvention. Essay Nr. 5. 3. Auflage. Berlin: Deutsches Institut für Menschenrechte.

Björgvinsson, David Thór (2009): The Protection of the Rights of Persons with Disabilities in the Case Law of the European Court of Human Rights. In: Oddný Mjöll Arnardóttir / Gerard Quinn (Hg.): The UN Convention on the Rights of Persons with Disabilities. Leiden/Boston: Martinus Nijhoff, S. 141-162.

Bock, Stefanie (2012): Internationale Perspektiven: Einflüsse des Europarates und der Europäischen Union. In: Helmut Pollähne / Irmgard Rode (Hg.): Opfer im Blickpunkt – Angeklagte im Abseits? Berlin: LitVerlag. S. 43-62.

Buch, Michael (2001): Das Grundrecht der Behinderten (Art. 3 Abs. 3 S. 2 GG). Osnabrück: Der andere Verlag.

Castendiek, Jan / Günther Hoffmann (2005). Das Recht der behinderten Menschen. 2. Auflage. Baden-Baden: Nomos.

Cording, Clemens (1995): Freispruch gemäß § 20 StGB – »lebenslänglich« im Bundeszentralregister. In: Strafverteidiger 15, S. 48-52.

Cremer, Hendrik (2011): Menschenrechtsverträge als Quelle von individuellen Rechten. In: Anwaltsblatt 61, S. 159-165.

Degener, Theresia (2009a): Welche legislativen Herausforderungen bestehen in Bezug auf die nationale Implementierung der UN-Behindertenrechtskonvention in Bund und Ländern? In: Behindertenrecht 48, S. 34-52.

Degener, Theresia (2009b): Die UN-Behindertenrechtskonvention als Inklusionsmotor. In: Recht der Jugend und des Bildungswesens 57, S. 200-219.

Deinert, Horst / Kay Lütgens / Sybille M. Meier (Hg.) (2007): Die Haftung des Betreuers. 2. Auflage. Köln: Bundesanzeiger Verlag.

Elzer, Oliver (2000): Die Teilnahme von Betreuern an Strafverfahren. In: Betreuungsrechtliche Praxis 9, S. 139-142.

Ernst, Carsten (2011): Die Rechtswirklichkeit der einstweiligen Unterbringung nach § 126a StPO. Berlin: LitVerlag.

Esser, Robert (2012): EMRK/IPBPR. In: Volker Erb / Robert Esser / Ulrich Franke / Kirsten Graalmann-Scheerer / Hans Hilger / Alexander Ignor (Hg.): Löwe-Rosenberg. Die Strafprozessordnung und das Gerichtsverfassungsgesetz. Großkommentar. Band 11. 26. Auflage. Berlin: de Gruyter.

Fischer, Thomas (2012): Strafgesetzbuch und Nebengesetze. 59. Auflage. München: C.H. Beck.

Haffke, Bernhard (1981): Zwangsverteidigung – notwendige Verteidigung – Pflichtverteidigung – Ersatzverteidigung. In: Strafverteidiger 1, S. 471-486.

Hirschberg, Marianne (2011): Behinderung: Neues Verständnis nach der Behindertenrechtskonvention. Positionen Nr. 4. Berlin: Deutsches Institut für Menschenrechte.

Höffler, Katrin / Cornelis Stadtland (2012): Mad or bad? In: Strafverteidiger 32, S. 239-246.

Jansen, Gabriele (2012): Zeuge und Aussagepsychologie. 2. Auflage. Heidelberg: C.F.Müller.

Kaleck, Wolfgang / Sönke Hilbrans / Sebastian Scharmer (2008): Gutachterliche Stellungnahme – Ratifikation der UN Disability Convention vom 30.3.2007 und Auswirkung auf die Gesetze für so genannte psychisch Kranke am Beispiel der Zwangsbehandlung und Zwangsunterbringung nach dem PsychKG Berlin. 2. überarbeitete Fassung. http://www.die-bpe.de/stellungnahme/stellungnahme.pdf.

Klose, Alexander (2007): Gleichbehandlungsrecht und Öffentliches Recht. Besondere Materien des Verwaltungsrechts, In: Beate Rudolf / Matthias Mahlmann (Hg.): Gleichbehandlungsrecht. Baden-Baden: Nomos, S. 216-253.

Kohte, Wolfhard / Christian Weber (2009): Zweifel an der Prozessfähigkeit des Klägers. In: juris PraxisReport Arbeitsrecht 52, Anmerkung 1.

König, Ruth (2009): Vereinbarkeit der Zwangsunterbringung nach § 1906 BGB mit der UN-Behindertenrechtskonvention? In: Betreuungsrechtliche Praxis 18, S. 105-108.

Köpcke-Duttler, Arnold (2009): Zum Übereinkommen der Vereinten Nationen über die Rechte von Menschen mit Behinderung. In: Behindertenrecht 48, S. 52-58.

Kühne, Hans-Heiner (2009): Kommentierung zu Artikel 6. In: Wolfram Karl (Hg.): Internationaler Kommentar zur Europäischen Menschenrechtskonvention. Loseblattausgabe. Köln: Kluwer.

Laugwitz, Christian (2005): »Sind dringende Gründe für die Annahme vorhanden …«. In: Recht & Psychiatrie 23, S. 67-71.

Lemke, Michael / Walter Kargl (2010): Kommentierung zu § 77. In: Urs Kindhäuser / Ulfrid Neumann / Hans-Ullrich Paeffgen (Hg.): Nomos Kommentar Strafgesetzbuch. Band 1. 3. Auflage. Baden-Baden: Nomos.

Lipp, Volker (2012): Betreuungsrecht und UN-Behindertenrechtskonvention. In: Zeitschrift für das gesamte Familienrecht 59, S. 669-679.

Marschner, Rolf (2009): UN-Konvention über die Rechte von Menschen mit Behinderungen. Auswirkungen auf das Betreuungs- und Unterbringungsrecht. In: Recht & Psychiatrie 27, S. 135-137.

Marschner, Rolf (2011): Aktuelles zur Zwangsbehandlung – in welchen Grenzen ist sie noch möglich? In: Recht & Psychiatrie 29, S. 160-167.

Masuch, Peter (2011): Die UN-Behindertenrechtskonvention anwenden! In: Christine Hohmann-Dennhardt / Peter Masuch / Mark Villiger (Hg.): Festschrift für Renate Jaeger. Grundrechte und Solidarität – Durchsetzung und Verfahren. Kehl am Rhein: Engel, S. 245-263.

Mathe, Thomas (2011): Von der Segregation zur Inklusion behinderter Menschen. In: Behindertenrecht 50, S. 34-40.

Meyer-Goßner, Lutz (2012): Strafprozessordnung. 55. Auflage. München: C.H. Beck.

Morgenstern, Christine (2011): Krank – gestört – gefährlich: Wer fällt unter § 1 Therapieunterbringungsgesetz und Art. 5 Abs. 1 lit. e EMRK? In: Zeitschrift für Internationale Strafrechtsdogmatik 6, S. 974-981.

Nedopil, Norbert (2004): Glauben und Wissen über die Gefährlichkeit psychisch Kranker. In: Polizei und Wissenschaft 2004 (3), S. 31-39.

Olzen, Dirk (2009b): Die Auswirkungen der UN-Behindertenrechtskonvention auf die Unterbringung und Zwangsbehandlung nach § 1906 BGB und § 10ff. PsychKG NRW. http://www.dgppn.de/fileadmin/user_upload/_medien/download/pdf/Gutachten/gutachten-zur-behindertenrechtskonvention.pdf.

Petri, Bernd / Thomas Stähler (2008). Menschenrechte und Behinderung. In: Zeitschrift für europäisches Sozial- und Arbeitsrecht 7, S. 167-171.

Pollähne, Helmut (2002): Die einstweilige Unterbringung des § 126a StPO im Recht. Teil 1: Grundlagen, Verfahren, Anordnung. In: Recht & Psychiatrie 20, S. 229-244.

Pollähne, Helmut (2003): Die einstweilige Unterbringung des § 126a StPO im Recht. Teil 2: Vollstreckung, Vollzug. In: Recht & Psychiatrie 21, S. 57-75.

Pollähne, Helmut (2005): Gutachten über »die Behandlungsaussichten« im Maßregelvollzug. In: Recht & Psychiatrie 23, S. 171-185.

Pollähne, Helmut (2006): Anmerkung zu BVerfG, Beschluss vom 09.01.2006, Aktenzeichen 2 BvR 443/02. In: Recht & Psychiatrie 24, S. 100.

Pollähne, Helmut (2007a): Besuchskommissionen: Dezentrale Präventionsmechanismen im Psychiatrierecht – OPCAT-konform? In: Deutsches Institut für Menschenrechte (Hg.): Prävention von Folter und Misshandlung in Deutschland. Baden-Baden: Nomos, S. 149-174.

Pollähne, Helmut (2007b): Polizeiliche Vernehmung psychisch gestörter Beschuldigter. In: Clemens Lorei (Hg.): Polizei & Psychologie 2006. Kongressband der Tagung »Polizei & Psychologie« am 3. und 4. April 2006 in Frankfurt am Main. Frankfurt am Main: Verlag für Polizeiwissenschaft, S. 399-430.

Pollähne, Helmut (2007c): Verteidigung in Maßregelvollstreckung und -vollzug (Teil 1). In: Strafverteidiger-Forum, S. 404-414.

Pollähne, Helmut (2007d): Effektivere Sicherheit der Bevölkerung und straffere Kontrolle der Lebensführung. In: Kritische Vierteljahresschrift für Gesetzgebung und Rechtswissenschaft, S. 386-424.

Pollähne, Helmut (2010a): Verfassungsrechtliche Grundlagen und Menschenrechte. In: Heinz Kammeier (Hg.): Maßregelvollzugsrecht. 3. Auflage. Berlin: de Gruyter, Kapitel B.

Pollähne, Helmut (2010b): Unbefristete Freiheitsentziehungen – prozedurale und materielle Rechtssicherheit im Sicherheitsrecht. In: Helmut Pollähne / Irmgard Rode (Hg.): Probleme unbefristeter Freiheitsentziehungen. Berlin: LitVerlag, S. 85-106.

Pollähne, Helmut (2010c): Einstweilige Unterbringung (§ 126a StPO) und verwandte Formen der Freiheitsentziehung. In: Stefan König (Hg.): AnwaltKommentar Untersuchungshaft. Bonn: Deutscher AnwaltVerlag, S. 529-541.

Pollähne, Helmut (2011a): Zwangsbehandlung im Maßregelvollzug. In: Michael Bauer / Matthias Lammel / Stephan Sutarski / Steffen Lau (Hg.): Zwangseinweisung und Zwangsbehandlung. Berlin: MWV, S. 109-128.

Pollähne, Helmut (2011b): Datenschutz und Schweigepflicht vor neuen kriminalpolitischen Herausforderungen. In: Bewährungshilfe 58, S. 319-334.

Pollähne, Helmut (2011c). Kriminalprognostik. Berlin: de Gruyter.

Pollähne, Helmut (2012a): »Opfer« im Blickpunkt – »Täter« im toten Winkel? In: Helmut Pollähne / Irmgard Rode (Hg.): Opfer im Blickpunkt – Angeklagte im Abseits? Berlin: LitVerlag, S. 5-19.

Pollähne, Helmut (2012b): Ethics within the Prison System. In: Norbert Konrad / Birgit Völlm / David N. Weisstub (Hg.): Ethical issues in Prison Psychiatry. Frankfurt am Main: Springer (im Druck).

Pollähne, Helmut (2012c): Sicherungsverwahrung reloaded? Neue Kapitel aus einer unendlichen (Unrechts)Geschichte. In: Till Müller-Heidelberg / Elke Steven / Marei Pelzer / Martin Heiming / Martin Kutscha / Rolf Gössner / Ulrich Engelfried / Melanie Küster (Hg.): Grundrechte-Report 2012. Zur Lage der Bürger- und Menschenrechte in Deutschland. Frankfurt am Main: Fischer, S. 194-198.

Pollähne, Helmut (2012d): Kommentierung zu § 406d StPO, Einleitung vor § 413 StPO und Kommentierung zu § 415 StPO. In: Björn Gercke / Karl-Peter Julius / Dieter Temming / Mark A. Zöller (Hg.): Heidelberger Kommentar zur Strafprozessordnung. 5. Auflage. Heidelberg: C.F. Müller.

Pollähne, Helmut / Dorothea Rzepka (2010): Besondere Personengruppen. In: Heinz Kammeier (Hg.): Maßregelvollzugsrecht. 3. Auflage. Berlin: de Gruyter, Kapitel J.

Reichenbach, Peter (2004): Die Mitwirkung blinder Richter im Strafverfahren. In: Neue Juristische Wochenschrift 57, S. 3160-3162.

Renzikowski, Joachim (2004): Kommentierung zu Art. 5. In: Wolfram Karl (Hg.): Internationaler Kommentar zur Europäischen Menschenrechtskonvention (Loseblattausgabe). Köln: Kluwer.

Rothfritz, Lauri Philipp (2010): Die Konvention der Vereinten Nationen zum Schutz der Rechte von Menschen mit Behinderungen: eine Analyse unter Bezugnahme auf die deutsche und europäische Rechtsebene. Frankfurt am Main: Peter Lang.

Rudolf, Beate (2007): Der völkerrechtliche Rahmen von Gleichbehandlungsrecht. In: Beate Rudolf / Matthias Mahlmann (Hg.): Gleichbehandlungsrecht. Baden-Baden: Nomos, S. 58-86.

Rudolf, Beate (2011): Die neue europäische Grundrechtsarchitektur – Auftrag für Anwälte. In: Anwaltsblatt 61, S. 153-158.

Rzepka, Dorothea (2000): Zur Fairness im deutschen Strafverfahren. Frankfurt am Main: Klostermann.

Rzepka, Dorothea (2002): Anmerkung zu BVerfG, Beschluss vom 09.10.2010, Aktenzeichen 2 BvR 1523/01. In: Recht & Psychiatrie 20, S. 122-124.

Schaumann, Karsten (2001): Alter, Krankheit und Behinderung im deutschen Strafrecht, insbesondere im Strafzumessungsrecht. Frankfurt am Main: Peter Lang.

Schlothauer, Reinhold / Hans-Joachim Weider (2008): Verteidigung im Revisionsverfahren. Heidelberg: C.F.Müller.

Schmahl, Stefanie (2007): Menschen mit Behinderungen im Spiegel des internationalen Menschenrechtsschutzes. In: Archiv für Völkerrecht 45, S. 517-540.

Schröder, Helmut / Holger Schütz (2011): Fortschritte bei der Inklusion von Menschen mit einer Behinderung? Eine schwierige Berichtspflicht bei unzureichender Datenlage. In: Behindertenrecht 50, S. 53-60.

Schulte, Bernd (2011): Die Behindertenrechtskonvention der Vereinten Nationen. In: Behindertenrecht 50, S. 41-49.

Schumacher, Willy / Wolfgang P. Arndt (2003): Die Unantastbarkeit der Menschenwürde als Maßstab für psychiatrische Gutachten. In: Strafverteidiger 23, S. 96-100.

Spörke, Michael (2011): UN-Behindertenrechtskonvention. Chance und Auftrag für die Soziale Arbeit. In: Sozial Extra 35 (11/12), S. 6-8.

Stockter, Ulrich (2008): Das Verbot genetischer Diskriminierung und das Recht auf Achtung der Individualität. Berlin: Duncker & Humblot.

Volckart, Bernd / Helmut Pollähne / Ines Woynar (2008): Verteidigung in Vollstreckung und Vollzug. 4. Auflage. Heidelberg: C.F.Müller.

von Bernstorff, Jochen (2011): Anmerkungen zur innerstaatlichen Anwendbarkeit ratifizierter Menschenrechtsverträge: Welche Rechtswirkungen erzeugt das Menschenrecht auf inklusive Schulbildung aus der UN-Behindertenrechtskonvention im deutschen Sozial- und Bildungsrecht? In: Recht der Jugend und des Bildungswesens 59, S. 203-217.

Wickern, Thomas (2010): Öffentlichkeit und Sitzungspolizei. In: Volker Erb / Robert Esser / Ulrich Franke / Kirsten Graalmann-Scheerer / Hans Hilger / Alexander Ignor (Hg.): Löwe-Rosenberg. Die Strafprozessordnung und das Gerichtsverfassungsgesetz. Großkommentar. Band 10. 26. Auflage. Berlin: de Gruyter.

Wohlers, Wolfgang (2007): Die rückwirkende Beiordnung eines Pflichtverteidigers: zur Umsetzung des Anspruch auf Verteidigung in den Fällen erbetener Verteidigung. In: Strafverteidiger 27, S. 376-379.

Wunder, Michael (2011): Die UN-Konvention zu den Rechten behinderter Menschen. In: Betrifft JUSTIZ 105, S. 5-7.

Zinsmeister, Julia (2009): Gewaltschutz in sozialen Einrichtungen für Frauen mit Behinderungen. In: Streit 27, S. 159-168.

Materialverzeichnis

Bremische Bürgerschaft (2012): Antwort des Senats auf die große Anfrage der CDU-Fraktion – »Sexuellen Missbrauch von Menschen mit Behinderung bekämpfen«. Bürgerschafts-Drucksache 18/323 vom 27.03.2012.

Deutsche Bundesregierung (2011): Unser Weg in eine inklusive Gesellschaft. Der Nationale Aktionsplan der Bundesregierung zur Umsetzung der UN-Behindertenrechtskonvention.

Deutscher Bundestag (2008): Gesetzentwurf der Bundesregierung: Entwurf eines Gesetzes zu dem Übereinkommen der Vereinten Nationen vom 13. Dezember 2006 über die Rechte von Menschen mit Behinderungen sowie zu dem Fakultativprotokoll vom 13. Dezember 2006 zum Übereinkommen der Vereinten Nationen über die Rechte von Menschen mit Behinderungen. Bundestags-Drucksache 16/10808 vom 08.11.2008.

Deutscher Bundestag (2011): Antwort der Bundesregierung auf die Große Anfrage der Abgeordneten Ingrid Hönlinger, Markus Kurth, Volker Beck (Köln), weiterer Abgeordneter und der Fraktion BÜNDNIS 90/DIE GRÜNEN – Drucksache 17/2376 –. Personenzentrierte und ganzheitliche Reform des Betreuungsrechts. Bundestags-Drucksache 17/5323 vom 01.04.2011.

Europarat (2004): Recommendation Rec(2004)10 of the Committee of Ministers to member states concerning the protection of the human rights and dignity of persons with mental disorder. 22.09.2004.

UN-Hochkommissariat für Menschenrechte (2009): Thematic Study by the Office of the United Nations High Commissioner for Human Rights on enhancing awareness and understanding of the Convention on the Rights of Persons with Disabilities. UN-Dok. A/HRC/10/48 vom 26.01.2009.

UN-Sonderberichterstatter (über Folter und andere grausame, unmenschliche oder erniedrigende Behandlung oder Strafe) (2008): Interim report of the Special Rapporteur on torture and other cruel, inhuman or degrading treatment or punishment. UN Dok. A/63/175 vom 28.07.2008.

Kapitel 3:
Rechtliche Handlungsfähigkeit in einzelnen Lebensbereichen

Menschen in Krisen: Unterbringung und Zwangsbehandlung in der Psychiatrie

Rolf Marschner

I. Rechtliche und sozialpolitische Rahmenbedingungen

1. Menschenrechte und Psychiatrie

Die Diskussion um die Menschenrechte in der Psychiatrie hat durch die UN-BRK eine neue Dynamik bekommen. Der Einfluss von Menschenrechtskonventionen wird nunmehr nicht nur in der rechtlichen Diskussion,[1] sondern auch in der psychiatrischen Fachliteratur thematisiert.[2] Der Schwerpunkt liegt hier allerdings weniger auf den Eingriffen in fundamentale Menschenrechte durch psychiatrische Zwangsmaßnahmen, sondern auf der Gewährleistung einer ausreichenden Versorgungsstruktur. Die juristische Diskussion in Deutschland wird bisher wesentlich durch die Rechtsprechung des Bundesverfassungsgerichts (BVerfG) geprägt. Demgegenüber tritt die Rechtsprechung des Europäischen Gerichtshofs für Menschenrechte (EGMR) in Deutschland in den Hintergrund. Beide Gerichte folgen bisher dem Ansatz, dass in besonderen Situationen Zwangsmaßnahmen bei Einhaltung bestimmter Kriterien und Verfahren gerechtfertigt sein können. Es ist daher erforderlich, die Grundideen der UN-BRK für die deutsche Gesetzgebung und Rechtsprechung heran zu ziehen, um einem neuen menschenrechtsorientierten Verständnis von Behinderung gerecht zu werden und die Grenzen psychiatrischen Zwangs neu zu bestimmen. Insoweit besteht offensichtlich eine Wechselwirkung zwischen einer bedürfnisorientierten Versorgungsstruktur und der Anwendung von Zwang in der Psychiatrie.

2. Unterbringung als Krisenintervention

Krise und Krisenintervention sind nicht notwendig in psychiatrischem Zusammenhang zu sehen. Vielmehr bedeutet Krise zunächst, dass die gewohnten Bewältigungsmechanismen bei Veränderung von Lebensumständen versagen. Dies kann,

1 Siehe insbesondere Aichele / von Bernstorff (2010); Baufeld (2009); Lachwitz (2008); Olzen (2009b).
2 Kallert (2010).

muss aber nicht Folge einer psychischen Erkrankung sein oder zu einer psychischen Erkrankung führen. Nicht immer ist professionelle Hilfe erforderlich. Krisenintervention kann eine Aufgabe der psychiatrischen Versorgung sein. Allerdings sind die rechtlichen Rahmenbedingungen unübersichtlich. Der Begriff der Krisenintervention wird gesetzlich nur in § 4 Absatz 1 des Psychisch-Kranken-Gesetzes von Berlin (Kriseninterventionszentren) und in § 67h Strafgesetzbuch (StGB) erwähnt. Eine Vielzahl von Institutionen und Kostenträgern kommt für die Gewährleistung der psychiatrischen Krisenintervention in Betracht. Es fehlt aber an einer klaren gesetzlichen Grundlage und Finanzierung für Kriseninterventionsdienste.

Eine Unterbringung wird heute zunehmend als Krisenintervention im Rahmen eines Gesamtkonzepts psychiatrischer Hilfen verstanden. So betrachtet ist die Unterbringung psychisch kranker Menschen nicht mehr als ein Teil polizeirechtlicher Regelungen, sondern als Teil eines Gesundheitsstrukturrechts anzusehen.[3] Das Verständnis von Unterbringung als Krisenintervention dient damit der Entstigmatisierung, da die Betroffenen nicht mehr als Störerinnen und Störer im polizeirechtlichen Sinn verstanden werden, sondern wie somatisch kranke Menschen einen Anspruch auf die im Einzelfall erforderliche Hilfe und Behandlung haben. Diese Entwicklung wird durch das Inkrafttreten der UN-BRK unterstützt. Zu diskutieren bleibt, ob und in welchem Umfang in diesem Konzept Zwangsmaßnahmen noch zulässig sein können.

Nicht näher behandelt werden im vorliegenden Beitrag die Unterbringung und Behandlung im Maßregelvollzug sowie die längerfristige Unterbringung behinderter Menschen in Heimen durch die rechtliche Betreuerin bzw. den rechtlichen Betreuer. Die wesentlichen Thesen des vorliegenden Beitrags sind aber auf diese Konstellationen übertragbar.

3. Praxis in Deutschland – Statistische Grundlagen

Die rechts- und sozialpolitische Relevanz des Unterbringungsrechts und der damit verbundenen Grundrechtseingriffe wird deutlich, wenn man davon ausgeht, dass es im Jahr 2008 bei einer Genehmigungs- bzw. Anordnungsquote von 90 Prozent in 206.470 Fällen zu einer Unterbringung oder freiheitsentziehenden Maßnahme gegenüber Volljährigen auf der Grundlage des § 1906 Bürgerliches Gesetzbuch (BGB) bzw. der Unterbringungsgesetze der Bundesländer kam.[4] Ohne die freiheitsentziehenden Maßnahmen nach § 1906 Absatz 4 BGB waren im Jahr 2008 bei einer Genehmigungs- bzw. Anordnungsquote von 90 Prozent 114.647 Menschen von einer zivilrechtlichen oder öffentlich-rechtlichen Unterbringung betroffen.

3 Hierzu Marschner / Volckart / Lesting (2010), Abschnitt B, Rdnr. 13-28.
4 Hierzu im Einzelnen Marschner / Volckart / Lesting (2010), Abschnitt A, Rdnr. 53-65.

Salize, Spengler und Dressing haben für die Jahre 1994 und 2003 die Unterbringungsquoten und Unterbringungsraten für alle Bundesländer unter Einbeziehung der zivilrechtlichen und öffentlich-rechtlichen Unterbringungsverfahren ohne freiheitsentziehende Maßnahmen (Pflegeheimanteil) errechnet, wobei den Berechnungen teilweise Schätzungen zugrunde gelegt werden.[5] Für Deutschland werden eine Unterbringungsquote (Anteil der Unterbringungen an Gesamtzahl der Patientinnen und Patienten) von 15,9 Prozent und eine Unterbringungsrate (Unterbringungen pro 100000 Einwohnerinnen und Einwohner) von 175 angegeben. Im internationalen Vergleich handelt es sich um relativ hohe Zahlen.[6]

Die innerhalb Deutschlands regional unterschiedliche Unterbringungspraxis[7] zeigt, dass die gesetzlichen Vorgaben und die Rechtswirklichkeit nicht zwingend übereinstimmen. Es hängt von der Versorgungsstruktur sowie der Organisation des Unterbringungsverfahrens durch die beteiligten Instanzen ab, ob die betroffene Person von der Polizei unmittelbar in die Klinik eingeliefert wird, sie zunächst Ordnungsamt, Gesundheitsamt, Sozialpsychiatrischen Dienst oder Krisendienst vorgestellt wird, wann ein Unterbringungsantrag gestellt wird und ob schließlich eine öffentlich-rechtliche oder eine zivilrechtliche Unterbringung erfolgt. Hier bestehen erhebliche Gestaltungsspielräume zur Vermeidung einer Unterbringung, die in der Praxis zu wenig genutzt werden.

Verlässliche Zahlen über den Umfang der Zwangsbehandlung in der Psychiatrie fehlen. Nach Schätzungen ist davon auszugehen, dass etwa 10 Prozent der stationär behandelten Patientinnen und Patienten von Zwangsmaßnahmen (Fixierung, Isolierung, zwangsweise Verabreichung von Psychopharmaka) betroffen sind,[8] eine medikamentöse Zwangsbehandlung bei 2 bis 8 Prozent der stationär behandelten Patientinnen und Patienten durchgeführt wird.[9] Angesichts der Schwere des Grundrechtseingriffs ist dies eine erhebliche Zahl.

4. *Grundrechte und rechtlicher Rahmen im deutschen Recht*

a) Betroffene Grundrechte

Unterbringung und Zwangsbehandlung sind nach deutschem Verfassungsrecht schwere Grundrechtseingriffe. Im Fall der Unterbringung ist das Grundrecht der

5 Salize / Spengler / Dressing (2007).
6 Dressing / Salize (2004a), S. 88; Dressing / Salize (2004b).
7 Hierzu mit entsprechenden Belegen Marschner / Volckart / Lesting (2010), Abschnitt A, Rdnr. 67-75.
8 Ketelsen / Driessen / Zechert (2007).
9 Steinert / Kallert (2006).

Freiheit der Person betroffen,[10] im Fall der Zwangsbehandlung das Recht auf körperliche Unversehrtheit.[11] In beide Grundrechte darf nur auf Grund eines Gesetzes eingegriffen werden.[12] In einer diesbezüglichen gesetzlichen Regelung müssen die Voraussetzungen für den Grundrechtseingriff hinsichtlich Inhalt, Gegenstand, Zweck und Ausmaß hinreichend klar und bestimmt geregelt sein.[13] Darüber hinaus begrenzt der Grundsatz der Verhältnismäßigkeit Unterbringung und Zwangsbehandlungsmaßnahmen, soweit sie zulässig sind. Dies bedeutet, dass bei weniger gewichtigen Fällen eine derart einschneidende Maßnahme wie die Unterbringung oder Zwangsbehandlung unterbleiben und somit auch dem psychisch kranken Menschen in gewissen Grenzen die »Freiheit zur Krankheit« belassen werden muss.[14] Eine Unterbringung und Behandlung von Personen, die nicht an einer psychischen Krankheit leiden, allein zur Besserung kommt wegen des hohen Rechtsgutes der Freiheit der Person und bei Beachtung des Grundsatzes der Verhältnismäßigkeit von vornherein nicht in Betracht.[15] Im Fall der Unterbringung sind zusätzlich die Verfahrensgrundrechte des Artikels 104 Absatz 1 und 2 GG zu beachten. Danach darf über die Anordnung und Fortdauer einer Freiheitsentziehung nur das Gericht entscheiden.[16] Erforderlich sind im Fall der Freiheitsentziehung grundsätzlich eine vorherige richterliche Entscheidung sowie die vorherige richterliche Anhörung, die nur ausnahmsweise nachgeholt werden dürfen.[17] Festgehaltene Personen dürfen weder seelisch noch körperlich misshandelt werden.[18]

b) Unterbringung

Im deutschen Recht kommt eine Unterbringung durch die rechtliche Betreuerin oder den rechtlichen Betreuer nach § 1906 BGB oder nach den Psychisch-Kranken- bzw. Unterbringungsgesetzen der Bundesländer in Betracht. Voraussetzung der zivilrechtlichen Unterbringung durch die Betreuerin oder den Betreuer ist, dass entweder die betroffene Person aufgrund einer psychischen Krankheit oder geistigen oder seelischen Behinderung ihr Leben oder ihre Gesundheit erheblich ge-

10 Art. 2 Abs. 2 Satz 2 Grundgesetz (GG).
11 Art. 2 Abs. 2 Satz 1 GG.
12 Art. 2 Abs. 2 Satz 3 GG.
13 BVerfG, Beschluss vom 23.03.2011, Aktenzeichen 2 BvR 882/09; zum Unterbringungsrecht EGMR, Urteil vom 25.01.2005, Antragsnummer 56529/00.
14 BVerfG, Beschluss vom 07.10.1981, Aktenzeichen 2 BvR 1194/80; Beschluss vom 23.03.1998, Aktenzeichen 2 BvR 2270/96, jeweils zur fürsorgerechtlichen Unterbringung.
15 BVerfG, Urteil vom 18.07.1967, Aktenzeichen 2 BvF 3-8, 139, 140, 334 und 335/62.
16 Art. 104 Abs. 2 Satz 1 GG.
17 BVerfG, Beschluss vom 07.10.1981, Aktenzeichen 2 BvR 1194/80; Beschluss vom 08.02.1984, Aktenzeichen 2 BvR 677/80; Beschluss vom 17.01.1990, Aktenzeichen 2 BvR 1592/88; Beschluss vom 14.06.2007, Aktenzeichen 1 BvR 338/07.
18 Art. 104 Abs. 1 Satz 2 GG.

fährdet[19] oder aufgrund einer psychischen Krankheit oder geistigen oder seelischen Behinderung eine Heilbehandlung im Rahmen einer stationären Unterbringung notwendig ist und die betroffene Person deren Notwendigkeit nicht erkennen bzw. nicht nach dieser Einsicht handeln kann.[20] Im öffentlichen Unterbringungsrecht der Bundesländer ist Voraussetzung der Unterbringung neben dem Vorliegen einer psychischen Krankheit oder seelischen Behinderung die nicht anders abwendbare Gefahr für erhebliche Rechtsgüter der betroffenen Person selbst oder Dritter. Die gesetzlichen Formulierungen im Einzelnen differieren.[21]

Die Schwere des Grundrechtseingriffs bei einer Unterbringung psychisch kranker Menschen wird vom BVerfG in ständiger Rechtsprechung betont.[22] Danach ist die Freiheit der Person ein so hohes Rechtsgut, dass sie nur aus besonders gewichtigem Grund angetastet werden darf. Da es sich in allen Fällen der Unterbringung um präventive Freiheitsentziehung handelt, sind hohe Anforderungen an die zugrunde liegende Prognoseentscheidung zu stellen.[23]

c) Zwangsbehandlung

Regelungen zur Zwangsbehandlung finden sich in allen Unterbringungsgesetzen der Bundesländer. In den meisten Bundesländern ist Voraussetzung für eine Zwangsbehandlung entweder die Unaufschiebbarkeit der Behandlungsmaßnahme[24] oder Lebensgefahr sowie die erhebliche Gefahr für die Gesundheit der betroffenen Person oder Dritter[25] bzw. die gegenwärtige Gefahr einer erheblichen Schädigung der Gesundheit oder des Lebens der betroffenen Person.[26] In diesen Regelungen wird eine Güterabwägung vorgenommen. Teilweise wird eine

19 § 1906 Abs. 1 Nr. 1 BGB.
20 § 1906 Abs. 1 Nr. 2 BGB.
21 Siehe Marschner / Volckart / Lesting (2010), Abschnitt B, Rdnr. 104-118.
22 BVerfG, Beschluss vom 07.10.1981, Aktenzeichen 2 BvR 1194/80 zur fürsorgerechtlichen Unterbringung nach dem Baden-Württembergischen Unterbringungsgesetz; Beschluss vom 22.03.1983, Aktenzeichen 1 BvR 154/82 zum Grundsatz »in dubio pro libertate« im Unterbringungsrecht; Beschluss vom 08.02.1984, Aktenzeichen 2 BvR 677/80 zur Feststellung des Schweregrades einer die Unterbringung rechtfertigenden psychischen Erkrankung; Beschluss vom 08.10.1985, Aktenzeichen 2 BvR 1150/80 und 1504/82 zur Dauer der Unterbringung im Maßregelvollzug; Beschluss vom 23.03.1998, Aktenzeichen 2 BvR 2270/96 zur Unterbringung durch den Betreuer nach § 1906 Abs. 1 Nr. 2 BGB; Beschluss vom 14.06.2007, Aktenzeichen 1 BvR 338/07 zur Unterbringung in der Kinder- und Jugendpsychiatrie.
23 Hierzu Marschner / Volckart / Lesting (2010), Abschnitt A, Rdnr. 116-130.
24 So zum Beispiel Art. 13 Abs. 2 des Bayerischen Gesetzes über die Unterbringung psychisch Kranker und deren Betreuung.
25 So zum Beispiel § 18 Abs. 4 des Nordrhein-Westfälischen Gesetzes über Hilfen und Schutzmaßnahmen bei psychischen Krankheiten.
26 So § 14 Abs. 4 des Schleswig-Holsteinischen Gesetzes zur Hilfe und Unterbringung psychisch kranker Menschen.

Zwangsbehandlung ohne weitere Voraussetzungen zugelassen.[27] Eine besondere Vorschrift zur Zulässigkeit der Zwangsbehandlung während einer Unterbringung durch den Betreuer fehlt. Der Bundesgerichtshof (BGH) hielt die Zwangsbehandlung während einer Unterbringung durch den Betreuer nach § 1906 Absatz 1 Nr. 2 (nicht aber nach Nr. 1) BGB in engen Grenzen zunächst für zulässig.[28] Die engen Grenzen wurden in der Praxis – soweit ersichtlich – nicht immer beachtet.

Eine rechtswirksame Patientenverfügung nach § 1901a Absatz 1 BGB ist auch während einer Unterbringung nach dem BGB oder den Psychisch-Kranken- bzw. Unterbringungsgesetzen beachtlich und verhindert damit gegebenenfalls jede Zwangsbehandlung.[29] Dies gilt entsprechend für anders ermittelbare Wünsche der betroffenen Person, wenn keine Patientenverfügung vorliegt.[30]

Eine Behandlung ohne oder gegen den Willen der betroffenen Person ist ein schwerer Grundrechtseingriff, selbst wenn die Person der Behandlung keinen körperlichen Widerstand entgegensetzt.[31] Dies gilt erst recht, wenn bei der Behandlung Gewalt zur Überwindung des Widerstandes der betroffenen Person angewendet wird. Von der Frage der Ersetzung der Einwilligung einer betreuten Person durch die Betreuerin oder den Betreuer bzw. die Bevollmächtigte oder den Bevollmächtigten zu unterscheiden ist daher die Frage, ob die Einwilligung auch zwangsweise gegen den betreuten Menschen durchgesetzt werden kann.[32]

Das Bundesverfassungsgericht hat nunmehr umfassend zu den rechtlichen Voraussetzungen und Grenzen der Zwangsbehandlung unter Berücksichtigung der Vorschriften der UN-BRK Stellung genommen.[33] Die entschiedenen Fälle betreffen zwar die Zwangsbehandlung von im Maßregelvollzug untergebrachten Betroffenen. Die Entscheidungen wirken sich aber auch auf die Zwangsbehandlung im Vollzug der öffentlich-rechtlichen Unterbringung sowie während der zivilrechtlichen Unterbringung durch die Betreuerin oder den Betreuer aus. Der BGH hat daher seine Rechtsprechung zur ausnahmsweisen Zulässigkeit der Zwangsbehandlung während der Unterbringung durch die Betreuerin bzw. den Betreuer nunmehr aufgegeben und in Übereinstimmung mit der überwiegenden Auffassung in Rechtsprechung und Literatur entschieden, dass § 1906 Absatz 1 Nr. 2 BGB nicht den Anforderungen des Bundesverfassungsgerichts an die Bestimmtheit einer entspre-

27 § 8 Abs. 2 des Baden-Württembergischen Gesetzes über die Unterbringung psychisch Kranker; § 21 Abs. 3 des Niedersächsischen Gesetzes über Hilfen und Schutzmaßnahmen für psychisch Kranke.

28 BGH, Beschluss vom 01.02.2006, Aktenzeichen XII ZB 236/05.

29 Siehe hierzu Olzen (2009a); Brosey (2010), S. 161-167; Hoffmann (2010), S. 205.

30 § 1901a Abs. 2 BGB. Siehe BGH, Urteil vom 25.06.2010, Aktenzeichen 2 StR 454/09.

31 BVerfG, Beschluss vom 23.03.2011, Aktenzeichen 2 BvR 882/09.

32 BGH, Beschluss vom 11.10.2000, Aktenzeichen XII ZB 69/00; BGH, Beschluss vom 01.02.2006, Aktenzeichen XII ZB 236/05.

33 BVerfG, Beschluss vom 23.03.2011, Aktenzeichen 2 BvR 882/09; Beschluss vom 12.10.2011, Aktenzeichen 2 BvR 633/11.

chenden gesetzlichen Regelung genügt und es daher an einer den verfassungsrechtlichen Anforderungen genügenden gesetzlichen Grundlage für eine betreuungsrechtliche Zwangsbehandlung fehlt.[34]

Für die Diskussion sind folgende Aspekte von besonderer Bedeutung:

- Als Rechtfertigung einer Zwangsbehandlung kommt nicht der Schutz Dritter, sondern nur das grundrechtliche Freiheitsinteresse des betroffenen Menschen selbst in Betracht, wenn dieser zur Einsicht in die Schwere seiner Krankheit und die Notwendigkeit von Behandlungsmaßnahmen oder zum Handeln gemäß solcher Einsicht krankheitsbedingt nicht fähig ist. In diesen Fällen kann es ausnahmsweise zulässig sein, die tatsächlichen Voraussetzungen freier Selbstbestimmung des untergebrachten Menschen wiederherzustellen. Dies eröffnet aber keine »Vernunfthoheit« des Staates insbesondere in den Fällen, in denen der betroffene Mensch eine aus ärztlicher Sicht erforderliche Behandlung ablehnt, ohne dass seine Entscheidungsfähigkeit krankheitsbedingt aufgehoben ist.
- Der Grundsatz der Verhältnismäßigkeit gebietet, dass Zwangsmaßnahmen nur eingesetzt werden dürfen, wenn sie im Hinblick auf das Behandlungsziel Erfolg versprechen und mildere Mittel keinen Erfolg versprechen, das heißt eine weniger eingreifende Behandlung aussichtslos ist. Daher muss vor einer Zwangsbehandlung unabhängig von der Einwilligungsfähigkeit des betroffenen Menschen der ernsthafte, mit dem nötigen Zeitaufwand und ohne Druck erfolgte Versuch vorausgegangen sein, die auf Vertrauen gegründete Zustimmung des betroffenen Menschen zu erreichen.
- Die Zwangsbehandlung darf für den betroffenen Menschen nicht mit unverhältnismäßigen Belastungen verbunden sein. Dies ist dann der Fall, wenn die Behandlung mit einem nicht vernachlässigbaren Restrisiko irreversibler Gesundheitsschäden verbunden ist.

Einer entsprechenden Auslegung steht nach Auffassung des Bundesverfassungsgerichts die Vorschrift des Artikels 12 Absatz 2 UN-BRK nicht entgegen, da Artikel 12 Absatz 4 UN-BRK für solche Maßnahmen geeignete Sicherungen vorschreibt.[35]

34 BGH, Beschlüsse vom 20.06.2012, Aktenzeichen XII ZB 99 und 130/12; ebenso Marschner (2011), S. 160, 163, Moll-Vogel (2011); anderer Ansicht Olzen/Metzmacher (2011), S. 233-239.

35 Hierzu unten III.

5. *Völkerrechtliche Vorgaben*

a) Europäische Menschenrechtskonvention

Nach der Europäischen Menschenrechtskonvention (EMRK) darf in das Recht der Freiheit der Person bei psychisch kranken Menschen nur auf die gesetzlich vorgeschriebene Weise eingegriffen werden.[36] Die Voraussetzungen werden durch die Rechtsprechung des EGMR konkretisiert.[37] Danach muss die psychische Krankheit durch ein ärztliches Gutachten zuverlässig nachgewiesen sein und nach Art und Schwere die Unterbringung rechtfertigen.[38] Die Zwangsbehandlung wird am Maßstab des Artikels 3 EMRK (Verbot der Folter) geprüft.

b) UN-Behindertenrechtskonvention

Die UN-BRK findet ihre Grundlage in der Allgemeinen Erklärung der Menschenrechte, dem Internationalen Pakt über bürgerliche und politische Rechte sowie dem Internationalen Pakt über wirtschaftliche, soziale und kulturelle Rechte und konkretisiert die dort niedergelegten Rechte für behinderte Menschen.[39]

Zentrales Anliegen der UN-BRK ist das Verbot der Diskriminierung auf Grund einer Behinderung. Eine Diskriminierung ist auch die Versagung angemessener Vorkehrungen.[40] Ohne Frage betreffen die hier diskutierten Rechtseingriffe im Rahmen der Unterbringung und Zwangsbehandlung die in Artikel 2 UN-BRK angesprochenen Menschenrechte und Grundfreiheiten. Das Verbot der Diskriminierung wird in Artikel 5 Absatz 2 UN-BRK wiederholt und mit der Verpflichtung zu einem wirksamen Rechtsschutz bei entsprechenden Rechtseingriffen verknüpft. Artikel 5 Absatz 3 UN-BRK verpflichtet die Vertragsstaaten zur Bereitstellung angemessener Vorkehrungen zur Beseitigung einer Diskriminierung.

Artikel 12 UN-BRK gewährleistet die rechtliche Handlungsfähigkeit von Menschen mit Behinderungen. Zu den insoweit maßgeblichen Rechten gehört die Selbstbestimmung in Form der Aufenthaltsbestimmung sowie der Entscheidung über die psychosoziale und ärztliche Behandlung. Bei beiden Entscheidungen kommt es nicht auf die Geschäftsfähigkeit, sondern die natürliche Einsichts- und Urteilsfähigkeit im Sinn von Einwilligungsfähigkeit an. Dieser Begriff wird von

36 Art. 5 Abs. 1 lit. e EMRK.
37 Hierzu Marschner / Volckart / Lesting (2010), Abschnitt A, Rdnr. 19-24.
38 EGMR, Urteil vom 12.06.2003, Antragsnummer 44672/98; Urteil vom 13.01.2011, Antragsnummer 6587/04.
39 Aichele / von Bernstorff (2010), S. 199-203; vgl. Aichele / Degener in diesem Band.
40 Art. 2 UN-BRK, hierzu Aichele (2012); Welti (2012), S. 1-3.

Artikel 12 UN-BRK umfasst.[41] Allerdings sind das Recht der Freiheit der Person sowie der Schutz der Unversehrtheit der Person noch besonders in Artikel 14 und 17 UN-BRK geregelt. Dadurch bekommt der Begriff der besonderen Vorkehrungen, der in Artikel 14 Absatz 2 UN-BRK im Zusammenhang der Unterbringung und der während der Unterbringung gegebenenfalls durchgeführten Zwangsbehandlung erwähnt wird, eine besondere Bedeutung. Das Konzept der angemessenen Vorkehrungen ist daher ergänzend zu dem Zugang zu der Unterstützung, die behinderte Menschen bei der Ausübung ihrer Rechts- und Handlungsfähigkeit gegebenenfalls benötigen,[42] zu diskutieren. Die Zwangsbehandlung ist darüber hinaus am Verbot der Folter sowie grausamer, unmenschlicher oder erniedrigender Behandlung[43] zu messen. Anders als in der EMRK steht dieser Aspekt aber nicht im Vordergrund, da die UN-BRK hinsichtlich der Zwangsbehandlung ein umfassenderes Regelungskonzept vorhält als die EMRK.

c) Betroffener Personenkreis (Artikel 1 UN-BRK)

Im deutschen Recht gibt es keine einheitliche Terminologie für Menschen in psychosozialen Krisen oder mit psychischen Krankheiten.[44] Menschen in Krisen sind auch nicht zwangsläufig behindert im Sinn von Artikel 1 UN-BRK. Danach gehören zu den Menschen mit Behinderungen Menschen, die längerfristige seelische Beeinträchtigungen haben, die sie in Wechselwirkung mit verschiedenen Barrieren an der vollen, wirksamen und gleichberechtigten Teilhabe an der Gesellschaft hindern können. Damit hat sich der Begriff der Behinderung von einem defizitorientierten medizinischen Krankheitsbegriff zu einem Verständnis von Behinderung verändert, wonach Menschen mit Behinderungen als Teil der menschlichen Vielfalt zu verstehen sind[45] und eine Behinderung immer im Verhältnis zu den gesellschaftlichen Verhältnissen zu beurteilen ist. Dies entspricht im Wesentlichen dem Krankheitskonzept des ICF[46] der Weltgesundheitsorganisation. Allerdings besteht die besondere Herausforderung darin, Barrieren für Menschen mit seelischen Behinderungen zu beschreiben, da diese weniger greifbar sind als bei körperbehinderten Menschen. Zu den Menschen mit Behinderung können auch akut und nicht nur chronisch psychisch erkrankte Menschen gehören. Die Zuschreibung einer psychischen Krankheit oder seelischen Behinderung ist ausreichend.[47] Eine zu en-

41 Lachwitz (2008), S. 143-148; Aichele / von Bernstorff (2010), S. 199-203.
42 Art. 12 Abs. 3 UN-BRK.
43 Art. 15 Abs. 1 UN-BRK.
44 Hierzu Marschner / Volckart / Lesting (2010), Abschnitt A, Rdnr. 98-115.
45 Art. 3 lit. d UN-BRK.
46 Weltgesundheitsorganisation (2001).
47 Baufeld (2009), S. 167-173.

ge Auslegung würde akut psychisch kranke Menschen den Schutzvorschriften der UN-BRK entziehen.[48] Daher gehen etwa auch Kaleck, Hilbrans und Scharmer unabhängig von den psychiatrischen Krankheitskategorien davon aus, dass der Krankheitsbegriff der Psychisch-Kranken-Gesetze vom Begriff der Behinderung des Artikels 1 UN-BRK umfasst wird.[49]

II. Unterbringung

1. Recht auf persönliche Freiheit (Artikel 14 UN-BRK)

Für den Bereich der Unterbringung ist Artikel 14 UN-BRK als spezielle Vorschrift des Diskriminierungsverbots als Prüfungsmaßstab für die vorgenannten deutschen Unterbringungsregelungen zugrunde zu legen, allerdings im Gesamtzusammenhang der UN-BRK zu verstehen. Artikel 14 Absatz 1 UN-BRK geht davon aus, dass auch behinderten Menschen in Einklang mit dem Gesetz die Freiheit entzogen werden kann. Dies ist aber nur zulässig, wenn gewährleistet ist, dass

- die Freiheit nicht rechtswidrig oder willkürlich entzogen wird,
- die Freiheitsentziehung durch Bereitstellung angemessener Vorkehrungen vermieden oder verkürzt wird,
- das Vorliegen einer Behinderung in keinem Fall eine Freiheitsentziehung rechtfertigt.

Zusätzlich regelt Artikel 14 Absatz 2 UN-BRK, dass Menschen mit Behinderungen, denen die Freiheit entzogen wird, im Einklang mit den Grundsätzen der UN-BRK behandelt werden, einschließlich durch die Bereitstellung angemessener Vorkehrungen. Hier wird einerseits der Zusammenhang zwischen Unterbringung und Behandlung hergestellt, was bedeutet, dass die Vorschriften zur medizinischen Behandlung [50]zu beachten sind.[51] Andererseits wird das Konzept der angemessenen Vorkehrungen, das bereits in Artikel 5 Absatz 3 UN-BRK angesprochen ist, für den Bereich der Unterbringung nochmals aufgegriffen. Wenn man die Vorschriften der Artikel 2, 5 Absatz 3 und 14 Absatz 2 UN-BRK in der Gesamtschau betrachtet, bedeutet dies, dass angemessene Vorkehrungen nicht nur während der Unterbringung zur Verfügung stehen müssen, um die Auswirkungen der Freiheitsentziehung zu mindern, sondern auch vor und nach der Unterbringung, um Freiheitsentziehung zu vermeiden oder zu begrenzen. Dies ergibt sich aus Artikel 2

48 Siehe UN-Hochkommissariat für Menschenrechte (2009), S. 13.
49 Kaleck / Hilbrans / Scharmer (2008), S. 4-5.
50 Insbesondere Art. 15 und 17 UN-BRK.
51 Hierzu unten III 3.

UN-BRK, wonach angemessene Vorkehrungen auch der Verhinderung von Diskriminierung dienen, sowie Artikel 5 Absatz 3 UN-BRK (Beseitigung von Diskriminierung) und entspricht auch verfassungsrechtlichen Vorgaben.[52]

2. Anwendung auf das Unterbringungsrecht

Die deutschen Psychisch-Kranken-Gesetze erfüllen zwar weitgehend die rechtsstaatlichen Anforderungen an die Regelung einer Freiheitsentziehung, wie sie auch in Artikel 14 Absatz 1 lit. a und b UN-BRK niedergelegt sind. Dies gilt auch für die Unterbringung nach § 1906 Absatz 1 Nr. 1 BGB, nicht aber oder allenfalls in der einschränkenden Auslegung durch das BVerfG für die Unterbringung nach § 1906 Absatz 1 Nr. 2 BGB. Das Prinzip der einer Unterbringung vorrangigen Hilfen wird durch die UN-BRK unterstützt. Umstritten ist aber die Frage, ob das Vorliegen einer Behinderung in Form einer psychischen Krankheit eine Unterbringung rechtfertigen kann. Dies muss unter dem Blickwinkel der UN-BRK neu beleuchtet werden.

Nach in Deutschland bisher vorherrschender Auffassung darf nur das Vorliegen einer Behinderung allein keine Freiheitsentziehung rechtfertigen. Tritt aber ein weiteres Kriterium (erhebliche gegenwärtige Gefahr für sich oder andere) hinzu, ist die Freiheitsentziehung bei strenger Beachtung des Verhältnismäßigkeitsgrundsatzes rechtmäßig.[53] Voraussetzung für eine Unterbringung muss aber immer eine konkrete Gefahr sein. Eine abstrakte Gefahr, die aus der psychischen Krankheit als solcher abgeleitet wird, genügt nicht.[54] Diese Auslegung hätte zur Folge, dass die Psychisch-Kranken-Gesetze und § 1906 Absatz 1 Nr. 1 BGB hinsichtlich der Unterbringungsvoraussetzungen der UN-BRK genügen. Dagegen besteht weitgehende Übereinstimmung, dass die Unterbringung durch die Betreuerin oder den Betreuer gemäß § 1906 Absatz 1 Nr. 2 BGB nicht den Anforderungen des Artikels 14 UN-BRK genügt, da sie ausschließlich an die Behinderung und die dadurch ausgelöste Behandlungsbedürftigkeit anknüpft. Zwar hat das Bundesverfassungsgericht bereits klargestellt, dass zusätzlich eine drohende gewichtige gesundheitliche Schädigung des betroffenen Menschen vorliegen muss.[55] Dies wird in der Praxis aber nicht ausreichend beachtet.

Nach der in einem Rechtsgutachten der Berliner Rechtsanwälte Kaleck, Hilbrans und Scharmer für die Bundesarbeitsgemeinschaft Psychiatrie-Erfahrener

52 Siehe hierzu Marschner / Volckart / Lesting (2010), Abschnitt B, Rdnr. 29-32 und 60-84.
53 Marschner (2009), S. 135-137; König (2009), S. 105-108.
54 Baufeld (2009), S. 167-173.
55 »Freiheit zur Krankheit«: BVerfG, Beschluss vom 23.03.1998, Aktenzeichen 2 BvR 2270/96; BGH, Beschluss vom 01.02.2006, Aktenzeichen XII ZB 236/05; siehe König (2009), S. 105-108.

e.V. vertretenen Auffassung[56] ist jegliche Anknüpfung an eine Behinderung als Unterbringungsgrund konventionswidrig. Dann widersprechen sowohl die Psychisch-Kranken-Gesetze der Bundesländer als auch § 1906 BGB der UN-BRK. Begründet wird das Ergebnis vor allem mit einer systematischen, grammatikalischen und teleologischen Auslegung der Konvention und dem mit dieser verbundenen Paradigmenwechsel in der Behindertenpolitik. Außerdem wird darauf verwiesen, dass mit einer psychischen Krankheit jedenfalls keine wesentlich erhöhte Gefährdungshaltung verbunden sei. Voraussetzung der Unterbringung auf der Grundlage der Psychisch-Kranken-Gesetze sei aber gerade eine durch die psychische Krankheit verursachte Gefährlichkeit. Diese Anknüpfung an die psychische Krankheit führe zur Konventionswidrigkeit der geltenden Gesetze im Hinblick auf die Voraussetzungen der Unterbringung. Staatliche Reaktion auf gefährliches Verhalten könne im Übrigen über das allgemeine Polizeirecht erfolgen, ohne dass an eine psychische Krankheit oder seelische Behinderung als Eingriffsvoraussetzung angeknüpft werden müsse. Damit werde dem Schutzinteresse der Gesellschaft ausreichend Rechnung getragen.

Diese Auffassung wird gestützt durch die Entstehungsgeschichte der UN-BRK. Sowohl der Zwischenbericht des Sonderberichterstatters über Folter und andere grausame, unmenschliche oder erniedrigende Behandlung vom 28. Juli 2008[57] als auch insbesondere der Jahresbericht des Hohen Kommissars der Vereinten Nationen für Menschenrechte vom 26. Januar 2009[58] legen dar, dass während der Ausarbeitung der UN-BRK Vorschläge, das Recht der Freiheitsentziehung auf »ausschließlich« mit Behinderung begründete Fälle zu beschränken, abgelehnt wurden. Daher sind diskriminierend im Sinn des Artikels 14 UN-BRK Maßnahmen, bei denen die Entziehung der Freiheit auf einer Kombination einer psychischen oder geistigen Behinderung mit anderen Elementen wie etwa Gefährlichkeit oder Behandlung beruht. Damit wird eine rechtmäßige Freiheitsentziehung von Menschen mit Behinderungen zwar nicht unmöglich. Die rechtliche Begründung für die Einschränkung der Freiheit muss aber von der Behinderung abgekoppelt und neutral definiert werden, so dass sie für alle Menschen gleich gilt. Nach Artikel 31 der Wiener Vertragsrechtskonvention sind bei der Auslegung völkerrechtlicher Verträge neben dem Vertragswortlaut Ziel und Zweck des Abkommens zu berücksichtigen. Dies ist ohne Frage die Beseitigung der Diskriminierung von Menschen mit Behinderung. Eine besondere Bedeutung ist einem Ausdruck beizulegen, wenn feststeht, dass die Vertragsparteien dies beabsichtigt haben.[59] Artikel 14 UN-BRK kann daher nur in der von Kaleck, Hilbrans und Scharmer vorgenommenen Weise

56 Kaleck / Hilbrans / Scharmer (2008).
57 UN-Sonderberichterstatter (2008).
58 UN-Hochkommissariat für Menschenrechte (2009), S. 17.
59 Art. 31 Abs. 4 Wiener Übereinkommen über das Recht der Verträge vom 23. Mai 1969.

ausgelegt werden. Die Konsequenz dieser Auslegung ist, dass hinsichtlich des Eingriffs in die Grundfreiheiten ein Sonderrecht für psychisch kranke Menschen und damit die Diskriminierung im Sinn des Artikels 2 UN-BRK abgeschafft wird.

Es verbliebe aber die Möglichkeit der Freiheitsentziehung auf polizeirechtlicher Grundlage. Dieser Weg ist im Ergebnis nicht überzeugend. Die polizeirechtlichen Vorschriften zum sogenannten Schutzgewahrsam sind in den Polizeigesetzen der Bundesländer weitgehend übereinstimmend geregelt:

> »Eine Person kann untergebracht werden, wenn das zum Schutz gegen eine Gefahr für Leib oder Leben der Person oder Dritter erforderlich ist, weil sie sich erkennbar in einem die freie Willensbestimmung ausschließenden Zustand befindet.«[60]

Das Kriterium der freien Willensbestimmung entspricht zwar Rechtsprechung und Gesetzgebung zum Betreuungs- und Unterbringungsrecht.[61] Der Begriff »sich erkennbar in einem die freie Willensbestimmung ausschließenden Zustand befinden« ist aber auslegungsbedürftig. Es spricht viel dafür, dass er durch die Rechtsprechung mittelbar wieder mit entsprechenden Krankheitsbegriffen ausgefüllt würde. Die Möglichkeit der Freiheitsentziehung nach allgemeinem Polizeirecht würde anderenfalls in nicht kontrollierbarer Weise ausgedehnt werden. Die Folgen wären daher auch aus verfassungsrechtlichen Gründen vor allem hinsichtlich der Bestimmtheit der Eingriffsvoraussetzungen problematisch. Damit wäre gegenüber dem geltenden Unterbringungsrecht wenig gewonnen. Zudem würde die Unterbringung endgültig wieder als Polizeirecht verstanden werden und nicht als Krisenintervention im Rahmen eines Gesundheitsstrukturrechts.[62]

Eine rein polizeirechtliche Regelung würde behinderten Menschen zudem die angemessenen Vorkehrungen vorenthalten, um die Freiheitsentziehung (zum Beispiel durch Behandlung) auf den kürzest möglichen Zeitraum zu begrenzen. Dies wäre selbst konventionswidrig.[63]

Es liegt dann keine Diskriminierung vor, wenn es um besondere Maßnahmen geht, die zur Herbeiführung der tatsächlichen Gleichberechtigung von Menschen mit Behinderung erforderlich sind.[64] Ein Sonderrecht für psychisch kranke Menschen ist also nur insoweit diskriminierend, als es um Rechtseingriffe geht, nicht aber wenn es um gesundheitliche und rehabilitative Hilfen im Sinn der Artikel 25 und 26 UN-BRK geht, die der Schlechterstellung psychisch kranker Menschen in der medizinischen und psychosozialen Versorgung entgegenwirken. Eine neutrale Formulierung der Unterbringungsvoraussetzungen ohne Rückgriff auf den Begriff der Behinderung ersetzt nicht das Angebot von Hilfen in dem Augenblick, im dem

60 So § 13 des Musterentwurfes eines einheitlichen Polizeigesetzes.
61 Siehe § 1896 Abs. 1a BGB.
62 Hierzu Marschner / Volckart / Lesting (2010), Abschnitt B, Rdnr. 15-23.
63 Siehe Art. 14 Abs. 2 UN-BRK.
64 Art. 5 Abs. 4 UN-BRK.

die Freiheitsentziehung stattgefunden hat. Es sind daher gesetzlich Hilfen in Krisensituationen zu konstituieren, die auf der freiwilligen Inanspruchnahme durch die Betroffenen basieren. Dann handelt es sich bei dem Regelungsgegenstand aber nicht um Polizeirecht, sondern um Gesundheitsrecht.

3. Barrierefreiheit, Unterstützung und angemessene Vorkehrungen vor, während und nach der Unterbringung

Die vorstehenden Ausführungen zeigen, dass im Rahmen der Entscheidungen über die Unterbringung und Zwangsbehandlung dem Konzept der angemessenen Vorkehrungen eine besondere Bedeutung zukommt. Dieses tritt neben die notwendige Hilfestellung und Assistenz im Sinn des Artikels 12 Absatz 3 UN-BRK. Artikel 2 UN-BRK definiert angemessene Vorkehrungen als notwendige und geeignete Änderungen und Anpassungen, die keine unverhältnismäßige oder unbillige Belastung darstellen und die erforderlichenfalls vorgenommen werden, um zu gewährleisten, dass Menschen mit Behinderungen gleichberechtigt mit anderen alle Menschenrechte und Grundfreiheiten genießen oder ausüben können. Insoweit sind die hier diskutierten Rechte unmittelbar betroffen.

Das Konzept der angemessenen Vorkehrungen ist abzugrenzen von der Barrierefreiheit im Sinn des Artikels 9 UN-BRK und für den Bereich der psychiatrischen Versorgung zu konkretisieren. Da es soweit ersichtlich noch keine diesbezüglichen Überlegungen gibt, ist auf die Diskussion zu Artikel 24 UN-BRK (Recht auf inklusive Bildung) zurückzugreifen. Während Barrierefreiheit abstrakt-generell zu verstehen ist, ist das Konzept der angemessenen Vorkehrungen konkret-individuell zur Überwindung individueller Barrieren im Einzelfall vorgesehen. Insoweit besteht eine Wechselwirkung bzw. ein komplementäres Verhältnis. Soweit aus individueller Perspektive (noch immer) Barrieren bestehen, sind diese durch entsprechende Maßnahmen im Rahmen des Möglichen und Zumutbaren zu überwinden.[65] Die erforderlichen Ressourcen müssen zur Umsetzung der UN-BRK eingesetzt werden.[66] Das Konzept der angemessenen Vorkehrungen kann gesetzlich sowohl durch Verpflichtungen als auch durch individuelle Rechte im Sinn von Rechtsansprüchen umgesetzt werden. Eine gesetzliche Verpflichtung im Rahmen der psychosozialen Versorgung besteht nach deutschem Recht zum Beispiel bei der Sicherstellungspflicht der kassenärztlichen Vereinigungen nach dem Sozialgesetzbuch (SGB) V sowie im Rahmen der gesetzlichen Aufgaben der Sozialpsychiatrischen Dienste nach den Psychisch-Kranken-Gesetzen der Bundesländer. Zu bevorzugen und letztlich verfassungsrechtlich geboten zur Vermeidung nicht

65 Aichele (2012); Welti (2012), S. 1-3.
66 Art. 4 Abs. 2 UN-BRK.

erforderlicher Grundrechtseingriffe ist ein klagbarer Anspruch der Betroffenen auf entsprechende Hilfen.[67]

Das Konzept der angemessenen Vorkehrungen ist für den Bereich der psychosozialen Versorgung zu konkretisieren. Dabei ist der Zusammenhang mit der nach Artikel 12 Absatz 3 UN-BRK zur Vermeidung von Fremdbestimmung konstituierten Unterstützung auf der einen Seite, mit den in Artikel 19, 25 und 26 UN-BRK geregelten bürgerlichen und sozialen Rechten andererseits zu berücksichtigen. Die UN-BRK ist dem Grundsatz der Prävention verpflichtet.[68]

Zur Herstellung von Barrierefreiheit im Einzelfall gefordert ist daher eine Struktur, die den schnellen und unbürokratischen Zugang zu personenangepassten Hilfen ermöglicht. Dies bedeutet, dass Freiheitsentziehungen auf akute Gefährdungssituationen zu beschränken und auf den kürzest möglichen Zeitraum zu begrenzen sind. Erforderlich ist also in der akuten Krise ein Angebot an die Betroffenen, das eine Krisenbewältigung ohne Freiheitsentziehung ermöglicht. Kommt es dennoch zur Freiheitsentziehung, ist psychisch kranken Menschen (insoweit gegebenenfalls anders als nicht behinderten Menschen) ein Angebot zu machen, das ermöglicht, die Unterbringung so schnell wie möglich wieder in eine vom betroffenen Menschen akzeptierte Form der Krisenintervention zu überführen. In dem Maß, in dem das erforderliche Hilfssystem zur Verfügung steht, kann die notfalls noch erforderliche Freiheitsentziehung auf wenige Tage begrenzt werden. Internationale Modelle belegen diese Möglichkeiten.[69] Dann bedarf es bei den Vorschriften über die Freiheitsentziehung auch aus diesem Grund keiner besonderen Vorschriften für behinderte Menschen mehr. Es besteht eine offensichtliche Wechselwirkung zwischen den fehlenden bedürfnisangepassten Hilfsangeboten und der Notwendigkeit und Dauer der Freiheitsentziehung.

Diese Hilfen müssen im Einzelfall tatsächlich zur Verfügung stehen. In Betracht kommen:

- Unterstützung durch persönliche Assistenz ohne Zwangsbefugnisse,
- Hilfestellung durch andere Psychiatrie-Erfahrene in EX-IN-Projekten,
- der Aufenthalt in Krisenpensionen oder sogenannten Weglaufhäusern,
- eine verpflichtende flächendeckende Versorgung mit Sozialpsychiatrischen Diensten mit ausreichender Personalausstattung, wie es in den meisten Bundesländern auf der Grundlage der Psychisch-Kranken-Gesetze der Fall ist,
- eine ebensolche flächendeckende Versorgung mit rund um die Uhr erreichbaren Krisendiensten, wie es heute nur ausnahmsweise der Fall ist. Krisendienste bestehen in der Regel nur im großstädtischen Bereich auf der Grundlage freiwil-

67 In diese Richtung auch Platter (2010), S. 17.

68 Siehe Art. 25 lit. a (Frühintervention) und Art. 26 Abs. 1 lit. a (Leistungen »im frühestmöglichen Stadium«) UN-BRK; siehe im deutschen Recht § 3 SGB IX.

69 Hierzu Lehmann / Stastny (2007), S. 39-262.

liger Zusammenschlüsse der an der psychosozialen Versorgung beteiligten Träger.
- eine gegebenenfalls bis zu 24 Stunden am Tag umfassende psychosoziale Betreuung in betreuten Wohneinrichtungen, in der Familie oder zu Hause.

Die Finanzierung ist auf sozialrechtlicher Grundlage sicherzustellen. Dabei weist die Finanzierung der Weglaufhäuser[70] auch insoweit den Weg zur Abkoppelung vom Begriff der Behinderung, wie er der Finanzierung der psychiatrischen Versorgung[71] zugrunde liegt. Der Mehrkostenvorbehalt des § 13 SGB XII ist im Hinblick auf das in Artikel 19 UN-BRK verankerte Recht, seinen Lebensmittelpunkt auch außerhalb besonderer Wohnformen zu wählen, konventionswidrig.[72]

Während einer Unterbringung sind dem Soteria-Konzept entsprechende Schutzräume zur Verfügung zu stellen.[73] In akuten Krisen kann menschliche Zuwendung durch Sitzwachen geboten sein.

4. Notwendige Änderungen des Unterbringungsrechts

Im Ergebnis erfordert die UN-BRK eine Neukonzeption des Unterbringungsrechts, das den vorgenannten Gesichtspunkten Rechnung trägt. Soweit Bundesländer über kein Psychisch-Kranken-Gesetz verfügen, ist dieses notwendig zu erlassen. In diesen Gesetzen ist eine den Vorgaben der UN-BRK entsprechende komplementäre psychiatrische Versorgung rund um die Uhr sicherzustellen. Eine Abschaffung der besonderen Gesetze für psychisch kranke Menschen[74] kommt aber nicht in Betracht, da ein gesetzlich verankertes Hilfesystem aus den oben genannten Gründen nicht verzichtbar ist. Allerdings ist bei einer Neuregelung das Hilfesystem in den Mittelpunkt der gesetzlichen Regelungen zu stellen. Dabei kann entsprechend der Konzeption der Weglaufhäuser teilweise auch auf das Kriterium der Behinderung als Leistungsvoraussetzung verzichtet werden.

Für das Unterbringungsrecht bedeutet dies, dass

- bei den Unterbringungsvoraussetzungen im Rahmen der Krisenintervention auf das Kriterium der psychischen Krankheit oder seelischen Behinderung verzichtet werden kann, wenn gleichzeitig entsprechende Hilfen und Behandlungsangebote sichergestellt werden,
- es dann, wenn es zur Unterbringung in einer akuten Krise und Gefährdungssituation kommt, diese in einem entsprechenden Setting (und nicht in einer Ar-

70 Nach §§ 67ff. SGB XII (Hilfe zur Überwindung besonderer sozialer Schwierigkeiten).
71 Im Sinn der §§ 53ff. SGB XII (Eingliederungshilfe für behinderte Menschen).
72 Hierzu Lachwitz / Trenk-Hinterberger (2010), S. 45-52.
73 Hierzu Aderholt / Stastny / Lehmann (2007), S. 150-165.
74 Hierfür im Ergebnis Minkowitz (2010), S. 151-177.

restzelle der Polizei) durchgeführt werden muss. Dies muss nicht zwingend die Akutstation eines psychiatrischen Krankenhauses sein. Vielmehr sind Kriseninterventionseinrichtungen mit dem oben angeführten Angebotsspektrum vorzuhalten.

- in diesen Fällen eine Unterbringung zur Krisenintervention zumindest für bis zu zwei Wochen möglich sein muss. Im früheren Berliner Psychisch-Kranken-Gesetz etwa war die vorläufige Unterbringung auf eine Woche und die endgültige Unterbringung auf zwei Monate begrenzt.[75] Das Verfahrensrecht ist entsprechend anzupassen.

Eine entsprechende Formulierung der Unterbringungsvoraussetzungen könnte wie folgt lauten:

> (1) Wer sich in einem akuten psychischen Ausnahmezustand befindet, der die freie Willensbestimmung ausschließt, und dadurch sich oder andere erheblich gefährdet, kann untergebracht werden, wenn keine Alternativen zur Verfügung stehen oder trotz Angebots nicht angenommen werden, die geeignet sind, der Gefahr ohne Unterbringung zu begegnen.
> (2) Die Unterbringung zur Krisenintervention ist auf zwei Wochen begrenzt. Sie kann einmalig um zwei Wochen verlängert werden.
> (3) Dem Untergebrachten sind zu jedem Zeitpunkt therapeutische oder andere rehabilitative Angebote zu machen, die nach seinen Wünschen und Vorstellungen geeignet sind, den die freie Willensbestimmung ausschließenden Zustand zu überwinden.
> (4) Die Unterbringung ist zu beenden, wenn die Gefahr nicht mehr besteht oder die freie Willensbestimmung nicht mehr aufgehoben ist.

Die zivilrechtliche Unterbringung durch die rechtliche Betreuerin oder den rechtlichen Betreuer ist auszuschließen, um diese bzw. diesen von den Gewaltbefugnissen bei psychosozialen Krisen vollständig zu entlasten. § 1906 Absatz 1 BGB ist ganz zu streichen. Eine Unterbringung in psychiatrischen Krankenhäusern ist wie in Österreich dann nur nach öffentlichem Unterbringungsrecht möglich. Dort finden sich auch Regelungen über eine mögliche Zwangsbehandlung. Die Betreuerin oder der Betreuer hat die Aufgabe, die Rechte des betroffenen Menschen während der Unterbringung auch gegenüber dem Krankenhaus wahrzunehmen.

Sollte § 1906 Absatz 1 BGB nicht gestrichen werden, sind auch insoweit die Unterbringungsvoraussetzungen neutral zu formulieren. § 1906 Absatz 1 Nr. 1 BGB würde dann wie folgt lauten:

> (1) weil die Gefahr besteht, dass der Betreute sich in einem die freie Willensbestimmung ausschließenden Zustand selbst tötet oder schweren gesundheitlichen Schaden zufügt.

Die Vorschrift des § 1906 Abs. 1 Nr. 2 BGB ist außerdem im Hinblick auf die Rechtsprechung des Bundesverfassungsgerichts zu konkretisieren, um einen verfassungs- und konventionsgemäßen Gesetzesvollzug sicherzustellen (»Gefahr ei-

75 §§ 22 Abs. 2, 25 Abs. 1 des Berliner Gesetzes für Psychisch Kranke in der bis zum 17.03.1994 anwendbaren Fassung.

ner gewichtigen Gesundheitsschädigung«). Weitergehend ist zu fordern, die Norm mit der vorstehenden Eingrenzung auf die Behandlung von Krankheiten zu begrenzen, die nicht Anlass der Unterbringung sind, wie es in der Diskussion zum Betreuungsrecht gefordert wurde und auch für die geltende Fassung vertreten wird.[76] Da in der durch das Bundesverfassungsgericht vorgegeben Auslegung kaum Unterschiede zwischen Nr. 1 und 2 des § 1906 Absatz 1 BGB bestehen, besteht für die Anlasskrankheit kein eigenständiger Anwendungsbereich im Rahmen des § 1906 Absatz 1 Nr. 2 BGB. Eine Zwangsbehandlung der Anlasskrankheit im Betreuungsrecht ist dann nicht mehr möglich. Diese ist ausschließlich Aufgabe des öffentlichen Unterbringungsrechts in den dort geregelten Grenzen.[77] Andere Krankheiten können im Rahmen des § 1906 Absatz 1 Nr. 2 BGB einer Behandlung zugeführt werden. § 1906 Absatz 1 Nr. 2 BGB würde dann lauten:

> (2) weil im Fall einer körperlichen Erkrankung eine Untersuchung des Gesundheitszustands, eine Heilbehandlung oder ein ärztlicher Eingriff zur Abwehr einer gewichtigen Gesundheitsschädigung notwendig ist, ohne Unterbringung nicht durchgeführt werden kann und der Betreute auf Grund eines die freie Willensbestimmung ausschließenden Zustandes die Notwendigkeit der Unterbringung nicht erkennen oder nicht nach dieser Einsicht handeln kann.

III. Zwangsbehandlung

1. Rechts- und Handlungsfähigkeit (Artikel 12 UN-BRK)

In Artikel 12 UN-BRK wird das Diskriminierungsverbot für den Bereich der Rechts- und Handlungsfähigkeit und damit auch für die Einwilligungsfähigkeit hinsichtlich der Behandlung konkretisiert. Zwar wird in Artikel 12 UN-BRK die Ausübung von Zwang nicht unmittelbar thematisiert. Die Anerkennung der Rechts- und Handlungsfähigkeit behinderter Menschen gleichberechtigt mit anderen[78] bedeutet aber, dass behinderte Menschen wie andere selbst über ihren Aufenthalt und ihre Behandlung bestimmen können, und zwar unabhängig von Art und Ausprägung der Behinderung. Dies gilt damit auch für seelisch behinderte und psychisch kranke Menschen. Insoweit zwingt die UN-BRK, gewohnte Rechtsfiguren auch bei dem Begriff der Einwilligungsunfähigkeit zu überdenken, da bei einer Einwilligung in die Behandlung durch eine rechtliche Betreuerin oder einen rechtlichen Betreuer unmittelbare rechtliche Folgen (Rechtsbeschränkungen) aus der Behinderung selbst abgeleitet werden. Nach überkommener Rechtsauffassung sind zwar Rechtseingriffe bei einer krankheitsbedingten Beeinträchtigung der freien Wil-

76 Rink (1991), S. 158-159; Rink (2010), § 1906, Rdnr. 25.
77 Hierzu unten III.
78 Art. 12 Abs. 2 UN-BRK.

lensbestimmung zulässig.[79] Die Grenzen sind aber unter Berücksichtigung der Vorgaben der UN-BRK neu zu bestimmen.[80]

Zunächst ist Zugang zu der Unterstützung zu verschaffen, die behinderte Menschen bei der Ausübung der Rechts- und Handlungsfähigkeit benötigen.[81] Dabei handelt es sich um Assistenzleistung und Hilfestellung, nicht um Fremdbestimmung. Bei seelisch behinderten und psychisch kranken Menschen geht es zunächst um die Hilfestellung bei der Erkundung und Formulierung des Willens.[82] Hierfür sind insbesondere ausreichend Zeit und eine repressionsfreie Atmosphäre erforderlich.[83] Untersuchungen und Berichte Psychiatrie-Erfahrener belegen, dass psychisch kranke Menschen in akuten Krisen selbst am besten wissen, was sie brauchen.[84] Der Wille des betroffenen Menschen kann auch in früheren schriftlichen (Patientenverfügung und Behandlungsvereinbarung) oder mündlichen Äußerungen enthalten sein. Die Autonomie der Willensentscheidung ist immer zu respektieren, soweit keine krankhafte Verzerrung des Wertesystems des betroffenen Menschen vorliegt. Dabei ist auf das subjektive Wertesystem des betroffenen Menschen abzustellen, nicht auf ein objektiv vernünftiges Wertesystem.[85] Artikel 12 Absatz 3 UN-BRK verlangt, den Betroffenen die Abfassung einer Patientenverfügung oder den Abschluss einer Behandlungsvereinbarung anzubieten.

Das Recht auf Anerkennung der vollen Rechts- und Handlungsfähigkeit ist nach überwiegender Auffassung nicht völlig schrankenlos.[86] Soweit Unterstützung nicht greift, ist Fremdbestimmung nicht völlig ausgeschlossen. Allerdings wird es nach den Vorgaben der UN-BRK zukünftig nur zulässig sein, in die Rechte behinderter Menschen einzugreifen, wenn kollidierende (höherwertige) Rechtsgüter gefährdet sind, die ihrerseits in der UN-BRK geschützt sind.[87] Dies entspricht den Vorgaben für das Handeln der Betreuerin bzw. des Betreuers nach dem bürgerlichen Recht.[88]

Wenn es sich um Eingriffe in höchstpersönliche Rechte handelt, die dem Kernbereich des allgemeinen Rechts auf Recht- und Handlungsfähigkeit zuzuordnen sind, kommt ein Rechtseingriff allerdings nicht in Betracht.[89] Zu dem Kernbereich der Rechts- und Handlungsfähigkeit im Sinn des Artikels 12 UN-BRK, in den durch

79 Siehe § 1896 Abs. 1a BGB und ausdrücklich BVerfG, Beschluss vom 23.03.2011, Aktenzeichen 2 BvR 882/09 für den Bereich der Zwangsbehandlung.
80 Zur Zwangsbehandlung insoweit Marschner (2011), S. 160-167.
81 Art. 12 Abs. 3 UN-BRK.
82 Zur Besprechungspflicht im Betreuungsrecht § 1901 Abs. 3 Satz 3 BGB.
83 Hierzu für die Zwangsbehandlung BVerfG, Beschluss vom 23.03.2011, Aktenzeichen 2 BvR 882/09.
84 Finzen / Haug / Beck / Lüthy (1993), S. 115-147.
85 Amelung (1995), S. 20-28.
86 Anderer Ansicht Kaleck / Hilbrans / Scharmer (2008).
87 Hierzu unten III 2; Lachwitz (2008), S. 148; anderer Ansicht Olzen (2009b), S. 8-13.
88 § 1901 Abs. 3 Satz 1 BGB.
89 Hierzu Aichele / von Bernstorff (2010), S. 203.

Dritte im Sinn einer Stellvertreterentscheidung nicht eingegriffen werden darf, gehören zum Beispiel die Einwilligung in nicht gemeinnützige Forschung an behinderten Menschen[90] oder die Entscheidung über die Sterilisation wegen einer Behinderung. Der unverfügbare Kernbereich des Menschenrechts auf gleiche Anerkennung vor dem Recht ist verletzt, wo die Behinderung zu einer Instrumentalisierung des betroffenen Menschen für außerhalb seiner selbst liegende Zwecke oder zu einem irreversiblen und besonders intensiven Eingriff in die Autonomie des behinderten Menschen führt.[91]

2. *Schutz der Unversehrtheit der Person und Verbot grausamer, unmenschlicher und erniedrigender Behandlung (Artikel 15 und 17 UN-BRK)*

Für die Zwangsbehandlung tritt Artikel 17 UN-BRK (Schutz der Unversehrtheit der Person) als spezielle Vorschrift neben Artikel 12 UN-BRK. Allerdings wird die Problematik der Zwangsbehandlung nicht ausdrücklich thematisiert.[92] Anders als Artikel 14 UN-BRK enthält Artikel 17 UN-BRK aber keinen immanenten Vorbehalt dahingehend, dass ein Rechtseingriff wie bei nicht behinderten Menschen zulässig sein kann. Ein Eingriff kann daher nur zum Schutz höherwertiger Rechtsgüter (insbesondere des Lebens oder wiederum der körperlichen und seelischen Unversehrtheit[93]) in Betracht kommen. Ein Eingriff in die körperliche Unversehrtheit kann daher im Ausnahmefall auch damit begründet werden, die seelische Unversehrtheit wiederherzustellen. Damit stehen sich zwei in Artikel 17 UN-BRK geschützte Rechtsgüter gegenüber.

Artikel 15 UN-BRK verbietet darüber hinaus grausame, unmenschliche oder erniedrigende Behandlung. Es spricht viel dafür, dass für die Zwangsbehandlung die sich aus Artikel 12 UN-BRK ergebenden Grenzen der Einschränkbarkeit der Rechts- und Handlungsfähigkeit im Bereich der ärztlichen Behandlung identisch sind mit der Annahme einer grausamen, unmenschlichen oder erniedrigenden Behandlung und damit eine den Artikel 12 UN-BRK verletzende Zwangsbehandlung auch eine nicht zulässige Verletzung des Artikels 15 UN-BRK darstellt.

Es geht auch bei Auslegung der UN-BRK somit um die Bestimmung der Unter- und Obergrenzen bei der Zwangsbehandlung.[94]

90 Dazu Graumann in diesem Band.
91 Siehe Aichele / von Bernstorff (2010), S. 199-203.
92 Hierzu Kämpf (2010), S. 129-150.
93 Art. 10, 17 UN-BRK.
94 Hierzu Marschner (2011), S. 160, 162.

3. Vorgaben der UN-BRK zu den Voraussetzungen der Zwangsbehandlung (Untergrenze)

Zunächst ist die Frage zu stellen, ob nach den Vorschriften der UN-BRK eine Zwangsbehandlung überhaupt zulässig sein kann und gegebenenfalls unter welchen Voraussetzungen (Untergrenze der Zwangsbehandlung). Betroffen sind insoweit insbesondere Artikel 12 und 17 UN-BRK. Da eine Behandlung immer (auch im Fall der Zwangsbehandlung) eine ärztliche Indikation voraussetzt, ist anders als bei der Unterbringung selbst eine neutrale Formulierung der gesetzlichen Voraussetzungen nicht möglich.

Gesetzliche Regelungen, die eine Zwangsbehandlung ohne weitere Voraussetzungen zulassen (zum Beispiel in Baden-Württemberg oder Niedersachsen), sind in jedem Fall konventionswidrig, da sie unmittelbar an die Behinderung und die daraus abgeleitete Behandlungsbedürftigkeit anknüpfen. Keine Diskriminierung im Sinn der UN-BRK liegt dagegen vor, wenn die Zwangsbehandlung der Abwehr von Lebensgefahr oder schweren Gesundheitsgefahren für den betroffenen Menschen selbst dient, soweit dieser zur Einsicht in die Schwere seiner Krankheit und die Notwendigkeit von Behandlungsmaßnahmen oder zum Handeln gemäß solcher Einsicht krankheitsbedingt nicht fähig ist.[95] Eine Zwangsbehandlung zur Abwehr von Gefahren für Rechtsgüter Dritter ist aber nicht zulässig. Dieser wird gegebenenfalls durch die Unterbringung selbst begegnet.

Die bisherige Rechtsprechung des BGH zur Zwangsbehandlung durch die Betreuerin oder den Betreuer[96] widerspricht den Regelungen und Grundsätzen der UN-BRK, wonach eine Zwangsbehandlung nur zulässig ist, soweit nicht höherrangige Rechtsgüter (insbesondere das Leben) oder der nicht einschränkbare Kernbereich betroffen sind. Wird entsprechend oben stehenden Vorschlägen die Unterbringung nach § 1906 Absatz 1 BGB ganz abgeschafft oder die Unterbringung zur Behandlung nach § 1906 Absatz 1 Nr. 2 BGB auf die Krankheiten beschränkt, die nicht Anlass der Unterbringung waren, verbleibt es für die Zwangsbehandlung der Anlasskrankheit bei den (in der Regel) engeren Zwangsbehandlungsregelungen des öffentlichen Unterbringungsrechts. Dies wäre rechtssystematisch konsequent und entlastete die Betreuerinnen und Betreuer von den diesbezüglichen Zwangsbefugnissen.

95 Siehe hierzu BVerfG, Beschluss vom 23.03.2011, Aktenzeichen 2 BvR 882/09.
96 BGH, Beschluss vom 01.02.2006, Aktenzeichen XII ZB 236/05.

4. Vorgaben der UN-BRK zu den Grenzen der Zwangsbehandlung

Weitergehend ist zu fragen, ob bei einer Zwangsbehandlung der Kernbereich der Rechts- und Handlungsfähigkeit im Sinn des Artikels 12 Absatz 2 UN-BRK erreicht ist, in den keine Eingriffe zulässig sind. In diesen Fällen handelt es sich um eine unmenschliche oder erniedrigende Behandlung im Sinn des Artikels 15 UN-BRK (Obergrenze der Zwangsbehandlung).

Eine Zwangsbehandlung liegt vor, wenn sie ohne oder gegen den Willen des betroffenen Menschen erfolgt.[97] Im letztgenannten Fall bedarf es in der Regel des Einsatzes körperlicher Gewalt durch Festhalten oder Festbinden, um den Widerstand des betroffenen Menschen gegen die Behandlung zu durchbrechen und die Behandlung durch zwangsweise Injektion von Neuroleptika durchführen zu können. Es ist zu diskutieren, ob bereits diese Gewaltanwendung zur Konventionswidrigkeit der Zwangsbehandlung führt. Ähnliche Überlegungen gelten für die zwangsweise durchgeführte Elektrokrampftherapie (EKT).

Nach der Rechtsprechung des EGMR ist bei einem zwangsweise medizinischen Eingriff, auch wenn er therapeutischen Zwecken dient, zu berücksichtigen,

- ob dem betroffenen Menschen durch den zwangsweisen medizinischen Eingriff große Schmerzen oder physische Leiden zugefügt werden,
- ob der Eingriff dauerhafte Folgen für die Gesundheit des betroffenen Menschen hat,
- ob der Eingriff ärztlich angeordnet, ausgeführt und überwacht wird.[98]

Nach der Rechtsprechung des BGH[99] und des BVerfG[100] setzt eine Zwangsbehandlung insbesondere gegen den Widerstand des betroffenen Menschen eine strenge Verhältnismäßigkeitsprüfung voraus. In diesem Zusammenhang sind insbesondere auch die negativen psychischen Auswirkungen einer Zwangsbehandlung auf den betroffenen Menschen zu berücksichtigen.[101]

Nach Auffassung des Sonderberichterstatters über Folter und andere grausame, unmenschliche oder erniedrigende Behandlung vom 28. Juli 2008[102] ist die zwangsweise und ohne Einwilligung durchgeführte Verabreichung von Psychopharmaka, insbesondere von Neuroleptika, zur Behandlung psychischer Erkrankungen streng zu prüfen. Je nach den Umständen des Einzelfalls können das zugefügte Leid und die Auswirkungen auf die Gesundheit der betroffenen Person eine

97 BVerfG, Beschluss vom 23.03.2011, Aktenzeichen 2 BvR 882/09.
98 EGMR, Urteil vom 11.07.2006, Antragsnummer 54810/00, Ziff. 72-74.
99 BGH, Beschluss vom 01.02.2006, Aktenzeichen XII ZB 236/05.
100 BVerfG, Beschluss vom 23.03.2011, Aktenzeichen 2 BvR 882/09.
101 BGH, Beschluss vom 01.02.2006, Aktenzeichen XII ZB 236/05.
102 UN-Sonderberichterstatter (2008), S. 7-10.

Form der Folter oder Misshandlung darstellen. Ein schwerer Verstoß gegen Artikel 15 UN-BRK wird angenommen

- bei Medikamentenversuchen an Menschen mit Behinderung ohne Einwilligung des betroffenen Menschen selbst,
- im Fall von Lobotomie und Psychochirurgie,
- im Fall der unmodifizierten EKT,
- im Fall der modifizierten EKT ohne Einwilligung des betroffenen Menschen selbst.

Ein Verstoß gegen Artikel 12 Absatz 2 und 15 UN-BRK kann auch vorliegen bei der Gefahr irreversibler Folgen infolge der Behandlung. Dies betrifft insbesondere die Behandlung mit Neuroleptika. Nach der Rechtsprechung des BVerfG ist die Behandlung unverhältnismäßig, wenn sie mit einem nicht vernachlässigbaren Restrisiko irreversibler Gesundheitsschäden verbunden ist. Der unverfügbare Kernbereich des Menschenrechts auf gleiche Anerkennung vor dem Recht im Sinn des Artikels 12 Absatz 2 UN-BRK ist verletzt, wo die Behinderung zu einer Instrumentalisierung des betroffenen Menschen für außerhalb seiner selbst liegende Zwecke oder zu einem irreversiblen und besonders intensiven Eingriff in die Autonomie des behinderten Menschen führt.[103]

Die hiermit aufgegriffene Diskussion betrifft gleichzeitig den Anwendungsbereich des § 1904 Absatz 1 BGB. Nach den vorstehenden Ausführungen spricht alles dafür, dass mit dem nicht vernachlässigbaren Restrisiko irreversibler Gesundheitsschäden im Rahmen einer Zwangsbehandlung dieselben Behandlungen angesprochen sind, die eine Genehmigungspflicht des Betreuungsgerichts nach dieser Norm auslösen. Soweit diskutierbar ist, dass bei einer Behandlung ohne die Einwilligung des betroffenen Menschen oder bei der Behandlung von Krankheiten, die nicht der Unterbringung zugrunde liegen, die entsprechende Behandlung mit Genehmigung des Betreuungsgerichts möglich ist, scheidet diese Möglichkeit für die Behandlung der Anlasskrankheit gegen den Widerstand des betroffenen Menschen aus. Die Obergrenze der Zwangsbehandlung kann hinsichtlich der psychischen Erkrankung also dort gezogen werden, wo nach § 1904 Absatz 1 BGB die Genehmigung des Betreuungsgerichts erforderlich ist. Dies betrifft damit jedenfalls die Langzeitbehandlung mit den klassischen Neuroleptika wegen der extrapyramidal-motorischen Nebenwirkungen, aber auch die Behandlung mit atypischen Neuroleptika, deren Nebenwirkungen noch nicht ausreichend erforscht sind.[104]

103 Siehe Aichele / von Bernstorff (2010), S. 199-203.

104 Siehe zum Ganzen Marschner / Volckart / Lesting (2010), § 1904 BGB, Rdnr. 20-27; Aderhold / Crefeld (2010), S. 58-62; Greve (2010), S. 62-65.

Eine Zwangsbehandlung mit Neuroleptika scheidet damit aus

- bei der begründeten Gefahr irreversibler Folgen der Behandlung,
- bei einem erhöhten Mortalitätsrisiko,
- wenn wegen der Intensität des Eingriffs und der dabei angewendeten Gewaltausübung die negativen körperlichen und psychischen Auswirkungen den therapeutischen Nutzen überwiegen.

Im Ergebnis bedeutet dies, dass vor einer Zwangsbehandlung Alternativen zu suchen sind, die ohne Gewaltausübung auskommen.[105] Es muss wie vom BVerfG gefordert vor einer Zwangsbehandlung unabhängig von der Einwilligungsfähigkeit des betroffenen Menschen der ernsthafte, mit dem nötigen Zeitaufwand und ohne Druck erfolgte Versuch vorausgegangen sein, die auf Vertrauen gegründete Zustimmung des betroffenen Menschen zu erreichen. Hierfür bietet sich vor allem das Vorhalten von Schutzräumen entsprechend dem Soteria-Konzept an.

5. Konsequenzen für Rechtsprechung und Gesetzgebung

Eine konsequente Auslegung der Vorschriften der UN-BRK, der aktuellen Rechtsprechung sowie des § 1901a BGB ergibt, dass unter Berücksichtigung der Regelungen der UN-BRK eine Zwangsbehandlung nur zulässig ist

- im Fall der Lebensgefahr oder der Gefahr schwerer irreversibler Gesundheitsschäden für den betroffenen Menschen selbst,
- wenn dieser in diesen Fällen zur Einsicht in die Schwere seiner Krankheit und die Notwendigkeit der Behandlungsmaßnahmen oder zum Handeln gemäß solcher Einsicht krankheitsbedingt nicht fähig ist,
- wenn keine Alternativen bestehen, der Gefahr ohne Zwang zu begegnen, und
- wenn die Behandlung ihrerseits nicht mit den oben beschriebenen Gefahren verbunden ist.[106]

Die Voraussetzungen müssen kumulativ vorliegen. Um die Einwilligung des betroffenen Menschen ohne zeitlichen Druck herbeiführen zu können, sollte eine Zwangsbehandlung frühestens nach Ablauf von einer Woche seit Beginn der Unterbringung zulässig sein.

Der betroffene Mensch kann die Zwangsbehandlung aber auch für diese Fälle durch eine verbindliche Patientenverfügung oder Behandlungsvereinbarung ausschließen. Die Beratung über das Erstellen einer Patientenverfügung oder den Abschluss einer Behandlungsvereinbarung nach Durchführung einer ausnahmsweise

105 Hierzu bereits im Rahmen der Unterbringung II.3.
106 Zu einer entsprechenden Gesetzesformulierung Marschner (2011), S. 166.

zulässigen Zwangsbehandlung ist gesetzlich verbindlich festzuschreiben. Außerdem ist vorgängiger Rechtsschutz zu gewährleisten.[107]

Die Psychisch-Kranken- und Unterbringungsgesetze der Bundesländer sind entsprechend zu ändern. Eine Zwangsbehandlung der Anlasskrankheit auf Veranlassung der rechtlichen Betreuerin oder des rechtlichen Betreuers ist gesetzlich auszuschließen.

IV. Zusammenfassung

Eine menschenrechtsorientierte Gestaltung der psychiatrischen Versorgung bedarf weitergehender Veränderungen als bisher angenommen. Dies betrifft Gesetzgebung, Rechtsprechung und Praxis. Hierzu besteht eine völkerrechtliche Verpflichtung.[108] Zwangsanwendung in der Psychiatrie ist, von engen Ausnahmen abgesehen, menschenrechtswidrig, auch wenn sie tatsächlich oder vermeintlich im Interesse des betroffenen Menschen erfolgt. Noch verbleibender psychiatrischer Zwang tritt in den Hintergrund gegenüber passgenauen, an den Wünschen der Betroffenen orientierten Hilfeangeboten. Insoweit wird die Abschaffung von Zwang in der Psychiatrie weniger durch eine Neudefinition der Unterbringungsvoraussetzungen oder eine noch weitergehende gesetzliche Begrenzung der Zwangsbehandlung erreicht werden können als durch die Vorhaltung von persönlicher Assistenz, angemessener Vorkehrungen und Barrierefreiheit, wie von der UN-BRK zwingend gefordert. Dies lässt sich nicht kostenneutral gestalten. Insbesondere die Bundesländer können sich aber gegenüber völkerrechtlichen Verpflichtungen nicht auf den Grundsatz der Kostenneutralität berufen.[109] Sollte die Politik die Vorgaben der UN-BRK nicht erfüllen, verbleibt nur der Weg, die Einhaltung der Menschenrechte und die erforderlichen Hilfen und Unterstützungssysteme gerichtlich einzuklagen.[110]

Literaturverzeichnis

Aderhold, Volkmar / Peter Stastny / Peter Lehmann (2007): Soteria – eine alternative psychosoziale Reformbewegung. In: Peter Lehmann / Peter Stastny (Hg.): Statt Psychiatrie 2. Berlin: Peter Lehmann Antipsychiatrieverlag, S. 150-165.

Aderhold, Volkmar / Wolf Crefeld (2010): Neuroleptika zwischen Nutzen und Schaden. In: Betreuungsrechtliche Praxis 2010 (2), S. 58-62.

107 BVerfG, Beschluss vom 23.03.2011, Aktenzeichen 2 BvR 882/09.
108 Art. 4 UN-BRK, zur Umsetzung Lachwitz / Trenk-Hinterberger (2010), S. 45-52.
109 Zur Implementierung im Landesrecht Platter (2010).
110 Hierzu Aichele (2011), S. 727-730.

Aichele, Valentin (2011): Die UN-Behindertenrechtskonvention in der gerichtlichen Praxis. Eine Aufgabe für die Anwaltschaft: Die Rezeption menschenrechtlicher Normen durchsetzen. In: Anwaltsblatt 61, S. 727-730.

Aichele, Valentin (2012): Barrieren im Einzelfall überwinden: Angemessene Vorkehrungen gesetzlich verankern. Positionen Nr. 5. Berlin: Deutsches Institut für Menschenrechte.

Aichele, Valentin / Jochen von Bernstorff (2010): Das Recht auf gleiche Anerkennung vor dem Recht: Zur Auslegung von Art. 12 der UN-Behindertenrechtskonvention. In: Betreuungsrechtliche Praxis 2010 (5), S. 199-203.

Amelung, Knut (1995): Probleme der Einwilligungsfähigkeit. In: Recht und Psychiatrie 13, S. 20-28.

Baufeld, Stefan (2009): Zur Vereinbarkeit von Zwangsunterbringung und -behandlung psychisch Kranker mit der UN-Behindertenrechtskonvention. In: Recht und Psychiatrie 27, S. 167-173.

Brosey, Dagmar (2010) Psychiatrische Patientenverfügung nach dem 3. Betreuungsrechtsänderungsgesetz: Wille und Behandlungswünsche bei psychiatrischer Behandlung und Unterbringung. In: Betreuungsrechtliche Praxis 2010 (4), S. 161-167.

Dressing, Harald / Hans J. Salize (2004a): Zwangsunterbringung und Zwangsbehandlung psychisch Kranker. Bonn: Psychiatrie-Verlag.

Dressing, Harald / Hans J. Salize (2004b): Zwangsunterbringung und Zwangsbehandlung psychisch Kranker in den Mitgliedsländern der Europäischen Union. In: Psychiatrische Praxis 31, S. 34-39.

Finzen, Asmus / Hans-Joachim Haug / Adrienne Beck / Daniela Lüthy (1993): Hilfe wider Willen – Zwangsmedikation im psychiatrischen Alltag. Bonn: Psychiatrie-Verlag.

Greve, Nils (2010): Therapeutische Alternativen und Ergänzungen zur psychopharmakologischen Behandlung. In: Betreuungsrechtliche Praxis 2010 (2), S. 62-65.

Hoffmann, Birgit (2010): Patientenwille, Patientenverfügung, Behandlungswunsch ein Jahr nach Inkrafttreten des 3. BtÄndG. In: Recht und Psychiatrie 28, S. 201-210.

Kämpf, Annegret (2010): Involuntary treatment decisions: Using negotiated silence to facilitate change? In: Bernadette McSherry / Penelope Weller (Hg.): Rethinking rights-based mental health laws. Oxford: Hart, S. 129-150.

Kaleck, Wolfgang / Sönke Hilbrans / Sebastian Scharmer (2008): Gutachterliche Stellungnahme – Ratifikation der UN Disability Convention vom 30. 3. 2007 und Auswirkung auf die Gesetze für so genannte psychisch Kranke am Beispiel der Zwangsbehandlung und Zwangsunterbringung nach dem PsychKG Berlin. 2. überarbeitete Fassung. http://www.die-bpe.de/stellungnahme/stellungnahme.pdf.

Kallert, Thomas (2010): Menschenrechtskonventionen – und ihre Bedeutsamkeit für das Gebiet der Psychiatrie. In: Die Psychiatrie 7 (2), S. 87-93.

Ketelsen, Regina / Martin Driessen / Christian Zechert (2007): Kooperationsmodell zwischen psychiatrischen Kliniken mit dem Ziel der Qualitätssicherung bei Zwangsmaßnahmen. In: Psychiatrische Praxis 34 (Supplement 2), S. 208-211.

König, Ruth (2009): Vereinbarkeit der Zwangsunterbringung nach § 1906 BGB mit der UN-Behindertenrechtskonvention. In: Betreuungsrechtliche Praxis 2009 (3), S. 105-108.

Lachwitz, Klaus (2008): Übereinkommen der Vereinten Nationen über die Rechte von Menschen mit Behinderungen. In: Betreuungsrechtliche Praxis 2008 (4), S. 143-148.

Lachwitz, Klaus / Peter Trenk-Hinterberger (2010): Zum Einfluss der Behindertenrechtskonvention (BRK) der Vereinten Nationen auf die deutsche Rechtsordnung. In: Rechtsdienst der Lebenshilfe 2010 (2), S. 45-52.

Lehmann, Peter / Peter Stastny (Hg.) (2007): Statt Psychiatrie 2. Berlin: Peter Lehmann Antipsychiatrieverlag.

Marschner, Rolf (2009): UN-Konvention über die Rechte von Menschen mit Behinderungen – Auswirkungen auf das Betreuungs- und Unterbringungsrecht. In: Recht und Psychiatrie 27, S. 135-137.

Marschner, Rolf (2011): Aktuelles zur Zwangsbehandlung – in welchen Grenzen ist sie noch möglich? In: Recht und Psychiatrie 29, S. 160-167.

Marschner, Rolf / Bernd Volckart / Wolfgang Lesting (2010): Freiheitsentziehung und Unterbringung. Materielles Recht und Verfahrensrecht. 5. Auflage, München: C.H. Beck.

McSherry, Bernadette / Penelope Weller (Hg.): Rethinking rights-based mental health laws. Oxford: Hart.

Minkowitz, Tina (2010): Abolishing mental health laws to comply with the Convention on the Rights of Persons with Disabilities. In: Bernadette McSherry / Penelope Weller (Hg.): Rethinking rights-based mental health laws. Oxford: Hart, S. 151-177.

Moll-Vogel, Eva (2011): Anmerkung zu dem Beschluss des BVerfG vom 23.3.2011. In: Familien-Rechts-Berater 2011, S. 249-250.

Olzen, Dirk (2009a): Die Auswirkungen des Betreuungsrechtsänderungsgesetzes (Patientenverfügungsgesetz) auf die medizinische Versorgung psychisch Kranker. http://www.dgppn.de/fileadmin/user_upload/_medien/download/pdf/stellungnahmen/2010/stn-2010-04-15-anh-gutachten-prof-olzen-pat-vg.pdf.

Olzen, Dirk (2009b): Die Auswirkungen der UN-Behindertenrechtskonvention auf die Unterbringung und Zwangsbehandlung nach § 1906 BGB und § 10ff. PsychKG NRW. http://www.dgppn.de/fileadmin/user_upload/_medien/download/pdf/Gutachten/gutachten-zur-behindertenrechtskonvention.pdf.

Olzen, Dirk / Angela Metzmacher (2011): Zulässigkeit der Zwangsbehandlung untergebrachter Personen. In: Betreuungsrechtliche Praxis 2011 (6), S. 233-239.

Platter, Julia (2010): Rechtsfragen zur Implementierung der UN-Behindertenrechtskonvention (BRK) in das brandenburgische Landesrecht. Landtag Brandenburg, Parlamentarischer Beratungsdienst. 16.09.2010.

Rink, Jürgen (1991): Kritische Anmerkungen zum Verfahren in Betreuungs- und Unterbringungssachen. In: Recht und Psychiatrie 9, S. 148-162.

Rink, Jürgen (2010): Kommentierung zu § 1906 BGB, in: Axel Bauer / Thomas Klie / Kay Lütgens (Hg.): Heidelberger Kommentar zum Betreuungs- und Unterbringungsrecht. Heidelberg: Müller.

Salize, Hans J. / Andreas Spengler / Harald Dressing (2007): Zwangseinweisungen psychisch Kranker – wie spezifisch sind die Unterschiede in den Bundesländern? In: Psychiatrische Praxis 2007 Supplement 2, S. 196-202.

Steinert, Tilman / Thomas W. Kallert (2006): Medikamentöse Zwangsbehandlung in der Psychiatrie. In: Psychiatrische Praxis 33(4), S. 160-169.

Welti, Felix (2012): Das Diskriminierungsverbot und die »angemessenen Vorkehrungen« in der BRK – Stellenwert für die staatliche Verpflichtung zur Umsetzung der in der BRK geregelten Rechte. In: Rechtsdienst der Lebenshilfe 2012 (1), S. 1-3.

Materialverzeichnis

UN-Hochkommissariat für Menschenrechte (2009): Thematic Study by the Office of the United Nations High Commissioner for Human Rights on enhancing awareness and understanding of the Convention on the Rights of Persons with Disabilities. UN Dok. A/HRC/10/48 vom 26.01.2009.

UN-Sonderberichterstatter (über Folter und andere grausame, unmenschliche oder erniedrigende Behandlung) (2008): Interim report of the Special Rapporteur on torture and other cruel, inhuman or degrading treatment or punishment. UN Dok. A/63/175 vom 28.07.2008.

Weltgesundheitsorganisation (2001): International Classification of Functioning, Disability and Health. 22.05.2001.

Fremdnützige Forschung nur mit eigener, gegebenenfalls assistierter Einwilligung?

Sigrid Graumann

In der Forschung besteht immer die Gefahr, dass Menschen, mit oder an denen geforscht wird, Schaden nehmen. Das ist besonders problematisch, wenn die Forschung fremdnützig[1] ist, das heißt nicht im eigenen Interesse der Forschungspersonen liegt, und wenn es sich um Angehörige vulnerabler Gruppen wie etwa Strafgefangene, schwer kranke Patientinnen und Patienten, Kinder oder Personen mit Behinderungen handelt. Nun gilt die Forschung mit und an Menschen aus ethischer und rechtlicher Sicht nur dann als zulässig, wenn die freiwillige und informierte Einwilligung der Versuchsperson vorliegt. Daraus wurde in der Vergangenheit die Konsequenz gezogen, dass der Einbezug in fremdnützige Forschung von Personen[2], denen »Einwilligungsunfähigkeit« attestiert wurde, wie Kindern oder Personen mit kognitiven Beeinträchtigungen, grundsätzlich untersagt werden muss. Allerdings war dieses Verbot, weil es ein erhebliches Hindernis insbesondere für die medizinische Forschung darstellt, immer auch Anfechtungen ausgesetzt. In der Vergangenheit bis in die jüngste Zeit war es daher wiederholt Gegenstand politischer Kontroversen. Dabei haben insbesondere die Behindertenbewegung und die Behindertenverbände ein grundsätzliches Verbot fremdnütziger Forschung mit »Nichteinwilligungsfähigen« verteidigt.

Durch die UN-Behindertenrechtskonvention (UN-BRK, die Konvention) ist nun eine neue Situation entstanden: Eine Person als »einwilligungsunfähig« einzustu-

1 Ich verwende hier den Begriff, der sich in der Literatur durchgesetzt hat. Mit »fremdnütziger Forschung« ist – korrekt formuliert – eigentlich »rein fremdnützige Forschung« gemeint, weil Forschung generell, auch wenn sie im Eigeninteresse der Forschungspersonen liegt, zum Erkenntnisfortschritt beitragen will und damit immer auch fremdnützige Ziele verfolgt. Fremdnützige Forschung wird von eigennütziger Forschung unterschieden, wobei die »Eigennützigkeit« in der Regel in einem Beitrag zum gesundheitlichen Wohlergehen der betroffenen Person besteht.

2 Weil manche philosophische Konzeptionen, die besonders prominent in der Bioethik vertreten sind, nur Menschen mit vollverwirklichten Personeneigenschaften wie Selbstbewusstsein und Selbstachtung als Personen bezeichnen und nur diesen einen vollen »moralischen Status« zuerkennen, wurde der Begriff »Person« in der Behindertenbewegung lange vermieden. Ich meine, dass es nach der Verabschiedung der UN-BRK keinen Anlass mehr für eine derart defensive »Sprachpolitik« gibt. Die Konvention verwendet den völkerrechtlichen Personenbegriff, nach dem alle geborenen, lebenden Menschen Personen mit gleicher Würde und gleichen Rechten sind. Außerdem wird die Inklusivität des Schutzbereichs der Menschenrechte in der Präambel sogar noch besonders hervorhoben.

fen, bedeutet nämlich, ihr in einem signifikanten Umfang die rechtliche Handlungsfähigkeit abzusprechen. Das aber steht im Widerspruch mit Artikel 12 der Konvention, wo es heißt, »dass Menschen mit Behinderung in allen Lebensbereichen gleichberechtigt Rechts- und Handlungsfähigkeit genießen.« Deshalb stellt sich nun die Frage, ob die besonderen Schutzregelungen, etwa für Personen mit kognitiven Beeinträchtigungen, aufgegeben und diese für die Forschung »freigegeben« werden müssen. Ich meine, dass dies nicht der Fall ist, sondern mit der UN-BRK Mitglieder vulnerabler Gruppen umfassend und wirkungsvoll vor Instrumentalisierung durch Forschung geschützt werden. Der Schlüssel dafür ist die Tatsache, dass in Artikel 15 UN-BRK bewusst die wortgleiche Formulierung aus Artikel 7 des Zivilpaktes von 1966[3] übernommen wurde, nach der ein wissenschaftlicher oder medizinischer Versuch an einer Person nur unter der Bedingung zulässig ist, dass diese dem selbst informiert und freiwillig zugestimmt hat.[4] Außerdem ist in Artikel 25 UN-BRK festgelegt, dass eine freiwillige und informierte Einwilligung in eine medizinische Behandlung erforderlich ist.[5]

Die Verhinderung der Zulassung fremdnütziger Forschung mit »Nichteinwilligungsfähigen« ist neben der Peter-Singer-Debatte Kern des Engagements der Behindertenbewegung und der Behindertenverbände in der Bioethik. Durch intensive politische Arbeit wurde erreicht, dass die Absenkung von Standards zum Schutz von Personen mit kognitiver Beeinträchtigung vor Instrumentalisierung durch Forschung gebremst, wenn auch nicht völlig verhindert wurde. Weil eine mögliche Absenkung von Schutzstandards befürchtet wird, ist innerhalb der Verbände umstritten, welche Konsequenzen aus Artikel 12 der Konvention zu ziehen sind und ob damit die bisherige Position hinsichtlich der Regelungen in Bezug auf die Forschung geändert werden muss.

Deshalb beginne ich diesen Beitrag mit einer Darstellung der Entwicklung der internationalen und nationalen Regulierung der Forschung an und mit Menschen. Vor diesem Hintergrund erläutere ich noch einmal ausführlicher, um welche normativen Aspekte die UN-BRK die völkerrechtliche Situation weiterentwickelt. Im zweiten Teil dieses Beitrags beurteile ich die Entwicklung aus ethischer Perspektive. Dabei argumentiere ich vom Standpunkt einer kantischen Menschenrechtsbegründung[6] aus dafür, dass das Konzept der »Einwilligungsunfähigkeit« in der Regelung der Forschung tatsächlich aufgegeben werden sollte und stattdessen alle Personen vor Instrumentalisierung in der Forschung geschützt werden sollten, indem verbindliche Standards für eine wirkungsvolle Einwilligung etabliert werden.

3 Internationaler Pakt über bürgerliche und politische Rechte vom 16.12.1966.

4 Nowak (2005), Art. 7, Rdnr. 57.

5 Siehe Art. 25 lit. d UN-BRK. Vgl. auch UN-Sonderberichterstatter für das Recht auf Gesundheit (2005), Ziff. 87-90. Zu Fragen der Zwangsbehandlung siehe Marschner in diesem Band.

6 Die ausführliche Begründung der Rechte behinderter Menschen mit Kant ist in Graumann (2011), S. 198-246 nachzulesen.

Dabei bin ich der Meinung, dass dies keineswegs zur befürchteten Absenkung von Schutzstandards führen muss. Ich schließe den Beitrag mit der Benennung von kritischen Fragen, die dieser Vorschlag aufwirft und die weiter zu diskutieren wären.

I. Das umkämpfte Verbot fremdnütziger Forschung mit »Nichteinwilligungsfähigen«

Die geltenden ethischen und rechtlich kodifizierten Normen des Schutzes der Rechte von Patientinnen und Patienten bzw. Versuchspersonen sind vor dem historischen Hintergrund von Menschenrechtsverletzungen in der medizinischen Forschung entstanden, die vielen Betroffenen Gesundheit und Leben raubten.[7] Diese historische Erfahrung – und dabei insbesondere die grausamen Menschenversuche in den deutschen Konzentrationslagern – hat das Vertrauen in die moralische Integrität von Ärztinnen und Ärzten sowie Forschenden zutiefst erschüttert.[8] Sie hat gezeigt, dass es nicht ausreicht, sich auf den Appell an verantwortliches Handeln von Ärztinnen und Ärzten sowie Forschenden zu verlassen, um das Wohl von Versuchspersonen sicherzustellen. Allgemein geltende ethische und rechtlich kodifizierte Normen, die Versuchspersonen vor Instrumentalisierung und Missbrauch schützen, haben sich als unverzichtbar erwiesen. Dabei stützt sich der Schutz von Versuchspersonen in der Forschung seit den Nürnberger Ärzteprozessen primär auf das Konzept der freiwilligen und informierten Einwilligung.

Der Nürnberger Codex wurde bekanntlich vom amerikanischen Militärgerichtshof, an dem vom 9. Dezember 1946 bis zum 20. August 1947 der Nürnberger Ärzteprozess geführt wurde[9], verfasst. Mit ihm wurde das Handeln der Ärzte an international anerkannten Menschenrechts-Standards gemessen. Erstmals wurde an prominentester Stelle, nämlich unter dem ersten Punkt des Codex, die freiwillige und informierte Einwilligung der Versuchsperson als notwendige Bedingung für die Zulässigkeit medizinischer Versuche festgeschrieben.[10] Vor diesem Hintergrund muss das Konzept der freiwilligen und informierten Einwilligung, das sich in der Folge in nationalen und internationalen Regulierungen der Forschung durchgesetzt hat, als historische Errungenschaft verstanden werden. Forschung an und

7 Eine gute Zusammenstellung dazu bietet der Sammelband von Roelke / Maio (2004).

8 Katz (1998).

9 Im Nürnberger Ärzte-Prozess wurden von den dreiundzwanzig Angeklagten (zwanzig davon waren Ärzte) sechzehn als Verantwortliche für die Euthanasie »unheilbar Kranker« und für Menschenversuche an KZ-Häftlingen als Verbrechen gegen die Menschlichkeit verurteilt, sieben davon zum Tod (Mitscherlich / Mielke (2001), S. 265-266, allgemein zum Nürnberger Ärzteprozess auch Ebbinghaus (2008)).

10 Der Nürnberger Codex ist dokumentiert in Mitscherlich / Mielke (2001), S. 273-274.

mit Menschen, die ohne freiwillige und informierte Einwilligung durchgeführt wird, gilt seither international als menschenrechtlich unzulässig.

Dem Erfordernis der freiwilligen und informierten Einwilligung kommt bei der Regulierung der Forschung an und mit Menschen eine doppelte Funktion zu: Diese besteht einerseits darin, das Recht der Versuchsperson auf Selbstbestimmung als solches zu schützen, und andererseits darin, die Versuchspersonen in die Lage zu versetzen, die Achtung ihrer Rechte selbst einfordern und durchsetzen zu können. Damit stellt die freiwillige und informierte Einwilligung den Dreh- und Angelpunkt des Schutzes vor einer potenziellen Instrumentalisierung im Interesse Dritter dar.[11]

Es hat nach dem Nürnberger Ärzteprozess 17 Jahre gedauert, bis der Weltärztebund sich dazu durchringen konnte, mit der Etablierung vergleichbarer Standards zum Schutz vulnerabler Gruppen in der Forschung in der Deklaration von Helsinki nachzuziehen. Die jahrelangen Diskussionen, die der Verabschiedung der Deklaration vorangingen, waren von zwei kontroversen Aspekten geprägt: Zum einen war strittig, ob fremdnützige Forschung mit »Nichteinwilligungsfähigen« grundsätzlich verboten werden oder in Ausnahmefällen erlaubt werden sollte, zum anderen wurde kontrovers diskutiert, welche Bedingungen an eine wirklich freiwillige und informierte Einwilligung zu stellen sind. Auf der 18. Versammlung der World Medical Association, die 1964 in Helsinki stattfand, wurden dann schließlich ethische Richtlinien für die medizinische Forschung an Menschen verabschiedet.[12] Dabei nimmt das Konzept der freiwilligen und informierten Einwilligung eine zentrale Rolle ein und lautet in der ursprünglichen Fassung:

> »Versuche am Menschen dürfen nur vorgenommen werden, nachdem sich die Versuchsperson – und bei rechtlich handlungsunfähigen Personen auch ihr gesetzlicher Vertreter – auf Grund der vorausgegangenen Aufklärung mit dem Versuch freiwillig einverstanden erklärt hatte.
> Die Versuchsperson muss sich in einem solchen geistigen, körperlichen und rechtlichen Zustand befinden, dass sie in der Lage ist, in vollem Umfang ihre freie Entscheidung zu treffen.
> Die Zustimmungserklärung soll in der Regel schriftlich abgegeben werden. Die Verantwortung für einen Versuch am Menschen trägt jedoch immer der leitende Wissenschaftler und niemals die Versuchsperson, obgleich sie dem Versuch aus freien Stücken zugestimmt hat.«[13]

Die Deklaration von Helsinki ist in ethischen Diskussionen über die Forschung an und mit Menschen sicher das am meisten zitierte Dokument. Was die rechtliche Bindung angeht, ist aber die entsprechende Regelung im Zivilpakt bedeutender, weil sie völkerrechtlich verbindlich ist. Die Allgemeine Erklärung der Menschen-

11 Graumann (2007), S. 291-295.
12 Weltärztebund (1964).
13 Weltärztebund (1964), Ziff. II.3. Die Bestimmungen des »informed consent« beziehen sich in der Fassung von 1964 noch ausschließlich auf die nichttherapeutische Forschung, wurden bei der Weiterentwicklung der Deklaration aber immer wichtiger. In der Fassung von 1989 gehört der »informed consent« dann zu den »basic principles«, die sich auf die therapeutische und nichttherapeutische Forschung beziehen.

rechte[14] enthält noch keine spezifische Regelung für den Schutz von Versuchspersonen in der Forschung. Dort heißt es nur in Artikel 5: »Niemand darf der Folter oder grausamer, unmenschlicher oder erniedrigender Strafe oder Behandlung unterworfen werden«. Im Zivilpakt wird dieser Satz in Artikel 7 durch den folgenden Zusatz ergänzt: »Insbesondere darf niemand ohne seine freiwillige Zustimmung medizinischen oder wissenschaftlichen Versuchen unterworfen werden.« Das heißt, dass – entsprechend dem Nürnberger Codex – mit nur einem einzigen Satz jede Forschung mit und an Menschen ohne freiwillige Einwilligung grundsätzlich untersagt wird.

In Bezug auf den Schutz von Mitgliedern vulnerabler Gruppen ist wichtig, dass die Freiwilligkeit einer Einwilligung aus zwei verschiedenen Gründen fraglich sein kann, nämlich auf Grund der Selbstbestimmungsfähigkeiten der Person selbst, die in ein Forschungsprojekt einbezogen werden soll (1.), oder auf Grund ihrer Lebenssituation, die ihre Selbstbestimmungsmöglichkeit einschränken kann (2).

1. Eingeschränkte Selbstbestimmungsfähigkeit

Nicht alle Menschen sind dazu in der Lage, die Folgen, die eine Forschungsbeteiligung für ihre physische und psychische Integrität haben kann, richtig einzuschätzen. Kinder und Jugendliche können dies erst im Laufe ihrer Entwicklung, viele schwer kranke Menschen haben die Fähigkeiten dafür zeitweise verloren, und manche Personen mit einer kognitiven Beeinträchtigung sind dauerhaft nicht dazu in der Lage. Um den Schutz ihrer Rechte in der Forschung zu gewährleisten, wurde es daher bisher als hinreichend erachtet, auf das Konzept der »stellvertretenden Einwilligung« zurückzugreifen. Dabei ist die Berechtigung einer Stellvertreterin oder eines Stellvertreters, in ein Forschungsvorhaben einzuwilligen, eng an das Wohlergehen der Versuchsperson gebunden. Allerdings ist die stellvertretende Einwilligung ein Einfallstor, mit dem unter Umständen die Rechte der betroffenen Person Preis gegeben werden können. Wer eine stellvertretende Einwilligung erteilt, ist deshalb dazu verpflichtet, im vorausgesetzten Einverständnis der Person, der »Einwilligungsunfähigkeit« attestiert wurde, zu entscheiden. Als Maßstab dafür hat sich international durchgesetzt, dass sich eine stellvertretende Einwilligung nach den besten Interessen der vertretenen Person richten muss (»best interests standard«).[15] In diesem Zusammenhang ist die Unterscheidung zwischen eigennütziger und fremdnütziger Forschung wesentlich. In Bezug auf die Teilnahme an einem Forschungsprojekt kann nämlich nur unterstellt werden, dass das eigene gesundheitliche Wohlergehen im besten Interesse der vertretenen Person liegt,

14 Allgemeine Erklärung der Menschenrechte vom 10.12.1948.
15 Kopelman (1997).

nicht jedoch ein Beitrag zum wissenschaftlichen Fortschritt. Stellvertretende Einwilligungen dürfen demzufolge nur zu Forschungen gegeben werden, die aus der Perspektive der vertretenen Person eigennützig sind. Nach einer weitergehenden Auffassung ist klinische Forschung dann auch eigennützig, wenn diagnostische, präventive und therapeutische Maßnahmen im Rahmen von wissenschaftlichen Studien der Behandlung der Patientin bzw. des Patienten dienen (»Heilversuch«). Von (rein) fremdnütziger Forschung wird gesprochen, wenn ausschließlich wissenschaftliche Fragestellungen verfolgt werden, von denen die einzelne Versuchsperson keinen Vorteil hat (»Humanexperiment«).[16] Rein fremdnützige Forschung an Personen, denen »Einwilligungsunfähigkeit« attestiert werden kann, ist dementsprechend mit Blick auf alle drei genannten Dokumente – Nürnberger Codex, Deklaration von Helsinki und Zivilpakt – unzulässig.

2. *Beschränkte Selbstbestimmungsmöglichkeit*

Wenn Menschen in Situationen leben, in denen ihre Freiheit stark eingeschränkt ist und in denen sie besonderen Abhängigkeitsbedingungen ausgesetzt sind, sind sie in der Forschung besonders gefährdet, instrumentalisiert zu werden. Dazu gehören Gefängnisinsassen, aber auch Personen, die in Anstalten oder Heimen leben. Im Vorfeld der Verabschiedung der Deklaration von Helsinki wurde in Frage gestellt, ob eine wirklich freiwillige Einwilligung in die Beteiligung an einem Forschungsvorhaben von Personen, die unter solchen Bedingungen leben, erwartet werden kann. Es wurde zu bedenken gegeben, dass die Zustimmung von Menschen in besonderen Abhängigkeitssituationen leicht manipuliert werden könne, etwa wenn sich diese eine bessere Behandlung erhoffen oder aber bei Ablehnung Nachteile oder sogar Sanktionen befürchten müssen.[17] Deshalb wurde eine Zulässigkeit von fremdnütziger Forschung unter solchen Bedingungen grundsätzlich in Frage gestellt.[18] Ein mit der internationalen Regelung der fremdnützigen Forschung mit »Nichteinwilligungsfähigen« vergleichbares generelles Verbot von fremdnütziger Forschung mit »Abhängigen« konnte sich jedoch nicht durchsetzen. Der Aspekt der Manipulation oder Beeinflussung von Entscheidungen durch Abhängigkeiten ist aber immer in der medizinischen Forschung virulent. Deshalb werde ich am Ende dieses Beitrags darauf zurückkommen.

16 Helmchen / Böckle / Esser (1989), S. 488-499.

17 Aus denselben Gründen vertritt der Europäische Ausschuss zur Verhütung von Folter die Auffassung, dass die Entscheidung über die Kastration eines Maßregelvollzugspatienten schwerlich »freiwillig« sein kann – siehe Europäischer Ausschuss zur Verhütung von Folter (2012), Ziff. 145.

18 Graebsch (2002).

II. Liberalisierungstendenzen oder die Erfindung der »Gruppennützigkeit«

Nun waren Anforderungen an die Zulässigkeit medizinischer Forschung an und mit Menschen dort, wo sie mit Forschungsinteressen kollidieren, immer umstritten. Das lässt sich an der Weiterentwicklung der Deklaration von Helsinki besonders plakativ zeigen. So regelte die Deklaration in ihrer ursprünglichen Fassung von 1964 das Verhältnis des Schutzes individueller Rechte von Versuchspersonen und kollektiver Interessen noch so, dass letztere »niemals über dem Wohlbefinden des einzelnen stehen dürfen.« In der revidierten Fassung von Tokio aus dem Jahr 1975 wurde »niemals dürfen« zu »sollten« abgeschwächt.[19] In der Fassung von 1996 heißt es: »Bei Versuchen am Menschen sollte das Interesse der Wissenschaft und der Gesellschaft niemals Vorrang vor den Erwägungen haben, die das Wohlbefinden der Versuchsperson betreffen.« [20]

In Bezug auf einwilligungsunfähige Personen enthält die aktuelle revidierte Version, die 2008 in Seoul verabschiedet wurde, eine neue Regelung: »Diese Personen dürfen nicht in eine Studie einbezogen werden, die ihnen aller Wahrscheinlichkeit nach nicht nützen wird, es sei denn, es wird beabsichtigt mit der Studie die Gesundheit der Bevölkerungsgruppe zu verbessern, der die potenzielle Versuchsperson angehört, die Forschung kann nicht mit einwilligungsfähigen Personen durchgeführt werden und birgt nur minimale Risiken und minimale Belastungen.«[21] Damit wurde in die Deklaration von Helsinki das umstrittene Konzept der »Gruppennützigkeit« übernommen, das seit der Verabschiedung der Biomedizinkonvention des Europarates in immer mehr nationale und internationale Dokumente übernommen wurde.[22]

In der Biomedizinkonvention von 1996[23] regelt Artikel 17 den »Schutz von einwilligungsunfähigen Personen bei Forschungsvorhaben.« Ihre Beteiligung an Forschungsvorhaben wird dann für zulässig erachtet, wenn ein Nutzen für »die Person selbst oder andere Personen ..., welche derselben Altersgruppe angehören oder an derselben Krankheit leiden oder sich im selben Zustand befinden«, zu erwarten ist und wenn das Forschungsvorhaben nicht mit einwilligungsfähigen Personen durchgeführt werden kann sowie für die betroffene Person mit minimalen Risiken und Belastungen verbunden ist. Diese Regelung wurde insbesondere in Deutschland als Relativierung des Schutzes von einwilligungsunfähigen Personen in der medizinischen Forschung verstanden, was zu heftigen politischen Auseinandersetzungen geführt hat. Insbesondere die Behindertenverbände und die Kirchen haben sich vehement gegen eine Aufweichung des Verbots der Forschung mit

19 Weltärztebund (1975).
20 Weltärztebund (1996).
21 Weltärztebund (2008).
22 Eser (1999), S. 123-191.
23 Europarat, Übereinkommen über Menschenrechte und Biomedizin vom 04.04.1997.

sogenannten »Nichteinwilligungsfähigen« ausgesprochen.[24] Aus diesem Grund hat die Bundesregierung die Biomedizinkonvention bis heute nicht unterzeichnet.

Auch die Allgemeine Erklärung über Bioethik und Menschenrechte der UNESCO von 2005[25] enthält in Artikel 7 zum Schutz einwilligungsunfähiger Personen einen vergleichbaren Bezug auf das Konzept der »Gruppennützigkeit«. Von deutscher Seite wurde das Dokument deshalb nur verbunden mit einer »Stimmerklärung« angenommen, in der formuliert wird, dass »eine über die deutsche Rechtslage hinausgehende Festlegung internationaler Mindeststandards für die Bundesrepublik Deutschland keinen Anlass bietet, von der engeren deutschen Rechtslage abzuweichen.«[26]

Aber auch in Deutschland wurde das Konzept der »Gruppennützigkeit« mittlerweile begrenzt auf Kinder und Jugendliche in Gesetze übernommen: behinderte Menschen, die als nichteinwilligungsfähig gelten, sind bislang davon ausgenommen. Mit der Umsetzung der EU-Richtlinie »Good Clinical Practice« von 2001[27] in das deutsche Arzneimittelgesetz wurde das Konzept der »Gruppennützigkeit« 2003 übernommen: nicht eigennützige Maßnahmen im Rahmen der Prüfung von Arzneimitteln an Kindern sind seitdem rechtlich zulässig, sofern die zu prüfenden Arzneimittel anderen Kindern nützen werden und die Prüfung an Kindern alternativlos sowie nur mit minimalen Risiken und Belastungen verbunden ist.[28] Die neue Regelung ist allerdings umstritten, weil sie nach verbreiteter Ansicht mit verfassungsrechtlichen Grundsätzen in Konflikt steht. Zwischen »Gruppen-« und »Fremdnützigkeit« bestehe nämlich kein relevanter Unterschied, denn in beiden Fällen kommen die Forschungsergebnisse nicht unmittelbar der Versuchsperson zugute, sondern sind »drittnützig«.[29] Von Mitgliedern einer definierten Solidargemeinschaft die Aufopferung von Rechtsgütern zum Vorteil anderer Gruppenmitglieder zu fordern, ist aber generell problematisch.[30] Das gilt für die Bewertung sowohl aus verfassungsrechtlicher als auch aus ethischer Sicht und gleichermaßen für Kinder wie für Erwachsene.

In der genannten Novelle des Arzneimittelgesetzes wurden einwilligungsunfähige Personen mit Behinderung von der Zulässigkeit gruppennütziger Forschung explizit ausgenommen. Dennoch ist auf Grund der Vergleichbarkeit der Problem-

24 Siehe Klinnert (2009), S. 63-150.
25 UNESCO (2005).
26 Kollek (2006), S. 45
27 EU, Richtlinie 2001/20/EG des Europäischen Parlaments und des Rates vom 4. April 2001 zur Angleichung der Rechts- und Verwaltungsvorschriften der Mitgliedstaaten über die Anwendung der guten klinischen Praxis bei der Durchführung von klinischen Prüfungen mit Humanarzneimitteln.
28 § 41 Abs. 2 S. 1 Nr. 2 des Arzneimittelgesetzes. Ausgenommen sind ausdrücklich Minderjährige, die auch nach Volljährigkeit einwilligungsunfähig sein werden, § 41 Abs. 2 S. 2 Arzneimittelgesetz.
29 Taupitz (2003), S. 111-113.
30 Picker (2000).

lagen fraglich, ob sich die Anwendung des Konzepts der »Gruppennützigkeit« auf Dauer auf die Arzneimitteltestung in der Kinderheilkunde beschränken lässt. Denn die Unzulässigkeit fremdnütziger Forschung mit einwilligungsunfähigen Personen schränkt auch die Grundlagenforschung in der Kinderheilkunde etwa mit Frühgeborenen, die Forschung mit Unfallopfern und Komapatientinnen und -patienten sowie Personen mit kognitiven oder psychisch-sozialen Beeinträchtigungen ein. In all diesen Fällen ließen sich entsprechend Gruppen sehr leicht beschreiben, zu deren Nutzen die Forschung wäre. Die Begrenzung der Anwendung des Konzepts der »Gruppennützigkeit« auf Kinder lässt sich allenfalls politisch, nicht aber ethisch begründen und die Begründung für ihre Ausweitung wäre ein Leichtes.

III. Veränderte Voraussetzungen durch die UN-BRK

Wie ich bereits am Anfang des Beitrags erwähnt habe, wurde in der UN-BRK in Artikel 15 die identische Formulierung aus Artikel 7 des Zivilpakts für die Regulierung der Forschung gewählt, nach der die Zulässigkeit von wissenschaftlichen und medizinischen Versuchen an Menschen grundsätzlich an deren freiwilliges Einverständnis gebunden ist. Das mag als erstaunlich empfunden werden. Die Tatsache, dass sich das Konzept der »Gruppennützigkeit« in internationalen und nationalen Regulierungen der Forschung zunehmend durchsetzt, dürfte den Verhandlungsparteien kaum entgangen sein. Es ist daher davon auszugehen, dass sich diese ganz bewusst für eine Bestätigung der ursprünglichen völkerrechtlichen Position und damit für eine Bekräftigung des Verbots stellvertretender Einwilligungen in fremd- oder gruppennützige Forschungsvorhaben entschieden haben. Diese Sichtweise, Personen mit Behinderungen vor Instrumentalisierung im Bereich Forschung über die UN-BRK zu schützen, wird im Übrigen von der Bestimmung des Artikels 12 UN-BRK flankiert, der die selbständige rechtliche Handlungsfähigkeit zentral verankert und der in Wechselbeziehung zu Artikel 15 steht.

Im Unterschied zur Biomedizinkonvention des Europarats und zur Bioethikdeklaration der UNESCO wird darüber hinaus ganz auf die Begriffe »einwilligungsunfähig« bzw. »nicht einwilligungsfähig« verzichtet. Es wäre auch nach Artikel 12 der Konvention menschenrechtlich problematisch, einer Person oder einer Gruppe von Personen »Einwilligungsunfähigkeit« zu attestieren.

Artikel 12 UN-BRK zur »gleichen Anerkennung vor dem Recht« gehört zu denjenigen Regelungen, die im Ad-hoc-Ausschuss, in dem der Vertragstext erarbeitet wurde, lange und kontrovers diskutiert worden sind. Übereinstimmung wurde darin erzielt, dass alle behinderten Personen als Träger gleicher Rechte anerkannt werden müssen, dass sie rechtliche Handlungsfähigkeit gleichberechtigt mit anderen genießen können und dass in diesem Zuge gleicher Zugang zu Unterstützung für behinderte Personen sichergestellt werden muss. Darin ist die Abkehr vom Prinzip der stellvertretenden Entscheidung zugunsten des Paradigmas der unterstützenden Entscheidung zu erkennen.[31] Das bedeutet zwar nicht, dass stellvertretende Entscheidungen ausnahmslos verboten sind.[32] Sie sind aber in jedem einzelnen Fall rechtfertigungsbedürftig und bei Entscheidungen, die einen bestimmten Kernbereich betreffen, zu dem insbesondere auch der Bereich der medizinischen Forschung gehört, gänzlich unzulässig.[33]

Für die Vertreterinnen und Vertreter der Anliegen von Personen mit kognitiven oder psychisch-sozialen Beeinträchtigungen kommt Artikel 12 UN-BRK eine Schlüsselrolle zu, weil weltweit nach wie vor »viele Menschen mit Behinderung durch Entmündigungen, Anordnungen von Vormundschaften oder Pflegschaften, Einwilligungsvorbehalten und durch die Verwendung rechtlicher Kategorien wie ›Geschäftsunfähigkeit‹ oder ›eingeschränkte Geschäftsfähigkeit‹ in der Ausübung ihrer Rechte beschränkt sind.«[34] Der gemeinsame Wille war, solche Zustände abzustellen und überall auf der Welt »Gleichheit vor dem Recht« für ausnahmslos alle behinderten Personen zu verwirklichen. Das hat sich in Artikel 12 Absatz 1 UN-BRK niedergeschlagen. Dort heißt es: »Die Vertragsstaaten bekräftigen, dass Menschen mit Behinderungen das Recht haben, überall als Rechtssubjekt anerkannt zu werden.« Mit Artikel 12 Absatz 2 UN-BRK wird als positive Bestimmung hinzugefügt, dass alle behinderten Personen gleichberechtigt mit anderen die volle rechtliche Handlungsfähigkeit (legal capacity) besitzen und gleichberechtigt mit anderen ausüben können sollen.

Allerdings dürfte damit nicht gemeint sein, dass Personen mit einer kognitiven oder psychisch-sozialen Beeinträchtigung auf Unterstützung bei der Ausübung ihrer Rechte verzichten könnten. Die konkrete Ausgestaltung dieses Anspruchs war allerdings im Ad hoc-Ausschuss, der den Konventionstext erarbeitete, nicht unumstritten. Einige lehnten das Institut der gesetzlichen Vertretung als Entrechtung und Bevormundung grundsätzlich ab, während andere über geeignete Regelungen sichergestellt haben wollten, dass Stellvertreterinnen und Stellvertreter ihre Macht nicht missbrauchen können. Das Modell der gesetzlichen Vertretung konnte sich schließlich in den Verhandlungen nicht durchsetzen. Der ursprünglich vorgesehene Begriff »personal representative« kommt in der Endfassung der Konvention nicht mehr vor. Damit ist die Frage, ob und wenn ja in welchen Fällen eine Stellvertretung noch zulässig ist, im Zuge der Verhandlungen nicht geklärt worden.

31 Siehe dazu Aichele / von Bernstorff (2010), S. 199.

32 Aichele / von Bernstorff (2010), S. 202. Demgegenüber vertritt etwa Lachwitz (2008), S. 146-147 die Auffassung, dass stellvertretende Entscheidungen durch Art. 12 UN-BRK ausnahmslos verboten sind.

33 Aichele / von Bernstorff (2010), S. 202-203.

34 Lachwitz (2008), S. 145.

Stattdessen heißt es nun in Artikel 12 Absatz 3 UN-BRK:

> »Die Vertragsstaaten treffen geeignete Maßnahmen, um Menschen mit Behinderungen Zugang zu der Unterstützung zu verschaffen, die sie bei der Ausübung ihrer Rechts- und Handlungsfähigkeit gegebenenfalls benötigen.«

Die daran anschließende Frage ist, wie eine vermeintlich einwilligungsunfähige Person durch Unterstützung Einwilligungsfähigkeit erreichen kann. Und darf zukünftig eine Betreuerin oder ein Betreuer für Angelegenheiten der Gesundheit überhaupt noch eine stellvertretende Einwilligung erteilen? Oder muss es nicht vielmehr so sein, dass sie oder er lediglich die eigene Einwilligung der betreuten Person bestätigt? Letzteres Konzept, das ich selbst favorisiere, möchte ich als »Co-consent« bezeichnen.

Aus der zitierten Regelung folgt nämlich, dass zukünftig Betreuungsregelungen ersetzt werden müssen durch Regelungen, die sich an dem Konzept rechtlicher Assistenz orientieren und die volle rechtliche Handlungsfähigkeit behinderter Personen unangetastet lassen. Artikel 12 Absatz 4 UN-BRK sieht konkret vor, dass die Maßnahmen einer solchen rechtlichen Assistenz den Willen und die Präferenzen der betroffenen Person respektieren müssen, frei von Interessenskonflikten und zugeschnitten auf die konkreten Umstände sein sollen, nur so kurz wie möglich angewandt und streng überwacht werden müssen.

Umstritten ist außerdem, ob Einwilligungsvorbehaltsregelungen, wie etwa im § 1903 des Bürgerlichen Gesetzbuches, mit Artikel 12 Absatz 2 UN-BRK vereinbar sind.[35] Das aber könnte letztlich auch bedeuten, dass Personen mit kognitiver Beeinträchtigung die Einwilligungsfähigkeit hinsichtlich der Teilnahme an Forschungsprojekten nicht generell abgesprochen werden darf. Stellvertreterentscheidungen, wie sie international in der Regulierung der Forschung mit und an Kindern sowie Personen mit kognitiver Beeinträchtigung vorgesehen sind, müssten folglich kritisch überprüft und gegebenenfalls durch »Co-consent«-Regelungen ersetzt werden. Dabei ist unter »Co-consent« zu verstehen, dass die betroffene Person selbst einwilligt und ihre Einwilligung zusätzlich durch die rechtliche Assistentin bzw. den rechtlichen Assistenten bestätigt wird. Damit soll sichergestellt werden, dass die Zustimmung nicht durch Manipulation zu Stande kam.

IV. Assistenz statt Stellvertretung

Wenn allen Personen mit Behinderungen, wie es die UN-BRK fordert, die gleichen Rechte garantiert werden sollen, bedeutet das konsequenterweise, dass niemand grundsätzlich die rechtliche Handlungsfähigkeit abgesprochen werden darf. Die

35 Lachwitz (2008), S. 147.

entscheidende Frage ist nun, ob damit zwangsläufig spezielle Regelungen zum Schutz vor Instrumentalisierung beispielsweise im Kontext von Forschung aufgegeben werden müssen. Damit sind zwei weitere Fragen angesprochen, und zwar zum einen, ob der sogenannte Menschenrechtsansatz im gesellschaftlichen Umgang mit Behinderung generell die Gefahr birgt, Personen zu benachteiligen, die auf Grund innerer oder äußerer Bedingungen Schwierigkeiten haben, selbst ihre Rechte einzuklagen und zu verteidigen, und zum anderen, ob in Abgrenzung zur Idee der Einwilligungsunfähigkeit ein angemessenes anderes Konzept zum Schutz von Mitgliedern vulnerabler Gruppen vor Instrumentalisierung in der Forschung vorstellbar ist.

Die Einsicht, dass es eine eigene UN-Konvention für Personen mit Behinderungen geben muss, geht auf die Erfahrung zurück, dass die Achtung formal gleicher Rechte für viele Personen mit Behinderung nicht ausreicht dafür, dass sie ihre Rechte auch wirklich gleichermaßen wahrnehmen können. Trotzdem wird in der Konvention konsequent an der freiheitlichen Ausrichtung der Menschenrechte festgehalten und diese zu einer neuen menschenrechtsethischen Orientierung weiterentwickelt, die ich als »assistierte Freiheit« bezeichnen will. Das bedeutet, es wurden keine neuen oder speziellen Menschenrechte im Sinne von Sonderrechten für Personen mit Behinderungen geschaffen, sondern lediglich die allgemeinen Menschenrechte hinsichtlich der besonderen Gefährdungen, denen Personen mit Behinderungen ausgesetzt sind, präzisiert und konkretisiert. Dies leistet die Konvention, indem sie die Menschenrechte – die bürgerlichen und politischen sowie die wirtschaftlichen, sozialen und kulturellen Rechte – als Freiheitsrechte stärkt, sie die Menschenrechte nicht primär und ausschließlich als negative Abwehrrechte formuliert, sondern diese Rechte mit weiteren staatlichen Pflichten zu einem positiven Tun verbindet, die etwa auf die Gewährleistung von sozialen Diensten und Leistungen gerichtet sind, und damit die Lebenslagen behinderter Personen besser einbezieht.[36]

Da das Konzept »assistierter Freiheit« zumindest in der Komplexität, wie es sich in der UN-BRK darstellt, neu ist, möchte ich es im Folgenden aus menschenrechtsethischer Sicht begründen:

Was die freiheitliche Orientierung der Menschenrechte genau bedeutet, lässt sich mit Kants Prinzip der Gerechtigkeit erläutern. Nach Kant ist jede Beschränkung von Freiheit rechtfertigungspflichtig. Nun führt das gesellschaftliche Zusammenleben aber zwangsläufig dazu, dass die Freiheit des einen Menschen mit der Freiheit des anderen Menschen in Konflikt gerät, sodass eine geregelte wechselseitige Beschränkung äußerer Freiheit notwendig wird. Das Gerechtigkeitsprinzip soll die individuellen Freiheiten miteinander verträglich machen und dabei maxi-

36 Vgl. Graumann (2011), S. 115-134; Aichele / Degener in diesem Band.

male Freiheit für alle garantieren.[37] Der wesentliche Punkt für behinderte Personen ist nun, ob und wie sie im Rahmen der wechselseitigen Beschränkung von Freiheit berücksichtigt werden. Wenn dabei nur Personen berücksichtigt werden, die in ihrer eigenständigen Fähigkeit zu rationalem Entscheiden und Handeln auf Grund von inneren oder äußeren Bedingungen nicht eingeschränkt sind, wird vielen Personen mit (und ohne) Behinderung einseitig der Verzicht auf Freiheitsspielräume aufgebürdet. Und wenn hier Regeln formuliert werden – wie es vielfach auch mit Bezug auf Kants Rechtslehre geschieht –, denen zufolge in erster Linie negative Freiheitsrechte geschützt werden, werden all diejenigen benachteiligt, die auf Hilfe und Unterstützung angewiesen sind, um ihr Freiheitspotenzial überhaupt realisieren zu können. Nur wenn auch die Realisierungsbedingungen von Freiheit von dem Gerechtigkeitsprinzip erfasst werden, werden wirklich alle Personen mit Behinderung gleichberechtigt in die Regelungen des gegenseitigen Verzichts von Freiheit einbezogen. Und wenn sie einbezogen werden, müssen verbindliche Ansprüche auf Assistenz unter Berücksichtigung der jeweiligen individuellen Bedürfnisse und Lebenssituation ausgewiesen werden. Dass auch dies mit Bezug auf Kant möglich ist, soll eine zeitgenössische Interpretation der Prinzipien der Freiheit und Gleichheit zeigen, die Kant zur Konkretisierung des Gerechtigkeitsprinzips anführt:

Das Prinzip der Freiheit bestimmt Kant einerseits negativ über das Verbot paternalistischer Bevormundung, nach dem niemand eine andere Person zwingen kann, auf seine Art glücklich zu sein, und andererseits positiv als Bestimmung, nach der jeder Weg der Suche nach dem eigenen Glück berechtigt ist, sofern nicht die Freiheit anderer dabei unbotmäßig eingeschränkt wird. Das heißt, mit Kant kann ein allgemeines Recht auf selbstbestimmtes Entscheiden und Handeln ausgewiesen werden. Dabei betont Kant, dass »dieses Recht der Freiheit« jedem Menschen als Menschen zukommt.«[38] Nun hängt die Garantie des »Rechts auf Freiheit« für viele Personen mit und ohne Behinderung aber davon ab, welche Hilfe und Unterstützung sie bekommen. Hier kann mit Kant auf das Prinzip der Gleichheit Bezug genommen werden. Das Prinzip der Gleichheit bestimmt Kant einerseits negativ als Diskriminierungsverbot und andererseits positiv als Recht auf Chancengleichheit. Das Prinzip der Gleichheit beinhaltet für Kant, dass alle Menschen den gleichen Gesetzen unterworfen sein müssen. Deshalb spricht Kant von der Gleichheit »dem Rechte nach«.[39] Wenn Rechtsgleichheit aber nur formal gewährt wird, werden alle – aus welchem Grund auch immer – nicht oder eingeschränkt zu Selbstbestimmung fähigen Personen vernachlässigt. Wenn ihnen keine verbindlichen Ansprüche auf Assistenz eingeräumt werden, können sie ihre Rechte nicht gleichermaßen wahrnehmen. Damit aber unterläuft das Gleichheitsprinzip sein eigenes

37 Kant (1797/1977), S. 337.
38 Kant (1793/1991), S. 145-146
39 Kant (1793/1991), S. 147.

Anliegen. Wenn wir an den allgemeinen Normen der Freiheit und der Gleichheit festhalten wollen, müssen wir auch garantieren, dass diese gleichermaßen für alle Personen mit oder ohne Behinderung gelten. Und daraus lässt sich dann die Begründung verbindlicher Ansprüche auf Assistenz unter Berücksichtigung individueller Bedürfnisse und Lebenssituationen ableiten.

Wenn man nun diese Überlegungen auf die hier behandelten Fragen anwendet, bedeutet das, dass eine normative Umorientierung gefordert ist: Stellvertretung sollte durch Assistenz ersetzt werden. Die Rolle einer Assistentin oder eines Assistenten unterscheidet sich von der Rolle einer Stellvertreterin oder eines Stellvertreters darin, dass sie oder er nicht **für** eine Person entscheidet und sie dabei bevormundet, sondern ihr die Assistenz gewährt, die sie braucht, um **selbst** verantwortlich entscheiden zu können und dies bestätigt, indem sie oder er einen »Co-consent« erteilt. Das bedeutet für die Einwilligung in die Teilnahme an einem Forschungsvorhaben, dass diese nicht durch einen Stellvertreter, sondern nur höchst persönlich und gegebenenfalls mit Hilfe und Bestätigung einer Assistentin bzw. eines Assistenten erfolgen darf. Daraus folgt in letzter Konsequenz aber auch, dass Forschung unterlassen werden muss, wenn eine eigene Einwilligung der betroffenen Person auch mit Assistenz nicht erlangt werden kann.

Nun ist eine solche normative Umorientierung aber nicht nur mit Einschränkungen für die Forschung, sondern auch mit Gefahren für die Menschen, die mit Hilfe von Assistenz einwilligen können, verbunden.[40] So könnte es sein, dass Menschen, die auf Grund innerer oder äußerer Bedingungen nicht alle Folgen, die die Beteiligung an einem Forschungsvorhaben für sie haben kann, abschätzen können oder die auf Grund von persönlichen Abhängigkeiten im Fall einer Ablehnung Nachteile befürchten müssen, zur Einwilligung überredet, gedrängt oder genötigt werden.

Ich meine allerdings, dass es möglich ist, dies effektiv zu verhindern. Im Allgemeinen wird für eine wirkungsvolle Einwilligung in die Beteiligung an einem Forschungsvorhaben gefordert, dass die einwilligende Person Wesen, Bedeutung und Tragweite ihrer Entscheidung einschätzen kann und diese frei von Druck und Zwang trifft. Und genau darauf basiert das alternative Konzept zum Schutz von Mitgliedern vulnerabler Gruppen vor Instrumentalisierung durch Forschung, das ich hier vorschlagen will. Der Ansatzpunkt dabei ist, darauf zu verzichten, bestimmten Personen »Einwilligungsunfähigkeit« zu attestieren, um sie vor fremdnütziger Forschung zu bewahren, und stattdessen Standards für eine wirkungsvolle Einwilligung zu etablieren. Weil der Bezugspunkt nicht die Beurteilung der Fä-

40 Das ist auch der Grund dafür, dass das Konzept rechtlicher Assistenz statt rechtlicher Stellvertretung in den Behindertenverbänden sehr kontrovers diskutiert wird. Vor allem viele Eltern von behinderten Menschen mit einem sehr hohen Unterstützungsbedarf befürchten, dass das Wohlergehen ihrer Kinder mit dem Assistenzkonzept nicht ausreichend garantiert werden kann.

higkeiten der betroffenen Person ist, sondern die Beurteilung der Qualität der Vereinbarung, die diese mit anderen trifft, kann eine Diskriminierung ausgeschlossen werden. Entscheidend dabei ist, dass verbindliche Standards für eine wirkungsvolle Einwilligung in die Teilnahme an einem Forschungsvorhaben formuliert werden. Diese müssten insbesondere beinhalten, dass belegt und per »Co-consent« bezeugt werden muss, erstens, dass die Einwilligung persönlich erteilt wurde, zweitens, dass die betreffende Person Wesen, Bedeutung und Tragweite ihrer Entscheidung erfasst hat, und drittens, dass die Einwilligung frei von Druck und Zwang erfolgt ist. Eine Assistenz kann nun dazu dienen, einer Person die Hilfestellung zu geben, die sie braucht, um eine wirkungsvolle Einwilligung nach den genannten Kriterien zu geben. Nur wenn die Bedingungen für eine wirkungsvolle Einwilligung erfüllt sind, kann die Einwilligung rechtskräftig sein. Diese Regelung hätte auch den Vorteil, dass durch Attestierung von »Einwilligungsunfähigkeit« kein Freibrief für eine Stellvertreterentscheidung gegen den Willen einer Person erteilt wird. Die Verantwortung dafür, dass eine wirkungsvolle Einwilligung eingeholt wurde, bleibt ebenso auf Seite der Forschenden wie das Risiko dafür, dass dieser Nachweis anschließend nicht allgemein überzeugend geführt werden kann.

Aber was bedeutet dies nun für die Praxis? Für fremdnützige und für sogenannte gruppennützige Forschung scheint mir die hier vorgeschlagene Regelung tatsächlich ein Höchstmaß an Schutz von Versuchspersonen – allerdings um den Preis der Beschränkung von Forschung – zu ermöglichen. Wenn keine wirkungsvolle Einwilligung gemäß den oben genannten Bedingungen erreicht werden kann, ist fremd- und gruppennützige Forschung schlicht nicht zulässig. Das entspricht, was die Konsequenzen für Personen mit starker kognitiver Beeinträchtigung betrifft, weitgehend dem alten Verbot der fremdnützigen Forschung mit »Nichteinwilligungsfähigen«. Einige Personen mit weniger starker kognitiver Beeinträchtigung, die bislang als »einwilligungsunfähig« galten, könnten aber möglicherweise in Forschung einbezogen werden, wenn mit Hilfe einer guten Assistenz die anspruchsvollen Bedingungen an eine wirkungsvolle Einwilligung erfüllt werden können. Eine »kleine Tür« für die Forschung, die bislang verschlossen war, würde damit möglicherweise geöffnet.

Ich denke aber, dass die Befürchtung, dass dadurch hohe Schutzstandards aufgegeben würden, unbegründet ist; diese werden im Gegenteil erhöht, weil die Möglichkeit, auf Stellvertreterentscheidungen zurückzugreifen, die anfällig für Missbrauch sind, nun wegfällt.

Diskussionsbedarf sehe ich allerdings neben der Frage, wie die erforderlichen Assistenzleistungen und die Kriterien für eine wirksame Einwilligung genau ausgestaltet sein müssten, in Bezug auf die Regelung wirkungsvoller Einwilligung in eigennützige Forschung im Rahmen von Heilbehandlungen oder auch in »gewöhnliche« medizinische Behandlungen. In den meisten Fällen dürften hier zwar persönliche Einwilligungen mit Hilfe von Assistenz erreichbar sein und per »Co-consent« bestätigt werden können, wenn die Behandlung dem gesundheitlichen Wohlergehen dient und damit im »aufgeklärten Interesse« der Person liegt. Die normative Umorientierung von stellvertretenden zu assistierten Entscheidungen sollte dazu führen, dass sich generell mehr Respekt vor dem Recht auf Selbstbestimmung durchsetzt und dass zukünftig weniger leichtfertig über den Willen von Patientinnen und Patienten mit kognitiven, aber auch mit psychisch-sozialen Beeinträchtigungen hinweggegangen wird. Problematisch dürften nur die wenigen Fälle sein, in denen Außenstehende wie Ärztinnen und Ärzte, Angehörige und Assistenz davon überzeugt sind, dass eine medizinische Behandlung im Interesse der betroffenen Person angezeigt ist, aber auch mit Assistenz die anspruchsvollen Voraussetzungen für eine freiwillige und informierte Einwilligung nicht erfüllt werden können. Das wäre zum Beispiel der Fall bei Neugeborenen mit einer Behinderung oder bei Personen mit schweren Hirnverletzungen. Ich halte es für vertretbar, in solchen Fällen – und nur in solchen Fällen – für die Zulässigkeit in eine notwendige medizinische Behandlung wie bisher auf den mutmaßlichen Willen zu rekurrieren. Welche Patientinnen und Patienten in welchen Situationen darunter fallen, müsste ausführlich diskutiert werden.

Davon sind die Fälle zu unterscheiden, in denen nicht nur keine wirkungsvolle Einwilligung erreicht werden kann, sondern die betroffene Person eine medizinische Behandlung klar ablehnt, obwohl Ärztin bzw. Arzt, Angehörige und Assistenz sie für medizinisch notwendig halten. Das könnte zum Beispiel der Fall sein bei einer Person, die eine schwere, akute Psychose hat, keine Krankheitseinsicht zeigt und sich gegen eine therapeutische Intervention wehrt. Das könnte aber auch eine Person mit einer kognitiven Beeinträchtigung sein, die Zahnschmerzen hat, aber sich aus Angst vehement gegen eine Zahnbehandlung wehrt. Bislang wurde in solchen Fällen »Einwilligungsunfähigkeit« attestiert und es konnte gegen den Willen der betroffenen Person auch zwangsweise behandelt werden. Das wäre mit dem Konzept »assistierter Einwilligung« zumindest nicht mehr so leichtfertig möglich, wie das derzeit nach wie vor oft der Fall ist. Der Perspektivenwechsel, der mit dem Konzept assistierter Einwilligung verbunden ist, würde für solche Fälle bedeuten, dass zunächst alle Assistenzmöglichkeiten ausgeschöpft werden müssen, um eine konfrontative Zuspitzung des Konflikts zu vermeiden und eine persönliche selbstverantwortliche Entscheidung zu erreichen. Der Gewinn einer solchen Umorientierung für die betroffenen Personen liegt dabei darin, dass ihrer Selbstbestimmung mehr Raum und Gewicht gegeben würde und sie viel seltener traumatisierenden Zwangsbehandlungen ausgesetzt wären, als das bislang der Fall ist. Für die wenigen Fälle, in denen eine konfrontative Zuspitzung zwischen dem Assistenten und der betroffenen Person trotz aller Bemühungen nicht zu vermeiden ist, wäre mein Vorschlag, Regelungen zu erlassen, nach denen eine dritte Instanz schiedsrichterlich entscheiden muss. Das muss nicht unbedingt ein Betreuungsgericht sein. Es wäre auch denkbar, extra für solche Fälle außergerichtliche Schiedsstellen, die mit Betroffenenvertreterinnen und -vertretern und mit rechtskundigen Personen besetzt sind, einzurichten. Das handlungsleitende Ziel dabei sollte sein, Behandlungen gegen den Willen der davon Betroffenen auf absolut unvermeidbare Ausnahmen zu begrenzen.

V. Fazit

Es dürfte klar geworden sein, dass die UN-BRK in der Anerkennung des Menschenrechts auf gleiche rechtliche Handlungsfähigkeit im Sinne ihres Artikel 12, teilweise in der Zusammenschau mit anderen Rechten (aus den Artikeln 15, 17 und 25 UN-BRK) uns dazu verpflichtet, das Recht auf Selbstbestimmung von allen Personen mit Behinderung im Bereich der Forschung uneingeschränkt zu respektieren und ihm auf neue Weise Geltung zu verschaffen. Das bedeutet, dass gut gemeinte, aber bevormundende Schutzkonzepte wie beispielsweise das Verbot fremdnütziger Forschung mit »Nichteinwilligungsfähigen« zur Disposition gestellt werden müssen, weil darin eben eine Geringschätzung, wenn nicht sogar eine Missachtung der rechtlichen Handlungsfähigkeit von vielen Personen mit Behinderungen liegt.

Ich habe hier vertreten, die eigene, gegebenenfalls assistierte Einwilligung, die per »Co-consent« bestätigt wird, generell an hohe Standards hinsichtlich der Qualität von Aufklärung und Einwilligungsverfahren zu knüpfen. Damit soll zum einen erreicht werden, die rechtliche Handlungsfähigkeit bei Personen, die in ihrer Selbstbestimmungsfähigkeit eingeschränkt sind, im Einzelfall herzustellen, zum anderen aber auch darüber hinaus der erforderliche Schutz von Personen vor Verletzung ihrer Rechte in der Forschung gewährleistet werden. Für den Ansatz der »freien und informierten Einwilligung«, an den höchste Anforderungen hinsichtlich der Unterstützung zur Entscheidung von Personen mit Behinderungen als auch an die Nachweispflicht auf Seiten der Forschenden zu stellen sind, spricht meines Erachtens zum einen, dass ein Höchstmaß an Schutz von Personen, die in ihrer Selbstbestimmungsfähigkeit auf Grund einer kognitiven Beeinträchtigung eingeschränkt sind, erreicht werden kann. Zum anderen würden dadurch außerdem auch Personen, die durch Manipulation oder Beeinflussung von Entscheidungen auf Grund von Abhängigkeiten von Missbrauch und Instrumentalisierung in der Forschung bedroht sind, deutlich besser geschützt als bisher.

Ich möchte diesen Ansatz bewusst als Diskussionsvorschlag verstanden wissen, der sich den Herausforderungen der UN-BRK stellt, möglicherweise aber neue Probleme mit sich bringen kann, die vor einer abschließenden Festlegung gelöst werden sollten. Die Diskussion dieses Konzepts sollte dabei insbesondere auch mögliche Konsequenzen für die Einwilligung in medizinische Behandlungen jenseits von Forschung im Blick behalten.

Literaturverzeichnis

Aichele, Valentin / Jochen von Bernstorff (2010): Das Menschenrecht auf gleiche Anerkennung vor dem Recht: Zur Auslegung von Art. 12 der UN-Behindertenrechtskonvention. In: Betreuungsrechtliche Praxis 2010 (5), S. 199-203.

Dörner, Klaus / Ulrich Spielmann (2001): Geistige Behinderung, Humangenetik und Ethik. Der Würzburg-Eisinger Fall. Würzburg: Böhler.

Ebbinghaus, Angelika (2008): Mediziner vor Gericht. In: Klaus-Dietmar Henke (Hg.): Tödliche Medizin im Nationalsozialismus. Von der Rassenhygiene zum Massenmord. Köln: Bühlau, S. 203-224.

Eser, Albin (1999): Biomedizin und Menschenrechte. Die Menschenrechtskonvention des Europarates zur Biomedizin – Dokumentation und Kommentare. Frankfurt am Main: Knecht.

Graebsch, Christine (2002): Medizinische Versuche mit Gefangenen und anderen Unfreiwilligen. Anmerkungen für eine kontextorientierte Ethikdebatte und einige Fragen aus kriminologischer Sicht. In: Jan C. Joerden / Josef N. Neumann (Hg.): Medizinethik 3. Ethics and Scientific Theory of Medicine. Frankfurt am Main: Peter Lang, S. 153-200.

Graumann, Sigrid (2007): Freiwillige und informierte Einwilligung – ein forschungsethisches Auslaufmodell? In: Jahrbuch für Recht und Ethik 15, S. 291-306.

Graumann, Sigrid (2011): Assistierte Freiheit. Von einer Behindertenpolitik der Wohltätigkeit zu einer Politik der Menschenrechte. Frankfurt am Main: Campus.

Helmchen, Hanfried / Franz Böckler / Albin Eser (1989): Humanexperiment / Heilversuch. In: Albin Eser / Markus von Lutterotti / Paul Sporken (Hg.): Lexikon Medizin, Ethik, Recht. Freiburg: Herder, S. 487-514.

Helmchen, Hanfried / Siegfried Kanowski / Hans Georg Koch (1989): Forschung mit dementen Kranken: Forschungsbedarf und Einwilligungsproblematik. In: Ethik in der Medizin 1 (2), S. 83-98.

Hirsch, Gunter (1995): Heilversuch und medizinisches Experiment: Begriffe, medizinische und rechtliche Grundsatzfragen. In: Hellmuth Kleinsorge / Gunter Hirsch / Walther Weissauer (Hg.): Forschung am Menschen. Berlin/Heidelberg: Springer, S. 13-17.

Höfling, Wolfram / Michael Demel (1999): Zur Forschung an Nichteinwilligungsfähigen. In: Medizinrecht 17 (12), S. 540-546.

Kant, Immanuel (1793/1991): Über den Gemeinspruch: Das mag in der Theorie richtig sein, taugt aber nicht für die Praxis. In: Wilhelm Weischedel (Hg.): Werkausgabe Band XI. Frankfurt am Main: Suhrkamp, S. 125-172.

Kant, Immanuel (1797/1977): Die Metaphysik der Sitten. In: Wilhelm Weischedel (Hg.): Werkausgabe Band VIII. Frankfurt am Main: Suhrkamp.

Katz, Jay (1998): Menschenopfer und Menschenversuche. Nachdenken in Nürnberg. In: Medizin und Gewissen. 50 Jahre nach dem Nürnberger Ärzteprozeß – Kongressdokumentation. Frankfurt am Main: Mabuse, S. 225-243.

Klinnert, Lars (2009): Der Streit um die europäische Bioethik-Konvention. Zur kirchlichen und gesellschaftlichen Auseinandersetzung um eine menschenwürdige Biomedizin. Göttingen: Edition Ruprecht.

Kollek, Regine (2006): Schritte zur internationalen Verständigung über bioethische Prinzipien. In: Deutsche UNESCO-Kommission (Hg.): Allgemeine Erklärung über Bioethik und Menschenrechte. Wegweiser für die Internationalisierung der Bioethik. Bonn: Deutsche UNESCO-Kommission.

Kopelman, Loretta (1997): The Best-Interests Standard as Threshold, Ideal, and Standard of Reasonableness. In: The Journal of Medicine and Philosophy 22 (3), S. 271-89.

Lachwitz, Klaus (2008): Übereinkommen der Vereinigten Nationen über die Rechte von Menschen mit Behinderung. Auswirkungen auf die Rechte von Menschen mit geistiger Behinderung und/oder psychosozialen Problemen. In: Betreuungsrechtliche Praxis 2008 (4), S. 143-148.

Lederer, Susan E. (2004): Research without borders: The origins of the Declaration of Helsinki. In: Volker Roelke / Giovanni Maio (Hg.): Twentieth Century Ethics of Human Subjects Research. Historical Perspectives on Values, Practices, and Regulations. Wiesbaden: Franz Steiner, S. 199-217.

May, Arnd (2000): Autonomie und Selbstbestimmung bei medizinischen Entscheidungen. Münster: Lit-Verlag.

Mitscherlich, Alexander / Fred Mielke (2001): Medizin ohne Menschlichkeit. Dokumente des Nürnberger Ärzteprozesses. 15. Auflage. Stuttgart: Fischer.

Nowak, Manfred (2005): U.N. Covenant on Civil and Political Rights – CCPR Commentary. 2. Auflage. Kehl am Rhein: Engel.

Picker, Eduard (2000): Menschenrettung durch Menschennutzung? In: Juristenzeitung 55 (14), S. 693-705.

Roelke, Volker / Giovanni Maio (Hg.) (2004): Twentieth Century Ethics of Human Subjects Research. Historical Perspectives on Values, Practices, and Regulations. Wiesbaden: Franz Steiner.

Rosen, Allen (1996): Kant's Theory of Justice. New York: Cornell University Press.

Sharav, Vera Hassner (2003): Children in Clinical Research: A Conflict of Moral Values. In: The American Journal of Bioethics 3 (1), S. 12-59.

Sprügel, Guido (1999): Bioethik-Konvention und der Zugriff der Forschung auf den Menschen. Bonn: Pahl Rugenstein.

Taupitz, Jochen (2003): Forschung mit Kindern. In: Juristenzeitung 58 (3), S. 109-160.

Vollmann, Jochen (2000): Therapeutische« versus »nicht-therapeutische« Forschung – eine medizinethisch plausible Differenzierung? In: Ethik in der Medizin 12 (2), S. 65-74.

Materialverzeichnis

Europäischer Ausschuss zur Verhütung von Folter (2012): Report to the German Government on the visit to Germany carried out by the European Committee for the Prevention of Torture and Inhuman or Degrading Treatment or Punishment (CPT) from 25 November to 7 December 2010. Europarats-Dokument CPT/Inf (2012) 6 vom 22.02.2012.

UNESCO (2005): Allgemeine Erklärung über Bioethik und Menschenrechte. 19.10.2005.

UN-Sonderberichterstatter für das Recht auf Gesundheit (2005): Report of the Special Rapporteur on the right of everyone to the enjoyment of the highest attainable standard of physical and mental health, Paul Hunt. UN Dok. E/CN.4/2005/51 vom 11.02.2005.

Weltärztebund (1964, 1975, 1996, 2008): Declaration of Helsinki. Ethical Principles for Medical Research Involving Human Subjects. Juni 1964 sowie revidierte Fassungen Oktober 1975, Oktober 1996, Oktober 2008.

Unabhängige Lebensführung und Einbeziehung in die Gemeinschaft nach Artikel 19 UN-BRK als Ausdruck rechtlicher Handlungsfähigkeit

Minou Banafsche

I. Die Bedeutung des Artikels 19 UN-BRK im Zusammenhang mit Artikel 12 UN-BRK

Gemäß Artikel 19 der UN-Behindertenrechtskonvention (UN-BRK) anerkennen die Vertragsstaaten »das gleiche Recht aller Menschen mit Behinderungen, mit gleichen Wahlmöglichkeiten wie andere Menschen in der Gemeinschaft zu leben, und treffen wirksame und geeignete Maßnahmen, um Menschen mit Behinderungen den vollen Genuss dieses Rechts und ihre volle Einbeziehung in die Gemeinschaft und Teilhabe an der Gemeinschaft zu erleichtern«[1]. Die gleichen Wahlmöglichkeiten und die volle Einbeziehung in die Gemeinschaft und Teilhabe an der Gemeinschaft bilden demnach die zwei Bestandteile des Artikels 19 UN-BRK, wie bereits die Artikelüberschrift »Unabhängige Lebensführung[2] und Einbeziehung in die Gemeinschaft« belegt. Diese werden ihrerseits durch die dort näher ausgeführten Gewährleistungspflichten[3] konkretisiert. Während Artikel 19 lit. a, der die Gewährleistung der gleichberechtigten[4] Möglichkeit von Menschen mit Behinderungen, »ihren Aufenthaltsort zu wählen und zu entscheiden, wo und mit wem sie leben«, enthält, die unabhängige Lebensführung in Bezug nimmt, wird die Einbeziehung in die Gemeinschaft stärker durch Artikel 19 lit. b und c ausformuliert, in denen es um die Gewährleistung des Zugangs zu gemeindenahen Unterstützungsdiensten und die Verfügbarkeit bedürfnisgerechter gemeindenaher Dienstleistungen und Einrichtungen geht. Artikel 19 UN-BRK steht damit in enger Verbindung

1 Die Schattenübersetzung des Netzwerk Artikel 3 e.V. übersetzt »facilitate« mit »ermöglichen« – siehe Netzwerk Artikel 3 (2009).

2 Die Schattenübersetzung des Netzwerk Artikel 3 e.V. (Netzwerk Artikel 3 (2009)) übersetzt »living independently« mit »selbstbestimmt Leben«. Dafür spricht auch das Selbstverständnis der »Selbstbestimmt Leben« – Bewegung von Menschen mit Behinderungen, die aus der »Independent Living«-Bewegung in den USA hervorgegangen ist; siehe auch Arnade (2011), S. 7.

3 Vgl. Art. 19 lit. a-c UN-BRK.

4 Die Schattenübersetzung des Netzwerk Artikel 3 e.V. (Netzwerk Artikel 3 (2009)) ergänzt »gleichberechtigt« um den Passus »mit anderen«.

mit dem Grundsatz der Autonomie einerseits und den Grundsätzen der Teilhabe und Zugänglichkeit[5] andererseits.[6]

Unmittelbarer Bezugspunkt zu dem Recht auf gleiche Anerkennung der rechtlichen Handlungsfähigkeit aus Artikel 12 UN-BRK[7] ist im Rahmen des Artikels 19 UN-BRK das Recht auf freie Wahl des Aufenthaltsortes und der Wohnform[8], weil Menschen mit Behinderungen in diesem Zusammenhang diverse Handlungsoptionen eröffnet werden, mithin ein aktives Tun intendiert ist; rechtlich bedeutsame Handlungen könnten hier etwa der Abschluss von Mietverträgen und Verträgen mit Anbieterinnen und Anbietern von Unterstützungsleistungen sein. Demgegenüber wird durch die Vorgabe der Herstellung von Zugang und Verfügbarkeit gemeindenaher Dienste und Einrichtungen nicht den Menschen mit Behinderungen eine Handlungsoption eröffnet, sondern den staatlichen Akteuren ein Handlungsauftrag erteilt. Da sich das Wahlrecht jedoch ausweislich des Normwortlauts auf das Leben in der Gemeinschaft bezieht, ist es seinerseits zugleich Ausdruck des im Chapeau benannten Rechts auf volle Einbeziehung in die Gemeinschaft und Teilhabe an der Gemeinschaft und kann nicht losgelöst davon betrachtet werden. Autonomie und Teilhabe stehen vielmehr in einem Verhältnis der Interdependenz dergestalt, dass ohne die Möglichkeit zur freien Wahl des Aufenthaltsortes und der Wohnform eine volle und gleichberechtigte Teilhabe an der Gemeinschaft nicht gelänge und umgekehrt ohne die volle und gleichberechtigte Teilhabe an der Gemeinschaft die Möglichkeit zur freien Wahl des Aufenthaltsortes und der Wohnform de facto ins Leere liefe.[9]

Den Untersuchungsgegenstand bildet daher im Kontext mit der rechtlichen Handlungsfähigkeit das Recht auf freie Wahl des Aufenthaltsortes und der Wohnform aus Artikel 19 lit. a UN-BRK unter Berücksichtigung seines spezifischen Gemeinschaftsbezugs.[10]

5 Die Schattenübersetzung des Netzwerk Artikel 3 e.V. (Netzwerk Artikel 3 (2009)) übersetzt »accessibility« mit »Barrierefreiheit«.

6 Vgl. einerseits Art. 3 lit. a, andererseits Art. 3 lit. c und f UN-BRK.

7 Zu dem Begriff der Handlungsfähigkeit als Oberbegriff für die Geschäftsfähigkeit nach §§ 104 ff. des Bürgerlichen Gesetzbuches (BGB), die Deliktsfähigkeit nach §§ 827, 828 BGB sowie die Verantwortlichkeit für die Verletzung von Verbindlichkeiten nach § 276 Abs. 1 Satz 2 BGB siehe Ellenberger (2012), Rdnr. 11. Namentlich existiert der Begriff allerdings nur im Bereich des öffentlichen Rechts und bezeichnet die Fähigkeit zur Vornahme von Verfahrenshandlungen (vgl. § 12 Verwaltungsverfahrensgesetz, § 79 Abgabenordnung, § 11 Sozialgesetzbuch (SGB) X) oder zur Stellung von Anträgen auf Sozialleistungen und deren Entgegennahme (vgl. § 36 SGB I). Allgemein zur Bedeutung von Rechts- und Handlungsfähigkeit im Sinne des Art. 12 UN-BRK vgl. Aichele / Degener in diesem Band.

8 Vgl. Art. 19 lit. a UN-BRK.

9 Vgl. auch Bielefeldt (2009), S. 10, 11; zu dem Konnex zwischen dem Recht, in der Gemeinschaft zu leben, und dem Recht, den eigenen Aufenthaltsort zu wählen, auch UN-Ad Hoc-Ausschuss (2006), S. 5, wo ein Repräsentant des »International Disability Caucus« ausgeführt hatte: »The choice to live in a community is the natural result of the right to choose one's residence.«

10 Zu Art. 19 UN-BRK siehe bereits Banafsche (2012), S. 150-163.

II. Der Gewährleistungsrahmen des Artikels 19 lit. a UN-BRK

Der Gewährleistungsrahmen ergibt sich aus der Auslegung des Artikels 19 lit. a UN-BRK. Die Auslegung hat nach den Vorschriften der Wiener Vertragsrechtskonvention im Wege der Ermittlung von Sinn und Zweck des Vertrages in den Grenzen des Wortlauts zu erfolgen.[11] Eine wichtige Rolle spielen dabei die Allgemeinen Bemerkungen der UN-Fachausschüsse, denen zwar keine Rechtsverbindlichkeit zukommt, die aber als wichtige Interpretationshilfen heranzuziehen sind.[12] Ist ein Vertrag in mehreren Sprachen als authentisch festgelegt worden, sind für die Auslegung grundsätzlich nur diese Sprachen maßgebend.[13] Vorliegend erklärt Artikel 50 UN-BRK den arabischen, chinesischen, englischen, französischen, russischen und spanischen Wortlaut dieses Übereinkommens für gleichermaßen verbindlich, nicht hingegen den deutschen.[14]

1. Schutzbereich

Die freie Wahl des Aufenthaltsortes und der Wohnform nach Artikel 19 lit. a UN-BRK ist insoweit, als der Aspekt der unabhängigen Lebensführung hervorgehoben und auf die Einbeziehung in die Gemeinschaft und Teilhabe an der Gemeinschaft Bezug genommen wird, eine spezielle Ausformung des allgemeinen Rechts auf Freizügigkeit und freie Wahl des Aufenthaltsortes aus Artikel 18 Absatz 1 UN-BRK[15], der seinerseits im Wesentlichen Artikel 12 Absatz 1 Zivilpakt[16] entspricht. Artikel 19 lit. a UN-BRK ist somit als bürgerliches und politisches Recht zu qualifizieren.[17] Da der UN-BRK nicht die Intention zugrunde liegt, Sonderrechte für

11 Vgl. Art. 31 und 32 des Wiener Übereinkommens über das Recht der Verträge vom 23.05.1969 (WVK). Exemplarisch zu der darin zum Ausdruck kommenden »Vollzugslehre«, nach der im Wege eines Vertragsgesetzes nach Art. 59 Abs. 2 Satz 1 Grundgesetz (GG) in nationales Recht überführte völkerrechtliche Verträge weiterhin als Völkerrecht behandelt werden: Bundesverfassungsgericht (BVerfG), Urteil vom 22.11.2001, Aktenzeichen 2 BvE 6/99, Rdnr. 161 (nach juris); von Bernstorff (2011), S. 204-206 mit weiteren Nachweisen; spezifisch zur Auslegung ratifizierter völkerrechtlicher Verträge Tomuschat (1992), Rdnr. 23.

12 Siehe etwa Riedel / Söllner (2006), S. 270; Aichele / von Bernstorff (2010), S. 200; Aichele (2010), S. 15; Klein (2005), S. 29.

13 Vgl. Art. 33 WVK.

14 In diesem Beitrag wird bei Fragen der Auslegung einheitlich auf den englischen Vertragstext zurückgegriffen.

15 Vgl. auch Lachwitz / Trenk-Hinterberger (2010), S. 50.

16 UN, Internationaler Pakt über bürgerliche und politische Rechte vom 16.12.1966 (Zivilpakt).

17 Damit unterliegt Art. 19 lit. a UN-BRK hinsichtlich seiner Umsetzung nicht dem Progressionsvorbehalt des Art. 4 Abs. 2 Halbsatz 1 UN-BRK, der nur für wirtschaftliche, soziale und kulturelle Rechte gilt; eine andere Bewertung nimmt offenbar das Landessozialgericht Hamburg in seinem Beschluss vom 26.05.2010, Aktenzeichen L 4 SO 2/10 B ER, vor, das Art. 4 Abs. 2 auch in Bezug auf Art. 19 lit. a für anwendbar zu erachten scheint.

Menschen mit Behinderungen zu schaffen, sondern die bestehenden, in Zivilpakt und Sozialpakt verankerten Rechte auf die Lebenslage von Menschen mit Behinderungen zuzuschneiden[18], kann im Hinblick auf die Auslegung des Artikels 19 lit. a UN-BRK an die Ausführungen des Zivilpaktausschusses zu dem Recht auf Freizügigkeit und freie Wahl des Wohnsitzes aus Artikel 12 Absatz 1 Zivilpakt[19] angeknüpft werden.[20]

In der Zusammensetzung des Artikels 19 UN-BRK aus Anerkennungs- und Gewährleistungspflichten spiegelt sich die sogenannte »menschenrechtliche Pflichtentrias«, bestehend aus Achtungspflicht (»duty to respect«), Schutzpflicht (»duty to protect«) und Gewährleistungspflicht (»duty to fulfil«), wider, welche den Vertragsstaaten nach jüngerem völkerrechtlichen Verständnis durch jedes Menschenrecht auferlegt werden.[21]

a) Achtungspflicht

Das Anerkenntnis des gleichen Rechts aller Menschen mit Behinderungen, mit gleichen Wahlmöglichkeiten wie andere Menschen in der Gemeinschaft zu leben, begründet im Zusammenhang mit der durch Artikel 19 lit. a UN-BRK konkret gewährleisteten freien Wahl des Aufenthaltsortes und der Wohnform eine Achtungspflicht dergestalt, dass die Vertragsstaaten keine Maßnahmen ergreifen dürfen, die Menschen mit Behinderungen in ihrer Wahlfreiheit ungerechtfertigt beschränken.[22]

Den Begriff der »Gemeinschaft« (»community«) definiert die UN-BRK nicht. In einem »Background Paper« zu Artikel 19 UN-BRK, welches eine Diskussionsgrundlage auf der dritten Sitzung der Konferenz der Vertragsstaaten zu der UN-BRK im September 2010 bildete, werden vier Kernbereiche des Artikels 19 UN-

18 Statt vieler: Degener (2010), S. 59.

19 UN-Menschenrechtsausschuss (1999).

20 Zu der Verwandtschaft des Art. 19 lit. a UN-BRK und des Art. 12 Abs. 1 Zivilpakt siehe auch die Zusammenstellung des UN-Ad-Hoc-Ausschusses unter http://www.un.org/esa/socdev/-enable/rights/wghrefa15.htm; Lachwitz / Trenk-Hinterberger (2010), S. 50.

21 Für die Rechte nach dem Internationalen Pakt über wirtschaftliche, soziale und kulturelle Rechte vom 16.12.1996 (Sozialpakt) hat dies der Sozialpaktausschuss erstmals 1999 fixiert, siehe UN-Fachausschuss für wirtschaftliche, soziale und kulturelle Rechte (1999), Ziff. 15. Für die bürgerlichen und politischen Rechte ergibt sich diese Struktur aus UN-Menschenrechtsausschuss (2004), Ziff. 5-14; im Kontext mit den bürgerlichen und politischen Rechte siehe auch Nowak (2005), Introduction, Rdnr. 3; Steiner / Alston / Goodman (2007), S. 185-189; ferner Schneider (2004), S. 33 mit weiteren Nachweisen; Aichele / von Bernstorff (2010), S. 201-202; zu der Auffassung, dass die im Zivilpakt verankerten bürgerlichen und politischen Rechte Gewährleistungspflichten der Vertragsstaaten begründen, während den wirtschaftlichen, sozialen und kulturellen Rechten des Sozialpakts lediglich Zielverpflichtungen entnommen werden können, Tomuschat (2002), S. 20.

22 Zur Achtungspflicht auch Aichele / von Bernstorff (2010), S. 201, 202.

BRK beschrieben, darunter das Recht von Menschen mit Behinderungen, gleichberechtigt mit anderen ihren Aufenthaltsort zu wählen und zu entscheiden, wo und mit wem sie in »ihrer Gemeinschaft« (»their community«) leben.[23] Daraus lässt sich schließen, dass die Gemeinschaft ein individuell zu bestimmender und bestimmbarer Raum ist. Zur Erläuterung führt das Papier aus:

> »This implies that persons with disabilities have to be protected from forced institutionalization, deprivation of legal capacity, bundling of support services or assistance with the obligation to live in segregated settings and denial of choice due to non accessibility of mainstream services in the community.«[24]

Dem ist zu entnehmen, dass die Gemeinschaft das Gegenstück zu einer erzwungenen Einweisung in eine Einrichtung, zu dem Entzug der rechtlichen Handlungsfähigkeit[25] und zu der Verknüpfung von Unterstützungsleistungen mit der Verpflichtung, in separierten Lebensformen zu leben, ist.[26] Diese Negativabgrenzung findet in Artikel 19 lit. b UN-BRK eine Stütze, der im Kontext mit der Pflicht zur Gewährleistung von Zugang zu gemeindenahen Unterstützungsdiensten das Leben in der und die Einbeziehung in die Gemeinschaft der Verhinderung von Isolation und Absonderung von der Gemeinschaft gegenüberstellt. Gemeinschaft ist somit das sozial wie räumlich unmittelbare Lebensumfeld der Betroffenen im Sinne eines inklusiven Sozialraums.[27]

Dieses Begriffsverständnis entspricht auch dem SGB IX, das Leistungen zur Teilhabe am Leben in der Gemeinschaft gewährleistet, um Menschen mit Behinderungen die Teilhabe am Leben in der Gesellschaft zu ermöglichen oder zu sichern.[28] Die Gemeinschaft ist demnach Teil der Gesellschaft.[29]

23 Konferenz der Vertragsstaaten der UN-BRK (2010), Ziff. 5.

24 Ebenda.

25 Art. 12 UN-BRK.

26 Dies geht auch aus einem Diskussionspapier des Dänischen Instituts für Menschenrechte vom 26.05.2003 zu Grundprinzipien der UN-BRK aus der zweiten Sitzung des Ad-Hoc-Ausschusses hervor – Danish Institute for Human Rights (2003), S. 8, 9; vgl. auch Degener (2010), S. 60; Lachwitz / Trenk-Hinterberger (2010), S. 48, 49; Rothfritz (2010), S. 467.

27 Zu wesentlichen Elementen eines inklusiven Sozialraums siehe ASMK (2009), S. 9; Bund-Länder-Arbeitsgruppe (2009), S. 2, 3, 5, 6; eingehend zur Sozialraumorientierung Nellissen (2006), S. 22-33; Budde / Früchtel (2005), S. 238-242; Münder (2001), S. 12-20; Schnurr (2005), S. 99-104; einen Zielkatalog, bestehend aus den Bausteinen »Eigenverantwortlichkeit, Selbsthilfe, Selbstorganisation, Teilhabe, reflexive Kommunikation und dialogische Politik, Professionalität, Ganzheitlichkeit, Normalisierung, Bürgerfreundlichkeit, Verwaltungsmodernisierung und Effizienz« erstellt Marquard (2002), S. 20.

28 Vgl. § 1 Satz 1, § 55 Abs. 1 SGB IX. Auch die englische Textfassung der UN-BRK verwendet für die im Deutschen mit »Gemeinschaft« und »Gesellschaft« dargestellten Begriffe unterschiedliche Termini, nämlich »community« und »society«, letzteren in Art. 3 lit. c, der als allgemeinen Grundsatz die volle und wirksame Teilhabe an der Gesellschaft und Einbeziehung in die Gesellschaft normiert.

29 Vgl. etwa Busch (2009), § 55, Rdnr. 4, 5.

b) Gewährleistungspflicht

Artikel 19 lit. a UN-BRK verpflichtet die Vertragsstaaten, Menschen mit Behinderungen die Möglichkeit zu gewährleisten, ihren Aufenthaltsort zu wählen und zu entscheiden, wo und mit wem sie leben, ohne verpflichtet zu sein, in besonderen Wohnformen zu leben. Bei den Gewährleistungspflichten geht es um die Schaffung der Rahmenbedingungen für eine effektive Rechtswahrnehmung.[30]

Die Gewährleistungspflichten, die in dem nicht abschließend formulierten Katalog (»unter anderem«) des Artikels 19 lit. a bis c UN-BRK aufgestellt werden, sind gemäß Artikel 19 Halbsatz 2 UN-BRK dem Zweck zu dienen bestimmt, Menschen mit Behinderungen eine unabhängige Lebensführung sowie die Einbeziehung in die Gemeinschaft (»inclusion«) und Teilhabe an der Gemeinschaft (»participation«) zu erleichtern.

In dem bereits zitierten Diskussionspapier des Dänischen Instituts für Menschenrechte werden »participation« (»Teilhabe«) und »inclusion« (»Einbeziehung«) als ähnliche Konzepte beschrieben, die sich jedoch dahingehend unterscheiden, dass »Inklusion« sich an die Mehrheit richtet, die eine (passive) Minderheit exkludiert, während »Teilhabe« sich sowohl an die Mehrheit richtet, die sie ermöglichen soll, als auch an die Minderheit, die aktiv teilhaben will.[31]

Dazu, was unter »Aufenthaltsort« (»place of residence«) zu verstehen ist, enthält die UN-BRK keine genaueren Angaben. Auch Artikel 18 Absatz 1 UN-BRK und Artikel 12 Absatz 1 Zivilpakt, bei dem der deutsche Wortlaut ebenso wenig verbindlich ist wie bei der UN-BRK[32], verwenden das Wort »residence«, das zum Teil ausdrücklich mit »permanent residence« in Zusammenhang gesetzt wird[33], was dem »Wohnsitz« entspricht, der nach deutschem Recht[34] auf Dauer angelegt ist.[35] Für ein solches Verständnis auch im Rahmen des Artikels 19 lit. a UN-BRK spricht neben seiner Verwandtschaft zu Artikel 18 Absatz 1 UN-BRK und Artikel 12 Absatz 1 Zivilpakt[36], dass hier die freie Wahl des Aufenthaltsortes untrennbar mit der den Menschen mit Behinderungen gewährleisteten Entscheidungsfreiheit, wo und mit wem sie leben, verbunden ist und in einem Gegenseitigkeitsverhältnis zu der vollen Einbeziehung in die Gemeinschaft und Teilhabe an der Gemeinschaft

30 Vgl. Aichele / von Bernstorff (2010), S. 202.

31 Danish Institute for Human Rights (2003), S. 9, 10; zur Abgrenzung von Integration und Inklusion Wansing (2005), S. 37-48; siehe auch Frühauf (2008), S. 16-21, 21-29; zum Inklusionsbegriff in der UN-BRK Wansing (2012), S. 93-103.

32 Art. 53 Abs. 1 Zivilpakt.

33 Siehe etwa UN-Menschenrechtskommission (2001); Niaz (o.J.).

34 Vgl. § 7 Abs. 1 BGB.

35 Von »Wohnsitzfreiheit« spricht in der ersten Auflage, der deutschsprachigen Ausgabe, seines Kommentars zum Zivilpakt auch Nowak (1989), Art. 12, Rdnr. 7.

36 Siehe bereits oben II.1.

steht[37]. Diese Perspektive legt nahe, dass mit »Aufenthaltsort« nicht nur ein vorübergehendes Verweilen, sondern ein ständiger Aufenthalt im Sinne des räumlichen und sozialen Lebensmittelpunktes gemeint ist.[38]

Die darüber hinaus durch Artikel 19 lit. a Menschen mit Behinderungen gewährte Möglichkeit zu entscheiden, wo und mit wem sie leben, bezieht sich auf die konkrete Wohnform, wie sich dem anschließenden Halbsatz, wonach sie nicht verpflichtet – wohl aber berechtigt[39] – sind, in besonderen Wohnformen zu leben, entnehmen lässt.

In Anbetracht des Ziels des Artikels 19 lit. a UN-BRK, einer Institutionalisierung von Menschen mit Behinderungen entgegenzuwirken, hatte der Konventionsgeber bei »besonderen Wohnformen« wohl vorrangig Heime und andere stationäre Einrichtungen im Blick.[40] Daneben existiert aber noch eine Fülle weiterer besonderer Wohnformen[41] und ist zudem die bedarfsorientierte Entstehung neuer Wohnformen nicht auszuschließen, so dass eine negative Definition sinnvoll erscheint. Als besondere Wohnformen könnte man demgemäß all jene bezeichnen, die von einem selbstbestimmten Wohnen abweichen.

Vergleicht man abschließend den Regelungskontext des Artikels 19 lit. a UN-BRK mit dem des Artikels 18 Absatz 1 UN-BRK und Artikel 12 Absatz 1 Zivilpakt, darf davon ausgegangen werden, dass es weniger um das Recht auf freie Wohnsitznahme als vielmehr darum geht, dass innerhalb dieses Wohnsitzes auch die Wahl der Wohnform offensteht.

c) Schutzpflicht

Zwar formuliert Artikel 19 lit. a UN-BRK eine Schutzpflicht, die den Schutz vor Rechtsverletzungen durch Private bezweckt[42], nicht ausdrücklich. Sie ergibt sich aber aus seiner Struktur. Die von der Gewährleistungsverpflichtung erfasste effektive Rechtswahrnehmung ist nur dann möglich, wenn die Wahlfreiheit auch durch private Akteure nicht vereitelt und somit in ihrer Substanz konterkariert wird. Die Entscheidung von Menschen mit Behinderungen, wo und mit wem sie leben, soll demnach nicht durch gegenläufige Entscheidungen etwa von Familienmitgliedern substituiert werden.

37 Dazu oben I.
38 Siehe auch Lachwitz / Trenk-Hinterberger (2010), S. 49.
39 Ebenso Lachwitz / Trenk-Hinterberger (2010), S. 49.
40 Ebenfalls davon ausgehend Lachwitz / Trenk-Hinterberger (2010), S. 49.
41 Beispielhaft für die Rechtslage in Deutschland siehe die offenen Formulierungen in § 35a Abs. 2 SGB VIII, § 13 Abs. 2 SGB XII.
42 Aichele / von Bernstorff (2010), S. 202.

Hier wird der Zusammenhang des Artikels 19 UN-BRK mit Artikel 12 UN-BRK besonders sichtbar, welcher die Vertragsstaaten in Absatz 3 verpflichtet, geeignete Maßnahmen zu treffen, um Menschen mit Behinderungen Zugang zu der für die autonome Entscheidungsfindung im rechtlich relevanten Bereich notwendigen Unterstützung zu verschaffen[43].[44] Dies greift maßgeblich Artikel 19 lit. b UN-BRK auf, der die Gewährleistungspflicht enthält, Menschen mit Behinderungen den Zugang zu gemeindenahen Unterstützungsdiensten zu Hause und in Einrichtungen zu ermöglichen, einschließlich der persönlichen Assistenz, die zur Unterstützung des Lebens in der Gemeinschaft sowie zur Verhinderung von Isolation und Absonderung von der Gemeinschaft notwendig ist. Das Assistenzparadigma dient damit dem Bekenntnis der UN-BRK zu dem Grundsatz der individuellen Autonomie von Menschen mit Behinderungen als Bestandteil ihrer Menschenwürde[45], die ihrerseits ohne die volle und wirksame Teilhabe an der Gesellschaft im Allgemeinen[46] und der Gemeinschaft im Besonderen[47] nicht gelebt werden kann[48].

2. Schranken

Rekurriert man erneut auf Artikel 12 Absatz 1 Zivilpakt, ergeben sich für das Recht auf freie Wahl des Wohnortes Einschränkungsmöglichkeiten aus dem abschließenden Katalog des Artikels 12 Absatz 3 Zivilpakt[49], namentlich »wenn dies gesetzlich vorgesehen ist und zum Schutz der nationalen Sicherheit, der öffentlichen Ordnung (ordre public), der Volksgesundheit, der öffentlichen Sittlichkeit oder der Rechte und Freiheiten anderer notwendig ist und die Einschränkungen mit den übrigen in diesem Pakt anerkannten Rechten vereinbar sind.« Diese Schranken sind ersichtlich nicht auf die Gewährung der freien Wahl des Aufenthaltsortes und der Wohnform gegenüber Menschen mit Behinderungen durch Artikel 19 lit. a UN-BRK anwendbar, der zwar an Artikel 12 Absatz 1 Zivilpakt anknüpft[50], diesen aber

43 Zum Schutz- und Gewährleistungspflichtcharakter des Art. 12 Abs. 3 UN-BRK siehe Aichele / von Bernstorff (2010), S. 202.

44 Lit. x der Präambel bezieht ausdrücklich die Familien von Menschen mit Behinderungen insoweit in den Schutzbereich der Konvention ein, als es ihnen durch Erhalt der notwendigen Unterstützung ermöglicht werden soll, zu deren vollem und gleichberechtigtem Genuss der Rechte beizutragen.

45 Art. 3 lit. a UN-BRK.

46 Art. 3 lit. c UN-BRK.

47 Art. 19 UN-BRK.

48 Bielefeldt (2009), S. 10, 11; siehe zudem oben I.

49 Die Einbeziehung der »oben erwähnten Rechte« in den Gesetzesvorbehalt des Art. 12 Abs. 3 Zivilpakt und das dem Absatz 3 nachgestellte Recht auf Einreise in das eigene Land aus Art. 12 Abs. 4 Zivilpakt sind Beleg dafür, dass Art. 12 Abs. 3 Zivilpakt für die Absätze 1 und 2 gleichermaßen gilt, nicht indes für Absatz 4. Siehe auch Nowak (2005), Art. 12, Rdnr. 6.

50 Siehe oben II.1.

durch seinen spezifischen Zuschnitt auf die Aspekte der Selbstbestimmung und Teilhabe im Sinne der UN-BRK modifiziert. Andernfalls ergäbe auch eine gesonderte Regelung des Rechts auf unabhängige Lebensführung neben dem Recht auf Freizügigkeit und freie Wahl des Aufenthaltsortes aus Artikel 18 Absatz 1 UN-BRK keinen Sinn.[51]

3. Schranken-Schranken

Selbst wenn es sich mit der Schrankenregelung des Artikels 12 Absatz 3 Zivilpakt vorliegend anders verhielte, hätten sich die Vertragsstaaten bei Erlass und Anwendung einschränkender Gesetze stets von dem Prinzip leiten zu lassen, dass der Wesensgehalt des betreffenden Rechts unangetastet bleibt.[52] Als besondere Ausformung der Grundsätze der individuellen Autonomie, Gleichheit und Nichtdiskriminierung, Teilhabe und Zugänglichkeit, auf denen die UN-BRK fußt[53], und damit nicht zuletzt auch als Ausdruck der mit der individuellen Autonomie in unmittelbarem Zusammenhang stehenden Menschenwürde[54] macht die freie Wahl des Aufenthaltsortes und der Wohnform einen Teil des Wesensgehalts des Artikels 19 UN-BRK aus[55], ist mithin nicht einschränkbar.

III. Einschränkungen des Artikels 19 lit. a UN-BRK durch nationales Recht

Ist nach dem oben Ausgeführten die freie Wahl des Aufenthaltsortes und der Wohnform als Teil des Wesensgehalts des Artikels 19 UN-BRK nicht einschränkbar, führen Einschränkungen immer zu einem Verstoß gegen Artikel 19 UN-BRK.

51 Vgl. auch oben II.1.b).
52 UN-Menschenrechtsausschuss (1999), Ziff. 13; ferner UN-Menschenrechtsausschuss (2004), Ziff. 6; zum Wesensgehalt als absolute Grenze der Einschränkbarkeit ferner Aichele / von Bernstorff (2010), S. 202.
53 Vgl. Art. 3 lit. a, b, c, e und f in Verbindung mit Art. 5 und Art. 9 UN-BRK.
54 Vgl. Art. 3 lit. a und Art. 1 Uabs. 1 UN-BRK.
55 Siehe Konferenz der Vertragsstaaten der UN-BRK (2010), Ziff. 5.

Verstöße eines Vertragsstaates als Adressat der Verpflichtung[56] gegen Bestimmungen eines völkerrechtlichen Vertrages unterliegen allerdings keinen Sanktionen.[57] Bedeutung erlangt ein Verstoß aber dann, wenn mit ihm zugleich die Beeinträchtigung einklagbarer Rechtspositionen verbunden ist. Zwar begründet die UN-BRK grundsätzlich keine individuellen Rechtsansprüche der Betroffenen.[58] Etwas anderes gilt jedoch, wenn ein Recht seinem Inhalt nach Individualschutz im Sinne subjektiver Rechtspositionen vermittelt und unmittelbar anwendbar (»self-executing«) ist.[59]

1. Artikel 19 lit. a UN-BRK als einklagbare Rechtsposition

Zwar könnte die im Chapeau des Artikels 19 UN-BRK verwandte, unverbindlich anmutende Formulierung, dass die Vertragsstaaten das gleiche Recht aller Menschen mit Behinderungen auf gleiche Wahlmöglichkeiten »anerkennen« (»recognize«), gegen einen subjektiv-rechtlichen Charakter des Artikels 19 lit. a sprechen.[60] Andererseits ist hier ausdrücklich von einem »Recht aller Menschen mit Behinderungen, mit gleichen Wahlmöglichkeiten wie andere Menschen in der Gemeinschaft zu leben« die Rede, welches durch die freie Wahl des Aufenthaltsortes

56 Vgl. Art. 19 UN-BRK (»Die Vertragsstaaten dieses Übereinkommens anerkennen … und treffen wirksame und geeignete Maßnahmen …, indem sie unter anderem gewährleisten, dass … .«) sowie die allgemeine Vorgabe des Art. 4 Abs. 1 Satz 1 UN-BRK, wonach sich die Vertragsstaaten verpflichten, »die volle Verwirklichung aller Menschenrechte und Grundfreiheiten für alle Menschen mit Behinderungen ohne jede Diskriminierung aufgrund von Behinderung zu gewährleisten und zu fördern.« Zu diesem Zweck verpflichten sie sich gemäß Art. 4 Abs. 1 Satz 2 lit. a UN-BRK, »alle geeigneten Gesetzgebungs-, Verwaltungs- und sonstigen Maßnahmen zur Umsetzung der in diesem Übereinkommen anerkannten Rechte zu treffen.« Die Verpflichtung obliegt folglich der Legislative, Exekutive und Judikative. Dies ergibt sich letztlich schon aus Art. 20 Abs. 3 GG, wonach die Gesetzgebung an die verfassungsmäßige Ordnung gebunden ist und vollziehende Gewalt und Rechtsprechung an Gesetz und Recht gebunden sind. Vgl. auch Aichele (2008), S. 8; Aichele (2010), S. 17. In Deutschland gilt dies für Bund, Länder und Kommunen gleichermaßen (vgl. Art. 4 Abs. 5 UN-BRK, ferner Art. 26, 27 WVK). Zur Rolle der Kommunen als Träger öffentlicher Gewalt und Teil der Exekutive Jarass / Pieroth (2011), Art. 28, Rdnr. 10; siehe auch BVerfG, Urteil vom 31.10.1990, Aktenzeichen 2 BvF 2, 6/89, Rdnr. 61-64 (nach juris); Urteil vom 04.11.1986, Aktenzeichen 1 BvF 1/84, Rdnr. 172 (nach juris).

57 Vgl. Art. 60 WVK; bezogen auf den Sozialpakt siehe Riedel / Söllner (2006), S. 275.

58 Vgl. auch die Denkschrift der Bundesregierung zur UN-BRK (Deutscher Bundestag (2008), S. 48).

59 Im Zusammenhang mit der UN-BRK siehe Riedel (2010), S. 8.

60 So im Kontext mit Art. 24 UN-BRK und in Abgrenzung zu der Formulierung »Jeder hat das Recht auf ….« Riedel (2010), S. 12; anders dazu im Kontext mit Art. 19 lit. a UN-BRK Lachwitz / Trenk-Hinterberger (2010), S. 50.

und der Wohnform zu gewährleisten ist.[61] Darüber hinaus gehört die freie Wahl des Aufenthaltsortes und der Wohnform zum Kernbereich des Artikels 19.[62] Unter Einbeziehung des Normzwecks und der Konventionsziele ist daher davon auszugehen, dass Artikel 19 lit. a UN-BRK subjektive Rechtspositionen vermittelt.[63]

Die unmittelbare Anwendbarkeit einer völkerrechtlichen Norm ist zu bejahen, »wenn sie nach Wortlaut, Zweck und Inhalt geeignet und hinreichend bestimmt ist, wie eine innerstaatliche Vorschrift rechtliche Wirkung zu entfalten, dafür also keiner weiteren normativen Ausfüllung bedarf.«[64] Das im Chapeau statuierte »Recht aller Menschen mit Behinderungen, mit gleichen Wahlmöglichkeiten wie andere Menschen in der Gemeinschaft zu leben«, wird durch Artikel 19 lit. a dahingehend konkretisiert, dass die Wahlmöglichkeiten näher bestimmt werden. Der Konventionsgeber stellt klar, dass es um die freie Wahl des Aufenthaltsortes und um die Entscheidung geht, wo und mit wem, das heißt in welcher Wohnform[65], man lebt. Damit ist Artikel 19 lit. a UN-BRK nach Wortlaut, Inhalt und Zweck geeignet und hinreichend bestimmt, um – wie eine innerstaatliche Rechtsvorschrift – die staatlichen Gewalten zu verpflichten und die Betroffenen zu berechtigen.[66] Dies gilt umso mehr, als Artikel 19 lit. a UN-BRK Ausdruck des Grundsatzes der Nichtdis-

61 Während die englische Textfassung des Zivilpaktes von »right« spricht, ist in Art. 19 UN-BRK lediglich von »opportunity« die Rede. Siehe dazu auch Ad Hoc-Ausschuss (2006), S. 3: Nachdem danach Österreich im Auftrag der EU vorgeschlagen hatte, das Wort »opportunity« in Art. 19 lit. a durch »right« zu ersetzen, stellte der Ausschussvorsitzende klar, dass nach dem Vorschlag der EU »right« lediglich für Art. 19 lit. a gilt und nicht für alle Bestandteile des Chapeau. Bereits vor diesem Hintergrund ist davon auszugehen, dass Art. 19 lit. a nicht hinter Art. 12 Abs. 1 Zivilpakt zurückbleiben soll. Dafür spricht auch Art. 4 Abs. 4 Satz 1 UN-BRK, wonach dieses Übereinkommen zur Verwirklichung der Rechte von Menschen mit Behinderungen besser geeignete Bestimmungen, die im Recht eines Vertragsstaats oder in dem für diesen Staat geltenden Völkerrecht enthalten sind, unberührt lässt. Gemäß Art. 4 Abs. 4 Satz 2 UN-BRK dürfen die in einem Vertragsstaat durch Gesetze, Übereinkommen, Verordnungen oder durch Gewohnheitsrecht anerkannten oder bestehenden Menschenrechte und Grundfreiheiten »nicht unter dem Vorwand beschränkt oder außer Kraft gesetzt werden, dass dieses Übereinkommen derartige Rechte oder Freiheiten nicht oder nur in einem geringeren Ausmaß anerkenne.« Im Verhältnis von Art. 12 Abs. 1 Zivilpakt und Art. 19 lit. a UN-BRK gilt daher im Zweifel eine Art Günstigkeitsprinzip. Auch der Wortlaut des Art. 19 UN-BRK, der im Chapeau das »gleiche Recht« (»equal right«) aller Menschen mit Behinderungen, mit gleichen Wahlmöglichkeiten wie andere Menschen in der Gemeinschaft zu leben«, festschreibt, um im Rahmen der Gewährleistungspflicht des Art. 19 lit. a diese Wahlmöglichkeit aufzugreifen und hinsichtlich des Aufenthaltsortes und der Wohnform zu konkretisieren, stützt dieses Ergebnis.

62 Siehe oben II.3.

63 Ebenso Lachwitz / Trenk-Hinterberger (2010), S. 50-51; Masuch (2011), S. 260; anders Landessozialgericht Hamburg, Beschluss vom 26.05.2010, Aktenzeichen L 4 SO 2/10 B ER.

64 Bundesverwaltungsgericht, Urteil vom 04.06.1991, Aktenzeichen 1 C 42/88, Rdnr. 14 (nach juris); Streinz (2011), Art. 59, Rdnr. 68.

65 Siehe oben II.1.b).

66 Vgl. auch Masuch (2011), S. 260.

kriminierung ist[67], der schon für sich genommen ebenso eine unmittelbare Anwendbarkeit völkerrechtlicher Normen begründet wie ihr Wesensgehalt.[68]

2. *Legislative Eingriffe in die freie Wahl des Aufenthaltsortes und der Wohnform*

Zweifel bezüglich der Vereinbarkeit des nationalen Rechts mit Artikel 19 lit. a UN-BRK bestehen nun unter anderem im Hinblick auf relevante Normen des Sozialrechts.

a) Der Mehrkostenvorbehalt des § 13 Absatz 1 Satz 3 in Verbindung mit §§ 53 ff. SGB XII

Nach § 13 Absatz 1 Satz 3 SGB XII gilt der Vorrang der ambulanten vor (teil-) stationären Leistungen nicht, »wenn eine Leistung für eine geeignete stationäre Einrichtung zumutbar und eine ambulante Leistung mit unverhältnismäßigen Mehrkosten verbunden ist.«

Die Zumutbarkeit wird vom Sozialhilfeträger anhand der in § 13 Absatz 1 Satz 5 SGB XII genannten Kriterien geprüft[69], so dass Menschen mit Behinderungen in ihrem Recht, ihren Aufenthaltsort zu wählen, beschränkt, insbesondere – entgegen Artikel 19 lit. a UN-BRK – gezwungen werden können, in stationären Einrichtungen zu leben.[70]

Gleiches gilt auch in Bezug auf den in § 13 Absatz 1 Satz 3 SGB XII formulierten Mehrkostenvorbehalt.[71] Dies vor allem deshalb, weil Artikel 19 lit. a UN-BRK nicht unter Ressourcenvorbehalt steht.[72] Zum einen ist ein solcher lediglich für wirtschaftliche, soziale und kulturelle Rechte geregelt, nicht hingegen für bürgerliche und politische Rechte.[73] Zum anderen sieht die Konvention einen Kostenvorbehalt zwar im Rahmen »angemessener Vorkehrungen«[74] im Sinne des Artikels

67 Siehe oben II.3.
68 Dazu etwa von Bernstorff (2007), S. 1051; von Bernstorff (2011), S. 214, 215; Aichele (2010), S. 18; Degener (2009b), S. 217; Schneider (2004), S. 32; Masuch (2011), S. 250. Zum Wesensgehalt vgl. oben II.3.
69 Beispielhaft Kruse (2009), § 13, Rdnr. 8; Wahrendorf (2010), § 13, Rdnr. 18-27; Höfer / Krahmer (2012), § 13, Rdnr. 9.
70 Dazu Lachwitz / Trenk-Hinterberger (2010), S. 51, 52; Degener (2009a), S. 46.
71 Vgl. Lachwitz (2010), S. 135.
72 Vgl.: Lachwitz / Trenk-Hinterberger (2010), S. 49-50, 52.
73 Vgl. Art. 4 Abs. 1 und 2 UN-BRK.
74 In der englischen Textfassung ist von »reasonable accomodation« die Rede.

2 Unterabsatz 4 UN-BRK, nicht aber bei »wirksamen und geeigneten Maßnahmen«[75] im Sinne des Artikels 19 UN-BRK vor.[76]

b) Der Erforderlichkeitsvorbehalt des § 9 Absatz 2 Satz 2 in Verbindung mit §§ 53 ff. SGB XII

Gemäß § 9 Absatz 2 Satz 2 SGB XII soll Wünschen der Leistungsberechtigten, den Bedarf stationär oder teilstationär zu decken, nur entsprochen werden, »wenn dies nach der Besonderheit des Einzelfalls erforderlich ist, weil anders der Bedarf nicht oder nicht ausreichend gedeckt werden kann, und wenn mit der Einrichtung Vereinbarungen nach den Vorschriften des Zehnten Kapitels dieses Buches bestehen.« Die Erforderlichkeitsprüfung obliegt wiederum dem Leistungsträger[77], so dass die durch Artikel 19 lit. a UN-BRK gewährte Wahlfreiheit in Bezug auf den Aufenthaltsort ebenfalls eingeschränkt werden kann.[78]

Zwar ließe sich hier einwenden, dass der Grundsatz des Vorrangs ambulanter vor (teil-) stationären Leistungen[79], auf dem § 9 Absatz 2 Satz 2 SGB XII fußt, einen Konflikt mit der UN-BRK schon deshalb nicht hervorzurufen geeignet ist, weil die Wahlfreiheit des Artikels 19 lit. a gemäß dem Chapeau des Artikels 19 nicht zuletzt auch einer Erleichterung der vollen Einbeziehung in die Gemeinschaft und Teilhabe an der Gemeinschaft zu dienen bestimmt ist, die augenscheinlich in ambulanten Wohnformen besser zu realisieren ist als in stationären. Eine solche Argumentation verkennte indes, dass die Wahlfreiheit die Teilhabe an der Gemeinschaft bei entsprechendem Willen der Betroffenen bewirken soll, jedoch andernfalls nicht oktroyieren darf. Dieses Verständnis ist in Artikel 19 lit. a selbst angelegt, an dessen Ende es heißt, dass Menschen mit Behinderungen nicht verpflichtet sind, in besonderen Wohnformen zu leben, was im Umkehrschluss bedeutet, dass sie dazu aber durchaus berechtigt sind.[80] Hinzu kommt, dass die freie Wahl einer (teil-)stationären Wohnform keinesfalls die Teilhabe an der Gemeinschaft ausschließen muss, wenn im konkreten Einzelfall ein dahingehender Wunsch besteht. Denn Teilhabe ist kein objektiv bestimmbarer, statischer Begriff, sondern in starkem Maße von subjektiven Vorstellungen jeder und jedes Einzelnen

75 In der englischen Textfassung ist von »effective and appropriate measures« die Rede.
76 Lachwitz / Trenk-Hinterberger (2010), S. 50. Diese Auslegung ergibt sich schon aus der unterschiedlichen Bedeutung der Wortlaute. Die Maßnahmen nach Art. 19 UN-BRK müssen lediglich »wirksam und geeignet« sein, werden mithin gerade keiner Kosten-Nutzen-Analyse unterzogen, wie sie dagegen das Wort »angemessen« impliziert.
77 Vgl. Wahrendorf (2010), § 9, Rdnr. 33.
78 Ebenso Lachwitz / Trenk-Hinterberger (2010), S. 51.
79 § 13 Abs. 1 Satz 2 SGB XII.
80 Siehe bereits oben II.1.b).

geprägt.[81] Schließlich ist zu berücksichtigen, dass der Vorrang ambulanter Leistungen nach § 13 Absatz 1 Satz 2 SGB XII mit Blick auf die sich in Satz 3 unmittelbar anschließende Ausnahme weniger dem Ziel einer größtmöglichen Teilhabe an der Gemeinschaft folgt, welches Artikel 19 unter anderem vor Augen hat, als vielmehr finanzpolitischen Erwägungen[82], die ihrerseits nicht geeignet sind, Artikel 19 lit. a einzuschränken.[83]

c) Das Kriterium der Erforderlichkeit nach § 43 Absatz 4 SGB XI

Wählen Pflegebedürftige[84] gemäß § 43 Absatz 4 SGB XI »vollstationäre Pflege, obwohl dies nach Feststellung der Pflegekasse nicht erforderlich ist, erhalten sie zu den pflegebedingten Aufwendungen einen Zuschuss in Höhe des in § 36 Absatz 3 für die jeweilige Pflegestufe vorgesehenen Gesamtwertes.« Die Erforderlichkeitsprüfung durch die Pflegekasse kann unter entsprechender Einbeziehung der im Rahmen des § 9 Absatz 2 Satz 2 SGB XII erfolgten Argumentation[85] abermals eine Einschränkung der Wahlfreiheit von Menschen mit Behinderungen aus Artikel 19 lit. a UN-BRK darstellen.[86]

d) Die Gewährung von Heimpflege gemäß § 44 Absatz 1 und 5 SGB VII als Ermessenstatbestand

Nach § 44 Absatz 1 SGB VII wird Heimpflege gewährt, »solange Versicherte infolge des Versicherungsfalls so hilflos sind, dass sie für die gewöhnlichen und regelmäßig wiederkehrenden Verrichtungen im Ablauf des täglichen Lebens in erheblichem Umfang der Hilfe bedürfen«. Die Heimpflege im Sinne der erforderlichen Hilfe mit Unterkunft und Verpflegung in einer geeigneten Einrichtung »kann« auf Antrag der Versicherten erbracht werden[87]. Folgt man der Annahme, dass der Begriff der »Hilflosigkeit« dem der »Pflegebedürftigkeit« im Sinne des

81 Beispielhaft Welti (2010c), § 2, Rdnr. 31.
82 Zu dem Normzweck des § 13 Abs. 1 Satz 2 SGB XII etwa Wahrendorf (2010), § 13, Rdnr. 16; Roscher (2012), § 9, Rdnr. 33.
83 Vgl. oben III.2.a).
84 Zur Behinderung als notwendige Voraussetzung der Pflegebedürftigkeit Welti (2005), S. 53; Welti (2010a), S. 41; Welti (2010b), S. 49; Klie (2009), § 14, Rdnr. 5.
85 Siehe oben III.2.b).
86 Vgl. Lachwitz / Trenk-Hinterberger (2010), S. 51.
87 Vgl. § 44 Abs. 5 SGB VII.

§ 14 SGB XI entspricht[88], ist im Rahmen der Heimpflege nach dem SGB VII von einem längerfristigen, nicht nur vorübergehenden Aufenthalt in der entsprechenden stationären Einrichtung auszugehen und wird diese zum »Aufenthaltsort« im Sinne des Artikels 19 lit. a UN-BRK.[89] Das Auswahlermessen, das § 44 Absatz 5 SGB VII dem Unfallversicherungsträger bezüglich der Art der Pflege einräumt, kann in Anbetracht dessen in einer die Wahlfreiheit von Menschen mit Behinderungen einschränkenden Weise ausgeübt werden, dies umso mehr, als die Ermessensausübung in der Regel dem Grundsatz »ambulant vor stationär«, der Ausdruck des Wirtschaftlichkeitsgebots ist[90], folgen wird und somit einem quasi-verdeckten Ressourcenvorbehalt unterliegt, dem Artikel 19 lit. a UN-BRK nicht zugänglich ist[91].

e) Das Wunsch- und Wahlrecht nach § 36 Absatz 1 in Verbindung mit § 78a Absatz 1 Nr. 5, § 35a Absatz 2 Nr. 2, 4 SGB VIII

Gemäß § 36 Absatz 1 Satz 4 SGB VIII ist der Wahl und den Wünschen der leistungsberechtigten Person zu entsprechen, »sofern sie nicht mit unverhältnismäßigen Mehrkosten verbunden sind«.[92] Wünscht die leistungsberechtigte Person die Erbringung einer der in § 78a SGB VIII genannten Leistungen in einer Einrichtung, mit deren Träger keine Vereinbarungen nach § 78b SGB VIII bestehen, so soll »der Wahl nur entsprochen werden, wenn die Erbringung der Leistung in dieser Ein-

88 Unter Berufung auf die Begründung der Bundesregierung (Deutscher Bundestag (1995), S. 86), wonach § 44 Abs. 1 SGB VII den Begriff der Pflegebedürftigkeit in Anlehnung an das Pflegeversicherungsgesetz (§ 14 SGB XI) definiert: Bundessozialgericht, Urteil vom 26.06.2001, Aktenzeichen B 2 U 28/00 R, Rdnr. 22 (nach juris); Urteil vom 10.10.2006, Aktenzeichen B 2 U 41/05 R, Rdnr. 16; kritisch etwa Fischer (2009), § 44, Rdnr. 27, der nicht auf § 14 Abs. 1 Satz 1 SGB XI rekurrieren würde, welcher einen dauerhaften, voraussichtlich mindestens sechs Monate dauernden, Hilfebedarf erfordert, sondern auf den weiter gefassten § 61 Abs. 1 SGB XII, der auch einen Hilfebedarf von voraussichtlich weniger als sechs Monaten berücksichtigt und zudem in Absatz 3 neben den in § 14 Abs. 2 SGB XI abschließend genannten Krankheiten oder Behinderungen auch andere Krankheiten oder Behinderungen genügen lässt, infolge deren Personen hilfebedürftig sind.

89 Darin unterscheiden sich die hier genannten Fälle von Einschränkungen der Wahlfreiheit bei – lediglich vorübergehenden – Leistungen zur medizinischen Rehabilitation, zum Beispiel nach § 40 Abs. 2 Satz 2 SGB V, § 15 Abs. 2 Satz 3 SGB VI oder § 33 Abs. 1 und 3 SGB VII.

90 Fischer (2009), § 44, Rdnr. 63.

91 Siehe oben III.2.a).

92 Siehe dazu Meysen (2001), § 36, Rdnr. 20, wonach aufgrund einer aus der Freiwilligkeit der Inanspruchnahme von Leistungen nach dem SGB VIII abzuleitenden »Mitgestaltungsmöglichkeit der Leistungsberechtigten hinsichtlich der Art der Hilfe … einer Wahl der Hilfeart Einrichtung anstelle einer vom JA [Jugendamt] präferierten Unterbringung in einer Pflegefamilie der Mehrkostenvorbehalt nicht entgegengehalten werden [kann].«; anders hingegen Schmid-Obkirchner (2011), § 36, Rdnr. 43, wonach die »Grenze für die Akzeptanz der Wahl und der Wünsche … die unvertretbaren Mehrkosten [bilden]«.

richtung nach Maßgabe des Hilfeplanes nach Absatz 2 geboten ist.«[93] Unbeschadet des an sich nach Artikel 19 lit. a UN-BRK unzulässigen Mehrkostenvorbehalts[94] muss hier eine Einschränkung des Rechts auf freie Wahl des Aufenthaltsortes und der Wohnform aus Artikel 19 lit. a UN-BRK durch § 36 Absatz 1 Satz 5 SGB VIII verneint werden, weil ein Hilfeplan durch das Zusammenwirken aller Beteiligten – das heißt nicht fremdbestimmt – zustande kommt.[95]

IV. Überwindung der Normkollisionen

Nach dem Grundsatz der Völkerrechtsfreundlichkeit sind sowohl Verfassungs- als auch einfaches Recht völkerrechtskonform zu interpretieren.[96] Die Grenzen völkerrechtskonformer Interpretation bilden Wortlaut und erkennbarer Zweck der infrage stehenden Norm.[97]

Bei einer Reduktion des den Leistungsträgern in den unter III.2. geprüften Normen gesetzlich zugestandenen Beurteilungsspielraums[98] und Ermessensspielraums[99] dahingehend, dass bei divergierender Interessenlage der Betroffenen und der Leistungsträger der Entscheidung der Vorzug gegeben werden muss, die dem Wohl der Betroffenen unter Einbeziehung der interdependenten Ziele der Autonomie und Teilhabe[100] am besten entspricht, erscheinen diese Regelungen einer völkerrechtskonformen Interpretation zugänglich. Beurteilungs- und Ermessensspielraum der Leistungsträger würden danach im Zweifel auf null reduziert.

Wenn und soweit man demgegenüber davon ausgeht, dass bei den unter III.2. angesprochenen Regelungen die durch Artikel 19 lit. a UN-BRK implementierte Wahlfreiheit, die nicht unter Ressourcenvorbehalt steht, von deren Wortlaut und erkennbarem Zweck nicht mehr erfasst wird, stellte eine Interpretation dieser Vorschriften im Sinne des Artikels 19 UN-BRK eine – unzulässige – Auslegung gegen

93 § 36 Abs. 1 Satz 5 SGB VIII.
94 Siehe oben III.2.a).
95 Vgl. § 36 Abs. 2 und 3 SGB VIII.
96 Exemplarisch Geiger (2010), S. 163, 170-171; Sommermann (2010), Art. 20, Rdnr. 254; konkret in Bezug auf die UN-BRK BVerfG, Beschluss vom 23.03.2011, Aktenzeichen 2 BvR 882/09, Rdnr. 52 (nach juris).
97 Siehe etwa Sommermann (2010), Art. 20, Rdnr. 254; Lachwitz / Trenk-Hinterberger (2010), S. 52.
98 Siehe § 13 Abs. 1 Satz 3 und § 9 Abs. 2 Satz 2 in Verbindung mit §§ 53 ff. SGB XII und § 43 Abs. 4 SGB XI.
99 Siehe § 44 Abs. 1 und 5 SGB VII.
100 Dazu oben I.

das Gesetz (contra legem)[101] dar.[102] Dann wäre der Grundsatz »lex posterior derogat legi priori«[103] heranzuziehen, der Verwaltung und Gerichte zu einer Anwendung der völkerrechtlichen Norm des Artikels 19 UN-BRK als Entscheidungsgrundlage verpflichtete.[104]

Eine konsistente Handlungsgrundlage in Form parlamentarischen Gesetzesrechts ließe sich dann nur durch eine Änderung respektive Anpassung der mit Artikel 19 UN-BRK kollidierenden Normen schaffen. Entsprechendes gilt letztlich auch für die Auslegungsvariante, weil der Normgehalt durch die vorzunehmende Reduktion des Beurteilungs- und Ermessensspielraums ohnehin modifiziert würde und zudem die Gefahr bestünde, Rechtsunsicherheiten durch eine unterschiedliche Auslegungspraxis zu generieren.

V. Schluss

Vor dem Hintergrund der aktuellen Gesetzeslage besteht jedenfalls aus sozialrechtlicher Perspektive im Bereich der rechtlichen Handlungsfähigkeit nach Artikel 12 UN-BRK in der Ausgestaltung, die diese durch Artikel 19 lit. a UN-BRK im Hinblick auf die freie Wahl des Aufenthaltsortes und der Wohnform erfahren hat, ein nicht unerheblicher Handlungsbedarf des Gesetzgebers, um im Sinne der Widerspruchsfreiheit der Rechtsordnung solche Normen anzupassen, die einen Eingriff in Artikel 19 lit. a bewirken.

Die volle Entfaltung der rechtlichen Handlungsfähigkeit kann dabei nur auf dem Boden faktischer Handlungsfreiheit gelingen, deren Herstellung – und dies führt zu der Interdependenz zwischen Selbstbestimmung und Teilhabe zurück[105] – flankierende Maßnahmen erforderlich macht, um Menschen mit Behinderungen gleichberechtigt mit anderen den Zugang zu gemeindenahen Unterstützungsdiensten zu ermöglichen[106] und sicherzustellen, dass ihnen gemeindenahe Dienstleis-

101 Gegen das Gesetz ist eine Auslegung, die mit Wortlaut und klar erkennbarem Willen des Gesetzgebers nicht mehr im Einklang steht. Am Beispiel der verfassungskonformen Auslegung mit entsprechenden Nachweisen aus der Rechtsprechung des BVerfG und der Literatur Starck (2010), Art. 1, Rdnr. 328.

102 Lachwitz / Trenk-Hinterberger (2010), S. 52.

103 Danach geht im Falle der Kollision gleichrangiger Normen – vorliegend stehen sowohl die in den Blick genommenen Regelungen des Sozialrechts als auch die UN-BRK im Rang einfachen Bundesrechts – die jüngere der älteren Norm vor. Im Sinne einer »materiellen Derogation« vgl. Bydlinski (1982), S. 572; vgl. ferner Zeller (1989), § 11, N 120; vgl. auch Geiger (2010), S. 160; Rüthers / Fischer / Birk (2011), Rdnr. 772.

104 Vgl. Lachwitz / Trenk-Hinterberger (2010), S. 52.

105 Siehe oben I.

106 Vgl. Art. 19 lit. b UN-BRK.

tungen und Einrichtungen für die Allgemeinheit gleichermaßen zur Verfügung stehen[107].

Literaturverzeichnis

Aichele, Valentin (2008): Die UN-Behindertenrechtskonvention und ihr Fakultativprotokoll – Ein Beitrag zur Ratifikationsdebatte. Policy Paper Nr. 9. Berlin: Deutsches Institut für Menschenrechte.

Aichele, Valentin (2010): Behinderung und Menschenrechte: Die UN-Konvention über die Rechte von Menschen mit Behinderungen. In: Aus Politik und Zeitgeschichte 2010 (33), S. 13-19.

Aichele, Valentin / Jochen von Bernstorff (2010): Das Menschenrecht auf gleiche Anerkennung vor dem Recht: Zur Auslegung von Art. 12 der UN-Behindertenrechtskonvention. In: Betreuungsrechtliche Praxis 2010 (5), S. 199-203.

Arnade, Sigrid (2011): Entstehung, Bedeutung und Umsetzung der UN-Behindertenrechtskonvention: Eine Einführung mit besonderer Würdigung der Rechte von Frauen mit Behinderung. Vortrag im Rahmen der Ringvorlesung »Behinderung ohne Behinderte?! Perspektiven der Disability Studies«. Universität Hamburg, 11.07.2011. http://www.zedis.uni-hamburg.de/wp-content/uploads/arnade_11072011.pdf.

Banafsche, Minou (2012): Art. 19 – Unabhängige Lebensführung und Einbeziehung in die Gemeinschaft. In: Welke, Antje (Hg.): UN-Behindertenrechtskonvention mit rechtlichen Erläuterungen. Berlin: Deutscher Verein für öffentliche und private Fürsorge e.V., S. 150-163.

von Bernstorff, Jochen (2007): Menschenrechte und Betroffenenrepräsentation: Entstehung und Inhalt eines UN-Antidiskriminierungsübereinkommens über die Rechte von behinderten Menschen. In: Zeitschrift für ausländisches öffentliches Recht und Völkerrecht 67, S. 1041-1063.

von Bernstorff, Jochen (2011): Anmerkungen zur innerstaatlichen Anwendbarkeit ratifizierter Menschenrechtsverträge: Welche Rechtswirkungen erzeugt das Menschenrecht auf inklusive Schulbildung aus der UN-Behindertenrechtskonvention im deutschen Sozial- und Bildungsrecht? In: Recht der Jugend und des Bildungswesens 2011 (2), S. 203-217.

Bielefeldt, Heiner (2009): Zum Innovationspotenzial der UN-Behindertenrechtskonvention. Essay Nr. 5. 3. Auflage. Berlin: Deutsches Institut für Menschenrechte.

Budde, Wolfgang / Frank Früchtel (2007): Sozialraumorientierte soziale Arbeit – ein Modell zwischen Lebenswelt und Steuerung. In: Nachrichtendienst des Deutschen Vereins 2005 (7), S. 238-242.

Busch, Dörte (2009): Kommentierung zu § 55. In: Werner Feldes / Wolfhard Kohte / Eckart Stevens-Bartol (Hg.): SGB IX: Sozialgesetzbuch Neuntes Buch. Frankfurt am Main: Bund.

Bydlinski, Franz (1982): Juristische Methodenlehre und Rechtsbegriff. Wien: Springer Vienna.

107 Vgl. Art. 19 lit. c UN-BRK.

Degener, Theresia (2009a): Welche legislativen Herausforderungen bestehen in Bezug auf die nationale Implementierung der UN-Behindertenrechtskonvention in Bund und Ländern? In: Behindertenrecht 2009 (2), S. 34-52.

Degener, Theresia (2009b): Die UN-Behindertenrechtskonvention als Inklusionsmotor. In: Recht der Jugend und des Bildungswesens 2009 (2), S. 200-219.

Degener, Theresia (2010): Die UN-Behindertenrechtskonvention – Grundlage für eine neue inklusive Menschenrechtstheorie. In: Vereinte Nationen 2010 (2), S. 57-63.

Ellenberger, Jürgen (2012): Einführung vor § 104 BGB. In: Otto Palandt (Begr.): Bürgerliches Gesetzbuch: BGB. 71. Auflage. München: C.H. Beck.

Fischer, Claudius (2009): Kommentierung zu § 44. In: Rainer Schlegel / Thomas Voelzke / Stephan Brandenburg (Hg.): juris PraxisKommentar SGB VII – Gesetzliche Unfallversicherung. Saarbrücken: juris.

Frühauf, Theo (2008): Von der Integration zur Inklusion – ein Überblick. In: Andreas Hinz / Ingrid Körner/ Ulrich Niehoff (Hg.): Von der Integration zur Inklusion: Grundlagen – Perspektiven – Praxis, Marburg: Lebenshilfe-Verlag, S. 11-32.

Geiger, Rudolf (2010): Grundgesetz und Völkerrecht. 5. Auflage. München: C.H. Beck.

Höfer, Sven /Utz Krahmer (2012): Kommentierung zu § 13 In: Renate Bieritz-Harder / Wolfgang Conradis/ Stephan Thie (Hg.): Sozialgesetzbuch XII. Sozialhilfe. Lehr- und Praxiskommentar. 9. Auflage. Baden-Baden: Nomos.

Jarass, Hans / Bodo Pieroth (2011): Grundgesetz für die Bundesrepublik Deutschland. 11. Auflage. München: C.H. Beck.

Klein, Eckart (2005): Die Allgemeinen Bemerkungen und Empfehlungen der VN-Vertragsorgane. In: Deutsches Institut für Menschenrechte (Hg.): Die »General Comments« zu den VN-Menschenrechtsverträgen – Deutsche Übersetzung und Kurzeinführungen. Baden-Baden: Nomos, S. 19-31.

Klie, Thomas (2009): Kommentierung zu § 14. In: Thomas Klie / Utz Krahmer (Hg.): Sozialgesetzbuch XI. Soziale Pflegeversicherung. Lehr- und Praxiskommentar. 3. Auflage: Baden-Baden: Nomos.

Kruse, Jürgen (2009): Kommentierung zu § 13. In: Jürgen Kruse / Hans-Joachim Reinhard / Jürgen Winkler / Sven Höfer / Clarita Schwengers (Hg.): SGB XII. Sozialhilfe. Kommentar. 2. Auflage. München: C.H. Beck.

Lachwitz, Klaus (2010): Die Reform der Eingliederungshilfe nimmt Fahrt auf. Bundesländer fordern Gesetzesnovelle vor Abschluss der Legislaturperiode. In: Rechtsdienst der Lebenshilfe 2010 (4), S. 135-138.

Lachwitz, Klaus / Peter Trenk-Hinterberger (2010): Zum Einfluss der Behindertenrechtskonvention (BRK) der Vereinten Nationen auf die deutsche Rechtsordnung – Versuch einer Darstellung am Beispiel des Art. 19 BRK (Unabhängige Lebensführung und Einbeziehung in die Gemeinschaft). In: Rechtsdienst der Lebenshilfe 2010 (2), S. 45-52.

Marquard, Peter (2002): Rahmenbedingungen für eine soziale Infrastrukturpolitik: Beteiligung, Dienstleistung und Sozialraumorientierung – Thesen zu Rahmenbedingungen und Praxisproblemen für Teilhabe der Betroffenen in der Sozialen Arbeit. In: Zentralblatt für Jugendrecht 89 (1), S. 18-22.

Masuch, Peter (2011): Die UN-Behindertenrechtskonvention anwenden! In: Christine Hohmann-Dennhardt / Peter Masuch / Mark Villiger (Hg.): Festschrift für Renate Jaeger. Grundrechte und Solidarität – Durchsetzung und Verfahren. Kehl am Rhein: Engel, S. 245-263.

Meysen, Thomas (2009): Kommentierung zu § 36. In: Johannes Münder / Thomas Meysen / Thomas Trenczek (Hg.): Frankfurter Kommentar SGB VIII. Kinder- und Jugendhilfe. 6. Auflage. Baden-Baden: Nomos.

Münder, Johannes (2001): Sozialraumorientierung und das Kinder- und Jugendhilferecht – Rechtsgutachten im Auftrag von IGfH und SOS-Kinderdorf e.V. In: Sozialpädagogisches Institut im SOS-Kinderdorf e.V. (Hg.): Sozialraumorientierung auf dem Prüfstand – Rechtliche und sozialpädagogische Bewertungen zu einem Reformprojekt in der Jugendhilfe. München: Sozialpädagogisches Institut im SOS-Kinderdorf e.V., S. 6-124.

Nellissen, Gabriele (2006): Sozialraumorientierung im aktivierenden Sozialstaat – Eine wettbewerbs-, sozial- und verfassungsrechtliche Analyse. Baden-Baden: Nomos.

Niaz, Anisa (o.J.): Freedom of movement within state territory. In: Legislation Online. http://www.legislationline.org/topics/subtopic/44/topic/10.

Nowak, Manfred (1989): UNO-Pakt über bürgerliche und politische Rechte und Fakultativprotokoll – CCPR-Kommentar. Kehl am Rhein: Engel.

Nowak, Manfred (2005): U.N. Covenant on Civil and Political Rights – CCPR Commentary. 2. Auflage. Kehl am Rhein: Engel.

Riedel, Eibe (2010): Zur Wirkung der internationalen Konvention über die Rechte von Menschen mit Behinderung und ihres Fakultativprotokolls auf das deutsche Schulsystem. Mannheim/Genf.

Riedel, Eibe / Sven Söllner (2006): Studiengebühren im Lichte des UN-Sozialpakts. In: Juristenzeitung 2006 (6), S. 270-277.

Roscher, Falk (2012): Kommentierung zu § 9. In: Renate Bieritz-Harder / Wolfgang Conradis / Stephan Thie (Hg.): Sozialgesetzbuch XII. Sozialhilfe. Lehr- und Praxiskommentar. 9. Auflage. Baden-Baden: Nomos.

Rothfritz, Lauri Philipp (2010): Die Konvention der Vereinten Nationen zum Schutz der Rechte von Menschen mit Behinderungen – Eine Analyse unter Bezugnahme auf die deutsche und europäische Rechtsebene. Frankfurt am Main: Peter Lang.

Rüthers, Bernd / Christian Fischer / Axel Birk (2011): Rechtstheorie mit Juristischer Methodenlehre. 6. Auflage. München: C.H. Beck.

Schmid-Obkirchner, Heike (2011): Kommentierung zu § 36. In: Reinhard Wiesner (Hg.): SGB VIII. Kinder- und Jugendhilfe. 4. Auflage. München: C.H. Beck.

Schneider, Jakob (2004): Die Justiziabilität wirtschaftlicher, sozialer und kultureller Menschenrechte. Berlin: Deutsches Institut für Menschenrechte.

Schnurr, Johannes (2005): Der Einzelfall, der Sozialraum und die Endlichkeit von Ressourcen – Praxiserfahrungen bei der Einführung sozialräumlicher Konzepte in der Jugendhilfe. In: Zentralblatt für Jugendrecht 92 (3), S. 99-104.

Sommermann, Karl-Peter (2010): Kommentierung zu Art. 20. In: Hermann von Mangoldt / Friedrich Klein/ Christian Starck (Hg.): Kommentar zum Grundgesetz. Band 2, 6. Auflage. München: Franz Vahlen.

Starck, Christian (2010): Kommentierung zu Art. 1. In: Hermann von Mangoldt / Friedrich Klein / Christian Starck (Hg.): Kommentar zum Grundgesetz. Band 1, 6. Auflage. München: Franz Vahlen.

Steiner, Henry J. / Philip Alston / Ryan Goodman (2007): International Human Rights in Context – Law, Politics, Morals. 3. Auflage. Oxford: Oxford University Press.

Streinz, Rudolf (2011): Kommentierung zu Art. 59. In: Michael Sachs (Hg.): Grundgesetz: GG. 6. Auflage. München: C.H. Beck.

Tomuschat, Christian (1992): Die staatsrechtliche Entscheidung für die internationale Offenheit. in: Josef Isensee / Paul Kirchhof (Hg.): Handbuch des Staatsrechts der Bundesrepublik Deutschland. Band 7, Heidelberg: Müller, § 172.

Tomuschat, Christian (Hg.) (2002): Menschenrechte – Eine Sammlung internationaler Dokumente zum Menschenrechtsschutz. 2. Auflage. Bonn: UNO-Verlag.

Wahrendorf, Volker (2010): Kommentierungen zu § 9 und § 13. In: Christian Grube / Volker Wahrendorf (Hg.): SGB XII. Sozialhilfe mit Asylbewerberleistungsgesetz. Kommentar. 3. Auflage. München: C.H. Beck.

Wansing, Gudrun (2005): Teilhabe an der Gesellschaft – Menschen mit Behinderung zwischen Inklusion und Exklusion. Wiesbaden: Verlag für Sozialwissenschaften.

Wansing, Gudrun (2012): Der Inklusionsbegriff in der Behindertenrechtskonvention. In: Welke, Antje (Hg.): UN-Behindertenrechtskonvention mit rechtlichen Erläuterungen. Berlin: Deutscher Verein für öffentliche und private Fürsorge e.V., S. 93-103.

Welti, Felix (2005): Behinderung und Rehabilitation im sozialen Rechtsstaat – Freiheit, Gleichheit und Teilhabe behinderter Menschen. Tübingen: Mohr Siebeck.

Welti, Felix (2010a): Das Spannungsfeld von Pflege und Behinderung. In: Sozialer Fortschritt 2010 (2), S. 39-46.

Welti, Felix (2010b): Bietet das SGB IX einen geeigneten Rahmen für Teilhabe und Pflege? In: Archiv für Wissenschaft und Praxis der sozialen Arbeit 2010 (3), S. 46-62.

Welti, Felix (2010c): Kommentierung zu § 2. In: Klaus Lachwitz / Walter Schellhorn/ Felix Welti (Hg.): Handkommentar zum Sozialgesetzbuch IX: Rehabilitation und Teilhabe behinderter Menschen. 3. Auflage. Köln: Luchterhand.

Zeller, Ernst (1989): Auslegung von Gesetz und Vertrag – Methodenlehre für die juristische Praxis. Zürich: Schulthess.

Materialverzeichnis

ASMK (Konferenz der Ministerinnen und Minister, Senatorinnen und Senatoren für Arbeit und Soziales der Länder) (2009): Beschlussprotokoll der 86. Konferenz, 25./26.11.2009.

Bund-Länder-Arbeitsgruppe (»Weiterentwicklung der Eingliederungshilfe für Menschen mit Behinderungen« der ASMK) (2009): Eckpunkte für die Reformgesetzgebung Eingliederungshilfe im SGB XII.

Danish Institute for Human Rights (2003): Discussion Paper on Founding Principles of Convention on Rights of Persons with Disabilities. 26.05.2003. http://www.un.org/esa/socdev/enable/rights/a_ac265_2003_crp9.htm.

Deutscher Bundestag (1995): Gesetzesentwurf der Bundesregierung: Entwurf eines Gesetzes zur Einordnung des Rechts der gesetzlichen Unfallversicherung in das Sozialgesetzbuch (Unfallversicherungs-Einordnungsgesetz – UVEG). Bundestags-Drucksache 13/2204 vom 24.08.1995.

Deutscher Bundestag (2008): Gesetzesentwurf der Bundesregierung: Entwurf eines Gesetzes zu dem Übereinkommen der Vereinten Nationen vom 13. Dezember 2006 über die Rechte von Menschen mit Behinderungen sowie zu dem Fakultativprotokoll vom 13. Dezember 2006 zum Übereinkommen der Vereinten Nationen über die Rechte von Menschen mit Behinderungen. Bundestags-Drucksache 16/10808 vom 08.11.2008.

Konferenz der Vertragsstaaten der UN-BRK (2010): Article 19 – Background Paper. Dok. CRPD/CSP/2010/CRP.3 vom September 2010.

Netzwerk Artikel 3 e.V. (2009): Übereinkommen über die Rechte von Menschen mit Behinderungen. Schattenübersetzung des Netzwerks Artikel 3 e.V. Korrigierte Fassung der zwischen Deutschland, Liechtenstein, Österreich und der Schweiz abgestimmten Übersetzung. http://www.netzwerk-artikel-3.de/attachments/093_schattenuebersetzung-endgs.pdf.

UN-Ad Hoc-Ausschuss (2006): Daily Summary of Discussion at the seventh session, 20 January 2006. http://www.un.org/esa/socdev/enable/rights/ahc7docs/ahc7sum20jan.doc.

UN-Fachausschuss für wirtschaftliche, soziale und kulturelle Rechte (1999): General Comment No. 12. The right to adequate food (art. 11). UN Dok. CESCR E/C.12/1999/5 vom 12.05.1999.

UN-Menschenrechtsausschuss (1999): General Comment No. 27. Article 12 (Freedom of movement). UN Dok. CCPR/C/21/Rev. 1/Add.9 vom 02.11.1999.

UN-Menschenrechtsausschuss (2004): General Comment No. 31. The nature of the general legal obligation imposed on States parties. UN Dok. CCPR/C/21/Rev. 1/Add.13 vom 26.05.2004.

UN-Menschenrechtskommission (2001): Written statement submitted by the Norwegian Refugee Council, a non-governmental organization in special consultative status. UN Dok. E/CN.4/2001/NGO/129 vom 19.01.2001.

Die Regelung zur Einwilligung Betreuender in die Sterilisation als Verstoß gegen die UN-BRK

Oliver Tolmein

Im 1. Staatenbericht zur Umsetzung der Behindertenrechtskonvention befasst sich die Bundesregierung in Zusammenhang mit Artikel 17 UN-BRK (Schutz der körperlichen Unversehrtheit der Person) mit der Sterilisation von Menschen mit Behinderungen und führt aus, dass eine Zwangssterilisation in Deutschland verboten sei und strafrechtliche Verfolgung nach sich zöge, dagegen sei die Sterilisation nicht einwilligungsfähiger Erwachsener, wenn auch »nur unter sehr engen Voraussetzungen, die nur in seltenen Ausnahmefällen vorliegen« unter Umständen erlaubt »bei einer lebensbedrohlichen oder schwerwiegenden Gesundheitsgefahr für die Betroffene. Die Sterilisation darf auch bei Einwilligungsunfähigkeit der betreuten Person nicht ihrem natürlichen Willen widersprechen.«[1]

Diese Darstellung der rechtlichen Verhältnisse, die belegen soll, dass hinsichtlich der Sterilisation einwilligungsunfähiger Menschen die Bundesrepublik Deutschland mit den Anforderungen der Behindertenrechtskonvention konform gehe, übergeht die Probleme, die sich angesichts des § 1905 des Bürgerlichen Gesetzesbuches (BGB) und seiner praktischen Umsetzung stellen. Dementsprechend gerät auch das Ergebnis nicht überzeugend. Tatsächlich ist § 1905 BGB, wie im Folgenden gezeigt werden wird, in seiner gegenwärtigen Fassung mit der Behindertenrechtskonvention nicht vereinbar.

I. Sterilisation im Betreuungsrecht

1. Materielles und prozessuales Recht

Während die Sterilisation Minderjähriger grundsätzlich, also auch bei Minderjährigen mit Behinderungen, durch § 1631 BGB ausgeschlossen ist, regelt im deutschen Betreuungsrecht § 1905 BGB[2] die Genehmigung der Betreuenden eine Sterilisation von solchen Betreuten (Frau wie Mann), die hinsichtlich der Sterilisation nicht für fähig gehalten werden, eine Einwilligung zu erteilen. Eine Betreuerin oder

1 Bundesregierung (2011), S. 42.
2 Gültig ab dem 01.01.1992, seitdem inhaltlich nicht verändert.

ein Betreuer, die oder der eine solche Einwilligung erteilen will, kann allerdings nur eigens für den Aufgabenkreis der Entscheidung über eine Sterilisation bestellt werden; das ergibt sich aus § 1899 Absatz 2 BGB, wobei die Vorschrift nicht ausdrücklich regelt, unter welchen Bedingungen das Gericht berechtigt oder sogar verpflichtet ist, eine Sterilisationsbetreuerin oder einen Sterilisationsbetreuer zu bestellen. Für den Fall einer solchen Bestellung bestimmt § 1905 BGB dann materielle und prozedurale Vorbehalte für eine eventuelle, die Einwilligung der bzw. des[3] Betroffenen ersetzende, Einwilligung der Betreuerin oder des Betreuers (im Sinne einer »ersetzenden Entscheidung«).

Die materiellen Vorbehalte sind in Absatz 1 der Vorschrift geregelt. Sie untersagen den Betreuenden, in die Sterilisation einzuwilligen, wenn diese dem Willen der oder des Betreuten widerspricht. Dieser »Wille« wird nicht näher beschrieben. Da es sich hier um einen einwilligungsunfähigen Menschen handeln muss, kann der Wille nicht ein rechtlich verbindlicher Wille sein. In der Rechtsprechung und Kommentierung ist daher der Begriff des »natürlichen Willens« geprägt worden[4], ohne dass allerdings näher erörtert worden wäre, was ein »natürlicher Wille« ist. Insbesondere ergibt sich als Problem, dass unklar ist, ab welcher Intensität oder Konkretion eine irgendwie getätigte Äußerung als zu einem »Willen« verdichtete Erklärung wahrgenommen werden muss. Auch bleibt offen, welche Ausformungen er erfahren kann oder wie festzustellen ist, worauf sich dieser von außen wahrgenommene »natürliche Wille« richtet.[5] In rechtlicher Hinsicht ist bislang mit Blick auf die Sterilisation von einwilligungsunfähigen Menschen auch nicht thematisiert, inwieweit versucht werden muss, einen natürlichen Willen zu entdecken, oder ob es reichen soll, nur den von ihnen auf eigene Initiative geäußerten »natürlichen Willen« zur Kenntnis zu nehmen.[6]

Den Betreuenden wird eine Einwilligung in die Sterilisation nur erlaubt, wenn die bzw. der Betreute »auf Dauer« einwilligungsunfähig bleiben wird und wenn anzunehmen ist, dass es ohne die Sterilisation zu einer Schwangerschaft käme und infolge dieser Schwangerschaft eine Gefahr für das Leben oder die Gefahr einer schwerwiegenden Beeinträchtigung des körperlichen oder seelischen Gesundheitszustands der Schwangeren zu erwarten wäre, die nicht auf zumutbare Weise ab-

3 Allerdings werden ganz überwiegend Frauen, die gesetzlich betreut werden, sterilisiert.

4 Vgl. Oberlandesgericht (OLG) Karlsruhe, Beschluss vom 07.02.2008, Aktenzeichen 19 Wx 44/07; OLG Hamm, Beschluss vom 28.02.2000, Aktenzeichen 15 W 50/00; Jaschinski (2010), § 1905, Rdnr. 2.

5 Zu einem vergleichbaren Problem bei Patientinnen und Patienten im sogenannten Wachkoma vgl. Tolmein (2004), S. 238-242.

6 Allerdings hat das Bundesverfassungsgericht in der Rechtsprechung zur Zwangsbehandlung von Patientinnen und Patienten im Maßregelvollzug Grundsätze aufgestellt, die übertragen werden können und die deutlich machen, dass es erforderlich ist, einen eventuell entgegenstehenden natürlichen Willen auch einwilligungsunfähiger Menschen zu erforschen, wenn es auf diesen, wie bei § 1905 BGB, ankommen kann. Beschluss vom 23.03.2011, Aktenzeichen 2 BvR 882/09.

gewendet werden könnte.[7] Als eine solche Gefahr soll dabei auch die Gefahr eines schweren und nachhaltigen Leides gelten, das der zu sterilisierenden Person drohen würde, weil betreuungsgerichtliche Maßnahmen ergriffen werden könnten, die mit ihrer Trennung vom Kind verbunden wären.[8] Das bewirkt eine erhebliche Ausweitung der vorstellbaren Fallkonstellationen und führt insbesondere dazu, dass Betreuerinnen und Betreuer sowie Gerichte nicht nur prüfen müssen, ob eine Sterilisation rechtlich möglich ist, sondern auch klären müssen, wie sie selbst zu Akteuren werden, denn sie sind es, die gegebenenfalls durch Veranlassen und Ergreifen betreuungsgerichtlicher Maßnahmen die Gefahr erst schaffen würden, die zugleich Voraussetzung dafür schafft, dass eine Sterilisation überhaupt vorstellbar erscheint.

Die Schwangerschaft darf überdies nicht durch andere zumutbare Mittel als die Sterilisation zu verhindern sein. Außerdem verpflichtet die Vorschrift die Betreuerin bzw. den Betreuer, Methoden der Sterilisation der Vorzug zu geben, die eine Refertilisierung zulassen.

In prozeduraler Hinsicht verlangt § 1905 Absatz 2 BGB, dass sich die Betreuerin bzw. der Betreuer ihre bzw. seine Einwilligung vom Betreuungsgericht genehmigen lässt.

Das Betreuungsgericht muss seinerseits dieses Genehmigungsverfahren entsprechend § 297 FamFG betreiben.[9] Es hat der oder dem Betreuten eine Verfahrenspflegerin oder einen Verfahrenspfleger zur Seite stellen, wenn die oder der Betreffende nicht bereits anwaltlich vertreten ist. Vor allem muss das Gericht die betroffene betreute Person persönlich anhören und sich einen persönlichen Eindruck von ihr verschaffen. Bei dieser Gelegenheit ist das Gericht auch verpflichtet, der betreuten Person den möglichen Verlauf des Verfahrens zu erläutern. Sodann muss und kann das Gericht bestimmte Personen und Institutionen anhören, dafür spielen die Wünsche der betroffenen Person eine wichtige Rolle. Außerdem ist im Rahmen einer förmlichen Beweisaufnahme[10] die Einholung von Gutachten erforderlich, die sich ausdrücklich auf die medizinischen, psychologischen, sozial-, sexual- und sonderpädagogischen Aspekte erstrecken müssen. Die Sachverständigen sind alle verpflichtet, die Gutachten nicht nur nach Aktenlage zu erstellen, sondern

7 Diese Gefahr-Kriterien entsprechen der sogenannten medizinisch-sozialen Indikation des § 218a Abs. 2 Strafgesetzbuch (StGB), der den Schwangerschaftsabbruch ohne zeitliche Grenze bei entsprechender Gefahr für die Schwangere zulässt und dessen Anwendungspraxis unter Kritik steht. Vgl. Weilert (2010); Foth (2004).

8 §§ 1666, 1666a BGB.

9 Das Gesetz über das Verfahren in Familiensachen und in den Angelegenheiten der freiwilligen Gerichtsbarkeit (FamFG) trat am 01.09.2009 in Kraft, es hat die im zuvor gültigen Gesetz über die Angelegenheiten der freiwilligen Gerichtsbarkeit (FGG) in unterschiedlichen Normen geregelten Verfahrensweisen gebündelt (vgl. §§ 68 Abs. 1, 68a und 69a Abs. 1, Abs. 2, 69 d Abs. 3 FGG), aber in ihrer Substanz nicht verändert.

10 § 30 Abs. 2 FamFG.

die betroffene Person persönlich zu explorieren. Die Ärztin bzw. der Arzt, die oder der die Sterilisation ausführen soll, darf nicht begutachten.

2. *Die Motivation des Gesetzgebers*

Die Einführung des § 1905 BGB ist in Zusammenhang mit der Debatte um das Gesetz zur Verhütung erbkranken Nachwuchses in den 1950er- und 1960er-Jahren zu sehen, die im Blick hatte, eine neue umfassende Sterilisationspraxis zu etablieren, die auch von eugenischen und sozialpolitischen Motiven getragen war.[11] Bis 1972 gab es eine Fülle von Gesetzesinitiativen und Referentenentwürfen, die versuchten, die rechtliche Lage hinsichtlich der Sterilisationen zu klären. Da die Zwangssterilisation nicht mehr möglich erschien, ist in all diesen Vorschlägen vorgesehen, dass die Betroffenen selbst oder durch ihre gesetzlichen Vertreterinnen bzw. Vertreter einwilligen müssen. Nicht geregelt wurde dagegen, was geschieht, wenn Betroffene einer Entscheidung ihrer Vertreterin oder ihres Vertreters widersprechen. Während anfangs die Sterilisationen an einen im Wesentlichen eugenisch motivierten Indikationskatalog geknüpft wurden, ging es später um die Zulässigkeit der freiwilligen Sterilisation an sich.[12] Nach einer Entscheidung des Bundesgerichtshofs aus dem Jahre 1976[13], die die freiwillige Sterilisation für zulässig erklärte, stagnierten die Bemühungen des Gesetzgebers, in den 1980er-Jahren geriet dann allerdings das Problem der Sterilisation von Menschen, die als nicht-einwilligungsfähig etikettiert wurden, ins Visier.[14] Medienberichten zufolge hatte es vor allem in Heimen zahlreiche Sterilisationen von behinderten Frauen gegeben. Gegen eine solche Praxis waren ethische und rechtliche Bedenken geltend gemacht worden, so dass sich nun die Frage einer gesetzlichen Regelung besonders dringlich stellte, wobei durchaus umstritten war, ob auch die nicht-freiwillige Sterilisation überhaupt zulässig sein sollte.[15]

Der Entwurf für den neuen § 1905 BGB betont denn auch in seiner Begründung, dass eine Nicht-Regelung der Möglichkeit, auch einwilligungsunfähige Menschen sterilisieren zu können, dazu geführt hätte, dass einwilligungsunfähigen Menschen

11 Bemerkenswerterweise wurde diese Debatte vom Hamburger Strafrechtswissenschaftler Eberhard Schmidt, der als einer der maßgeblichen Verfechter eines liberalen Strafrechts in der Nachkriegszeit gilt, angestoßen: Schmidt (1951).

12 Eingehend und vor allem Originalmaterialien dokumentierend Zielke (2006).

13 Bundesgerichtshof (BGH), Urteil vom 29.06.1976, Aktenzeichen VI ZR 68/75.

14 Vgl. Deutscher Bundestag (1989), insbesondere S. 73-75.

15 Köbsell (1987) zeichnet die Debatte ansatzweise nach. Aufschlussreich zur Debatte unter Juristen und Medizinern: Hiersche / Hirsch / Graf-Baumann (1988).

mit (geistigen und psychischen) Behinderungen die praktische Möglichkeit, ihre Sexualität leben zu können, abgesprochen worden wäre.[16]

Zugleich unterstreicht die Gesetzesbegründung, dass § 1905 BGB keine Sterilisation im Interesse der Allgemeinheit, der Verwandten oder eines noch nicht gezeugten Kindes (des zu sterilisierenden Menschen) ermöglichen soll. Hervorgehoben wird auch der zwingende Zusammenhang zwischen Sterilisation und Notlage der betroffenen Behinderten. Der Gesetzentwurf will in seiner Begründung also deutlich machen, dass die Regelung vor allem im Interesse der Betroffenen konzipiert worden sei. Ein weiteres Ziel sollte sein, durch die Legalisierung mehr Einsicht in die Praxis zu erhalten und so auch bei Bedarf kontrollierend und steuernd einzugreifen.

Diese Begründung erscheint eher wenig überzeugend. Schon die Vorstellung, dass die Legalisierung einer als äußerst problematisch zu beurteilenden Praxis ermöglichen soll, Einblicke zu gewinnen und dann bei Bedarf steuernd einzugreifen, ist kaum nachvollziehbar, zumal es vor der Verabschiedung des Gesetzes keine erkennbaren Bemühungen gab, das mutmaßlich existierende Dunkelfeld durch Rechtstatsachenforschung aufzuhellen. Aber auch die weiter reichenden Überlegungen sind dadurch geprägt, dass sie insbesondere Schwangerschaften von Menschen mit geistigen Behinderungen für gefährlich halten – dass sie dabei behaupten, die Binnenperspektive einzunehmen, und hervorheben, es gehe nicht um die Interessen der Allgemeinheit, sondern um die Gefahren für die Gesundheit der Betroffenen selbst, ändert daran wenig, denn der Gesetzentwurf gibt zwar die Positionen der Ärzteschaft, der Juristen und auch kursorisch die von Verbänden wieder (die zu diesem Zeitpunkt ganz überwiegend dadurch geprägt waren, dass es sich, wie beispielsweise bei der Lebenshilfe, um Elternverbände handelte[17]), keineswegs aber die von Betroffenen. Die Gesetzesbegründung blendet aus, dass Schwanger-

16 Die Begründung wirkt allerdings durch die Konzentration auf den Begriff des »Missbrauchs« eher rhetorisch: »Das Lebensschicksal der Betroffenen muss bei der Erörterung, welche Missbräuche möglich sind, im Vordergrund stehen. Deshalb dürfen die Überlegungen nicht auf die Missbrauchbarkeit einer gesetzlichen Regelung verengt werden. Vielmehr ist auch zu fragen, welche Missbrauchsmöglichkeiten das Fehlen einer gesetzlichen Regelung eröffnet. … Auch die Forderung nach einem völligen Verbot der Einwilligung eines Betreuers in die Sterilisation eines einwilligungsunfähigen Betreuten muss sich die Frage gefallen lassen, welche Missbrauchsmöglichkeiten hierin liegen. Solche Missbrauchsmöglichkeiten könnten sich daraus ergeben, dass ein Sterilisationsverbot zum Anlass wird, Sexualität bei geistig Behinderten zu unterbinden. Soweit dies nicht geschieht, sind Missbrauchsmöglichkeiten auch dadurch denkbar, dass Sexualität zwar ermöglicht wird, Notlagen, die hieraus bei einer Schwangerschaft entstehen können, aber hingenommen werden.« (Deutscher Bundestag (1989), S. 73). Im Kern geht es hier nicht um verschiedene Formen von »Missbrauch«, sondern um die Frage, ob Sexualität und Schwangerschaft von Menschen mit geistiger Behinderung anders behandelt und bewertet werden als die von Menschen, die keine Behinderung aufweisen.

17 Heute hat die Lebenshilfe stärker auch den Charakter einer Selbsthilfeorganisation für Betroffene unter anderem durch einen Rat behinderter Menschen und Vertretung von behinderten Menschen auch in anderen Gremien.

schaft auch für Menschen mit geistigen Behinderungen ein erstrebenswert erscheinendes Ziel sein kann. Nicht diskutiert wurde zudem die Möglichkeit, dass die Betreuerin oder der Betreuer nur in Übereinstimmung mit den Betroffenen einer Sterilisation zustimmen könnte.

Angesichts dieser und weiterer Kritikpunkte wurde die Überlegung, eine Sterilisation ohne Einwilligung der Betroffenen zu legalisieren, schon zu Beginn des Gesetzgebungsverfahrens kritisiert, weil so erneut eine Möglichkeit zur Zwangssterilisation geschaffen würde.[18] Die Abwesenheit von offenen Zwangsmaßnahmen ändere nichts daran, dass sich hier ein Mensch wegen seiner Behinderung unfreiwillig einer irreversiblen und weitreichenden Behandlung unterziehen müsse.

Es gibt nur wenige Informationen über die Umsetzung der materiellen und prozeduralen Anforderungen, die § 1905 BGB stellt. Die Verpflichtung, alle vier Jahre über die praktischen Auswirkungen der Regelungen zur Sterilisation zu berichten, die der Bundesregierung durch einen Entschließungsantrag vom Bundestag auferlegt wurde,[19] wurde nach dem ersten, auch nicht besonders eingehenden und kritischen Bericht[20] aufgehoben.[21] Aktuell steht mit Stand vom Juni 2012 lediglich eine karge Statistik über Betreuungsverfahren zur Verfügung, die auch Angaben über die nach § 1905 BGB erteilten Genehmigungen (bzw. Ablehnungen) enthält, aber keine weiteren Hintergrundinformationen.[22] Außerdem gibt es wenige veröffentliche gerichtliche Entscheidungen, aus denen sich Kasuistiken entnehmen lassen, auf die weiter unten eingegangen werden wird.

In der öffentlichen Diskussion hat das Thema »Sterilisation ohne Einwilligung« keine Bedeutung, was auch daran sichtbar wird, dass die Große Anfrage über die »personenzentrierte und ganzheitliche Reform des Betreuungsrechts« der Bundestagfraktion Bündnis 90/Die Grünen das Thema Sterilisation gänzlich ausspart.[23]

18 Vgl. den Appell »Kein neues Sterilisationsgesetz in Deutschland«, der von Prof. Dr. Klaus Dörner, dem aus der Behindertenbewegung kommenden Historiker Udo Sierck und dem behinderten Journalisten Lothar Sandfort getragen wurde, nachzulesen in Sierck / Radtke (1988), S-146-150.
19 Deutscher Bundestag (1990).
20 Deutscher Bundestag (1996).
21 Deutscher Bundestag (1998): »Den der Bundesregierung mit Beschluss des Deutschen Bundestages vom 25. April 1990 erteilten Berichtsauftrag bittet der Deutsche Bundestag für die Zukunft in der Weise zu erfüllen, dass die Bundesregierung den Deutschen Bundestag in ihr geeignet erscheinender Form über etwaige neuere Entwicklungen auf dem Gebiet der Sterilisation einwilligungsunfähiger Volljähriger unterrichtet.« Einen entsprechenden Bericht hat es seitdem nicht gegeben.
22 Bundesamt für Justiz (2012).
23 Deutscher Bundestag (2010).

a) Statistik

Den aktuellen statistischen Erhebungen zufolge wurden zwischen 1992 und 2011 insgesamt 1848 Sterilisationen genehmigt und 411 abgelehnt.[24]

Die Bundesregierung hat sich in ihrem 1996 veröffentlichten ersten und einzigen Bericht zur Lage der Sterilisationen zufrieden gezeigt, dass eine ihrer Auffassung nach so geringe Zahl von Sterilisationen durchgeführt wurde – übrigens fast ausschließlich bei Frauen[25], wie sich aus einer genauen Aufschlüsselung der Statistiken nach biologischem Geschlecht ergab, die später nicht mehr vorgenommen wurde. Die Auffassung, dass die Zahl von jährlich ein paar Dutzend nicht selbstbestimmter Sterilisationen niedrig sei und zeige, dass die Schutzfunktion der Vorschrift ausreichend erfüllt werde, lässt sich nur vor dem Hintergrund der, keineswegs besonders gut fundierten, Annahme erklären, dass es noch in den 1980er-Jahren etwa 1000 Sterilisationen jährlich an nichteinwilligungsfähigen Menschen gegeben haben soll.[26] Nicht ermittelt und bekannt ist, ob es auch heute außer den

24 2011 wurden demnach 41 Sterilisationen bundesweit genehmigt, 17 beantragte Sterilisationen wurden abgelehnt. 2009 waren noch 68 Sterilisationen genehmigt und 13 abgelehnt worden. Die höchste Zahl genehmigter Sterilisationen wurde demnach 2005 erfasst, als 262 Sterilisationen genehmigt wurden, die des Bundeslandes Hamburg sind dabei noch nicht einmal erfasst. Die niedrigste Zahl abgelehnter Sterilisationsanträge wird für 2001 mit 12 vermerkt. Zahlen aus Bundesamt für Justiz (2012).

25 Die Unterrichtung der Bundesregierung (Deutscher Bundestag (1996), Anlage 2) enthält die entsprechenden Zahlen (90,86 Prozent weiblich, 9,14 Prozent männlich). Charakteristisch erscheint auch, dass 45,69 Prozent der Betroffenen bei Eltern/Verwandten lebten und 47,21 Prozent in Einrichtungen, dagegen nur 1,78 Prozent alleine. Die allermeisten Betroffenen litten unter einer geistigen Behinderung (92,39 Prozent), nur 3,55 Prozent unter einer psychischen Erkrankung. Auch die Anregung zur Sterilisation ging überwiegend von Angehörigen (56,14 Prozent) aus sowie von Betreuerinnen und Betreuern (18,3 Prozent) und Einrichtungen (11,28 Prozent), seltener dagegen von den Betroffenen (9,02 Prozent).

26 »Eine Zahl von mehr als 1000 Sterilisationen einwilligungsunfähiger Behinderter pro Jahr dürfte trotz aller Unwägbarkeiten einer solchen Schätzung nicht unrealistisch sein.« (Deutscher Bundestag (1989), S. 74). Eingehend zur Diskussion in den 1980er-Jahren Köbsell (1987); Sterilisation – Heimliches Wirken. Der Spiegel 08.10.1984, S. 54-56; Klee (1988); Horn (1983), S. 265-266.
Gerichtliche Entscheidungen aus dieser Zeit sind nur wenige veröffentlicht worden. »Die Einwilligung des Gebrechlichkeitspflegers in die Sterilisation des Mündels, das selbst infolge der Erkrankung an einer Psychose eine wirksame Einwilligung abzugeben nicht in der Lage ist, kann vormundschaftsgerichtlich nicht genehmigt werden« – Amtsgericht (AG) Alzey, Beschluss vom 15.11.1983, Aktenzeichen VIII 213/82; »Das geltende Recht enthält – jedenfalls insoweit, als keine lebensbedrohliche Gefahr abzuwenden ist – keine Grundlage für die Erteilung einer vormundschaftsgerichtlichen Genehmigung zur Einwilligung des Vormundes in die Sterilisation einer entmündigten geistesschwachen Frau.« – OLG Hamm, Beschluss vom 13.11.1982, Aktenzeichen 15 W 151/81; »Der medizinische Eingriff der Sterilisation ist im gegenwärtigen Recht nicht von der Erteilung einer vormundschaftsgerichtlichen Genehmigung abhängig.« – Landgericht (LG) Düsseldorf, Beschluss vom 28.11.1979, Aktenzeichen 28 T 135/79; »Das Vormundschaftsgericht hat im Falle der medizinisch-prophylaktisch oder der eugenisch indizierten Sterilisation auf Antrag einen Pfleger mit dem Wirkungskreis ›Einwilligung in die Vornahme der Sterilisation‹ zu bestellen und in analoger Anwendung des KastrationsG § 6 die Einwilligungserklärung des Pflegers zu genehmigen.«

Sterilisationen, die nach § 1905 BGB durchgeführt werden und die deswegen statistisch erfasst sind, noch ein nennenswertes Dunkelfeld hinsichtlich Sterilisationen an Menschen mit geistigen Behinderungen gibt, die weder nach den Maßgaben des § 1905 BGB noch auf Basis einer informierten Zustimmung der Betroffenen erfolgen.

b) Gerichtliche Entscheidungen

Gerichtliche Entscheidungen, mit denen Sterilisationen genehmigt oder nicht genehmigt werden, sind bislang nur wenige veröffentlicht worden. Juris, die größte juristische Entscheidungsdatenbank, dokumentiert lediglich neun Entscheidungen, die erste von 1994, die letzte von 2008. Fünf der Entscheidungen wurden von Oberlandesgerichten getroffen[27], zwei von Landgerichten und zwei von Amtsgerichten.[28] Bemerkenswerterweise hat sich das Bundesverfassungsgericht mit dieser brisanten und ohne Zweifel Grundrechte in erheblichem Maße berührenden Vorschrift noch gar nicht befassen müssen.

Erhellend ist eine Entscheidung des OLG Hamm vom 28. Februar 2000[29], die sich vor allem mit der Frage befasst, wann anzunehmen ist, dass eine Betreute einen der Sterilisation widersprechenden natürlichen Willen entwickelt hat.

Die Betreute in dem Verfahren wird als 21 Jahre alte Frau beschrieben, die zusammen mit vier geistig behinderten jungen Männern in einer Pflegefamilie lebte. Sie lebe nicht anfallsfrei und sei seit ihrer Geburt auf Grund einer Missbildung des Gehirns geistig schwer behindert. Zudem leide sie an zum Teil sehr schweren epileptischen Krampfanfällen. Die medizinische Diagnose laute: Dandy-Walker-Syn-

– LG Zweibrücken, Beschluss vom 27.04.1979, Aktenzeichen 4 T 24/79;« Soll eine Frau aus medizinischen oder eugenischen Gründen sterilisiert werden, so kann einem Antrag des mit dem Wirkungskreis ›Gesundheitsfürsorge‹ bestellten Gebrechlichkeitspflegers, den Eingriff vormundschaftsgerichtlich zu genehmigen, nicht entsprochen werden.« – AG Kaiserslautern, Beschluss vom 21.03.1979, Aktenzeichen VIII 846/78.

27 Nach dem bis 2009 geltenden FGG waren Oberlandesgerichte die reguläre Revisionsinstanz, der BGH konnte mit einer betreuungsrechtlichen Entscheidung nur durch Vorlagebeschluss eines OLG befasst werden. Das mittlerweile geltende FamFG hat den Instanzenzug geändert und den BGH als Revisionsinstanz eingesetzt, der aber nur angerufen werden kann, wenn das Landgericht die Rechtsbeschwerde zulässt. Bislang sind keine Entscheidungen des BGH in Sterilisationsangelegenheiten nach § 1905 BGB ergangen.

28 OLG Karlsruhe, Beschluss vom 07.02.2008, Aktenzeichen 19 Wx 44/07; LG Ravensburg, Beschluss vom 05.10.2005, Aktenzeichen 2 T 41/05; Bayerischer Oberstes Landesgericht, Beschluss vom 23.05.2001, Aktenzeichen 3Z BR 97/01; OLG Hamm, Beschluss vom 28.02.2000, Aktenzeichen 15 W 50/00; AG Lahnstein, Beschluss vom 16.09.1999, Aktenzeichen 1 XVII 9/97; Bayerisches Oberstes Landesgericht, Beschluss vom 15.01.1997, Aktenzeichen 3Z BR 281/96; LG Hildesheim, Beschluss vom 16.12.1996, Aktenzeichen 5 T 879/96; OLG Düsseldorf, Beschluss vom 19.09.1995, Aktenzeichen 25 Wx 25/95; AG Grevenbroich, Beschluss vom 10.08.1994, Aktenzeichen 3 XVII 23/93 A.

29 OLG Hamm, Beschluss vom 28.02.2000, Aktenzeichen 15 W 50/00.

drom mit deutlicher Hypoplasie des Kleinhirnwurms, Hydrocephalus internus und Epilepsie. Mit ihr sei eine Kommunikation »nur über einfachste Dinge« möglich. Die Lernfähigkeit, Aufmerksamkeit und Merkfähigkeit seien stark herabgesetzt. Eigenständige Willensäußerungen und Entscheidungen von größerer Tragweite könne sie nicht treffen, weil sie den Inhalt nicht verstehe. Im Rahmen des Sterilisationsverfahrens, das durch die Mutter, die auch Betreuerin war, eingeleitet wurde, erstellten zwei Psychiaterinnen Gutachten, die die Sterilisation befürworteten. Beide Ärztinnen stellten fest, dass der Betreuten die Zusammenhänge zwischen Intimkontakten, Schwangerschaft und Geburt nicht bekannt und nicht zu vermitteln seien, daher können sie nicht selbst in eine Sterilisation einwilligen. Andererseits bestehe aber die Gefahr, dass sie schwanger werde, weil sie Körperkontakt zu anderen Behinderten suche und finde; sie habe auch die Periode. Es bestehe durch eine Schwangerschaft auch eine Gefahr für die Betreute. Die Betroffene wäre dann nicht in der Lage, die mit einer Schwangerschaft verbundenen körperlichen Veränderungen zu verstehen und würde so verunsichert. Wenn es schließlich zu der Geburt eines – dann vermutlich durch die Störung der Sauerstoffzufuhr bei den epileptischen Anfällen der Mutter schwer geschädigten – Kindes kommen sollte, müsste das Kind der Mutter weggenommen werden, weil sie zur Betreuung außerstande wäre.

Als heikel erwies sich in diesem Fall die Frage, ob die Sterilisation nicht dem Willen der Betreuten widersprach: Immerhin ließ sie nicht einmal zu, dass gynäkologische Routine-Untersuchungen bei ihr durchgeführt wurden. Das Gericht äußerte zwar die weit reichende Auffassung, dass jede Art der ablehnenden Äußerung eines natürlichen Willens genüge, um die Sterilisation unzulässig zu machen: »Maßgebend ist, dass die Betroffene irgendwie zu erkennen gibt, dass sie die Sterilisation nicht will. Es genügt jede Art der Willensäußerung – z.B. Ablehnung mit Worten oder Gesten und Gegenwehr.« Im Ergebnis schränkte es diese Auffassung aber dadurch ein, dass es eine klar erkennbare, eindeutige Zielrichtung des natürlichen Willens forderte: die Äußerung des (natürlichen) Willens müsse sich gerade gegen die Sterilisation als solche richten und nicht etwa nur gegen deren Begleitumstände. Die im vorliegenden Fall festgestellte Angst vor Ärztinnen und Ärzten und auch die generelle Abwehr von gynäkologischen Untersuchungen reichten insofern nicht aus, »denn«, so das Oberlandesgericht, »hierdurch hat die Betroffene noch keine Abwehr in die erst demnächst anstehende Sterilisation zum Ausdruck gebracht. ... Richtet sich hingegen der Widerstand der Betroffenen gegen andere Beeinträchtigungen, so müssen die diesen Widerstand hervorrufenden Verhältnisse geändert werden.« Wobei das Gericht hier offen ließ, wie das zu bewerkstelligen sein sollte: denn ohne Ärztinnen und Ärzte und gynäkologische Untersuchungen dürfte die genehmigte Sterilisation kaum durchzuführen sein.

Bemerkenswert erscheint auch eine Entscheidung des Landgerichts Ravensburg vom 5. Oktober 2005.[30] Ausgangspunkt war eine Beschwerde der betroffenen Betreuten, die ihre Mutter als gesetzliche Betreuerin für sie eingelegt hatte, gegen einen Beschluss des Amtsgerichts Bad Saulgau vom 03. Juni 2005,[31] das eine Genehmigung der Einwilligung des Sterilisationsbetreuers in die Sterilisation abgelehnt hatte, weil es von anderen Möglichkeiten der Verhütung, insbesondere der Möglichkeit eine Spirale einzusetzen, überzeugt war.

Das Landgericht Ravensburg beschreibt die zum Entscheidungszeitpunkt 21-jährige Betreute als Frau, bei der »eine angeborene bzw. frühkindliche Hirnschädigung mit geistiger Behinderung, erheblicher Sprachbehinderung sowie motorischen Auffälligkeiten der Koordination der Bewegungsgruppe und ein Anfallsleiden vor[liegt].« Die Betreute stand kurz vor dem Umzug in eine gemischte Wohngruppe, womit die Betreuerin, die Mutter, die Erforderlichkeit der Sterilisation auch begründete, da dort die Gefahr bestehe, dass sie schwanger werde.

Das Gericht ging auf Grundlage des psychiatrischen Gutachtens und des persönlichen Eindrucks, den es bei der persönlichen Anhörung gewonnen hatte, davon aus, dass die betroffene Beschwerdeführerin nicht einwilligungsfähig war und »niemals in der Lage sein [wird], die Hintergründe, Probleme und Zusammenhänge von Empfängnisfähigkeit, Geschlechtsverkehr, Schwangerschaft und Mutterschaft bezogen auf ihre spezielle Situation und unter Berücksichtigung langfristiger Perspektiven zu erfassen, abzuwägen und darauf aufbauend eine eigene Entscheidung zu treffen.« Allerdings entspreche die zu genehmigende Sterilisation ihrem natürlichen Willen, das ergebe sich auch aus dem psychiatrischen Gutachten.[32] Zudem wäre im Fall einer Schwangerschaft auch mit an Sicherheit grenzender Wahrscheinlichkeit eine Trennung von Mutter und Kind erforderlich, was für die sensible Betroffene schweres und nachhaltiges Leiden bedeuten würde. Zwar sei nach dem Gutachten des Universitätsklinikums Ulm die Spirale für die Beschwerdeführerin eine gut geeignete Verhütungsmethode, ein weiteres Sachverständigengutachten, dem sich das Gericht anschloss, sah hier allerdings erhebliche Risiken, unter anderem das einer nicht zu erkennenden Bauchhöhlenschwangerschaft. Außerdem müsste die Spirale regelmäßig kontrolliert werden, was ebenfalls Risiken bedeute.

30 LG Ravensburg, Beschluss vom 05.10.2005, Aktenzeichen 2 T 41/05.
31 AG Bad Saulgau, Beschluss vom 03.06.2005, Aktenzeichen XVII 33/03.
32 Eine auch nur irgendwie substantiierte Erläuterung dieser überraschend erscheinenden Behauptung, dass die Betroffene zwar nicht verstehe, welche Zusammenhänge es zwischen Geschlechtsverkehr und Schwangerschaft gebe, gleichwohl aber einen natürlichen Willen haben soll, der auf Sterilisation gerichtet ist, findet sich in der Entscheidung nicht.

II. Die UN-BRK und die Sterilisation einwilligungsunfähiger Menschen

Die betreuungsrechtliche Regelung zur Sterilisation von einwilligungsunfähigen Menschen mit Behinderungen erweist sich in der vorliegenden Form als diskriminierend und damit als unvereinbar insbesondere mit den Regelungen aus Artikel 12 Absatz 2, 3 und 4 in Verbindung mit Artikel 17 und 25 UN-BRK.

1. Einwilligungsfähigkeit und Behinderung – Eröffnung des Anwendungsbereichs von Artikel 12 UN-BRK

Die Sterilisation nach § 1905 BGB knüpft nicht ausdrücklich an eine Behinderung an, sondern daran, dass die oder der Betreute nach Überzeugung der Betreuerin bzw. des Betreuers und des Betreuungsgerichts aktuell nicht in eine Sterilisation einwilligen kann und dazu auch auf Dauer nicht in der Lage sein wird. Allerdings stellt eine solche Unfähigkeit, in eine bestimmte Behandlungsmaßnahme einzuwilligen, unabhängig davon, ob sie tatsächlich existiert oder nur angenommen wird, stets eine Behinderung im Sinne der UN-BRK dar.[33]

Was eine Einwilligung rechtlich gesehen ist, ist nicht durch das Gesetz geregelt. Der Gesetzgeber hat auch nicht festgelegt, wer unter welchen Bedingungen in welche Behandlung einwilligen oder nicht einwilligen kann.[34] Wann jemand bezogen auf bestimmte Formen medizinischer Behandlungen einwilligungsfähig oder einwilligungsunfähig ist, entscheidet jeweils die behandelnde Ärztin oder der behan-

33 Eine andere Sichtweise legt allerdings der 1. Staatenbericht der Bundesregierung (2011) nahe. Dieser befasst sich mit der Vereinbarkeit von § 1905 BGB und der UN-BRK erstaunlicherweise gar nicht. Er vertritt allerdings die Auffassung, dass die Regelungen zu Geschäftsunfähigkeit in § 104 BGB und zur fehlenden Deliktfähigkeit in § 827 BGB nicht mit Art. 12 UN-BRK in Konflikt gerieten, weil diese Regelungen nicht an eine Behinderung anknüpften und daher weder alle behinderten Menschen erfassten noch in ihrem Anwendungsbereich auf Menschen mit Behinderungen beschränkt seien. Man kann davon ausgehen, dass die Bundesregierung diese Argumentation auch auf § 1905 BGB übertragen würde. Sie ist allerdings schon an sich und bezogen auf die §§ 104 und 827 BGB wenig überzeugend, da sie sich nicht mit dem Behinderungsbegriff der UN-BRK befasst, der für diese Fälle auf der Basis des sozial geprägten Behindertenbegriffs stets zu der Annahme einer Behinderung kommen dürfte. Dass weder § 104 noch § 827 BGB alle Menschen mit Behinderungen betreffen, ist ebenfalls wenig aussagekräftig, denn dass die Gruppe der Menschen mit Behinderungen in hohem Maße heterogen und daher durch unterschiedliche gesetzliche Regelungen unterschiedlich betroffen ist, ändert nichts daran, dass die Menschen mit Behinderungen, die durch eine bestimmte Regelung, zum Beispiel den § 104 BGB, betroffen sind, dadurch auch wegen ihrer speziellen Ausprägung einer Behinderung auch diskriminiert werden können.

34 Auch der Entwurf eines »Gesetzes zur Verbesserung der Rechte von Patientinnen und Patienten« regelt in §§ 630d und 630e nur, dass eine Einwilligung erforderlich ist und dass sie nur wirksam wird, wenn ordnungsgemäß aufgeklärt wurde. Immerhin verlangt der § 630e Abs. 2 Nr. 3 nach dem Entwurf, dass die Aufklärung »für den Patienten verständlich sein« muss. Deutscher Bundestag (2012).

delnde Arzt, im Streitfall ein Gericht. Das Gericht wird sich in der Regel auf ein entsprechendes psychiatrisches Sachverständigengutachten stützen. Rechtsprechung und Literatur haben im Lauf der Zeit weitgehend anerkannte Kriterien für die Fähigkeit, in medizinische Behandlungen einzuwilligen, entwickelt, die auch im Betreuungsrecht Anwendung finden. Demnach hat die Einwilligungsfähigkeit eine intellektuelle und eine voluntative Komponente. Es muss die Patientin oder der Patient über die Fähigkeit verfügen, einen bestimmten Sachverhalt zu verstehen. Dazu gehört nicht nur das Erfassen, Verarbeiten und Bewerten von Informationen über den Eingriff, sondern auch die Fähigkeit, Folgen und Risiken eines Eingriffs gegeneinander abzuwägen sowie andere Möglichkeiten zu bedenken und gegebenenfalls abzulehnen und so einen eigenen Willen (der nicht vernünftig sein muss) zu bilden.[35]

Aus diesen Merkmalen ergibt sich, dass die Einwilligungsfähigkeit, anders als der Begriff selbst nahelegt, keine autonome, selbstverständlich beim Individuum vorhandene Fähigkeit ist, sondern dass sie stets in Zusammenschau mit der korrespondierenden Information und Aufklärung durch die Ärztin bzw. den Arzt zu betrachten ist. Ob jemand fähig ist, in einen bestimmten Eingriff, beispielsweise eine Blinddarmentfernung, einzuwilligen, hängt auch davon ab, ob und inwieweit die die Einwilligung einholende Ärztin bzw. der Arzt in der Lage ist, die Informationen in angemessener Form zu übermitteln, die jemand benötigt, um sich ein Urteil bilden zu können. Einwilligungsfähigkeit auf Seiten der Informations- und Aufklärungsempfängerin bzw. des Empfängers kann und muss also auch von derjenigen Person, die die Informationen übermittelt und die Aufklärung erteilt, hergestellt werden. Einwilligungsfähigkeit ist kein statisches Konzept, sie hat vielmehr in erheblichem Maße eine kommunikative, dynamische Dimension. Es gibt ein weites Spektrum von Fällen, in denen Einwilligung gegebenenfalls durch geeignete Unterstützungsmaßnahmen und ein Eingehen auf die Bedürfnisse und Fähigkeiten der betroffenen Person, beispielsweise durch den Gebrauch Leichter Sprache, durch den Einsatz von (Gebärdensprach-) Dolmetscherinnen oder Dolmetschern, durch Wiederholungen und bildhafte Erläuterungen herbeigeführt bzw. durch deren vollständiges Fehlen auch verhindert werden kann.

Soweit Einwilligungsfähigkeit bei der Person, um deren Sterilisation es geht, noch herzustellen ist, greift § 1905 BGB nicht. Es gibt allerdings in der Vorschrift selbst keine Verpflichtung, entsprechende Maßnahmen bzw. angemessene Vorkehrungen[36] zu ergreifen oder Unterstützung anzubieten. Auch in Fällen, in denen Zweifel darüber bestehen, ob jemand hinsichtlich der Entscheidung für eine Sterilisation einwilligungsfähig ist oder nicht, wird man § 1905 BGB, der voraussetzt, dass die dauerhafte Einwilligungsunfähigkeit feststeht, nicht zum Einsatz bringen,

35 Vgl. Meier (2010), § 1905, Rdnr. 12; Ulsenheimer (2010), Rdnr. 43-49.
36 Nach Art. 5 UN-BRK.

also eine von der betreuenden Person beantragte Genehmigung ihrer Einwilligung in die Sterilisation nicht erteilen können. Für die hier zu diskutierende Situation ist allein von Konstellationen auszugehen, in denen Gerichte auf Basis von Gutachten eindeutig feststellen, dass die Fähigkeit zur Einwilligung in eine Sterilisation bei den Betroffenen auch dann dauerhaft nicht vorhanden ist, wenn sie bestmöglich aufgeklärt und informiert werden.

In diesen Fällen ist allerdings stets davon auszugehen, dass der oder die Betroffene eine Behinderung im Sinne des Artikels 1 UN-BRK hat, denn es ist bei ihm oder ihr dann stets auch eine langfristige seelische oder geistige Beeinträchtigung vorhanden, die sie oder ihn an der vollen wirksamen und gleichberechtigten Teilhabe an der Gesellschaft hindern kann. Ein Teil dieser Teilhabe ist nämlich auch die Sorge um die eigene Gesundheit und Sexualität, die hier nicht mehr gleichberechtigt möglich ist, da bestimmte Entscheidungen nur im Rahmen eines betreuungsrechtlichen Verfahrens getroffen werden können und zudem durch eine staatliche Instanz, ein Gericht, genehmigt werden müssen.

Wir haben es hier zudem mit Blick auf die Sterilisation von Menschen, die in dieser Hinsicht als einwilligungsunfähig behandelt werden, mit einem Fall der Diskriminierung zu tun, der in zwei Richtungen Wirkung entfaltet: zum einen können diese Menschen, anders als andere, nicht für sich selbst entscheiden, dass sie sich sterilisieren lassen möchten, wenn sie das für richtig und wünschenswert halten; zum anderen können diese Menschen, anders als andere Menschen, wenn ihre Betreuerin bzw. ihr Betreuer und das Betreuungsgericht es für richtig halten, sterilisiert werden, ohne selbst eine Einwilligung erteilt zu haben.

Damit ist auch der Schutzbereich des Artikels 12 UN-BRK für die Anwendung von § 1905 BGB eröffnet.

2. Recht- und Handlungsfreiheit und assistierte Entscheidungsfindung

Artikel 12 Absatz 2 UN-BRK verlangt, dass die Vertragsstaaten anerkennen, dass Menschen mit Behinderungen in allen Lebensbereichen gleichberechtigt mit anderen Rechts- und Handlungsfreiheit genießen.

Dieses Recht ist nicht als Erweiterung des in Artikel 12 Absatz 1 UN-BRK bekräftigten Rechts auf Anerkennung als Rechtssubjekt zu lesen, sondern als Konkretisierung eines besonders wichtigen Bestandteils dieses Rechts – des Rechts auf Ausübung der Rechtsfähigkeit, also dessen praktischer Komponente, die die dynamische Dimension der rechtlichen Handlungsfähigkeit absichert.[37] Das ergibt

37 Vgl. Tolmein (2012), Art. 12, Rdnr. 4. Ebenso Aichele / von Bernstorff (2019), S. 199-200. Anderer Ansicht (Art 12 Abs. 2 BRK reicht weiter als Art 12 Abs. 1 BRK): Kaleck / Hilbrans / Scharmer (2008).

sich sowohl aus der auf tatsächliche Teilhabe (»participation«) orientierenden Zielsetzung der Behindertenrechtskonvention[38], als auch aus der systematischen Stellung des Rechts, das nach der Bekräftigung des Rechts auf Anerkennung als Rechtssubjekt positioniert ist, aber ebenfalls unter der auf den gesamten Artikel 12 bezogenen Überschrift »Gleiche Anerkennung vor dem Recht.« [39] Artikel 12 UN-BRK differenziert dabei nicht nach Art, Ausmaß und Schwere der Behinderung, die als Merkmal, das Einschränkungen der (Handlungs-) Möglichkeiten von Menschen in irgendeiner Weise rechtlich legitimieren könnte, damit weit in den Hintergrund gedrängt wird. Die Vorschrift erstreckt sich in all ihrer Konsequenz damit auf alle Menschen mit Behinderungen und entwickelt in dieser Grundsätzlichkeit die Menschenrechte allgemein weiter.

Artikel 12 Absatz 3 UN-BRK geht davon aus, dass es Menschen mit Behinderungen gibt, die gegebenenfalls Unterstützung benötigen können, wenn sie ihre Rechts- und Handlungsfreiheit ausüben. Die Vorschrift sichert ihnen Maßnahmen der Vertragsstaaten zu, die ihnen Zugang zu der erforderlichen Unterstützung verschaffen sollen.

Charakteristisch an der Vorschrift ist, dass in ihr der aktive Part der Mensch mit Behinderung ist, dem Zugang zu einer von ihm angeforderten Unterstützungsmöglichkeit zu verschaffen ist. (Was er dann mit dem Unterstützungsangebot macht, bleibt seine Sache.) Die Unterstützung ist in diesem Zusammenhang also nichts, was in Anspruch zu nehmen von einem Menschen mit Behinderung verlangt werden kann. Dagegen hat der Unterstützung benötigende Mensch mit Behinderung Anspruch auf Unterstützung, denn dem Vertragsstaat wird durch Artikel 12 Absatz 3 UN-BRK eine bindende Verpflichtung auferlegt, »geeignete Maßnahmen« (»appropriate measures«) zu treffen, um Zugang zu Unterstützung zu verschaffen.[40]

Der Wortlaut des Artikels 12 Absatz 3 UN-BRK unterstreicht zudem, dass die Unterstützung nur »bei« Ausübung der Rechts- und Handlungsfähigkeit erforderlich sein kann, nicht »zur« Ausübung. Der in Absatz 2 zuerkannte vollständige und benachteiligungsfreie Genuss der Rechts- und Handlungsfähigkeit wird also auch in Absatz 3 nicht vom Vorliegen einer möglicherweise für sinnvoll oder erforderlich gehaltenen Unterstützung abhängig gemacht. Dieser kommt in rechtlicher Hinsicht keine die Rechts- und Handlungsfähigkeit gegebenenfalls begründende oder erhaltende, sondern stets nur eine sie begleitende Funktion zu.

Artikel 12 Absatz 3 UN-BRK regelt insofern, geht man von einer systematischen, am Wortlaut orientierten sowie das Ziel der Konvention in den Blick neh-

38 Vgl. die Präambel der UN-BRK, lit. e, n und y.
39 Ebenso Aichele / von Bernstorff (2010), S. 199.
40 Vgl. Tolmein (2012), Rdnr. 8.

menden Auslegung aus[41], das Modell einer »unterstützten Handlungsfähigkeit«. Es gibt in der UN-BRK dagegen keine Norm, die ein Modell der ersetzenden Entscheidungsfindung regelte.[42]

Artikel 12 Absatz 4 UN-BRK bezieht sich dann im Weiteren auf den in Artikel 12 Absatz 3 UN-BRK geforderten Zugang zur Unterstützung und die Unterstützung selbst – und konkretisiert die rechtliche Art und Weise der Unterstützung.[43] Das ergibt sich aus der – allerdings wenig gelungenen, weil nicht ausreichend konkret und anschaulich geratenen – Formulierung, dass Sicherungen vorzusehen seien, »zu allen die Ausübung der Rechts- und Handlungsfähigkeit betreffenden Maßnahmen«.[44] Gemeint ist damit zumindest auch die Art und Weise der Unterstützung selbst, denn diese kann die Ausübung der Rechts- und Handlungsfähigkeit in erheblichem Maße strukturieren: einerseits soll die Unterstützung die Ausübung der Rechts- und Handlungsfähigkeit ermöglichen, andererseits besteht dabei aber auch die nicht fernliegende Gefahr, dass die Rechts- und Handlungsfähigkeit durch die Unterstützung tatsächlich erheblich eingeschränkt wird – insbesondere, wenn

41 So auch Aichele / von Bernstorff (2010), S. 200, die mit Verweisung auf Art. 32 der Wiener Vertragsrechtskonvention darlegen, dass die Entstehungsgeschichte eine nachrangige Rolle bei der Auslegung spielt. Anderer Ansicht Lipp (2010), S. 8, der als Auslegungsmaßstab den »wahren Willen der Parteien« nennt und die Anforderung, Verpflichtungen müssten sich aus dem Vertragstext deutlich ergeben, weil die Vermutung gelte, dass ein Staat solche Verpflichtungen im Zweifel nicht begründen wollte.

42 Wie der Konflikt der beiden Entscheidungsfindungsmodelle die Arbeit an Art. 12 UN-BRK beeinflusste, schildert Dhanda (2007). Sie streicht auch heraus, dass der Text der Norm einen Kompromiss darstellt, der auf Initiative von Kanada bewusst über das Problem der »ersetzenden Entscheidung« (»substituted decision-making«) hinweggeht und diese damit weder ausdrücklich verbietet (wie es einige Vertragsstaaten und die Vertreterinnen und Vertreter der meisten Behinderteninitiativen wollten) noch sie ausdrücklich als vereinbar mit der Konvention beschreibt (wie es andere Vertragsstaaten vehement gefordert hatten). Charakteristisch ist, dass mehrere Vertragsstaaten in interpretativen Erklärungen klargestellt haben, dass sie auf Normen, die eine ersetzte Entscheidungsfindung ermöglichen, nicht verzichten wollen. Vgl. Ganner / Barth (2010), S. 206. Gerade diese in der Art eines Vorbehalts formulierten Erklärungen unterstreichen aber, dass der Wortlaut und die Systematik der Konvention selbst ein anderes Ergebnis nahelegen.

43 Aichele / von Bernstorff (2010), S. 202 haben für die Struktur des Art. 12 UN-BRK den anschaulichen Begriff der »Konkretisierungskaskade« gewählt.

44 Das Verständnis der Vorschrift wird auch dadurch erschwert, dass zwischen den in Art. 12 Abs. 3 UN-BRK erwähnten »Maßnahmen, um … Zugang zu der [gegebenenfalls benötigten] Unterstützung zu verschaffen« und den in Art. 12 Abs. 4 erwähnten »allen die Ausübung der Rechts- und Handlungsfähigkeit betreffenden Maßnahmen« kein eindeutiger Bezug hergestellt wird. Vom Wortlaut her umfasst »alle … betreffenden Maßnahmen « ein weiteres Spektrum von Maßnahmen als »Maßnahmen, um … Zugang zu der Unterstützung zu verschaffen«. Andererseits wird man den Begriff der Maßnahmen, die Zugang zur Unterstützung verschaffen sollen, weit auslegen müssen, weil die Vorstellungen davon, was eine »Unterstützung« sein kann, differieren und es wenig ergiebig erscheint, den Streit über diesen rechtlich wenig gefüllten Begriff zu führen. Dies erscheint angesichts von Art. 12 Abs. 4 UN-BRK auch nicht erforderlich, weil hier in Satz 2 konkrete und hohe Anforderungen an die Sicherungen gestellt werden, die jedenfalls auf die Maßnahmen nach Art. 12 Abs. 3 UN-BRK zu beziehen sind.

Staaten als Maßnahme ein Betreuungsrecht normiert haben, das die ersetzende Entscheidungsfindung über weite Strecken nicht nur erlaubt, sondern zum Regelfall macht.

Die Vorschrift hat zwei Zielsetzungen: Einerseits will sie sicherstellen, dass die Maßnahmen zur Unterstützung der Rechts- und Handlungsfähigkeit keinen Missbrauch befördern, sondern wirklich dazu beitragen, den Willen des unterstützten Menschen mit Behinderung zur Geltung zu bringen und deutlich zu machen, dass der Mensch mit Behinderung Subjekt seiner Handlungen ist. Gleichzeitig wird durch die Akzentuierung des Verhältnismäßigkeitsgrundsatzes auch eine Über-Sicherung vermieden, die im Ergebnis auch dazu führen könnte, dass die Maßnahmen zur Unterstützung nicht erreichen könnten, dass der Mensch mit Behinderung tatsächlich rechts- und handlungsfähig ist. So kann als Aufgabe der Maßnahmen des Artikels 12 Absatz 4 UN-BRK angesehen werden, dass für den Fall, dass durch optimale Entscheidungs-Assistenz ein individueller wirklicher Wille des betroffenen Menschen nicht ermittelt werden kann, die dann nach einem soweit es geht individuell und defensiv geprägten best-interest-Standard zu entwickelnden Entscheidungen angemessen und nachvollziehbar entwickelt werden und insbesondere nicht auf Basis der bloßen Behauptung eines »Willens des Betroffenen« diesen tatsächlich durch Verstoß gegen andere Prinzipien der UN-BRK schädigen.[45]

3. Die rechtliche Behandlung der freiwilligen Sterilisation

Um die Zulässigkeit einer Vorschrift über eine richterlich genehmigte Sterilisation überprüfen zu können, ist es erforderlich, die rechtliche Sicht auf Sterilisation überhaupt zu beleuchten. In der medizinrechtlichen Debatte zum Thema galt die nicht medizinisch indizierte freiwillig betriebene Sterilisation (insbesondere der Frau, die Sterilisation von Männern war in dieser Hinsicht kein Thema) lange Zeit als bedenklich.

Der Deutsche Ärztetag hat sich 1970 und 1976 in Entschließungen dafür ausgesprochen, die Sterilisation nur aus medizinischen, genetischen oder schwerwiegenden sozialen Gründen zuzulassen. In der juristischen Literatur wurde die freiwillige Sterilisation ohne Indikation lange Zeit als »Gefälligkeitssterilisation« kritisiert. Heute äußert sich die »Musterberufsordnung für die in Deutschland tätigen Ärztinnen und Ärzte« nicht mehr kritisch zur Sterilisation und auch die gesell-

45 Das wäre beispielsweise der Fall, wenn bei einem Menschen, mit dem keine überprüfbare und konsistente Kommunikation möglich ist, lediglich auf Basis der Behauptung seines erfühlten Willens eine lebenserhaltende Behandlung abgebrochen würde (Verstoß gegen das Recht auf Leben). Wünschenswert wäre, wenn dieses Dilemma rechtspolitisch offener erörtert würde und nicht in erster Linie als Instrument diente, den Vorrang der unterstützten Entscheidungsfindung zu unterlaufen, weil diese als untauglich ausgegeben wird.

schaftlichen Bedenken sind erheblich geringer geworden. Der BGH billigt Eltern nach fehlgeschlagener Sterilisation heute in ständiger Rechtsprechung einen Schadensersatzanspruch gegen die verantwortliche Ärztin bzw. den verantwortlichen Arzt zu.[46] Gleichzeitig sieht die bundesdeutsche Rechtsprechung die freiwillige Sterilisation einwilligungsfähiger Menschen aber als äußerst gravierenden Eingriff: In der Leitentscheidung des Bundesgerichtshofes, die erstmals die Rechtmäßigkeit einer freiwilligen Sterilisation anerkannt hat, heißt es:

> Freilich bedeutet Sterilisation mehr als ein Mittel zur (dauernden) Empfängnisverhütung. … [M]it seiner Einwilligung begibt sich der Betroffene durchweg der Möglichkeit, sich später für Kinder entscheiden zu können. Die Sterilisation betrifft so die Persönlichkeit in ihren Grundlagen; sie kann, je nach dem Gewicht der Fortpflanzungsfähigkeit für die Einzelperson nach Lebensalter und nach der Gestaltung seines Lebens sowie der Konfliktsituation, in die sie ihn stellt, zu einer erheblichen Verkürzung seiner Selbstverwirklichung führen, um deretwillen ihm gerade Entscheidungsfreiheit gewährleistet ist.[47]

Die Sterilisation erscheint im rechtlichen Verständnis also nicht nur als Verhütungsmethode oder gegebenenfalls zu wählende Möglichkeit, eine selbstbestimmte Sexualität zu leben, sondern als grundlegender Eingriff in das Persönlichkeitsrecht – ein Maßstab, der daher auch bei der nicht-selbstbestimmten Sterilisation anzulegen ist.

4. § 1905 BGB eine Unterstützungsmaßnahme im Sinne von Artikel 12 UN-BRK?

Um insbesondere mit Blick auf Artikel 12 UN-BRK die Rechtmäßigkeit von § 1905 BGB überprüfen zu können, ist es erforderlich festzustellen, wie die Vorschrift rechtlich zu qualifizieren ist. Zweifelsohne handelt es sich um eine Form der ersetzenden Entscheidung. Der Gesetzgeber legt in der Gesetzesbegründung allerdings nahe, dass er die Vorschrift als ein Unterstützungsangebot verstanden wissen will, das Menschen mit Behinderungen die Möglichkeit gibt, sich sterilisieren zu lassen, obwohl sie nicht einwilligungsfähig sind.[48] Dadurch, so die in der Gesetzesbegründung vertretene Lesart, sollen sie verbesserte Möglichkeiten haben, ihre Sexualität zu leben. Außerdem soll ihnen die Belastung eines eventuellen Schwangerschaftsabbruchs oder eines möglicherweise erforderlichen Kindesentzugs zum Wohle des Kindes erspart werden.

46 Vgl. BGH, Urteil vom 08.07.2008, Aktenzeichen VI ZR 259/06.

47 BGH, Urteil vom 29.06.1976, Aktenzeichen VI ZR 68/75. Der 5. Strafsenat des BGH hatte bereits 1964 festgestellt, dass die freiwillige Sterilisation nicht mehr mit Strafe bedroht ist (Urteil vom 27.10.1964, Aktenzeichen 5 StR 78/64).

48 Die freiwillige Sterilisation einwilligungsfähiger Menschen steht seit der 1946 durch Alliiertes Kontrollratsgesetz erfolgten Aufhebung des 1943 eingeführten § 226b StGB nicht mehr unter Strafe (so Urteil vom 27.10.1964, Aktenzeichen 5 StR 78/64).

Grundsätzlich ist angesichts dessen zu fragen, ob die Sterilisation überhaupt eine Unterstützungsmaßnahme sein kann, die für die Handlungsfähigkeit in Sachen selbstbestimmter Sexualität gegebenenfalls benötigt werden kann. Das ist wohl zu bejahen – übrigens auch deswegen, weil die freiwillige Sterilisation auch Menschen ohne Behinderungen als Option, die eigene Sexualität und Familienplanung zu gestalten, zur Verfügung steht. Für Menschen, die keinen Kinderwunsch haben und die zuverlässig davon ausgehen, dass sie auch in Zukunft keinen Kinderwunsch entwickeln werden, ist die Sterilisation ein Eingriff, der vergleichsweise leicht durchzuführen ist und der in hohem Maße zuverlässig die Fortpflanzung verhindern kann.

Zwar gibt es eine Vielzahl von besser revidierbaren Möglichkeiten, Schwangerschaften auszuschließen – seien es regelmäßige oder als Depot einzusetzende Hormonpräparate, die Spiralen, Kondome, Diaphragmata etc. – aber unter der Prämisse, dass es keinen Kinderwunsch (mehr) gibt und geben wird, hat die Sterilisation auch einige wesentliche Vorzüge: sie ist in hohem Maße sicher, bedarf keiner immer neuen Entscheidungen und Maßnahmen, außerdem belastet sie den Körper nicht durch dauerhafte Gabe zusätzlicher Hormone.

Angesichts des Charakters der Sterilisation als schwer, oft auch gar nicht zu revidierende Maßnahme, kann sie – auch eingedenk der mit ihr verbundenen Vorteile – aber nur als ultima ratio betrachtet werden.

Allerdings erscheint fraglich, ob eine Maßnahme gemäß § 1905 BGB als »Unterstützungsmaßnahme« im Sinne der UN-BRK gedacht werden kann, die auf einer ersetzenden Entscheidung aufbaut (hier der Entscheidung der Betreuerin oder des Betreuers, die durch das Gericht genehmigt wird). Auch wenn zuzugestehen ist, dass es nicht konstituierend für ein Unterstützungsangebot sein muss, dass es objektiv im Interesse der Betroffenen liegt, wird man zudem fordern müssen, dass es nicht dem Grundgedanken der UN-BRK, die Rechts- und Handlungsfähigkeit der Menschen mit Behinderungen selbst zu konstituieren, entgegenlaufen darf. So wäre es aber hier, denn selbst in der wohlmeinendsten Betrachtungsweise erreicht § 1905 BGB nichts anderes als ein durch die Einführung der Kategorie der Einwilligungsunfähigkeit (nicht nur) ins Betreuungsrecht eingeschriebenes Problem insoweit zu lösen, als es die Sterilisation auch ohne Einwilligung der Betroffenen ermöglicht. Angesichts des oben begründeten Verständnisses von Artikel 12 UN-BRK als Vorschrift, die darauf zielt, umfassend die Rechts- und Handlungsfähigkeit von Menschen mit Behinderungen herzustellen und sicherzustellen, ist das schwerlich hinzunehmen.

Es gibt weitere gute Gründe, daran zu zweifeln, dass es sich bei der Sterilisation ohne eigene Einwilligung, wie sie § 1905 BGB normiert, objektiv gesehen um ein Unterstützungsangebot handelt. Dagegen spricht auch der Gang der dem Gesetzgebungsverfahren vorgeschalteten Diskussion[49], in deren Verlauf, ebenso wie im Gesetzgebungsverfahren selbst, keine Bemühungen zu erkennen waren, die Auffassungen und Empfindungen tatsächlich oder potenziell Betroffener einzuholen bzw. deren Bedürfnisse zu ermitteln. Auch die Norm selbst ist von ihrer Struktur her nicht an einem tatsächlichen Unterstützungsbedarf Betroffener ausgerichtet. Sie ist viel mehr geprägt dadurch, dass stillschweigend vorausgesetzt wird, dass eine Elternschaft zumindest von bestimmten Gruppen von Menschen mit Behinderungen schwer vorstellbar und letzten Endes auch für alle irgendwie Beteiligten – von Eltern über Institutionen und Sozialleistungsträger bis zu den Menschen mit Behinderungen selbst – unerwünscht ist. Das wird insbesondere daran deutlich, dass zwar die Sterilisation ohne Einwilligung geregelt ist, dass es aber weder im Betreuungs- noch im Sozialrecht speziell ausgerichtete Angebote gibt, die betreute Menschen, soweit das erforderlich erscheint, darin unterstützen, Eltern sein zu können – was aber, wenn es tatsächlich in erster Linie um die Bedürfnisse der Betroffenen ginge, der weitaus näher liegende Ansatz wäre.[50]

Selbst wenn man aber, entgegen der hier vertretenen Auffassung, davon ausginge, dass die Regelung der Sterilisation in § 1905 BGB zum Nutzen und zur Stärkung, also zur Unterstützung der Betroffenen geschaffen worden wäre, änderte das nichts daran, dass sie den Erfordernissen des Artikels 12 Absatz 4 UN-BRK entsprechen müsste. Hier liegt gerade die Bedeutung von Artikel 12 Absatz 4 UN-BRK, dass ein hoher Schutzstandard gezogen wird, der verhindern kann, dass gut (oder auch weniger gut) gemeinte, unter Umständen als Unterstützung aufgedrängte Maßnahmen sich gegen die Betroffenen richten. Es kommt also hier entscheidend nicht darauf an, wie der Gesetzgeber oder wie Kritikerinnen und Kritiker § 1905 BGB verstehen, sondern ob die Vorschrift jedenfalls den Anforderungen von Artikel 12 Absatz 4 UN-BRK genügt. In einem weitergehenden Schritt wäre zudem zu prüfen, ob für die Problemkreise Elternschaft und Verhütung bei Menschen mit Behinderungen, die sie gegenwärtig als »einwilligungsunfähig« erscheinen lassen, Unterstützungsangebote im Sinne von Artikel 12 Absatz 3 UN-BRK vorliegen, die ausreichen.

Die materiellen und prozeduralen Absicherungen, die in § 1905 enthalten sind, wären so betrachtet als Sicherungen im Sinne von Artikel 12 Absatz 4 UN-BRK zu sehen.

49 Vgl. Köbsell (1987).
50 Zu Problemen der Elternassistenz für Menschen mit Behinderungen insgesamt (also nicht nur für behinderte Menschen, die betreut werden) vgl. http://www.elternassistenz.de.

a) Zulässigkeit der ersetzenden Einwilligung durch die Betreuerin oder den Betreuer in die Sterilisation

Selbstbestimmte Sexualität ist Teil des Persönlichkeitsrechts. Ein wesentlicher Inhalt selbstbestimmter Sexualität ist auch die Entscheidung darüber, ob man Kinder bekommen möchte oder nicht. Die Entscheidung über eine Sterilisation ist ein besonders deutlicher Ausdruck dieser Entscheidung. Das ergibt sich in der Behindertenrechtskonvention insbesondere auch aus Artikel 23 Absatz 1 lit. b und c[51], der die Vertragsstaaten auffordert, das Recht von Menschen mit Behinderungen auf freie und verantwortungsbewusste Entscheidung über die Anzahl ihrer Kinder sowie auf Zugang zu Aufklärung über Fortpflanzung und Familienplanung zu gewährleisten, außerdem, dass Menschen mit Behinderungen gleichberechtigt mit anderen ihre Fruchtbarkeit behalten.

Wenn Menschen aber die Fähigkeit aberkannt wird, selbst in eine Sterilisation einzuwilligen, stellt sich die Einwilligung der vom Gericht eingesetzten Sterilisationsbetreuerin bzw. des Sterilisationsbetreuers an Stelle der betroffenen Menschen in diesen das Persönlichkeitsrecht nachhaltig beeinflussenden Eingriff nicht mehr als Ausdruck des Selbstbestimmungsrechts dar. In § 1905 BGB wird das auch darin deutlich, dass eine Sterilisation auch ohne den Willen des betreffenden Menschen durchgeführt werden kann.

Mit dieser von Gesetzes wegen verfügten Delegation der Entscheidungsmöglichkeit auf eine besondere Betreuerin oder einen besonderen Betreuer wird eine Gruppe von Menschen mit Behinderungen, diejenigen nämlich, denen zugeschrieben wird, nicht in eine Sterilisation einwilligen zu können, anders behandelt als Menschen ohne oder mit anderen Behinderungen.

Menschen, die hinsichtlich der Sterilisation als einwilligungsunfähig gelten, wird damit einerseits versagt, sich selbst wirksam für eine Sterilisation zu entscheiden. Zwar ist nicht ausgeschlossen, dass sie sich für eine Sterilisation entscheiden. Ihre eigene Entscheidung reicht aber keinesfalls aus, eine Sterilisation zu bewirken.[52] Stattdessen müssen sie gegebenenfalls erreichen, dass eine Sterilisationsbetreuerin oder ein Sterilisationsbetreuer eingesetzt wird, diese bzw. dieser muss eine entsprechende Einwilligung erteilen und im oben beschriebenen Verfahren gerichtlich genehmigen lassen.[53]

51 Bemerkenswerterweise wird im Staatenbericht der Bundesregierung auch an dieser Stelle, im Kontext des Art. 23 UN-BRK, die Möglichkeit der Sterilisation von als einwilligungsunfähig qualifizierten Menschen durch § 1905 BGB nicht einmal erwähnt – Bundesregierung (2011), S. 52-54.

52 Zur Möglichkeit einer einwilligungsfähigen, nicht-behinderten Frau, sich ohne spezifische Indikation sterilisieren zu lassen: BGH, Urteil vom 29.06.1976, Aktenzeichen VI ZR 68/75.

53 Vgl. § 1905 BGB in Verbindung mit § 297 FamFG.

Da in diesem Fall die materiellen gesetzlichen Anforderungen zwingend eingehalten werden müssen, ist für Menschen, die im betreuungsrechtlichen Sinn als einwilligungsunfähig gelten, unter bestimmten Bedingungen eine Sterilisation, selbst wenn sie sie wünschen, auf dieser rechtlichen Grundlage gar nicht zu erreichen. Schon gar nicht verlangt § 1905 BGB, geeignete Mittel oder Möglichkeiten zur Verfügung zu stellen, die die Betroffenen befähigten, eine eigene Entscheidung über Verhütung, ihre Formen der Sexualität oder einen eventuellen Kinderwunsch zu treffen. Und dies ungeachtet der Tatsache, dass Einwilligungsfähigkeit, wie oben dargelegt, ein in hohem Maße dynamisches rechtliches Konzept ist.

Gleichzeitig, und das ist wohl der Hauptanwendungsfall, ermöglicht § 1905 BGB bei Vorliegen der gesetzlichen Voraussetzungen, also der Einwilligung der Sterilisationsbetreuerin bzw. des Sterilisationsbetreuers und der erforderlichen richterlichen Genehmigung, dass Menschen, die im betreuungsrechtlichen Sinn als einwilligungsunfähig gelten, sterilisiert werden, ohne dass sie das selbst wünschen. Unter Umständen kann der Eingriff sogar gegen ihren Willen durchgeführt werden, wenn sich der entgegenstehende Wille nicht klar gegen die Sterilisation an sich richtet, sondern nur gegen deren Rahmenbedingungen oder die Tatsache, dass überhaupt ein medizinischer Eingriff stattfindet.[54] Entsprechende Eingriffe sind bei Menschen ohne Behinderungen ohne deren Willen nicht vorstellbar. Bei entgegenstehendem Willen kommt es auch nicht darauf an, wogegen sich der Wille genau richtet, da ein Fehlen der ausdrücklichen Einwilligung den Eingriff in jedem Fall rechtswidrig macht.

Eine Maßnahme, die diskriminierend ist, kann aber nicht zugleich als Maßnahme zur Durchsetzung des Selbstbestimmungsrechts geeignet sein.

b) Andere Maßnahmen, die geeignet erscheinen?

Geht man davon aus, dass es Menschen mit Behinderungen gibt, die für eine selbstbestimmte Sexualität und Familienplanung Zugang zu Unterstützungsmaßnahmen benötigen, ist eine Einwilligung der betreffenden Person, um deren Fortpflanzungsfähigkeit und Sexualität es geht, unverzichtbar. Geeignete Unterstützungs-Maßnahmen sind also diejenigen, die es den Betroffenen ermöglichen, selbst zu entscheiden, ob und wie sie sexuell aktiv sein wollen, ob, wann und wie viele

54 Das zumindest ist die Konsequenz aus OLG Hamm, Beschluss vom 28.02.2000, Aktenzeichen 15 W 50/00 – wobei sich das Problem stellt, mit dem sich diese Entscheidung nicht auseinandersetzt, dass es im deutschen Recht überhaupt keine ausreichende gesetzliche Grundlage für einen Eingriff gegen den Willen eines betreuten Menschen gibt. Vgl. dazu LG Stuttgart, Beschluss vom 16.02.2012, Aktenzeichen 2 T 35/12; BGH, Beschlüsse vom 20.06.2012, Aktenzeichen XII ZB 99/12 und XII ZB 130/12.

Kinder sie haben wollen, ob sie gegebenenfalls auch eine Sterilisation wünschen, und gegebenenfalls in diese einzuwilligen (oder eben auch nicht).

Analysiert man die zur betreuungsrechtlichen Sterilisation ergangenen veröffentlichten Gerichtsentscheidungen, fällt auf, dass hier die Feststellung der Unfähigkeit zur Einwilligung jeweils ohne konkrete Schilderung von Bemühungen oder Versuchen, eine Einwilligung abzuklären, erfolgt. Stattdessen zeichnen sich die betreffenden Urteilspassagen stets durch schematische und typisierende Formulierungen aus, wie sie sich in der Entscheidung des LG Ravensburg[55] finden:

> »[Die Betroffene] wird niemals in der Lage sein, die Hintergründe, Probleme und Zusammenhänge von Empfängnisfähigkeit, Geschlechtsverkehr, Schwangerschaft und Mutterschaft bezogen auf ihre spezielle Situation und unter Berücksichtigung langfristiger Perspektiven zu erfassen, abzuwägen und darauf aufbauend eine eigene Entscheidung zu treffen.«

In dieser Entscheidung irritiert diese Passage besonders, weil hier die betroffene Behinderte als Beschwerdeführerin gegen die abschlägige Entscheidung der Vorinstanz auftritt und in den Urteilsgründen die Feststellung enthalten ist: »Die geplante Sterilisation entspricht auch bis heute dem natürlichen Willen der Betroffenen.« Wie sich ein natürlicher Wille auf die Befürwortung der Sterilisation richten kann, ohne dass die betreffende Person in der Lage ist, »die Hintergründe, Probleme und Zusammenhänge von Empfängnisfähigkeit, Geschlechtsverkehr, Schwangerschaft und Mutterschaft bezogen auf ihre spezielle Situation und unter Berücksichtigung langfristiger Perspektiven zu erfassen, abzuwägen und darauf aufbauend eine eigene Entscheidung zu treffen«, bleibt unklar. Ebenso unklar bleibt, was der betreffenden Person von wem erklärt und mitgeteilt worden ist, und zwar einerseits bezogen auf die Sterilisation, andererseits bezogen auf das Gerichtsverfahren und die Verweigerung der Sterilisation.

Denkbar wäre jedenfalls, die Bemühungen zur Erklärung zu intensivieren und anstelle der Sterilisationsbetreuerin oder des Sterilisationsbetreuers eine sexualpädagogische Unterstützungskraft beizuordnen, die der im konkreten Ravensburger Fall gerade 21-jährigen jungen Frau, die nach Kenntnis des Gerichts noch nicht einmal Geschlechtsverkehr hatte, über einen gewissen Zeitraum begleitend und informierend zur Seite stehen könnte und dabei nicht nur die Entwicklung ihrer Sexualität, sondern auch die Frage, was eine etwaige Mutterschaft bedeuten würde, eingehend thematisieren könnte.

Sollte man davon ausgehen, dass solche Maßnahmen nicht greifen können, müsste das konkret begründet werden – und hätte zur Konsequenz, dass in eine Sterilisation nicht eingewilligt und diese deswegen nicht durchgeführt werden könnte. Das hätte unter Berücksichtigung von Artikel 12 und Artikel 23 Absatz 1

55 LG Ravensburg, Beschluss vom 05.10.2005, Aktenzeichen 2 T 41/05.

UN-BRK zur Folge, dass Zugang zu anderen Unterstützungsformen durch geeignete Maßnahmen eröffnet werden müsste.

5. Sterilisation und geeignete und wirksame Sicherungsmaßnahmen im Sinne von Artikel 12 UN-BRK

Die in § 1905 BGB vorgesehenen Anforderungen an die richterliche Genehmigung einer Sterilisation ohne Einwilligung der oder des Betroffenen taugen nicht als Sicherungsmaßnahmen gegen einen Missbrauch dieser Regelung – die im Übrigen auch schon in der nicht missbräuchlichen Form nicht akzeptabel ist –, weil sie nicht in Einklang mit internationalen Menschenrechtsnormen stehen. Sie gewährleisten aber zudem weder in ausreichendem Maße, dass Wille und Präferenzen der betreffenden Person geachtet werden, noch dass Interessenkonflikte und missbräuchliche Einflussnahme ausgeschlossen werden. Die Maßnahmen sind darüber hinaus auch nicht verhältnismäßig und auf die betreffende Person zugeschnitten, sie sind auch weder von kurzer Dauer noch unterliegen sie einer regelmäßigen Überprüfung.

a) Sterilisation und internationale Menschenrechtsnormen

Sterilisationen, insbesondere von Frauen, die nicht auf einer nach umfassender Aufklärung erteilten freiwilligen Einwilligung gründen, sind immer wieder Gegenstand von Entscheidungen und Stellungnahmen von Menschenrechts-Ausschüssen und internationalen Menschenrechtserklärungen.[56] Dabei wird unterstrichen, dass ausnahmslos nur durch eine freiwillige, informierte Einwilligung in eine Sterilisation die Anforderungen erfüllt werden, die durch internationale Menschenrechtspakte gestellt werden.[57] Unter Umständen kann die nicht-freiwillige Sterilisierung sogar einen Verstoß gegen die Anti-Folter-Konvention und das Folterverbot in Artikel 15 UN-BRK konstituieren.[58]

In seiner ersten Empfehlung auf den Staatenbericht Tunesiens hin hat der Ausschuss für die Rechte von Menschen mit Behinderungen dementsprechend auch empfohlen, das gesamte Betreuungsrecht zu überprüfen sowie alle Formen von

56 Art. 23 UN-BRK; Internationaler Pakt über bürgerliche und politische Rechte vom 16.12.1996, Art. 7 und 17; Internationaler Pakt über wirtschaftliche, soziale und kulturelle Rechte vom 16.12.1996, Art. 10; Übereinkommen zur Beseitigung jeder Form von Diskriminierung der Frau vom 18.12.1979, Art. 16; UN Fourth World Conference on Women (1995), Ziff. 94-96.

57 Vgl. DIMR (2011).

58 UN-Antifolterausschuss (2008), Ziff. 20-22.

stellvertretenden Entscheidungsfindungen durch unterstützende Entscheidungsfindungen zu ersetzen. Ausdrücklich empfiehlt der Ausschuss, alle gesetzlichen Möglichkeiten, chirurgische Eingriffe und medizinische Behandlungen ohne Einwilligung auf Basis einer umfassenden Aufklärung der Patientin bzw. des Patienten durchzuführen, abzuschaffen. Insbesondere sollen so in Zukunft die Rechte von Frauen nach Artikel 23 und 25 der UN-BRK gewahrt werden.[59]

b) Achtung individueller Präferenzen und Wünsche

Durch die materiellen und prozeduralen Anforderungen in § 1905 BGB sowie durch die Verfahrensregeln nach § 297 FamFG ist nicht nur nicht zuverlässig, sondern gar nicht sichergestellt, dass die individuellen Wünsche und Präferenzen der oder des Betreuten bei der Entscheidung über eine Sterilisation berücksichtigt werden. Zwar sind im Betreuungsrecht grundsätzlich die Wünsche der oder des Betreuten zu beachten[60] und es hat auch eine persönliche Anhörung stattzufinden, sowohl die materiellen Voraussetzungen des § 1905 BGB als auch die prozeduralen des § 297 FamFG zielen aber nur auf durch Sachverständige zu ermittelnde objektive oder objektivierbare Faktoren und gerade nicht auf individuelle Präferenzen der oder des jeweils Betroffenen. Die Sterilisation muss nach dem deutschen Recht nicht den Wünschen der oder des Betreuten entsprechen, sie darf ihr oder ihm sogar unlieb sein, wenn sie nur nicht ihrem oder seinem nach außen hin deutlich gemachten Willen widerspricht, der zudem nur auf die Sterilisation selbst gerichtet sein darf, nicht auf deren Begleitumstände.

c) Verhältnismäßigkeit der Sterilisation

Offene eindeutige Interessenkonflikte sind durch die Entscheidung des Gesetzgebers für einen besonderen Sterilisationsbetreuer zwar verringert. Die Gefahr der missbräuchlichen Einflussnahme auf die jeweils betroffenen Menschen erscheint angesichts dessen ebenfalls begrenzt, sie ist aber auch nicht erforderlich, da der Wille der oder des Betroffenen allenfalls die Durchführung der Sterilisation sperren kann, für die Entscheidung aber ansonsten ohne weitere Bedeutung ist.

Überflüssig festzustellen, dass die Sterilisation, auch wenn das Gesetz verlangt, dass bei der Durchführung Techniken der Vorzug zu geben ist, die eine Refertilisierung ermöglichen, nur ausnahmsweise revidierbar sein wird – und schon daher als Verstoß gegen Artikel 12 Absatz 3 UN-BRK zu werten. Dies gilt umso mehr,

59 UN-Ausschuss für die Rechte von Menschen mit Behinderungen (2011), Ziff. 29.
60 § 1901 Abs. 2 BGB.

als § 1905 BGB auch nicht sicherstellt, dass die Sterilisation eine verhältnismäßige Maßnahme ist. Zwar verlangt § 1905 Absatz 1 Nr. 4 und 5 BGB dem Wortlaut nach, dass ohne die Sterilisation eine erhebliche, nicht anders abzuwehrende Gefahr für die gesundheitliche Integrität der Betroffenen überhaupt droht. Wie schon bei § 218a StGB zeigt sich aber in den veröffentlichten Entscheidungen, dass die Schwelle zur Annahme dieser Gefahren niedrig ist. Diese Tendenz ist auch in der Norm selbst angelegt, die in § 1905 Absatz 1 Satz 2 BGB erläutert, dass auch mittelbare Folgen, wie die anzunehmende Trennung von einem Kind aufgrund betreuungsgerichtlicher Maßnahmen, als schwerwiegende Gefahr für den seelischen Gesundheitszustand der Schwangeren angesehen werden müssen. Auf diesen Grund beziehen sich alle veröffentlichten gerichtlichen Entscheidungen, die eine Sterilisation genehmigen.[61] Dabei wird ohne weitere Gründe die Konsequenz, dass den Betroffenen ihre eventuell geborenen Kinder weggenommen werden müssten, wie selbstverständlich gezogen. In keiner einzigen der veröffentlichten Gerichtsentscheidungen wird auch nur ansatzweise als Möglichkeit erörtert, dass die betroffene Frau eine Möglichkeit haben könnte, bei entsprechender Unterstützung ihr Kind zu behalten. Diese Selbstverständlichkeit korrespondiert mit den tatsächlichen Schwierigkeiten von Menschen mit Behinderungen, Zugang zu Elternassistenz zu erlangen – eine Unterstützungsmaßnahme, auf die ihnen zwar von der Bundesregierung im Ersten Staatenbericht ein Recht eingeräumt wird, ohne dass diese aber weiter erörtert würde.[62]

Mildere Mittel als die im Ergebnis kostengünstige und effiziente Sterilisation ohne Einwilligung sind gesetzlich nicht ausdrücklich geregelt. Schon gar nicht macht § 1905 BGB oder eine andere gesetzliche Vorschrift hier konkrete Vorgaben, welche Möglichkeiten wie zu prüfen sind, bevor eine Sterilisation als ultima ratio in Erwägung gezogen werden könnte.

III. Resümee

§ 1905 BGB ist in Zeiten des Benachteiligungsverbotes und der zunehmenden menschenrechtlichen Betrachtungsweise von Behinderung eine anachronistische Regelung, die Ausdruck eines medikalisierten Paternalismus ist. Die Vorschrift

61 AG Lahnstein, Beschluss vom 16.09.1999, Aktenzeichen 1 XVII 9/97; OLG Hamm, Beschluss vom 28.02.2000, Aktenzeichen 15 W 50/00; LG Ravensburg, Beschluss vom 05.10.2005, Aktenzeichen 2 T 41/05.

62 Bundesregierung (2011), S. 53. Dort wird nach der Feststellung der Schwierigkeiten lapidar resümiert: »Es wird geprüft, ob zur Behebung der Schwierigkeiten in der Praxis ein Verfahren gefunden werden kann, das alle Leistungsträger einbindet.« Zu den Erfordernissen einer entsprechend ausgestatteten Elternassistenz und den rechtlichen Rahmenbedingungen Zinsmeister(2008).

verstößt in vielerlei Hinsicht gegen Bestimmungen der Behindertenrechtskonvention, insbesondere gegen deren Artikel 12, 17, 25 und 23, auch wenn sie, wie immer wieder betont wird, keine Zwangssterilisation zulässt. Die Sterilisation ohne Einwilligung, die materiell allerdings durchaus einer Zwangssterilisation gleichkommen kann, stellt nach ganz herrschender Ansicht einen Verstoß gegen die durch die Anti-Folter-Konvention, das Abkommen zur Beseitigung der Benachteiligung von Frauen und die UN-Behindertenrechtskonvention begründete menschenrechtliche Regime zum Schutz der körperlichen Integrität insbesondere von Frauen aus benachteiligten Gruppen dar. Mit den im März 2011 verabschiedeten Neuen Ethik-Richtlinien[63] der »International Federation auf Gynecology«, deren Mitglied auch die Deutsche Gesellschaft für Gynäkologie und Geburtshilfe ist, hat auch die auf diesem Gebiet maßgebliche internationale Fachärzteorganisation klargestellt, dass keine Frau ohne ihre eigene, vorab auf Basis einer umfassenden Aufklärung erteilte Zustimmung sterilisiert werden darf. Ausdrücklich beziehen sich die neuen Ethik-Richtlinien auf Artikel 23 UN-BRK und bringen zum Ausdruck, dass es für Ärztinnen und Ärzte unethisch ist, juristische Verfahren zur Sterilisation in Gang zu bringen oder sich an diesen zu beteiligen, die nicht mit Artikel 23 UN-BRK in Übereinstimmung stehen. Dass in der Bundesrepublik Deutschland nach den scharfen Kontroversen um die Einführung des § 1905 BGB heute diese Vorschrift längst aus dem Fokus gesellschaftlicher Kritik gerückt ist, ist angesichts dessen nicht nachzuvollziehen. Auch wenn die quantitative Bedeutung der Vorschrift in der Praxis gering ist, ist doch das von ihr ausgehende gesellschaftliche Signal, aber auch der jeweilige Eingriff in die psychische und physische Integrität der vor allem betroffenen behinderten Frauen so gravierend, dass eine Aussetzung der Sterilisationspraxis und eine Auseinandersetzung über das Recht auch von Menschen mit geistigen Behinderungen, Kinder zu haben und gesellschaftliche Ressourcen für deren Erziehung bereitgestellt zu bekommen, dringend erforderlich ist.

Literaturverzeichnis

Aichele, Valentin / Jochen von Bernstorff (2010): Das Recht auf gleiche Anerkennung vor dem Recht: Zur Auslegung von Art. 12 der UN-Behindertenrechtskonvention. In: Betreuungsrechtliche Praxis 2010 (5), S. 199-203.

Dhanda, Amita (2007): Legal Capacity in the Disability Rights Convention: Stranglehold of the Past or Lodestar for the Future? In: Syracuse Journal of International Law and Commerce 34, S. 429-462.

Foth, Eberhard (2004): Überlegungen zur Spätabtreibung. In: Juristische Rundschau 2004 (9), S. 367-370.

63 International Federation of Gynecology and Obstretics (2011).

Ganner, Michael / Peter Barth (2010): Die Auswirkungen der UN-Behindertenrechtskonvention auf das österreichische Sachwalterrecht. In: Betreuungsrechtliche Praxis 2010 (5), S. 204-208.

Hiersche, Hans-Dieter / Günter Hirsch / Toni Graf-Baumann (Hg.) (1988): Die Sterilisation geistig Behinderter. 2. Einbecker Workshop der Deutschen Gesellschaft für Medizinrecht, 20.-21. Juni 1987. Berlin: Springer.

Horn, Eckhard (1983): Strafbarkeit der Zwangssterilisation. In: Zeitschrift für Rechtspolitik 16, S. 265-266.

Jaschinski, Joachim (2010): Kommentierung zu § 1905 BGB. In: Maximilian Herberger / Michael Martinek / Helmut Rüßmann / Stephan Weth (Hg.): juris Praxiskommentar BGB. Band 4 – Familienrecht. 5. Auflage. Saarbrücken: juris.

Kaleck, Wolfgang / Sönke Hilbrans / Sebastian Scharmer (2008): Gutachterliche Stellungnahme – Ratifikation der UN Disability Convention vom 30. 3. 2007 und Auswirkung auf die Gesetze für so genannte psychisch Kranke am Beispiel der Zwangsbehandlung und Zwangsunterbringung nach dem PsychKG Berlin. 2. überarbeitete Fassung. http://www.die-bpe.de/stellungnahme/stellungnahme.pdf.

Klee, Ernst (1988): Sterilisierung geistig Behinderter. Es geschieht heimlich. Neues Vormundschaftsrecht: Wird die Operation bald gesetzlich erlaubt sein? In: Die Zeit 1988 (17), 22.04.1988.

Köbsell, Swantje (1987): Eingriffe. Zwangssterilisation geistig behinderter Frauen. München: AG SPAK.

Lipp, Volker (2010): UN-Behindertenrechtskonvention und Betreuungsrecht. Beiträge des 12. Vormundschaftsgerichtstages 04.-06.11.201 in Brühl. http://www.bgt-ev.de/fileadmin/Mediendatenbank/Tagungen/Bundes-BGT/12/Lipp_UN-BRK_und_Betreuung_BtPrax2010.pdf.

Meier, Sybille M. (2010): Kommentierung zu § 1905 BGB. In: Andreas Jurgeleit (Hg.): Betreuungsrecht – Handkommentar. 2. Auflage. Baden-Baden: Nomos.

Schmidt, Eberhard (1951): Das Sterilisationsproblem nach dem in der Bundesrepublik geltenden Strafrecht. In: Juristenzeitung 6 (3), S. 65-70.

Sierck, Udo / Nati Radtke (1988): Die Wohltäter-Mafia. Vom Erbgesundheitsgericht zur Humangenetischen Beratung. Frankfurt am Main: Mabuse.

Tolmein, Oliver (2004): Selbstbestimmungsrecht und Einwilligungsfähigkeit. Der Abbruch der künstlichen Ernährung im ›vegetative state‹ in rechtsvergleichender Sicht: Der Kemptener Fall und die Verfahren Cruzan und Bland. Frankfurt am Main: Mabuse.

Tolmein, Oliver (2012): Kommentierung zu Art. 12. In: Antje Welke (Hg.): UN-Behindertenrechtskonvention – Kommentar mit rechtlichen Erläuterungen. Berlin: Lambertus-Verlag.

Ulsenheimer, Klaus (2010): § 139. Die fahrlässige Körperverletzung. In: Adolf Laufs / Bernd-Rüdiger Kern (Hg.): Handbuch des Arztrechts. 4. Auflage. München: C.H. Beck.

Weilert, Katarina (2010): Spätabbruch der Schwangerschaft – Eine straf- und verfassungsrechtliche Analyse. In: Zeitschrift für Lebensrecht 2010 (3), S. 70-82.

Zielke, Roland (2006): Sterilisation per Gesetz – Die Gesetzesinitiativen zur Unfruchtbarmachung in den Akten der Bundesministerialverwaltung (1949-1976). Berlin: Die Buchmacherei.

Zinsmeister, Julia (2008): Staatliche Unterstützung behinderter Mütter und Väter bei der Erfüllung ihres Erziehungsauftrages. Rechtsgutachten im Auftrag des Netzwerkes behinderter Frauen Berlin e.V. mit Unterstützung der Aktion Mensch. http://bidok.uibk.ac.at/library/zinsmeister-rechtsgutachten.html.

Materialverzeichnis

Bundesamt für Justiz (2012): Betreuungsverfahren. Zusammenstellung der Bundesergebnisse für die Jahre 1992 bis 2011. Stand: 8. Juni 2012. http://bit.ly/N8Mk1J.

Bundesregierung (2011): Erster Staatenbericht der Bundesrepublik Deutschland zur BRK. 03.08.2011.

Deutscher Bundestag (1989): Gesetzentwurf der Bundesregierung: Entwurf eines Gesetzes zur Reform des Rechts der Vormundschaft und Pflegschaft für Volljährige (Betreuungsgesetz – BtG). Bundestag-Drucksache 11/4528 vom 11.05.1989.

Deutscher Bundestag (1990): Entschließungsantrag der Fraktionen der CDU/CSU, SPD und FDP zu dem Gesetzesentwurf der Bundesregierung – Drucksachen 11/4528, 11/6949. Bundestags-Drucksache 11/6983 vom 25.04.1990.

Deutscher Bundestag (1996): Unterrichtung durch die Bundesregierung: Bericht der Bundesregierung über die praktischen Auswirkungen der im Betreuungsgesetz enthaltenen Regelungen zur Sterilisation. Bundestags-Drucksache 13/3822 vom 20.02.1996.

Deutscher Bundestag (1998): Beschlussempfehlung und Bericht des Rechtsausschusses (6. Ausschuss) zu der Unterrichtung durch die Bundesregierung – Drucksache 13/3822 – Bericht der Bundesregierung über die praktischen Auswirkungen der im Betreuungsgesetz enthaltenen Regelungen zur Sterilisation. Bundestags-Drucksache 13/11033 vom 17.06.1998.

Deutscher Bundestag (2010): Große Anfrage der Abgeordneten Ingrid Hönlinger [u.a.] und der Fraktion BÜNDNIS 90/DIE GRÜNEN: Personenzentrierte und ganzheitliche Reform des Betreuungsrechts. Bundestags-Drucksache 17/2376 vom 30.06.2010.

Deutscher Bundestag (2012): Gesetzentwurf der Bundesregierung: Entwurf eines Gesetzes zur Verbesserung der Rechte von Patientinnen und Patienten (Patientenrechtegesetz). Bundestags-Drucksache 17/10488 vom 15.08.2012.

DIMR (Deutsches Institut für Menschenrechte) (2011): Stellungnahme der europäischen Gruppe der Nationalen Menschenrechtsinstitutionen im Verfahren vor dem Europäischen Gerichtshof für Menschenrechte, Gauer und andere ./. Frankreich (Beschwerde-Nr. 61521/08). http://www.institut-fuer-menschenrechte.de/uploads/tx_commerce/stellungnahme_gauer_u_andere_2011.pdf.

International Federation of Gynecology and Obstetrics (2011): Ethics Guideline – Female Contraceptive Sterilization. März 2011.

UN-Ausschuss für die Rechte von Menschen mit Behinderungen (2011): Consideration of reports submitted by States parties under article 35 of the Convention - Concluding observations of the Committee on the Rights of Persons with Disabilities [zum Staatenbericht von Tunesien]. UN Dok.CRPD/C/TUN/CO/1 vom 13.05.2011.

UN Fourth World Conference on Women (1995): Beijing Declaration and Platform for Action. UN Dok. A/CONF.177/20 vom 17.10.1995, Annex II.

UN-Antifolterausschuss (2008): General Comment No. 2. Implementation of article 2 by States parties. UN Dok. CAT/C/GC/2 vom 24.01.2008.

Zur Handlungsfähigkeit behinderter Menschen im Bereich politischer Grundrechte – Gleiches Recht auf Mitwirkung an Wahlen

*Leander Palleit**

I. Einleitung

Die Frage nach der Rechts- und Handlungsfähigkeit eines Menschen stellt sich auch im Kontext politischer Mitwirkungsrechte. Dies zeigt sich besonders deutlich am Beispiel des Rechts zu wählen und gewählt zu werden. Dieses Recht, das auch als das politische Grundrecht schlechthin bezeichnet wird,[1] ist in einem demokratischen Gemeinwesen eine der grundlegendsten Ausprägungen rechtlicher Handlungsfähigkeit überhaupt. Nicht ohne Grund steht das Wahlrecht in Deutschland grundsätzlich unterschiedslos jeder erwachsenen Staatsbürgerin und jedem erwachsenen Staatsbürger zu. Denn darin, wer wählen darf, manifestiert sich, wer als gleichberechtigter Teil der Gemeinschaft akzeptiert wird und deshalb berufen sein soll, über ihr künftiges Schicksal mitzuentscheiden.

Dass auch Menschen mit Behinderungen bei Wahlen gleichberechtigt sein sollen, wurde spätestens mit Artikel 29 der 2006 verabschiedeten UN-Behindertenrechtskonvention (UN-BRK) dauerhaft ins Bewusstsein gerückt. Damit wird auch in Bezug auf politische Partizipation der Wandel des Bildes von Menschen mit Behinderungen verdeutlicht – weg von Objekten der Fürsorge hin zu aktiven und selbstbestimmten Subjekten, die sich auch politisch in das Gemeinwesen einbringen.[2] Die Konvention setzt dadurch einen verpflichtenden Impuls für eine umfassende politische Partizipation von Frauen, Männern und Kindern mit Behinderungen und formuliert hierfür klare Anforderungen.[3] In Bezug auf das Wahlrecht als einem Kernelement politischer Mitwirkung heißt das: Auch Menschen mit Behinderungen haben das uneingeschränkte Recht, gleichberechtigt mit anderen zu wählen und gewählt zu werden. Diskriminierungen gleich welcher Art, ob direkt oder

* Dieser Text ist 2011 bereits in wesentlichen Teilen vom Deutschen Institut für Menschenrechte unter dem Titel »Gleiches Wahlrecht für alle? Menschen mit Behinderungen und das Wahlrecht in Deutschland« veröffentlicht worden. Der Autor dankt dem Deutschen Institut für Menschenrechte für die freundliche Genehmigung, die Textteile weiter zu verwenden. Etwaige abweichende Inhalte geben die persönliche Auffassung des Autors wieder.

1 So bezeichnet von Morlok (2006), Art. 38, Rndr. 119.

2 Siehe Aichele (2010), S. 6.

3 Siehe Art. 4 Abs. 3, Art. 33 Abs. 3 sowie insbesondere Art. 29 UN-BRK; näher zum Ganzen Hirschberg (2010).

indirekt, sind nach der UN-BRK ausdrücklich untersagt. Mit ihrer Konkretisierung der anerkannten wahlrechtlichen Grundsätze und ihrem Fokus auf unterstützte Selbstbestimmung, Inklusion und Partizipation behinderter Menschen beeinflusst die UN-BRK das Verständnis anderer internationaler Menschenrechtsübereinkommen und des Grundgesetzes gleichermaßen. Sie zwingt dazu, existierende Rechtsauslegungen zu überdenken und überkommene Beschränkungen aufzuheben.

In Bezug auf das Wahlrecht in Deutschland werden vor diesem Hintergrund zwei Problemfelder erkennbar. Erstens geht es darum zu gewährleisten, dass Menschen mit Behinderungen ihr Wahlrecht gleichberechtigt ausüben können, wozu im Hinblick auf Artikel 12 UN-BRK insbesondere auch der Zugang zu gegebenenfalls benötigter Unterstützung gehört. Zweitens muss das Wahlrecht von Menschen mit Behinderungen diskriminierungsfrei unter denselben Bedingungen gesetzlich anerkannt werden, die für alle Wahlberechtigten gelten. Mit Blick auf beide Aspekte wird in diesem Beitrag die Problemsituation dargestellt, der angesichts der UN-BRK bestehende Handlungsbedarf aufgezeigt und dieser menschenrechtlich begründet.

II. Der menschenrechtliche Rahmen

1. Internationale Abkommen

Auf internationaler Ebene wurde das Recht auf politische Teilhabe 1966 im Internationalen Pakt über bürgerliche und politische Rechte[4] im dortigen Artikel 25 rechtsverbindlich festgeschrieben. Fußend auf dieser Grundsatznorm hat das Wahlrecht als wesentliches Element des Rechts auf politische Teilhabe Eingang in weitere internationale Menschenrechtsabkommen gefunden.[5]

Um zu verdeutlichen, was das Menschenrecht auf politische Teilhabe im Einzelnen beinhaltet, hat der UN-Menschenrechtsausschuss 1996 seine Allgemeine Bemerkung Nr. 25 veröffentlicht.[6] Darin betont er, dass das Wahlrecht grundsätzlich jeder Staatsbürgerin und jedem Staatsbürger zu gewähren sei.[7] Die Ausübung dieses Rechts dürfe »nur aus gesetzlich vorgesehenen sowie objektiven und sach-

4 UN, Internationaler Pakt über bürgerliche und politische Rechte vom 16.12.1966 (Zivilpakt).

5 Siehe UN, Übereinkommen zur Beseitigung jeder Form von Diskriminierung der Frau vom 18.12.1979, Art. 7 lit. a; Internationales Übereinkommen zum Schutz der Rechte aller Wanderarbeitnehmer und ihrer Familienangehörigen vom 18.12.1990, Art. 41 sowie Art. 29 UN-BRK. Bereits vor Verabschiedung des Zivilpakts datieren Art. 5 lit. c des Internationalen Übereinkommens über die Beseitigung aller Formen rassistischer Diskriminierung vom 21.12.1965 sowie auf regionaler Ebene für den Europarat Art. 3 des 1. Zusatzprotokolls zur Konvention zum Schutze der Menschenrechte und Grundfreiheiten vom 20.03.1952.

6 UN-Menschenrechtsausschuss (1996), deutsche Übersetzung in DIMR (2005), S. 113-120.

7 Ebenda, Ziff. 3.

gerechten Gründen ausgesetzt oder ausgeschlossen werden.«[8] Bestimmte Einschränkungen des Wahlrechts wertet der Ausschuss als in jedem Fall unangemessen. Dazu gehören insbesondere Einschränkungen, die gegen das Diskriminierungsverbot verstoßen.[9] Unter dieses Verbot, auf das in Artikel 25 des Zivilpakts ausdrücklich verwiesen wird, falle jede Unterscheidung, Ausschließung, Beschränkung oder Bevorzugung oder sonstige unterschiedliche Behandlung, die unmittelbar oder mittelbar auf einem verbotenen Diskriminierungsmerkmal wie etwa dem Merkmal Behinderung beruht und die zum Ziel oder zur Folge hat, dass dadurch das gleichberechtigte Anerkennen, Inanspruchnehmen oder Ausüben der im Pakt niedergelegten Rechte vereitelt oder beeinträchtigt wird.[10] Entsprechend kommt der Menschenrechtsausschuss zu der Bewertung, es sei »nicht sachgerecht, das Wahlrecht aufgrund einer körperlichen Behinderung auszuschließen oder Kriterien wie Alphabetisierung, Schulbildung oder Vermögen vorauszusetzen.«[11] Stattdessen sollten »positive Maßnahmen … ergriffen werden, um die Verhinderung der wirksamen Ausübung des Wahlrechts durch Hindernisse wie Analphabetismus, Sprachbarrieren, Armut oder Einschränkungen der Bewegungsfreiheit zu überwinden. Die Wahl betreffende Informationen und Unterlagen sollten in Minderheitensprachen verfügbar sein. Besondere Methoden, wie beispielsweise Photographien oder Symbole, sollten verwendet werden, um sicherzustellen, dass analphabetische Wähler über angemessene Informationen verfügen, auf deren Grundlage sie ihre Wahl treffen können.«[12]

Diese Auslegung des Rechts auf politische Teilhabe, wie sie der Menschenrechtsausschuss vor fünfzehn Jahren vorgenommen hat, bedarf angesichts der zwischenzeitlichen internationalen Entwicklungen beim Schutz der Menschenrechte behinderter Menschen in einigen Aspekten der Ergänzung und Weiterentwicklung.[13] Dies betrifft insbesondere die Auffassung des Menschenrechtsausschusses, dass es unter Umständen gerechtfertigt sein könne, das Wahlrecht »einer Person zu verweigern, deren geistige Unzurechnungsfähigkeit feststeht.«[14] Wie wenig

8 Ebenda, Ziff. 4.

9 Ebenda, Ziff. 3; Nowak (2005), Art. 25, Rdnr. 50; siehe auch Richter (2006), S. 1392-1393.

10 UN-Menschenrechtsausschuss (1989), Ziff. 7; deutsche Übersetzung in DIMR (2005), S. 76-80; vgl. auch UN-Fachausschuss für wirtschaftliche, soziale und kulturelle Rechte (2009), Ziff. 7 und 28; siehe nunmehr auch die deckungsgleiche Begriffsdefinition in Art. 2 UN-BRK.

11 UN-Menschenrechtsausschuss (1996), Ziff. 10.

12 Ebenda, Ziff. 12.

13 So auch Agentur der Europäischen Union für Grundrechte (2011), S. 10. Auch das UN-Hochkommissariat für Menschenrechte (2011), Ziff. 28 konstatiert: »The legal landscape has changed dramatically since the adoption of the Human Rights Committees' general comment in 1996.«

14 UN-Menschenrechtsausschuss (1996), Ziff. 4. In der englischen Sprachfassung wird für »geistige Unzurechnungsfähigkeit« der Begriff »mental incapacity« verwendet. Bereits dieser Begriff bedarf einer kritischen Auseinandersetzung, vgl. den Wortlaut des Art. 12 UN-BRK, siehe nachfolgend Fußnote 18.

diese Auffassung heute noch haltbar ist, zeigt sich insbesondere anhand der UN-Behindertenrechtskonvention. Diese stärkt ausdrücklich den Gedanken der individuellen Autonomie von Menschen mit Behinderungen – insbesondere der Freiheit, eigene Entscheidungen zu treffen – und tut dies gerade auch mit dem Ziel einer vollen und wirksamen Partizipation und Inklusion in der Gesellschaft.[15] Sie bekräftigt das Diskriminierungsverbot und verlangt von den Vertragsstaaten systematische Anstrengungen, um Gleichberechtigung zu fördern und Diskriminierung abzubauen. Dies schließt angemessene Vorkehrungen im Einzelfall[16] ebenso ein wie einen umfassenden Abbau von Barrieren.[17]

Zudem wird in Artikel 12 UN-BRK ausdrücklich anerkannt, dass »Menschen mit Behinderungen in allen Lebensbereichen gleichberechtigt mit anderen Rechts- und Handlungsfähigkeit genießen.«[18] Die Anerkennung dieser Rechts- und Handlungsfähigkeit wird nicht etwa von kognitiven Fähigkeiten oder von anderen Bedingungen abhängig gemacht, sondern die Konvention geht schlichtweg davon aus, dass jeder Mensch, völlig unabhängig von der Form und dem Grad einer etwaigen Beeinträchtigung, rechtlich handlungsfähig ist.[19] Sollte jemand für die **Ausübung** seiner Rechts- und Handlungsfähigkeit einer Unterstützung bedürfen, ist ihm oder ihr der Zugang zu der gegebenenfalls benötigten Unterstützung zu verschaffen.[20]

Von einer Rechtsbeschränkung oder gar einem Rechtsentzug ist nicht die Rede, der Fokus liegt deutlich auf der Achtung und Förderung der Selbstbestimmung und der Befähigung dazu.[21] Dieser Ansatz der unterstützten Entscheidungsfindung (»supported decision-making«) wird durchaus als allgemeiner Paradigmenwechsel für die gesamte UN-BRK gewertet.[22] Dies bedeutet in Bezug auf die oben genannten, zu Artikel 25 des Zivilpakts aufgestellten Grundsätze eine konkretisierende und korrigierende Fortentwicklung.

Vor diesem Hintergrund ist Artikel 29 UN-BRK zu verstehen, der die menschenrechtlichen Grundsätze zum Recht, zu wählen und gewählt zu werden, im Hinblick auf das konkretisiert, was ein Staat bei der Ausgestaltung seines Wahl-

15 Siehe Art. 3 und Art. 4 Abs. 3 UN-BRK.

16 »Angemessene Vorkehrungen« definiert Art. 2 der UN-BRK als »notwendige und geeignete Änderungen und Anpassungen, die keine unverhältnismäßige oder unbillige Belastung darstellen und die, wenn sie in einem bestimmten Fall erforderlich sind, vorgenommen werden, um zu gewährleisten, dass Menschen mit Behinderungen gleichberechtigt mit anderen alle Menschenrechte und Grundfreiheiten genießen oder ausüben können«.

17 Siehe Art. 5 und Art. 9 UN-BRK

18 Art. 12 Abs. 2 UN-BRK; in der authentischen englischen Sprachfassung wird der Begriff der »legal capacity« verwendet.

19 Aichele / von Bernstorff (2010) S. 201; vgl. Aichele / Degener in diesem Band.

20 Siehe Art. 12 Abs. 3 UN-BRK.

21 Hellmann (2010), S. 211.

22 Siehe zur Auslegung und Bedeutung von Art. 12 der UN-BRK Aichele / von Bernstorff (2010) sowie Aichele / Degener und Lachwitz in diesem Band.

rechts speziell im Hinblick auf Menschen mit Behinderungen zu beachten hat: Der hier besonders interessierende Artikel 29 lit. a hat folgenden Wortlaut:

> »Die Vertragsstaaten garantieren Menschen mit Behinderungen die politischen Rechte sowie die Möglichkeit, diese gleichberechtigt mit anderen zu genießen, und verpflichten sich,
>
> a) sicherzustellen, dass Menschen mit Behinderungen gleichberechtigt mit anderen wirksam und umfassend am politischen und öffentlichen Leben teilhaben können, sei es unmittelbar oder durch frei gewählte Vertreter oder Vertreterinnen, was auch das Recht und die Möglichkeit einschließt, zu wählen und gewählt zu werden; unter anderem
>   i) stellen sie sicher, dass die Wahlverfahren, -einrichtungen und -materialien geeignet, zugänglich und leicht zu verstehen und zu handhaben sind;
>   ii) schützen sie das Recht von Menschen mit Behinderungen, bei Wahlen und Volksabstimmungen in geheimer Abstimmung ohne Einschüchterung ihre Stimme abzugeben, bei Wahlen zu kandidieren, ein Amt wirksam innezuhaben und alle öffentlichen Aufgaben auf allen Ebenen staatlicher Tätigkeit wahrzunehmen, indem sie gegebenenfalls die Nutzung unterstützender und neuer Technologien erleichtern;
>   iii) garantieren sie die freie Willensäußerung von Menschen mit Behinderungen als Wähler und Wählerinnen und erlauben zu diesem Zweck im Bedarfsfall auf Wunsch, dass sie sich bei der Stimmabgabe durch eine Person ihrer Wahl unterstützen lassen«

Die Vertragsstaaten sind demnach verpflichtet zu gewährleisten, dass Menschen mit Behinderungen das Wahlrecht gleichberechtigt mit anderen in Anspruch nehmen können. Zu dieser Gewährleistungspflicht gehört auch, dass der Staat aktiv tätig wird. In diesem Zusammenhang hat der UN-Fachausschuss für die Rechte von Menschen mit Behinderungen, der für die Auslegung der Behindertenrechtskonvention zuständig ist, auf verschiedene Aspekte gesondert hingewiesen. So verlange Artikel 29 lit. a Nr. i UN-BRK beispielsweise Maßnahmen, die eine **vollständige** Zugänglichkeit der Wahlverfahren, -einrichtungen und -materialien sicherstellen.[23] Außerdem seien die Vertragsstaaten gehalten, die notwendigen Maßnahmen zu ergreifen, um sicherzustellen, dass **alle** Menschen mit Behinderungen das Recht zu wählen haben, entweder selbstständig oder unterstützt durch eine Person ihrer Wahl.[24] Dabei solle das innerstaatliche Wahlrecht jede an Behinderung anknüpfende Diskriminierung verbieten[25] und sicherstellen, dass auch unter Betreuung oder Vormundschaft stehende Menschen mit Behinderungen ihr Wahlrecht gleichberechtigt mit anderen ausüben können.[26]

Beeinflusst von diesen Entwicklungen im Bereich der UN, hat sich die Sicht auf das Wahlrecht behinderter Frauen und Männer in den letzten Jahren auch im Kon-

23 UN-Fachausschuss für die Rechte von Menschen mit Behinderungen (2009), Guideline Article 29.3, S. 17. (Hervorhebung hinzugefügt).
24 Ebenda (Hervorhebung hinzugefügt); siehe auch UN-Fachausschuss für die Rechte von Menschen mit Behinderungen (2011b), Ziff. 47-48.
25 UN-Fachausschuss für die Rechte von Menschen mit Behinderungen (2011a), Ziff. 13.
26 Ebenda, Ziff. 35.

text des Europarats signifikant weiterentwickelt.[27] Besonders deutlich wird das an einem wegweisenden Urteil des Europäischen Gerichtshofs für Menschenrechte (EGMR) von Mai 2010 erkennbar.[28] Darin rügt der EGMR einen Verstoß Ungarns[29] gegen das Recht auf freie Wahlen, wie es in Artikel 3 des ersten Zusatzprotokolls zur Europäischen Menschenrechtskonvention (EMRK) verankert ist, und begründet dies unter anderem unter Verweis auf die UN-BRK. Ungarn habe, so der EGMR, den Spielraum überschritten, den ein Vertragsstaat bei der Einschränkung des Wahlrechts habe. Dieser sei nämlich erheblich verringert, »wenn eine Einschränkung der Grundrechte für eine besonders schutzbedürftige Gruppe der Gesellschaft gilt, die in der Vergangenheit bereits erhebliche Diskriminierung erlitten hat – wie im Falle der geistig Behinderten.«[30] Derartige Gruppen seien in der Geschichte Vorurteilen ausgesetzt gewesen, die bleibende Folgen gehabt und zur sozialen Ausgrenzung dieser Gruppen geführt hätten. Derartige Vorurteile könnten sich auch in der Gesetzgebung niederschlagen. Deshalb müssten in einem solchen Fall »sehr gewichtige Gründe für die betreffenden Einschränkungen vorliegen.«[31] Wenn der Gesetzgeber Menschen mit geistiger Behinderung und Menschen mit psychischen Problemen als einheitliche Gruppe behandle, dann sei das eine »problematische Klassifizierung«; die Beschneidung ihrer Rechte müsse einer strengen Prüfung unterliegen.[32]

Bei einer derartigen Prüfung dahingehend, ob ein Staat seinen menschenrechtlichen Gewährleistungsverpflichtungen nachkommt, reicht es nicht, den einschlägigen Artikel 29 UN-BRK isoliert zu betrachten. Er muss vielmehr im Gesamtzusammenhang mit den übrigen Normen der Konvention gesehen werden. Hierbei kommt Artikel 12 UN-BRK wegen seiner flankierenden Aussagen zur Rechts- und Handlungsfähigkeit behinderter Menschen eine besondere Bedeutung zu.

2. *Das Grundgesetz*

Das Grundgesetz (GG) räumt dem Wahlrecht ebenfalls eine herausgehobene Stellung ein. Es gilt als das »vornehmste Recht des Bürgers im demokratischen Staat«.[33] Festgeschrieben ist es in Artikel 38 GG. Gemäß dessen Absatz 2 ist das

27 Einen guten Überblick hierzu gibt Agentur der Europäischen Union für Grundrechte (2011), S. 12-14.
28 EGMR, Urteil vom 20.05.2010, Antragsnummer 38832/06.
29 Nach der ungarischen Verfassung verlieren Menschen, die unter vollständiger oder partieller Vormundschaft stehen, ihr Wahlrecht.
30 EGMR, Urteil vom 20.05.2010, Antragsnummer 38832/06, Ziff. 42.
31 Ebenda, Ziff. 42.
32 Ebenda, Ziff. 44.
33 Klein (2010), Art. 38, Rdnr. 135 unter Verweis auf Bundesverfassungsgericht (BVerfG), Urteil vom 23.10.1951, Aktenzeichen 2 BvG 1/51, Rdnr. 84.

allgemeine, unmittelbare, freie, gleiche und geheime Wahlrecht jeder Staatsbürgerin und jedes Staatsbürgers nur durch ein bestimmtes Mindestalter beschränkt. Darüber hinausgehende differenzierende Regelungen sind nur dann gestattet, wenn sie einen verfassungsrechtlich legitimierten Zweck verfolgen und zur Verfolgung dieses Zwecks nicht nur geeignet, sondern auch erforderlich und angemessen sind (sogenannter Verhältnismäßigkeitsgrundsatz). Das erlaubte Ausmaß einer differenzierenden Regelung richtet sich unter anderem danach, mit welcher Intensität in das Wahlrecht eingegriffen wird.[34] Jedenfalls aber, so der unmissverständliche Wortlaut des Artikels 3 Absatz 3 Satz 2 GG, ist eine Benachteiligung dann unzulässig, wenn sie wegen einer Behinderung erfolgt. Dies umfasst nicht nur das Innehaben eines Rechts, sondern auch dessen Ausübung.

Was nach dem Grundgesetz zulässig beziehungsweise geboten ist, kann bei alledem nicht losgelöst von den oben beschriebenen internationalen Menschenrechtsabkommen wie der UN-BRK beurteilt werden. Wie das Bundesverfassungsgericht jüngst erneut bekräftigt hat, haben deren Wertungen maßgeblichen Einfluss auf das Verständnis und die Auslegung der Bestimmungen des Grundgesetzes.[35] Dadurch wirken sie auch auf die nachgeordneten Wahlgesetze und -verordnungen in Bund und Ländern.

III. Die praktische Dimension: Zur Ausübung des Wahlrechts durch Menschen mit Behinderungen

1. Bestandsaufnahme

Nach der UN-BRK ist die Bundesrepublik Deutschland gehalten, Menschen mit Behinderungen Zugang zu der Unterstützung zu verschaffen, die sie bei der Ausübung ihres Wahlrechts als einem zentralen Element ihrer Rechts- und Handlungsfähigkeit gegebenenfalls benötigen.[36] Hierzu gehört, Menschen mit Behinderungen zum Zweck ihrer freien Willensäußerung als Wähler und Wählerinnen im Bedarfsfall auf Wunsch zu erlauben, dass sie sich bei der Stimmabgabe durch eine Person ihrer Wahl unterstützen lassen.[37]

Das deutsche Wahlrecht trifft an verschiedenen Stellen bereits Regelungen, die in diese Richtung zielen. So enthält die Bundeswahlordnung (BWO), mit der Einzelheiten zur Durchführung des Bundeswahlgesetzes (BWG) geregelt werden, mehrere Vorschriften, die eine Teilnahme behinderter Erwachsener an Bundes-

34 So die ständige Rechtsprechung des Bundesverfassungsgerichts, vgl. nur BVerfG, Urteil vom 10.04.1997, Aktenzeichen 2 BvC 3/96, Rdnr. 45 mit weiteren Nachweisen.
35 BVerfG, Urteil vom 23.03.2011, Aktenzeichen 2 BvR 882/09, Rdnr. 52.
36 Siehe Art. 12 Abs. 3 UN-BRK.
37 Siehe Art. 29 lit. a Nr. iii UN-BRK.

tagswahlen erleichtern beziehungsweise ermöglichen sollen. Diese Vorschriften betreffen die Möglichkeit assistierter Stimmabgabe beziehungsweise Antragstellung, die Herstellung von Stimmzettelschablonen für blinde und sehbehinderte Wählerinnen und Wähler sowie barrierefreie Wahllokale.

Für die Möglichkeit assistierter Stimmabgabe lautet die zentrale Vorschrift wie folgt:

> »§ 57 Stimmabgabe behinderter Wähler
> (1) Ein Wähler, der des Lesens unkundig ist oder der wegen einer körperlichen Beeinträchtigung gehindert ist, den Stimmzettel zu kennzeichnen, zu falten oder selbst in die Wahlurne zu werfen, bestimmt eine andere Person, deren Hilfe er sich bei der Stimmabgabe bedienen will, und gibt dies dem Wahlvorstand bekannt. Hilfsperson kann auch ein vom Wähler bestimmtes Mitglied des Wahlvorstandes sein.
> (2) Die Hilfeleistung hat sich auf die Erfüllung der Wünsche des Wählers zu beschränken. Die Hilfsperson darf gemeinsam mit dem Wähler die Wahlzelle aufsuchen, soweit das zur Hilfeleistung erforderlich ist.
> (3) Die Hilfsperson ist zur Geheimhaltung der Kenntnisse verpflichtet, die sie bei der Hilfeleistung von der Wahl eines anderen erlangt hat.
> (4) Ein blinder oder sehbehinderter Wähler kann sich zur Kennzeichnung des Stimmzettels auch einer Stimmzettelschablone bedienen.«

Auf diese Vorschrift verweist die Bundeswahlordnung an mehreren Stellen im Zusammenhang mit anderen Aspekten des Wahlablaufs. So können sich Menschen mit Behinderungen erforderlichenfalls durch eine selbst gewählte Hilfsperson bei der Stellung des Antrags auf Eintragung in das Wählerverzeichnis,[38] bei der Beantragung eines Wahlscheins[39] oder bei der Stimmabgabe per Briefwahl[40] unterstützen lassen.

Hinsichtlich Stimmzettelschablonen für blinde und sehbehinderte Menschen sollen – ergänzend zum oben aufgeführten § 57 Absatz 4 BWO – zusätzliche flankierende Regelungen sicherstellen, dass die fertigen Stimmzettel rechtzeitig an die Blindenvereine zur Herstellung der Stimmzettelschablonen weitergeleitet werden[41] und dass die notwendigen Herstellungs- und Verteilungskosten abgedeckt sind.[42] Zu barrierefreien Wahllokalen schreibt § 46 Absatz 1 BWO vor, dass nach Möglichkeit barrierefreie Räumlichkeiten als Wahllokale auszuweisen sind.

Für Wahlen zum europäischen Parlament und für Landtagswahlen enthalten die Europawahlordnung bzw. die Landeswahlordnungen im Wesentlichen gleichlautende Vorschriften.[43]

38 § 18 Abs. 1 BWO.
39 § 27 Abs. 1 BWO.
40 § 66 Abs. 3 BWO.
41 § 45 Abs. 5 BWO.
42 § 50 Abs. 4 BWO.
43 In einigen Bundesländern ist allerdings die Verwendung von Stimmzettelschablonen bislang nicht geregelt, so in Bayern, Berlin, Hessen, Niedersachsen, Sachsen-Anhalt und Thüringen sowie in Sachsen für Kommunalwahlen; vgl. die Übersicht in Frehe / Welti (2010).

Die Existenz all dieser Vorschriften sagt für sich genommen noch nichts darüber aus, ob behinderte Frauen und Männer in der Praxis ihr Wahlrecht tatsächlich ohne Einschränkungen ausüben können. Um dies beurteilen zu können, muss für alle Phasen einer Wahl untersucht werden, ob und in welchem Umfang in der Praxis weiterhin Schwierigkeiten beziehungsweise Barrieren – gleich welcher Art – bestehen, die die Ausübung des Wahlrechts durch Menschen mit Behinderungen erschweren oder gar faktisch verhindern. Eine solche Gesamtbeurteilung wird jedoch dadurch erschwert, dass bislang keine systematischen Kenntnisse geschweige denn allgemein zugängliche, repräsentative Daten zu dieser Thematik zu existieren scheinen. Auch die Bundesregierung hat in ihrem Aktionsplan zur Umsetzung der UN-BRK konstatiert, dass bisher noch nicht untersucht worden ist, »welche weiteren (behinderungsspezifischen) Faktoren Menschen mit Behinderungen von der Ausübung ihres passiven und aktiven Wahlrechts abhalten beziehungsweise ob Menschen mit Behinderungen in diesen Bereichen unterrepräsentiert sind.«[44]

Hinweise aus der Zivilgesellschaft deuten jedenfalls darauf hin, dass Menschen mit Behinderungen in Deutschland – trotz der oben beschriebenen Regelungen in den Wahlordnungen – weiterhin auf diverse Schwierigkeiten treffen, wenn sie von ihrem Wahlrecht Gebrauch machen wollen.[45]

2. *Handlungsbedarf*

Wahlen sollen allgemein sein, das heißt jeder Bürgerin und jedem Bürger eines Staates offen stehen. Dieses menschenrechtliche und verfassungsmäßige Gebot umfasst alle Phasen einer Wahl, von der Informationsbeschaffung im Vorfeld bis hin zur Wahlprüfung.[46] Es verlangt, nicht nur das Wahlrecht als solches zu gewähren, sondern auch dafür zu sorgen, dass es faktisch ausgeübt werden kann.[47] Die UN-BRK fordert daher sicherzustellen, dass die Wahlverfahren, -einrichtungen und -materialien auch für behinderte Wählerinnen und Wähler geeignet, zugänglich und leicht zu verstehen und zu handhaben sind.[48] Daneben ist vom Staat

44 Deutsche Bundesregierung (2011), S. 187.

45 Siehe näher hierzu eine zusammenfassende Darstellung exemplarischer Probleme in Palleit (2011), S. 9-10, basierend auf Informationen, die die Monitoring-Stelle im Frühsommer 2011 im Rahmen einer schriftlichen Abfrage bei verschiedenen zivilgesellschaftlichen Organisationen und einer anschließenden öffentlichen Anhörung am 06.07.2011 von Vertreterinnen und Vertretern ausgewählter Organisationen gewonnen hat.

46 So für das deutsche Verfassungsrecht Klein (2010), Art. 38, Rdnr. 83.

47 Vgl. den Wortlaut von Art. 29 lit. a UN-BRK, der in der englischen Sprachfassung von »the right and opportunity … to vote and be elected« spricht.

48 Art. 29 lit. a Nr. i UN-BRK.

ebenfalls zu gewährleisten, dass gegebenenfalls nötige Unterstützungsleistungen zur Verfügung gestellt oder zumindest finanziert werden.[49]

In diesem Punkt scheint es jedoch nach wie vor Probleme struktureller Natur zu geben. Möglicherweise greifen die bestehenden wahlrechtlichen Vorschriften, die die Wahlausübung durch Menschen mit Behinderungen ermöglichen sollen, zu kurz. Entsprechend sollten die existierenden Regelungen insgesamt auf ihre Zielgenauigkeit bei der Rechtsanwendung hin untersucht und gegebenenfalls angepasst werden. Es ist deshalb zu begrüßen, dass die Bundesregierung eine Studie in Auftrag geben will, um Hindernisse aufzudecken und den Handlungsbedarf aus ihrer Sicht zu konkretisieren.[50]

Die Analyse und Anpassung der Rechtslage ist bei alledem jedoch nur ein Aspekt unter mehreren. Wichtig und in ihrer Bedeutung nicht zu unterschätzen sind auch andere Faktoren, die sich nicht in Gesetze gießen lassen. Hierzu zählen etwa ein gesellschaftliches Klima, das die aktive Partizipation behinderter Menschen am öffentlichen und politischen Leben nicht nur toleriert, sondern ausdrücklich wünscht und wertschätzt, sowie ein breit verankertes Bewusstsein für bestehende Barrieren und dafür, wie sie überwunden werden können. Diese «weichen« Aspekte sollten nicht aus dem Blick geraten, sondern im Gegenteil einen wesentlichen Schwerpunkt der Anstrengungen bilden.

IV. Die grundsätzliche Frage: Zum Wahlrechtsausschluss bestimmter Gruppen behinderter Menschen

1. Die Rechtslage im Allgemeinen

Für Wahlen zum Deutschen Bundestag enthält das Bundeswahlgesetz im Abschnitt über das Wahlrecht folgenden Ausschlusstatbestand:

> »§ 13 Ausschluss vom Wahlrecht
> Ausgeschlossen vom Wahlrecht ist,
>
> 1. wer infolge Richterspruchs das Wahlrecht nicht besitzt,
> 2. derjenige, für den zur Besorgung aller seiner Angelegenheiten ein Betreuer nicht nur durch einstweilige Anordnung bestellt ist; dies gilt auch, wenn der Aufgabenkreis des Betreuers die in § 1896 Abs. 4 und § 1905 des Bürgerlichen Gesetzbuchs bezeichneten Angelegenheiten nicht erfasst,
> 3. wer sich auf Grund einer Anordnung nach § 63 in Verbindung mit § 20 des Strafgesetzbuches in einem psychiatrischen Krankenhaus befindet.«

49 Vgl. Art. 12 Abs. 3 UN-BRK sowie das Prinzip der angemessenen Vorkehrungen; zu Letzterem siehe Aichele (2012).

50 Deutsche Bundesregierung (2011), S. 187.

Menschen, die hiernach vom Wahlrecht ausgeschlossen sind, können auch nicht gewählt werden.[51]

Für die Wahlen zum Europäischen Parlament enthält das Gesetz über die Wahl der Abgeordneten des Europäischen Parlaments aus der Bundesrepublik Deutschland (EuWG) gleichlautende Regelungen.[52] Auch für Landtagswahlen gelten identische[53] oder teilidentische[54] Bestimmungen in den jeweiligen Landeswahlgesetzen. Die nachfolgenden Ausführungen gelten daher für die Länder entsprechend.

2. Ausschluss bei Betreuung in allen Angelegenheiten

a) Der Tatbestand des § 13 Nr. 2 BWG

Nach § 13 Nr. 2 BWG verliert das Wahlrecht jeder Mensch, dem ein »Betreuer zur Besorgung aller Angelegenheiten« bestellt wird. Obwohl neutral formuliert, betrifft dieser Wahlausschluss nur Menschen mit einer psychischen Krankheit oder einer körperlichen, geistigen oder seelischen Behinderung, denn nur für diese Bevölkerungsgruppe kann von Gesetzes wegen überhaupt eine Betreuerin oder ein Betreuer bestellt werden.[55]

Die Bestellung einer Betreuung »zur Besorgung aller Angelegenheiten« ist nur unter engen Voraussetzungen zulässig.[56] Generell darf eine Betreuerin oder ein Betreuer durch die zuständigen Betreuungsgerichte nur als letztes Mittel bestellt werden (sogenannter Erforderlichkeitsgrundsatz). Eine Betreuung darf deshalb nicht für Angelegenheiten angeordnet werden, welche die betreffende Person noch selbst besorgen kann oder die auf ihre Veranlassung hin von Dritten, insbesondere von sogenannten Vorsorgebevollmächtigten, besorgt werden können.[57] In aller Regel werden Betreuerinnen oder Betreuer daher nur für bestimmte Bereiche (sogenannte Aufgabenkreise) bestellt, was sich auf das Wahlrecht der betreffenden Person nicht auswirkt. Eine Betreuerin oder ein Betreuer wird nie dazu bestellt, die rechtlichen Angelegenheiten eines anderen im Zusammenhang mit der Wahl-

51 § 15 Abs. 2 Nr. 1 BWG.

52 §§ 6a und 6b EuWG.

53 Bayern (Art. 2), Berlin (§ 2), Brandenburg (§ 7), Hamburg (§ 7), Niedersachsen (§ 3), Rheinland-Pfalz (§ 3), Saarland (§ 9), Sachsen (§ 12), Thüringen (§ 14). Der Wortlaut aller Landeswahlgesetze ist erhältlich unter http://www.wahlrecht.de/gesetze.htm.

54 Jeweils ohne Entsprechung zu § 13 Nr. 3 BWG: Baden-Württemberg (§ 7 Abs. 2), Bremen (§ 2), Hessen (§ 3), Mecklenburg-Vorpommern (§ 5), Nordrhein-Westfalen (§ 2), Sachsen-Anhalt (§ 3), Schleswig-Holstein (§ 7).

55 Siehe § 1896 Bürgerliches Gesetzbuch (BGB).

56 Allgemein zum Betreuungsrecht, auch vor dem Hintergrund des Art. 12 UN-BRK, vgl. die Beiträge von Lipp und Brosey in diesem Band.

57 § 1896 Abs. 2 BGB; vgl. Diederichsen (2010), § 1896, Rdnr. 8–13.

rechtsausübung zu besorgen. Das widerspräche der Höchstpersönlichkeit dieser Angelegenheit.

Zum Wahlrechtsausschluss nach § 13 Nr. 2 BWG führt eine Betreuungsanordnung daher nur ausnahmsweise. Die in § 13 Nr. 2 BWG vorausgesetzte Bestellung zur »Besorgung aller Angelegenheiten« kommt nämlich nur dann in Betracht, »wenn der Betroffene keine seiner Angelegenheiten selbst besorgen kann, er also krankheitsbedingt nicht mehr in der Lage ist, den seiner bisherigen Lebensgestaltung entsprechenden Alltag wenigstens teilweise zu beherrschen und zu gestalten. Auch muss eine allumfassende Betreuung erforderlich sein, das heißt für sämtliche Bereiche, die die Lebenssituation des Betroffenen ausmachen, Handlungsbedarf bestehen.«[58] Nach den Erfahrungen der Gerichtspraxis ist eine solche unbeschränkte, allumfassende Betreuung nur selten erforderlich, da die nötigen Aufgabenkreise immer auch einzeln aufgezählt werden können.[59] Soweit aber eine Vollbetreuung angeordnet ist, greift der Ausschluss vom Wahlrecht nach § 13 Nr. 2 BWG.

b) Menschenrechtliche Einordnung

Der gesetzliche Ausschlusstatbestand des § 13 Nr. 2 BWG ist spätestens seit Inkrafttreten der UN-BRK nicht mehr haltbar. Er ist diskriminierend und unverhältnismäßig und läuft nicht nur den heutigen menschenrechtlichen Standards[60] zuwider, sondern auch denen des Grundgesetzes, das im Lichte der UN-BRK gesehen werden muss.

Die UN-BRK fordert ausdrücklich die inklusive, partizipative und nichtdiskriminierende Ausgestaltung des Rechts auf politische Teilhabe von Menschen mit Behinderungen. Eine vermeintlich fehlende »Einsichtsfähigkeit« darf kein Grund sein, erwachsene Menschen mit Behinderungen länger vom Wahlrecht und damit von einem elementaren Bereich der politischen Mitbestimmung auszuschließen. Die überlieferten Begründungen, mit denen die Einschränkung dieses Rechts zulasten von Menschen mit Behinderungen gerechtfertigt wurde und bis heute wird, sind zwar historisch erklärbar, können jedoch im Lichte der UN-Behindertenrechtskonvention nicht länger aufrecht erhalten werden.

Nahezu alle Kommentatoren, die den Wahlrechtsausschluss nach § 13 Nr. 2 BWG für »verfassungsrechtlich nicht zu beanstanden«[61] halten, bedienen sich ebenso wie die Bundesregierung eines nicht mehr vertretbaren Arguments:

58 Bauer (2008), § 1896, Rdnr. 238, unter Verweis auf Bayerisches Oberstes Landesgericht, Beschluss vom 12.03.1997, Aktenzeichen 3Z BR 47/97 und den Regierungsentwurf: Deutscher Bundestag (1989), S. 121, 123, 124.

59 Bauer (2008), § 1896, Rdnr. 238.

60 Art. 29 UN-BRK, Art. 3 des 1. Zusatzprotokolls zur EMRK und Art. 25 Zivilpakt.

61 So zum Beispiel Klein (2010), Art. 38, Rdnr. 93.

An einer Wahl solle nur teilnehmen können, wer »nicht durch geistige Gebrechen an der Einsicht gehindert« sei, worum es dabei gehe.[62] Auch die Bundesregierung hat in ihrer Denkschrift zur UN-BRK ihr Festhalten an § 13 Nr. 2 BWG damit erklärt, dass das Wahlrecht »nur Personen zustehen soll, die rechtlich in vollem Umfang selbstständig handlungs- und entscheidungsfähig sind.«[63] Sie hält diese Einschränkung des Wahlrechts – irrtümlich, wie noch zu zeigen sein wird – für »objektiv und angemessen« und deshalb für vereinbar mit Artikel 29 UN-BRK.

Sowohl die Kommentarliteratur als auch die Bundesregierung stützen sich im Kern auf zwei Beschlüsse des Bundesverfassungsgerichts von 1973 und 1984, die jedoch beide nicht als Begründung taugen. Zum einen wurden sie wesentlich vor Verabschiedung der UN-BRK und sogar noch vor der umfassenden Reform des Vormundschaftsrechts Ende der Achtziger-Jahre gefällt. Zum anderen hat das Bundesverfassungsgericht in keiner der beiden Entscheidungen inhaltlich, sondern lediglich historisch argumentiert. Im Beschluss von 1973 verwies das Gericht auf eine »traditionelle Begrenzung der Allgemeinheit der Wahl« und führte schlicht aus, dass es »immer« als mit dem Grundsatz der Allgemeinheit der Wahl vereinbar gegolten habe, »dass vom Wahlrecht ausgeschlossen blieb, wer entmündigt war, wer unter vorläufiger Vormundschaft oder wegen geistigen Gebrechens unter Pflegschaft stand oder wer infolge Richterspruchs das Wahlrecht nicht besaß.«[64] Auch 1984 kam das Gericht nur zu der allgemeinen Bewertung, dass die Vorläufer-Regelung des § 13 Nr. 2 BWG »von jeher als mit dem Grundsatz der Allgemeinheit der Wahl vereinbar angesehen worden« und deshalb »Bestandteil der verfassungsmäßigen Ordnung« sei.[65]

Es mag sein, dass die Einsichtsfähigkeit in das Wesen einer Wahl traditionell tatsächlich als Voraussetzung der Wahlberechtigung gegolten hat. Nur genügt ein solch pauschaler Verweis auf historische Ansichten nicht, um einen Wahlrechtsentzug auch für die Gegenwart zu legitimieren.[66] Sonst könnte letztlich auch den Frauen das Wahlrecht unter Verweis auf tradierte Auffassungen weiterhin verweigert werden.[67] Was für diese gilt, gilt auch in Bezug auf Menschen, die unter so genannter Vollbetreuung stehen: Tradierte Rechtsauffassungen können für die Gegenwart nicht unhinterfragt beibehalten werden. Sie müssen vielmehr auch nach heutigen Maßstäben gerechtfertigt sein, also im Einklang mit dem heute geltenden

62 Klein (2010), Art. 38, Rdnr. 93.
63 Deutscher Bundestag (2008), S. 64, zuletzt erneut in Bezug genommen in Deutscher Bundestag (2011), S. 12.
64 BVerfG, Beschluss vom 23.10.1973, Aktenzeichen 2 BvC 3/73.
65 BVerfG: Beschluss vom 29.05.1984, Aktenzeichen 2 BvC 2/84.
66 So auch Morlok (2006), Art. 38, Rdnr. 61: »Verfassungsrechtlich schon gar nicht haltbar sind nur traditional gerechtfertigte Einschränkungen.«
67 Vgl. Nowak (2005), Art. 25, Rdnr. 25.

Völker- und Verfassungsrecht stehen. Spätestens seit Inkrafttreten der UN-BRK ist dies aber nicht mehr der Fall.[68]

Bereits die zwei zentralen Prämissen, mit denen die Beibehaltung des Wahlrechtsausschlusses wie oben skizziert begründet wird, verstoßen gegen das in Artikel 29 UN-BRK verankerte Gebot, Menschen mit Behinderungen die Teilhabe am politischen Leben »gleichberechtigt mit anderen«, das heißt diskriminierungsfrei, zu gewährleisten.

Die erste dieser Prämissen besagt, dass erwachsene Frauen und Männer, die unter so genannter Vollbetreuung stehen, nicht fähig seien, ihr Wahlrecht auszuüben. Die UN-BRK unterscheidet dagegen nicht zwischen Wahlfähigen und Wahlunfähigen, weil diese Unterscheidung im Zweifel willkürlich und diskriminierend ist. Bestimmten Menschen mit Behinderungen wegen einer wie auch immer gelagerten Beeinträchtigung von Gesetzes wegen pauschal zu unterstellen, ihnen fehle die nötige Einsicht in Wesen und Bedeutung von Wahlen, kommt einer Stigmatisierung gleich, die nach der UN-Behindertenrechtskonvention gerade überwunden werden soll.

Deutlich wird dies in der Zusammenschau von Artikel 29 und 12 UN-BRK. Artikel 12 Absatz 2 UN-BRK betont ausdrücklich die im Vergleich zu Nichtbehinderten gleichberechtigte rechtliche Handlungsfähigkeit behinderter Menschen in allen Lebensbereichen. Das umfasst auch die Wahlhandlung. Eine individuell fehlende Einsicht in das Wesen und die Bedeutung von Wahlen, die dazu führen könnte, dass jemand Schwierigkeiten dabei hat, sein oder ihr Wahlrecht auszuüben, kann demzufolge kein Kriterium dafür sein, ob diese Person das Wahlrecht innehat oder nicht – jedenfalls nicht, solange dieses Kriterium nicht für alle Erwachsenen gleichermaßen gilt. »Mangelnde Einsicht« ist vielmehr ein Kriterium dafür, ob und in welchem Umfang dieser Person Unterstützung im Sinne von Artikel 12 Absatz 3 UN-BRK zu gewähren ist.[69] Entscheidend ist nach der UN-BRK also nicht, welche Fähigkeiten jemand hat oder nicht, sondern ob die für sie oder ihn jeweils notwendige Unterstützung zu generieren ist – und zwar nicht nur bei der Stimmabgabe nach getroffener Wahlentscheidung, etwa durch Assistenz beim Lesen und Ausfüllen des Stimmzettels oder beim Einwerfen des Stimmzettels in die Wahlurne bzw. beim Absenden der Briefwahlunterlagen, sondern ebenso bei der Entscheidungsfindung selbst, etwa durch vorherige Trainings etc. Denn die UN-BRK bekennt sich grundsätzlich dazu, auch jenen Autonomie, Unabhängigkeit und die Freiheit zu gewähren, eigene Entscheidungen zu treffen, die die herkömmlichen Anforderungen an Vernunft und Normalität nicht erfüllen und gegebenenfalls Unterstützung bei der Entscheidungsfindung benötigen.[70] Bei alledem geht es aus-

68 Zur Bedeutung der UN-BRK für die Anwendung des Grundgesetzes siehe oben II.2.
69 Vgl. UN-Hochkommissariat für Menschenrechte (2011), Ziff. 68.
70 Degener (2010), S. 58.

schließlich um die Unterstützung der **eigenen** Entscheidung des betreffenden behinderten Menschen. Insofern bekräftigt die UN-BRK mit ihrem Paradigmenwechsel von der ersetzenden zur unterstützten Entscheidungsfindung[71] den verfassungsrechtlichen Grundsatz im deutschen Wahlrecht, dass die Wahlentscheidung eine höchstpersönliche Angelegenheit der und des Einzelnen ist, die jegliche Stellvertretung bei der Entscheidungsfindung ausschließt.

Auch der EGMR[72] und der Europäische Kommissar für Menschenrechte[73] haben typisierende Vorannahmen zum Nachteil von Menschen mit Behinderungen mit Blick auf die EMRK und die UN-BRK ausdrücklich für unzulässig erklärt. Selbst für Verfahren, in denen etwa Richterinnen und Richter oder die Vertreterinnen und Vertreter anderer Berufsgruppen die Wahlfähigkeit einer behinderten Person im Einzelfall ermitteln und dann grünes Licht geben würden oder auch nicht, bietet die UN-BRK keinen Raum. Da die Fähigkeit zu wählen bei niemandem getestet wird, der nicht behindert ist – stattdessen reicht hier das bloße Erreichen eines bestimmten biologischen Alters aus –, käme ein Wahlfähigkeits-Test behinderter Menschen nämlich einer Diskriminierung gleich.[74] Statt volljährige Menschen in Wahlfähige und nicht Wahlfähige einzuteilen, setzt die UN-BRK auf Empowerment und Unterstützung. Sie verbietet Bevormundung und baut auf aktive Partizipation und selbstbestimmtes Handeln als Ausdruck gleicher Rechte und gleicher Würde. Mit einfachen Worten: Die UN-BRK verlangt Inklusion auch im politischen Gemeinwesen.

Die zweite Prämisse ist zwar dem Anschein nach neutral, wirkt aber wegen des daran nur selektiv anknüpfenden Wahlrechtsausschlusses diskriminierend. Sie besagt, dass die Ausübung des aktiven Wahlrechts eine weitsichtige, vernunftbasierte individuelle Entscheidung verlange, mit der das Verständnis für die Funktionsweise und das Wesen der Demokratie zum Ausdruck komme. Dies entspricht sicherlich dem Ideal aufgeklärter, mündiger, verantwortungsvoll handelnder Bürgerinnen und Bürger. Jedoch beinhaltet das Wahlrecht nicht nur die Freiheit, eine demokratisch »vernünftige« Entscheidung zu treffen. Vielmehr umfasst es auch die Freiheit, nicht zu wählen oder ungültig zu wählen oder »Protest« zu wählen oder auch »demokratisch unvernünftig« zu wählen. Wenn alle anderen Wählerinnen und Wähler das so handhaben und damit die Wahlhandlung in unterschiedlichsten Varianten vollziehen dürfen, warum soll es Menschen mit Behinderungen gerade auf Grund ihrer Behinderung verwehrt sein? Es gehört schließlich zu den grundlegenden Errungenschaften moderner Demokratien, dass die Wahlhandlung eines jeden und einer jeden unhinterfragt und mit je gleichem Gewicht akzeptiert

71 Vgl. insbesondere Art. 12 UN-BRK; ausführlich Aichele / von Bernstorff (2010), S. 202.
72 EGMR, Urteil vom 20.05.2010, Antragsnummer 38832/06, siehe dazu oben II.1.
73 Hammarberg (2011).
74 So der Europäische Menschenrechtskommissar, Hammarberg (2011).

wird, unabhängig von den persönlichen Gründen oder Motiven, die zu dieser wie auch immer ausgefallenen Wahlentscheidung geführt haben – so irrational oder sachfremd sie im Einzelfall gewesen sein mögen.

Neben diesen beiden Prämissen selbst kann auch die auf ihnen fußende Annahme, eine Wahlteilnahme der betreffenden behinderten Menschen sei anfällig für missbräuchliche Einflussnahme von außen und gefährde so die Funktionsfähigkeit der Demokratie, den Wahlrechtsausschluss der Betroffenen nicht legitimieren. Theoretisch ist jede Grund- bzw. Menschenrechtsausübung missbrauchsanfällig. Die Gefahr eines potenziellen Missbrauchs durch Dritte rechtfertigt es aber nicht, einer Person das Recht als solches zu entziehen. Vielmehr stellt sich dem Staat die Aufgabe, die freie Rechtsausübung aller durch andere Maßnahmen möglichst gut gegen Missbrauch abzusichern, wie insbesondere Artikel 12 Absatz 4 UN-BRK zeigt, der einige generelle inhaltliche und verfahrensmäßige Anforderungen an missbrauchsverhindernde Maßnahmen formuliert. Auch die Funktionsfähigkeit der Demokratie beziehungsweise ihrer Institutionen stünde bei einer Inklusion der bislang Ausgeschlossenen in das politische Gemeinwesen nicht in Gefahr.[75] Im Gegenteil: Die inklusive Ausgestaltung der allgemeinen Wahl würde stattdessen die demokratische Legitimation der erst dann vom gesamten Volk gewählten Abgeordneten stärken.

Dem stehen auch keine praktischen Einwände entgegen. Kostengesichtspunkte können bei der Organisation einer Wahl zwar grundsätzlich berücksichtigt werden, jedoch wäre es menschenrechtswidrig, aus Kostengründen bestimmte soziale Gruppen vom allgemeinen Wahlrecht auszuschließen. Dies gilt insbesondere, wenn der Ausschlussgrund mit dem Merkmal »Behinderung« verknüpft ist. Ein Mangel an Mitteln ist keine objektive und vernünftige Rechtfertigung dafür, eine diskriminierende Behandlung nicht aufzuheben.[76] Im Übrigen zeigen andere europäische Länder, die ihr Wahlrecht schon seit längerem inklusiv gestalten oder etwaige Einschränkungen in den letzten Jahren aufgehoben haben,[77] dass die Wahlrechtsausübung auch von Menschen, die eine Betreuerin oder einen Betreuer für alle Angelegenheiten haben, praktisch machbar und staatlich leistbar ist.

Die Vorschrift des § 13 Nr. 2 BWG ist daneben unter einem weiteren Gesichtspunkt nicht hinnehmbar: Sie führt zu widersprüchlichen Ergebnissen und zu einer willkürlichen Zusammensetzung der Betroffenengruppe und verstößt bereits deswegen gegen den allgemeinen Gleichheitssatz. Wegen des bereits erwähnten Erforderlichkeitsgrundsatzes[78] darf eine Betreuerin oder ein Betreuer nämlich dann

75 Zum schätzungsweise im Promillebereich liegenden Stimmenanteil siehe Palleit (2011), S. 14.

76 UN-Fachausschuss für wirtschaftliche, soziale und kulturelle Rechte (2009), Ziff. 13.

77 So etwa Österreich, Finnland, Niederlande, Spanien, Großbritannien, Italien und Schweden, vgl. Agentur der Europäischen Union für Grundrechte (2011), S. 19.

78 Vgl. § 1896 Abs. 2 BGB, siehe näher oben IV.2.a.

nicht bestellt werden, wenn zwar alle sonstigen Voraussetzungen vorliegen, aber die oder der Betroffene selbst durch eine Vorsorgevollmacht darüber entschieden hat, wer ihre oder seine Angelegenheiten regeln soll. In einem solchen Fall mag die betroffene Person ebenso wenig «einsichtsfähig« in das Wesen und die Bedeutung von Wahlen sein, gleichwohl wird für sie dank der Vorsorgevollmacht keine Betreuung angeordnet und ihr damit auch nicht das Wahlrecht entzogen. Diese Ungleichbehandlung von Menschen mit und ohne Vorsorgevollmacht, für die es keinen nachvollziehbaren sachlichen Grund gibt, ist eine Diskriminierung sowohl im verfassungsrechtlichen als auch im völkerrechtlichen Sinn. Denn dadurch hängt die Wahlberechtigung der oder des Einzelnen letzten Endes nicht von ihrer oder seiner Einsichtsfähigkeit ab, sondern ausschließlich davon, ob sie oder er zu einem früheren Zeitpunkt eine Vorsorgevollmacht erstellt hat oder nicht.

3. *Ausschluss bei Unterbringung in der forensischen Psychiatrie*

a) Der Tatbestand des § 13 Nr. 3 BWG

Nach § 13 Nr. 3 BWG ist vom Wahlrecht ausgeschlossen, wer sich auf Grund einer Anordnung nach § 63 in Verbindung mit § 20 des Strafgesetzbuches (StGB) in einem psychiatrischen Krankenhaus befindet. Dies betrifft Personen, die eine Straftat begangen haben, dabei aber schuldunfähig waren, das heißt »bei Begehung der Tat wegen einer krankhaften seelischen Störung, wegen einer tiefgreifenden Bewusstseinsstörung oder wegen Schwachsinns oder einer schweren anderen seelischen Abartigkeit unfähig [waren], das Unrecht der Tat einzusehen oder nach dieser Einsicht zu handeln«.[79] Aber auch diese Täterinnen und Täter werden nur in einem psychiatrischen Krankenhaus untergebracht, soweit und solange von ihnen »infolge [ihres] Zustandes erhebliche rechtswidrige Taten zu erwarten sind und [sie] deshalb für die Allgemeinheit gefährlich [sind].«[80]

b) Menschenrechtliche Einordnung

Dass Menschen vom Wahlrecht ausgeschlossen sind, die eine Straftat im Zustand der Schuldunfähigkeit begangen haben und im Rahmen des so genannten Maßregelvollzugs wegen ihrer befürchteten Gefährlichkeit in einem psychiatrischen Krankenhaus untergebracht sind, beruht im Wesentlichen auf der Annahme, dass

79 § 20 StGB.
80 § 63 StGB.

Schuldunfähigen ein Mindestmaß an Einsichtsfähigkeit und damit die Fähigkeit zu wählen fehle.[81]

Diese Annahme ist bereits als solche nicht nachvollziehbar, da das Gericht im Strafprozess über die Schuldunfähigkeit nur rückbezogen auf den in der Vergangenheit liegenden Zeitpunkt der Tat befindet, nicht aber über die Frage, ob die betreffende Person künftig im Rahmen des Maßregelvollzugs zur politischen Willensbildung in der Lage sein wird. Die vom Gericht zu treffende Prognoseentscheidung bezieht sich ausschließlich auf die Gefahr weiterer Straftaten.[82] Der oder die Betreffende kann daher durchaus die für die Beteiligung an der Wahl notwendige Einsichtsfähigkeit besitzen.[83]

Doch selbst wenn man dies außer Acht lässt und unterstellt, es fehle tatsächlich an einer gewissen Einsichtsfähigkeit der untergebrachten Personen, so ist gleichwohl eine inklusive, partizipative und nichtdiskriminierende Ausgestaltung des Rechts auf politische Teilhabe auch für diese Menschen geboten. Dies ergibt sich auch hier insbesondere aus der UN-BRK, deren Anwendungsbereich deshalb eröffnet ist, weil die von § 13 Nr. 3 BWG erfassten Personen infolge ihrer psychosozialen Beeinträchtigung in ihrer Rechtsausübung in verschiedenerlei Hinsicht eingeschränkt und damit als Menschen mit Behinderungen anzusehen sind.

Es kann daher seit Inkrafttreten der UN-BRK bei erwachsenen Menschen nicht mehr auf eine wie auch immer geartete Einsichtsfähigkeit ankommen. Die diskriminierenden Wirkungen eines daran anknüpfenden Wahlausschlusses sind oben bereits beschrieben worden[84] und treffen auch auf § 13 Nr. 3 BWG zu.

Wie unbrauchbar ein unterstellter Mangel an Einsichtsfähigkeit als Kriterium für den Entzug des Wahlrechts ist, zeigt auch der Vergleich mit Menschen, die mit dem gleichen Krankheitsbild in einer psychiatrischen Einrichtung untergebracht sind, aber nicht straffällig geworden sind. Diese Personen verlieren nämlich ihr Wahlrecht nicht. Eine frühere Regelung im Bundeswahlgesetz, die auch für diesen Personenkreis eine Einschränkung des Wahlrechts vorsah, wurde 1985 aufgehoben.[85] In einer psychiatrischen Einrichtung Untergebrachte sind seitdem nur noch dann vom Wahlrecht ausgeschlossen, wenn sie straffällig geworden sind.[86] Es ist aber kein plausibler Grund zu erkennen, warum an der Fähigkeit dieser Menschen zur politischen Willensbildung für die Dauer der Unterbringung allein wegen ihrer Straffälligkeit grundsätzlich stärker gezweifelt werden könnte, zumal wenn die im

81 Vgl. Schreiber (2009), § 13, Rdnr. 17.
82 Fischer (2012), § 63, Rdnr. 13-20.
83 Schreiber (2009), § 13, Rdnr. 18.
84 Siehe oben IV.2. zu § 13 Nr. 2 BWG.
85 Nach dem bis zum 15.03.1985 geltenden § 13 Nr. 4 BWG war auch vom Wahlrecht ausgeschlossen, »wer infolge Richterspruchs auf Grund landesrechtlicher Vorschriften wegen Geisteskrankheit oder Geistesschwäche nicht nur einstweilig in einem psychiatrischen Krankenhaus untergebracht ist.«
86 Vgl. Schreiber (2009), § 13, Rdnr. 19.

Maßregelvollzug vorgesehenen und fachlich notwendigen Rehabilitationsmaßnahmen ergriffen werden. Auch insoweit stellt § 13 Nr. 3 BWG demnach eine unzulässige Ungleichbehandlung dar.

Diese Ungleichbehandlung ließe sich auch nicht mit dem Argument rechtfertigen, dass der Gesetzgeber diesen Menschen das Wahlrecht wegen ihrer begangenen Tat oder wegen ihrer Allgemeingefährlichkeit aberkennen wolle. Kriminelle Gefährlichkeit oder begangene Straftaten sind für sich genommen keine ausreichenden Kriterien für den Entzug des aktiven Wahlrechts.[87] Der Gesetzgeber ist in anderen Zusammenhängen der gleichen Meinung. Man betrachte nur schuldfähige Straftäterinnen und Straftäter, die sich wegen ihrer potenziellen Gefährlichkeit in nachträglicher Sicherungsverwahrung befinden: Diese behalten ihr Wahlrecht. Auch die Schwere einer Tat ist kein Grund an sich. Durch Richterspruch kann das Wahlrecht auch bei schweren Straftaten grundsätzlich nur dann entzogen werden, wenn es sich um bestimmte Delikte handelt, die sich gegen die freiheitlich-demokratische Grundordnung richten.[88] Es ist nicht nachvollziehbar, warum das bei schuldunfähigen Personen über diesen eng begrenzten Kreis von Delikten hinaus ausgedehnt werden müsste.

Die ganze dem § 13 Nr. 3 BWG innewohnende Widersprüchlichkeit wird deutlich, wenn man sich den Fall vergegenwärtigt, dass ein und dieselbe Person zuerst eine Freiheitsstrafe verbüßt und erst anschließend im Maßregelvollzug untergebracht wird. Eine solche gerichtliche Anordnung[89] hat zur Folge, dass die betreffende Person während der Gefängnishaft wählen kann, während des sich anschließenden Maßregelvollzugs aber nicht – eine Unterscheidung, die nicht nachvollziehbar ist[90] und bereits für sich genommen gegen den allgemeinen Gleichheitssatz verstößt.

Alles in allem ist also kein sachlicher Grund ersichtlich, der die aus § 13 Nr. 3 BWG resultierende Ungleichbehandlung im Vergleich mit der restlichen Bevölkerung rechtfertigen könnte. Fast die Hälfte aller Bundesländer scheint das ähnlich zu sehen: deren Landeswahlgesetze enthalten keine derartige Ausschlussvorschrift.[91]

Diese Kritik des § 13 Nr. 3 BWG als einer diskriminierenden und folglich nicht länger haltbaren Vorschrift stellt nicht den Maßregelvollzug als solchen in Frage. Sie richtet sich vielmehr auf dessen menschenrechtliche Ausgestaltung. Die untergebrachten Personen müssen im Rahmen des Vollzugs gleichberechtigt am po-

87 Vgl. hierzu EGMR, Urteil vom 23.11.2010, Antragsnummer 60041/08 und 60054/08, Rdnr. 73-79.
88 § 13 Nr. 1 BWG in Verbindung mit § 45 Abs. 5 StGB.
89 Siehe § 67 Abs. 1 und 2 StGB.
90 So auch Schreiber (2009), § 13, Rdnr. 18.
91 So in Baden-Württemberg (§ 7 Abs. 2), Bremen (§ 2), Hessen (§ 3), Mecklenburg-Vorpommern (§ 5), Nordrhein-Westfalen (§ 2), Sachsen-Anhalt (§ 3), Schleswig-Holstein (§ 7).

litischen Gemeinwesen partizipieren können. Von ihrer Einbeziehung können sich darüber hinaus nur positive Effekte für die Resozialisierung und damit die spätere Wiedereingliederung der betroffenen Menschen in die Gesellschaft ergeben.

4. Ergänzende Gewährleistungspflichten des Staates

Das menschenrechtliche Gebot zur Sicherstellung eines gleichberechtigten Wahlrechts für alle Menschen mit Behinderungen endet allerdings nicht mit der Aufhebung der besagten Ausschlusstatbestände in § 13 Nrn. 2 und 3 BWG. Vielmehr greifen dann, wenn die nach § 13 BWG bislang ausgeschlossenen Personengruppen nunmehr in Konsequenz dieser Gesetzesänderung wahlberechtigt werden, ergänzende Gewährleistungsverpflichtungen des Staates. So verlangt etwa Artikel 29 lit. a Nr. iii UN-BRK, die freie Willensäußerung dieser Wähler und Wählerinnen zu garantieren und zu diesem Zweck im Bedarfsfall auf Wunsch zu erlauben, dass sie sich bei der Stimmabgabe durch eine Person ihrer Wahl unterstützen lassen. Flankiert wird diese Vorschrift wiederum von Artikel 12 UN-BRK, aus dem sich ergänzend ergibt, dass eine gegebenenfalls benötigte Unterstützung auch jenseits der eigentlichen Stimmabgabe ermöglicht werden muss[92] und dass zur Sicherstellung einer freien Willensäußerung wirksame Maßnahmen zur Sicherung gegen Missbrauch getroffen werden müssen.[93] Wie diese Maßnahmen ausgestaltet werden müssen, richtet sich nach der Situation des Einzelfalls. In jedem Fall müssen sämtliche Maßnahmen und Sicherungen gewährleisten, dass der Wille und die Präferenzen des behinderten Menschen geachtet werden.

V. Zusammenfassung

Die seit März 2009 in Deutschland geltende UN-Behindertenrechtskonvention setzt wichtige, verpflichtende Impulse für den Bereich der politischen Partizipation von Menschen mit Behinderungen. Dies betrifft auch das Recht, zu wählen und gewählt zu werden, nach Artikel 29 lit. a UN-BRK. In Bezug auf diese spezielle Ausprägung der rechtlichen Handlungsfähigkeit behinderter Menschen konkretisiert die UN-BRK die bestehenden menschenrechtlichen Verpflichtungen Deutschlands und zwingt damit auch zu einer veränderten Auslegung des Grundgesetzes.

Sie gibt eine umfassende, selbstbestimmte politische Partizipation als Ziel vor und verlangt, Wahlen inklusiv auszugestalten und hierbei jegliche Diskriminierung zu vermeiden. Dies gilt nicht nur im Hinblick auf einige, sondern auf alle Menschen

92 Vgl. Art. 12 Abs. 3 UN-BRK.
93 Vgl. Art. 12 Abs. 4 UN-BRK.

mit Behinderungen. Ihnen ist nicht nur das Wahlrecht als solches zu gewähren, sondern auch die Möglichkeit, dieses Recht in der Praxis tatsächlich gleichberechtigt mit anderen auszuüben – wozu im Hinblick auf Artikel 12 UN-BRK auch der Zugang zu gegebenenfalls notwendiger Unterstützung sowie flankierende Maßnahmen zur Sicherung gegen missbräuchliche Einflussnahme gehören.

In Deutschland besteht diesbezüglich Handlungsbedarf in mehrere Richtungen. Zum ersten bestehen nach wie vor zahlreiche Barrieren im gesamten Verlauf einer Wahl, die Menschen mit Behinderungen eine Wahlteilnahme erschweren, auch gibt es Probleme bei der Erlangung notwendiger Assistenzleistungen. Daher sollten die bestehenden Gesetze daraufhin überprüft werden, ob sie ausreichen, um eine barrierefreie Wahl zu organisieren, das heißt ob sie die speziellen Probleme von Menschen mit Behinderungen bei der Ausübung ihres Wahlrechts zielgenau erfassen und ob sie praxistauglich formuliert sind. Soweit erforderlich, sind sie anzupassen. Auch die Förderung eines gesellschaftlichen Klimas zugunsten einer aktiven Partizipation behinderter Menschen am öffentlichen und politischen Leben gehört in den Fokus staatlicher Bemühungen. Zunächst erscheint jedoch eine systematische und umfassende Tatsachenforschung nötig.

Zum zweiten ist das deutsche Wahlrecht auch in grundsätzlicher Hinsicht alles andere als inklusiv. Immer noch wird in Deutschland manchen erwachsenen Frauen und Männern mit Behinderungen das Wahlrecht komplett abgesprochen. Davon betroffen sind Menschen, denen ein Betreuer oder eine Betreuerin für alle Angelegenheiten bestellt worden ist[94] oder die eine Straftat im Zustand der Schuldunfähigkeit begangen haben und wegen befürchteter Allgemeingefährlichkeit in einem psychiatrischen Krankenhaus untergebracht sind.[95] Beide Ausschlussvorschriften basieren auf historisch tradierten Vorurteilen, die mit dem heutigen Menschenrechtsverständnis nicht vereinbar sind. Sie führen stattdessen zu einer Ungleichbehandlung, für die es angesichts der UN-BRK keine sachliche Rechtfertigung gibt. Menschenrechtlich nicht begründbar ist zum Beispiel, warum bei behinderten Menschen, die unter Vollbetreuung stehen, auf eine (pauschal unterstellte) fehlende Einsichtsfähigkeit in das Wesen und die Bedeutung von Wahlen verwiesen wird, obwohl eine solche Einsichtsfähigkeit bei keinem anderen volljährigen Menschen jemals geprüft wird und obwohl das freie Wahlrecht anerkanntermaßen auch das Recht umfasst, gar nicht zu wählen oder »Protest« zu wählen oder »demokratisch unvernünftig« zu wählen. Hier tritt die damit verbundene Stigmatisierung der Betroffenen klar zu Tage. Ähnlich verhält es sich mit dem Argument, man müsse einem Missbrauch durch Dritte vorbeugen: Dies kann nicht rechtfertigen, jemandem eine Rechtsposition zu entziehen. Vielmehr besteht hier angesichts Artikel 12 Absatz 4 UN-BRK eine staatliche Gewährleistungspflicht, die freie Bil-

94 § 13 Nr. 2 BWG.
95 § 13 Nr. 3 BWG.

dung und Äußerung des Wählerwillens durch andere Maßnahmen wirksam gegen Missbrauch abzusichern. Gleiches gilt für den Wahlrechtsausschluss von Menschen, die eine Straftat im Zustand der Schuldunfähigkeit begangen haben und die wegen ihrer befürchteten Gefährlichkeit in einem psychiatrischen Krankenhaus untergebracht sind. Auch hier ist kein sachlicher Grund ersichtlich, der diese Ungleichbehandlung im Vergleich mit der restlichen Bevölkerung rechtfertigen könnte. Weder eine festgestellte Unzurechnungsfähigkeit noch eine begangene Straftat jenseits bestimmter staatsgefährdender Delikte noch eine prognostizierte Allgemeingefährlichkeit sind taugliche Sachgründe. All dies verdeutlicht, wie wenig begründbar der Wahlrechtsausschluss behinderter Menschen ist. Dies ist umso gravierender, als dieser Ausschluss für die Betroffenen einen massiven Eingriff in ihr grundlegendes demokratisches Mitwirkungsrecht bedeutet. Eine solch unangemessene Beeinträchtigung des Wahlrechts ist weder nach den menschenrechtlichen Maßstäben des Völkerrechts zulässig noch nach denen des deutschen Grundgesetzes, wenn man es wie vom Bundesverfassungsgericht gefordert im Lichte der UN-BRK interpretiert.

In Anbetracht von Artikel 29 in Verbindung mit Artikel 12 UN-BRK ist staatliches Handeln daher auf mehreren Ebenen geboten: Erstens sind die angesprochenen Ausschlusstatbestände in den Wahlgesetzen von Bund und Ländern aufzuheben. Zweitens muss auf der Ebene der Gewährleistungspflichten zusätzlich durch gesetzgeberische und andere Maßnahmen sichergestellt werden, dass eine gegebenenfalls benötigte Unterstützung nicht nur während der eigentlichen Stimmabgabe zugänglich ist, sondern auch jenseits dessen in allen Phasen der Wahl, und dass wirksame Mechanismen zur Sicherung gegen Missbrauch zur Verfügung stehen. Letzteres gilt auch und gerade in Bezug auf diejenigen Menschen mit Behinderungen, die infolge der gebotenen Änderung des Wahlrechts nicht länger vom Wahlrecht ausgeschlossen sein würden.

Bei der Verwirklichung dieser menschenrechtlichen Vorgaben sind nicht nur die jeweils zuständigen staatlichen Stellen als unmittelbar Umsetzungsverpflichtete gefordert. Tatsächliche Inklusion kann vielmehr nur gelingen, wenn politisch bedeutsame und in der Praxis wirkungsmächtige Akteure wie etwa die Parteien und die organisierte Zivilgesellschaft in ihrem jeweiligen Einflussbereich nach Kräften mitwirken, etablierte Strukturen hinterfragen und eigene Vorurteile überwinden.

Letzten Endes zeigt sich daran, wem durch die Ausgestaltung des Wahlrechts politische Partizipation ermöglicht wird und wem nicht, gleichsam exemplarisch, welchen Beschränkungen ihrer rechtlichen Handlungsfähigkeit sich Menschen mit Behinderungen in Deutschland nach wie vor gegenüber sehen.

Literaturverzeichnis

Agentur der Europäischen Union für Grundrechte (2011): Das Recht von Menschen mit psychischen Gesundheitsproblemen und Menschen mit geistiger Behinderung auf politische Teilhabe. Luxemburg: Amt für Veröffentlichungen der Europäischen Union.

Aichele, Valentin (2010): Behinderung und Menschenrechte. Die UN-Konvention über die Rechte von Menschen mit Behinderungen. In: Aus Politik und Zeitgeschichte 2010 (23), S. 1-7.

Aichele, Valentin (2012): Barrieren im Einzelfall überwinden: Angemessene Vorkehrungen gesetzlich verankern (Positionen Nr. 5). Berlin: Deutsches Institut für Menschenrechte.

Aichele, Valentin / Jochen von Bernstorff (2010): Das Menschenrecht auf gleiche Anerkennung vor dem Recht. Zur Auslegung von Art. 12 der UN-Behindertenrechtskonvention. In: Betreuungsrechtliche Praxis 2010 (5), S. 199-203.

Bauer, Axel (2008): Kommentierung zu § 1896 BGB. In: Axel Bauer / Thomas Klie (Hg.): Heidelberger Kommentar zum Betreuungs- und Unterbringungsrecht. Heidelberg: Müller.

Degener, Theresia (2010): Die UN-Behindertenrechtskonvention. Grundlage für eine neue inklusive Menschenrechtstheorie. In: Vereinte Nationen 2010 (2), S. 57-63.

DIMR (Deutsches Institut für Menschenrechte) (2005): Die »General Comments« zu den VN-Menschenrechtsverträgen. Deutsche Übersetzung und Kurzeinführungen. Baden-Baden: Nomos.

Diederichsen, Uwe (2010): Kommentierung zu § 1896. In: Otto Palandt (Begr.): Bürgerliches Gesetzbuch. 69. Auflage. München: C.H. Beck.

Fischer, Thomas (2012): Strafgesetzbuch und Nebengesetze. 59. Auflage. München: C.H. Beck.

Frehe, Horst / Felix Welti (Hg.) (2010): Behindertengleichstellungsrecht. Textsammlung mit Einführungen. Mai 2010. Baden-Baden: Nomos.

Hammarberg, Thomas (2011): Human Rights Comment. Persons with disabilities must not be denied the right to vote. http://commissioner.cws.coe.int/tiki-view_blog_post.php?postId=127.

Hellmann, Ulrich (2010): Zur Vereinbarkeit des Wahlrechtsausschlusses nach § 13 Nr. 2 BWG mit bestehenden völkerrechtlichen Verpflichtungen. In: Betreuungsrechtliche Praxis 2010 (5), S. 208-212

Hirschberg, Marianne (2010): Partizipation – ein Querschnittsanliegen der UN-Behindertenrechtskonvention (Positionen Nr. 3). Berlin: Deutsches Institut für Menschenrechte.

Klein, Hans H. (2010): Kommentierung zu Art. 38. In: Theodor Maunz / Günter Dürig (Begr.): Grundgesetz: Kommentar. München: C.H. Beck.

Morlok, Martin (2006): Kommentierung zu Art. 38. In: Horst Dreier (Hg.): Grundgesetz. 2. Auflage. Tübingen: Mohr Siebeck.

Nowak, Manfred (2005): U.N. Covenant on Civil and Political Rights. CCPR Commentary. 2. Auflage. Kehl am Rhein: Engel.

Palleit, Leander (2011): Gleiches Wahlrecht für alle? Menschen mit Behinderungen und das Wahlrecht in Deutschland. 2. Auflage. Berlin: Deutsches Institut für Menschenrechte.

Richter, Dagmar (2006). Das Recht auf freie Wahlen. In: Rainer Grote / Thilo Marauhn (Hg.): EMRK/GG. Konkordanzkommentar zum europäischen und deutschen Grundrechtsschutz. Tübingen: Mohr Siebeck, S. 1388-1419.

Schreiber, Wolfgang (2009): Bundeswahlgesetz. 8. Auflage. Köln: Heymanns

Materialverzeichnis

Deutsche Bundesregierung (2011): Unser Weg in eine inklusive Gesellschaft. Der Nationale Aktionsplan der Bundesregierung zur Umsetzung der UN-Behindertenrechtskonvention.

Deutscher Bundestag (1989): Gesetzesentwurf der Bundesregierung: Entwurf eines Gesetzes zur Reform des Rechts der Vormundschaft und Pflegschaft für Volljährige (Betreuungsgesetz – BtG). Bundestags-Drucksache 11/4528 vom 11.05.1989.

Deutscher Bundestag (2008): Gesetzesentwurf der Bundesregierung: Entwurf eines Gesetzes zu dem Übereinkommen der Vereinten Nationen vom 13. Dezember 2006 über die Rechte von Menschen mit Behinderungen sowie zu dem Fakultativprotokoll vom 13. Dezember 2006 zum Übereinkommen der Vereinten Nationen über die Rechte von Menschen mit Behinderungen. Bundestagsdrucksache 16/10808 vom 08.11.2008

Deutscher Bundestag (2011): Antwort der Bundesregierung auf die Große Anfrage der Abgeordneten Ingrid Hönlinger, Markus Kurth, Volker Beck (Köln), weiterer Abgeordneter und der Fraktion BÜNDNIS 90/DIE GRÜNEN. Bundestags-Drucksache 17/5323 vom 01.04.2011.

UN-Fachausschuss für die Rechte von Menschen mit Behinderungen (2009): Guidelines on treaty-specific document to be submitted by states parties under article 35, paragraph 1, of the Convention on the Rights of Persons with Disabilities. UN Dok. CRPD/C/2/3 vom 18.11.2009.

UN-Fachausschuss für die Rechte von Menschen mit Behinderungen (2011a): Concluding observations of the Committee on the Rights of Persons with Disabilities [zum Staatenbericht Tunesiens]. UN Dok. CRPD/C/TUN/CO/1 vom 13.05.2011.

UN-Fachausschuss für die Rechte von Menschen mit Behinderungen (2011b): Concluding observations of the Committee on the Rights of Persons with Disabilities [zum Staatenbericht Spaniens]. UN Dok. CRPD/C/ESP/CO/1 vom 19.10.2011.

UN-Fachausschuss für wirtschaftliche, soziale und kulturelle Rechte (2009): General Comment No. 20. Non-Discrimination in Economic, Social and Cultural Rights. UN Dok. E/C.12/GC/20 vom 02.07.2009.

UN-Hochkommissariat für Menschenrechte (2011): Thematic study on participation in political and public life by persons with disabilities. UN Dok. A/HRC/19/36 vom 21.12.2011.

UN-Menschenrechtsausschuss (1989): General Comment No. 18. Non-discrimination. UN Dok. CCPR/C/21/Rev. 1/Add.1 vom 10.11.1989.

UN-Menschenrechtsausschuss (1996): General Comment No. 25. Article 25 (Participation in public affairs and the right to vote). UN Dok. CCPR/C/21/Rev. 1/Add.7 vom 12.07.1996.

Kapitel 4:
Rechtliche Handlungsfähigkeit erwachsener Menschen, Schwerpunkt: Betreuung

Erwachsenenschutz, gesetzliche Vertretung und Artikel 12 UN-BRK

Volker Lipp

I. Einleitung

Das deutsche Betreuungsrecht ist mit dem Beginn des Jahres 2012 zwanzig Jahre alt geworden. Die Reform von 1992 erneuerte das deutsche Erwachsenenschutzrecht grundlegend und umfassend.[1] Vorbild für die deutsche Reform war Österreich. Österreich hatte schon 1984 die Entmündigung und Vormundschaft für Erwachsene durch die Sachwalterschaft ersetzt.[2] Während bei Entmündigung und Vormundschaft der Schutz des betroffenen Menschen im Vordergrund stand, verfolgten die Reformen in Deutschland und Österreich das Ziel, seine Selbstbestimmung zu stärken und seine Rechte zu verwirklichen.[3] Mit dem Primat des Selbstbestimmungsrechts gehören Betreuung und Sachwalterschaft im internationalen Vergleich zu den modernsten Erwachsenenschutzrechten.[4] An die Stelle der Bevormundung durch den Vormund ist die Verpflichtung der Betreuerin bzw. des Betreuers getreten, den Willen und die Wünsche des betreuten Menschen zu beachten.[5]

Allerdings schränken auch das deutsche Betreuungsrecht und das österreichische Sachwalterrecht die Autonomie des betroffenen Menschen in verschiedener Hinsicht ein. So ist die Betreuerin bzw. der Betreuer in Deutschland stets gesetzliche Vertreterin bzw. gesetzlicher Vertreter[6] und auch die Geschäftsfähigkeit, das heißt die rechtliche Handlungsfähigkeit in Vermögensangelegenheiten, kann durch die besondere gerichtliche Anordnung eines Einwilligungsvorbehalts beschränkt werden.[7] In Österreich ist die Sachwalterin oder der Sachwalter ebenfalls gesetzliche Vertreterin bzw. gesetzlicher Vertreter.[8] Anders als in Deutschland wird jedoch in Österreich die Geschäftsfähigkeit des betroffenen Menschen im

1 Überblick bei Schwab (2012), vor § 1896, Rdnr. 1 ff.
2 Dazu Ganner (2007); Ganner (2008).
3 Deutscher Bundestag (1989), S. 38-42, 52-85; Lipp (2000), S. 12-21; Ganner (2007), S. 239.
4 Vgl. nur Europarat (1999); World Congress on Adult Guardianship Law (2010). Eine rechtsvergleichende Übersicht bieten die Beiträge in Löhnig / Schwab / Henrich / Gottwald / Kroppenberg (2011), die Länderberichte von Röthel in Lipp (2009) und die Untersuchung von Keys (2009).
5 Vgl. etwa § 1901 Abs. 3 und § 1901a des Bürgerlichen Gesetzbuches (BGB).
6 § 1902 BGB.
7 § 1903 BGB.
8 Ganner / Barth (2010a), S. 55-57, 82-108.

Aufgabenbereich der Sachwalterin oder des Sachwalters automatisch beschränkt.[9]

Das Erwachsenenschutzrecht stand zunächst nicht im Fokus der Diskussion um die Umsetzung der Behindertenrechtskonvention (UN-BRK). Die deutsche Bundesregierung ging bei der Ratifizierung der UN-BRK davon aus, dass die Regelungen des deutschen Rechts mit dieser im Einklang stünden.[10] Sie hat diese Position im 1. Bericht zur Umsetzung der UN-BRK in Deutschland bekräftigt.[11] Gleiches gilt für Österreich[12] und viele andere Staaten.

Die Kritik aus Behindertenverbänden und anderen Nichtregierungsorganisationen sowie aus der Fachwelt wird jedoch lauter. Sie weist darauf hin, dass der Grundsatz der Erforderlichkeit, die Subsidiarität der Betreuung gegenüber anderen Hilfen und der Vorrang der Unterstützung durch die Betreuerin oder den Betreuer vor einer stellvertretenden Entscheidung anstelle des betreuten Menschen in der Praxis des deutschen Betreuungswesens nicht ausreichend beachtet werde. Die Kritik zielt insoweit nicht auf das Betreuungsrecht, das diese Vorgaben sogar ausdrücklich im Gesetz nennt,[13] sondern auf die Praxis, die diese Vorgaben zu häufig missachte.

Es gibt aber auch Stimmen, die das Institut der Betreuung und die gesetzliche Vertretung als solche oder jedenfalls die Beschränkung der Geschäftsfähigkeit durch den Einwilligungsvorbehalt für unvereinbar mit der UN-BRK halten, weil Artikel 12 UN-BRK nur eine Unterstützung des betroffenen Menschen bei der Ausübung seiner Rechts- und Handlungsfähigkeit zulasse.[14] Damit werden ganz unabhängig von der Handhabung in der Praxis des Betreuungswesens zwei zentrale Strukturelemente des Betreuungsrechts prinzipiell infrage gestellt.

In dem folgenden Beitrag sollen deshalb diese beiden Strukturfragen des Erwachsenenschutzrechts erörtert werden.[15] Dafür sind zunächst die Vorgaben der UN-BRK näher zu beleuchten (II.). Darauf aufbauend können dann die gesetzliche Vertretung durch die Betreuerin oder den Betreuer im deutschen Recht (III.) und der Einwilligungsvorbehalt (IV.) untersucht werden. Um eine Engführung der Diskussion auf das deutsche Recht zu vermeiden, wird anschließend das österreichische Recht vergleichend herangezogen (V.).[16] Abschließend soll einzuschätzen

9 § 280 Abs. 1 des österreichen Allgemeinen Bürgerlichen Gesetzbuches (öABGB).
10 Deutscher Bundestag (2008), S. 45, 51-52.
11 Bundesregierung (2011), S. 32-35; Deutscher Bundestag (2011), S. 7; kritisch dazu Niklas-Faust (2011), S. 105-106.
12 Vgl. Nationalrat Österreich (2008), S. 2, 5-6.
13 §§ 1896 Abs. 2, 1901 Abs. 1 BGB, dazu unten III.1.
14 Vgl. Lachwitz (2011); Buchner (2009), S. 122.
15 Erste Überlegungen hierzu habe ich auf dem 12. Vormundschaftsgerichtstag 2010 vorgestellt, s. Lipp (2010a). Sie sind weitergeführt worden in meinem Beitrag Lipp (2012).
16 Einen rechtsvergleichenden Überblick bieten die Beiträge in Löhnig / Schwab / Henrich / Gottwald / Kroppenberg (2011), die Länderberichte von Röthel in Lipp (2009), und die Untersuchung von Keys (2009).

versucht werden, welches Potential Artikel 12 UN-BRK für das deutsche Betreuungsrecht hat (VI.).

II. Die gleiche Anerkennung vor dem Recht (Artikel 12 UN-BRK)

1. Artikel 12 UN-BRK als Gleichheits- und Freiheitsrecht

Bereits die Überschrift verdeutlicht, dass Artikel 12 UN-BRK sowohl ein Freiheits- als auch ein Gleichheitsrecht ist. Es geht nicht allein darum, dass behinderte Menschen überhaupt als Rechtspersonen (»persons before the law«) bzw. Rechtssubjekte anerkannt werden (Artikel 12 Absatz 1 UN-BRK), sondern auch darum, dass dies in gleicher Weise und in gleichem Umfang wie bei anderen Menschen erfolgt.

Umgekehrt erschöpft sich der Gewährleistungsgehalt des Artikels 12 UN-BRK nicht in der Gleichstellung behinderter mit anderen Menschen, wie sie schon Artikel 3 lit. b UN-BRK als allgemeinen Grundsatz und Artikel 5 UN-BRK als Menschenrecht enthalten. Artikel 12 UN-BRK enthält nicht nur ein Verbot der Diskriminierung behinderter Menschen und ein Gebot der Gleichbehandlung mit anderen Menschen, sondern auch ein Freiheitsrecht. Es greift daher zu kurz, wenn man die Vorgaben dieser Norm allein unter dem Aspekt der Diskriminierung erörtert.[17] Als Freiheitsrecht bekräftigt Artikel 12 Absatz 1 UN-BRK das Recht auf Anerkennung als Rechtsperson, das bereits in Artikel 16 des Zivilpaktes[18] enthalten ist, und konkretisiert dieses Recht durch die Gewährleistung der Rechts- und Handlungsfähigkeit in Artikel 12 Absatz 2 UN-BRK.[19] Es ist allerdings zu betonen, dass Artikel 12 UN-BRK – anders als das deutsche Verfassungsrecht in Artikel 2 Absatz 1 Grundgesetz (GG) – nicht die allgemeine Handlungsfreiheit bzw. das Selbstbestimmungsrecht als solches schützt, sondern das Recht auf gleiche Rechts- und Handlungsfähigkeit.

Dementsprechend ist auch bei den Eingriffen zwischen den Aspekten des Gleichheits- und des Freiheitsrechts zu differenzieren. Ein Eingriff in das Freiheitsrecht des Artikels 12 UN-BRK liegt vor, wenn die Rechts- oder Handlungsfähigkeit eingeschränkt wird. Um das Diskriminierungsverbot des Artikels 12 UN-BRK geht es hingegen, wenn behinderte Menschen hinsichtlich ihrer Rechts- oder Handlungsfähigkeit anders behandelt werden. Ein derartiger Eingriff in das Freiheitsrecht bzw. eine solche Ungleichbehandlung bedürfen dann einer Rechtfertigung.[20]

17 So etwa Bundesregierung (2011), S. 32-35.
18 Internationaler Pakt über bürgerliche und politische Rechte vom 19.12.1966.
19 UN-Hochkommissariat für Menschenrechte (2009), Ziff. 43; Aichele / von Bernstorff (2010), S. 200-201.
20 Näher dazu unten II.3. und II.4.

2. *Das Recht auf Unterstützung bei der Ausübung der Rechts- und Handlungsfähigkeit nach Artikel 12 Absatz 3 UN-BRK*

Sowohl das Recht auf gleiche Rechtsfähigkeit als auch das Recht auf gleiche Handlungsfähigkeit bleiben wirkungslos, wenn ein Mensch diese Rechte wegen einer körperlichen, seelischen, geistigen oder Sinnesbeeinträchtigung faktisch nicht wahrnehmen und daher nicht in gleicher Weise wie andere Menschen rechtlich handeln kann. Damit ist der Anwendungsbereich der UN-BRK eröffnet.[21]

Artikel 12 Absatz 3 UN-BRK bestimmt, dass Behinderte ein Recht auf Unterstützung bei der Ausübung ihrer Rechts- und Handlungsfähigkeit haben, wenn sie eine solche Unterstützung benötigen. Der Staat wird damit verpflichtet, ein solches Unterstützungssystem einzurichten und dem einzelnen Menschen den Zugang dazu zu verschaffen. »Unterstützung« ist dabei umfassend zu verstehen und umfasst sowohl Unterstützung in tatsächlicher Hinsicht durch Beratung und Begleitung als auch Unterstützung in rechtlicher Hinsicht.[22] Dementsprechend können die Staaten auch ganz verschiedenartige Einrichtungen und Systeme der »Unterstützung« in Erfüllung ihrer Verpflichtung nach Artikel 12 Absatz 3 UN-BRK einrichten und zur Verfügung stellen. Entscheidend ist, dass sie dem Ziel des Artikels 12 Absatz 3 UN-BRK dienen und dem Willen des behinderten Menschen zur rechtlichen Wirkung verhelfen.

Unterstützung im Sinne von Artikel 12 Absatz 3 UN-BRK muss daher Hilfe zur Selbstbestimmung des betroffenen Menschen sein. Keine Unterstützung, sondern Eingriffe in das Recht auf Rechts- und Handlungsfähigkeit sind demgegenüber Maßnahmen, die die rechtliche Handlungsfähigkeit beschränken oder ganz entziehen – und zwar auch dann, wenn dies zum Schutz des betroffenen Menschen erfolgt. Sie sind jedoch nicht schon deshalb unzulässig, sondern können unter Umständen nach den dafür geltenden Grundsätzen gerechtfertigt sein.[23]

Artikel 12 Absatz 3 UN-BRK bringt damit den Paradigmenwechsel von der paternalistischen ersetzenden Entscheidungsfindung (»substituted decision-making«) zur selbstbestimmungsorientierten unterstützten Entscheidungsfindung (»supported decision-making«) zum Ausdruck. Dementsprechend hat der Sachverständigenausschuss zur UN-BRK in seinen Stellungnahmen zu den Staatenberichten Tunesiens und Spaniens empfohlen, dass diese Mitgliedsstaaten im Zusammenhang mit der Umsetzung der UN-BRK auch ihr Erwachsenenschutzrecht überprüfen und stellvertretende Entscheidungen durch Dritte durch Mittel der Un-

21 Vgl. Art. 1 UN-BRK.
22 Aichele / von Bernstorff (2010), S. 202.
23 Näher dazu unten II.4.

terstützung bei einer eigenen Entscheidung des betroffenen Menschen ersetzen.[24] Daraus ziehen manche den Schluss, dass jede Form des Erwachsenenschutzes, die wie die Betreuung mit einer (gesetzlichen) Vertretung verbunden ist, keine Unterstützung im Sinne von Artikel 12 Absatz 3 UN-BRK darstelle. Stellvertretung sei vielmehr stets ein Eingriff in das Recht auf Handlungsfähigkeit.[25]

Demgegenüber ist darauf hinzuweisen, dass fast alle Rechtsordnungen die Bestellung einer gesetzlichen Vertreterin oder eines gesetzlichen Vertreters mit der Entmündigung verbinden. Viele Rechtsordnungen entziehen die Handlungsfähigkeit ganz; der betroffene Mensch verliert seine Handlungsfähigkeit, die gesetzliche Vertreterin oder der gesetzliche Vertreter regelt alles. Moderne Rechte, wie zum Beispiel das österreichische Sachwalterrecht, entziehen die Handlungsfähigkeit nicht mehr vollständig, sondern beschränken sie, indem sie die Zustimmung der gesetzlichen Vertreterin oder des gesetzlichen Vertreters zum Geschäft des betroffenen Menschen verlangen. Noch zurückhaltender bei derartigen Eingriffen in die rechtliche Handlungsfähigkeit des betroffenen Menschen sind Rechtsordnungen, die dies nicht generell anordnen, sondern nur für bestimmte Bereiche.[26] Nur das deutsche Recht hat die gesetzliche Vertretung durch die Betreuerin oder den Betreuer von der Beschränkung der Handlungsfähigkeit vollständig entkoppelt; der Einwilligungsvorbehalt muss gesondert angeordnet werden.[27] Artikel 12 Absatz 3 UN-BRK muss daher vor dem Hintergrund des weltweiten Regelfalls verstanden werden, bei dem gesetzliche Vertretung und Entmündigung zwei Seiten derselben Medaille sind. In diesem Regelfall kann die mit der Entmündigung gekoppelte gesetzliche Vertretung nicht als Unterstützung im Sinne des Artikels 12 Absatz 3 UN-BRK verstanden werden, sondern begründet eine verdrängende, die eigenen Entscheidungen des betroffenen Menschen ersetzende Befugnis der gesetzlichen Vertreterin oder des gesetzlichen Vertreters und stellt deshalb einen Eingriff in das Recht auf Handlungsfähigkeit dar.

Für das deutsche Betreuungsrecht, das diese automatische Verknüpfung gerade nicht mehr kennt, ist die Frage jedoch differenzierter zu beantworten. Ob die gesetzliche Vertretung durch die Betreuerin oder den Betreuer nach § 1902 BGB als Unterstützung im Sinne des Artikels 12 Absatz 3 UN-BRK anzusehen ist oder nicht, hängt von dem Zweck ab, für den die Betreuerin oder der Betreuer die Stellvertretung einsetzt. Das gilt nicht nur für die gesetzliche Vertretung durch die Betreuerin oder den Betreuer, sondern ebenso für die gewillkürte Vertretung durch

24 UN-Fachausschuss für die Rechte von Menschen mit Behinderungen (2011a), Ziff. 22- 23 und (2011b), Ziff. 34; Lachwitz (2011), S. 53-54; vgl. auch McSherry / Wilson (2011), S. 573-574.

25 So zum Beispiel Lachwitz (2011), S. 53-54; Buchner (2009), 122.

26 Vgl. Keys (2009); die Beiträge in Löhnig / Schwab / Henrich / Gottwald / Kroppenberg (2011), und die Länderberichte von Röthel in Lipp (2009).

27 § 1903 BGB.

Bevollmächtigte. Obwohl die Bevollmächtigung ein Akt der Selbstbestimmung der Vollmachtgeberin oder des Vollmachtgebers ist, ist die Ausübung der Vollmacht, das heißt die Stellvertretung durch die bevollmächtigte Person, keineswegs immer ein Mittel zur Unterstützung im Sinne des Artikels 12 Absatz 3 UN-BRK. Wie das Beispiel der Unterbringung[28] zeigt, kann auch die Vertretung durch eine bevollmächtigte Person ein Mittel der Fremdbestimmung sein. Auch hier kommt es darauf an, zu welchem Zweck diese Person das Mittel der Stellvertretung einsetzt. Kurz gesagt: Man muss bei Artikel 12 Absatz 3 UN-BRK stets nach der Aufgabe der Vertreterin oder des Vertreters fragen und danach, welche Mittel sie oder er zu welchem Zweck einsetzt.[29]

3. Die Vorgaben des Artikels 12 Absatz 4 UN-BRK

Artikel 12 Absatz 4 UN-BRK enthält Vorgaben, die nicht nur für Eingriffe, sondern für alle staatlichen Maßnahmen betreffend die Ausübung der Rechts- und Handlungsfähigkeit gelten. Sie müssen auf die individuelle Situation zugeschnitten und verhältnismäßig sein, die Rechte, den Willen und die Präferenzen des betroffenen Menschen achten und regelmäßig von einer unabhängigen und unparteiischen Behörde oder einem Gericht überprüft werden. Darüber hinaus sind Sicherungen gegen Interessenkonflikte und Missbrauch vorzusehen.

Der Anwendungsbereich des Artikels 12 Absatz 4 UN-BRK ist demnach sehr weit. Die Vorschrift setzt weder voraus, dass die Rechts- oder Handlungsfähigkeit eingeschränkt wird, noch schließt sie Maßnahmen zur »Unterstützung« im Sinne des Absatz 3 aus. Die Vorschrift umfasst also Eingriffe ebenso wie sonstige Maßnahmen, »die die Ausübung der Rechts- und Handlungsfähigkeit betreffen«, und bezieht auch Unterstützungsmaßnahmen ein[30] – zu Recht, denn selbst eine »Unterstützung« kann über das erforderliche Maß hinausgehen oder den Willen des betroffenen Menschen missachten und dadurch in Fremdbestimmung umschlagen.[31]

Zum Teil wird jedoch vertreten, die Vorschrift beziehe sich nur auf die Unterstützungsmaßnahmen im Sinne des Artikels 12 Absatz 3.[32] Dann würden die Sicherungen des Absatz 4 nur davor schützen, dass die gutgemeinte Unterstützung nicht zur Fremdbestimmung wird. Sie würden aber keinen Schutz vor anderen

28 § 1906 BGB.
29 Näher unten III.2.b.
30 Ebenso Aichele / von Bernstorff (2010), S. 203.
31 Aichele / von Bernstorff (2010), S. 203; vgl. auch Lipp (2008), S. 53-54; Lipp (2000), S. 132-133.
32 Kaleck / Hilbrans / Scharmer (2008), S. 32; Lachwitz (2008), S. 147; unklar Aichele / von Bernstorff (2010), S. 202-203.

Formen der Fremdbestimmung im Bereich der Rechts- und Handlungsfähigkeit bieten. Das wird weder dem Text noch dem Schutzzweck des Artikels 12 Absatz 4 UN-BRK gerecht.

Artikel 12 UN-BRK garantiert im Gegensatz zu Artikel 2 Absatz 1 GG nicht die allgemeine Handlungsfreiheit, sondern die Rechts- und Handlungsfähigkeit. Nur wenn diese eingeschränkt wird, liegt ein Eingriff in Artikel 12 UN-BRK vor. Nicht jede Form der Fremdbestimmung beschränkt jedoch zugleich die Rechts- oder Handlungsfähigkeit des betroffenen Menschen. So ist zum Beispiel die Bestellung einer Betreuerin oder eines Betreuers gegen den Willen des betroffenen Menschen zwar ein Akt der Fremdbestimmung durch das staatliche Gericht und damit ein Eingriff in dessen allgemeine Handlungsfreiheit aus Artikel 2 Absatz 1 GG,[33] aber kein Eingriff in Artikel 12 UN-BRK, weil die Rechts- und Handlungsfähigkeit des betreuten Menschen dadurch nicht beschränkt wird. Würde Artikel 12 Absatz 4 UN-BRK nur derartige Eingriffe in die Rechts- und Handlungsfähigkeit erfassen, nicht aber andere Formen der Einschränkung der Selbstbestimmung, könnten erhebliche Schutzlücken entstehen. Die Vorgaben des Artikels 12 Absatz 4 UN-BRK sind daher, wie es sein Wortlaut auch bestimmt, bei allen Maßnahmen zu beachten, die die Ausübung der Rechts- und Handlungsfähigkeit betreffen.[34]

4. *Eingriffe und ihre Rechtfertigung*

Das Recht auf Anerkennung der gleichen Rechts- und Handlungsfähigkeit enthält sowohl ein Gleichheits- als auch ein Freiheitsrecht.[35] Ein Eingriff in den Schutzbereich des Artikels 12 UN-BRK liegt daher zum einen vor, wenn Behinderte wegen ihrer langfristigen Beeinträchtigung anders behandelt werden als Nichtbehinderte. Ein Eingriff ist aber zum anderen auch dann zu bejahen, wenn die Rechts- oder Handlungsfähigkeit Behinderter eingeschränkt wird.[36]

Derartige Eingriffe sind jedoch nicht per se unzulässig. Artikel 12 UN-BRK ist kein schrankenloses Recht. Nach allgemeinen menschenrechtlichen Grundsätzen kommt es darauf an, ob die Ungleichbehandlung bzw. der Eingriff sachlich gerechtfertigt und verhältnismäßig sind.[37] Artikel 12 Absatz 4 UN-BRK enthält darüber hinaus recht detaillierte Konkretisierungen dieser allgemeinen Vorausset-

33 Zur Zwangsbetreuung als Eingriff in Art. 2 Abs. 1 GG vgl. nur Starck (2010), Art. 2 Abs. 1, Rdnr. 140.

34 Ebenso Bundesverfassungsgericht (BVerfG), Beschluss vom 23.03.2011, Aktenzeichen 2 BvR 882/09, Rdnr. 53; zur Entstehung des Art. 12 Abs. 4 UN-BRK vgl. Dhanda (2007), S. 449-450, 461-462.

35 Oben II.1.

36 Der Eingriff in das Freiheitsrecht wird bei Aichele / von Bernstorff (2010), S. 202, nicht recht deutlich.

37 Aichele / von Bernstorff (2010), S. 202.

zungen und verlangt zudem entsprechende institutionelle und verfahrensmäßige Sicherungen.

Wie gezeigt, sind Unterstützungsmaßnahmen im Sinne des Artikels 12 Absatz 3 UN-BRK keine Eingriffe in das Recht auf Rechts- und Handlungsfähigkeit.[38] Allerdings ist Artikel 12 Absatz 3 UN-BRK seinerseits Ausdruck des Verhältnismäßigkeitsprinzips; seine Wertung ist daher im Rahmen der Prüfung der Verhältnismäßigkeit eines Eingriffs zu beachten. Auch bei Eingriffen in das Recht auf Handlungsfähigkeit gilt daher der Vorrang der Unterstützung vor der ersetzenden Entscheidung.[39]

5. Fazit: Die Vorgaben des Artikels 12 UN-BRK für den Erwachsenenschutz

Im Ergebnis unterliegen Beschränkungen der Rechts- oder Handlungsfähigkeit als Eingriffe in Artikel 12 UN-BRK und andere Maßnahmen betreffend die Ausübung der Rechts- und Handlungsfähigkeit (einschließlich der Unterstützungsmaßnahmen im Sinne des Artikels 12 Absatz 3 UN-BRK) praktisch denselben Anforderungen:

- Sie sind am Diskriminierungsverbot des Artikels 12 Absatz 1 und 2 UN-BRK zu messen.
- Sie müssen den Vorgaben von Artikel 12 Absatz 4 UN-BRK genügen.
- Sie müssen den Vorrang der Unterstützung vor der ersetzenden Entscheidung beachten (arg. Artikel 12 Absatz 3 UN-BRK).
- Sie müssen dem allgemeinen Verhältnismäßigkeitsgrundsatz genügen.

III. Betreuung und gesetzliche Vertretung

1. Funktion und Ausgestaltung der Betreuung

Eine Betreuerin oder ein Betreuer wird vom Betreuungsgericht bestellt, wenn ein Mensch infolge einer psychischen Krankheit oder einer körperlichen, geistigen oder seelischen Behinderung nicht mehr in der Lage ist, seine eigenen rechtlichen Angelegenheiten zu besorgen[40] und eine Betreuerin oder ein Betreuer als gesetzliche Vertreterin bzw. gesetzlicher Vertreter erforderlich ist.[41] Eine Bestellung gegen den Willen des betroffenen Menschen ist nur zulässig, wenn dessen Wille nicht

38 Dazu oben II.2.
39 Aichele / von Bernstorff (2010), S. 203.
40 § 1896 Abs. 1 S. 1 BGB.
41 §§ 1896 Abs. 2 S. 2, 1902 BGB.

frei, das heißt seine Eigenverantwortlichkeit ausgeschlossen ist.[42] Im Gegensatz zur Entmündigung[43] oder der Anordnung einer Zwangspflegschaft[44] nach dem bis Ende 1991 geltenden Recht beschränkt die Bestellung einer Betreuerin oder eines Betreuers den betreuten Menschen nicht in seiner rechtlichen Handlungsfähigkeit.[45] Diese kann nur nach Maßgabe des § 1903 BGB eingeschränkt werden.[46] Der Einwilligungsvorbehalt betrifft aber von vorneherein nur die Geschäftsfähigkeit, das heißt die Handlungsfähigkeit im Bereich des Vermögensrechts, nicht aber die Handlungsfähigkeit für andere Bereiche wie zum Beispiel die Einwilligungsfähigkeit, Deliktsfähigkeit, Ehegeschäftsfähigkeit usw.

Die Betreuerin oder der Betreuer darf nur in dem jeweils erforderlichen Umfang für bestimmte Aufgabenkreise bestellt werden.[47] Sie oder er ist in ihrem oder seinem Aufgabenkreis gesetzliche Vertreterin bzw. gesetzlicher Vertreter des betreuten Menschen.[48] Sie oder er darf dort jedoch nur insoweit tätig werden, als es in der konkreten Situation erforderlich ist.[49] Dieser Erforderlichkeitsgrundsatz für das Handeln der Betreuerin oder des Betreuers wird freilich häufig übersehen, sowohl in der Praxis als auch in der einschlägigen Fachliteratur.[50] Nimmt man ihn – und das Gesetz – ernst, folgt hieraus der Vorrang der Unterstützung bei der eigenen Entscheidung des betreuten Menschen vor dem stellvertretenden Handeln der Betreuerin oder des Betreuers.[51]

Darüber hinaus ist die Betreuerin oder der Betreuer auf das subjektive Wohl des betreuten Menschen verpflichtet und muss den Wünschen des betreuten Menschen entsprechen, soweit dies dessen Wohl nicht zuwiderläuft und der Betreuerin bzw. dem Betreuer zuzumuten ist.[52] Entsprechendes gilt für die Gesundheitssorge.[53]

Der Vorrang der Unterstützung vor der Stellvertretung und die Verpflichtung auf die Wünsche und das subjektive Wohl des betreuten Menschen stellen nicht lediglich einen ethischen Appell oder Leitlinien für gute Betreuungsarbeit dar, sondern sind konkrete, gesetzlich verankerte Rechtspflichten! Sie sind von Be-

42 § 1896 Abs. 1a BGB; dazu Knittel / Seitz (2007); Lipp (2008), 54; Bienwald (2011), § 1896, Rdnr. 55-58; Knittel (2011), § 1896, Rdnr. 98-114; Schwab (2012), § 1896, Rdnr. 20-22.

43 §§ 6 Abs. 1 Nr. 1, 104 Nr. 3 bzw. §§ 6 Abs. 1 Nr. 1-3, 114 BGB in der bis Ende 1991 gültigen Fassung.

44 Vgl. Bundesgerichtshof, Beschluss vom 22.03.1961, Aktenzeichen IV ZB 308/60; Beschluss vom 28.04.1967, Aktenzeichen IV ZB 448/66; Beschluss vom 25.01.1978, Aktenzeichen IV ZB 9/76.

45 Knittel (2011), § 1902, Rdnr. 36-38; Schwab (2012), § 1902, Rdnr. 7.

46 Dazu unten IV.

47 § 1896 Abs. 2 S. 1 BGB.

48 § 1902 BGB.

49 § 1901 Abs. 1 BGB; dazu Schwab (2012), § 1901, Rdnr. 5; Jürgens (2010), § 1901, Rdnr. 3.

50 Vgl. nur die Kommentierungen zu § 1901 BGB von Diederichsen (2012); Knittel (2011); Bienwald (2011); Damrau / Zimmermann (2011); Roth (2011); Heitmann (2010).

51 Lipp (2008), S. 53.

52 § 1901 Abs. 2-3 BGB; zum Verhältnis von Wunsch und Wohl Brosey in diesem Band.

53 § 1901a BGB.

treuerinnen und Betreuern ebenso zu beachten wie vom Betreuungsgericht und von der Betreuungsbehörde in ihren jeweiligen Aufgabenbereichen.

Aufgabe der Betreuung als staatliche Rechtsfürsorge für Erwachsene[54] ist die Sicherung und Verwirklichung des Selbstbestimmungsrechts des betreuten Menschen. Sie umfasst die Unterstützung und Hilfe zur Kompensation der faktisch bestehenden Hindernisse bei der Ausübung der rechtlichen Handlungsfähigkeit und den Schutz des betroffenen Menschen vor einer Selbstschädigung.[55] Die Betreuung dient weder dazu, den betreuten Menschen zu erziehen oder zu bessern,[56] noch dem Schutz Dritter oder der Allgemeinheit. Auch die zu Unrecht so genannte Betreuung im Drittinteresse besteht allein zum Wohl des betreuten Menschen, um seine Teilnahme am Rechtsverkehr zu ermöglichen.[57]

2. *Betreuung und Artikel 12 UN-BRK*

a) Betreuung und Diskriminierungsverbot

Eine von Artikel 12 Absatz 1 und 2 UN-BRK verbotene Diskriminierung setzt voraus, dass behinderte Menschen anders behandelt werden als nicht behinderte und dass diese Ungleichbehandlung nicht gerechtfertigt ist.

Die Rechtsfürsorge für Erwachsene durch die rechtliche Betreuung steht Menschen mit und ohne »Behinderung« im Sinne der UN-BRK zur Verfügung. Die Bestellung einer Betreuerin bzw. eines Betreuers setzt neben einer Krankheit oder Behinderung auch voraus, dass der betroffene Mensch wegen seines Zustandes nicht in der Lage ist, seine Angelegenheiten selbst zu besorgen, und dass keine anderen Hilfen zur Verfügung stehen.[58] Die Betreuung bedeutet daher jedenfalls keine direkte rechtliche Ungleichbehandlung behinderter Menschen.

Im Zusammenhang der Unterbringung und Zwangsbehandlung wird allerdings argumentiert, eine Ungleichbehandlung liege bereits darin, dass das Gesetz überhaupt an die Behinderung anknüpfe. Für eine Ungleichbehandlung genüge es, dass die Behinderung eine von mehreren Voraussetzungen für die Unterbringung oder Zwangsbehandlung sei.[59] Dann würde auch § 1896 Absatz 1 BGB behinderte

54 Deutscher Bundestag (1997), S. 33; Lipp (2005); Knittel (2011), § 1901, Rdnr. 25; Schwab (2012), § 1901, Rdnr. 5-6.
55 Lipp (2000), S. 40-60, 75-111; Lipp (2008), 52.
56 Vgl. nur BVerfG, Beschluss vom 07.10.1981, Aktenzeichen 2 BvR 1194/80; Beschluss vom 23.03.1998, Aktenzeichen 2 BvR 2270/96.
57 Schwab (2012), § 1896, Rdnr. 22; Lipp (2000), S. 54.
58 § 1896 Abs. 1 und 2 BGB.
59 Kaleck / Hilbrans / Scharmer (2008), S. 23, 43.

Menschen anders behandeln als nicht behinderte. Ob diese Ansicht zutrifft, erscheint jedoch zweifelhaft.[60]

Unterstellt man einmal, dass es bereits eine Ungleichbehandlung darstellt, wenn die Behinderung nach dem Gesetz eine von mehreren Voraussetzungen für die Bestellung einer Betreuerin bzw. eines Betreuers ist, liegt darin allerdings nicht schon eine nach Artikel 12 UN-BRK verbotene Diskriminierung. Entscheidend ist vielmehr, ob die Unterbringung bzw. die Bestellung einer Betreuerin oder eines Betreuers wegen der Behinderung erfolgen, mit anderen Worten: ob eine diskriminierende Sonderregelung für Behinderte vorliegt. Die Betreuung ist jedoch kein Sonderrecht für Behinderte, sondern Rechtsfürsorge für Menschen, deren Fähigkeit zur Eigenverantwortung eingeschränkt ist und die deshalb ihre Angelegenheiten nicht selbst oder mittels anderer Hilfe besorgen können. Das Gesetz knüpft aus den folgenden Gründen an die Krankheit oder die Behinderung an:

Zum einen ist die eingeschränkte Eigenverantwortlichkeit des betroffenen Menschen Grundlage und Voraussetzung für die Einrichtung einer Betreuung.[61] Mit Krankheit oder Behinderung umschreibt das Gesetz die von der oder dem medizinischen Sachverständigen zu diagnostizierenden Gründe für die eingeschränkte Eigenverantwortlichkeit. Die doppelte Voraussetzung des § 1896 Absatz 1 BGB, dass der betroffene Mensch seine Angelegenheiten nicht besorgen kann, weil seine Eigenverantwortlichkeit aufgrund einer vom medizinischen Sachverständigen festgestellten Krankheit oder Behinderung eingeschränkt ist, dient dem Schutz des Selbstbestimmungsrechts des betroffenen Menschen. Deshalb darf gegen seinen freien Willen keine Betreuung eingerichtet werden.[62] Insofern bildet die Anknüpfung an die Krankheit oder Behinderung in § 1896 Absatz 1 BGB keinen Grund für die Bestellung einer Betreuerin bzw. eines Betreuers, sondern beschränkt sie. Darin liegt keine Diskriminierung Behinderter.[63]

Zum anderen hat die Betreuung die Aufgabe, die durch die Krankheit oder Behinderung entstehende faktische Ungleichheit bei der Ausübung der rechtlichen Handlungsfähigkeit auszugleichen und das Gebot der Gleichbehandlung behinderter Menschen bei der Rechts- und Handlungsfähigkeit zu verwirklichen.[64] In ihrer Funktion entspricht die Anknüpfung des Betreuungsrechts an die Krankheit oder Behinderung des betroffenen Menschen der Beschreibung des Anwendungsbereichs der UN-BRK in deren Artikel 1 (»langfristige körperliche, seelische, geis-

60 Für die Unterbringung ebenso König (2009), S. 107-108; Marschner (2009), S. 136; Olzen (2009), S. 7-10.

61 Ebenso BVerfG, Beschluss vom 23.03.2011, Aktenzeichen 2 BvR 882/09, Rdnr. 53 und die in Fußnote 60 Genannten; ausführlich Lipp (2000), S. 73-74.

62 § 1896 Abs. 1a BGB.

63 Marschner (2009), S. 137.

64 Lipp (2000), S. 48-54; vgl. auch (bezogen auf die ärztliche Behandlung) Richardson (2011), S. 155.

tige oder Sinnesbeeinträchtigungen«). Die Regelungen der UN-BRK gelten nur für behinderte Menschen und behandeln sie insofern anders als nicht behinderte Menschen. Ihr Zweck liegt jedoch gerade darin, ihre Gleichbehandlung zu gewährleisten. Entsprechendes gilt für die Betreuung und ihre gesetzlichen Voraussetzungen bzw. für andere betreuungsrechtliche Regelungen, die an die fehlende Eigenverantwortlichkeit des betroffenen Menschen aufgrund einer Krankheit oder Behinderung anknüpfen, wie zum Beispiel für den Einwilligungsvorbehalt.[65] In allen diesen Fällen liegt darin keine Diskriminierung behinderter Menschen.

b) Betreuung und gesetzliche Vertretung als Unterstützung im Sinne des Artikels 12 Absatz 3 UN-BRK?

Die Betreuung ist stets mit der gesetzlichen Vertretung des betreuten Menschen durch die Betreuerin oder den Betreuer verbunden.[66] In der Diskussion wird teilweise die Ansicht vertreten, dies widerspreche Artikel 12 UN-BRK.[67] Bei näherer Betrachtung ist damit allerdings etwas anderes gemeint: Die gesetzliche Vertretung sei keine »Unterstützung« im Sinne des Artikels 12 Absatz 3 UN-BRK.[68] Das betrifft sowohl die Tätigkeit der Betreuerin oder des Betreuers als gesetzliche Vertreterin oder gesetzlicher Vertreter im konkreten Einzelfall, wegen § 1902 BGB aber auch die Betreuung insgesamt.

Unterstützung im Sinne von Artikel 12 Absatz 3 UN-BRK muss Hilfe zur Selbstbestimmung des betroffenen Menschen sein; Maßnahmen, die mit einer Fremdbestimmung verbunden sind, sind keine Unterstützung.[69] Für das Verständnis der »Unterstützung« in Artikel 12 Absatz 3 UN-BRK folgt daraus dreierlei: Benötigt der betroffene Mensch Hilfe, kann aber noch selbst rechtlich handeln, ist »Unterstützung« durch Beratung und Begleitung geboten. Ist der betroffene Mensch nicht mehr in der Lage, selbst rechtlich zu handeln, ist aber sein individueller Wille erkennbar, muss dieser Wille durch die »Unterstützung« zum Ausdruck gebracht und rechtlich um- und durchgesetzt werden. Falls er keinen derartigen Willen äußern kann bzw. dieser nicht bekannt ist, muss die gebotene Unterstützung darin bestehen, so zu handeln, wie der betroffene Mensch in dieser Situation selbst gehandelt hätte.[70]

Will man die Frage beantworten, wie die gesetzliche Vertretung durch die Betreuerin oder den Betreuer hier einzuordnen ist, muss man zunächst beachten, dass

65 § 1903 BGB, dazu unten IV.
66 § 1902 BGB.
67 Lachwitz (2011), S. 53; für das österreichische Recht ebenso Buchner (2009), S. 122.
68 Vgl. Lachwitz (2011), S. 55 und vor allem Lachwitz (2008), S. 147-148.
69 Dazu oben II.2.
70 Ähnlich Aichele / von Bernstorff (2010), S. 202; Rothfritz (2010), S. 371-373.

die gesetzliche Vertretung im deutschen Betreuungsrecht im Gegensatz zum weltweit vorherrschenden Modell nicht mehr die Kehrseite der Entmündigung ist. Sie ist vielmehr ein Mittel, mit dessen Hilfe die Betreuerin bzw. der Betreuer ihre bzw. seine Aufgabe erfüllt. Für die Qualifikation als »Unterstützung« oder Fremdbestimmung kommt es deshalb darauf an, zu welchem Zweck die Betreuerin oder der Betreuer bestellt wird und mit welchem Ziel sie oder er das Mittel der gesetzlichen Vertretung im konkreten Einzelfall einsetzt.[71] Dienen die Bestellung bzw. die Tätigkeit im Einzelfall dazu, dem betreuten Menschen zur gleichberechtigten Ausübung der rechtlichen Handlungsfähigkeit zu verhelfen, weil dieser selbst nicht rechtlich handeln kann, sind sie Maßnahmen zur Unterstützung des Betroffenen bei der Ausübung seines Rechts auf Handlungsfähigkeit.[72] Dienen sie dem Schutz des betreuten Menschen davor, sich selbst zu schädigen, sind sie Fremdbestimmung und daher keine Unterstützung.[73] Entscheidend sind daher letztlich die Vorgaben des Betreuungsrechts für die Bestellung einer Betreuerin oder eines Betreuers und für deren bzw. dessen Tätigkeit.

Aufgaben der Betreuung und der Betreuerin oder des Betreuers sind die Unterstützung des betreuten Menschen bei der Ausübung der rechtlichen Handlungsfähigkeit und sein Schutz vor einer Selbstschädigung, nicht aber der Schutz Dritter oder der Allgemeinheit.[74] Eine Betreuerin bzw. einen Betreuer darf das Betreuungsgericht unter anderem nur bestellen, wenn eine gesetzliche Vertretung erforderlich ist. Der Grundsatz der Erforderlichkeit[75] führt deshalb zur Subsidiarität der Betreuung gegenüber anderen Unterstützungsformen wie zum Beispiel der privatrechtlich organisierten Vorsorgevollmacht oder der tatsächlichen Unterstützung von privater Seite oder durch Behörden und Sozialleistungsträger.[76] Nur wenn dadurch die Angelegenheiten des betroffenen Menschen nicht wahrgenommen werden können, darf unter Beachtung des Willens und der Präferenzen des betroffenen Menschen eine Betreuerin oder ein Betreuer bestellt werden.[77]

Die Aufgabe der Betreuung, das heißt die Rechtsfürsorge für den betreuten Menschen, den Grundsatz der Erforderlichkeit und den Vorrang der Selbstbestimmung hat auch die betreuende Person bei ihrer Tätigkeit im Allgemeinen und insbesondere bei der Wahl der Mittel zu beachten, mit denen sie ihre Aufgaben im konkreten Einzelfall erfüllt.[78] Zunächst hat sie zu fragen, ob ihr Handeln zur

71 Oben II.2.
72 Vgl. Bienwald (2011), § 1901, Rdnr. 5.
73 Da sie die rechtliche Handlungsfähigkeit des Betreuten unberührt lassen, sind sie allerdings, wie dargelegt, keine Eingriffe (dazu oben II.2.b.).
74 Oben III.1.
75 § 1896 Abs. 2 und 3 BGB.
76 Diekmann (2011); Jürgens (2010), § 1896, Rdnr. 18-20; 21-22; Knittel (2011), § 1896, Rdnr. 117-149; Roth (2011), § 1896, Rdnr. 37-41.
77 §§ 1896 Abs. 1a, 1897 Abs. 4 BGB.
78 Lipp (2005), S. 8-9.

Rechtsfürsorge gehört, ob es erforderlich ist, und wenn ja, mit welchem Mittel diese Aufgabe zu erfüllen ist.[79] Als Mittel stehen ihr die Beratung und Unterstützung des betreuten Menschen zur Verfügung mit dem Ziel, diesen zu eigenem Handeln zu aktivieren. Erst wenn diese schwachen Formen der Rechtsfürsorge nicht genügen und die Stellvertretung erforderlich wird, darf die betreuende Person in Stellvertretung tätig werden.[80] Freilich wird häufig übersehen, dass der Grundsatz der Erforderlichkeit nach § 1901 Absatz 1 BGB auch für das Handeln der Betreuerin oder des Betreuers gilt.[81] Nimmt man jedoch das Gesetz ernst, folgt hieraus der Vorrang der Unterstützung bei der eigenen Entscheidung des betreuten Menschen vor dem Handeln der Betreuerin oder des Betreuers als Stellvertreterin bzw. Stellvertreter.[82] Den Vorrang der Selbstbestimmung normieren die §§ 1901 Absatz 3, 1901a BGB. Sie verpflichten die Betreuerin bzw. den Betreuer, die Wünsche des betreuten Menschen bzw. seine Patientenverfügung zu befolgen.

Setzt die Betreuerin oder der Betreuer in Erfüllung dieser Pflicht die gesetzliche Vertretung als Mittel ein, weil der betreute Mensch selbst nicht mehr rechtlich handeln kann und die Vertretung deshalb erforderlich ist, ist diese gesetzliche Vertretung als »Unterstützung« im Sinne des Artikels 12 Absatz 3 UN-BRK zu qualifizieren.[83] Dementsprechend ist auch die Bestellung einer Betreuerin oder eines Betreuers durch das Betreuungsgericht zu diesem Zweck eine Maßnahme zur »Unterstützung« des Betroffenen.[84]

Das Betreuungsgericht kann jedoch zum Schutz des betroffenen Menschen unter bestimmten Voraussetzungen eine Betreuerin oder einen Betreuer gegen dessen Willen bestellen,[85] und die Betreuerin bzw. der Betreuer ist befugt, zum Schutz des betreuten Menschen vor einer Selbstschädigung auch gegen dessen Wunsch zu handeln.[86] Zwar wird gesetzliche Vertretung durch die Betreuerin bzw. den Betreuer zum Schutz des betroffenen Menschen vor einer Selbstschädigung eingesetzt und nicht etwa zum Schutz Dritter. Doch wird sie in diesem Fall zweifellos ein Instrument der Fremdbestimmung. Die Bestellung einer Betreuerin bzw. eines Be-

79 § 1901 Abs. 1 BGB.
80 Lipp (2008), S. 53.
81 Vgl. nur die Kommentierungen zu § 1901 BGB von Diederichsen (2012); Knittel (2011); Bienwald (2011); Damrau / Zimmermann (2011); Roth (2011); Heitmann (2010).
82 Lipp (2008), S. 53.
83 Vgl. auch Bienwald (2011), § 1901, Rdnr. 5. So im Ergebnis auch die in Fußnote 84 Genannten, die freilich nicht zwischen der Bestellung einer Betreuerin bzw. eines Betreuers und deren bzw. dessen Tätigkeit im konkreten Einzelfall unterscheiden.
84 Rothfritz (2010), S. 372-373; Schulte (2011), 47; Aichele / von Bernstorff (2010), S. 202; für das österreichische Recht Ganner / Barth (2010b), S. 206.
85 Vgl. § 1896 Abs. 1a BGB.
86 § 1901 Abs. 3 S. 1 BGB.

treuers ist daher stets beides: Hilfe zur Selbstbestimmung und potentielle Fremdbestimmung.[87]

Wie bereits dargelegt, gelten deshalb die Vorgaben des Artikels 12 Absatz 4 UN-BRK für alle Maßnahmen betreffend die Ausübung der Rechts- und Handlungsfähigkeit, einschließlich der Unterstützung im Sinne des Artikels 12 Absatz 3 UN-BRK.[88] Das Betreuungsrecht enthält entsprechende Sicherungen in Gestalt materiell- und verfahrensrechtlicher Vorgaben für die Bestellung einer Betreuerin bzw. eines Betreuers, die Bindung an den Willen und die Präferenzen des betreuten Menschen,[89] die Beschränkungen der gesetzlichen Vertretungsmacht durch Ausschluss und Genehmigungserfordernisse,[90] die gerichtliche Aufsicht und Kontrolle[91] und die regelmäßige Überprüfung der Erforderlichkeit der Betreuung.[92]

Die Regelungen des Betreuungsrechts zur Bestellung einer Betreuerin oder eines Betreuers und zur Tätigkeit der Betreuerin bzw. des Betreuers im Einzelfall entsprechen insoweit den Vorgaben des Artikels 12 Absatz 4 UN-BRK und beachten insbesondere den Vorrang der Unterstützung vor der ersetzenden Entscheidung (Artikel 12 Absatz 3 UN-BRK).[93]

c) Betreuung und gesetzliche Vertretung als Eingriff in Artikel 12 UN-BRK?

Verfassungsrechtlich gilt die Bestellung einer Betreuerin bzw. eines Betreuers stets als Eingriff in die allgemeine Handlungsfreiheit des Betreuten, weil die Betreuerin oder der Betreuer die Befugnis hat, gegebenenfalls gegen den Willen des betreuten Menschen zu handeln.[94] Für Artikel 12 UN-BRK ist demgegenüber entscheidend, dass die Rechts- und Handlungsfähigkeit des Betreuten bei der Bestellung einer Betreuerin oder eines Betreuers unberührt bleibt. Diese Bestellung kann deshalb kaum als Eingriff in Artikel 12 UN-BRK qualifiziert werden.[95]

87 Lipp (2000), S. 125-140; Lipp (2008), S. 53; vgl. auch BVerfG, Beschluss vom 10.10.2008, Aktenzeichen 1 BvR 1415/08.

88 Oben II.3.

89 §§ 1896 Abs. 1a, 1897 Abs. 4 bzw. §§ 1901 Abs. 2 und 3, 1901a BGB.

90 §§ 1904 ff. und § 1908i BGB.

91 §§ 1908i Abs. 1, 1837 ff. BGB.

92 §§ 1901 Abs. 4 und 5, 1908d BGB, § 286 Abs. 3 des Gesetzes über das Verfahren in Familiensachen und in den Angelegenheiten der freiwilligen Gerichtsbarkeit (FamFG).

93 Rothfritz (2010), S. 372-373; Schulte (2011), 47; für das österreichische Recht Ganner / Barth (2010b), S. 206; im Grundsatz ebenso Lachwitz (2008), S. 148; Aichele / von Bernstorff (2010), S. 202.

94 § 1901 Abs. 3 S. 1 BGB. Vgl. nur BVerfG, Beschluss vom 10.10.2008, Aktenzeichen 1 BvR 1415/08; Starck (2010), Art. 2 Abs. 1, Rdnr. 140; Lipp (2010b), S. 389; Spickhoff (2008), S. 353.

95 Das übersieht Lachwitz (2011), S. 54.

Selbst wenn man – entgegen der hier vertretenen Auffassung – die Bestellung einer Betreuerin oder eines Betreuers als Eingriff in Artikel 12 UN-BRK ansehen wollte, würde die Betreuung mit der Hilfe zur Selbstbestimmung und dem Schutz vor einer Selbstschädigung legitime Ziele verfolgen, die den Eingriff in Artikel 12 UN-BRK rechtfertigen können.[96] Entscheidend ist auch dann, ob die Regelungen des Betreuungsrechts insoweit den Vorgaben des Artikels 12 Absatz 4 UN-BRK entsprechen und den Vorrang der Unterstützung vor der ersetzenden Entscheidung (arg. Artikel 12 Absatz 3 UN-BRK) beachten. Wie eben gezeigt,[97] ist das der Fall.

d) Fazit: Betreuung und Artikel 12 UN-BRK

Unabhängig von der Antwort auf die Frage nach dem Eingriffscharakter der Betreuung unterliegt sie in jedem Fall den Anforderungen des Artikels 12 Absatz 3 und 4 UN-BRK. Wie bereits dargelegt, enthält das Betreuungsrecht entsprechende Vorgaben und Sicherungen.[98] Die Betreuung als Rechtsinstitut entspricht demnach den Vorgaben des Artikels 12 UN-BRK. Wie es mit der Umsetzung der Vorgaben des Betreuungsrechts in der Praxis bestellt ist, steht indes auf einem anderen Blatt.

IV. Beschränkung der Geschäftsfähigkeit durch einen Einwilligungsvorbehalt

1. Anordnung eines Einwilligungsvorbehalts durch das Betreuungsgericht

Die Anordnung eines Einwilligungsvorbehalts durch das Betreuungsgericht nach § 1903 BGB beschränkt die Geschäftsfähigkeit des betreuten Menschen. Dies ist zweifellos ein Eingriff in das Recht auf Handlungsfähigkeit aus Artikel 12 UN-BRK.[99] Die Beschränkung der Geschäftsfähigkeit dient jedoch dem Schutz des betreuten Menschen und verfolgt damit ein legitimes Ziel.[100]

Die Anordnung eines Einwilligungsvorbehalts setzt voraus, dass der betreute Mensch nicht eigenverantwortlich handeln kann, daraus eine erhebliche Gefahr für seine Person oder Vermögen entsteht und der Einwilligungsvorbehalt zur Abwehr dieser Gefahr geeignet und erforderlich ist. Er erfasst nur die Geschäftsfähigkeit,[101] das heißt nur den Vermögensbereich, nicht aber die anderen Bereiche der

96 Lachwitz (2008), S. 148.
97 Oben III.2.b.
98 Oben III.2.b.
99 Lachwitz (2008), S. 148; Lachwitz (2011), S. 54.
100 Oben III.2.c.
101 Vgl. § 1903 Abs. 2 BGB.

rechtlichen Handlungsfähigkeit,[102] und ist auch in seinem Umfang auf das erforderliche Maß zu beschränken,[103] wobei § 1903 Absatz 3 BGB eine gewisse Vorstrukturierung leistet. Für die Anordnung eines Einwilligungsvorbehalts gelten im Grundsatz dieselben Verfahrensgarantien wie für die Bestellung einer Betreuerin oder eines Betreuers.[104]

Es stellt keine Diskriminierung dar, wenn der Einwilligungsvorbehalt unter anderem die fehlende Eigenverantwortlichkeit aufgrund einer Krankheit oder Behinderung voraussetzt.[105] Die materiell-rechtlichen und verfahrensmäßigen Voraussetzungen für die Anordnung eines Einwilligungsvorbehalts genügen auch den Anforderungen des Artikels 12 UN-BRK an einen derartigen Eingriff in die Handlungsfähigkeit.[106]

Im Jahr 2010 wurde nur in 5,92 % der Betreuungen auch ein Einwilligungsvorbehalt angeordnet.[107] Das ist ein deutlicher Hinweis darauf, dass die rechtlichen Schranken, die das Betreuungsrecht für die Beschränkung der Geschäftsfähigkeit enthält, auch tatsächlich beachtet werden.

2. *Ausübung der Befugnisse durch die Betreuerin oder den Betreuer*

Näherer Betrachtung im Hinblick auf die Vorgaben des Artikels 12 Absatz 4 UN-BRK bedürfen jedoch die Regelungen für die Ausübung der mit dem Einwilligungsvorbehalt verbundenen Befugnisse der Betreuerin bzw. des Betreuers. Die betreuungsrechtlichen Vorgaben sind recht unklar, denn der gesetzliche Verweis auf das Minderjährigenrecht in § 1903 Absatz 1 S. 2 BGB gibt dafür nichts her.[108] Das erscheint im Hinblick auf Artikel 12 Absatz 4 UN-BRK problematisch, der unter anderem die Achtung des Willens und der Präferenzen des betreuten Menschen gebietet und verlangt, dass die Maßnahmen geeignet, erforderlich und verhältnismäßig sind.

Man wird Artikel 12 Absatz 4 UN-BRK und dem Vorrang der Unterstützung vor der ersetzenden Entscheidung (arg. Artikel 12 Absatz 3 UN-BRK) nur gerecht, wenn man die Grundsatznorm des § 1901 BGB für die Tätigkeit des Betreuers auch im Rahmen des Einwilligungsvorbehaltes in vollem Umfang anwendet, insbeson-

102 Vgl. Schwab (2012), § 1903, Rdnr. 22-25; Knittel (2011), § 1903, Rdnr. 52-59.
103 Knittel (2011), § 1903, Rdnr. 40-41; Schwab (2012), § 1903, Rdnr. 14-16.
104 Vgl. §§ 271 ff. FamFG.
105 Oben III.2.a.
106 Ebenso Lachwitz (2008), S. 148; anders jetzt aber wohl Lachwitz (2011), S. 54; unklar Schulte (2011), S. 47-48.
107 Deinert (2011), S. 249.
108 Vgl. nur Heitmann (2010), § 1903, Rdnr. 23; Schwab (2012), § 1903, Rdnr. 52-58; Knittel (2011), § 1903, Rdnr. 50-51.

dere auch den Erforderlichkeitsgrundsatz[109] und die Wunschbefolgungspflicht.[110] Das entspricht zwar der Systematik des Gesetzes, wird aber vielfach übersehen mit der Folge, dass zum Beispiel eine generelle Einwilligung für gänzlich unzulässig oder jedenfalls pflichtwidrig gehalten wird.[111] Dadurch verwehrt es die herrschende Meinung der Betreuerin oder dem Betreuer zum Beispiel, die Wirkung des Einwilligungsvorbehalts auf die im konkreten Fall gebotene Möglichkeit zur schnellen Intervention bei einer konkreten Gefahr zu beschränken, indem die Betreuerin oder der Betreuer dem betreuten Menschen eine auf die individuellen Verhältnisse zugeschnittene Generaleinwilligung erteilt, die sie oder er im Falle einer konkreten Gefahr ändern oder widerrufen kann. Man kann diese Aufgabe auch nicht dem Betreuungsgericht zuweisen. Das Gericht kann den Umfang des Einwilligungsvorbehalts nur generell und für die Zukunft regeln, aber keine kurzfristige Krisenintervention leisten.

Die Missachtung des Erforderlichkeitsgrundsatzes und der Wunschbefolgungspflicht im Rahmen des Einwilligungsvorbehalts verstößt nicht nur gegen das Betreuungsrecht,[112] sondern verletzt auch den Vorrang der Unterstützung vor einer ersetzenden Entscheidung und den Primat der Wünsche des betreuten Menschen und damit die Anforderungen der Artikel 12 Absatz 3 und 4 UN-BRK. Artikel 12 Absatz 3 und 4 UN-BRK verlangen daher, die Grundsätze des § 1901 BGB auch im Rahmen eines Einwilligungsvorbehalts uneingeschränkt zu beachten. Sie dürfen auch nicht mit vagen und sachlich unberechtigten Hinweisen auf die Haftung der Betreuerin bzw. des Betreuers relativiert werden.[113]

V. Bemerkungen zum österreichischen Erwachsenenschutzrecht

1. Grundstruktur der Sachwalterschaft

Für Österreich ist zunächst festzustellen, dass die Sachwalterschaft ebenfalls der Rechtsfürsorge für den betroffenen Menschen dient und nicht dem Schutz Dritter.[114] Das österreichische Recht enthält darüber hinaus den Erforderlichkeitsgrundsatz und den Primat der Selbstbestimmung sowie den Vorrang der Vorsorgevollmacht und anderer Hilfen vor der Bestellung einer Sachwalterin oder eines

109 § 1901 Abs. 1 BGB.
110 § 1901 Abs. 3 S. 1 BGB.
111 Unzulässig: Bienwald (2006), § 1906, Rdnr. 67; pflichtwidrig: Bauer / Walther (2011), § 1903, Rdnr. 73; Schwab (2012), § 1903, Rdnr. 52.
112 Brosey (2009), S. 30-39; zustimmend Jürgens (2010), § 1903, Rdnr. 13 (jedoch mit Einschränkung bei Rdnr. 14).
113 Vgl. die Nachweise in Fußnote 111.
114 Ganner (2007), S. 239.

Sachwalters und die gebotenen Sicherungen. Daher sind die Sachwalterschaft und die gesetzliche Vertretung durch den Sachwalter ebenso mit der UN-BRK vereinbar wie die deutsche Betreuung.[115]

2. *Beschränkung der Geschäftsfähigkeit*

Problematisch ist jedoch die automatische Beschränkung der Geschäftsfähigkeit in Vermögensangelegenheiten. Sie ist ein Eingriff in Artikel 12 UN-BRK (vergleiche insbesondere Artikel 12 Absatz 5 UN-BRK) und muss den dafür geltenden Anforderungen genügen, insbesondere denen des Artikels 12 Absatz 4 UN-BRK, also sich insbesondere auf das im jeweiligen Fall erforderliche Maß beschränken.[116]

Die Geschäftsfähigkeit in Vermögensangelegenheiten wird kraft Gesetzes für alle Angelegenheiten beschränkt, auf die sich die Sachwalterschaft erstreckt.[117] Sie ist gerade nicht auf das Schutzbedürfnis im jeweiligen Einzelfall abgestimmt und geht als schematische Regel in vielen Fällen über das erforderliche Maß hinaus.

In Deutschland wird ein Einwilligungsvorbehalt äußerst selten angeordnet.[118] Offensichtlich ist die Beschränkung der Geschäftsfähigkeit daher zum Schutz des betroffenen Menschen nicht immer schon dann notwendig, wenn eine gesetzliche Vertreterin oder ein gesetzlicher Vertreter bestellt werden muss, sondern nur in ganz wenigen Fällen. Als Schutzmaßnahme zugunsten des betroffenen Menschen lässt sich die automatische Beschränkung der Geschäftsfähigkeit daher nur schwer rechtfertigen.[119]

Die Beschränkung der Geschäftsfähigkeit könnte jedoch mit einem anderen Ziel gerechtfertigt werden, nämlich mit dem Schutz des Rechtsverkehrs und dessen Interesse an einer gerichtlichen Entscheidung, die den Status des betroffenen Menschen generell und konstitutiv festlegt. Der Schutz Dritter kann die Einschränkung der Handlungsfähigkeit prinzipiell durchaus rechtfertigen. Fraglich erscheint aber, ob die automatische Beschränkung der Geschäftsfähigkeit tatsächlich erforderlich ist. In Deutschland gibt es keine derartige Regelung zum Schutz des Rechtsverkehrs; soweit ersichtlich, sind dadurch besondere Probleme nicht entstanden.

Die automatische Beschränkung der Geschäftsfähigkeit ist daher problematisch. Ob die entsprechende Regelung mit Artikel 12 UN-BRK unvereinbar ist, ist freilich eine andere Frage.[120] Die deutsche Lösung, wonach die Geschäftsfähigkeit des betreuten Menschen nicht automatisch beschränkt wird, ist rechtsvergleichend ge-

115 Ganner / Barth (2010), S. 206.
116 Oben II.3. und II.4.
117 § 280 öABGB.
118 Oben IV.1.
119 So auch Ganner, anders aber Barth, vgl. Ganner / Barth (2010), S. 206-207.
120 Vgl. die unterschiedlichen Positionen von Barth und Ganner ebenda, S. 206.

sehen sehr selten. Die Regel sind der völlige Entzug oder jedenfalls die Beschränkung der Geschäftsfähigkeit.[121] Dessen ungeachtet lässt sich festhalten, dass die deutsche Regelung dem Anliegen, das Artikel 12 UN-BRK zugrunde liegt, besser gerecht wird als ihr österreichisches Gegenstück.

VI. Das Potential des Artikels 12 UN-BRK für das Betreuungsrecht

Wie gezeigt, ist nicht die gesetzliche Vertretung das Problem. Entscheidend ist vielmehr, wozu die gesetzliche Vertretung genutzt wird und ob sie mit einer Beschränkung der Handlungsfähigkeit einhergeht. Die gesetzliche Vertretung kann ein Instrument der Hilfe und Unterstützung für den betroffenen Menschen sein, sie kann zu seinem Schutz vor einer Selbstschädigung eingesetzt werden, und sie kann schließlich auch dem Schutz Dritter oder der Allgemeinheit dienen. Der in Artikel 12 UN-BRK enthaltene Paradigmenwechsel fordert den Vorrang der Unterstützung vor der ersetzenden Entscheidung gerade auch bei der Ausübung der gesetzlichen Vertretungsmacht als einem Mittel der betreuenden Person unter anderen Mitteln, die ihr zur Erfüllung ihrer Aufgaben zur Verfügung stehen. Er verlangt aber nicht die Abschaffung der Betreuung oder der gesetzlichen Vertretung als solcher.

Wenn man den Erwachsenenschutz an der UN-BRK misst, muss man deshalb die folgende Frage beantworten: Was sind das Ziel und die Aufgabe des Erwachsenenschutzes? Geht es um Hilfe und Schutz für den betroffenen Menschen oder geht es – zumindest auch – um den Schutz der Familie oder der Gesellschaft? Man sollte daher mit Blick auf Artikel 12 UN-BRK die folgenden drei Aspekte des Erwachsenenschutzes unterscheiden:

Hilfe zur Ausübung der Rechts- und Handlungsfähigkeit entspricht nicht nur dem Geist der UN-BRK und dem Ideal der Selbstbestimmung, sondern wird von Artikel 12 Absatz 3 UN-BRK ausdrücklich geboten. Damit sie nicht in Fremdbestimmung umschlägt, müssen aber alle Maßnahmen, die die Ausübung der Handlungsfähigkeit betreffen, den Anforderungen des Artikels 12 Absatz 4 UN-BRK genügen und den Vorrang der Unterstützung vor der ersetzenden Entscheidung beachten. Hierzu gehört insbesondere auch der Vorrang der Vorsorgevollmacht und anderer Hilfsinstrumente außerhalb des zivilrechtlichen Erwachsenenschutzes, zum Beispiel durch Unterstützung innerhalb der Familie, durch Hilfsangebote der Gemeinden, durch soziale Unterstützungsnetze usw. Der zivilrechtliche Erwachsenenschutz durch die Betreuung sollte daher die ultima ratio bleiben, wie es der Grundsatz der Erforderlichkeit und der Subsidiarität der Betreuung auch gebietet.

121 Vgl. die Länderberichte von Röthel in Lipp (2009); Keys (2009).

Der Schutz des betroffenen Menschen vor einer Selbstschädigung ist zwangsläufig mit seiner Fremdbestimmung verbunden. Er ist jedoch ein legitimes Ziel und kann sogar Beschränkungen der rechtlichen Handlungsfähigkeit rechtfertigen. Derartige Maßnahmen und Eingriffe müssen aber den Grundsatz der Verhältnismäßigkeit beachten, das heißt sie müssen geeignet, erforderlich und verhältnismäßig sein und insbesondere den Vorgaben des Artikels 12 Absatz 3 und 4 UN-BRK genügen.

Der Schutz Dritter (zum Beispiel der Familie oder des Rechtsverkehrs) kann prinzipiell ebenfalls Fremdbestimmung und Eingriffe in die Handlungsfähigkeit rechtfertigen, soweit die geschützten Rechte und Rechtsgüter Dritter entsprechend gewichtig sind, um einen derartigen Eingriff zu legitimieren. Für sie gilt natürlich ganz besonders, dass sie den Grundsatz der Verhältnismäßigkeit und die Wertungen des Artikels 12 Absatz 3 UN-BRK beachten und den Vorgaben des Artikels 12 Absatz 4 UN-BRK genügen müssen.

Wie gezeigt, entsprechen die deutsche Betreuung und die österreichische Sachwalterschaft bzw. die gesetzliche Vertretung durch die Betreuerin oder den Betreuer bzw. die Sachwalterin oder den Sachwalter den Vorgaben des Artikels 12 UN-BRK. Das überrascht indes wenig, denn gerade diese beiden Staaten verfügen rechtsvergleichend betrachtet über die modernsten Erwachsenenschutzrechte, die den Prinzipien des Artikels 12 UN-BRK verpflichtet sind. Sie dienten deshalb als Modell sowohl für die Empfehlungen des Europarats zur Ausgestaltung des Erwachsenenschutzrechts von 1999, die auf der Basis der Europäischen Menschenrechtskonvention erarbeitet worden sind, als auch für die Abschlussresolution des ersten World Congress on Adult Guardianship Law 2010, der die Umsetzung der UN-BRK im Bereich des Erwachsenenschutzes forderte.[122]

Wie gezeigt, besteht jedoch Verbesserungsbedarf im österreichischen Sachwalterrecht hinsichtlich der automatischen Beschränkung der Geschäftsfähigkeit nach § 280 öABGB und im deutschen Betreuungsrecht hinsichtlich der unzureichenden Umsetzung der gesetzlichen Bindung des Betreuers an die Wünsche des Betroffenen nach § 1901 Absatz 3 S. 1 BGB im Rahmen des Einwilligungsvorbehalts nach § 1903 BGB.

Diese Beispiele zeigen das besondere Potential der UN-BRK für das Erwachsenenschutzrecht auf. Die UN-BRK fordert nämlich nicht nur die konsequente Beachtung des Rechts auf gleiche Rechts- und Handlungsfähigkeit und des Selbstbestimmungsrechts eines Menschen mit Behinderungen und garantiert ihm ein Recht auf Hilfe und Unterstützung. Sie verlangt vor allem, dass diese Vorgaben auch in der Praxis des Erwachsenenschutzes verwirklicht werden (Artikel 4 UN-BRK).[123] So gesehen liegt eine besondere Bedeutung der UN-BRK darin, dass sie

122 Europarat (1999); World Congress on Adult Guardianship Law (2010).
123 Vgl. Keys (2009), S. 87-88.

zu einer ständigen kritischen Überprüfung von Gesetz und Praxis aufruft mit dem Ziel, das Potential des Menschenrechts auf gleiche Rechts- und Handlungsfähigkeit weiter und besser zu entfalten, als dies bisher geschieht.

Im Zentrum aller Überlegungen zur Weiterentwicklung des Betreuungsrechts sollte daher der Charakter der Betreuung als ultima ratio stehen.

Deshalb muss die Subsidiarität der Betreuung gegenüber anderen Formen der Unterstützung des betroffenen Menschen durch strukturelle Reformen gestärkt und verfahrensrechtlich abgesichert werden. Die Betreuungsbehörde könnte beispielsweise zur Anlaufstelle für Fragen der rechtlichen Betreuung werden, die im Vorfeld und außerhalb eines gerichtlichen Betreuungsverfahrens die Bürgerinnen und Bürger berät, unterstützt und gegebenenfalls erforderliche Hilfen und Leistungen vermittelt. Die Einleitung eines Betreuungsverfahrens bzw. die Bestellung einer Betreuerin oder eines Betreuers könnten dadurch in vielen Fällen vermieden werden. Verfahrensrechtlich könnte man dies absichern, indem das Betreuungsgericht verpflichtet wird, die Betreuungsbehörde vor der Bestellung einer Betreuerin oder eines Betreuers oder der Anordnung eines Einwilligungsvorbehalts anzuhören und einen qualifizierten Sozialbericht einzuholen, in dem die Erforderlichkeit dieser Maßnahmen unter sozialen Gesichtspunkten geprüft wird.[124]

Dasselbe sollte aber auch für die Betreuung selbst gelten. Die Orientierung der Betreuung am Willen und Wunsch des betroffenen Menschen und der Grundsatz der Erforderlichkeit sind im Gesetz ausdrücklich und klar verankert. Sie müssen jedoch in der Rechtsprechung und in der Praxis des Betreuungswesens besser umgesetzt und verwirklicht werden. Das gilt insbesondere für den Vorrang der Unterstützung des betreuten Menschen bei der eigenen Erledigung der Angelegenheiten vor der Stellvertretung durch die Betreuerin oder den Betreuer.

Literaturverzeichnis

Aichele, Valentin / Jochen von Bernstorff (2010): Das Menschenrecht auf gleiche Anerkennung vor dem Recht: Zur Auslegung von Art. 12 der UN-Behindertenrechtskonvention. In: Betreuungsrechtliche Praxis 2010 (5), S. 199-203.

Bauer, Axel / Guy Walther (2011): Kommentierung zu § 1903 BGB. In: Axel Bauer / Thomas Klie / Kay Lütgens (Hg.): Heidelberger Kommentar zum Betreuungs- und Unterbringungsrecht. Stand Februar 2011, Heidelberg: C.F. Müller.

124 Vgl. Bundesministerium der Justiz (2011); Deutscher Verein für öffentliche und private Fürsorge (2011); zum Vorschlag eines Erwachsenenhilfegesetzes vgl. Northoff in diesem Band.

Bienwald, Werner (2006): Kommentierung zu § 1903 BGB. In: Julius von Staudinger (Begr.): J. von Staudingers Kommentar zum Bürgerlichen Gesetzbuch. Buch 4: Familienrecht. §§ 1896-1921, Rechtliche Betreuung und Pflegschaft. Neubearbeitung 2006. Berlin: Sellier-de Gruyter.

Bienwald, Werner (2011): Kommentierungen zu §§ 1896 und 1901 BGB. In: Werner Bienwald / Susanne Sonnenfeld / Birgit Hoffmann / Christa Bienwald (Hg.): Betreuungsrecht – Kommentar. 5. Auflage. Bielefeld: Gieseking.

Brosey, Dagmar (2009): Wunsch und Wille des Betreuten bei Einwilligungsvorbehalt und Aufenthaltsbestimmung. Hamburg: Dr. Kovač.

Buchner, Tobias (2009): »Meine Wünsche sollen ernst genommen werden!« Sachwalterschaft und Selbstbestimmung im Spiegel der Wahrnehmung von Klientinnen mit intellektueller Behinderung. In: Interdisziplinäre Zeitschrift für Familienrecht 2009 (2), S. 120-123.

Damrau, Jürgen / Walter Zimmermann (2011): Betreuungsrecht. Kommentar zum formellen und materiellen Recht. 4. Auflage, Stuttgart: Kohlhammer.

Deinert, Horst (2011): Betreuungszahlen 2010. In: Betreuungsrechtliche Praxis 2011 (6), S. 248-250.

Dhanda, Amita (2007): Legal Capacity in the Disability Rights Convention: Stranglehold of the Past or Lodestar for the Future? In: Syracuse Journal of International Law and Commerce 34, S. 429-462.

Diederichsen, Uwe (2012): Kommentierung zu § 1901 BGB. In: Otto Palandt (Begr.): Bürgerliches Gesetzbuch. 71. Auflage. München: C.H. Beck.

Diekmann, Andrea (2011): Erforderlichkeit der Betreuung und der Vorrang anderer Hilfen. In: Betreuungsrechtliche Praxis 2011 (5), S. 185-188.

Ganner, Michael (2007): Das Österreichische Sachwalterrecht – eine Erfolgsgeschichte? (Teil 1). In: Betreuungsrechtliche Praxis 2007 (6), S. 238-241.

Ganner, Michael (2008): Das österreichische Sachwalterrecht – eine Erfolgsgeschichte? (Teil 2). In: Betreuungsrechtliche Praxis 2008 (1), S. 3-6.

Ganner, Michael / Peter Barth (Hg.) (2010a): Handbuch des Sachwalterrechts. Mit Angehörigenvertretung, Vorsorgevollmacht und Patientenverfügung. 2. Auflage. Wien: Linde.

Ganner, Michael / Peter Barth (2010b): Die Auswirkungen der UN-Behindertenrechtskonvention auf das österreichische Sachwalterrecht. In: Betreuungsrechtliche Praxis 2010 (5), S. 204-208.

Heitmann, Ernst (2010): Kommentierungen zu §§ 1901 und 1903 BGB. In: Dagmar Kaiser / Klaus Schnitzler / Peter Friederici (Hg.): Nomos-Kommentar. BGB. Band 4, 2. Auflage. Baden-Baden: Nomos.

Jürgens, Andreas (2010): Kommentierungen zu §§ 1896-1903 BGB. In: Andreas Jürgens (Hg.): Betreuungsrecht. Kommentar zum materiellen Betreuungsrecht, zum Verfahrensrecht und zum Vormünder- und Betreuervergütungsrecht. 4. Auflage. München: C.H. Beck.

Kaleck, Wolfgang / Sönke Hilbrans / Sebastian Scharmer (2008): Gutachterliche Stellungnahme – Ratifikation der UN Disability Convention vom 30.3.2007 und Auswirkung auf die Gesetze für so genannte psychisch Kranke am Beispiel der Zwangsbehandlung und Zwangsunterbringung nach dem PsychKG Berlin. 2. überarbeitete Fassung. http://www.die-bpe.de/stellungnahme/stellungnahme.pdf.

Keys, Mary (2009): Legal Capacity Law Reform in Europe: An Urgent Challenge. In: European Yearbook of Disability Law 1, S. 59-88.

Knittel, Bernhard (2011): Kommentierungen zu §§ 1896, 1901-1903 BGB. In: Bernhard Knittel: Betreuungsrecht. Kommentar. Stand 01.12.2011. Köln: Luchterhand.

Knittel, Bernhard / Walter Seitz (2007): Der freie Wille als Ansatzpunkt zum Schutz der Autonomie – Zwangsbetreuung und Unterbringung. In: Betreuungsrechtliche Praxis 2007 (1), S. 18-23.

König, Ruth (2009): Vereinbarkeit der Zwangsunterbringung nach § 1906 BGB mit der UN-Behindertenrechtskonvention? In: Betreuungsrechtliche Praxis 2009 (3), S. 105-108.

Lachwitz, Klaus (2008): Übereinkommen der Vereinten Nationen über die Rechte von Menschen mit Behinderungen – Auswirkungen auf die Rechte von Menschen mit geistiger Behinderung und/oder psychosozialen Problemen. In: Betreuungsrechtliche Praxis 2008 (4), S. 143-148.

Lachwitz, Klaus (2011): Das Betreuungsrecht und das Recht der Geschäftsfähigkeit gehören auf den Prüfstand! Die Antwort der Bundesregierung zur Reform des Betreuungsrechts (BT-Drs. 17/5323) überzeugt nicht!, In: Rechtsdienst der Lebenshilfe 2011, S. 53-55.

Lipp, Volker (2000): Freiheit und Fürsorge: Der Mensch als Rechtsperson. Zu Funktion und Stellung der Rechtlichen Betreuung im Privatrecht. Tübingen: Mohr Siebeck.

Lipp, Volker (2005): Betreuung: Rechtsfürsorge im Sozialstaat aus betreuungsrechtlicher Perspektive. In: Betreuungsrechtliche Praxis 2005 (1), S. 6-10.

Lipp, Volker (2008): Rechtliche Betreuung und das Recht auf Freiheit. In: Betreuungsrechtliche Praxis 2008 (2), S. 51-56.

Lipp, Volker (Hg.) (2009): Handbuch der Vorsorgeverfügungen. Vorsorgevollmacht – Patientenverfügung – Betreuungsverfügung. München: Vahlen.

Lipp, Volker (2010a): UN-Behindertenrechtskonvention und Betreuungsrecht. In: Betreuungsrechtliche Praxis 2010 (6), S. 263-267.

Lipp, Volker (2010b): Autonomie im Alter. In: Patrick Gödicke / Horst Hammen / Wolfgang Schur / Wolf-Dietrich Walker (Hg.): Festschrift für Jan Schapp zum siebzigsten Geburtstag. Tübingen: Mohr Siebeck, S. 383-400.

Lipp, Volker (2012): Betreuungsrecht und UN-Behindertenrechtskonvention. In: Zeitschrift für das gesamte Familienrecht, S. 669-679.

Löhnig, Martin / Dieter Schwab / Dieter Henrich / Peter Gottwald / Inge Kroppenberg (Hg.) (2011): Vorsorgevollmacht und Erwachsenenschutz in Europa. Bielefeld: Gieseking.

Marschner, Rolf (2009): UN-Konvention über die Rechte von Menschen mit Behinderungen – Auswirkungen auf das Betreuungs- und Unterbringungsrecht. In: Recht und Psychiatrie 27, 135-137.

McSherry, Bernadette / Kay Wilson (2011): Detention and Treatment Down Under: Human Rights and Mental Health Laws in Australia and New Zealand. In: Medical Law Review 19 (4), S. 548-580.

Minkowitz, Tina (2007): The United Nations Convention on the Rights of Persons with Disabilities and the Right to Be Free from Nonconsensual Psychiatric Interventions. In: Syracuse Journal of International Law 34, S. 405-428.

Nicklas-Faust, Jeanne (2011): Erster Staatenbericht zur Umsetzung der Behindertenrechtskonvention beschlossen. In: Rechtsdienst der Lebenshilfe 2011 (3), S. 103-108.

Olzen, Dirk (2009): Die Auswirkungen der UN-BRK auf die Unterbringung und Zwangsbehandlung nach § 1906 BGB und §§ 10 ff. PsychKG NRW. Gutachten. http://www.dgppn.de/fileadmin/user_upload/_medien/download/pdf/Gutachten/gutachten-zur-behindertenrechtskonvention.pdf.

Richardson, Genevra (2011): Involuntary Treatment, Human Dignity and Human Rights. In: Marcia H. Rioux / Lee Ann Basser / Melinda Jones (Hg.): Critical Perspectives on Human Rights and Disability Law. Den Haag: Martinus Nijhoff, S. 137-156.

Roth, Andreas (2011): Kommentierungen zu §§ 1896 und 1901 BGB. In: Harm Peter Westermann (Hg.): Erman – Bürgerliches Gesetzbuch. Handkommentar. Band 2, 13. Auflage. Köln: Dr. Otto Schmidt.

Rothfritz, Lauri Philip (2010): Die Konvention der Vereinten Nationen zum Schutz der Rechte von Menschen mit Behinderungen. Eine Analyse unter Bezugnahme auf die deutsche und europäische Rechtsebene. Frankfurt am Main: Peter Lang.

Schulte, Bernd (2011): Die Behindertenrechtskonvention der Vereinten Nationen. Von der »Integration« zur »Inklusion«: Änderungsbedarf im Deutschen Behindertenrecht. In: Behindertenrecht 2011 (2), S. 41-49.

Schwab, Dieter (2012): Vorbemerkungen zu § 1896 BGB und Kommentierungen zu §§ 1896-1903 BGB. In: Franz Jürgen Säcker / Roland Rixecker (Hg.): Münchener Kommentar zum Bürgerlichen Gesetzbuch. Band 8, 6. Auflage. München: C.H. Beck.

Spickhoff, Andreas (2008): Autonomie und Heteronomie im Alter. In: Archiv für die civilistische Praxis 208, S. 345-415.

Starck, Christian (2010): Kommentierung zu Art. 2 Abs. 1 GG. In: Hermann von Mangoldt / Friedrich Klein / Christian Starck (Hg.): Kommentar zum Grundgesetz. Band 1, 6. Auflage, München: Vahlen.

Materialverzeichnis

Bundesministerium der Justiz (2011): Interdisziplinäre Arbeitsgruppe zum Betreuungsrecht, Abschlussbericht. 28.11.2011.

Bundesregierung (2011): Erster Staatenbericht der Bundesrepublik Deutschland zur BRK. 03.08.2011.

Deutscher Bundestag (1989): Gesetzesentwurf der Bundesregierung: Entwurf eines Gesetzes zur Reform der Vormundschaft und Pflegschaft für Volljährige (Betreuungsgesetz – BtG). Bundestags-Drucksache 11/4528 vom 11.05.1989.

Deutscher Bundestag (1997): Gesetzesentwurf der Bundesregierung: Entwurf eines Gesetzes zur Änderung des Betreuungsrechts sowie weiterer Vorschriften (Betreuungsrechtsänderungsgesetz – BtÄndG). Bundestags-Drucksache 13/7158 vom 11.03.1997.

Deutscher Bundestag (2008): Gesetzesentwurf der Bundesregierung: Entwurf eines Gesetzes zu dem Übereinkommen der Vereinten Nationen vom 13. Dezember 2006 über die Rechte von Menschen mit Behinderungen sowie zu dem Fakultativprotokoll vom 13. Dezember 2006 zum Übereinkommen der Vereinten Nationen über die Rechte von Menschen mit Behinderungen. Bundestags-Drucksache 16/10808 vom 08.11.2008.

Deutscher Bundestag (2011): Antwort der Bundesregierung auf die Große Anfrage der Abgeordneten Ingrid Hönlinger, Markus Kurth, Volker Beck (Köln), weiterer Abgeordneter und der Fraktion BÜNDNIS 90/DIE GRÜNEN. Bundestags-Drucksache 17/5323 vom 01.04.2011.

Deutscher Verein für öffentliche und private Fürsorge (2011): Empfehlungen zur Stärkung des Erforderlichkeitsgrundsatzes im Betreuungsrecht am Beispiel der örtlichen Betreuungsbehörden. 07.12.2011.

Europarat (1999): Principles Concerning the Legal Protection of Incapable Adults. Rec(99)4E vom 23.02.1999.

Nationalrat Österreich (2008): Regierungsvorlage [zur Ratifikation der UN-BRK]. 23. Gesetzgebungsperiode, Beilagennummer 564.

UN-Fachausschuss für die Rechte von Menschen mit Behinderungen (2011a): Concluding observations of the Committee on the Rights of Persons with Disabilities [zum Staatenbericht Tunesiens]. UN Dok. CRPD/C/TUN/CO/1 vom 13.05.2011.

UN-Fachausschuss für die Rechte von Menschen mit Behinderungen (2011b): Concluding observations of the Committee on the Rights of Persons with Disabilities [zum Staatenbericht Spaniens]. UN Dok. CRPD/C/ESP/CO/1 vom 19.10.2011.

UN-Hochkommissariat für Menschenrechte (2009): Thematic Study by the Office of the United Nations High Commissioner for Human Rights on Enhancing Awareness and Understanding of the Convention on the Rights of Persons with Disabilities. UN Dok. A/HRC/10/48 vom 26.01.2009.

World Congress on Adult Guardianship Law (2010): Yokohama Declaration. 04.10.2010.

Wunsch und Wohl betreuter Menschen im Lichte der UN-BRK

Dagmar Brosey

I. Einleitung

20 Jahre nach dem Inkrafttreten des Betreuungsrechts ist die Pflicht zur Berücksichtigung der Wünsche und der Partizipation betreuter Menschen an Entscheidungen für das eigene Leben in der Betreuungspraxis noch nicht realisiert.[1] Durch die Diskussion über die UN-Behindertenrechtskonvention (UN-BRK) wird einer der Grundfunktionen des Betreuungsrechts – die Selbstbestimmung betreuter Menschen zu verwirklichen – neue Aufmerksamkeit gewidmet.

Zentrales Element des Betreuungsrechts und einer der markantesten Fortschritte gegenüber dem bis 1992 geltenden Vormundschaftsrecht ist die normierte Verpflichtung der betreuenden Person, den Wünschen der betreuten Person zu entsprechen. Dieser grundsätzliche Vorrang der Wünsche wird ausdrücklich in § 1901 Absatz 3 Satz 1 des Bürgerlichen Gesetzbuches (BGB) festgeschrieben. Doch wird diese Verpflichtung der betreuenden Person sogleich wieder eingeschränkt, indem weiter vorausgesetzt wird, dass der Wunsch der betreuten Person deren Wohl nicht zuwiderlaufen darf. Diese scheinbar janusköpfige Verpflichtung führt in der Rechtsanwendungspraxis zu erheblichen Unsicherheiten, da zum einen der unbestimmte Rechtsbegriff des Wohls ausfüllungsbedürftig ist, zum anderen Wunsch und Wohl durch diese Formulierung scheinbar Gegensätze bilden. Die zweideutige Verpflichtung birgt für die Betreuerin oder den Betreuer ein Haftungsrisiko, dessen Befürchtung nicht selten handlungsleitend ist,[2] insbesondere dann, wenn sie oder er befürchtet, dass sich die Umsetzung eines Wunsches objektiv nachteilig für die betroffene Person auswirkt. Das Verhältnis von Wunsch und Wohl wird in der Praxis häufig fehlgedeutet und irrtümlich ein Vorrang des Wohls angenommen. [3] Es stellt sich die Frage, ob es sich hierbei ausschließlich um ein Problem fehlerhafter Rechtsanwendung handelt oder ob die Regelung selbst im Hinblick auf Artikel 12 UN-BRK problematisch ist, denn Artikel 12 Absatz 4 Satz 2 der UN-BRK sieht vor, dass bei staatlichen Maßnahmen, die die Ausübung der Rechts- und

1 Datenmaterial gibt es dazu wenig, die Autorin schreibt unter anderem vor dem Hintergrund siebenjähriger (2002-2009) Beratungstätigkeit beim Bundesverband der Berufsbetreuer/innen e.V., wo die Frage nach der Beachtlichkeit der Wünsche wöchentlich mit Ratsuchenden diskutiert wurde.

2 Dazu ausführlich Brosey (2009), S. 2 ff.

3 Dazu ausführlich Brosey (2009), S. 36 ff; Brosey (2010), S. 16, 17; Lipp in diesem Band.

Handlungsfähigkeit betreffen, die Rechte, der Wille und die Präferenzen der betreffenden Person zu achten sind. Ob § 1901 Absatz 3 BGB diesem Achtungserfordernis ausreichend Rechnung trägt, ist Gegenstand dieses Beitrags.

Der Beitrag wird sich zu Beginn mit den Vorgaben der UN-BRK beschäftigen und sich anschließend damit auseinandersetzen, ob die Achtung der Wünsche betreuter Menschen hinreichend normiert ist, um als geeignete Maßnahme im Sinne des Artikels 12 Absatz 3 UN-BRK gelten zu können. Dabei wird zunächst die Berücksichtigung der Wünsche der betroffenen Person im Betreuungsverfahren erörtert. Die Verfahrenspflegschaft wird in den Mittelpunkt gestellt, da sie das wesentliche Instrument zur Unterstützung der Rechts- und Handlungsfähigkeit für alle Betreuungs- und Unterbringungsverfahren[4] sein könnte.

Der Beitrag wird im Weiteren das Innenverhältnis von betreuendem und betreutem Menschen beleuchten und prüfen, ob das Betreuungsrecht den Vorgaben der UN-BRK entspricht. Dem Beitrag liegt die Annahme zu Grunde, dass die Beachtung der Wünsche der betreuten Person überragende Bedeutung dafür hat, dass die rechtliche Betreuung trotz der Verknüpfung mit der Vertretungsbefugnis des § 1902 BGB im Einklang mit Artikel 12 der UN-BRK steht. Der Beitrag wird sich abschließend mit den Schutzmechanismen auseinandersetzen, die das Primat der Wunschbefolgung gewährleisten sollen.

II. Wünsche und Wille von Menschen mit Behinderung in der UN-BRK

Maßgeblicher Zweck der UN-BRK ist es, den vollen und gleichberechtigten Genuss aller Menschenrechte und Grundfreiheiten durch alle Menschen mit Behinderung zu fördern, zu schützen und zu gewährleisten.[5] Dazu gehört insbesondere die Achtung der Autonomie aller Menschen mit Behinderung.

1. Artikel 3 lit. a UN-BRK

Nach Artikel 3 lit. a UN-BRK gehört zu den Grundsätzen der Konvention die Achtung der dem Menschen innewohnenden Würde, seiner individuellen Autonomie, einschließlich der Freiheit, eigene Entscheidungen zu treffen. Der Begriff der Autonomie beinhaltet die Selbstbestimmung, geht aber darüber noch hinaus, denn zur Autonomie gehören auch die Selbstständigkeit, die Selbstverwaltung und die Entscheidungsfreiheit. Letztere wird in Artikel 3 lit. a UN-BRK auch noch einmal

4 Nach § 276 und § 317 des Gesetzes über das Verfahren in Familiensachen und in den Angelegenheiten der freiwilligen Gerichtsbarkeit (FamFG).

5 Art. 1 UN-BRK.

ausdrücklich erwähnt. Gerade die Freiheit, eigene Entscheidungen treffen zu können, könnte erheblichen Einfluss auf die Art und Weise haben, wie eine betreuende Person zu handeln hat. Offen bleibt an dieser Stelle der UN-BRK, wie sich Entscheidungsfreiheit und die Umsetzung dieser Entscheidungen durch den Menschen mit Behinderung zueinander verhalten.

2. *Artikel 12 UN-BRK*

Artikel 12 UN-BRK gewährleistet die Anerkennung des gleichberechtigten Genusses der Rechts- und Handlungsfähigkeit von Menschen mit Behinderungen und verbindet diese mit der Verpflichtung der Vertragsstaaten, Zugang zu der Unterstützung zu verschaffen, die sie bei der Ausübung der Rechts- und Handlungsfähigkeit benötigen.[6] Hieraus folgt ein Vorrang der Unterstützung vor einer ersetzenden Vertretungsentscheidung (sog. »substitute decision making«).[7] Zum Teil wird aus Artikel 12 Absatz 3 UN-BRK gar ein generelles Verbot von Vertretungsentscheidungen gefolgert,[8] da der Vertragstext hier bewusst von einer Unterstützung spricht und die Vertretung nicht aufgegriffen wird.[9]

Aus der Achtung der Autonomie folgt aber in jedem Fall das Ziel der unterstützten Entscheidungsfindung für den Fall, dass eine Unterstützung überhaupt notwendig ist. Der Unterstützungsbedarf kann in jedem Einzelfall sehr unterschiedlich sein und einen Grad von 100 Prozent erreichen.[10] Art und Schwere einer Behinderung können dazu führen, dass eine Kommunikation mit dem betroffenen Menschen nicht oder nur sehr eingeschränkt möglich und dass eine Kundgabe von dessen Willen nach außen ausgeschlossen ist. In Fällen eines derartig hohen Unterstützungsbedarfs scheint aber eine ersetzende Entscheidung als Ausnahme vom generellen Unterstützungsgebot unumgänglich zu sein, um eine notwendige Entscheidung treffen oder entgegennehmen zu können.[11] Eine Unterstützung setzt letztlich immer einen gewissen Grad an eigener und wahrnehmbarer Willensbetätigung des Menschen mit Behinderung voraus.[12] Ist ein Mensch allerdings nicht in

6 Art. 12 Abs. 2 und 3 UN-BRK.
7 Aichele / von Bernstorff (2010), S. 201.
8 Strittig, siehe zum Beispiel Lachwitz (2008), S. 146; Nicklas-Faust (2011); vermittelnd Aichele / von Bernstorff (2010), S. 202-203. Der Fachausschuss arbeitet derzeit an einem Allgemeinen Bemerkung zu Art. 12 und hat in Vorbereitung dazu einerseits bereits 2009 einen »General Day of Discussion« abgehalten (s. http://www.ohchr.org/EN/HRBodies/CRPD/Pages/DayGeneralDiscussion21102009.asp).
9 Zu dieser Frage vgl. Aichele / Degener, Lachwitz sowie Lipp in diesem Band.
10 Aichele / von Bernstorff (2010), S. 201.
11 Denkbar ist aber auch, dass der betroffene Mensch vor Eintritt der Äußerungsunfähigkeit eine vorweggenommene Willenserklärung vorgenommen hat, wie es in den Fällen des § 1901 a Abs. 1 BGB möglich ist.
12 Rothfritz (2010), S. 372.

der Lage, diese eigene Willensbetätigung und Äußerung zu erbringen, dann muss auch eine ersetzende Entscheidung möglich sein, da dem Betroffenen andernfalls eine Teilnahme am Rechtsverkehr verwehrt bliebe.[13] Ist eine Willensbetätigung und Äußerung hingegen möglich, so bedeutet dies eine Unterstützungsobliegenheit zum eigenen Handeln des behinderten Menschen.

Die herausfordernde Frage ist daher, wie die Unterstützung bei der Ausübung der Handlungsfähigkeit ausgestaltet sein muss, um die Autonomie zu fördern, zu schützen und zu gewährleisten, ohne dass es zu einer Diskriminierung des betreuten Menschen kommt. Artikel 12 Absatz 3 UN-BRK enthält keine Konkretisierung hinsichtlich der Ausgestaltung der Unterstützungsleistungen, sondern benennt lediglich das Erfordernis geeigneter Maßnahmen.[14]

3. Die Vertretungsbefugnis im Lichte von Artikel 3 und Artikel 12 der UN-BRK

Die rechtliche Betreuung ist Rechtsfürsorge für betreute Menschen[15] und bedeutet Assistenz bei der Ausübung der Rechts- und Handlungsfähigkeit und Schutz vor Schäden durch Beeinträchtigung bei Ausübung dieser Fähigkeiten.[16] Die Lektüre des § 1902 BGB kann bei der Frage, welche Funktion die Betreuung erfüllt, in die Irre führen, denn in dieser Regelung heißt es: »In seinem Aufgabenkreis vertritt der Betreuer den Betreuten gerichtlich und außergerichtlich.« Dies verleiht der betreuenden Person unzweifelhaft eine Vertretungsbefugnis, diese Befugnis ist aber bereits nach dem Betreuungsrecht streng an das Erforderlichkeitsprinzip gekoppelt, denn nach § 1901 Absatz 1 BGB umfasst die Betreuung nur die Tätigkeiten, die erforderlich sind, um die Angelegenheiten der betreuten Person zu besorgen. Artikel 12 UN-BRK verstärkt das Erforderlichkeitsprinzip hinsichtlich der Verpflichtung, den betreuten Menschen bei seiner Entscheidungsfindung zu beraten und unterstützen. Nur wenn im Einzelfall eine reine Unterstützung nicht ausreicht, um die Handlungsfähigkeit herzustellen, kann es erforderlich sein, dass die Vertreterin bzw. der Vertreter die Entscheidung trifft. Eine Vertreterentscheidung muss aber nicht gleichbedeutend mit einer ersetzenden Entscheidung sein, sofern die Maßstäbe der UN-BRK berücksichtigt werden.

Artikel 12 Absatz 4 UN-BRK sieht für die Maßnahmen, die die Ausübung der Handlungsfähigkeit betreffen, eine Berücksichtigung von Willen und Präferenzen der Menschen mit Behinderung vor. Die staatlichen Maßnahmen, die die Ausübung der Rechts- und Handlungsfähigkeit betreffen, sind grundsätzlich geeignete Un-

13 Rothfritz (2010), S. 372, Lipp (2010), S. 266.
14 Rothfritz (2010), S. 372.
15 Bundesministerium der Justiz (2011), S. 10, 29.
16 Lipp (2010), S. 266; Winterstein (2011), S. 17; Diekmann (2012), S. 5; Hoffmann (2008), S. 96.

terstützungsmaßnahmen im Sinne des Artikels 12 Absatz 3 UN-BRK und im Ausnahmefall als ultima ratio eine Vertretung, die eine ersetzende Entscheidung beinhaltet. Die Vertragsstaaten verpflichten sich bei diesen Maßnahmen zu geeigneten und wirksamen Sicherungsmaßnahmen. Diese Sicherungen müssen gewährleisten, dass bei allen Maßnahmen, die die Ausübung der Rechts- und Handlungsfähigkeit betreffen, die Rechte, der Wille und die Präferenzen der betreffenden Person geachtet werden. Gerade der Hinweis auf die Präferenzen macht deutlich, dass hier die Wünsche oder gar der durch Präferenzen festgestellte mutmaßliche Wille Grundlage einer die Handlungsfähigkeit herstellenden Maßnahme sein können. Dies spricht dafür, dass im Ausnahmefall die Vertreterin bzw. der Vertreter eine eigene und damit ersetzende Entscheidung treffen kann, die dann aber die Präferenzen des betreuten Menschen achten muss.

4. Wunsch und Wohl – Wille und Präferenzen

Nach § 1901 Absatz 3 BGB hat die betreuende Person dem Wunsch der betreuten Person zu entsprechen, sofern dieser Wunsch dem Wohl der betreuten Person nicht zuwiderläuft. Artikel 12 Absatz 4 UN-BRK verpflichtet die Vertragsstaaten dazu, dass sichergestellt wird, dass Wille und die Präferenzen der betreuten Person geachtet werden. Das Verhältnis der Begriffe Wunsch und Wohl, Wille und Präferenzen ist daher im Verlauf dieser Bearbeitung näher zu erörtern.

III. Das Betreuungsrecht und die Wünsche betreuter Menschen

Neben dem Grundsatz der Erforderlichkeit ist die generelle Pflicht der betreuenden Person, den Wünschen der betreuten Person zu entsprechen, von herausragender Bedeutung für die Gewährleistung von deren individueller Selbstbestimmung und die Verwirklichung des Assistenzparadigmas des Artikels 12 UN-BRK bei einer bestehenden Betreuung. Auch in betreuungsrechtlichen Verfahren zur Bestellung der betreuenden Person oder Verfahren, die die Genehmigung einer ihrer Maßnahmen zum Gegenstand haben, sind die Wünsche und Präferenzen der betroffenen Person zu achten und als Voraussetzung dafür in das Verfahren einzubringen.

1. Betreuerbestellung und Betreuungsverfahren im Lichte der UN-BRK

Das Gesetz sieht vor, dass die betreuende Person durch das Betreuungsgericht im Rahmen des erforderlichen Umfangs – also auf die Umstände der Person zugeschnitten – bestellt wird.[17] Zudem ist Voraussetzung für eine Betreuung in jedem Fall, dass eine volljährige Person aufgrund einer psychischen Erkrankung, geistigen, seelischen oder körperlichen Behinderung ihre Angelegenheiten ganz oder teilweise nicht besorgen kann.[18] Hieraus folgt ein Anspruch der betroffenen Person auf eine Betreuerin oder einen Betreuer für den Fall, dass die materiellen Voraussetzungen vorliegen. Das Betreuungsverfahren kann entweder durch die betroffene Person auf Antrag oder von Amts wegen durch das Gericht eingeleitet werden. Die Voraussetzungen der Betreuerbestellung lassen den Schluss zu, in der Betreuung zunächst eine geeignete gesetzliche Maßnahme zu erkennen, durch die der Zugang zu einer Unterstützung im Sinne des Artikels 12 Absatz 3 UN-BRK verschafft wird.

a) Unterstützung gegen den Willen der betroffenen Person

Der Zugang zu dieser Unterstützungsmaßnahme kann von einer betroffenen Person abgelehnt werden, eine Betreuerbestellung gegen den freien Willen ist nicht zulässig.[19] Fraglich ist die Zulässigkeit eines aufgedrängten Schutzes durch Bestellung einer Betreuerin oder eines Betreuers bei solchen Menschen, die keinen freien Willen bilden können und zur Ausübung ihrer Handlungsfähigkeit einer Unterstützung bedürfen. Artikel 12 UN-BRK verpflichtet die Vertragsstaaten, geeignete Maßnahmen zur Unterstützung der Handlungsfähigkeit zu treffen. Wurde ein Unterstützungsbedarf zum Schutz der betroffenen Person festgestellt, so gebietet Artikel 12 UN-BRK, dieser den Zugang zu dieser Unterstützung auch gegen den nicht auf freier Willensbestimmung beruhenden Willen aufzuerlegen, wenn sichergestellt wird, dass im weiteren Verlauf die Rechte, der Wille und die Präferenzen der oder des Betroffenen geachtet werden und die Maßnahme verhältnismäßig ist.

b) Wahrung der Autonomie und Gleichbehandlung im Betreuungsverfahren

Die Wünsche der betroffenen Person sind auch im Betreuungsverfahren zu berücksichtigen, da die betroffene Person grundsätzlich einen Vorschlag hinsichtlich der betreuenden Person unterbreiten kann. Zunächst einmal hat das Gericht von Amts wegen den Sachverhalt vollumfänglich zu ermitteln[20] und kann diesbezüglich die Erstellung eines Sozialberichts durch die Betreuungsbehörde[21] verlangen.

17 § 1896 Abs. 2 BGB.
18 § 1896 Abs. 1 BGB.
19 § 1896 Abs. 1a BGB.
20 § 26 FamFG.
21 § 8 Betreuungsbehördengesetz.

Vor Bestellung einer Betreuerin oder eines Betreuers hat das Gericht die betroffene Person persönlich anzuhören und sich einen persönlichen Eindruck von ihr zu verschaffen.[22] Damit soll der verfassungsrechtliche Grundsatz des rechtlichen Gehörs[23] berücksichtigt werden. Dies dient insbesondere auch dem Zweck, Wünsche hinsichtlich der Person und des Umfangs der Betreuung festzustellen, aber auch der Frage, ob die betroffene Person mit der Bestellung einverstanden ist, sowie der Darlegung der Folgen der Betreuung.[24] Die betroffene Person ist in diesem Verfahren stets verfahrensfähig.[25] Sofern sie ihre Rechte im Verfahren nicht wahrnehmen kann, muss das Gericht eine Verfahrenspflegerin oder einen Verfahrenspfleger bestellen.[26] Fraglich ist, wie deren bzw. dessen Stellung und Funktion im Lichte des Artikels 12 UN-BRK zu bewerten ist.[27]

c) Die Verfahrenspflegschaft[28] und die Wünsche der betroffenen Person

Die Aufgabe der Verfahrenspflegerin bzw. des Verfahrenspflegers ist es, die Interessen der betroffenen Person in Betreuungs- und Unterbringungsverfahren wahrzunehmen.[29] Sie oder er ist damit für diese Verfahren eine Maßnahme im Sinne von Artikel 12 Absatz 3 und 4 UN-BRK[30] mit dem daraus folgenden Ziel, die betroffene Person bei der Ausübung ihrer Handlungsfähigkeit vorrangig zu unterstützen und die Wahrung ihres rechtlichen Gehörs zu sichern. Die betroffene Person ist zwar stets selbst verfahrensfähig, ihre tatsächliche Fähigkeit, ihre Rechte wahrzunehmen, wird aber faktisch eingeschränkt sein, denn die Einrichtung einer Verfahrenspflegschaft setzt gerade voraus, dass dies zur Wahrnehmung der Interessen der betroffenen Person erforderlich ist, diese also im Verfahren zur Wahrung ihrer Rechte einer Hilfsperson bedarf.[31]

Im Gesetz findet sich zur Wahrnehmung der Interessen keine ausdrückliche Bindung der Verfahrenspflegerin bzw. des Verfahrenspflegers an die Wünsche der betroffenen Person, zum Beispiel bei der Abgabe von Stellungnahmen, insbesondere zum Sozialbericht der Betreuungsbehörde oder zum Gutachten der bzw. des

22 § 278 Abs. 1 FamFG.
23 Art. 103 Abs. 1 Grundgesetz.
24 Bienwald (2011), § 278, Rdnr. 24 ff.
25 § 275 FamFG.
26 § 276 FamFG.
27 Vgl. dazu auch Loytved / Frerichs in diesem Band.
28 Im Jahr 2009 wurden bundesweit 113.104 Verfahrenspflegerinnen und Verfahrenspfleger bestellt, s. Deinert (2010).
29 §§ 276, 317 FamFG.
30 Dies gilt natürlich nicht nur für Verfahren betreffend die Bestellung einer Betreuerin oder eines Betreuers, sondern für sämtliche Betreuungs- und Unterbringungsverfahren.
31 § 276 Abs. 1 FamFG.

Sachverständigen,[32] oder bei der Einlegung von Rechtsmitteln. Vielmehr geht die herrschende Meinung unter Berufung auf die Gesetzesbegründung zum Betreuungsgesetz[33] davon aus, dass die Verfahrenspflegerin oder der Verfahrenspfleger im Gegensatz zur Betreuerin oder dem Betreuer gerade nicht an die Wünsche der betroffenen Person gebunden ist, sondern vielmehr deren objektive Interessen vertritt.[34] Der Gesetzgeber hat der Verfahrenspflegerin bzw. dem Verfahrenspfleger in § 274 Absatz 2 FamFG die Rolle einer bzw. eines selbstständigen Verfahrensbeteiligten mit eigenständiger Verfahrensfunktion zugewiesen.[35] Allerdings hat der Bundesgerichtshof bereits 2009 festgestellt, dass es zu den Aufgaben der Verfahrenspflegerin bzw. des Verfahrenspflegers gehört, den tatsächlichen oder mutmaßlichen Willen der betreuten Person zu erforschen und in das Verfahren einzubringen.[36] Für den Fall, dass die betroffene Person keinen Willen mehr bilden oder ihre Wünsche nicht mehr artikulieren kann, hat die Verfahrenspflegerin bzw. der Verfahrenspfleger – in angemessenem Rahmen – Möglichkeiten zu nutzen, den wirklichen oder mutmaßlichen Willen der betreuten Person anderweitig zu erkunden, zum Beispiel durch Kontaktaufnahme zu Bezugspersonen.[37] Damit beschränkt sich die Aufgabe der Verfahrenspflegerin bzw. des Verfahrenspfleger darauf, für die betroffene Person zu mitteln und zu dolmetschen, aber an deren Wünsche und Präferenzen im Hinblick auf Verfahrenshandlungen gebunden zu sein, da sie bzw. er als neutrale Überwachungsinstanz die Ordnungsmäßigkeit des Betreuungsverfahrens kontrollieren soll.[38]

Fraglich ist, ob das Einbringen der Wünsche der betroffenen Person in das Verfahren ausreicht, um deren Rechte, Willen und Präferenzen im Sinne von Artikel 12 Absatz 4 UN-BRK zu achten. Es stellt sich die Frage, ob die Verfahrenspflegschaft mit ihrer Funktion »Wahrung der objektiven Interessen« eine geeignete Unterstützungsmaßnahme im Sinne von Artikel 12 Absatz 3 UN-BRK sein kann und hinreichend sichergestellt ist, dass die Anforderungen des Artikels 12 Absatz 4 UN-BRK eingehalten werden.

32 Dazu § 280 FamFG.

33 Deutscher Bundestag (1989), S. 171.

34 Bundesgerichtshof (BGH), Beschluss vom 25.06.2003, Aktenzeichen XII ZB 169/99; Landgericht (LG) Rostock, Beschluss vom 16.05.2003, Aktenzeichen 2 T 189/03; Meier (2010), § 276, Rdnr. 2; Kretz (2010), § 276, Rdnr. 18; Bumiller / Harders (2011), § 276, Rdnr. 1; Budde (2011), § 276, Rdnr. 2, 27 spricht von der objektiven Sicht eines Dritten, Bienwald (2011), § 276, Rdnr. 7 macht dies nicht so deutlich, sondern sieht die Verfahrenspflegerin bzw. den Verfahrenspfleger als Helferin bzw. Helfer und nicht als Vormund, ohne jedoch eine Bindung an die Wünsche festzustellen.

35 Deutscher Bundestag (2007), S. 265.

36 BGH, Urteil vom 22.07.2009, Aktenzeichen XII ZR 77/06, Rdnr. 47.

37 Ebenda.

38 Schmidt-Recla (2010), § 276, Rdnr. 3.

d) Die Verfahrenspflegschaft und die UN-BRK

Als Mittel der Unterstützung der Interessenwahrnehmung und damit der Ausübung der Handlungsfähigkeit in Betreuungsverfahren ist die Tätigkeit der Verfahrenspflegerin bzw. des Verfahrenspflegers im Lichte von Artikel 12 UN-BRK zu bewerten.

Ist die betroffene Person faktisch daran gehindert, ihre Rechte im Verfahren auszuüben, so ist sie auf eine Unterstützung angewiesen. Allerdings wird es bislang nicht als Aufgabe der Verfahrenspflegerin bzw. des Verfahrenspflegers angesehen, die betroffene Person beim Treffen eigener Verfahrenshandlungen und -entscheidungen zu unterstützen. Vielmehr wird diskutiert, ob die Verfahrenspflegschaft die gesetzliche Vertretung der betroffenen Person beinhält.[39] Eine Verfahrenspflegerin oder ein Verfahrenspfleger wird aber gerade in den Fällen bestellt, in denen die betroffene Person sich tatsächlich nicht selbst vertreten kann. Eine Unterstützung ihrer Handlungen auf der Basis ihres Willens und ihrer Präferenzen wäre daher geboten. Eine Ausrichtung der Verfahrenspflegerin oder des Verfahrenspflegers an den objektiven Interessen gibt dieser bzw. diesem den Entscheidungsspielraum, den Willen und die Präferenzen ungeachtet zu lassen mit der Begründung, sie seien nach objektiven Maßstäben nicht sinnvoll. Die betroffene Person hätte bei einer solchen Weigerung weder die Möglichkeit, Gehör zu finden, zum Beispiel mit dem Verlangen, dass eine nahestehende Person angehört wird, noch wäre sie in der Lage, Verfahrenshandlungen vorzunehmen, zum Beispiel Rechtsmittel einzulegen. Insofern ist eine Bindung der Verfahrenspflegerin bzw. des Verfahrenspflegers an die objektiven Interessen mit der Wahrung der Autonomie der betroffenen Person unvereinbar. Eine im Lichte der UN-BRK unzulässige Entscheidung der Verfahrenspflegerin bzw. des Verfahrenspflegers liegt immer dann vor, wenn diese bzw. dieser entgegen den Wünschen der betroffenen Person Handlungen vornimmt oder unterlässt, weil sie oder er aus eigener Sicht anderer Auffassung ist als die betroffene Person, insbesondere bei der Einlegung eines Rechtsmittels.

Eine geeignete Maßnahme zur Unterstützung bei der Handlungsfähigkeit liegt nur dann vor, wenn die Verfahrenspflegerin oder der Verfahrenspfleger den Willen und die Präferenzen der betroffenen Person hinsichtlich aller denkbaren Gesichtspunkte in das Verfahren einbringt. Sie oder er muss – wie der BGH zu Recht festgestellt hat – für die betroffene Person »dolmetschen«. Darüber hinausgehend muss sie oder er der betroffenen Person die gebotene Unterstützung zukommen lassen, gerade beim Einlegen von Rechtsmitteln.[40] Artikel 12 UN-BRK wirkt sich somit in Ermangelung einer Vorschrift, die die aus einer Verfahrenspflegschaft folgenden Aufgaben näher regelt, unmittelbar auf die Position und die Pflichten der Verfah-

39 Vgl. Harm (2010); Harm (2012); anderer Ansicht Fröschle (2010), § 276, Rdnr. 43.
40 Im Gegensatz zu LG Rostock, Beschluss vom 16.05.2003, Aktenzeichen 2 T 189/03.

renspflegerin bzw. des Verfahrenspflegers aus. Dazu genügt es nicht, dass sie oder er lediglich den Willen in das Verfahren einbringt. Im Lichte der UN-BRK kann die Verfahrenspflegerin bzw. der Verfahrenspfleger nicht zur Vertretung der objektiven Interessen des behinderten Menschen befugt sein. Im Gegensatz zum Handeln einer Betreuerin oder eines Betreuers ist hier auch keinerlei Schutzaspekt ersichtlich, der die Beachtlichkeit eines Wunsches der betroffenen Person einschränken kann.

2. Das Besorgen von Angelegenheiten durch die Betreuerin oder den Betreuer im Lichte der UN-BRK

a. Erforderlichkeitsprinzip und Wünsche betreuter Menschen

Das Assistenzparadigma des Artikels 12 UN-BRK ist bereits im Betreuungsrecht enthalten und wird hier näher erläutert. Konkreter umfasst es, dass nach § 1901 Absatz 1 BGB die Betreuung alle Tätigkeiten umfasst, die erforderlich sind, um die Angelegenheiten der oder des Betreuten nach Maßgabe der weiteren gesetzlichen Regelungen[41] zu besorgen. Aus dem Erforderlichkeitsprinzip folgt bereits ein Vorrang der Unterstützung vor der Vertretung, da das Erforderlichkeitsprinzip als Ausdruck des verfassungsrechtlichen Verhältnismäßigkeitsgrundsatzes bei jedem Eingriff in subjektive Rechte immer dem milderen Mittel den Vorrang einräumt. Tangiert ist hier das Selbstbestimmungsrecht, so dass Unterstützung der oder des Betroffenen zum Treffen einer eigenen Entscheidung und Vornahme einer auf der eigenen Entscheidung basierenden Handlung im Hinblick auf die Selbstbestimmung das mildere Mittel gegenüber einer Vertreterentscheidung ist.

Die Regelung des § 1901 BGB ist im Zusammenhang mit § 1897 Absatz 1 BGB zu sehen.[42] Danach bestellt das Betreuungsgericht zur Betreuerin bzw. zum Betreuer eine natürliche Person, die geeignet ist, in dem gerichtlich bestimmten Aufgabenkreis die Angelegenheiten der betreuten Person rechtlich zu besorgen und sie in dem hierfür erforderlichen Umfang persönlich zu betreuen. Bei den Angelegenheiten handelt es sich nur um Rechtsangelegenheiten, wobei deren Besorgung am Wohl und an den Wünschen der betroffenen Person auszurichten ist. Diese Verpflichtung zur Berücksichtigung legt die Handlungsweise fest, die bei der Unterstützung oder der Herstellung der Handlungsfähigkeit benötigt wird.

Aus § 1901 Absatz 1 BGB in Verbindung mit § 1897 BGB ergibt sich, dass ein Handeln der betreuenden Person nicht erforderlich ist, wenn die betreute Person

41 § 1901 BGB.
42 Diekmann (2011), S. 185.

eine konkret anstehende Entscheidung zu treffen vermag.[43] Ist der betreute Mensch bei der Entscheidungsfindung zu unterstützen oder hat die betreuende Person gar selbst eine Entscheidung zu treffen, so hat sie die Angelegenheiten der betreuten Person so zu besorgen, wie es deren Wohl entspricht.[44]

Artikel 12 Absatz 3 UN-BRK gibt den Vertragsstaaten auf, dass diese geeignete Maßnahmen zu treffen haben, um Menschen mit Behinderung die Unterstützung zukommen zu lassen, die diese bei der Ausübung ihrer Rechts- und Handlungsfähigkeit gegebenenfalls benötigen. Die UN-BRK bekräftigt damit das betreuungsrechtliche Erforderlichkeitsprinzip dahingehend, dass die betreuende Person erst dann als Vertreterin oder Vertreter handeln darf, wenn dies im Einzelfall notwendig ist. Der in Artikel 12 Absatz 3 UN-BRK festgelegte Vorrang der unterstützten Entscheidung vor der ersetzenden Entscheidung wirkt sich auf jede einzelne Handlung der betreuenden Person aus. Es ergibt sich ein klarer Vorrang der eigenen Entscheidung des betreuten Menschen.

Ist dies nicht möglich, kommt eine Befähigung der betreuten Person zum Treffen einer eigenen Entscheidung mittels Beratung und Unterstützung durch die betreuende Person in Betracht. Nur wenn dies mangels eigener Willensbetätigung oder Äußerung nicht möglich ist, ist eine ersetzende Entscheidung erforderlich. Der Nachrang der ersetzenden Entscheidung hat zur Folge, dass eine Partizipation der betreuten Person an dem Entscheidungsfindungsprozess gewährleistet wird und damit ihre Wünsche, Wille und Präferenzen Achtung finden. Die betreuende Person darf sich bei ihrer Unterstützung nicht von eigenen oder den Interessen Dritter leiten lassen. Insbesondere missbräuchliche Einflussnahme auf den unterstützungsbedürftigen Menschen soll nach Artikel 12 Absatz 4 UN-BRK ausgeschlossen werden. Dies ist im Betreuungsrecht durch die Bindung an das Wohl der betreuten Person niedergelegt,[45] welche Drittinteressen als handlungsleitenden Maßstab ausschließt.

b. Das Wohl betreuter Menschen

Das Wohl betreuter Menschen ist im Lichte von Artikel 12 Absatz 4 UN-BRK auszulegen. Es darf bei der Frage der Art und Weise, wie die betreuende Person den betreuten Menschen zu unterstützen hat, nicht verkannt werden, dass Betroffene nicht nur durch Vertretung ihrer Autonomie beraubt werden können. Eine Beeinträchtigung ihrer Autonomie ist ebenso durch Beeinflussung und/oder Vorenthalten entscheidungsrelevanter Informationen oder nicht verständliche Darstel-

43 Diekmann (2011), S. 188.
44 § 1901 Abs. 1 BGB.
45 § 1901 Abs. 2 BGB.

lung von entscheidungsrelevanten Informationen möglich. Eine betreuende Person könnte eine betreute Person zudem auch missbräuchlich dazu bringen, eine bereits getroffene Entscheidung nicht weiter zu verfolgen und von dieser wieder Abstand zu nehmen. Auch darin läge eine Missachtung der Autonomie, ohne dass es zu einer Vertretung gekommen wäre. Dem betreuten Menschen muss grundsätzlich die Möglichkeit einer Entscheidung geben werden, indem Entscheidungsoptionen offen gelegt bzw. die entscheidungsrelevanten Dinge verständlich gemacht werden.

Es wird deutlich, dass die betreuende Person hinsichtlich aller Angelegenheiten zunächst einmal die Wünsche und Vorstellungen des betreuten Menschen zu ermitteln hat. Dabei hat sie sich bei Menschen mit eingeschränkter Kommunikationsfähigkeit auch professioneller Dolmetscherinnen und Dolmetscher zu bedienen.[46]

§ 1901 Absatz 3 Satz 3 BGB sieht eine Besprechungspflicht ausdrücklich lediglich für wichtige Angelegenheiten vor. Dies kann aber keine Einschränkung der Wunschentsprechungspflicht bedeuten. Vielmehr sind die Wünsche und Präferenzen bei jeder Entscheidung zu berücksichtigen. Kennt die betreuende Person diese, dann kann im Ausnahmefall eine Besprechung bei unwichtigen Angelegenheiten entfallen.

c) Das Verhältnis von Wünschen und Wohl im Lichte der UN-BRK

Die Frage nach der Definition des Betreutenwohls im Sinne von § 1901 BGB, insbesondere des einem ausdrücklichen Wunsch zuwiderlaufenden Betreutenwohles im Sinne von § 1901 Absatz 3 BGB, gehört zu den schwierigsten Fragen des Betreuungsrechts.[47]

Die Bindung an die Wünsche bestimmt die Reichweite der Selbstbestimmung der betreuten Person innerhalb des Betreuungsverhältnisses, denn ein betreuter Mensch hat gerade deshalb eine Betreuerin oder einen Betreuer, weil er seine Angelegenheiten nicht selbst besorgen kann und somit auf Unterstützung beim Besorgen seiner Angelegenheiten angewiesen ist. Selbst wenn ein betreuter Mensch eine eigene Entscheidung getroffen hat, kann er diese möglicherweise nicht selbst im Rechtsverkehr zur Geltung bringen, so dass er auf die Unterstützung angewiesen ist. Welche Kriterien muss die betreuende Person beachten, um eine Entscheidung zwischen Wunsch und Wohl zu treffen?

§ 1901 Absatz 2 BGB macht deutlich, dass zum Wohl des betreuten Menschen auch die Möglichkeit gehört, im Rahmen seiner Fähigkeiten sein Leben nach seinen

46 Vormundschaftsgerichtstag (2010), Ziff. 3.
47 Brosey (2009), S. 37.

eigenen Wünschen und Vorstellungen zu gestalten. Dies hat auch der Bundesgerichtshof in seinem Urteil aus dem Jahr 2009 akzeptiert, indem er klar gestellt hat, dass ein Wunsch dem Wohl nicht bereits dann zuwiderläuft, wenn es den objektiven Interessen der betreuten Person widerspricht.[48] Diese Auffassung lässt es aber immer noch zu, dass objektive Interessen unter Umständen das Wohl des betreuten Menschen bestimmen mit der Folge, dass dann einem Wunsch nicht zu entsprechen ist.

aa) Abwägungsentscheidung durch die betreuende Person

Ein bedeutender Teil der Literatur[49] und Rechtspraxis hilft sich damit, dass zwischen Wunsch und Wohl des betreuten Menschen eine Abwägungsentscheidung getroffen wird.[50]

Der Bundesgerichtshof hat diese Praxis 2009 bestätigt. Ein Wunsch darf von der Betreuerin oder dem Betreuer dann nicht mehr beachtet und umgesetzt werden, wenn die Erfüllung der Wünsche höherrangige Rechtsgüter gefährden würde oder sich die gesamte Lebens- und Versorgungssituation der betreuten Person erheblich verschlechtern würde. Auch eine nicht hinnehmbare Selbstschädigung der betreuten Person soll zur Unbeachtlichkeit ihres Wunsches führen. Diese soll etwa dann vorliegen, wenn der Unterhalt der betreuten Person bis zu ihrem Tod infolge der gewünschten Maßnahme nicht mehr gesichert ist.[51]

Damit erkennt der Senat die Autonomie betreuter Menschen gerade nicht gleichberechtigt mit der anderer Menschen an. Mit dieser Argumentation werden die Bewahrungsinteressen den Entfaltungsinteressen des betroffenen Menschen vorgezogen und in ein Stufenverhältnis zu Lasten der Entfaltungsinteressen gesetzt, obwohl diese im Lichte von UN-BRK und Grundgesetz gleich stehen.[52] Eine autonome Ausübung der Handlungsfähigkeit gleichberechtigt mit anderen ist bei einem so vorgegeben Stufenverhältnis nicht möglich, mit der Folge, dass es zu einer

48 In dem vom Bundesgerichtshof entschiedenen Fall folgte der Betreuer einem Wunsch des Betreuten, der im Nachhinein eine erhebliche Vermögenseinbuße zur Folge hatte. Diese Vermögenseinbuße machten die Erben im Rahmen des Schadensersatzprozesses geltend. Urteil vom 22.07.2009, Aktenzeichen XII ZR 77/06 mit Anmerkung Brosey (2010).

49 Schwab (2012), § 1901, Rdnr. 14; Kieß (2010), § 1901, Rdnr. 47; Jürgens (2010), § 1901, Rdnr. 11.

50 Nach Lindhoff (2011) haben von 271 befragten Betreuerinnen und Betreuern 154 (71 Prozent) geantwortet, dass sie zwischen Wunsch und Wohl abwägen. Die uneingeschränkte Abwägungsentscheidung scheint damit in der Praxis weit verbreitet zu sein.

51 BGH, Urteil vom 22.07.2009, Aktenzeichen XII ZR 77/06, Rdnr. 18.

52 Brosey (2010), S. 17.

Ungleichbehandlung des betreuten Menschen kommt,[53] denn die tatsächliche Urteilfähigkeit und die Motive des betreuten Menschen in der Entscheidungssituation bleiben vollkommen unberücksichtigt.

bb) Auswirkung der Abwägungsentscheidung

Eine objektivierte Sichtweise nimmt die Autonomie betreuter Menschen nicht ernst und bewirkt das Risiko bevormundender Entscheidungen durch die betreuende Person. Ein Recht auf »Risiko« und ein Recht auf »Scheitern« wird betreuten Menschen damit generell verwehrt.

Eine Entscheidung des Kammergerichts[54], die die Entscheidung des Bundesgerichtshofs bereits aufgreift, zeigt, dass die Berücksichtigung des Wunsches eines Betreuten auf Einräumung eines Dispositionskredites über 500 Euro von seinen finanziellen Voraussetzungen abhängig gemacht wird, weil höherrangige Rechtsgüter gefährdet werden können. Die Urteilsfähigkeit des Betreuten und die persönlichen Gründe seines Wunsches fanden keine Erwähnung in der Entscheidungsbegründung und spielten offenbar keine Rolle. Eine objektivierte Sichtweise war hier folglich entscheidungsmaßgebend.

Eine noch aktuellere Entscheidung des Oberlandesgerichts Karlsruhe aus dem Jahr 2010 geht in eine ähnliche Richtung. Danach ist bei einem vermögenden Betreuten dem Wunsch nach einem vertretbaren Luxus ebenso wie dem Wunsch, den bisherigen Lebensstandard zu erhalten oder wieder zu erreichen, nachzukommen. Ein darauf basierender »unwirtschaftlicher Umgang« mit Betreutenvermögen kann daher gerechtfertigt sein.[55]

Die Prüfung, ob vertretbarer Luxus vorliegt, würde bei genauer Betrachtung letztlich auf eine Entmündigung des betroffenen Menschen hinauslaufen, da nicht diesem die Entscheidung, was für ihn vertretbarer Luxus ist, obliegt, sondern seiner Betreuerin oder seinem Betreuer. Damit handelt es sich nicht um eine Gleichstellung mit anderen, denn bei der Feststellung, ob »vertretbarer Luxus« möglich ist, wird ein strenger Blick auf das vorhandene Vermögen des betreuten Menschen geworfen und seine Urteilsfähigkeit und Motive bleiben unberücksichtigt.

Bei der Beurteilung der Frage, ob die Umsetzung des Wunsches die gesamte Lebens- und Versorgungssituation verschlechtert oder eben keinen vertretbaren Luxus darstellt, wird die Fähigkeit des betreuten Menschen zum Fassen einer

53 In der Umfrage von Lindhoff (2011) sind 71 Prozent der befragten Betreuerinnen und Betreuer dem BGH gefolgt, 19 Prozent haben dies abgelehnt und 20 Prozent haben keine Antwort gegeben.
54 Kammergericht Berlin, Beschluss vom 13.10.2009, Aktenzeichen 1 W 161/08.
55 Oberlandesgericht Karlsruhe, Urteil vom 15.06.2010, Aktenzeichen 12 U 235/09, Rdnr. 20-24.

selbstbestimmten Entscheidung nicht berücksichtigt. Jeder Wunsch, der prognostiziert eine Verschlechterung der gesamten Lebens- und Versorgungssituation zur Folge hätte, ist von der betreuenden Person zu ignorieren, auch wenn dieser Wunsch auf einer selbstbestimmten Entscheidung des betreuten Menschen basiert. Der Schutz des betreuten Menschen vor sich selbst wird damit höher gestellt als seine Autonomie.

cc) Wunsch und Wohl – ein Gegensatz?

Bereits aus dem Blickwinkel des Betreuungsrechts kann man diese Auslegung kritisieren.

Die Bedeutung des Selbstbestimmungsrechts kommt im Betreuungsrecht ausdrücklich durch die zum 1. Juli 2005 eingeführte Regelung des § 1896 Absatz 1a BGB zum Ausdruck. Danach darf eine Betreuung gegen den freien Willen der betroffenen Person nicht bestellt werden. Dem liegt die Annahme zugrunde, dass der Staat nicht das Recht habe, »seine erwachsenen und zur freien Willensbildung fähigen Bürger zu erziehen, zu bessern oder zu hindern, sich selbst zu schädigen«.[56] Bliebe aber ein selbstbestimmter Wunsch eines betreuten Menschen unberücksichtigt, weil die betreuende Person eine Verschlechterung der Versorgungssituation prognostiziert, bliebe für die Selbstbestimmung des betroffenen Menschen im Rahmen einer Betreuung kein Raum.[57] Der betreute Mensch hat ohne die Unterstützung durch die betreuende Person keine andere Möglichkeit, seinen Wunsch zu erfüllen, da er wegen seiner Betreuungsbedürftigkeit gerade auf deren Hilfe angewiesen ist. Für die Durchführung der Betreuung müssen aber die gleichen Grundsätze gelten wie für die Anordnung der Betreuung.[58]

Für das Innenverhältnis zwischen betreuender und betreuter Person werden aber gänzlich andere Maßstäbe angelegt, wenn die Fähigkeit des betroffenen Menschen zur freien Willensbestimmung im Rahmen der Betreuung unbeachtet bleibt. Die Autonomie betreuter Menschen kann nur gewahrt werden, indem die betreuende Person die Wünsche der betreuten Person umsetzt, es sei denn, diese erweisen sich als nicht eigenverantwortlich und sind damit nicht Bestandteil einer selbstbestimmten Entscheidung. Droht der betroffene Mensch sich aber infolge seiner fehlenden Eigenverantwortlichkeit selbst zu schädigen, kommt durchaus ein Schutzaspekt zum Tragen.

56 Bayerisches Oberstes Landesgericht, Beschluss vom 17.09.1992, Aktenzeichen 3Z BR 112/92.
57 Brosey (2010), S. 18.
58 Lipp (2003), S. 83.

dd) Vorrang der eigenverantwortlichen Entscheidung

Der Schutz eines betreuten Menschen, der in seiner Eigenverantwortlichkeit eingeschränkt ist, kann somit im Einzelfall geboten sein. Erst die Feststellung, dass ein Wunsch eine uneinsichtige Selbstschädigung zur Folge haben könnte, eröffnet der betreuenden Person die Möglichkeit und zugleich die Pflicht, über die Nichtbefolgung des Wunsches zu entscheiden[59] und damit eine ersetzende Entscheidung zu treffen. Fraglich ist, ob diese ersetzende Entscheidung nach Maßgabe der UN-BRK zulässig ist.

Die Schutzbedürftigkeit des betreuten Menschen ist immer nur dann gegeben, wenn er sich gerade infolge seiner mangelnden Eigenverantwortlichkeit selbst zu schädigen droht[60] und die Nichtbefolgung zudem verhältnismäßig ist.

Eine Nichtumsetzung eines selbstbestimmten Wunsches stellt einen Verstoß gegen das der UN-BRK innewohnende Diskriminierungsverbot dar.[61] Bereits aus Artikel 12 Absatz 2 UN-BRK ergibt sich, dass Menschen mit Behinderungen in allen Lebensbereichen gleichberechtigt mit anderen Rechts- und Handlungsfähigkeit genießen. Eine Nichtberücksichtigung der Fähigkeit zur Selbstbestimmung würde diese Gleichberechtigung in nicht zu rechtfertigender Weise beeinträchtigen.

Betreute Menschen, die selbstbestimmte Wünsche äußern, aber gleichzeitig wegen ihrer Erkrankung oder Behinderung ihre Angelegenheiten nicht besorgen können, sind auf die Umsetzung des Wunsches durch die betreuende Person angewiesen. Die Rechtsgleichheit gebietet es daher, dass auch betreute Menschen im Rahmen ihrer Selbstbestimmung Handlungen bewirken können, die sich auf ihre gesamte Lebens- und Versorgungssituation objektiv verschlechternd auswirken.

ee) Zulässigkeit der Nichtbefolgung eines Wunsches im Lichte der UN-BRK

Das Bundesverfassungsgericht hat sich zur Reichweite der UN-BRK bereits geäußert. In einer Entscheidung über die Zulässigkeit einer Zwangsbehandlung mit Neuroleptika wird ausgeführt, dass die UN-BRK als Auslegungshilfe für die Reichweite der Grundrechte herangezogen werden kann.[62] Artikel 12 Absatz 4 UN-BRK verbiete es nicht, dass grundsätzlich Maßnahmen gegen den natürlichen Willen einer Person getroffen werden, die an eine krankheitsbedingt eingeschränkte Selbstbestimmungsfähigkeit anknüpfen. Dies ergebe sich aus dem Regelungszu-

59 Brosey (2010), S. 18.
60 Lipp (2000), S. 161, Lipp (2005), S. 8; Brosey (2009), S. 71.
61 Art. 2 und 5 UN-BRK.
62 Beschluss vom 23.03.2011, Aktenzeichen 2 BvR 882/09, Rdnr. 52.

sammenhang des Artikels 12 Absatz 4 UN-BRK, der sich gerade auf solche Maßnahmen beziehe, die die Betroffene oder den Betroffenen in ihrer oder seiner Handlungsfähigkeit beschränke. Diese Maßnahmen sind nicht generell untersagt, sondern durch Artikel 12 Absatz 4 Satz 2 UN-BRK wiederum besonderen Anforderungen unterstellt, indem die Vertragsstaaten verpflichtet werden, geeignete Sicherung gegen Interessenkonflikte, Missbrauch und Missachtung sowie zur Gewährleistung der Verhältnismäßigkeit zu treffen.[63]

d) Zwischenergebnis

Einem Wunsch darf nur dann nicht entsprochen werden, wenn die Nichtbeachtung zum Schutz des betroffenen Menschen erforderlich ist, weil dieser in seiner Selbstbestimmungsfähigkeit eingeschränkt ist. Im Rahmen dessen kann dann unter Wahrung der Verhältnismäßigkeit eine Abwägungsentscheidung durch die betreuende Person getroffen werden, so dass die Nichtentsprechung im Ausnahmefall möglich ist. Nur in diesen Fällen liegt eine ersetzende Entscheidung vor. Das Regel-Ausnahme-Verhältnis des § 1901 Absatz 3 BGB wird damit bestätigt. Dem Wunsch ist grundsätzlich zu entsprechen und seine Nichtbefolgung ist die Ausnahme. Wille und Präferenzen werden damit hinreichend geachtet, wenn diese Maßstäbe tatsächlich in der Praxis umgesetzt werden. Dazu müssen die Vertragsstaaten Sicherungsvorkehrungen treffen. Die dargestellten Grundsätze sind im Rahmen der betreuungsgerichtlichen Aufsicht zu berücksichtigen, insbesondere im Rahmen der Genehmigungsverfahren und der Aufsicht durch Jahresbericht und Rechnungslegung.[64]

IV. Fazit

Artikel 12 UN-BRK stärkt die Autonomie betreuter Menschen, indem er der Unterstützung gegenüber der Vertretung durch die betreuende Person Vorrang einräumt. Durch eine Unterstützung wird die selbstbestimmte Entscheidung der betreuten Menschen sichergestellt, so dass eine Achtung ihrer Wünsche und Präferenzen gewährleistet wird. Aber auch für den Fall, dass die betreuende Person eine Entscheidung trifft, sieht das Betreuungsrecht durch § 1901 Absatz 3 BGB eine Bindung an die Wünsche vor und verbietet grundsätzlich das Ersetzen einer durch den betreuten Menschen getroffenen Entscheidung.

63 Ebenda, Rdnr. 53.
64 § 1908i in Verbindung mit §§ 1837, 1840 BGB.

Nur im Ausnahmefall ist ein Ignorieren des Wunsches zum Schutz des betroffenen Menschen bei einer erheblichen Selbstschädigung, die auf seiner fehlenden Eigenverantwortlichkeit beruht, zulässig. Neben der betreuungsgerichtlichen Aufsicht, die insbesondere auf die Einhaltung der Pflicht des § 1901 Absatz 3 BGB vermehrt ein deutliches Augenmerk legen sollte, sind die Eignung der betreuenden Person und deren fachliche Begleitung ein wichtiger Schritt zur Herstellung der rechtlichen Handlungsfähigkeit betreuter Menschen unter Wahrung ihrer Autonomie. Auf diese Grundsätze ist im Betreuungsverfahren mehr Rücksicht zu nehmen.

Solange aber die rechtliche Vertretung ausdrücklich als Aufgabe für Betreuerinnen und Betreuer verstanden wird, ist die Gefahr der ersetzenden Entscheidung ohne hinreichende Beachtung der Wünsche in der Praxis stets gegeben. Die Merkblätter für Betreuerinnen und Betreuer der Landesjustizverwaltungen beginnen regelmäßig mit der Wiedergabe des § 1902 BGB: »Der Betreuer ist der gesetzliche Vertreter des Betreuten. Er vertritt den Betreuten innerhalb der übertragenen Aufgabenkreise gerichtlich und außergerichtlich.«[65] Hier besteht dringender Bedarf einer Änderung, die die Grundsätze des Artikels 12 UN-BRK hinreichend berücksichtigt.

Literaturverzeichnis

Aichele, Valentin / Jochen von Bernstorff (2010): Das Menschenrecht auf gleiche Anerkennung vor dem Recht: Zur Auslegung von Art. 12 der UN-Behindertenrechtskonvention. In: Betreuungsrechtliche Praxis 2010 (5), S. 199-203.

Bienwald, Werner (2011): Kommentierungen zu § 276 und § 278 FamFG. In: Werner Bienwald / Susanne Sonnenfeld / Birgit Hoffmann / Christa Bienwald (Hg.): Betreuungsrecht – Kommentar, 5. Auflage. Bielefeld: Gieseking.

Brosey, Dagmar (2009): Wunsch und Wille des Betreuten bei Einwilligungsvorbehalt und Aufenthaltsbestimmungsrecht. Hamburg: Dr. Kovač.

Brosey, Dagmar (2010): Der Wunsch des Betreuten – Umsetzung mit Einschränkung. In: Betreuungsrechtliche Praxis 2010 (1), S. 16-18.

Budde, Lutz (2011): Kommentierung zu § 276 FamFG. In: Theodor Keidel (Begr.), Helmut Engelhardt / Werner Sternal (Hg.): FamFG – Kommentar zum Gesetz über das Verfahren in Familiensachen und in den Angelegenheiten der freiwilligen Gerichtsbarkeit. 17. Auflage. München: C.H. Beck.

65 Vgl. beispielhaft die Merkblätter aus Bayern (http://www.justiz.) und Sachsen (http://www.justiz.sachsen.de/agae/download/BS-625.pdf); ähnlich die aus Berlin (http://www.berlin.de/imperia/md/content/senatsverwaltungen/justiz/gerichte/ag-pw/merkblatt_f_r_betreuer.pdf), Bremen (http://www.amtsgericht.bremen.de/sixcms/media.php/13/02Merkblatt%20f%FCr%20Betreuer%20%284%20Seiten%29.pdf) sowie aus Nordrhein-Westfalen (http://www.justiz.nrw.de/BS/formulare/betreuung/zwischentext_formulare_nach_famrg/bs005b.pdf).

Bumiller, Ursula / Dirk Harders (2011): FamFG – Freiwillige Gerichtsbarkeit. Gesetz über das Verfahren in Familiensachen und in den Angelegenheiten der freiwilligen Gerichtsbarkeit (FamFG). 10. Auflage. München: C.H. Beck.

Deinert, Horst (2010): Betreuungszahlen 2009. Amtliche Erhebungen des Bundesamtes für Justiz, der Sozialministerien der Bundesländer, der überörtlichen Betreuungsbehörden, der Bundesnotarkammer sowie des Statistischen Bundesamtes. Ausgewertet und grafisch aufbereitet von Horst Deinert. Stand: 5.11.2010. http://www.bt-portal.de/fileadmin/BT-Prax/downloads/Statistik_Betreuungszahlen/10.11.12_Betreuungszahlen_2009.pdf.

Diekmann, Andrea (2011): Erforderlichkeit der Betreuung und der Vorrang anderer Hilfen. In: Betreuungsrechtliche Praxis 2011 (4), S. 185-188.

Diekmann, Andrea (2012): 20 Jahre Betreuungsrecht – Rückblick und Ausblick. In: Betreuungsrechtliche Praxis 2012 (1), S. 5-9.

Fröschle, Tobias (2010): Praxiskommentar Betreuungs- und Unterbringungsverfahren. FamFG – KostO – RPflG – BtBG. 2. Auflage. Köln: Bundesanzeiger-Verlag.

Harm, Uwe (2010): Der Verfahrenspfleger nach FamFG im Amte der Verfahrensstandschaft? Zur Rechtsstellung des Verfahrenspflegers nach dem FamFG. In: Der deutsche Rechtspfleger 2010 (6), S. 304-305.

Harm, Uwe (2012): Rechtsstellung, Rechtsmacht und Aufgaben des Verfahrenspflegers. In: Betreuungsrechtliche Praxis 2012 (5), S. 189-192.

Hoffmann, Birgit (2008): Persönliche Betreuung im Betreuungsrecht. In: Betreuungsrechtliche Praxis 2008 (3), S. 95-99.

Jürgens, Andreas (2010): Kommentierung zu § 1901 BGB. In: Andreas Jürgens (Hg.): Betreuungsrecht. Kommentar zum materiellen Betreuungsrecht, zum Verfahrensrecht und zum Vormünder- und Betreuervergütungsrecht. 4. Auflage. München: C.H. Beck.

Kieß, Peter (2010): Kommentierung zu § 1901 BGB. In: Andreas Jurgeleit (Hg.): Betreuungsrecht – Handkommentar. 2. Auflage. Baden-Baden: Nomos.

Kretz, Jutta (2010): Kommentierung zu § 276 FamFG. In: Andreas Jürgens (Hg.): Betreuungsrecht. Kommentar zum materiellen Betreuungsrecht, zum Verfahrensrecht und zum Vormünder- und Betreuervergütungsrecht. 4. Auflage. München: C.H. Beck.

Lachwitz, Klaus (2008): Übereinkommen der Vereinten Nationen über die Rechte von Menschen mit Behinderung. In: Betreuungsrechtliche Praxis 2008 (4), S. 143-148.

Lindhoff, Henning (2011): Konflikte zwischen Klientenwunsch und Klientenwohl aus Sicht der rechtlichen Betreuer – eine empirische Analyse. Masterthesis. Fachhochschule Köln.

Lipp, Volker (2000): Freiheit und Fürsorge: Der Mensch als Rechtsperson. Zu Funktion und Stellung der Rechtlichen Betreuung Im Privatrecht. Tübingen: Mohr Siebeck.

Lipp, Volker (2003): Entscheidungen gegen den Willen des Betreuten – Kriterien für Entscheidungen gegen den Willen des Betreuten. In: Vormundschaftsgerichtstag (Hg.): »Zum Wohl des Betreuten«: zehn Jahre nach einer Jahrhundertreform: Schutzgarantien und Qualität im Betreuungswesen. Recklinghausen: Vormundschaftsgerichtstag e.V., S. 83-85.

Lipp, Volker (2005): Betreuung: Rechtsfürsorge im Sozialstaat aus betreuungsrechtlicher Perspektive. In: Betreuungsrechtliche Praxis 2005 (1), S. 6-10.

Lipp, Volker (2010): UN-Behindertenrechtskonvention und Betreuungsrecht. In: Betreuungsrechtliche Praxis 2010 (6), S. 263-267.

Meier, Sybille M. (2010): Kommentierung zu § 276 FamFG. In: Andreas Jurgeleit (Hg.): Betreuungsrecht – Handkommentar. 2. Auflage, Baden-Baden: Nomos.

Nicklas-Faust, Jeanne (2011): Erster Staatenbericht zur Umsetzung der Behindertenrechtskonvention beschlossen. In: Rechtsdienst der Lebenshilfe 2011 (3), S. 103-108.

Rothfritz, Lauri Philip (2010): Die Konvention der Vereinten Nationen zum Schutz der Rechte von Menschen mit Behinderungen. Eine Analyse unter Bezugnahme auf die deutsche und europäische Rechtsebene. Frankfurt am Main: Peter Lang.

Schmidt-Recla, Adrian (2010): Kommentierung zu § 276 FamFG. In: Thomas Rauscher / Peter Wax / Joachim Wenzel (Hg.): Münchener Kommentar zur Zivilprozessordnung mit Gerichtsverfassungsgesetz und Nebengesetzen, Band 4, 3. Auflage, München: C.H. Beck.

Schwab, Dieter (2012): Kommentierung zu § 1901 BGB. In: Franz Jürgen Säcker / Roland Rixecker (Hg.): Münchener Kommentar zum Bürgerlichen Gesetzbuch, Band 8, 6. Auflage, München: C.H. Beck.

Winterstein, Peter (2011): Anforderungen an das Betreuungswesen. In: Bundestagsfraktion Bündnis 90/Die Grünen (Hg.): Anforderungen an das Betreuungswesen. Dokumentation des Fachgesprächs vom 6. Juni 2011 in Berlin. http://www.gruene-bundestag.de/cms/publikationen/dokbin/399/399261.anforderungen_an_das_betreuungswesen.pdf, S. 17-19.

Materialverzeichnis

Bundesministerium der Justiz (2011): Interdisziplinäre Arbeitsgruppe zum Betreuungsrecht. Abschlussbericht vom 20. Oktober 2011. Abgedruckt in: Betreuungsrechtliche Praxis, BtPrax-Sonderausgabe 2012.

Deutscher Bundestag (1989): Gesetzesentwurf der Bundesregierung: Entwurf eines Gesetzes zur Reform des Rechts der Vormundschaft und Pflegschaft für Volljährige (Betreuungsgesetz – BtG). Bundestags- Drucksache 11/4528 vom 11.05.1989.

Deutscher Bundestag (2007): Gesetzesentwurf der Bundesregierung: Entwurf eines Gesetzes zur Reform des Verfahrens in Familiensachen und in den Angelegenheiten der freiwilligen Gerichtsbarkeit (FGG-Reformgesetz – FGG-RG). Bundestags- Drucksache 16/6308 vom 07.09.2007.

Vormundschaftsgerichtstag (2010): Resolution zum 12. Betreuungsgerichtstag. 06.11.2010.

Die Konkretisierung des Hilfeanspruchs durch ein Erwachsenenhilfegesetz

Robert Northoff

Das im Jahre 2006 verabschiedete, Ende 2008 von Deutschland ratifizierte und im März 2009 in Kraft getretene UN-Übereinkommen über die Rechte von Menschen mit Behinderungen (UN-BRK) will den vollen und gleichberechtigten Genuss aller Menschenrechte und Grundfreiheiten durch alle Menschen mit Behinderungen fördern, schützen und gewährleisten.[1] Demzufolge legt die Behindertenrechtskonvention einen besonderen Schwerpunkt auf die Unterstützung der rechtlichen Handlungsfähigkeit von Menschen mit Behinderungen, ohne dabei den Gedanken des Schutzes und anderer Sicherungsvorkehrungen außerhalb menschenrechtlicher Überlegungen zu stellen.[2]

Der nachfolgende Beitrag befasst sich mit der Idee eines Erwachsenenhilfegesetzes (EHG) und thematisiert – am Beispiel des Betreuungsrechts – einen Vorschlag, der dem Gedanken der Unterstützung im Sinne der UN-BRK anders und besser Rechnung trägt als die bisherigen gesetzlichen Vorkehrungen. Nach einer kurzen Einführung (I.) stellt er das BEOPS-Projekt vor (II.), entwickelt Schlussfolgerungen aus den Befunden (III.), entwickelt Grundstrukturen eines EHG (IV.) und zieht ein Fazit in Bezug auf die Umsetzung der UN-BRK (V.).

I. Die besondere Bedeutung der Unterstützung (»support«) nach der UN-BRK

Eine besondere Bedeutung kommt dem auch und gerade für Menschen mit Behinderungen geltenden Grundsatz der vollen und wirksamen Teilhabe an der Gesellschaft und der Einbeziehung in die Gesellschaft zu.[3] Daraus ergeben sich allgemeine Verpflichtungen der Vertragsstaaten, so insbesondere die Verpflichtung, alle geeigneten Gesetzgebungs-, Verwaltungs- und sonstigen Maßnahmen zur Umsetzung der in diesem Übereinkommen anerkannten Rechte zu treffen. Hinsichtlich der wirtschaftlichen, sozialen und kulturellen Rechte ist dieser Anspruch dahingehend konkretisiert, dass jeder Vertragsstaat »unter Ausschöpfung seiner verfügba-

1 Vgl. Art. 1 UN-BRK.
2 Art. 12 Abs. 3 und 4 UN-BRK. Allgemein zu diesem Paradigmenwechsel vgl. Aichele / Degener in diesem Band.
3 Vgl. Art. 3 lit. c UN-BRK.

ren Mittel … Maßnahmen zu treffen hat, um nach und nach die volle Verwirklichung dieser Rechte zu erreichen.«[4]

Artikel 12 Absatz 3 UN-BRK verlangt schließlich, dass die Vertragsstaaten sich verpflichten, geeignete Maßnahmen zu treffen, um Menschen mit Behinderungen Zugang zu der Unterstützung zu verschaffen, die sie bei der Ausübung ihrer Rechts- und Handlungsfähigkeit benötigen.

Welche Bedeutung der Hilfeanspruch nach Artikel 12 Absatz 3 UN-BRK hat, wird im Rahmen systematischer Auslegung allerdings teilweise kontrovers diskutiert. Artikel 12 Absatz 2 UN-BRK postuliert, dass Menschen mit Behinderungen in allen Lebensbereichen gleichberechtigt mit anderen Rechts- und Handlungsfähigkeit genießen. Teilweise wird dazu in Fachdiskussionen vertreten, dass diese Vorschrift eine Fiktion der Gleichstellung sei, Artikel 12 Absatz 4 UN-BRK stelle insofern keine Einschränkung bzw. Relativierung dar.[5] In diesem Kontext wird gefordert, die Verwendung des Begriffs der Behinderung im Rechtswesen[6] und auch alle rechtlichen Handlungsbeschränkungen[7] möglichst zu unterlassen. Damit wird der Hilfeanspruch zur zentralen Aussage und Forderung der Konvention: Behinderte sind normaler Teil der menschlichen Vielfalt, sie haben nur einen besonderen Bedarf, und der ist in gesellschaftlicher Solidarität zu erfüllen.

Bezieht man allerdings im Sinne systematischer Auslegung Artikel 12 Absatz 4 mit ein, so ergibt sich eine moderatere und insbesondere pragmatischere Sicht der Dinge. Nach Absatz 4 sind zusätzlich **geeignete und wirksame Sicherungen** vorzusehen, so auch deswegen, damit es nicht zu Interessenkonflikten und missbräuchlicher Einflussnahme kommt. In diesem Kontext wird der Begriff der Behinderung nicht per se abgelehnt, zumal ihn ja auch die UN-BRK selbst benutzt, doch wird der Begriff in jedem Einzelfall auf seine Sinnhaftigkeit untersucht, und auch die Schutzvorschriften des deutschen Rechts (wie sie zum Beispiel bei sogenannten Störungen der Geistestätigkeit für die Aufhebung der Geschäftsfähigkeit in den §§ 104, 105 des Bürgerlichen Gesetzbuches, BGB, und für die Einschränkung der Verantwortlichkeit zum Beispiel im § 827 BGB enthalten sind) werden nicht generell abgelehnt, sondern im Hinblick auf ihre Vereinbarkeit mit der UN-BRK einer kritischen Prüfung unterzogen. Menschen mit Behinderungen haben danach einen Anspruch auf Hilfe **und** Schutz. Dabei bekommt dann allerdings auch der Schutzanspruch einen Hilfeaspekt, denn Schutz darf nicht als Entmündigung verstanden werden, vielmehr ist durch Beratung und Förderung wirksame Hilfe und Unterstützung nach Artikel 12 Absatz 3 zu gewähren, wie es auch im § 1901 Absatz 3 BGB (»Der Betreuer hat Wünschen des Betreuten zu entsprechen, soweit

4 Art. 4 Abs. 1 und 2 UN-BRK.
5 So etwa Aichele / von Bernstorff (2010), S. 201; Schulte (2011), S. 47.
6 Wie zum Beispiel bei § 1896 Abs. 1 BGB oder § 35a Abs. 1 Sozialgesetzbuch (SGB) VIII.
7 Wie in § 104 Nr. 2 BGB.

dies dessen Wohl nicht zuwiderläuft und dem Betreuer zuzumuten ist«) zum Ausdruck kommt.

Gleich welcher der zuvor erläuterten Auffassungen man folgt, der Anspruch auf Unterstützung ist also eine, wenn nicht die zentrale Forderung der Konvention. Sie ist der Königsweg zur rechtlichen Gleichstellung und zum rechtlichen Schutz.

Die Konvention knüpft damit an die höchstrichterliche deutsche Rechtsprechung zu Artikel 3 Grundgesetz (GG) an. Artikel 3 Absatz 3 Satz 2 GG stellt zwar vom Wortlaut her nur klar, dass niemand wegen seiner Behinderung benachteiligt werden darf. Nach Auffassung des Bundesverfassungsgerichtes kann eine Benachteiligung aber unter anderem auch »bei einem Ausschluss von Entfaltungs- und Betätigungsmöglichkeiten durch die öffentliche Gewalt gegeben sein, wenn dieser nicht durch eine auf die Behinderung bezogene Förderungsmaßnahme hinlänglich kompensiert wird.«[8] Ein Anspruch auf Förderung, Hilfe und Schutz lässt sich nach deutschem Recht daneben auch über das Sozialstaatsprinzip nach Artikel 20 Absatz 1 GG herleiten.

Der Weg der Konvention knüpft im Übrigen auch an die sozialwissenschaftliche Diskussion an, die die Forderung nach dem (manchmal nur schwer möglichen) Abbau von sozialen Benachteiligungen zunehmend durch das Bemühen um eine Förderung von Potenzialen ergänzt. Praktische Unterstützung in Form der Sozialen Arbeit soll demnach weniger defizitorientiert, sondern vor allem ressourcenorientiert sein. Ein solcher Ansatz ist weniger stigmatisierend, er wird hier aufgegriffen. Daher wird nachfolgend weniger von »Menschen mit Behinderungen«, sondern vorzugsweise von »Menschen mit besonderem Bedarf« gesprochen.

II. Untersuchung der verstärkten Hilfe für Menschen mit besonderem Bedarf (das BEOPS-Projekt)

Im deutschen Recht ist die Position von Menschen mit besonderem Bedarf vor allem im Abschnitt des BGB zur rechtlichen Betreuung[9] geregelt. Danach bestellt das Betreuungsgericht eine Betreuerin bzw. einen Betreuer, wenn eine volljährige Person auf Grund einer psychischen Krankheit oder einer körperlichen, geistigen oder seelischen Behinderung ihre Angelegenheiten ganz oder teilweise nicht besorgen kann.[10] Im Zentrum dieser Rechtsvorschriften steht der Schutz der oder des Betreuten durch eine rechtliche Vertretung.[11] Zuständig für das Betreuungsverfahren sind die Justizministerien und -senatorinnen bzw. -senatoren der Länder.

8 Bundesverfassungsgericht, Beschluss vom 08.10.1997, Aktenzeichen 1 BvR 9/97.
9 §§ 1896 ff. BGB.
10 § 1896 Abs. 1 BGB.
11 § 1902 BGB.

Unstreitig ist allerdings, dass eine Betreuung dann nicht in Betracht kommt, wenn sie nicht »erforderlich« ist.[12] Eine Betreuung ist dann nicht erforderlich, wenn die Angelegenheiten der volljährigen Person durch andere Hilfen ebenso gut besorgt werden können.[13] Darüber zu befinden hat das Betreuungsgericht in Zusammenarbeit mit der Betreuungsbehörde.

1. Projekt-Hintergrund

Die in den Jahren 2008 und 2009 durchgeführte Untersuchung[14] ging der Frage nach, wie es sich auswirkt, wenn Menschen mit besonderem Bedarf verstärkt sozialarbeiterische Hilfe angeboten wird. Im Zentrum der Untersuchung stand also die **Be**treuungs**op**timierung durch **S**ozialleistungen (kurz: BEOPS).

Angeregt wurde das BEOPS-Projekt durch das Justizministerium Mecklenburg-Vorpommern als Auftraggeber, weiter beteiligt waren die Landeshauptstadt Schwerin, insbesondere ihre Betreuungsbehörde, das Betreuungsgericht (damals noch: Vormundschaftsgericht) Schwerin sowie der Autor als wissenschaftlicher Begleiter. Projektbereich war der Zuständigkeitsbereich der Betreuungsbehörde der Landeshauptstadt Schwerin. Untersuchungsgegenstand waren alle in den Jahren 2008 und 2009 bei der Betreuungsbehörde eingehenden Anregungen für eine Betreuung (n = etwa 2000).

Die dazu angelegten Vorgänge wurden nach dem Zufallsprinzip einer Untersuchungsgruppe (auch U-Gruppe genannt) und einer Kontrollgruppe (auch K-Gruppe genannt) zugeteilt. In der Untersuchungsgruppe wurden sozialarbeiterische Interventionen einer bei der Betreuungsbehörde zusätzlich angestellten (Teilzeit in einer Größenordnung von etwa 0,4 Stelle arbeitenden) Fachkraft und der ihr zugeordneten Mitarbeiterinnen wirksam. Die Kosten für die zusätzliche Soziale Arbeit wurden vom Justizministerium (bzw. dem dahinter stehenden Finanzministerium) übernommen.

2. Allgemeine Ergebnisse

Als in der Betreuungspraxis besonders häufige Erkrankungen (klinische Bilder) wurden im BEOPS-Projekt vor allem Demenz (etwa 25 Prozent), geistige Behinderungen (etwa 15 Prozent), Abhängigkeitserkrankungen (etwa 10 Prozent), Schizophrenien (etwa 10 Prozent) und Mischformen (etwa 25 Prozent) diagnostiziert.

12 § 1896 Abs. 2 BGB.
13 Vgl. zum Vorrang anderer Hilfen auch Lipp in diesem Band.
14 Siehe den Abschlussbericht: Northoff (2010).

Über die Gruppen und Jahre hinweg wurden in etwa 40 Prozent der Fälle berufliche, in etwa 60 Prozent der Fälle ehrenamtliche Betreuerinnen bzw. Betreuer eingesetzt. Dabei zeigte sich eine Tendenz dahingehend, dass in der U-Gruppe etwas weniger Berufs- bzw. Vereinsbetreuerinnen und -betreuer und etwas mehr Familienangehörige und andere Ehrenamtliche eingesetzt wurden als in der K-Gruppe.

3. Sozialrechtliche Hilfeansprüche

In der Untersuchung ließ sich auch feststellen, dass bestimmte Hilfen zu einer Vermeidung von Betreuungen beitragen können. Dazu gehören insbesondere die soziale Betreuung in Pflegeeinrichtungen[15] und für Versicherte mit erheblichem allgemeinen Betreuungsbedarf in häuslicher Pflege[16], die Eingliederungshilfe für Menschen mit Behinderungen[17], die Hilfen für kranke Menschen wie etwa die Leistungen der gesetzlichen Krankenversicherungen[18], die häusliche Krankenpflege[19] und soziotherapeutische Leistungen[20], die nach dem Landeskrankenhausgesetz Mecklenburg-Vorpommerns anzubietende soziale Betreuung[21] und die Hilfe bei besonderen sozialen Schwierigkeiten[22]. Tendenziell wurden die Hilfen in der U-Gruppe stärker genutzt.

Einige Hilfen dürften nur in Ausnahmefällen eine Rolle spielen. So betrifft die Hilfe für junge Volljährige[23] grundsätzlich nur die Altersgruppe zwischen 18 und 21 Jahren. Die Unterstützung durch die Bewährungshilfe[24] und die strafvollzuglichen Hilfen zur Entlassung[25] betreffen nur solche Betreute, die angesichts ganz erheblicher Straffälligkeit zu einer Freiheitsstrafe verurteilt worden sind.

Andere Hilfen konnten überraschenderweise nicht festgestellt werden. So ließen sich Maßnahmen der Eingliederung zur Arbeit[26], Hilfen in anderen Lebenslagen wie die Hilfe zur Fortführung des Haushalts und die Altenhilfe[27], die behördliche Bestellung von Verfahrensvertreterinnen und -vertretern[28], Hilfen und Schutzmaß-

15 § 11 SGB XI.
16 §§ 45a-45d SGB XI.
17 §§ 53-60 SGB XII.
18 §§ 4, 11 SGB V.
19 § 37 SGB V.
20 § 37a SGB V.
21 § 11 Landeskrankenhausgesetz Mecklenburg-Vorpommern.
22 §§ 67-69 SGB XII.
23 §§ 41, 27 ff. SGB VIII.
24 § 56d Strafgesetzbuch.
25 § 74 Strafvollzugsgesetz.
26 §§ 15 SGB II, 35 SGB III.
27 §§ 70-74, insbesondere § 70 und § 71 SGB XII.
28 § 15 Abs. 1 Nr. 4 SGB X.

nahmen für psychisch Kranke entsprechend dem im einschlägigen Gesetz geregelten Anspruch auf vorsorgende und nachgehende Hilfen[29], Leistungen durch eine trägerübergreifende Servicestelle[30] oder auf Grund von Rahmenverträgen[31] oder anderer Vereinbarungen mit den Einrichtungen und Diensten[32] praktisch nicht feststellen. Die Projektgruppe kann sich insofern eine Reihe von Konstellationen vorstellen, in denen auch derartige Angebote Betreuungen vermeiden oder zumindest aufschieben könnten.

Fasst man diese Ergebnisse zusammen, so lässt sich erkennen, dass das deutsche Recht durchaus zahlreiche Hilfeangebote kennt, dass diese aber weit verstreut und demgemäß auch nicht allen bekannt sind. Die Zerstreuung hat außerdem zur Folge, dass die Hilfe für Menschen mit besonderem Bedarf in den jeweiligen Vorschriftensammlungen nur ein nachgeordneter Unterpunkt ist, was der zentralen Bedeutung nach der UN-BRK aber nicht wirklich gerecht wird.

4. Wirksamkeit der angebotenen Hilfen

Das BEOPS-Projekt brachte im weiteren Verlauf auch Erkenntnisse darüber, ob die angebotenen Hilfen effektiv waren. Seitens der Betreuungsbehörde gab es wie erwartet in der U-Gruppe mit verstärkter Sozialarbeit weniger Betreuungsempfehlungen und mehr Anregungen für eine Betreuungsaufhebung als in der K-Gruppe.

Über die beiden Jahre wurde bei neuen Fällen aus der U-Gruppe (nur) in rund 56 Prozent, in der K-Gruppe aber in rund 68 Prozent der Fälle die Empfehlung einer Betreuung ausgesprochen. Bei den Wiedervorlagen älterer Fälle wurde in der U-Gruppe in etwa 13 Prozent eine Aufhebung der Betreuung empfohlen, in der K-Gruppe (nur) in etwa 10 Prozent. Auch bei den Gerichtsentscheidungen gab es in der U-Gruppe weniger Betreuungen und mehr Betreuungsaufhebungen als in der K-Gruppe. Mehr Soziale Arbeit führte dazu, dass es in der U-Gruppe bei Neuvorlagen etwa 7 Prozent weniger Erstbestellungen von Betreuern und bei Wiedervorlagen älterer Fälle etwa 4 Prozent mehr Aufhebungen von bestehenden Betreuungen gab.

Mehr Soziale Arbeit führte bei Neuvorlagen hinsichtlich der entschiedenen Fälle nicht zu einer größeren Verschiebung von Berufs- zu ehrenamtlichen Betreuerinnen und Beteuern. Soziale Arbeit verhinderte also vor allem bei leichteren und mittelschweren Fällen eine Betreuung, bei erhöhtem Mehrbedarf und besonderen Schwierigkeiten bleiben aber berufliche Betreuungen unverzichtbar.

29 § 4 Gesetz über Hilfen und Schutzmaßnahmen für psychisch Kranke Mecklenburg-Vorpommern.
30 § 22 SGB IX.
31 § 79 SGB XII.
32 §§ 75 ff. SGB XII.

Mehr Soziale Arbeit konnte auch die (zu gesunden Zeiten genutzte) Eigenverantwortlichkeit stärken. In etwa 10 Prozent der auswertbaren Fälle konnte durch eine neu installierte Vorsorgevollmacht (für den Fall der späteren Erkrankung) geholfen werden. Die Vorsorgevollmacht wurde in der U-Gruppe tendenziell etwas häufiger genutzt. Der Umstand, dass bereits eine Betreuung eingerichtet ist, steht einer solchen Vorsorgevollmacht nicht entgegen.

5. Kostenersparnis

Das BEOPS-Projekt lieferte auch Belege dafür, dass Soziale Arbeit effizient ist: Soziale Arbeit funktioniert (Social Work Works) und kann sogar Kosten einsparen. Das ist ganz offensichtlich für diejenigen Betreuten, die angesichts ihrer guten finanziellen Lage die Betreuung selbst hätten finanzieren müssen; soweit ihnen durch mehr soziale Unterstützung geholfen werden konnte, sind später (jedenfalls für einen gewissen Zeitraum) keine Betreuungskosten angefallen.

Dies gilt aber auch für das Justizministerium, welches bei Mittellosen für die Kosten der Betreuung eintreten muss. Besonders aussagekräftig sind insofern die angefallenen Kosten, also diejenigen Vergütungen bzw. Entschädigungen, die das Tätigwerden in den Jahren 2008 und 2009 betreffen, gleich, ob sie im entsprechenden Jahr oder erst später abgerechnet wurden. Die Daten zeigten für die U-Gruppe bei den Betreuungskosten im Jahre 2008 Minderausgaben von rund 32 € je Fall, im Jahre 2009 Minderausgaben von rund 37 € je Fall, gemittelt also gut 34 € je Fall. Rechnet man diese hoch, so ergibt sich gemittelt für die Untersuchungsstichprobe eine Ersparnis von 15.000 € im Jahr und für die Gesamtstichprobe von etwa 30.000 € im Jahr. Der Anteil der Mittellosen wurde anhand der Daten auf rund 72 Prozent über alle Verfahrensarten ermittelt. Bezogen auf Mittellose ergab sich danach eine Ersparnis von etwa 11.000 € im Jahr in der U-Gruppe und von 22.000 € im Jahr in der Gesamtstichprobe.

Hinzukommen dürften weitere Ersparnisse, die sich aber nicht genau berechnen lassen. Nur etwa 64 Prozent der Neueingänge sind seitens des Gerichts überhaupt der Betreuungsbehörde vorgelegt worden, wären alle vorgelegt worden, so hätte sich wahrscheinlich weiteres Potenzial gezeigt. Hinzukommen dürften Einsparungen bei den Verfahrenspflegerinnen und -pflegern, jedenfalls soweit es bereits im Vorfeld gelingt, eine Betreuung zu vermeiden. Einsparungen bei den Sachverständigenkosten sollten zumindest dann möglich sein, wenn die Gutachten erst nach einer Stellungnahme der Betreuungsbehörde eingeholt würden. Weniger Betreuungen sollten auch zu einer Entlastung des Gerichts führen.

Wie nachhaltig die sozialen Interventionen sind, lässt sich anhand der Daten nur schätzen. Geht man davon aus, dass die Betreuung durchschnittlich um zwei Jahre verzögert werden würde, so würde sich der Einsparbetrag verdoppeln.

An Personal- und Sachkosten sind bezogen auf den (für sozialarbeiterische Tätigkeit anzurechnenden) 0,4-Stellenanteil der Fachkraft jährlich rund 20.000 € angefallen. Aus arbeitsrechtlichen Gründen war die Untersuchungsgruppe aber mit einem um 0,3 geringeren Stellenanteil besetzt, bei ihr sind also in der Grundzusammensetzung geschätzt 15.000 € im Jahr weniger aufgewandt worden.[33] Im Ergebnis ist also in der U-Gruppe nur ein Betrag von 5.000 € im Jahr mehr aufgewandt worden. Der Mehraufwand in der U-Gruppe von 5.000 € im Jahr ist also geringer als die Ersparnisse in der U-Gruppe von 11.000 € im Jahr. Selbst bei konservativer Schätzung zahlt sich der Einsatz von Sozialer Arbeit schon im ersten Jahr mehr als aus.

6. Verlagerung von Kosten auf die Kommune?

Diskutiert werden kann, ob nicht durch die Interventionen eine »Verlagerung« der Kosten auf die Kommune stattgefunden hat. Eine Reihe von Interventionen wie zum Beispiel die Vorsorgevollmacht oder mehr Soziale Arbeit in Krankenhäusern und Pflegeeinrichtungen tangieren die Kommune typischerweise nicht. Bei Pflichtaufgaben sollte die Kommune ebenfalls nicht benachteiligt sein, weil sie ohnehin zu rechtstreuem Verhalten und damit zur Gewährung von Leistungen verpflichtet ist. Anders kann es bei Ermessensentscheidungen sein. Für diese gilt aber häufig, dass die entsprechende Leistung auch bei Bestellung einer betreuenden Person – dann eben durch diese – eingefordert worden wäre.

III. Möglichkeiten für Verbesserungen der Unterstützung

Aus der Auswertung der beschriebenen Untersuchungsdaten und Leitfadeninterviews[34] ergaben sich mehrere Richtungen für mögliche Verbesserungen, die in diesem engen Rahmen nur kurz skizziert werden können:

33 Vgl. Northoff (2012), S. 311-312.
34 Vgl. dazu Northoff (2012), S. 370-386.

1. Spezifischere Fallbearbeitung

Eine verbesserte Unterstützung sollte zunächst durch eine **spezifischere Fallbearbeitung** möglich sein. So muss immer wieder sichergestellt werden, dass keine Fremdinstrumentalisierung der Betreuung vorliegt und die Anordnung der Betreuung nicht von Dritten (wie Erbinnen und Erben oder Gläubigerinnen und Gläubigern) als Instrument zur Umsetzung ihrer Interessen benutzt wird. Manchmal stellt sich auch die Frage, wie denn mit fehlendem Leidensdruck umzugehen ist. Während bei älteren Menschen der Wunsch nach Hilfe und Entlastung immer häufiger zu werden scheint, gibt es insbesondere bei jungen und eigenwilligen Klientinnen und Klienten gelegentlich auch die Neigung, jegliche Hilfe abzulehnen. Hier gibt es nicht für alle Fälle eine Musterlösung, manchmal ist auch Respekt vor dem So-Sein geboten. Erfahrungsgemäß können aber Empathie, Rollentausch, Motivationskompetenz und Geduld helfen. In Fällen der vorübergehenden Überforderung können Betroffene bei einem guten Krisenmanagement häufig durch Eingliederungshilfen[35] aufgefangen werden. Bei absehbaren Fällen zunehmender Demenz oder in gesunden Phasen psychisch Kranker kann verstärkt von Vorsorgevollmachten Gebrauch gemacht werden.

Als problematisch werden allerdings Fälle von Suchterkrankungen beschrieben. Im Einzelfall mag es ältere Suchtkranke geben, die mehr oder weniger dauerhaft in einer Einrichtung leben und allenfalls eine ehrenamtliche Betreuung benötigen. Insbesondere bei jüngeren, mobilen Suchtkranken, häufig mit multiplen Abhängigkeiten, bedarf es aber erfahrener, meist beruflicher Betreuungspersonen, insbesondere wenn die Notwendigkeit der Abstinenz nicht vermittelt werden kann, so dass es immer wieder zu Rückfällen kommt. Noch komplizierter sind Borderline-Fälle. Nach einer in Deutschland üblichen Klassifizierung[36] handelt es sich dabei um eine Ansammlung von unterschiedlichsten auffälligen Verhaltensweisen im Beziehungsbereich, im sexuellen Bereich, im Suchtbereich, auch in aggressiven und depressiven Formen. Die damit verbundene große emotionale Impulsivität und Instabilität und der daraus resultierende kaum kontrollierbare Wechsel von aufdringlicher Zuwendung und gnadenloser Zurückweisung machen bei derartigen Fällen intensive Betreuungen meist unvermeidbar.

2. Weitere Möglichkeiten

Es gibt des Weiteren zahlreiche Fälle, bei denen durch ein **verbessertes Angebot an Sozialleistungen** akute Notsituationen durch schnelle Hilfe aufgefangen und

35 Nach den §§ 53 und 54 sowie 67 SGB XII.

36 Weltgesundheitsorganisation (2011), F60.31.

Betreuungen so vermieden werden können. Nicht nur im Projektraum, sondern auch in anderen Kommunen sind aber angesichts der schwierigen Haushaltslage gegenläufige Entwicklungen und Tendenzen zum Abbau von derartigen Leistungen feststellbar. Auch Bürokratieabbau und verbesserte Kommunikation mit »schwierigen« Menschen sind erforderlich, die psychologische Forschung steht hier leider noch am Anfang, vor allem aber fehlt es an entsprechenden Weiterbildungsmaßnahmen. Ein weiterer Weg kann das individualisierte Case-Management sein, welches die ganzheitliche Problemlösung im Blick hat und dazu psychologische und betriebswirtschaftliche Methoden im Interesse einer bewussten Gestaltung des Erfolgsprozesses verbindet. Auch ein gut organisiertes Betreuungsnetzwerk sowie eine systematische Hilfeerhebung bei der Betreuungsbehörde oder auch bei Gericht werden empfohlen.

Auf der **Verfahrensebene** werden neben mehr Vorsorgevollmachten und Patientenverfügungen unter anderem eine regelmäßigere Beteiligung der Betreuungsbehörde, eine qualifizierte Ausbildung für Betreuerinnen und Betreuer, eine durchdachte Auswahl und angemessene Aufsicht über die Betreuerin bzw. den Betreuer, die Einholung eines Sachverständigengutachtens erst nach Stellungnahme der Betreuungsbehörde, die Werbung ehrenamtlicher Betreuerinnen und Betreuer und die häufigere Anforderung von Betreuungsplänen vorgeschlagen.

3. Strukturelle Änderungen

Aus **struktureller Sicht** sollte die derzeitige Zuordnung der Betreuung zur Justiz durchdacht werden. Die Stärke des aktuellen Verfahrens ist seine Rechtsstaatlichkeit. Juristisch ausgebildete Richterinnen und Richter beherrschen die verfahrensrechtlichen Erfordernisse, entscheiden, weil nicht weisungsgebunden, ohne hierarchische Vorgaben und sind gegenüber Finanzierungsproblemen des Justizministeriums relativ immun. Sie sind aber weder hinsichtlich relevanter Krankheitsbilder noch im Hinblick auf alternative Sozialleistungen ausgebildet.

Eine Verbesserung könnte auch darin bestehen, dem Betreuungsgericht einen **eigenen Sozialen Dienst** in Form einer sozialarbeiterischen Betreuungshilfe zuzuordnen. Ein derartiges Modell ist zum Beispiel aus der Bewährungshilfe bekannt und hat sich insofern durchaus bewährt. Die Einordnung der Betreuung in ein juristisches Ambiente entspricht allerdings nur wenig dem Prinzip der Subsidiarität und der Bürgernähe.

Besonders interessant ist das **Modell einer verstärkten kommunalen Zuständigkeit**. Danach würde der Betreuungsbehörde als zentraler Eingangsinstanz für alle Anregungen eine Steuerungs- und Filterfunktion zukommen. Für eine Verlagerung der zentralen Zuständigkeit auf die Kommune sprechen insbesondere auch die größere Sachnähe, die bessere Kenntnis vom Betreuungsbedarf, das größere soziale Netzwerk, die kürzeren Wege im Rathaus, die ausgeprägte Bürgernähe, die Kompetenz für einen Hilfeplan und die geringere Bedrohlichkeit einer Behörde für Betreute. Wichtig wäre es aber, insofern die notwendige soziale Infrastruktur sicherzustellen.

Das Modell der kommunalen Erstzuständigkeit ließe sich möglicherweise mit einer Gesetzesänderung umsetzen, die sich vor allem auf die Neuregelung der Zuständigkeiten beschränkt. Die Komplexität der Einflussfaktoren und Stellschrauben für eine stärkere Unterstützung durch soziale Leistungen legt allerdings einen weitergehenden Ansatz nahe.

IV. Die Idee eines Erwachsenenhilfegesetzes (EHG)

Die Idee eines **Betreuungshilfegesetzes** ist politisch von der SPD-Bundestagsabgeordneten Margot von Renesse schon Ende der 90er Jahre unter der Überschrift »von der justizförmigen zur sozialen Betreuung« eingebracht worden.[37] Sie ist immer wieder an Vormundschaftsgerichtstagen thematisiert worden, so in einem wegweisenden Vortrag von Schulte, der in diesem Zusammenhang ein **Altenhilfegesetz** entwickelt,[38] oder von Crefeld.[39] In einem Schreiben des Vorsitzenden des Vormundschaftsgerichtstages vom 12. November 2009 an die Bundesministerin der Justiz, Frau Leutheusser-Schnarrenberger, heißt es insoweit: »Um die Ziele des Betreuungsrechts verwirklichen zu können, bedarf es einer sozialstaatlichen, insbesondere kommunalen Infrastruktur. ... Aufgaben und Kompetenzen der kommunalen Behörden sind daher in einem Betreuungshilfegesetz zu regeln.«[40] Weitere Überlegungen dazu gibt es auch in der aktuellen Literatur.[41]

Fügt man als weiteres Prinzip noch den Gedanken der ganzheitlichen Problemlösung hinzu, so liegt allerdings die Überlegung auf der Hand, analog dem SGB VIII (Kinder- und Jugendhilfegesetz) ein (über die Gruppe der alten Menschen und über die Betreuung hinausgehendes) Regelungswerk zu entwerfen, das im Folgenden als **Erwachsenenhilfegesetz** (EHG) dargestellt werden soll.

Ein solches EHG würde die Betreuungsoptimierung durch fördernde und helfende Sozialleistungen in den Vordergrund rücken, zerstreute Vorschriften zur Erwachsenenhilfe zusammenfügen und auch die Zuständigkeitsmodalitäten für Betreuungsverfahren neu organisieren. Das EHG könnte auch als SGB XIII geführt werden.

37 Deutscher Bundestag (1998).
38 Schulte (2005), S. 49.
39 Crefeld (2007) mit weiteren Nachweisen.
40 Vormundschaftsgerichtstag (2009).
41 Tänzer (2009), S. 64.

1. Verfassungsrechtliche Fragen

Dazu ist allerdings die **Gesetzgebungszuständigkeit** zu klären, damit eine grundgesetzkonforme Lösung erreicht wird.[42] Eine wichtige Frage wird dabei sein, ob der Bund oder die Länder zuständig sind. Tänzer hält bei seiner, an der Idee eines Betreuungsgesetzes orientierten, Strukturreform die Länder für zuständig. Das liegt zunächst nahe, weil die Justiz Ländersache ist. Andererseits fällt die öffentliche Fürsorge (allerdings ohne das Heimrecht) unter die konkurrierende Gesetzgebungszuständigkeit.[43] Dafür hat der Bund nach Artikel 72 GG das vorrangige Gesetzgebungsrecht, insbesondere wenn und soweit die Herstellung gleichwertiger Lebensverhältnisse im Bundesgebiet geboten ist. Das Bedürfnis nach einer bundeseinheitlichen Regelung liegt bei einer Analogie zum SGB nahe.[44]

Allerdings ist nach den **Vorgaben der Föderalismusreform I** zu beachten, dass den Gemeinden und Gemeindeverbänden Aufgaben durch Bundesgesetz nicht übertragen werden dürfen.[45] Im Zweifel wäre es hier Aufgabe der Verfassungsrechtslehre und der Politik, gangbare Wege zu finden. Dabei sollten die Länder und mit ihnen die Kommunen beteiligt werden. Lösungen zeichnen sich ab nach dem Modell eines Bundeskriminalamtes oder einer Kultusministerkonferenz als Länderzusammenschluss. Eventuell ist auch eine Grundgesetzänderung zu erwägen, wie sie zum Beispiel durch die Schaffung eines einzigen Ansprechpartners für Arbeitslose – bundesweite Arbeitsagentur / kommunale Ämter – praktiziert worden ist. Notfalls könnte auch eine integrierende Bezugnahme auf Ländervorschriften (»das Nähere regelt das Landesgesetz«) reichen.

2. Das EHG als Paradigmenwechsel

Ein EHG sollte in seinen ersten Kernbereichen Förder- und Hilfevorschriften enthalten und mit seinem ganzheitlichen Ansatz die unübersichtliche Vorschriftenlage etwas bereinigen und andere Vorschriften zum Beispiel zur häuslichen Pflege, zum Heimgesetz, zur Betreuung nach BGB und nach den Ländergesetzen über psychisch Kranke integrieren oder müsste, soweit dies wegen verbleibender Länderzuständigkeit rechtlich nicht möglich ist, zumindest den kontextualen Bezug zu ihnen herstellen.

Hinsichtlich der Betreuung könnte ein solches Gesetz zum Beispiel die Zuständigkeiten der Betreuungsbehörde, Leistungen im Betreuungswesen, die Leistungs-

42 Vgl. Art. 70 ff. GG.
43 Art. 74 Abs. 1 Nr. 7 GG.
44 Vgl. auch Art. 84 GG.
45 Vgl. Art. 84 Abs. 1 S. 7 GG.

erbringer, eine Fachkräfteklausel, Aufsichtsvorschriften und Datenschutzregelungen enthalten[46] und ein **verantwortungskooperatives Betreuungsmanagement** in Verantwortung der Kommune und in Vernetzung mit anderen Akteuren regeln.[47]

Ein EHG würde einen **Paradigmenwechsel** bedeuten, weg von der rechtlichen Betreuung und Psychiatrisierung hin zu einem Konzept der Integration und Solidarität. Die derzeitige Rechtslage ordnet die zentralen Vorschriften der Betreuung dem BGB zu. Das ist schlüssig, wenn man die Vertretungsvollmacht ins Zentrum inklusiver Bemühungen stellt. Die UN-BRK und der aus ihr sprechende Geist verlangen eigentlich etwas anderes. Nicht die Ersetzung bzw. Vertretung der Auffassung von Menschen mit besonderem Bedarf ist die vornehmliche Aufgabe, sondern die Unterstützung und Hilfe, damit sie ihre Ressourcen bestmöglich nutzen können.

Auch die Gefahr der Psychiatrisierung würde geringer. Die Ländergesetze zum Umgang mit psychisch Kranken setzen bei der Selbstgefährdung und der Fremdgefährdung an und führen bei bejahenden ärztlichen und richterlichen Entscheidungen in die Psychiatrie. Jemand, der wie der Autor in seinem früheren Berufsfeld als Richter selbst derartige Entscheidung zu verantworten hatte, weiß, dass es für derartige Fälle staatliche Interventionsmöglichkeiten geben muss, aber er weiß auch, dass zahlreiche Einweisungen hätten vermieden werden können, wenn denn rechtzeitig ein funktionierendes Hilfenetzwerk eingegriffen hätte. Die Hilfevorschriften für Menschen mit besonderem Bedarf sind aber zum einen sehr lückenhaft, zum anderen sind sie weit verstreut über die verschiedenen Bücher des Sozialgesetzbuches und weitere Nebenvorschriften.

3. Vorrang von Hilfen

Ein EHG könnte **die Vorrangigkeit der Hilfen verdeutlichen und ihre praktische Umsetzung erleichtern.** In der derzeitigen Situation ist das Verhältnis von Hilfen zu Eingriffen nicht befriedigend gelöst. Zwar basiert das Betreuungsrecht auch auf dem Erforderlichkeitsprinzip. So soll die Betreuungsbehörde im Zusammenspiel der Regelungen aus dem Familienverfahrensgesetz [48] und dem Betreuungsbehördengesetz eine eigenverantwortliche Überprüfung der Erforderlichkeit einer Betreuung vornehmen und ihre Ergebnisse dem Gericht mitteilen. Moderne Landesgesetze über den Umgang mit psychisch Kranken erwähnen auch die begleitende und nachsorgende Hilfe. Die Unübersichtlichkeit der Vorschriften führt

46 Vgl. Crefeld (2007); Tänzer (2009), S. 62.
47 Vgl. Pitschas (2001).
48 §§ 271 ff., 279 Abs. 2 Gesetz über das Verfahren in Familiensachen und in den Angelegenheiten der freiwilligen Gerichtsbarkeit.

aber dazu, dass manche Betreuungsbehörden und Gerichte die Hilfevorschriften gar nicht kennen, sie zumindest nicht in jedem Fall sorgfältig prüfen. Erst recht hat die Praxis Techniken entwickelt, die wir aus dem Schwarze-Peter-Spiel kennen und die man auch als Abschiebetechniken bezeichnen könnte. Meist beruhen sie gar nicht auf bösem Willen, sondern auf inzidenten Vorgaben zur Kostenersparnis oder zum Rollenverständnis. Wer nicht in der Lage ist, einen zwanzigseitigen Hartz IV-Antrag auszufüllen, läuft Gefahr, eine Betreuungsanregung zu riskieren, weil die Arbeitsagenturen nicht geneigt sind, eine – dann von ihnen selbst zu zahlende – Verfahrensvertretung einzurichten. Und wenn ein freier Träger eines Heimes meint, er könne es nicht mit seinem Selbstverständnis (und seiner hoffentlich vorhandenen Fachkompetenz) vereinbaren, dass er das Taschengeld selbst auszahle, brauchen wir dafür dann auch eine Betreuung? Und brauchen wir eine Betreuung, wenn bei einem 60-jährigen schwerhörigen Mann am Samstag der Pflegedienst ausfällt und er seine Hose verkehrt herum anzieht und bei einem Spaziergang auf dem Hamburger Rathausmarkt in der Bannmeile in die Nähe eines Autos kommt?

Ein EHG würde eine Reaktion »aus einer Hand« erleichtern und eine **stufenweise und flexible, also verhältnismäßige, Reaktion** ermöglichen, was nicht ausschließt, dass auch Stufen übersprungen werden können. Neben allgemeinen Förderangeboten sollten individuelle Hilfen, Genehmigungsregeln und Aufsichtspflichten, Notfallregelungen und Inobhutnahmen, Betreuung und Unterbringung geregelt werden. Bei einem solchen ganzheitlichen Förder- und Hilfekonzept sollten die heute verbreiteten gerichtlichen Interventionen deutlich zurückgehen und zur ultima ratio werden.

4. Stärkung der Inklusion

Ein EHG böte zudem die Chance, **den Inklusionsgedanken der UN-BRK besser zu realisieren**. Die UN-BRK betont an mehreren Stellen, dass rechtliche Ungleichbehandlungen nicht an Behinderungen anknüpfen dürfen.[49] Der Begriff Erwachsenenhilfegesetz erscheint insofern als gleichermaßen neutral und hinreichend konkret und damit besser geeignet als der Begriff Betreuungshilfegesetz, weil ein solcher zu sehr auf die rechtliche Betreuung ausgerichtet wäre und die vielfältigen Hilfeinhalte eines solchen Gesetzes nicht hinreichend abdecken würde. Auch der Begriff Altenhilfe hat seine Grenzen, weil es bekanntlich zunehmend auch junge Menschen mit Bedarf gibt. Aus denselben Gründen könnte der Begriff Amt für Erwachsenenhilfe den Begriff Betreuungsbehörde ersetzen; zu überlegen wäre auch eine Zusammenlegung der Betreuungsbehörde mit dem sozialpsychia-

49 Vgl. Art. 12 Abs. 2 zur Rechts- und Handlungsfähigkeit oder Art. 14 Abs. 1 lit. b, wonach das Vorliegen einer Behinderung in keinem Fall eine Freiheitsentziehung rechtfertigt.

trischen Dienst zu einem solchen Amt. Der Begriff des Menschen mit Behinderungen kann in einem solchen Gesetz vorkommen, sollte aber soweit möglich durch den Begriff des Menschen mit einem besonderen Bedarf an Hilfe ersetzt werden, weil dies weniger stigmatisierend wirkt und stärker den Unterstützungsanspruch betont. Zu diskutieren wird auch sein, ob die Kurzfassung »hilfebedürftige erwachsene Person« angemessen ist.

5. Erfüllung wichtiger Prinzipien

Durch diese Regelungen würde das **Prinzip der Subsidiarität** gestärkt. Soziale Hilfe könnte noch deutlicher als Pflichtaufgabe vor »entmündigender« Betreuung geregelt werden. Originär zuständig wäre die (bürgernahe) Kommune und nicht das für das Betreuungsverfahren zuständige entferntere Land. Die Bedeutung der Hilfe zur Selbsthilfe würde gestärkt. Dadurch würde auch die von der katholischen Soziallehre geforderte Balance zwischen dem Einzelnen und der Gesellschaft neu austariert. Gestützt würde das Prinzip der **möglichst großen Sach- und Bürgernähe**, welches Merkmal eines problemnahen, aufgeklärten Staates ist, der aus einer demokratischen Grundhaltung[50] die Bedürfnisse der Menschen ernst nimmt und sie an der Entscheidung beteiligt und auch für Menschen mit besonderem Bedarf die volle und wirksame Teilhabe sicherstellt.[51] Ein solches Gesetz könnte sich an die modellhaften Vorschriften des Kinder- und Jugendhilfegesetzes anlehnen. Die Analogie mit dem SGB VIII (Kinder- und Jugendhilfegesetz) basiert auf der Erfahrung des Verfassers, dass in diesem der Hilfedanke sinnvoll aufgegriffen wird und das Zusammenspiel mit freien Trägern und Gerichten recht gut gelungen und erprobt ist. Auch würde dem **Prinzip des Einklangs mit organisationspsychologischen und erfahrungsgestützten Erkenntnissen** Genüge getan. Bewährte Organisationsformen könnten übernommen werden und dadurch vorhersehbare Fehleranfälligkeiten minimiert werden. Dies bedeutet natürlich nicht, dass hilfebedürftige Erwachsene wie Kinder oder Jugendliche zu behandeln wären, die Hilfeinhalte und Mitwirkungen sind vielmehr erwachsenengemäß zu gestalten.

Ein solches Gesetz müsste aber auch weitere grundlegende Prinzipien beachten. Dazu gehört das **Prinzip der Rechtstaatlichkeit**, welches sich aus verschiedenen Normen der Verfassung ergibt.[52] So müsste ein EHG sicherstellen, dass über freiheitsentziehende Maßnahmen nur das Gericht entscheidet.

50 Vgl. Art. 20 GG.
51 Vgl. Art. 3 UN-BRK.
52 Vgl. Art. 19 Abs. 4 und 20 GG sowie insbesondere Art. 92 GG (»Rechtsprechungsprivileg«) und Art. 104 Abs. 2 GG (Rechtsgarantien bei Freiheitsentziehung).

Und es müsste das **Prinzip der Konnexität** berücksichtigen, wonach bei Aufgabenzuweisungen den Kommunen von den entlasteten Stellen auch die entsprechenden Mittel zur Verfügung gestellt werden müssen. Dies sollte allerdings, soweit im Rahmen der kommunalen Selbstverwaltung möglich, mit der Maßgabe erfolgen, dass zweckgebundene Zuweisungen bestimmten Wirkungskreisen zugutekommen und nicht etwa allgemein im Haushalt verbucht werden.[53]

6. Mögliche Struktur und Inhalte eines EHG

Wie könnte ein solches EHG (zum Beispiel analog zum SGB VIII) strukturiert sein? Diese Frage war Gegenstand eines kleinen Forschungsprojektes an der Hochschule Neubrandenburg.[54]

In einem 1. Kapitel würden **Allgemeine Grundlagen** geregelt. Beispielhaft sei hier ein Vorschlag für § 1 dargestellt:

> § 1 Recht auf Würde, Fürsorge und Betreuung
>
> (1) Jeder hilfebedürftige Erwachsene, der außerstande ist, seine Angelegenheiten selbst zureichend wahrzunehmen, hat ein Recht auf Beachtung seiner Würde, Fürsorge und Betreuung.
>
> (2) Fürsorge und Betreuung sind die natürliche Aufgabe seiner Familie; ist diese dazu nicht in der Lage, obliegen diese Aufgaben der staatlichen Gemeinschaft.
>
> (3) Fürsorge und Betreuung bei hilfebedürftigen Erwachsenen sollen
>
> 1. die Autonomie der Betroffenen schützen und stärken,
> 2. Benachteiligungen vermeiden oder abbauen,
> 3. Betroffene und deren Angehörige beraten und unterstützen,
> 4. sowie vor Gefahren für ihr Wohl schützen,
> 5. dazu beitragen, positive Lebensbedingungen für hilfebedürftige Erwachsene und ihre Angehörigen zu schaffen.

Weitere Regelungspunkte des 1. Kapitels könnten die möglichen Leistungen und die wahrzunehmenden Aufgaben, das Verhältnis von freien zu öffentlichen Trägern (Subsidiarität), das Beteiligungsrecht sowie das Wunsch- und Wahlrecht der Betroffenen, und das Verhältnis zu anderen Leistungen sein.

In den nachfolgenden Kapiteln ständen die Leistungen im Vordergrund. Im 2. Kapitel würden die **Förderungen** beschrieben, die jedem Menschen oder zumindest breiten Kreisen zu gewähren sind. Dazu gehören die allgemeinen Angebote der Erwachsenenförderung, die Förderung der Verbände wie Seniorenverbände, die besonderen Unterstützungen besonderer Gruppen wie zum Beispiel Blinder, allgemeine Schutzvorschriften, die Förderung der Familien Hilfebedürftiger oder auch besonderer Wohnformen wie Heime oder Mehrgenerationenhäuser. Ehrenamtliche Helferinnen und Helfer wären besonders zu unterstützen.

53 Vgl. Art. 104a Abs. 2 GG; dazu Vormundschaftsgerichtstag (2003), S. 170.
54 Siehe Northoff (2010), Anlage A6.

Im 3. Kapitel würde die **individuelle Hilfe** geregelt, von der Beratung über den manchmal geforderten (sozialrechtlichen) Beistand oder die Budgetassistenz, die – auch Hilfe zur Selbsthilfe vermittelnde – Haushaltshilfe bis hin zu ambulanter Hilfe in einem gemeindepsychiatrischen Zentrum oder individuellen Unterbringungsformen, dazu gehören in schwierigen Fällen auch Teamsitzungen und Hilfeplankonferenzen, bei denen zum Beispiel medizinisches Personal und Heimleitungen hinzugezogen werden könnten.

Die folgenden Kapitel regelten vornehmlich Schutzvorschriften. Das 4. Kapitel könnte also die **Genehmigungspflichten** für verantwortliche Tätigkeiten sowie insbesondere die Heimaufsicht regeln, auch das Qualitätsmanagement könnte hier seinen Platz finden. In einem 5. Kapitel könnten **Obhutsangebote** für Erwachsene geregelt sein, das würde Notunterkünfte voraussetzen und ein ganzheitliches Konzept, welches über das Abschieben in Obdachloseneinrichtungen deutlich hinausginge und den Charakter gemeindepsychiatrischer Einrichtungen hätte.

Das 6. Kapitel könnte die **Betreuung** regeln. Nur wenn in Betracht kommt, dass als ultima ratio eine Betreuung erforderlich ist, würde das Amt für Erwachsenenhilfe beim Betreuungsgericht die Einrichtung einer Betreuung beantragen. Eventuelle Freiheitsbeschränkungen und Rechtsmittelentscheidungen würden so den Gerichten vorbehalten. Im weiteren Verfahren würde die Behörde das Gericht unterstützen und zum Beispiel auch Betreuungspläne prüfen. Lehnte die Behörde eine Antragstellung ab oder bearbeitete den Antrag nicht binnen eines Monats, könnte unmittelbar die Entscheidung des Betreuungsgerichts beantragt werden.

Im 7. Kapitel wären die noch weiter gehenden Maßnahmen wie die **Unterbringung** nach dem BGB und insbesondere den Gesetzen über **psychisch Kranke** der Länder entweder als Bundesfassung zu integrieren oder aber zumindest wäre auf sie Bezug zu nehmen, sie sind der letzte Schritt in einem ganzheitlichen Konzept.

Die Schlusskapitel hätten dann neben weiteren formalen Vorschriften unter anderem die Erhebung, Speicherung und Weitergabe von **Daten**, die eigene Beteiligung an den Kosten und die solidarische Übernahme von **Kosten** durch die Staatskasse (Gesellschaft) zu regeln. Insbesondere wären auch die **Zuständigkeiten** zu klären. Das Gesetz würde im Rahmen seines ganzheitlichen Ansatzes die verstreuten Zuständigkeiten bei einem kommunalen Amt für Erwachsenenhilfe konzentrieren. Eine Eingangsstelle, wie sie heute schon in zahlreichen Kommunen als Bürgerbüro vorhanden ist (vgl. dazu auch den Ansatz, bundesweit eine einheitliche Behördennummer 115 durchzusetzen), würde in einem Eingangsgespräch den Hilfebedarf vorklären und je nach interner Struktur beraten, weiterleiten und vermitteln oder kleinere Hilfen auch selbst umsetzen.

V. Fazit

Mit der Untersuchung konnte am Beispiel der Betreuung belegt werden, dass die im Sinne von Artikel 12 Absatz 3 UN-BRK erbrachte Unterstützung durch Soziale Arbeit und soziale Leistungen bei Menschen mit besonderem Bedarf zu einer stärkeren Eigenverantwortlichkeit und zu einer größeren Selbstständigkeit führt. Dies trägt dazu bei, dass spätere Schutzmaßnahmen, wie sie mit einer rechtlichen Betreuung verbunden sind, in weniger Fällen erforderlich werden. Die Unterstützung ist auch finanziell sinnvoll, denn angesichts einer geringeren Anzahl von Betreuten spart das Land Gelder für die Vergütung von Betreuerinnen und Betreuern, die es für die große Zahl von mittellosen Betreuten sonst selbst übernehmen müsste.

Die nach Artikel 12 Absatz 3 UN-BRK gebotenen Unterstützungsmaßnahmen sind zwar teilweise schon heute durch Rückgriff auf einzelne Vorschriften des Sozialgesetzbuches und weitere Vorschriften aus anderen Rechtsquellen möglich. In der praktischen Umsetzung gibt es aber noch zahlreiche Optimierungsmöglichkeiten, so zum Beispiel durch eine differenzierte Fallgruppenbildung, durch eine verstärkte Werbung für (zu gesunden Zeiten niedergelegte) Vorsorgevollmachten oder durch strukturelle Veränderungen wie zum Beispiel eine grundsätzliche Zuordnung der Betreuung zur Kommune, bei der dann leichter auf die in derselben Organisation verfügbaren vorrangigen Hilfen zurückgegriffen werden könnte.

Als großer Schritt wird ein Erwachsenenhilfegesetz vorgeschlagen. Ein Modell für ein solches Gesetz liegt mit dem SGB VIII, dem Kinder- und Jugendhilferecht, bereits vor, auch dort sind alle wichtigen Vorschriften in einem Buch konzentriert. Ein EHG würde ganz im Sinne von Artikel 12 Absatz 3 und Artikel 4 Absatz 1 lit. a der UN-BRK einen Paradigmenwechsel bedeuten, weg von Betreuung und Psychiatrisierung und hin zu einem System von Rechtsansprüchen auf Förderung und Hilfe. Ein solches EHG würde die Schutz- und Sicherungsmaßnahmen nur als ultima ratio verstehen, auf die erst dann zurückzugreifen ist, wenn die zuvor umfassend angebotenen Unterstützungsmaßnahmen nicht mehr ausreichen.

Literaturverzeichnis

Aichele, Valentin / Jochen von Bernstorff (2010): Das Menschenrecht auf gleiche Anerkennung vor dem Recht: Zur Auslegung von Art. 12 der UN-Behindertenrechtskonvention. In: Betreuungsrechtliche Praxis 2010 (5), S. 199-203.

Crefeld, Wolf (2007): Betreuung bedarf sozialpolitischer Flankierung. In: Betreuungsrechtliche Praxis 2007 (4), Editorial.

Northoff, Robert (2010): Bericht über das Projekt »Betreuungsoptimierung durch soziale Leistungen« – eine Untersuchung in Schwerin 2008 und 2009. http://www.bgt-ev.de/fileadmin/Mediendatenbank/Themen/BEOPS/Kuder_Betreuungsoptimierung_durch_soziale_Leistungen.pdf

Northoff, Robert (2012): Bericht über das Projekt »Betreuungsoptimierung durch soziale Leistungen« – eine Untersuchung in Schwerin 2008 und 2009. In: Andrea Diekmann / Gerold Oeschger (Hg.): Betrifft Betreuung 11. Menschen und Rechte – Behindertenrechtskonvention und Betreuung. Berichte vom 12. Vormundschaftsgerichtstag vom 4. bis 6. November 2010 in Brühl. Bochum: Betreuungsgerichtstag e.V., S. 285-429.

Pitschas, Rainer (2001): Betreuung als Beruf. Professionalisierung der entgeltlichen Betreuung und Abschied von der Betreuungsverwaltung. In: Betreuungsrechtliche Praxis 2001 (2), S. 47-50.

Schulte, Bernd (2005): Betreuung: Rechtsfürsorge im Sozialstaat aus sozialrechtlicher Perspektive. In: Karl-Heinz Zander (Hg.): Betrifft: Betreuung 8. Rechtsfürsorge im Sozialstaat. Was ist die Aufgabe der Betreuung? Ergebnisse des 9. Vormundschaftsgerichtstags vom 11.-13.11.2004 in Erkner. Bochum: Vormundschaftsgerichtstag e.V., S. 29-62.

Schulte, Bernd (2011): Die Behindertenrechtskonvention der Vereinten Nationen. Von der »Integration« zur »Inklusion«: Änderungsbedarf im Deutschen Behindertenrecht. In: Behindertenrecht 2011 (2), S. 41-49.

Tänzer, Jörg (2009): Rechtsverwirklichung durch Infrastruktur im Betreuungswesen. Aachen: Shaker.

Materialverzeichnis

Deutscher Bundestag (1998): Antrag: Reform des Betreuungsrechts: Von der justizförmigen zur sozialen Betreuung. Bundestags-Drucksache 13/10301 vom 01.04.1998.

Vormundschaftsgerichtstag (2003): Abschlussbericht der Bund-Länder-Arbeitsgruppe »Betreuungsrecht« zur 74. Konferenz der Justizministerinnen und -minister vom 11. bis 12. Juni 2003 in Glücksburg. Betrifft: Betreuung Nr. 6. Recklinghausen: Vormundschaftsgerichtstag e.V.

Vormundschaftsgerichtstag (2009): Anschreiben an die Bundesministerin der Justiz vom 12.11.2009. http://www.bgt-ev.de/fileadmin/Mediendatenbank/Themen/Pressemitteilungen/Wunschzettel_an_Bundesjustizministerin_20091112.pdf.

Weltgesundheitsorganisation (2011): International Statistical Classification of Diseases and Related Health Problems, 10th Revision (ICD 10). Mai 1990, in Deutschland aktuell gebräuchlich in der German Modification 2012 in der Fassung vom 27.09.2011.

Zu den Autorinnen und Autoren

Dr. Valentin Aichele, LL.M. (Adelaide), Jahrgang 1970, ist Leiter der Monitoring-Stelle zur UN-Behindertenrechtskonvention. Er hat im Völkerrecht über das Thema Nationale Menschenrechtsinstitutionen promoviert. Sein Arbeitsschwerpunkt sind die wirtschaftlichen, sozialen und kulturellen Menschenrechte.

Dr. Minou Banafsche ist wissenschaftliche Mitarbeiterin am Max-Planck-Institut für Sozialrecht und Sozialpolitik in München. Dort ist sie Mitglied einer interdisziplinär ausgerichteten Fachgruppe mit dem Forschungsschwerpunkt der Teilhabe von Menschen mit Behinderungen. Seit dem Wintersemester 2011/2012 nimmt sie eine Vertretungsprofessur für das Fachgebiet »Recht sozialer Dienstleistungen und Einrichtungen« an der Universität Kassel wahr.

Dr. Claudia Beetz M.Mel., ist Richterin in der Sozialgerichtsbarkeit Sachsen-Anhalts und war zuvor wissenschaftliche Mitarbeiterin an der Gründungsprofessur für Bürgerliches Recht, Deutsches und Europäisches Arbeits-, Unternehmens- und Sozialrecht der Martin-Luther-Universität Halle-Wittenberg. Die promovierte Juristin untersucht schwerpunktmäßig Fragen des Zivil-, Zivilprozess- und Sozialrechts, Rehabilitations- und Behindertenrechts. Sie hat nicht nur auf Grund des interdisziplinären Studiengangs Medizin-Ethik-Recht Erfahrungen in interdisziplinärer Forschung, sondern auch auf Grund der Zusammenarbeit mit dem Institut für Gesundheits- und Pflegewissenschaften der Martin-Luther-Universität.

Prof. Dr. Dagmar Brosey, Jahrgang 1975, ist Professorin für Zivilrecht mit dem Schwerpunkt Familien- und Jugendrecht an der Fakultät für Angewandte Sozialwissenschaften der Fachhochschule Köln. Ihr Lehr- und Forschungsschwerpunkt liegt neben dem Kindesschutz im Bereich des Betreuungs- und Erwachsenenschutzrechts. Seit 2008 ist sie verantwortliche Redakteurin der Zeitschrift Betreuungsrechtliche Praxis (BtPrax).

Prof. Dr. Theresia Degener, LL.M. (Berkeley) ist Professorin für Recht und Disability Studies am Fachbereich Soziale Arbeit, Bildung und Diakonie der Evangelischen Fachhochschule Rheinland – Westfalen- Lippe, Bochum. Sie ist Mitglied des Ausschusses der Vereinten Nationen für die Rechte von Menschen mit Behinderung, des Kuratoriums des Deutschen Instituts für Menschenrechte, des Inklusionsbeirats beim Bundesbehindertenbeauftragten, des Expertenkreises für Inklusion der Deutschen UNESCO-Kommission und des Ausschusses Nationaler Aktionsplan beim Bundesministerium für Arbeit und Soziales. Ihre Forschungsschwerpunkte sind Anti-Diskriminierungsrecht, Internationale Menschenrechte und Disability Studies.

Konrad Frerichs, Jahrgang 1973, ist Richter am Sozialgericht in Hildesheim. Er war von Oktober 2010 bis Juli 2012 an das Bundessozialgericht in Kassel abgeordnet und dort als wissenschaftlicher Mitarbeiter dem für soziales Entschädigungsrecht und Schwerbehindertenrecht zuständigen 9. Senat und dem für Sozialhilfeangelegenheiten zuständigen 8. Senat (unter anderem mit dem Themenschwerpunkt der Eingliederungshilfe für Menschen mit Behinderung) zugewiesen. Seit Juli 2012 ist er als Referent an das Bundesministerium für Arbeit und Soziales in Berlin abgeordnet.

Prof. Dr. Dr. Sigrid Graumann ist Professorin für Ethik im Fachbereich Heilpädagogik und Pflege an der Evangelischen Fachhochschule Rheinland-Westfalen-Lippe in Bochum. Sie ist Mitglied der Gendiagnostikkommission, der Zentralen Ethikkommission bei der Bundesärztekammer sowie des Fachausschusses »Persönlichkeitsrechte, Familie und Bioethik« des Bundesbehindertenbeauftragten. Ihre Forschungsschwerpunkte sind Bioethik und Behinderung sowie menschenrechtsethische Fragen der UN-BRK. In der Monografie »Assistierte Freiheit. Von einer Behindertenpolitik der Wohltätigkeit zu einer Politik der Menschenrechte« (2011) hat sie sich aus philosophischer Sicht mit den Herausforderungen der UN-BRK beschäftigt.

Prof. Dr. Wolfhard Kohte ist seit 1992 Professor für Bürgerliches Recht, Deutsches und Europäisches Arbeits- und Sozialrecht an der Martin-Luther-Universität Halle-Wittenberg und seit 2002 Direktor des Instituts Medizin-Ethik-Recht sowie seit 2008 Sprecher der Arbeitsgruppe Recht und Politik in der Deutschen Gesellschaft für Rehabilitationswissenschaft sowie Mitherausgeber des Online-Forums www.reha-recht.de. Er ist von Anfang an mit der Konzeption und Umsetzung des SGB IX befasst, ist Mitherausgeber eines Kommentars und ist beteiligt an der Konzeption des Aktionsplans der deutschen gesetzlichen Unfallversicherung zur Umsetzung der UN-BRK.

Prof. Dr. Lothar Krappmann, vom Studium her Soziologe, war bis 2001 wissenschaftlicher Mitarbeiter des Max-Planck-Instituts für Bildungsforschung, Berlin, im Forschungsbereich «Entwicklung und Sozialisation« mit dem Schwerpunkt «Sozialentwicklung der Kinder und Jugendlichen«. Er lehrte als Honorarprofessor für Soziologie der Bildung an der Freien Universität Berlin. Von 2003 bis 2011 war er als gewählter unabhängiger Experte Mitglied des Ausschusses der

Vereinten Nationen für die Rechte des Kindes, Genf. Er berät Einrichtungen für Kinder, insbesondere Projekte zur Umsetzung der Kinderrechte.

Klaus Lachwitz, Jahrgang 1946, ist seit 1975 als Rechtsanwalt zugelassen und war von 1981 bis 2011 zunächst als Justitiar und anschließend als Bundesgeschäftsführer für die Bundesvereinigung Lebenshilfe für Menschen mit geistiger Behinderung, Berlin, tätig. Er war in New York gemeinsam mit Robert Martin, einem Self-Advocate mit geistiger Behinderung aus Neuseeland, an der Erarbeitung der UN-Behindertenrechtskonvention beteiligt. Seit Juni 2010 ist er Präsident von Inclusion International, dem Weltverband für Menschen mit geistiger Behinderung und ihren Familien, London.

Prof. Dr. Volker Lipp, Jahrgang 1962, ist Professor für Bürgerliches Recht, Zivilprozessrecht, Medizinrecht und Rechtsvergleichung an der Juristischen Fakultät der Georg-August-Universität Göttingen. Er ist unter anderem Mitglied des Vorstandes des Betreuungsgerichtstags (seit 2004) und Mitglied im Ausschuss für ethische und medizinisch-juristische Grundsatzfragen (seit 2007) und der Zentralen Ethikkommission (seit 2010) der Bundesärztekammer. Als Sachverständiger war er in verschiedenen Gesetzgebungsverfahren beteiligt, u.a. bei der gesetzlichen Regelung der Patientenverfügung durch das 3. Betreuungsrechtsänderungsgesetz von 2009. Zu seinen Arbeitsschwerpunkten gehören das Betreuungsrecht, das Familienrecht und das Medizinrecht einschließlich ihrer menschenrechtlichen Grundlagen.

Prof. Dr. Helge Loytved, M.A. (Pennsylvania), LL.M. (Pennsylvania), Jahrgang 1948, ist Vorsitzender Richter am Bundessozialgericht (unter anderem zuständig für soziales Entschädigungsrecht und Schwerbehindertenrecht) und Honorarprofessor der Universität Bielefeld. Vor seiner 1991 aufgenommenen Tätigkeit am Bundessozialgericht (zunächst in einem Senat für Angelegenheiten der gesetzlichen Rentenversicherung) war er Richter in der Sozialgerichtsbarkeit von Nordrhein-Westfalen und (von 1989 bis 1991) wissenschaftlicher Mitarbeiter beim Bundesverfassungsgericht.

Dr. Rolf Marschner, Jahrgang 1954, Jurist und Diplom-Sozialpädagoge (FH), ist Rechtsanwalt und Fachanwalt für Sozialrecht. Er ist Mitherausgeber der Zeitschrift »Recht&Psychiatrie«. Seinen Arbeitsschwerpunkt bilden die Rechte psychisch kranker und behinderter Menschen.

Prof. Dr. iur. Robert Northoff ist Diplom-Psychologe und Volljurist. Nach einer längeren Tätigkeit als Richter in Hamburg folgte er 1993 einem Ruf an den Fachbereich Soziale Arbeit, Bildung und Erziehung an der Hochschule Neubrandenburg, die er auch von 1998 bis 2002 als Rektor leitete. Als Hochschullehrer lehrt er insbesondere in den Bereichen Kinder- und Jugendhilferecht und Familienrecht, zu seinen Forschungsschwerpunkten gehören kriminalpräventive, rechtspsychologische und betreuungsrechtliche Fragen, aber auch das europäische Social Entrepreneurship. Er arbeitet in der Weiterbildung, als Supervisor, Mediator und Qualitätsmanager, seine letzten Veröffentlichungen befassen sich mit Methoden, Kompetenzen und Interventionen der Sozialen Arbeit.

Dr. Leander Palleit, Jahrgang 1971, ist wissenschaftlicher Mitarbeiter der Monitoring-Stelle zur UN-Behindertenrechtskonvention. Seine Arbeitsschwerpunkte sind die Rechte von Menschen mit Behinderungen und die Umsetzung der UN-Behindertenrechtskonvention in Deutschland. Der promovierte Völkerrechtler begann seine Tätigkeit beim Deutschen Institut für Menschenrechte 2009. Zuvor war er Rechtsanwalt im Wirtschafts- und Sozialrecht und beriet verschiedene zivilgesellschaftliche Organisationen zu behindertenpolitischen Fragen.

Dr. iur. habil. Helmut Pollähne, Jahrgang 1959, ist Rechtsanwalt und Strafverteidiger in Bremen. Von 2001 bis 2008 war er als wissenschaftlicher Assistent tätig am Institut für Kriminalpolitik der Universität Bremen, wo er seit der Habilitation im Jahre 2009 (zum Thema »Kriminalprognostik«) als Privatdozent in Forschung und Lehre tätig ist. Themenschwerpunkte sind unter anderem Kriminalpolitik, Sanktions- und Vollzugsrecht, forensische Psychiatrie und Menschenrechte. Er ist zudem verantwortlicher Redakteur der Zeitschrift »Recht & Psychiatrie«, wissenschaftlicher Leiter des Hamburger Instituts für Konfliktforschung und Mitglied im Vorstand des Komitees für Grundrechte und Demokratie.

Dr. Oliver Tolmein, Jahrgang 1961, ist Rechtsanwalt und Fachanwalt für Medizinrecht. Vor seinem erst 1995 begonnenen Jurastudium hat er als Journalist gearbeitet. Außerdem ist er Autor mehrerer Bücher zu bioethischen Themen und unterhält auf FAZ.net ein Blog über Biopolitik. Der promovierte Strafrechtler hat die Kanzlei Menschen und Rechte begründet, die überregional tätig ist und überwiegend Menschen mit Behinderungen in allen Rechtsfragen vertritt. Er bearbeitet dabei schwerpunktmäßig arzthaftungsrechtliche Fälle, Nebenklagemandate und Anti-Diskriminierungsverfahren. Er war als Sachverständiger an mehreren Gesetzgebungsverfahren beteiligt. Außerdem ist er Sprecher der Sektion Rechtsberufe in der Deutschen Gesellschaft für Palliativmedizin.

Kolibri 360 GmbH
Ferdinand-Jühlke-Straße 7
99095 Erfurt, Deutschland
produktsicherheit@kolibri360.de